广东省高等学校精品教材

大学语文
（第二版）

郑瑞侠　刘俊峰　施永秀　主　编

广东省高等教育教学改革项目：经管类本科院校
"大学语文类"课程教学改革研究与实践
项目负责人：司马晓雯

科学出版社
北京

内 容 简 介

本教材精选近百篇古今中外经典作品,体例安排整体上是以时间先后为序,分为中国古代、现代、当代文学,以及外国文学(欧美部分)四个部分;每部分按照诗歌、散文、小说、戏剧等文学样式进行排列。本教材具有独特的视角和风格,以文学发展史为线索,以作品为珠玉,以贯穿文学史与作品为主导,向学生讲授文化知识,从多方面培养他们解读、赏析中华文化精品的能力;所选篇章力求新颖独到,与众多已有教材形成较大区别,在外国文学部分以欧美文学为主要内容,同时,结合财经类院校专业特色,在中国古代文学部分适度增加部分商经古文,更好地为专业学习服务。

本教材以提高大中专院校的学生,尤其是财经类院校学生的人文素养为宗旨,帮助学生在专业水平不断提高的基础上,能够比较全面、系统地了解中国文化的博大精深,培养人文精神,提高审美情趣。

图书在版编目(CIP)数据

大学语文 / 郑瑞侠,刘俊峰,施永秀主编. —2版. —北京:科学出版社,2015
 广东省高等学校精品教材
 ISBN 978-7-03-043448-7

Ⅰ. ①大… Ⅱ. ①郑… ②刘… ③施… Ⅲ. ①大学语文课—高等学校—教材 Ⅳ. ①H19

中国版本图书馆 CIP 数据核字(2015)第 036458 号

责任编辑:王京苏 / 责任校对:贾如想
责任印制:吴兆东 / 封面设计:蓝正设计

科 学 出 版 社 出版
北京东黄城根北街 16 号
邮政编码:100717
http://www.sciencep.com

北京虎彩文化传播有限公司 印刷
科学出版社发行 各地新华书店经销

*

2008 年 8 月第 一 版 开本:787×1092 1/16
2015 年 3 月第 二 版 印张:21 1/4
2023 年 1 月第二十一次印刷 字数:491 000

定价:38.00元
(如有印装质量问题,我社负责调换)

前　　言

"大学语文"是我国普通高等学校公共必修课程之一，在高校人文素质教育中有着非常重要的地位。目前，我国专业性较强的高校教育普遍面临两个尖锐的矛盾：一是学生专业水平的不断提高和人文素养缺失所造成的综合素质的下降，极大地影响了学生的整体发展，尤其是像广东财经大学这种专业性极强的财经类院校，这一矛盾表现得愈加突出；二是需要讲授的内容多而课时有限，往往难以收到预期的教学效果，特别是近几年本科生招生数量的增加，使得形势变得更加严峻。为了改变这种现状，不断增强大学生人文素养教育的力度，许多院校都在非汉语言文学专业开设"大学语文"课程，使学生们能够比较全面、系统地了解中国文化的博大精深，提高人文素养，更好地为专业学习服务。

人类的一切活动都可以归之于文化，人类的一切活动又都可以见之于文学。文学既是文化的重要组成部分，也是文化的直接关照和集中体现。因此，要想深入了解一个民族的传统文化，首先必须要了解这个民族的文学，尤其是那些具有代表性的文学作品。

鉴于上述情况，为了满足教学需要，我们决定编写一本既涵盖古今中外各个历史时期，具有代表性意义的文学作品，又力求简明、实用的《大学语文》教材，以推动高校教学改革与建设。这本《大学语文》教材具有以下特点。

（1）简明扼要，篇幅较短，和现在通行的同类教材相比，字数减少一半左右。

（2）既与中学语文教学拉开档次，又与汉语言文学专业学生保持距离，难易程度适中，可操作性强，适用于课堂教学，真正是供学生使用的教材，而非严格意义上的学术著作。

（3）具有独特的视角和风格，不仅在文学发展史的线索中向学生讲授文化知识，而且注重从多方面培养他们解读、赏析中华文化精品的能力，提高审美价值和审美情趣。

（4）所选内容力求新颖独到，与众多已有教材形成较大区别，如结合财经类学院的专业特色，适度增加部分商经古文，更好地为专业学习服务。

（5）本书体例整体上是按照时间顺序，分为中国古代、中国现代、中国当代文学，以及外国文学四个部分，每部分内容按照诗歌、散文、小说、戏曲等文学样式进行排列。

大学语文，尤其是优质的"大学语文"课程，对大学生，特别是对专业性较强的大学生具有重大的不可忽视的意义。

首先，可以为大学生带来更为丰富的精神启迪，为他们在以后工作与生活环境中精神境界的提高提供有益的帮助。

前　言

其次，可以为大学生带来更为灵动的思维状态的变化，在一定程度上对专业知识与技能教育所偏重的逻辑思维、线性思维、数字化思维、实验理性思维可能引起的副作用给予纠正，提高人的思维的活跃性与健全性。

最后，优质的"大学语文"课程可以为大学生表达水平的提高起到一定的促进作用。未来社会不仅需要电脑作为工具，需要数字与符号来表达意思，还需要用语言、文字与人和社会交流。因此，兼顾工具性、人文性和审美价值，是我们这本《大学语文》教材建设的主要目标。

编写一本既有学术品味，又在教学中具有可操作性的《大学语文》教材，是高校"大学语文"教师的共同心愿，也是我们努力的目标。限于我们的学识和能力，书中疏漏之处在所难免，祈请学界同仁批评指正，以便于日后的修订。

编　者

2015 年 3 月

目　　录

第一编　中国古代文学

第一章　中国古代文学概述 ……………………………………………………（3）
第二章　中国古代文学经典作品解读 …………………………………………（11）
　第一节　诗词曲赋 ………………………………………………………………（11）
　　鹿鸣 …………………………………………………………《诗经》（11）
　　山鬼 …………………………………………………………屈　原（14）
　　行行重行行 …………………………………………………《说苑》（17）
　　春江花月夜 …………………………………………………张若虚（19）
　　插秧歌 ………………………………………………………杨万里（22）
　　圆圆曲 ………………………………………………………吴伟业（24）
　　兰陵王·柳 …………………………………………………周邦彦（29）
　　般涉调·耍孩儿·借马 ……………………………………马致远（31）
　　洛神赋 ………………………………………………………曹　植（34）
　第二节　散文 ……………………………………………………………………（40）
　　牧誓 …………………………………………………………《尚书》（40）
　　苏秦始将连横 ………………………………………………刘　向（整理）（43）
　　管晏列传 ……………………………………………………司马迁（48）
　　荔枝图序 ……………………………………………………白居易（53）
　　徐文长传 ……………………………………………………袁宏道（55）
　第三节　小说 ……………………………………………………………………（62）
　　霍小玉传 ……………………………………………………蒋　防（62）
　　俞伯牙摔琴谢知音 …………………………………………冯梦龙（70）
　第四节　戏曲 ……………………………………………………………………（77）
　　墙头马上（第三折） ………………………………………白　朴（77）
　　牡丹亭·惊梦（节选） ……………………………………汤显祖（83）
　第五节　法商古文 ………………………………………………………………（87）
　　治国 …………………………………………………………管　仲（87）
　　食货志（节选） ……………………………………………班　固（90）

第二编　中国现代文学

第三章　中国现代文学概述 …………………………………………………… (99)
第四章　中国现代文学经典作品解读 ………………………………………… (109)
第一节　诗歌 ……………………………………………………………… (109)
预言 ………………………………………………………… 何其芳 (109)
雪落在中国的土地上 ……………………………………… 艾　青 (113)
十四行集（节选1～4） …………………………………… 冯　至 (118)
第二节　散文 ……………………………………………………………… (123)
生活之艺术 ………………………………………………… 周作人 (123)
追悼志摩 …………………………………………………… 胡　适 (127)
作父亲 ……………………………………………………… 丰子恺 (134)
第三节　小说 ……………………………………………………………… (138)
伤逝 ………………………………………………………… 鲁　迅 (138)
萧萧 ………………………………………………………… 沈从文 (151)
封锁 ………………………………………………………… 张爱玲 (162)

第三编　中国当代文学

第五章　中国当代文学概述 …………………………………………………… (173)
第六章　中国当代文学经典作品解读 ………………………………………… (180)
第一节　诗歌 ……………………………………………………………… (180)
乡愁四韵 …………………………………………………… 余光中 (180)
致橡树 ……………………………………………………… 舒　婷 (184)
面朝大海，春暖花开 ……………………………………… 海　子 (188)
第二节　散文 ……………………………………………………………… (191)
红楼点滴 …………………………………………………… 张中行 (191)
敦煌四题 …………………………………………………… 高尔泰 (198)
畸人刘镇西 ………………………………………………… 野　夫 (206)
第三节　小说 ……………………………………………………………… (216)
永远的尹雪艳 ……………………………………………… 白先勇 (216)
受戒 ………………………………………………………… 汪曾祺 (226)
白狗秋千架 ………………………………………………… 莫　言 (240)

第四编　外国文学（欧美部分）

第七章　外国文学（欧美部分）概述 ………………………………………… (255)
第八章　欧美文学经典作品解读 ……………………………………………… (261)
第一节　诗歌 ……………………………………………………………… (261)
公园里 ……………………………………………………… 普列维尔 (261)

窗前晨景 …………………………………………… 艾略特（263）
　　致云雀 ……………………………………………… 雪　莱（265）
　　豹 …………………………………………………… 里尔克（270）
　　最后一次相见 …………………………………… 阿赫玛托娃（272）
第二节　散文 ………………………………………………（274）
　　论无所事事 …………………………………… 普里斯特利（274）
　　西西弗的神话 ……………………………………… 加　缪（278）
　　潜水鸟 ……………………………………………… 梭　罗（282）
第三节　小说 ………………………………………………（285）
　　布莱克·沃兹沃斯 ………………………………… 奈保尔（285）
　　农业展览会 ………………………………………… 福楼拜（291）
　　舞会之后 ………………………………………… 托尔斯泰（305）
　　献给爱米丽的一朵玫瑰花 ………………………… 福克纳（312）
第四节　戏剧 ………………………………………………（319）
　　吝啬鬼（节选） …………………………………… 莫里哀（319）

后记 ………………………………………………………………（329）

第一编

中国古代文学

第一编

中国古代文学

第一章 中国古代文学概述

我国是古人类发祥地之一,中华民族的历史及其文学发展源远流长。李炳海先生在《文学大教室·序》中曾自豪地说过:"就历史的久远而言,只有古希腊文学和古印度文学可以与中国文学比肩;如果就发展的绵绵相继、从未出现断层而言,中国文学可以说是独一无二的。"中国古代文学,通常称作中国古典文学,指的是从先秦时代直到"五四"运动之前的文学,大致可分为先秦两汉、魏晋南北朝、隋唐五代、宋辽金、元明清文学几个部分。

一、先秦两汉文学

先秦文学是指秦始皇统一中国之前的文学,是我国古代文学发生、发展的初始阶段。如果把我国文学的发展比做一条容纳百川、汹涌澎湃的长河,那么先秦时期的文学正是处于其发源的阶段;如果把我国文学比做一座高耸云霄、富丽堂皇的大厦,那么先秦时期的文学正是它的基础。因此,了解和研究这一时期的文学,对于认识我国文学优良传统的形成、认识我国人民审美意识的历史起源、认识我国文学民族形式和民族风格的发生和发展,都具有特殊的重要的意义。

上古神话和歌谣是最早的口头文学创作,先秦时期,我国出现了第一部诗歌总集——《诗经》。《诗经》收诗305首,分为风、雅、颂三部分,并灵活运用赋、比、兴三种表现手法;作为中国现实主义文学的源头,它为后世文学发展奠定了坚实的基础。在南方则产生了具有楚文化特征的新体诗——"楚辞",伟大的爱国诗人屈原运用这一形式创作了《九歌》和《九章》等作品。他的代表作《离骚》是中国古代文学史上最宏伟瑰丽的长篇抒情诗,开创了我国诗歌的浪漫主义传统。

春秋战国时代,在百家争鸣的氛围中,产生了诸子散文,其中《论语》为语录体,《孟子》为对话体,《庄子》则擅长论辩,而且文学性最强,晚出的《荀子》和《韩非子》则已似专题论文集。历史散文与之辉映,其中《左传》为编年体,《国语》和《战国策》为国别体,《战国策》的人物描写十分高明,言辞也铺张犀利,颇具文学价值。

总体而言,先秦诗歌在内容上经历了由宗教颂赞祷祝诗演进到政治叙事诗,再演进到言志抒情诗的过程;在形式上经历了原始歌谣的二言为主,到《诗经》的四言为主,再到《楚辞》的六言为主的过程。先秦散文,一般分为历史叙事散文和诸子哲理散文。记载历史的叙事散文在散文史上首先成立,甲骨卜辞和殷商铜器铭文是最早的叙事文字,《尚书》和《春秋》提供了记言记事文的不同体例,《左传》、《国语》和《战国策》标志着叙事文的成熟。先秦说理文体制的逐步形成,与百家争鸣以及诸子散文的出现和发展相一致，《论语》创立的语录体在《墨子》中得到发展，进而形成《孟子》的对话式论辩文，《荀子》和《韩非子》中的专题论文则标志着我国古代说理文体制的完全成熟。

秦始皇统一中国，结束了诸侯纷争的局面，文学也随之进入一个新的阶段。在中国文学史上，秦汉文学是上古期文学发展的第二阶段。秦代唯一有作品流传下来的文人是李斯，他的《谏逐客书》铺陈排比，纵横议论，逻辑性强，富有文采。记载秦始皇巡游封禅的刻石铭文也多出自李斯之手，除《琅邪台》铭文外，都是三句一韵的特殊诗体，质实雄壮，对后世碑铭文有一定影响。

两汉王朝总共400余年，是中国历史上的昌盛时期。在汉代，文学出现了蓬勃发展的局面。无论是作家的文学素养，还是文学作品的数量和种类、思想深度和艺术水平都很值得注意。汉代文学在价值取向、审美风尚、文体样式等诸多方面都为后世树立了典范。

两汉文学中极有活力的是乐府民歌。乐府民歌"感于哀乐，缘事而发"，着力反映现实生活，表达劳动人民的思想感情；它长于叙事铺陈，语言富有生活气息，句式以杂言和五言为主，推动了诗歌艺术的发展，《古诗为焦仲卿妻作》(即《孔雀东南飞》)是其中的传世名篇。汉代文人五言诗也逐渐走向成熟，到东汉后期出现了抒情组诗《古诗十九首》，它被后人称为"五言之冠冕"。

汉代早期散文以政论文为主，贾谊《过秦论》最为著名，西汉是大一统帝国，辞赋应运而生，至武帝前后兴盛，产生了枚乘《七发》、司马相如《子虚赋》《上林赋》等大赋。两汉散文成就最高的是司马迁的《史记》，它既开创了纪传体的史书新体例，又是传记文学精品，精于叙述事件和刻画人物，语言也富于表现力，为后世散文创作提供了典范性准则。

二、魏晋南北朝文学

从公元196年(汉献帝建安元年)至公元589年的近四百年，是中国历史上的魏晋南北朝时期，这一时期的文学称为魏晋南北朝文学，也称为中国中古文学。魏晋南北朝文学在整个中国文学史上有重要地位，是一个承上启下、走向繁荣的过渡时期。这一时期，在文学思想、文学的题材和体裁以及整体风貌上，都呈现出许多新的变化。

魏晋南北朝文学历时约四百年，其文学的发展大致经历了三个阶段：建安、正始文学，两晋文学，南北朝文学。

建安、正始文学自建安元年(公元196年)起至魏咸熙二年(公元265年，也即晋武帝泰始元年)，其中可细分为建安文学与正始文学。建安文学自建安元年至魏明帝末(景初三年，即公元239年)，这一时期的文坛作家主要以曹氏父子(即曹操、曹丕、曹植)为中心，包括集中于他们周围的"建安七子"以及女作家蔡琰等一批作家。这是一批在汉末动乱中成长起来的作家，他们亲身经历了汉末动乱的社会现实，目睹了动乱时代民生的苦难，因而大都既有远大的政治理想与抱负，又有务实的精神与通脱的作风和态度，其作品大都呈现出高扬理想、忧时伤世、充满个性、富有悲剧色彩的特征，这种特点被后世称为"建安风骨"。刘勰曾概括曰："观其时文，雅好慷慨。良由世积离乱，风衰俗怨，并志深而笔长，故梗概而多气也。"

正始文学自齐王曹芳正始元年(公元240年)至魏末(公元264年)。"正始"是齐王曹芳的年号,为公元240~248年,但文学史上的正始文学,一般也将正始以后至魏末包括在内。正始文学形成于魏晋易代之际。司马氏掌权后为篡魏而形成政治上的恐怖局面,引起了文学面貌的变化。这一时期的文人以"竹林七贤"(分别是阮籍、嵇康、阮咸、山涛、向秀、刘伶、王戎)为代表,而作家则以阮籍、嵇康为代表。面对政治上的高压与黑暗,他们内心极为苦闷,便以老庄的"自然"为武器对抗司马氏所提倡的"名教",作品大多表现为对礼教的虚伪的揭露与对黑暗政治的抗议。就整个风貌而言,他们的作品没有了建安文学慷慨悲凉的歌唱,代之以韬晦遗世与忧生之嗟。但就精神实质而言,正始文学仍真实地反映了现实,与建安文学有相通之处。

两晋文学又可分为西晋与东晋两个阶段。西晋文学以太康时期为主,呈现出短暂繁荣的局面。太康是武帝年号(公元280~289年),这一时期经济呈现上升局面,文学上出现了以"三张、二陆、两潘、一左"为代表的作家群。太康文学呈现出对繁缛、对仗等形式美的追求,逐渐丧失了建安文学的风骨,但在语言运用上也有一些新的探索,尤其是左思对门阀制度的抗议、抒发寒士不平之鸣的诗歌,成为这一时期文学的富有光彩的亮点。

东晋文学起始于晋室南渡(公元317年),终于刘裕篡晋(公元420年)。自魏晋以来,在哲学思想领域所兴起的玄学,至西晋时盛极一时。降及东晋,玄风仍盛而不衰,加之佛学流行,玄佛合流,整个文坛为玄风所笼罩。这种风气影响到文体,使得玄言诗占据文坛长达百年之久,因此东晋除了玄言诗外,无可称道者,惟晋末陶渊明的出现,才为东晋文坛带来了新的气息而成为东晋文坛之异彩。

自刘宋起迄陈末,为南北朝时期。这一时期朝代更迭频繁,南北政治对峙为这一时期社会政治的主要特点。而南朝文学可注意者,一是刘宋时期由玄言向山水题材的演变,所谓"庄老告退,而山水方滋"也。其中谢灵运贡献尤大,其对山水自然美的表现以及对艺术形式上华美精工的追求,将汉魏古诗带到了一个更成熟的境地,带来了中国诗歌的又一新变。同时之鲍照,则以乐府诗的创作为主,高唱对门阀制度的抗议与不满,成为这一时期又一有突出贡献的诗人。

萧齐政权虽历时不长,但诗歌也有新发展,值得注意者,一是沈约、周颙、王融、谢朓等在诗歌声律、用事、对偶等方面的探讨,共同创立"永明体",成为中国古典诗歌向近体律诗发展的过渡;二是谢朓等山水诗人在形式上变革谢灵运之"大谢体",为山水诗的发展做出了新的贡献;三是这一时期帝王对诗歌创作的倡导参与,使诗歌创作上出现浮艳轻靡的倾向。

梁陈两代发展了齐诗中的浮艳倾向,演变为宫体诗风。梁陈宫体诗多表现宫廷生活,多描写女性容貌、体段、姿态及咏物,追求艳丽,成为轻艳诗风的典型代表,也多为后代诗论家所诟病,成为后来改革的对象。

三、隋唐五代文学

隋唐五代文学是中国文学史的一个重要时期。隋朝结束了中国四百年的分崩动乱和南北分裂,国家重新统一,但隋朝立国时间很短就被唐朝取代。在文学史上,它只是一个过渡时期，主要表现为文学向重文采的南朝诗风方面发展，沿袭梁、陈贵族文人以诗为娱的方式，很快就走向了贵族文学的末路。唐代文学分初唐、盛唐、中唐和晚唐四个时期，四个时期各有其时代精神，弄清四个时期的时代精神和各自重大的历史事件及背景，就可以清晰而准确地把握唐代丰富的文学内容。例如，唐代之初，文学首先要破除齐梁诗风，初唐四杰是先行者，然后是陈子昂的诗文革新。如此一来，初唐文学状况就较易理解了。五代是词产生的时期。这是一个诗人、文学家辈出的时代，是一个文学作品灿若云霞、多若繁星的时代，异彩纷呈，但各具特色。

在唐代，诗歌创作进入黄金时期，初、盛、中、晚各期名家辈出，如星驰云涌。"初唐四杰"（王勃、杨炯、卢照邻、骆宾王）和稍后的陈子昂上承建安风骨，力扫齐梁余风，发为清新的歌唱。盛唐出现了两大诗歌流派，以王维、孟浩然为代表的山水田园诗派，多写隐逸情怀，意境幽美；以高适、岑参为代表的边塞诗派，擅长描绘苍凉奇丽的边塞风光和艰苦卓绝的军旅生活，格调雄壮，意境阔大。李白和杜甫先后崛起，被称为中国诗歌史上雄视千古的"双子星座"。李白诗歌热情歌颂祖国的大好河山，表现个人理想与社会现实的尖锐矛盾，感情奔放激烈，风格豪放飘逸；杜甫诗歌集中反映了唐王朝由盛转衰的一系列重大事件，切入社会生活的各个方面，故有"诗史"之誉，其诗感情内在深厚，风格沉郁顿挫。李杜之诗，分别以浪漫主义和现实主义的卓越成就泽被后世，成为诗歌创作的光辉典范。安史之乱以后，元和年间以白居易、元稹为首，倡导了"新乐府"。他们提出"文章合为时而著，歌诗合为事而作"，创作了直接反映现实生活和百姓疾苦的新乐府诗。白居易的感伤诗《长恨歌》《琵琶行》也是脍炙人口的名篇。其他著名诗人，尚有以险怪著称的韩愈，以苦吟著称的孟郊、贾岛，以及自具特色的柳宗元、刘禹锡、李贺等。晚唐最有成就的诗人是杜牧和李商隐。杜牧长于七绝，多伤春惜别和咏史怀古之作，风格或秀艳、或俊爽；李商隐的七律沉博绝丽，以咏史诗和爱情诗独擅胜场，"无题诗"意蕴深永，工于比兴，但有些作品流于晦涩。

中唐时期，韩愈、柳宗元以复兴儒道、反对骈文相号召，致力于恢复古文的主导地位，掀起了一场古文运动。其文内容充实，积极反映中唐时期各种社会弊端，感情真切，手法多样，语言也能推陈出新。其中，议论文、人物传记、寓言和山水游记成就最高。晚唐的小品文和文赋也值得重视。

唐代还有两种新出现的文体——传奇和曲子词。传奇小说人物形象鲜明，故事曲折离奇，标志着古代小说艺术的成熟；曲子词最早起于民间，中唐以后文人染指渐多，第一部文人词总集《花间集》收录了晚唐温庭筠和西蜀词人的词作。五代南唐后主李煜，以词抒写亡国之痛，多上乘之作。

四、宋辽金文学

宋王朝的建立宣告了唐末以来混乱分裂局面的结束，基本上实现了中国的统一。宋王朝采用重文抑武、崇儒尊道的政策，经济得到一定的恢复与发展，尤其是城市经济高度繁荣。同时两宋王朝又处于封建社会的下降期，民族矛盾与阶级矛盾相互交织，统治阶级内部的党派之争也始终不断，两宋的三百多年历受辽、西夏、金、元等少数民族政权的巨大威胁，长期处于积贫守弱的屈辱地位。在这样的历史背景下，赵宋王朝创造了辉煌灿烂、高度成熟的宋型文化。宋代思想文化呈现出儒、释、道三家合流的趋向，并在整合佛道学说的基础上，以儒家思想为本位建立了独具特色的理学，对后世产生了深远影响。在时代风云的激励下以及继承前代文学成就的基础上，宋代文学具有了新的质素，出现了新的面貌。宋代文学在中国文学发展史上处于转型时期，一方面传统的诗、文和源于民间的词已经高度成熟、定型，另一方面新兴的话本小说、戏剧等叙事文学开始登上文学殿堂，为后世元、明、清文学重心的转移奠定了坚实的基础。

宋代文学的主要文体是词、诗、文、小说、戏剧，其中词的创作成就最高，诗、文次之，话本小说又次之，戏剧尚处在萌芽状态，成就较小。

宋代的词，向与唐诗并称，可以说是"一代之文学"的标志。就整个词史而言，宋词的创作无疑已臻顶巅，名家辈出，佳作如林，流派纷呈，风格各异。宋词在题材、手法、风格的演变上经历了一个不断发展变化的过程。

宋初晏殊、欧阳修、张先等多娱宾遣兴、流连光景之作。范仲淹写出了境界开阔、格调苍凉的豪放词。柳永从都市下层人民的生活中汲取创作素材，以写都市繁华和相思旅愁见长，大量创制慢词，语言俚俗，在市民中广为流传。苏轼打破诗、词界限，扩大词的题材，提高词的境界，丰富词的表现手法，摆脱音律的过多束缚，开创了有革新意义的豪放词派。此外，北宋的秦观、贺铸、黄庭坚、周邦彦等共同创造了宋词多种风格争胜的繁荣局面。李清照是我国古代最优秀的女词人，其词婉约清新，后期作品写身世之感和家国之痛，尤其感人。靖康之变后，感时伤乱、抗金爱国成为词创作的重大主题，著名词人有张元干、张孝祥等，南宋伟大的爱国词人辛弃疾，使宋词的思想境界和精神面貌达到了前所未有的高度，在词的艺术表现手法和形式方面也多新的突破和创造。辛派词人有陈亮、刘过、刘克庄、刘辰翁等。南宋后期，风雅派词人姜夔、史达祖、高观国、吴文英等，崇尚雅正，讲究格律；其中遗民词人张炎、周密、王沂孙等哀怨衰飒的歌唱，成了宋词的尾声余韵。

宋诗与唐诗相比，自有特色。宋初著名诗人有王禹偁和"西昆体"诗人杨亿。自梅尧臣、苏舜钦、欧阳修始，宋诗方自具面目，北宋影响最大的诗人是苏轼和黄庭坚，苏诗抒情议论，自由奔放；黄庭坚是江西诗派宗主，诗风瘦硬生新。南宋诗人有陆游、杨万里和范成大等，其中陆游是宋代杰出的爱国诗人，留下诗作近万首，唱出了抗金复国的时代强音。南宋后期有"永嘉四灵"和"江湖诗派"。至宋末，民族英雄文天祥和遗民诗人汪元量等的诗篇浩气磅礴，为宋代诗坛增添了最后一抹光彩。

宋代散文创作足与唐文媲美。欧阳修是北宋诗文革新运动的领袖，他坚持文道合一的创作主张，提倡平易畅达的文风，所作散文富于情韵，欧阳修之外，还有苏洵、苏轼、苏辙、王安石、曾巩，加上唐代的韩愈、柳宗元，被后人尊崇为"唐宋八大家"，其中苏轼散文成就最著，诸体兼备，其文如行云流水，姿态横生。

此外，宋代的通俗文学也极为繁荣。宋代的话本与戏剧虽然流传后世的作品并不多，但它们的出现与成型却具有划时代的意义。宋代的话本小说是在当时说话艺术的基础上产生的，内容的世俗化、语言的口语化、体制的程式化是其基本特点。它是中国白话小说的开端，标志着"小说史上的一大变迁"，开辟了中国小说的新纪元。王国维曾指出"真正之戏剧，起于宋代"。宋代戏剧的表演形式已相当成熟，表演要素日臻完善，其典型范式是宋杂剧，包括北宋杂剧和南渡以后在南方民间流行的"南戏"。宋代戏剧为元杂剧创作高潮的到来奠定了基础。

辽代文学以质朴雄健为特色，主要作家有萧观音、王鼎等。金代文学分为三个时期，初期以辽、宋旧臣，如宇文虚中、蔡松年等的诗词成就为高；中期以党怀英、赵秉文等金朝重臣主文坛；后期出现杰出的诗人元好问，他以深刻反映现实的"丧乱诗"和风格多样的诗作成为金一代的文学宗匠。另外，董解元的《西厢记诸宫调》对莺莺故事进行了成功的改造，结构宏伟，情节曲折，取得了卓越的成就，对后世戏曲、说唱文学有深远的影响。

五、元明清文学概述

元代是由蒙古族入主中原建立的政权，元代社会具有疆域辽阔、经济繁荣、民族压迫、文士沉沦等特点。元代文学在这样的社会中发展，主要文学形式是元杂剧，还有散曲、南戏，诗、词、文则走向衰落，但仍有佳作。

元代是我国戏曲文学的黄金时代。元杂剧在宋杂剧、金院本的基础上发展形成，并受到宋金时期诸宫调的影响。元杂剧是元代用北曲演唱的戏曲形式，一般采用四折一楔子的结构形式，旦本末本的演唱体制、末旦净杂的行当脚色。元杂剧主要分为爱情婚姻剧、公案剧、社会剧、历史剧、神仙道化剧等几类，时间上主要分为前、后两期，以前期的成就为高，前期作家有关汉卿、白朴、王实甫、马致远、高文秀、康进之等，后期作家有宫天挺、郑光祖、乔吉等。

关汉卿的《窦娥冤》和王实甫的《西厢记》是元杂剧中璀璨夺目的明珠。关汉卿是元代伟大的剧作家，《窦娥冤》是关汉卿的代表作，是我国古代戏剧史上最著名的悲剧；他的《望江亭》、《救风尘》表现出轻松打趣的"勾栏喜剧"特色；《单刀会》则体现了关汉卿历史剧以沉重的历史感和炽烈的情感抒发为主体的创作特征。关汉卿的剧作主要塑造勇敢、机智、泼辣的下层妇女形象，讽刺抨击元代统治阶级和邪恶势力的丑恶，悉心提炼扣人心弦的戏剧情节，戏剧冲突富有传奇性，剧作结构详略得当，戏剧语言通俗自然，是元剧本色派的语言大师。

《西厢记》是我国古代爱情戏剧的杰作，主要描写青年人反抗封建礼教、争取自由爱情的故事，具有鲜明的反封建色彩。它的故事来源是唐代元稹的《莺莺传》，并吸收借鉴了金代董解元《西厢记诸宫调》的思想和艺术成就，塑造了内心热情而外表深沉的崔莺莺、志诚而痴狂的张生、热情泼辣而聪明机敏的红娘等光彩照人的形象；戏剧冲突匠心独运，将正反面人物的对抗性冲突和正面人物的误会性冲突有机结合，剧情波澜起伏，引人入胜；戏剧语言文采斑斓，全剧富有诗情画意，具有"花间美人"之称，王实甫因而成为元杂剧文采派杰出的代表人物。

南戏是宋元时用南曲演唱的戏曲形式，一般采用数十出的结构形式，各个角色分唱或合唱的演唱体制，生旦净丑末杂的行当脚色，高明的《琵琶记》为著名的南戏作品，被称为"南戏之祖"，是由早期南戏《赵贞女蔡二郎》改编而成。高明从元代知识分子潦倒受压的体验出发，将原戏对文人发迹变心的谴责改为对功名富贵虚伪本质的揭露，把对卑鄙文人的诅咒改为对封建道德观念造成悲剧的抨击，同时保留了原戏中赵五娘这一品德美好、性格坚忍的中国底层妇女的形象，使剧作一定程度上显现出人民性和现实主义的光辉；同时，强烈的对比手法，双线交错的结构，本色自然的文词，使剧作的艺术力量更为动人。

元代还出现了一种配合当时流行曲调清唱的抒情诗体，即散曲。散曲是流行于元代的一种清唱曲，形式上有套曲和小令两种，套曲由同一宫调的一串曲牌组成，一韵到底；小令则是单支曲子，句句押韵，有时也由二、三支曲子组成，称为带过曲。元散曲的主要作家有关汉卿、马致远、刘时中、睢景臣、张养浩、张可久、乔吉等。前期散曲作家以关汉卿和马致远为代表，作品通俗平易，诙谐泼辣；后期代表作家是张可久和乔吉，风格趋于雅正典丽。其他重要的曲家还有贯云石、张养浩和睢景臣等。

元代诗文分为前、后两个时期，前期以耶律楚材、刘因、姚燧、卢挚、戴表元、赵孟\u8c4b为代表作家；后期出现虞集、杨载、范梈和揭傒斯的"元诗四家"，此外，还有张翥、王冕、萨都剌、杨维桢等名家。

明代都市经济高度发展，适应市民需要的通俗文学样式（如小说、戏曲）特别昌盛。长篇章回小说的开山之作，是明初罗贯中据民间流传的三国故事整理加工而成的《三国志通俗演义》。施耐庵的《水浒传》艺术地再现了北宋末年一场波澜壮阔的农民起义。明中叶以后，小说创作出现高潮，其中，吴承恩的神魔小说《西游记》具有鲜明的浪漫主义特征；世情小说《金瓶梅》直接取材于明代社会生活，长于摹写世态人情。明代短篇小说的主要形式是拟话本，着重描绘"市民阶层中的商人、手工业者和妓女"的生活及心态，代表作有冯梦龙辑集加工的《喻世明言》、《警世通言》和《醒世恒言》，凌濛初编著的《初刻拍案惊奇》和《二刻拍案惊奇》，合称"三言"、"二拍"。在戏曲方面，明传奇作家汤显祖创作的爱情剧《牡丹亭》揭示了反封建礼教的主题，体现了个性解放的时代精神，该剧艺术想象奇丽，心理描写细腻，曲辞优美动人，是我国戏曲史上的浪漫主义杰作。

明初刘基、宋濂、高启的诗文能反映社会现实，内容较为充实，明中叶以后的"前七子"和"后七子"以复古为宗旨，提出"文必秦汉，诗必盛唐"的口号，反对复古倾向的散文流派有"唐宋派"，其中成就最高的是归有光。此外，还有以袁宏道兄弟为代表的"公安派"，以钟惺、谭元春为首的"竟陵派"，晚明小品文特盛，成为明末散文中颇见光彩的文学体式，代表作家是张岱，明末陈子龙、夏完淳的诗文表现了强烈的民族精神。

清代文学成就最大的当数小说，长篇小说中，曹雪芹的《红楼梦》堪称我国古代小说艺术的高峰；吴敬梓的《儒林外史》，矛头直指以八股取士的考试制度，是文学史上少有的讽刺杰作。文言短篇小说有蒲松龄的《聊斋志异》，其用众多花妖狐魅故事，歌颂爱情、反映现实、抨击时弊，情节曲折离奇，引人入胜。清代戏曲的杰作当推洪昇的《长生殿》和孔尚任的《桃花扇》，二者做到了历史真实和艺术真实的较好统一。

清代的诗、词、散文的总体成就虽未能超过唐宋两代，但名家迭出，流派众多，也不乏优秀作品。清初遗民诗人成就较高，后来各种诗说、流派蜂起，大都主张复古，袁枚所代表的"性灵派"和郑燮、黄景仁等，其诗能不染时风，较有特色。词至清代，号称"中兴"，有以陈维崧为首的"阳羡词派"，以朱彝尊为首的"浙西词派"，以张惠言为首的"常州词派"，纳兰性德词则自成一家。散文方面有"桐城派"及其支派"阳湖派"，代表作家有方苞、姚鼐、刘大櫆、恽敬等。

1840年鸦片战争以后的中国文学，表现出强烈的政治性和战斗性。在诗文创作方面，启蒙思想家龚自珍首开风气，接着，魏源、林则徐、张维屏等也写出了许多富于时代色彩和历史意义的作品。戊戌变法前后，维新派代表人物梁启超的散文打破了传统古文的格局，平易畅达，有鼓动性，号为"新文体"。辛亥革命时期，南社诗人柳亚子等的作品洋溢着爱国主义和民主主义精神。近代小说的代表作有《二十年目睹之怪现状》、《官场现形记》、《孽海花》和《老残游记》，它们被称为清末四大谴责小说。近代戏曲的成就主要表现为许多地方剧种趋于定型成熟，其中京剧影响最广，话剧也开始在我国兴起，各种话剧团体在宣传革命、开启民智方面发挥了重要作用。"五四"新文化运动和文学革命的爆发，标志着中国现代文学的开端，文学史从此掀开了全新的一页。

第二章 中国古代文学经典作品解读

第一节 诗词曲赋

鹿 鸣

本诗选自《诗经·小雅》。《诗经》是我国第一部诗歌总集,共305篇,另有6篇笙诗,有目无辞。《诗经》原称作《诗》、《诗三百》、《三百篇》。《庄子》中最早将其称为经,"丘治诗、书、礼、乐、易、春秋六经",但未将"诗"与"经"联为一体成为书名。汉武帝采纳董仲舒"罢黜百家、独尊儒术"的策略,设五经博士,方将其称为《诗经》。《史记·儒林列传》:"申公独以《诗经》为训以教。"《诗经》分风、雅、颂三部分,共305篇。风共160篇,分十五国风;雅共105篇,其中又分大雅(31篇)、小雅(74篇)二雅;颂共40篇,其中又分周颂(31篇)、鲁颂(4篇)、商颂(5篇)三颂。风即音乐曲调,十五国风即各地区的乐调;雅即正,指朝廷正乐,西周王畿的乐调;颂是宗庙祭祀之乐。

《诗经》中的诗作者,有的有主名,有的无主名,有的有争议。大体分两类,十五国风和小雅的一部分是下层民众,颂和大雅多出贵族文人之手。地域大体包括今天的陕西、山西、山东、河南、河北、湖北等省份。诗作产生的时代大约在公元前11世纪至公元前6世纪,即西周初年(一云商代末年)至春秋中叶,约500年。

《诗经》的编集在先秦古籍中无明确记载,历史上有广泛影响的"献诗"、"采诗"、"删诗"之说,透露了有关《诗经》作品的来源和编定的一些消息。"采诗说"最早由班固、刘歆提出;"删诗说"是司马迁在《史记》中提出的;"献诗说"是今人陆侃如否定以上两说,据《国语》等书的记载而提出的。郭沫若认为,《诗经》是周王朝太师和乐工在采来、献来的诗作中,整理编选而成的。

《诗经》虽经历了秦始皇"焚书坑儒"之劫,但因口耳相传、易于记诵的特点得以保存,在汉代流传甚广,出现了今文的鲁、齐、韩三家诗。三家诗在西汉被立为博士,成为官学。鲁诗出自鲁人申培,齐诗出自齐人辕固,韩诗出自燕人韩婴,三家诗兴盛一时。鲁人毛亨和毛苌的古文"毛诗"晚出,在民间广泛流传,最终压倒了三家诗,盛行于世。后来三家诗先后亡佚,今本《经诗》就是"毛诗"。

有关《诗经》的研究,代不乏人,著作很多。例如,《毛诗正义》(毛公传、东汉郑玄笺、唐代孔颖达正义)、《诗集传》(宋代朱熹)、《毛诗传笺通释》(清代马瑞辰)、《诗毛氏传疏》(清代陈奂)、《诗经通论》(清代姚际恒)、《诗三家义集疏》(清代王先谦)、《诗经原始》(清代方玉润)。郭沫若1923年出版的《卷耳集》是我国第一部《诗经》现代选本。余冠英1956年出版的《诗经选》、《诗经选译》影响很大。此外，高亨1980年出版了《诗经今注》，向熹1986年出版了《诗经词典》，庄穆1999年出版了《诗经综合辞典》。在《先秦诗歌鉴赏辞典》中，附录有张祝平集录的《诗经》学相关著作目录约1300种。中国《诗经》学会会长夏传才有专著《诗经研究史概要》(1982年)、《诗经语言艺术》(1985年)、《思无邪斋诗经论稿》(1995年)等数种。

《诗经》中的作品内容十分广泛，深刻反映了殷周时期，尤其是西周初至春秋中叶社会生活的各个方面。《诗经》可以说是一轴巨幅画卷，当时的政治、经济、军事、文化以及世态人情、民俗风习等，在其中都有形象的表现。

呦呦鹿鸣，食野之苹。我有嘉宾，鼓瑟吹笙。
吹笙鼓簧[1]，承筐是将[2]。人之好我[3]，示我周行[4]。

呦呦鹿鸣，食野之蒿。我有嘉宾，德音孔昭[5]。
视民不恌[6]，君子是则是效[7]。我有旨酒，嘉宾式燕以敖[8]。

呦呦鹿鸣，食野之芩。我有嘉宾，鼓瑟鼓琴。
鼓瑟鼓琴，和乐且湛。我有旨酒，以燕乐嘉宾之心。

◎ 注　释

[1] 簧：一种乐器，形似摇鼓。
[2] 承：捧也。将：献也。此句言以筐中礼品献给嘉宾。
[3] 之：尤其，语助词。好我：犹爱我。
[4] 周行：周围的大道，用来比喻周朝的制度礼仪。
[5] 孔：很。昭：明也，著也。
[6] 恌：与佻同，指轻佻、奸巧之意。
[7] 则：法也，此言百姓都效法君子。
[8] 式、以：均是从而之意。燕：通"宴"，指宴饮。敖：古遨字，游也。

☞ 提　示

《诗经》中有许多以君臣、亲朋欢聚宴享为主要内容的燕飨诗，它以文学的形式表现了周代礼乐文化的一些侧面。礼乐文化是周代文化的重要组成部分，《诗经》在很大程度上是周代礼乐文化的载体。《周礼》把礼分为五类："吉礼"，用于祭祀；"凶礼"，用于丧葬；"军礼"，用于军事；"宾礼"，用于朝聘会盟；"嘉礼"，用于婚嫁、笄冠、飨燕、立储、宾射等。根据反映礼仪内容的不同，《诗经》中的燕飨诗又分为飨礼诗、燕礼诗、乡饮酒礼诗三种。

飨礼诗，表现的是周天子在太庙举行的一种象征性的宴会。例如，《小雅》中的第一首诗《鹿鸣》就是天子宴群臣嘉宾的诗，后来也被用于贵族宴会宾客。其第一章云："呦呦鹿鸣，食野之苹。我有嘉宾，鼓瑟吹笙。吹笙鼓簧，承筐是将。人之好我，示我周行。"

开头以鹿鸣起兴。在空旷的原野上，一群麋鹿悠闲地吃着野草，不时发出呦呦的鸣声，此起彼应，十分和谐悦耳。诗以此起兴，便营造了一个热烈而又和谐的氛围，使君臣之间宴会那种本已存在的拘谨和紧张的关系，马上就会松缓下来。接着写热烈欢快的音乐声中有人"承筐是将"，献上竹筐所盛的礼物，然后主人又向嘉宾致辞："人之好我，示我周行。"主人若是君王的话，这"承蒙诸位光临，示我以大道"的客套话，意思则是表示愿意听取群臣的忠告。诗的第二章在鹿鸣起兴后，君王进一步表示祝辞，其大意则如朱熹《诗集传》所云："言嘉宾之德音甚明，足以示民使不偷薄，而君子所当则效。"为什么祝酒之际要说这话？分明是君主要求臣下做一个清正廉明的好官，以矫正偷薄的民风。如此看来，这样的宴会不徒为乐而已，它带有一定的政治色彩。诗的第三章大部分与首章重复，唯最后几句将欢乐气氛推向高潮。末句"燕乐嘉宾之心"则是卒章显志，将诗的主题深化。这次宴会不是一般的吃喝、满足口腹的需要，而是为了"安乐其心"，使参与宴会的群臣心悦诚服，自觉地为君王的统治服务。

燕礼的应用很广。《仪礼·燕礼》贾公彦疏为四等：诸侯无事而燕；卿大夫有事之劳而燕；卿大夫有聘而来，还与之燕；四方聘宾与之燕。例如，《小雅·南方有鱼》写领主待嘉宾之宴。诗从水、陆、空三个角度来描绘主宾初饮、宴中、酣饮时的形态，在写作手法上，诗人运用了兴中有比，赋比结合的手法。在章法、句式上，不仅采用重章叠唱，而且每章诗最末一句添了两个虚词，延长了诗句，便于歌者深情缓唱，抒发感情，同时也使诗看起来不呆板，显得余味不绝。

乡饮酒礼是诸侯乡大夫的宴饮之礼，或是宗族兄弟间饮食之礼。《小雅·伐木》，据《毛诗序》云，就是一首"燕朋友故旧"之作，诗采用以意境营造为手段的方法构思，理想—现实—理想三重境界的转换，既生动地表达了作者顺人心、笃友情的愿望，又造成了虚实相生的意境美。

宴饮中的仪式，体现了礼的规则和人的内在道德风范。燕飨诗赞美守礼有序、宾主融洽的关系，而对不能循礼自制、纵酒失德的宴饮，则是否定的。不仅祭祀、燕飨等诗中直接反映了周代礼乐之盛，而且在其他诗作中也洋溢着礼乐文化的精神。《诗经》中一些作品赞美贵族阶层的才德容仪，颂扬温文尔雅，谦恭有德的彬彬君子，抨击失德违礼之辈不如禽兽："相鼠有体，人而无礼。人而无礼，胡不遄死？"(《鄘风·相鼠》)

▶ 延伸性阅读文献

1. 孙作云：《诗经与周代社会研究》，中华书局，1966年。
2. 赵沛霖：《诗经研究反思》，天津教育出版社，1989年。
3. 《毛诗正义》卷一，载《十三经注疏》，中华书局，1980年。

思考与练习

1. 分析这首诗的文化内涵。
2. 为什么说《诗经》开创了我国现实主义诗歌的优秀传统，是我国古典诗歌现实主义创作方法的一个源头。
3. 背诵这首诗。

山 鬼

屈 原

屈原(约公元前340～约前278年),名平,字原,战国楚人,是中国历史上第一位伟大的诗人。屈原出身于楚国贵族,与楚王同姓,其祖先屈瑕,为楚武王熊通之子,受封于"屈"地,乃以"屈"为氏。屈原志向高远,品行洁廉,博闻渊识,善于辞令,初得楚怀王信任,与王图议国事,应对诸侯,曾任"左徒"和"三闾大夫"之职,后为群小所谗,渐被楚怀王疏远,一度被流放于汉北。楚顷襄王继位后,谄谀之群小得势,屈原又被流放于江南。在屈原壮志难酬,行吟江南泽畔之时,楚国国势危殆,被秦国打得节节败退,屈原眼见祖国沦亡,人民遭难,万分悲愤,抑郁绝望,于是怀石自沉汨罗江而死。屈原的作品,一般认为有《离骚》、《天问》、《九歌》(11篇)、《九章》(9篇)、《远游》、《卜居》、《渔父》等25篇。屈原诗篇反映了他的政治理想、高洁人格和爱国精神。作品采用大量神话传说,构思奇特,想象丰富,感情深沉,词藻瑰丽,充满浪漫主义色彩,《诗经》与《楚辞》并称"诗骚",被视为中国古典诗歌的两大源头。

若有人兮山之阿[1],被薜荔兮带女萝[2]。
既含睇兮又宜笑[3],子慕予兮善窈窕[4]。
乘赤豹兮从文狸[5],辛夷车兮结桂旗。
被石兰兮带杜衡[6],折芳馨兮遗所思[7]。
余处幽篁兮终不见天[8],路险难兮独后来[9]。
表独立兮山之上[10],云容容兮而在下[11]。
杳冥冥兮羌昼晦[12],东风飘兮神灵雨[13]。
留灵修兮憺忘归[14],岁既晏兮孰华予[15]。
采三秀兮於山间[16],石磊磊兮葛蔓蔓。
怨公子兮怅忘归,君思我兮不得闲。
山中人兮芳杜若[17],饮石泉兮荫松柏,君思我兮然疑作。
雷填填兮雨冥冥[18],猨啾啾兮狖夜鸣[19]。
风飒飒兮木萧萧,思公子兮徒离忧[20]。

◎ 注 释

[1] 若:发语词。兮:在句法结构上具有"于"字的作用。阿(ē):曲隅处。山之阿:山凹。
[2] 被:同"披"。带:腰带,此作动词用。女萝:又名菟丝,是一种援物而长的蔓生植物。
[3] 睇(dì):微盼,楚方言。《说文解字》:"目小视也,南楚谓眄曰睇。"含睇:含情微盼。宜笑:笑得自然得体。

[4] 子：借作慈。慈是后起字，甲文及金文无慈字，都以子、字为慈。慕：义同慈，爱。予：同舒。子慕予：温柔可爱。善：善于。窈窕：美好的姿态。

[5] 乘：驾车。文：花纹。狸：野猫。

[6] 被石兰：石兰做车盖。石兰：即山兰，是兰草的一种。带杜衡：杜衡作车上的飘带。杜衡：俗名马蹄香。

[7] 遗（wèi）：赠。所思：所爱的人。

[8] 篁：竹。终不见天：整日看不到天空。

[9] 后来：迟到。

[10] 表：突出。这句说：独自站在山上突出的地方，盼望情人。

[11] 容容：通"溶溶"，大水流动的样子，此指云。

[12] 杳：深远。冥冥：黑暗。羌：语助词，楚方言。昼晦：白天昏暗。

[13] 神灵雨：雨神在降雨。

[14] 留灵修：为灵修而留。灵修是山鬼对情人的尊称。憺（dàn）：安心，安然。这里是入迷的意思。

[15] 晏：晚。岁既晏：年已老。孰：谁。华：同"花"，此作动词用。孰华予：谁能使我再像花一样鲜美。

[16] 三秀：芝草，一年开花结穗三次，故名。《山海经·中山经》："服之媚于人"，吃了可以赢得别人的喜爱。"采三秀"直承上句的"孰华予"，目的当在此。兮於山：郭沫若认为此"兮"字在句中有"於"字的作用，於山即巫山，於、巫古可同音假借，可备一说。

[17] 芳杜若：像杜若一样芬芳可爱。

[18] 填填：雷声。雨冥冥：因下雨而天色昏暗。

[19] 猨：同"猿"。啾啾：猿声。狖（yòu）：黑色的长尾猿。

[20] 徒：徒然，白白地。离：借作罹，遭受。

提 示

本篇选自《楚辞·九歌》。《九歌》是屈原别具风格的一组诗，它是在楚地民间祭神娱神乐歌的基础上创作而成的。《九歌》是古乐曲名，"九"字并非代表篇数，事实上《九歌》共11篇，前九篇祀天、日、云、河、山、司命、湘水等神，第十篇《国殇》祭为国阵亡之鬼，最后一篇《礼魂》是尾声，是祭祀结束后的送神之曲。

《山鬼》中的山鬼即山神，或说就是楚襄王所梦的巫山神女。本篇描写一位年青女神独处山中的孤独幽凄之感，企盼意中人前来相会的焦灼、疑虑以及深沉的相思。

全诗分三部分。开头8句用第三人称介绍山鬼美丽娇好的仪容情态，以及乘车赴约时的一系列举动和情景。中间12句是主体，山鬼自述到达目的地不见情人后的种种复杂心情：先是责怪自己迟到，后来埋怨对方失信，但又马上替对方辩解，写得缠绵悱恻，一波三折。最后7句恢复第三人称的写法，写出山鬼相思的愁绪后戛然而止，余味悠然；其中用背景的凄厉渲染山鬼的内心痛苦，写得十分传神。

延伸性阅读文献

1. 闻一多：《什么是九歌》，载《闻一多全集》（第一卷），生活·读书·新知三联书店，1982年。
2. 赵沛霖：《屈赋研究论衡》，天津教育出版社，1993年。

3. 作家出版社编辑部：《楚辞研究论文集》，古典文学出版社，1957 年。
4. 林庚：《诗人屈原及其作品研究》，上海古籍出版社，1981 年。

思考与练习

　　1.《诗经》与《楚辞》并称"诗骚"，被视为中国古典诗歌的两大源头，谈谈你的理解。
　　2. 分析"山鬼"形象。
　　3. 本诗在刻画人物时有何特点？体会山鬼赴约前后的微妙心理变化。
　　4. 阅读《九歌》其他篇章。

行行重行行

本诗选自《古诗十九首》,出自东汉下层文人之手,包括《行行重行行》、《青青河畔草》、《青青陵上柏》、《今日良宴会》、《西北有高楼》、《涉江采芙蓉》、《明月皎夜光》、《冉冉孤生竹》、《庭中有奇树》、《迢迢牵牛星》、《回车驾言迈》、《东城高且长》、《驱车上东门》、《去者日以疏》、《生年不满百》、《凛凛岁云暮》、《孟冬寒气至》、《客从远方来》、《明月何皎皎》,共19首,但都没有留下作者的姓名。《古诗十九首》作为一个整体最早被收录在《文选》(卷二十九),代表了汉代文人五言诗的最高成就。《古诗十九首》的作者绝大多数是漂泊在外的游子,主要抒发的是游子羁旅情怀和思妇的闺愁幽怨。

《古诗十九首》是古代抒情诗的典范,它长于抒情,却不径直言之,而是委曲宛转,反复低回。许多诗篇都能巧妙地起兴发端,很少一开始就抒情明理。用以起兴发端的有典型事件,也有具体物象,如《涉江采芙蓉》、《庭中有奇树》选择的都是采摘鲜花以赠情侣的情节,只不过一者是远在他乡的游子,一者是独守闺房的思妇。以物象起兴发端多选择和时序相关的景观,抒情主人公或遇春草,或临秋风,有的眼望明月,有的耳听虫鸣,由这些具体物象引发出种种思绪。以事件起兴发端的诗篇,往往顺势推衍成一个故事。而《孟冬寒气至》和《客从远方来》则都以女主人公收到远方寄来的物品发端,然后写她们对游子的信件和礼物如何珍视,或精心收藏,或巧加裁制。以具体物象起兴发端的诗篇,则由这些物象构成优美的艺术境界。《古诗十九首》以写景叙事发端,极其自然地转入抒情,水到渠成,而且又抑扬有致。

《古诗十九首》许多诗篇以其情景交融、物我互化的笔法,构成浑然圆融的艺术境界。《古诗十九首》不作艰深之语,无冷僻之词,而是用最明白晓畅的语言道出真情至理。浅浅寄言,深深道款,用意曲尽而造语新颖,从而形成深衷浅貌的语言风格。《古诗十九首》的语言又是浓缩的、积淀已久的,具有高度的概括性和丰富的表现力。诗中有许多名言警句,简洁生动,哲理深而诗意浓。《古诗十九首》在各方面均取得突出成就,古人对它给予很高的评价。古代作家喜爱《古诗十九首》,并自觉地学习、借鉴它的艺术风格和创作手法,甚至加以模仿,曹植、陆机、陶渊明、鲍照等都有这方面的作品传世。

> 行行重行行[1],与君生别离[2]。
> 相去万余里,各在天一涯[3]。
> 道路阻且长[4],会面安可知。
> 胡马依北风,越鸟巢南枝[5]。
> 相去日已远,衣带日已缓。
> 浮云蔽白日,游子不顾返[6]。
> 思君令人老,岁月忽已晚。
> 弃捐勿复道[7],努力加餐饭。

◎ 注　释

[1]《古诗十九首》基本上是选取第一句作为篇名。重：又、再。
[2] 生别离：《楚辞·九歌·少司命》："悲莫悲兮生别离，乐莫乐兮新相知。"
[3] 涯：边际。
[4] 且：又。
[5] 胡：指北方。越：指南方。
[6] 顾：念。
[7] 弃捐：抛弃。

☞ 提　示

本诗是《古诗十九首》的首篇，为思妇之词。从内容上可分为两部分，前半部分主要回忆相送分别的情景。夫君离家远行，女主人公送了一程又一程。相隔千里，各在天涯，道路漫长又艰难，不知何时能够再相见。妻子以"胡马"、"越鸟"留恋故乡的事象提醒对方，不要忘掉自己。后半部分主要抒发离别之后的感受。离别的时间越来越久，女主人公越来越消瘦憔悴，衣带渐觉宽缓肥大。幻想游子经不起外界诱惑，不再思念故人，回归故乡；过度的思念，使女主人公日益衰老。于是，她自我宽慰，不要再纠结于被抛弃的事情，还是多多保重身体，体现出一种无可奈何的酸楚。

诗中多处出现暗示性语言，以胡马、越鸟提醒对方，以衣带日缓表现身体消瘦，以浮云蔽日暗示对方变心，加深了女主人公的幽怨之情。

▶ 延伸性阅读文献

1.《文选》卷二十九，中华书局最新版。
2. 李炳海：《〈古诗十九首〉写作年代考》，《东北师大学报（哲学社会科学版）》，1987年第1期。
3. 隋树森：《古诗十九首集释》，中华书局，1957年。

思考与练习

1. 本诗是如何抒发思妇情怀的？
2. "思君令人老"是痛苦的人生体验，在它背后隐藏着许多潜台词，根据本诗具体分析。
3.《古诗十九首》语言简洁生动，概括性强，具有"哲理深而诗意浓"的特点，请结合本诗和《古诗十九首》的其他诗篇进行分析。
4. 背诵这首诗。

春江花月夜[1]

张若虚

张若虚(约公元660~720年),其生平事迹史传无确载,只知是扬州人,曾官兖州(今属山东),兵曹,唐中宗神龙年间,与贺知章、贺朝、万齐融、邢巨、包融同以吴越之士驰名京都,开元初,又与贺知章、张旭、包融并称"吴中四士"。其所作诗篇多散佚,《全唐诗》仅录存二首,一首为五言排律《代答闺梦还》,无甚创新;而另一首七言歌行《春江花月夜》却是千载传诵的抒情杰作,由于此诗在唐诗意境创造和表现艺术上取得了显著成就,故仅此一首就奠定了其在唐诗史上的大家地位,这在中外文学史上都是罕见的。

> 春江潮水连海平,海上明月共潮生[2]。
> 滟滟随波千万里,何处春江无月明。
> 江流宛转绕芳甸[3],月照花林皆似霰[4]。
> 空里流霜不觉飞,汀上白沙看不见[5]。
> 江天一色无纤尘,皎皎空中孤月轮。
> 江畔何人初见月,江月何年初照人。
> 人生代代无穷已,江月年年只相似。
> 不知江月待何人,但见长江送流水。
> 白云一片去悠悠,青枫浦上不胜愁[6]。
> 谁家今夜扁舟子[7],何处相思明月楼。
> 可怜楼上月徘徊,应照离人妆镜台[8]。
> 玉户帘中卷不去,捣衣砧上拂还来[9]。
> 此时相望不相闻[10],愿逐月华流照君[11]。
> 鸿雁长飞光不度,鱼龙潜跃水成文[12]。
> 昨夜闲潭梦落花,可怜春半不还家[13]。
> 江水流春去欲尽,江潭落月复西斜。
> 斜月沉沉藏海雾,碣石潇湘无限路[14]。
> 不知乘月几人归,落月摇情满江树[15]。

◎ 注　释

[1]《春江花月夜》属乐府《清商曲辞·吴声歌曲》的旧题,原多为内容浮华艳丽的宫体诗。
[2] 共:点明月与潮的微妙关系。
[3] 宛转:温和而曲折。芳甸:开满了鲜花的江边沙滩。

[4] 霰：小雪珠，指花月辉映，朦朦胧胧之状。

[5] 流霜：空中飞动的霜。霜在古人想象中与雪一样从空中落下，故常说"飞霜"。这里用以喻月光，所以只觉其"流"而不觉其"飞"。汀：水中的沙洲。

[6] 白云：比喻游子。悠悠：深远渺茫状。青枫浦：地名，今湖南浏阳县内，但此处泛指与"白云"相对的地方。不胜：经不起，受不了。

[7] 扁舟：小船。扁舟子：指在外的游子。

[8] 徘徊：指月光移动。

[9] "玉户"两句：说月光似乎故意与思妇为难，帘卷不去，手拂还来。玉户：对闺楼的美称，形容闺楼华丽。捣衣砧：旧时江边用做捶洗衣服的石头。

[10] 相闻：互通音讯。

[11] 逐：跟从。月华：月光。

[12] "鸿雁"两句：谓游子、思妇彼此之间难通音信。鸿雁：此指信使。《汉书·苏武传》记有鸿雁传递书信之事。长飞光不度：鸿雁飞得再远，也不能逾越月光。度：通"渡"。鱼龙：鲤鱼。古诗《饮马长城窟行》："客从远方来，遗我双鲤鱼。呼儿烹鲤鱼，中有尺素书。"说鲤鱼也能传递书信。潜跃水成文：鲤鱼在水底潜游，水面上会激起波纹。文：通"纹"。

[13] 闲潭：幽静的水潭，指闺妇居住之地。可怜：可惜。

[14] 藏海雾：指斜月藏入海中，与篇首"海上明月共潮生"呼应。碣石：山名，在今河北省，这里代表北方。潇湘：水名，即潇水和湘水，在今湖南省，此处代表南方。碣石潇湘：象征男女双方天各一方，距离遥远。

[15] 摇情：游荡情思。"不知"两句：指普天之下游子众多，不知有几个能乘月而归？在残月的清光下，闺妇情思摇荡洒满江树。

☞ 提 示

这首《春江花月夜》虽用旧题，题材亦为传统的游子思归，但作者却能别出新意，融诗情、画意、哲理于一体，创造出情、景、理水乳交融的、令人心驰神往的奇妙艺术境界，被闻一多先生称为"诗中的诗，顶峰上的顶峰"（《宫体诗的自赎》）。

诗人将江南春江花月夜清幽恬静的自然美景、人间缠绵悱恻的离愁别恨与对人生哲理的探求结合在一起。诗人首先描绘了一幅在月光照耀下，烟波浩渺而透明纯净的春江远景，展示出大自然的神奇美妙，面对如此清明澄澈的太空，作者感到神秘而亲切，从而引发了对宇宙无限的哲理思索，进而抒写人生别离，渲染了高楼思妇难以排解的相思之情与江湖游子辗转反侧的思归之情，表达了作者对他们的理解和同情，同时又把这种同情心扩大开去，以"不知乘月几人归，落月摇情满江树"收尾，显得余味无穷。

本诗在描写上的最大特点是借景抒情、情景交融。作品以明月为中心，紧扣春、江、花、月、夜五种景物绘成一幅江天一色、绚丽壮观的景色，为人情的抒写提供了环境，制造了氛围。作品借江月永照、明月长圆来抒发对生命短暂的感叹，借落花、流水、残月烘托游子的思归之情；而暗示手法的运用又使"一切景语皆情语也"，读来情韵悠长，含蓄动人。

诗歌情调哀而不伤。其中虽有青春苦短的伤感，但笔调轻盈，交织着对生命的留恋，对青春的珍惜，对"人生代代无穷已"的哲理思索；虽有夫妇别离的哀愁，但悠悠相思中饱含着脉脉温情，充满了对重逢的企盼和对幸福的憧憬。

诗歌语言自然流畅，旋律圆润悠扬，情文摇曳生姿，千百年来启迪着无数人的审美灵感。

➢ 延伸性阅读文献

1. 闻一多：《宫体诗的自赎》，载《闻一多全集》，生活·读书·新知三联书店，1982年。
2. 袁行霈：《春江花月夜赏析》，《诗探索》，1980年第1期。
3. 沈松勤、胡可先、陶然：《唐诗研究》，浙江大学出版社，2006年。

> **思考与练习**
>
> 1. 本诗在写景抒情中运用了大量的暗示手法，你能找出这样的诗句吗？
> 2. 本诗的感情基调是"哀而不伤"，谈谈你的感受和认识。
> 3. 本诗与刘希夷的《代悲白头翁》被称作唐代诗坛的"双璧"，请将二者结合起来阅读，具体分析其相通之处。
> 4. 具体分析本诗"情、景、理"完美融合的艺术特点。

插 秧 歌

杨万里

杨万里(1127~1206年),字廷秀,号诚斋,吉州吉水(今江西省吉水县)人,南宋杰出诗人。宋高宗绍兴二十四年(1154年)进士,历仕高宗、孝宗、光宗三朝,官至太常丞、广东提点刑狱、尚书左司郎兼太子侍读、秘书监。宁宗时致仕,进宝谟阁学士,卒。杨万里一生力主抗金,收复失地。因其秉性刚直,遇事敢言,故累遭贬抑,晚年闲居乡里长达15年之久。杨万里作诗初学江西诗派,后学陈师道、王安石及晚唐诗,至51岁"忽若有悟",终超越前人,自辟蹊径,形成了独具特色、对后世影响颇大的"诚斋体"。杨万里诗歌的主要兴趣体现在自然风物和日常生活的情趣上面。诚斋体的突出特点就是善于巧妙地摄取自然景物的特征和动态,使山山水水充满灵性;另一特点是幽默诙谐,大自然的一切,大到日月山川,小到蜂蝶花木,无不入诗,且涉笔便有谐趣。诗歌语言平易浅近,自然活泼,适当选择、熔炼俗谚口语入诗,是诚斋体的又一特点。杨万里诗歌工于七绝,以写景咏物见长,与尤袤、范成大、陆游合称南宋"中兴四大诗人"、"南宋四大家"。有《诚斋集》,其中诗歌部分,依年代分编为《江湖集》、《荆溪集》、《西归集》、《南海集》、《朝天集》、《江西道院集》、《朝天续集》、《江东集》、《退休集》,共存诗4200余首。

> 田夫抛秧田妇接,小儿拔秧大儿插。
> 笠是兜鍪蓑是甲[1],雨从头上湿到胛[2]。
> 唤渠朝餐歇半霎[3],低头折腰只不答。
> 秧根未牢莳未匝[4],照管鹅儿与雏鸭[5]。

◎ 注 释

[1] 兜鍪:头盔,古代士兵作战时所带。
[2] 胛:肩胛。
[3] 渠:他。霎:片刻。半霎:极言时间的短暂。
[4] 莳:移栽植物,这里指插秧。匝:周,遍,完毕。
[5] 照管:这里是指提防的意思。

☞ 提 示

本诗为宋孝宗淳熙六年(1179年),杨万里去官家居时所作,选自《西归集》,是一首描写农民雨天劳作情景的诗歌。通过诗歌,杨万里为我们描绘了一幅农家总动员,雨中抢插秧苗的风俗图画。诗歌对雨中插秧的全部过程进行了完整的描述,动作准确具体、比喻新奇自然、语言生动活泼,充满谐趣,体现了诚斋体的风格。

延伸性阅读文献

1. 《宋史》卷四三三,中华书局,1982年。
2. 吕留良:《宋诗钞·诚斋诗钞》,中华书局,1992年。
3. 胡明:《杨万里散论》,《文学评论》,1986年第6期。
4. 王兆鹏:《建构灵性的自然——杨万里"诚斋体"别解》,《文学遗产》,1992年第6期。

思考与练习

1. 钱钟书《谈艺录》评价杨万里:"诚斋擅写生,……如摄影之快镜,兔起鹘落,鸢飞鱼跃,稍纵即逝而及其未逝,转瞬即改而当其未改,眼明手快,踪矢蹑风,此诚斋之所独也。"认真阅读此诗,谈谈你对这段评价的理解。

2. 唐末五代僧人契此(布袋和尚)也写有一首《插秧歌》:"手捏青苗种福田,低头便见水中天。六根清净方成稻,后退原来是向前。"试对这两首诗进行比较分析。

3. 了解杨万里和"诚斋体"。

4. 背诵这首诗。

圆 圆 曲

吴伟业

吴伟业(1609～1672年),是明末清初之际的著名诗人。字骏公,号梅村,江南太仓(今属江苏省)人。明崇祯四年辛末(1631年)进士,历任翰林院编修,南京国子监司业,左庶子等职。弘光朝担任少詹事。明亡后,吴伟业对清廷采取消极的不合作态度,为保持名节而隐居乡里长达10年。于顺治十年(1653年)被迫应诏仕清,被授为秘书院侍讲,后升为国子监祭酒。顺治十三年(1656年)年底因母丧弃官归里,从此不复出仕。他是明清之际诗坛的风云人物,与钱谦益、龚鼎孳并称为"江左三大家",其诗取法唐人,博采兼收;早期因人生得意,诗作华艳绮丽,后遭逢丧乱,诗作多感慨悲凉之音,叙事诗反映家国兴亡之大事,抒情诗叙说身世荣辱的哀怨及屈节仕清的悔恨。各体皆工,歌行体尤为著名,效法元、白而自具面目,被人称为"梅村体",并有"一代诗史"之誉。又精通词、曲、书法、绘画等,著有《梅村家藏稿》。吴伟业词作不多,但传诵很广。其风格与诗近似,清丽哀婉。除诗词外,吴伟业还是清初重要的戏剧家,代表作品有《秣陵春》、《通天台》、《临春阁》等。他的戏剧创作收集在《乐府杂剧》中。吴伟业的文章在风格上也与他的诗歌接近,语言清秀隽丽,感情深沉哀婉。此外,吴伟业还是清初著名的画家,有作品传世。

鼎湖当日弃人间[1],破敌收京下玉关[2]。
恸哭六军俱缟素[3],冲冠一怒为红颜[4]。
红颜流落非吾恋,逆贼天亡自荒宴[5]。
电扫黄巾定黑山[6],哭罢君亲再相见[7]。
相见初经田窦家[8],侯门歌舞出如花[9]。
许将戚里箜篌伎[10],等取将军油壁车[11]。
家本姑苏浣花里[12],圆圆小字娇罗绮[13]。
梦向夫差苑里游[14],宫娥拥入君王起。
前身合是采莲人[15],门前一片横塘水[16]。
横塘双桨去如飞,何处豪家强载归[17]。
此际岂知非薄命,此时只有泪沾衣[18]。
熏天意气连宫掖[19],明眸皓齿无人惜[20]。
夺归永巷闭良家[21],教就新声倾坐客[22]。
坐客飞觞红日暮[23],一曲哀弦向谁诉?
白皙通侯最少年[24],拣取花枝屡回顾。
早携娇鸟出樊笼,待得银河几时渡。

恨杀军书抵死催[25]，苦留后约将人误。
相约恩深相见难，一朝蚁贼满长安[26]。
可怜思妇楼头柳[27]，认作天边粉絮看[28]。
遍索绿珠围内第[29]，强呼绛树出雕阑[30]。
若非壮士全师胜，争得蛾眉匹马还[31]？
蛾眉马上传呼进，云鬟不整惊魂定。
蜡炬迎来在战场，啼妆满面残红印[32]。
专征箫鼓向秦川，金牛道上车千乘。
斜谷云深起画楼，散关月落开妆镜[33]。
传来消息满江乡，乌桕红经十度霜[34]。
教曲妓师怜尚在，浣纱女伴忆同行。
旧巢共是衔泥燕[35]，飞上枝头变凤皇[36]。
长向尊前悲老大[37]，有人夫婿擅侯王[38]。
当时只受声名累，贵戚名豪竞延致。
一斛明珠万斛愁[39]，关山漂泊腰支细[40]。
错怨狂风扬落花，无边春色来天地。
尝闻倾国与倾城，翻使周郎受重名[41]。
妻子岂应关大计，英雄无奈是多情。
全家白骨成灰土，一代红妆照汗青[42]。
君不见，馆娃初起鸳鸯宿[43]，越女如花看不足[44]。
香径尘生鸟自啼[45]，屧廊人去苔空绿[46]。
换羽移宫万里愁[47]，珠歌翠舞古梁州[48]。
为君别唱吴宫曲[49]，汉水东南日夜流[50]。

◎ 注 释

[1] 鼎湖：古代传说黄帝乘龙升天之处。《史记·封禅书》："黄帝采首山铜，铸鼎于荆山下。鼎既成，有龙垂胡髯下迎黄帝，黄帝上骑，……后世因名其处曰鼎湖。"后代诗文中常以此典指称帝王之死。此处指崇祯帝之死。1644年2月，李自成攻陷北京，崇祯自缢于煤山。

[2] "破敌"句写吴三桂降清，引清兵入关攻陷北京。玉关：玉门关，在今甘肃省敦煌西北，这里借指山海关。下玉关：自山海关南下。

[3] 六军：据《周礼·夏官司马》记载，周天子统率六军，一军为一万二千五百人，后以六军泛指朝廷军队。此处指吴三桂所统帅的明军。缟(gǎo)素：白色的衣服，指丧服。吴三桂军队曾经为崇祯帝服丧。

[4] "冲冠"句：钮琇《觚(gū)剩》载，李自成攻占北京后，胁迫吴三桂父亲吴襄写信招降三桂，"家人潜至帐前约降，忽问陈娘何在。使不能隐，以籍人告。延陵遂大怒，按剑曰：'嗟乎！大丈夫不能自保其室，何以生为？'即作书与襄决，勒军入关，缟素发丧，随天旅西下，殄贼过半。"

[5] 逆贼：指李自成，这里是对起义军的污蔑之词。荒宴：沉湎于酒色。

[6] 电扫：比喻进军神速。黄巾：东汉末年张角领导的起义军以黄巾裹头，被称为"黄巾军"。黑山：东汉末年以张燕为首领的河南黑山农民起义军的队伍，当时被污称"黑山贼"。这里均借指李自成

的起义军。

［7］君亲：君，指崇祯帝；亲，指吴三桂父母。钮琇《觚賸》载，李自成招降吴三桂不成，又被他打败，"愤襄，杀之，悬其首于竿，襄家三十八口俱遭惨屠"，"圆圆翻以籍入无恙"。

［8］田窦：西汉武安侯田蚡和魏其侯窦婴，皆显赫一时的外戚，此处借指崇祯帝外戚。钮琇《觚賸》说是周皇后父亲周奎，陆次云《圆圆传》、刘健《庭闻录》、计六奇《明季北略》、无名氏《鹿樵纪闻》等说是田贵妃父亲田宏遇。

［9］侯门：公侯贵族人家。

［10］戚里：汉代长安城中帝王外戚聚居地，诗中借指外戚。箜（kōng）篌（hóu）伎：弹箜篌的歌伎。箜篌是古代一种拨弦乐器，体长而曲，二十三弦。

［11］油壁车：古代妇女乘坐的车，车壁涂油漆装饰。乐府《苏小小歌》："妾乘油壁车，郎乘青骢马。"

［12］姑苏：山名。在苏州吴县西南，常用为苏州吴县的别称。浣花里：唐代蜀中名妓薛涛居住地，此处是借用。

［13］小字：小名。娇罗绮：语出江淹《别赋》："罗与绮兮娇上春"，取其美好之意，形容陈圆圆服饰华丽，容颜娇美。

［14］夫差：春秋末年吴国国君，曾经打败越国，使之屈服；越送美女西施给他，消磨其志，后越兴兵灭亡吴国，夫差自杀。苑：宫苑。

［15］前身：前世。合：该。采莲人：指西施，传说西施曾采莲于若耶溪上。

［16］横塘：吴越间以"横塘"为地名者颇多，这里指在苏州市胥门外者。

［17］豪家：指买陈圆圆的外戚。根据钮琇《觚賸》载：崇祯末，周奎"以营葬归苏，……因出重资购陈圆圆，载之以北"。据陆次云《圆圆传》："崇祯癸未岁，总兵吴三桂慕其名，赍千金往聘之，已先为田畹（宏遇）所得。"

［18］"此际"二句：圆圆随人去京实非情愿，故诗语云云。

［19］熏天：形容气势威赫。宫掖：宫中。掖：即掖庭，宫中的房舍，嫔妃所居之处。

［20］无人惜：圆圆被外戚送进宫，没被崇祯接纳。惜：爱怜。

［21］永巷：宫中宫女居住的长巷。良家：此处指外戚家。

［22］新声：时新的曲调，指昆曲。

［23］莫：通"暮"。

［24］白皙（xī）：肤色白净。通侯：汉时爵位名。秦时称彻侯，汉时避武帝讳，改称通侯。彻、通皆言其上通皇帝，位最尊。此处指吴三桂。

［25］抵死：拼命地。

［26］蚁贼：对李自成起义军的污称，形容贼寇多如蚂蚁。长安：汉唐首都，借指明朝都城北京。此句指明崇祯十七年（1644年）三月，李自成起义军入北京。

［27］思妇楼头柳：王昌龄《闺怨》："闺中少妇不知愁，春日凝妆上翠楼。忽见陌头杨柳色，悔教夫婿觅封侯。"此指陈圆圆已被吴三桂纳为妾。

［28］粉絮：杨花。旧时常比喻未从良的妓女。

［29］绿珠：晋石崇爱妾，善吹笛。孙秀曾派人向石崇索要，石崇不许。石崇失势时，孙秀矫诏捕杀石崇，欲夺绿珠，绿珠跳楼自尽。内第：内府。

［30］绛树：汉末著名舞伎。曹丕《答繁钦书》："今之妙舞莫巧于绛树。"

［31］争得：怎得。

［32］"蛾眉"四句：钮琇《觚賸》载：吴三桂穷追李自成至山西，仍不知陈圆圆下落。其部将于都城搜访得之，飞骑传送。吴三桂正欲渡河，闻之大喜，在军营结五彩楼，备车抬轿，列旌旗箫鼓三十

里,亲往迎接。传呼:喝道。啼妆:女子妩媚的神态,假意擦拭眼下,像拭泪的样子。蜡炬:即蜡烛。据王嘉《拾遗记》载,魏文帝迎娶美人薛灵芸,在京城之外数十里间,高燃蜡烛,光焰相继不绝。此用以比拟吴三桂迎接圆圆场面之隆重。残红印:化妆的胭脂被泪痕弄乱。

[33] "专征"四句:专征,指古代帝王授予诸侯、将帅特权,不经奏请即可自行征伐。秦川,泛指今陕西、甘肃秦岭以北渭水平原。金牛道,又名石牛道,由沔阳(今陕西勉县)入四川的古栈道。相传战国秦惠文王欲伐蜀,因山道险阻,作五石牛,言能屎金,以欺蜀王;蜀王命五丁开道引之,秦军随而灭蜀。"金牛"、"石牛"由此得名。斜(yè)谷:古道路名。在今陕西眉县西南,即褒斜道的斜谷一部分。散关:即大散关,在陕西宝鸡市西南大散岭上,当秦岭咽喉,扼川陕间交通孔道。旧属汉中府。以上四句写吴三桂进军西北,陈圆圆随军。

[34] 江乡:水乡,指苏州。乌桕(jiù):落叶乔木,秋天时树叶变红。宋·林逋《水亭秋日偶书》:"巾子峰头乌桕树,微霜未落已先红。"红经十度霜,意谓经过了十年。冯沅君考订圆圆北去为崇祯十五年(1642年),钱仲联考证此诗作于顺治八年(1651年),恰是十年。古诗常以乌桕写别离,如乐府《西洲曲》:"日暮伯劳飞,风吹乌桕树。"

[35] 衔泥燕:比喻地位低微的同伴。

[36] 凤皇:即凤凰,比喻地位显贵,指陈圆圆。

[37] 尊:同"樽",酒器。老大:年纪老。

[38] 擅:居。侯王:指高位。

[39] 一斛(hú)明珠:传奇《梅妃传》载,唐玄宗时,杨贵妃专宠,迁梅妃于上阳东宫。一日玄宗思念梅妃,恰外国使者来进贡,即命封一斛珍珠密赐梅妃。斛:古代容量单位。

[40] 支:同"肢"。

[41] 翻使:反使。周郎:周瑜,周瑜的妻子小乔是东吴著名美女。这里借指吴三桂。

[42] 汗青:史册。古时在竹简上书写,先用火炙青竹,使水分蒸发(有如出汗),以便书写和防蛀,这一过程叫汗青,后引申指史册。

[43] 馆娃:馆娃宫,宫名,吴王夫差为西施所建。故址在江苏吴县灵岩山。

[44] 越女:指西施,她是春秋末年越国人。

[45] 香径:即采香径,在今苏州市西。相传吴王派宫女到此采香。

[46] 屧(xiè)廊:即响屧廊,故址在江苏吴县灵岩山。相传"吴王建廊而虚其下,令西施与宫人步屧,绕之则响,故名"(见正德《姑苏志》)。屧:古代木底的鞋子。

[47] 换羽移宫:变换曲调,借喻改朝换代。羽、宫是古代五声音阶中的两个音。

[48] 珠歌翠舞:形容吴三桂沉湎声色的生活。古梁州:三国魏景元四年(公元263年)置,治所在沔阳,晋太康中移治南郑。吴伟业写此诗时吴三桂驻守汉中南郑,此地是古梁州城所在地。

[49] 别唱:另唱。吴宫曲:咏叹吴宫盛衰的歌曲。

[50] "汉水"句:汉水是长江的一支河流,上游在汉中境内,东南流入长江。李白《江上吟》:"功名富贵若长在,汉水亦应西北流。"这里用其意,但换了一种说法,说汉水东南日夜流,实际上是说功名富贵根本不可能长在。

☞ 提 示

吴伟业的诗歌多"哀时伤事",具有鲜明的时代感。后人以"诗史"评价吴伟业的诗歌,说他的诗歌是"诗中有史"。在风格上,他的诗歌在明亡前"才华艳发,吐纳风流",辞藻华丽而又显得很清丽。明亡之后,他的作品转为苍凉凄婉但风骨凛然,从中常能看到庾信的影子。其近体诗中的佳作有《过吴江有感》、《过淮阴有感》、《杂感》、《扬州》、

《读史杂感》、《怀古兼吊侯朝宗》等。他的七言歌行更为出色，代表作品是《永和宫词》、《圆圆曲》、《楚两生歌》等，而其中《圆圆曲》更是传世佳作，是继白居易的《长恨歌》等之后最值得注意的歌行体长诗之一。

陈圆圆，本名邢沅，曾是苏州名妓。据历史记载，崇祯年间，皇亲国戚田畹（一说是周奎）以重金买下陈圆圆，献给皇帝，但是崇祯对她不感兴趣。田畹后来就把陈圆圆赠给吴三桂为妾。当时明朝、清兵、农民起义军三方对峙，指挥明军镇守山海关的吴三桂是一个举足轻重的人物。吴三桂本来曾有依附李自成的打算，但他得悉起义军攻入北京，陈圆圆被刘宗敏掠去，于是冲冠一怒，转而引清兵入关，成为推翻南明王朝的急先锋。

吴伟业以明清换代之际的风云变化为背景，通过歌咏陈圆圆一生传奇式的遭遇，含蓄地抨击吴三桂不顾大义而叛明降清的历史罪行，但同时又对吴三桂的境遇表示出些许同情，情感十分复杂。这首诗词采富丽，音节流美，结构腾挪变化，借陈圆圆传奇式的遭遇，描绘了重大的历史兴亡之事。作者善以典故来传达自己的感情倾向，如诗中反复描写的有关夫差、西施的故事就是显例。此外，构思巧妙，整个作品格局充满变化，并穿插、运用了叙事、抒情、议论等多种手法。

➢ 延伸性阅读文献

1. 《清史稿》，中华书局，1987年。
2. 于慧：《谈吴梅村〈圆圆曲〉的叙事艺术》，《泰山学院学报》，2004年第26卷第4期。
3. 张毓洲：《从〈圆圆曲〉与〈长恨歌〉看梅村体与长庆体的区别》，《齐齐哈尔师范学院学报》，2007年第2期。

思考与练习

1. 认真阅读本诗，分析"梅村体"的艺术特点。
2. 作者对主人公陈圆圆抱着怎样的态度？
3. 吴三桂是个颇受争议的人物，有人赞赏他对爱情忠贞，有人谴责他断送了大明江山，还有人认为他的人生历程根本就是一个悲剧。对于这些，你有何看法？
3. 梳理全诗的叙事线索。

兰陵王·柳

周邦彦

周邦彦(1056~1121年),著名词人,音乐家,北宋婉约词派集大成者。字美成,自号清真居士,钱塘(今浙江杭州)人。周邦彦自幼受家庭教育熏陶,聪明勤奋,博览群书;精通音律,擅长自己创作曲调,是北宋文人中继柳永之后最杰出的音乐家。1079年朝廷扩充太学,24岁的周邦彦同归考试被录取,走上仕途。宋神宗时,周邦彦写了一篇《汴都赋》,其中有赞颂王安石新法的言论,宋神宗格外赏识,由诸生破格晋升为太学正。然而,"成也此赋,败也此赋",周邦彦以后仕途的沉浮与这篇赋联系在一起。晋升学正后的第三年,神宗去世,高太后临朝,旧党得势,周邦彦被排挤出朝廷,流落州县任职,长达11年之久;1093年,高太后去世,宋哲宗亲政,召用新党,旧党遭到贬谪。1097年,42岁的周邦彦被调回京,任国子监主簿一职。后因不与蔡京合作,再度被贬,长期在州县间担任小官职。周邦彦虽然在仕途上不甚得意,其词却深受世人喜爱,加上精通音律,能自创新曲,所以他的词无论是写人情世态还是咏物抒怀都是旋律优美,声情顿挫,带有一种华美与轻狂的特质,被后人尊为"词家之冠"。周邦彦是两宋词坛上承上启下的大家,向上继承了柳永、苏轼,向下影响了姜夔、吴文英、史达祖等婉约派作家。

柳阴直[1],烟里丝丝弄碧[2]。隋堤上[3]、曾见几番,拂水飘绵送行色。登临望故国[4],谁识京华倦客。长亭路[5],年去岁来,应折柔条过千尺[6]。

闲寻旧踪迹,又酒趁哀弦,灯照离席。梨花榆火催寒食[7]。愁一箭风快,半篙波暖,回头迢递便数驿,望人在天北。

凄恻,恨堆积!渐别浦萦回[8],津堠岑寂[9],斜阳冉冉春无极。念月榭携手,露桥闻笛[10]。沉思前事,似梦里,泪暗滴。

◎ 注 释

[1] 柳阴直:柳树的阴影连缀成一条直线。
[2] 烟里丝丝弄碧:形容嫩绿的柳丝笼罩在烟气里随风舞动的样子。
[3] 隋堤:指汴京至淮河一段的水路,这条堤坝是隋朝建造的,故称隋堤。
[4] 故国:指故乡。
[5] 长亭:古时驿路上十里一长亭,五里一短亭,以备行人休息,也是送别之地。
[6] 应折柔条过千尺:古人送行,多折柳赠别。这句说明作者经常送别。
[7] 梨花榆火催寒食:清明前二日为寒食节,相传起于晋文公悼念介子推事,因介子推抱木焚死,便定是日禁火寒食,节后另取新火。唐宋时,朝廷于清明日取榆柳之火以赐百官谓之换新火。这句指明送别的时间是寒食节前。

[8] 别浦萦回：船离岸了，水波在回旋。
[9] 津堠：津指渡口，堠是古代探望敌情的堡垒，此指可供住处的处所。
[10] 月榭、露桥：均指夜游的地方。

☞ 提 示

这是一首慢词，是周邦彦的名篇之一。慢词是宋词的主要体式之一，它与小令一起成为宋代词人常用的曲调样式。慢词的名称从"慢曲子"而来，指依慢曲所填写的调长拍缓的词。慢词字句较多，但系依据曲调缓急而定，与依据体制长短而作的长调不同（尽管慢词多为长调，即字数最多的一类词）。

词是宋代文学的主流。唐及五代时已出现词这一形式，但词的成熟与发展是在宋代。词最初的特点是以诗文配上曲调，可以演唱。每首词都有一个调名，称"词牌"，依调填词为"倚声"。因此，宋词又有曲、杂曲、曲子词、乐府、琴趣、乐章、长短句等称谓。因曲调节拍的不同，词调又区分为令、引、近、慢等。令或称小令，慢词也作长调。词的分段称为分片，词除单调之外，一般都分上下两片，慢词也有分成三四片者。宋代许多学者文人喜好填词作曲，对推动词的发展起了重要作用。宋代词的作者、作品及素质远超前代，成为继唐诗之后又一极具影响力的文学体裁。后世词一般不再演唱，基本上成为一种文学形式。

这首词的题目是"柳"，内容却不是咏柳，而是伤别，在别情中渗透着漂泊的疲倦感。第一片以柳起兴，抒发感情。借隋堤柳烘托了离别的气氛，感慨人世间的常离别；第二片写眼前送别情景，既有对往事的回忆，又有对别后愁苦的设想，以夸张想象之辞抒写离别时的无限惆怅和凄婉的伤痛之感；第三片又由眼前景折回到前事。全词时而代行者设想，时而从居者设想，回环往复地咏叹，一层层倾吐出作者的伤感愁闷。这首词在南宋初期便广为流传，时人谓之"渭城三叠"。

➤ 延伸性阅读文献

1. 孙虹：《清真集校注》，中华书局，2002年。
2. 王兆鹏：《论宋代咏物词的三种范型》，载《中国诗学》（第三辑），南京大学出版社，1995年。
3. 刘扬忠：《周邦彦传论》，陕西人民出版社，1991年。

思考与练习

1. 什么是慢词？
2. 分析这首词的抒情特点。
3. 陈廷焯《白雨斋词话》："词至美成，乃有大宗，前收苏、秦之终，后开姜、史之词，自有词人以来，不得不推为巨擘，后之为词者亦难出其范围。"谈谈你对这段话的看法，请说明理由。

般涉调·耍孩儿·借马

马致远

马致远，号东篱，大都(今北京市)人，生卒年代不详，约生活在13世纪后期至14世纪初期。元世祖至元二十二年(1285年)前后，他流寓扬州和杭州，做过"江浙省务提举"的小吏，壮志难酬，很不得意，约在45岁时便退出官场，归隐田园。他一生主要在书会中活动，曾与李时中等组织"大都元贞书会"，从事戏曲创作与研究。他是元代前期著名的杂剧和散曲作家，著杂剧15种，今存《汉宫秋》、《青衫泪》等7种。散曲作品尤丰，存世散曲有小令115首、套曲16篇和残套7个。马致远散曲风格多样，内容较广，题材开拓高人一等，辞采洗练，深为后世文人喜爱，被称为"曲状元"。但其散曲多为抒写退隐后的情怀，在不满现实的同时，带有消极遁世思想。散曲由后人辑为《东篱乐府》一卷。

近来时买得匹蒲梢骑[1]，气命儿般看承爱惜。逐宵上草料数十番[2]，喂饲得膘息胖肥。但有些秽污却早忙刷洗，微有些辛勤便下骑。有那等无知辈，出言要借，对面难推。

【七煞】懒设设牵下槽[3]，意迟迟背后随，气忿忿懒把鞍来鞴[4]。我沉吟了半晌语不语，不晓事颓人知不知[5]？他又不是不精细，道不得"他人弓莫挽，他人马休骑！"

【六煞】不骑呵西棚下凉处拴，骑时节拣地皮平处骑，将青青嫩草频频地喂。歇时节肚带松松放，怕坐的困尻包儿款款移[6]。勤觑着鞍和辔[7]，牢踏着宝镫，前口儿休提[8]。

【五煞】饥时节喂些草，渴时节饮些水。着皮肤休使粗毡屈，三山骨休使鞭来打[9]，砖瓦上休教稳着蹄[10]。有句话你明明的记：饱时休走，饮了休驰。

【四煞】抛粪时教干处抛，绰尿时教净处尿[11]，拴时节拣个牢固桩橛上系。路途上休要踏砖块，过水处不教践起泥。这马知人义，似云长赤兔，如翼德乌骓[12]。

【三煞】有汗时休去檐下拴，渲时休教浸着颓[13]，软煮料草铡底细。上坡时款把身来耸，下坡时休教走得疾。休道人忒寒碎[14]，休教鞭飚着马眼[15]，休教鞭擦损毛衣。

【二煞】不借时恶了兄弟，不借时反了面皮。马儿行嘱咐叮咛记："鞍心马户将伊打，刷子去刀莫作疑[16]。"只叹的一声长吁气，哀哀怨怨，切切悲悲。

【一煞】早晨间借与他，日平西盼望你，倚门专等来家内。柔肠寸寸因他断，侧耳频频听你嘶。道一声"好去"，早两泪双垂。

【尾】没道理没道理，忒下的忒下的[17]。"恰才说来的话君专记，一口气不违借与了你。"

◎ 注　释

[1] 蒲梢：骏马名，据说是汉代伐大宛时所得之千里马。
[2] 逐宵：整夜整夜。
[3] 懒设设：懒洋洋。
[4] 鞴（bèi）：把鞍系于马背的动作。
[5] 颓人：骂人的话，相当于"不懂事的东西！"
[6] 尻（kāo）包儿：屁股蛋。
[7] 辔（pèi）：马笼头。
[8] 前口儿：马嚼子。
[9] 三山骨：马胯骨。
[10] 稳：歪着。
[11] 绰尿：撒尿。
[12] 乌骓：与前边的"赤兔"都是骏马名。云长、翼德就是三国时蜀汉大将关羽（字云长）和张飞（字翼德）。
[13] 渲：小水，此处指出汗。颓：指马的生殖器。
[14] 忒寒碎：太寒酸琐碎。
[15] 飑（diū）：扫着。
[16] "鞍心"两句：用拆白道字方法来骂人，马户二字合起来是个驴字。刷子去刀是个屌字，即男阴。
[17] 忒下的：太下得手，使得出来。

☞ 提　示

　　元曲是元代特有的文学艺术形式，它分为散曲和杂剧两部分。散曲包括小令和散套两种，小令是不成套的散曲，散套又叫套数，是统属于一个宫调的成套的散曲。例如，关汉卿的《双调·沉醉东风》就是一支小令，"双调"是北曲的宫调，"沉醉东风"是曲牌。元散曲的题目由三部分组成，即宫调、曲牌、内容提示。本篇《般涉调·耍孩儿·借马》就是用"般涉调"的调式，第一支曲的曲牌是"耍孩儿"，内容是"借马"。又如马致远的一套散套《双调·夜行船·秋思》，"双调"是调式，"夜行船"是第一支曲子的曲牌，"秋思"是内容提示。马致远还有一支小令《越调·天净沙·秋思》，"越调"是调式，曲牌是"天净沙"，"秋思"是咏唱内容的标题。小令和散套都要按一定的宫调来演唱，常用的宫调有九个，即五宫四调：正宫、中吕宫、南吕宫、仙吕宫、黄钟宫、大石调、双调、商调、越调。每一个宫调都有它的音律风格。宫调就是调式，类似于今天乐曲的C大调、D小调等。
　　散曲主要是抒情的、自娱的，基本上没有故事，像《般涉调·耍孩儿·借马》也只是一种心情的刻画，没有更多的戏剧性矛盾冲突。如果把四个宫调、四套曲子里面贯穿上人物故事情节，由其中的一个主角演唱这四套曲子，其他角色配上宾白（宾白就是对话、旁白）、科范（科范就是表演动作），这就是一个元杂剧。一套曲子就是一折戏，每一折戏的每一套曲子押一个韵脚，一个完整的元杂剧一共四折戏。此外往往在开头有一个"楔子"，即序幕，在结尾有两句或四句诗的剧情提要，即"题目正名"。元杂剧的特点可以用四句话概括：一本四折加楔子，一折一调押一韵，一人主唱用北曲，题目正名是标题。

元杂剧和元散曲是金元之际随着草原民族入主中原带来新的草原音乐和草原文化而产生的。元朝是一个马背上的民族建立的封建王朝，有它的社会独特性和历史独特性与之前的唐朝、宋朝和以后的明朝有很大区别，后者是由中原上以农耕为主的汉民族建立的王朝。这样，元曲也就和唐诗、宋词以及明朝的诗词在形式、内容、风格上都有很大区别。

《般涉调·耍孩儿·借马》是马致远散曲中的名作之一。全篇选取的是一个借马的片断，描写一个爱马成癖的人在别人向他借马时的复杂心理及行动，塑造了一个性格鲜明的人物形象。题材突破了元散曲一般只言情、写景的范围，有开创意义。

曲子写爱马人近来买了一匹好马，如性命般爱惜，精心喂养，自己都不舍得多骑，谁知有人要来借马，这可给他出了难题，痛苦与矛盾也就此展开。碍于面子，他不得不将马借出，但实在不情不愿，因此心里直抱怨对方不识趣，嘴上则不厌其烦地吩咐叮嘱。那种忿忿然又不便发作的满腹牢骚、絮絮叨叨，甚至寒蠢琐碎的全方位叮咛，将马主人过于疼惜自己的马而几近吝啬的滑稽性格刻画得活灵活现、入木三分。马主人不光频频交代借马人，甚至还要对马儿私语安慰，那种怜惜之情细腻而缠绵，马要跟着别人走了，"哀哀怨怨"、"悲悲切切"；盼着马回来，则是"倚门专等来家内"、"柔肠寸寸因他断"。然而，这毕竟是马不是人，因而产生的效果是令人忍俊不禁的。

"借马"一曲，全用的是白描手法，摹写主人公的言行，生动活泼，为表现其独特的个性，使用了戏谑调侃，甚至是讽刺揶揄，曲中还不时掺入谚语、俚语，使全曲风格幽默诙谐，妙趣横生。有人认为马致远散曲之作多典雅清丽，甚至被归入"辞采"一派，其实他的散曲风格是多样的，如本篇即属诙谐通俗一类，并成为后世喜剧的范本。

▶ 延伸性阅读文献

1. 钟嗣成：《录鬼簿》，天一阁本，1931年影印。
2. 李修生：《元杂剧史》，江苏古籍出版社，1996年。
3. 马致远：《双调·夜行船·秋思》，载彭久安：《元代散曲选译》，凤凰出版社，2011年。

思考与练习

1. 试将本篇与作者的另一名篇《双调·夜行船·秋思》的语言风格上进行比较。
2. 本篇在刻画人物形象上有什么特点？
3. 什么是散曲，结合本篇分析散曲的特点。

洛 神 赋[1]

曹 植

曹植(公元192～232年),字子建,曹操第三子。封陈王,谥思,世称陈思王。他自幼聪敏,富于才学,曾深得曹操钟爱,曹操几次欲将其立为太子,终因"任性而行,不自雕励,饮酒不节"而失宠。及曹丕、曹叡相继为帝,备受迫害。几次上疏不得重用,均遭冷落,终于在愤懑与苦闷中去世。曹植的生活和创作,以曹丕即位那年(公元220年)为界,大致可分为前后两个时期。前期志满意得,创作受时代风气的影响,抒发建功立业的雄心壮志;后期由于生活境遇的显著变化,更多地表现抱负不得施展的愤激心情。他是建安时代最负盛名的作家,诗歌、辞赋、散文都有突出成就。现存有《曹子建集》。

黄初三年,余朝京师[2],还济洛川[3]。古人有言,斯水之神[4],名曰宓妃。感宋玉对楚王神女之事[5],遂作斯赋,其词曰:

余从京城,言归东藩[6]。背伊阙[7],越轘辕[8],经通谷[9],陵景山[10]。日既西倾,车殆马烦[11]。尔乃税驾乎蘅皋[12],秣驷乎芝田[13],容与乎阳林[14],流眄乎洛川[15]。于是精移神骇[16],忽焉思散[17],俯则未察,仰以殊观[18],睹一丽人,于岩之畔。乃援御者而告之曰[19]:"尔有觌于彼者乎[20]?彼何人斯,若此之艳也!"御者对曰:"臣闻河洛之神,名曰宓妃。然则君王所见也[21],无乃是乎[22]?其状若何?臣愿闻之。"

余告之曰:其形也,翩若惊鸿[23],婉若游龙[24],荣曜秋菊[25],华茂春松[26]。仿佛兮若轻云之蔽月[27],飘飖兮若流风之回雪[28]。远而望之,皎若太阳升朝霞[29],迫而察之[30],灼若芙蕖出渌波[31]。秾纤得衷[32],修短合度。肩若削成[33],腰如约素[34]。延颈秀项,皓质呈露[35]。芳泽无加[36],铅华弗御[37]。云髻峨峨[38],修眉联娟[39]。丹唇外朗[40],皓齿内鲜[41]。明眸善睐[42],辅靥承权[43]。瓌姿艳逸[44],仪静体闲[45]。柔情绰态[46],媚于语言[47]。奇服旷世[48],骨像应图[49]。披罗衣之璀粲兮[50],珥瑶碧之华琚[51]。戴金翠之首饰,缀明珠以耀躯。践远游之文履[52],曳雾绡之轻裾[53]。微幽兰之芳蔼兮[54],步踟蹰于山隅[55]。于是忽焉纵体[56],以遨以嬉[57]。左倚采旄[58],右荫桂旗[59]。攘皓腕于神浒兮[60],采湍濑之玄芝[61]。

余情悦其淑美兮,心振荡而不怡[62]。无良媒以接欢兮,托微波而通辞[63]。愿诚素之先达兮[64],解玉佩以要之[65]。嗟佳人之信修[66],羌习礼而明诗[67]。抗琼珶以和予兮[68],指潜渊而为期[69]。执眷眷之款实兮[70],惧斯灵之我欺[71]。感交甫之弃言兮[72],怅犹豫而狐疑[73]。收和颜而静志兮[74],申礼防以自持[75]。

于是洛灵感焉,徙倚彷徨[76]。神光离合[77],乍阴乍阳[78]。竦轻躯以鹤立,若将飞而未翔。践椒涂之郁烈,步蘅薄而流芳。超长吟以永慕兮[79],声哀厉而弥长[80]。

尔廼众灵杂遝[81],命俦啸侣[82]。或戏清流,或翔神渚[83]。或采明珠,或拾翠羽[84]。从南湘之二妃[85]，携汉滨之游女[86]。叹匏瓜之无匹兮[87]，咏牵牛之独处[88]。扬轻袿之猗靡兮[89]，翳修袖以延伫[90]。体迅飞凫[91]，飘忽若神。凌波微步，罗袜生尘[92]。动无常则，若危若安[93]。进止难期，若往若还[94]。转眄流精[95]，光润玉颜。含辞未吐[96]，气若幽兰[97]。华容婀娜[98]，令我忘餐。

于是屏翳收风[99]，川后静波[100]。冯夷鸣鼓[101]，女娲清歌[102]。腾文鱼以警乘[103]，鸣玉銮以偕逝[104]。六龙俨其齐首[105]，载云车之容裔[106]。鲸鲵踊而夹毂，水禽翔而为卫[107]。于是越北沚，过南冈，纡素领，回清阳[108]。动朱唇以徐言，陈交接之大纲[109]。恨人神之道殊兮，怨盛年之莫当[110]。抗罗袂以掩涕兮，泪流襟之浪浪[111]。悼良会之永绝兮，哀一逝而异乡。无微情以效爱兮[112]，献江南之明珰[113]。虽潜处于太阴[114]，长寄心于君王。忽不悟其所舍[115]，怅神宵而蔽光[116]。

于是背下陵高[117]，足往神留。遗情想像[118]，顾望怀愁。冀灵体之复形，御轻舟而上溯[119]。浮长川而忘反[120]，思绵绵而增慕[121]。夜耿耿而不寐[122]，沾繁霜而至曙[123]。命仆夫而就驾，吾将归乎东路[124]。揽騑辔以抗策[125]，怅盘桓而不能去[126]。

◎ 注　释

[1] 洛神相传是伏羲之女宓(fú)妃，溺死于洛水而为洛水之神，谓之洛神。曹植此赋，借助洛神的神话传说和美丽的想象，描写了一个动人的人神恋爱的故事。

[2] 黄初是魏文帝曹丕的年号，黄初三年为公元222年。一说据《魏志·曹植传》和《赠白马王彪(并序)》，朝京师的事当在黄初四年(公元223年)。但《洛神赋》并非写实之作，作者可能不写真实时间。并且，《魏志》可能未记三年朝京师事。朝京师：到京师朝拜文帝。京师即京城，指当时魏都洛阳。

[3] 还：指曹植返回封地鄄城(今山东濮县东)。济：渡。洛川：洛水，源出陕西洛南冢岭山，入河南，经洛阳，至巩县入黄河。

[4] 斯水：此水，指洛水。

[5] 这句意为：有感于宋玉的《高唐赋》、《神女赋》中的故事。《高唐赋》写楚襄王与宋玉游云梦泽，宋玉说昔时先王游高唐，曾梦与巫山神出鬼女相接，神女去时说："(妾)旦为朝云，暮为行雨。"《神女赋》即写当时晚上楚襄王与神女相遇事，这两篇赋对《洛神赋》有显著影响。

[6] 言：语助词，无义。东藩：古时皇帝封建诸侯以屏卫皇室，犹如国之藩篱，所以称为藩国，当时曹植为鄄城王，鄄城位于洛阳东北，故称"东藩"。

[7] 背：背向，指离开。伊阙：山名，在洛阳南面，又名阙塞山、龙门山。

[8] 轘(huán)辕：山名，在今河南偃师东南。

[9] 通谷：地名，在洛阳城南五十里，又名大谷、大谷口。

[10] 陵：登上。景山：山名，在今河南偃师县南。

[11] 殆：通"怠"，怠惰。烦：疲劳。

[12] 这句说：于是在长着杜蘅的岸边卸下车马休息。尔乃：于是就。税驾：解马卸车。税：舍，放置。乎：于。蘅：杜蘅，一种香草。皋：水边。

[13] 秣：喂养。驷：一马四车，这里指驾车的马。芝田：长满芝草的田野。

[14] 容与：安闲自得的样子，这里指安适地休息。阳林：一作"杨林"，多生杨树的地方。

[15] 流眄(miǎn)：纵目观看。

[16] 精移神骇：精神恍惚。

[17] 忽焉：急速的样子。思散：思绪散乱。

[18] 以：犹而。这两句是说，低头时还未看到什么，一抬头却发现异常的现象。

[19] 援：拉住。御者：车夫。

[20] 觌：见。

[21] 然则：那么。君王：指曹植，时封鄄城王，故称"君王"。

[22] 这句意为：若非就是她？

[23] 这句说：洛神的体态，其轻捷飘忽犹如惊鸿起飞。翩：鸟飞迅捷的样子，这里指轻疾飘忽的样子。鸿：大雁。

[24] 婉：曲折的样子，这里形容龙游动时屈伸前行。

[25] 这句说：洛神容颜如秋菊那样鲜艳。荣：木之花，这里指洛神的容颜。曜：明亮，鲜明。

[26] 华：草花，这里指洛神的光彩。茂：茂盛。

[27] 仿佛：看不真切的样子。蔽月：笼罩月亮。

[28] 飘飖：飘荡不定的样子。流风：飘风。回雪：旋雪。

[29] 皎：洁白光明。太阳升朝霞：太阳在朝霞中上升。

[30] 迫：靠近。

[31] 灼：鲜明的样子。芙蕖：荷花。渌：水清的样子。

[32] 秾：花木盛，这里指人体丰盈。纤：细小，这里指人体苗条。衷：中，适中。

[33] 削成：刻削而成。

[34] 约：束缚。素：白而细致的丝织品。这两句形容肩膀和腰肢线条圆美。

[35] 延、秀：都是长的意思。项：后颈。这两句说，颈项秀长，洁白的肌肤露在衣领之外。

[36] 芳泽：润肤油脂。

[37] 铅华：粉。古代烧铅成粉，故称粉为铅华。弗御：不用。这两句说洛神不施脂粉。

[38] 云髻：浓浓的发髻。峨峨：高耸的样子。

[39] 联娟：弯曲的样子。

[40] 朗：明亮。

[41] 皓：洁白。鲜：明亮。

[42] 明眸：明亮的眼珠。睐：顾盼。善睐：犹言顾盼美丽。

[43] 辅：颊骨，面颊。靥(yè)：酒窝。权：颧，眼下腮上突起的部分。这句说，颧下有酒窝承接。

[44] 瓌：同"瑰"，奇妙。艳逸：美而不流于俗。

[45] 仪静：举止文静。体闲：体态娴雅。

[46] 绰：宽缓，从容不迫。这句意为，情态温柔宽和。

[47] 这句说：语言妩媚动人。

[48] 旷：空。旷世：犹言举世无双。

[49] 骨像：骨骼相貌。应图：相当于图画中人。

[50] 璀(cuǐ)璨：衣动的声音，一说明净的样子。

[51] 珥(ěr)：用珠玉做的耳饰，这里是佩戴的意思。瑶、碧、琚：皆美玉名。华琚：有花纹的美玉。

[52] 践：穿，着。远游：一种鞋子的名称。文履：有花纹的鞋子。

[53] 曳：拖。雾绡(xiāo)：轻细如云雾的绡。绡：生丝织成的帛。裾：衣前襟，这里指裙边。

[54] 这句说：隐身于浓郁芳香的幽兰丛中。微：隐。芳蔼：香气。

[55] 踟蹰：徘徊。山隅：山角。

［56］纵体：轻轻跳起，指一种轻妙的飞舞动作。
［57］这句说：边遨游边嬉戏。
［58］采旄：彩色旗帜。旄：本是旗帜上用牦牛做的装饰物，这里指旗帜。
［59］荫：倚。桂旗：由桂枝做旗杆的旗。
［60］攘：这里指揎起衣袖。浒：水边地。为洛神所游，故称"神浒"。
［61］湍濑：急流。玄芝：黑色的灵芝。
［62］这两句意思说：我悦爱她的淑美，又恐不被接受，故心振动而不乐。
［63］这两句说：既无良媒通接欢情，所以凭微波来传达言辞。接欢：通接欢情，指互通情愫。
［64］诚素：真情。素：通"愫"。先达：先于别人传给洛神。
［65］要：约。
［66］嗟：赞叹之辞。信修：实在美好。
［67］羌：发语词。习礼、明诗：懂得礼法，通晓诗书。
［68］这句意为：举起琼玉作回答。
［69］潜渊：深渊，指洛神水中居处。期：约会。
［70］执：持，怀着。眷眷：同"睠睠"，怀恋。欸实：真诚，指诚实的情意。
［71］斯灵：此灵，指洛神。我欺：欺我。
［72］这句说：有感于郑交甫所遇神女失信之事。交甫：郑交甫。《文选》李善注引《神仙传》说，郑交甫行于江水之滨，遇见两个女子，目而挑之，女子解下玉佩与之。交甫行走数步，佩玉不见，回望二女，也不见踪影。弃言：背弃信言，指二女失信。
［73］狐疑：犹豫。
［74］这句说：收敛喜悦的脸色，平静自己的心情。
［75］申：伸，施展。礼防：礼义的约束。自持：自守。
［76］徙倚：低徊。彷徨：徘徊。
［77］神光：指洛神的身影。
［78］乍阴乍阳：忽明忽暗。洛神来则明，洛神去则暗。离合、阴阳：表现洛神受到感动后来去不定的依恋情状。
［79］竦：耸立。践：踏着。椒：花椒，一种芳香植物。涂：同"途"，路。蘅：杜蘅，一种香草。薄：草木丛生的地方。超：怅，惆怅。永慕：长久地思慕。
［80］厉：激越。弥长：越来越长。
［81］众灵：众神。杂遝：众多的样子。
［82］命俦啸侣：呼朋唤侣。命：啸，呼叫的意思。
［83］渚：水中小洲。因为众神游于此，所以称"神渚"。
［84］翠羽：翠鸟的羽毛，古人将它作为饰物。
［85］南湘之二妃：指舜的妃子娥皇、女英。传说舜南巡，死于苍悟之野。二妃往寻，死于江湘之间，成为湘水之神(事见刘向《列女传》)。
［86］汉滨之游女：指汉水之神。
［87］匏瓜：星名，一名天鸡，在河鼓(牵牛星)以东。无匹：没有配偶。
［88］独处：独居。传说牵牛与织女二星为夫妇，终年隔河相对，只有每年七月七日才相会一次。
［89］袿：女子的上衣。猗靡：随风飘动的样子。
［90］这句说：用长袖遮住阳光，久立而望。翳：遮蔽。延伫：久立。
［91］这句说：洛神动作敏捷如飞凫。凫：水沟鸟，一般指野鸭。
［92］这两句说：洛神轻步走在水波上，罗袜似乎扬起尘土。凌波：在水面上行走。微步：轻步，

细步。生尘：这里的"尘"指水波。

[93] 这两句意为：行动没有准则，时而显得惊险，时而显得平安。

[94] 若往若还：仿佛要离去，又好像要转回来。

[95] 转眄流精：转动眼睛，炯炯有神。

[96] 辞：指言辞。

[97] 气若幽兰：散发的气息象幽兰一样芬芳。

[98] 华容：花容。婀娜：柔美的样子。

[99] 屏翳：神话传说中的神，有云师、雷师、雨师等多种说法。这里指风神。

[100] 川后：河水之神，即河伯。静波：使波涛平静下来。

[101] 冯夷：河伯。传说华阴潼乡人冯夷，浴手河中而死，天帝封他为河伯。鸣鼓：击鼓。

[102] 女娲：女神名。相传她曾炼石补天、抟土造人，又传说她是笙簧的发明者。

[103] 这句说：文鱼腾跃在车驾周围以作警卫。腾：跳跃。文鱼：生有翅膀能够飞跃的鱼。警乘：警卫车乘。

[104] 这句说：车驾上的銮铃叮当地响了起来，众神驾车一齐走了。玉銮：玉石做的銮铃，刻为鸾鸟之形。逝：往。

[105] 六龙：这里指众神用六龙驾车。俨：庄重整饬。齐首：齐头并进。

[106] 云车：神仙所乘之车。容裔：高低起伏的样子，一说闲暇自得的样子。

[107] 这两句意为：鲸鲵夹车而行，水禽飞翔护卫。鲸鲵：鲸鱼雄性曰鲸，雌性曰鲵。踊：跳跃。毂：车轮中心圆孔承轴的部分，这里指车子。

[108] 这两句说：洛神转过脸来。纡：回。素领：白皙的颈项。清阳：眉目清秀。

[109] 这句说：诉说交往的大意。陈：诉说。交接：交际，交往。大纲：大意。

[110] 盛年：壮年。莫当：不遇，这里指不能交往。

[111] 这两句说：举起衣袖掩泣，泪流不止。抗：举。袂：袖。掩泣：揩眼泪。浪浪：泪流不止的样子。

[112] 这句说：没有表示一点微情表达爱恋之心。

[113] 明珰：耳珠。

[114] 潜处：潜居。太阴：指深水之中洛神居处。

[115] 这句说：忽然不知道她到什么地方去了。悟：知道。舍：止。

[116] 宵：暗冥，一说通"消"，作"化"解。蔽光：隐去光彩。

[117] 背下：离开低处。陵高：登上高处。

[118] 遗情：留情，指情思留恋。想像：想着洛神形象。

[119] 这两句说：希望洛神形体再现，驾着轻舟逆流而上去追寻洛神的踪迹。灵体：指洛神。复形：再现。御：驾。泝：同"溯"，逆流而上。

[120] 长川：指洛水。反：同"返"。

[121] 绵绵：漫长不绝之貌。增：更加。

[122] 耿耿：心里不安的样子。

[123] 沾：沾湿。繁霜：浓霜。

[124] 东路：东藩之路。鄄城在洛阳东北，所以称为东路。

[125] 揽：执，拿。骖：骖马。古代驾车之马，中间的两匹叫服，两旁的叫骖，或叫騑。抗策：举起马鞭。

[126] 盘桓：徘徊不进。

☞ 提 示

　　本文写人神恋爱的故事。作者从洛阳东归自己的封地，在洛水停留时，忽然于河边岩石旁见到一位美人，御者告诉他这是洛水女神宓妃，并请作者对她的容貌体态加以描绘。在对宓妃进行描绘的过程中，作者托水波向对方传达自己的爱慕之情。洛水女神有感于作者的诚意，前来倾诉衷肠，但是，"恨人神之道殊兮，怨盛年之莫当"，双方终于不得不分离，临别之际，洛水女神赠给作者用明珠做的耳坠，倏忽不见。作者留恋徘徊，久久不忍离去。

　　关于这篇赋的主题，前人有不同的说法。有人认为此赋为追怀曹丕之妻甄氏而作，原题《感甄赋》，魏明帝改题《洛神赋》。这是小说家的附会之说，不合事实，不可信。清代学者认为"托词宓妃，以寄心文帝"。从曹植在魏文帝曹丕即位后备受猜忌与压抑的情况而言，《洛神赋》确有寄托。赋中所写的洛神，就是他所追慕的理想的化身，但由于种种原因，即赋中所谓"人神道殊"，理想始终无法实现。曹植原想"戮力上国，流惠下民，建永世之业，流金石之功"。在魏文帝和明帝时代，他的愿望付诸东流。《洛神赋》正是反映了他君臣不得遇合、抱负无法施展的苦闷心情。

　　在这篇赋中，作者充分发挥艺术想象，把神话人物融入作品，创造出一种如梦似幻的艺术境界。本文中的洛神形象飘忽不定，可望而不可即，可感而不可触，只有在想象中才能把握，既虚无缥缈又真切感人，表现出一种朦胧之美。作者生动地描绘了洛神的姿态、风度、容貌、服饰和动作，表现了洛神的美丽、热情和天真，可谓形神兼具，极富艺术感染力。

➢ 延伸性阅读文献

1. 曹植：《赠白马王彪》，选自《曹植集校注》，人民文学出版社，1998年。
2. 孙娟：《百年来曹植诗歌研究述评》，《许昌学院学报》，2006年第6期。

思考与练习

1. 举例谈谈本文的艺术手法。
2. 你认为本文表现了怎样的主题？
3. 本文是如何描写洛神的容貌和气质的？

第二节 散　文

牧　誓

　　本文选自《尚书》。《尚书》在西周末已成书，原只称《书》。《荀子·劝学篇》："书者，政事之纪也。"许慎《说文解字序》说："著于竹帛谓之书。"这说明写在竹帛上的政事记载，原来只叫《书》。汉代称之为《尚书》。据东汉王充《论衡·正说篇》，是"上古帝王之书"的意思。"尚"即"上"，"尚书"是上古的史书。据传孔子曾编定过，所以儒家尊它为经典，故又称《书经》，为"五经"之一。汉代经学分为两派，一派是今文经学，另一派是古文经学。用汉代通行文字（隶书）书写、传授经书学说、注重"微言大义"的称今文学派；用战国文字（籀文）书写、传授经书学说、注重文字训诂的称古文学派。今文《尚书》是汉文帝时济南的伏生所传，由于战乱，百篇只剩28篇。古文《尚书》是汉武帝（一云汉景帝）时出于孔子故宅墙壁，而为孔安国所传，共58篇。今文《尚书》在西晋永嘉之乱中散佚。东晋时梅赜向元帝献了一部《孔传古文尚书》共58篇，将《今文尚书》析成33篇，又多出25篇，到了唐代孔颖达为此《正义》，一直流传下来，清代的《十三经注疏》本也采用了它。

　　《尚书》记载的是上起于尧、下迄春秋中叶秦穆公伐郑之事。全书包括《虞书》、《夏书》、《商书》、《周书》四部分。一般认为前二者是后世儒家根据古代某些传闻编写的，既不是虞、夏时代的作品，也不一定是虞、夏时代的真正史料；后二者是比较可信的。从性质上说，《尚书》中的文章都是些官方的文告，着重记言，记录帝王或执政大臣的讲话，因而说，《尚书·盘庚》是可靠的殷代作品，也是我国记言文之祖。从体制上说，有典、谟、训、诰、誓、命等。从语言上说，虽艰深难懂（韩愈《进学解》称之为"浑浑无涯"、"佶屈聱牙"），但许多词语仍沿用至今，如"兢兢业业"、"有条不紊"等，远远超过甲骨卜辞和铜器铭文的水平，显示了鲜明的文学色彩，赵明主编的《先秦大文学史》将其概括为：具有历史传说的奇丽色彩；具有溢于言表的感情；具有形象化表达的特点；具有清晰、生动的描写；具有完整的结构。

　　武王戎车三百辆，虎贲三百人[1]，与受战于牧野[2]，作《牧誓》。
　　时甲子昧爽[3]，王朝至于商郊牧野，乃誓。王左杖黄钺[4]，右秉白旄以麾[5]，曰："逖矣，西土之人！[6]"王曰："嗟！我友邦冢君御事，司徒、司马、司空，亚旅、师氏，千夫长、百夫长[7]，及庸、蜀、羌、髳、微、卢、彭、濮人[8]。称尔戈，比尔干，立尔矛[9]，予其誓[10]。"王曰："古人有言曰：'牝鸡无晨[11]；牝鸡之晨，惟家之索[12]。'今商王受惟妇言是用，昏弃厥肆祀弗答[13]，昏弃厥遗王父母弟不迪[14]，乃惟四方之多罪逋逃[15]，是崇是长[16]，是信是使[17]，是以为大夫卿士[18]。俾暴虐于百姓[19]，以奸宄于商邑。今予发[20]，惟恭行天之罚[21]。今日之事，不愆于六步、七步，乃止齐焉[22]。勖哉夫子！不愆于四伐、五伐、六伐、七伐，乃止齐焉。勖哉夫子！尚桓桓[23]，如虎如貔、如熊如罴[24]，于商郊。弗迓克奔[25]，以役西土，勖哉夫子！尔所弗勖，其于尔躬有戮！[26]"

◎ 注　释

[1] 虎贲：指勇士。
[2] 受：商纣王，辛受。牧野：地名，在商朝国都朝歌(今河南淇县)南七十里。
[3] 甲子：此指甲子日，按周历推算，这天是周武王即位后第四年(即公元前1066年)的二月五日。昧爽：犹黎明，天将亮未亮时。昧：暗。爽：明。
[4] 杖：执。黄钺：黄铜制成的大斧。钺：大斧，斧口为圆弧形。
[5] 秉：拿。白旄：一种供指挥用的旗子。这种旗子的旗杆顶上系有白旄牛尾作为装饰。麾：指挥。
[6] 逖：远。西土之人：泛指跟随武王伐纣的西方各部族的人。
[7] 友邦冢君：友好的诸侯邦国的大君。御事：治事大臣，泛指下文的司徒、司马、司空诸臣。亚旅：军官的名称。师氏：随同出征的守卫官。千夫长、百夫长：中下级军官的名称。
[8] 庸、蜀、羌、髳、微、卢、彭、濮：指从征的八个部族或方国。庸：约在今湖北竹山县西南。蜀：约在今四川中部偏西。羌：主要分布在今甘肃、青海、四川一带。髳：盖今山西南部滨河之地。微：约在今陕西眉县。卢：在今湖北南漳县。彭：在今四川彭县。濮：在今湖北省境内。
[9] 称：举。比：排。干：盾。立：竖。
[10] 其：将。
[11] 牝鸡：母鸡。无晨：不报晓。
[12] 惟家之索：这个家就要败尽了。索：尽、空。
[13] 肆祀：杀牲以祭宗庙。答：报答。
[14] 王父母弟：同族的从兄弟。王父母：祖父祖母。不迪：不加进用。
[15] 逋逃：指逃亡者。逋：逃亡。
[16] 是崇是长：意谓崇敬他们，尊重他们。是：指那些多罪逋逃的人。
[17] 是信是使：意谓信任他们，重用他们。
[18] 是以为大夫卿士：以他们做大夫、卿士。
[19] 俾：使。百姓：指百官贵族。
[20] 发：周武王姓姬名发。
[21] 惟恭行天之罚：只是忠实地执行上天对商纣王的惩罚。
[22] 不愆：不超过。乃止：就停止。齐焉：整齐一下。古代作战，按一定的阵式进行。"不愆于六步、七步，乃止齐焉"，是为了整顿队伍，向前推进。
[23] 尚：语气词，有劝勉、命令之意。桓桓：威武雄壮的样子。
[24] 貔：古代传说中的一种猛兽。罴：人熊，又叫马熊。
[25] 弗迓克奔：不要迎杀那些前来投降的人。迓：迎。克：杀。
[26] 其于尔躬有戮：那将使你自身受到刑戮。

☞ 提　示

商朝末年，政治腐败，刑罚苛重，奴隶主贵族对奴隶及平民的剥削异常残酷，因而使阶级矛盾不断激化，商王朝的统治濒临崩溃。当此之时，地处我国西部的周国，在文王姬昌的统治下，国势日强。文王死后四年，即公元前1066年，其子武王姬发联合西部一些小国和部族，载着文王木主，起兵伐纣，欲取而代之。战事进展迅速，很快抵达商郊牧野，并与商纣王展开决战。结果，商军中的几十万奴隶阵前倒戈，纣王兵败自焚，武王遂灭商，建立起西周王朝，定都镐（今陕西西安）。本篇选自《尚书》，记载了武王在牧野战前誓师之词。文中对武王誓师时的概况，也兼有记述。《史记》在记叙武王灭纣的历史时，曾大量采用此篇，学习时可相互参考。

▶ 延伸性阅读文献

1. 王云五：《尚书今注今译》，台湾商务印书馆最新版。
2. 樊东：《尚书译注》，上海三联书店，2013年。
3. 赵国华：《四书五经》，黄山书社，2012年。

思考与练习

1. 结合现代应用文，分析本文的文体特点。
2. 分析本篇文章的语言特色。

苏秦始将连横[1]

刘向(整理)

本文选自《战国策》。《战国策》的作者已不可考,有人认为是秦汉间辩士蒯通著(近人罗根泽《古史辩》第四册),也有人认为出于战国策士虞卿之手。但都没有确切的信证。一般认为,所记非一时之事,又非涉及一国,应是非一人所作,这可能是战国时期各国史官和纵横策士所记,也许有些是秦汉人所作,来源不一,作者不详,原零散错乱,名称各异,有所谓《国策》、《国事》、《短长》、《长书》、《事语》、《修书》等称呼。到了西汉末年,刘向整理宫中图书,编成33篇,他认为主要记载"战国时游士辅所用之国,为之策谋"(刘向《战国策书录》),所以定名为《战国策》。

1973年长沙马王堆三号汉墓出土了一批帛书,内有战国纵横家作品27章(达17 000多字),无书名和篇名,专家称其帛书《战国策》,其中11章的内容见于《战国策》与《史记》,其中16章属失传已久的佚作,这说明战国时记载的类似资料在当时肯定很多,传于汉时仍为数不少,刘向编订的只是一部分而已。

苏秦始将连横,说秦惠王曰:"大王之国,西有巴、蜀、汉中之利[2],北有胡貉、代马之用[3],南有巫山、黔中之限[4],东有肴、函之固[5]。田肥美,民殷富,战车万乘,奋击百万[6],沃野千里,蓄积饶多,地势形便[7],此所谓天府[8],天下之雄国也。以大王之贤,士民之众,车骑之用,兵法之教[9],可以并诸侯,吞天下,称帝而治。愿大王少留意,臣请奏其效[10]。"

秦王曰:"寡人闻之:毛羽不丰满者不可以高飞,文章不成者不可以诛罚[11],道德不厚者不可以使民[12],政教不顺者不可以烦大臣[13]。今先生俨然不远千里而庭教之,愿以异日[14]。"

苏秦曰:"臣固疑大王之不能用也[15]。昔者神农伐补遂[16],黄帝伐涿鹿而禽蚩尤[17],尧伐驩兜[18],舜伐三苗[19],禹伐共工[20],汤伐有夏[21],文王伐崇[22],武王伐纣[23],齐桓任战而伯天下[24]。由此观之,恶有不战者乎[25]?古者使车毂击驰,言语相结,天下为一,约从连横,兵革不藏[26]。文士并饬[27],诸侯乱惑,万端俱起,不可胜理。科条既备,民多伪态[28],书策稠浊[29],百姓不足;上下相愁,民无所聊[30]。明言章理,兵甲愈起;辩言伟服,战攻不息[31]。繁称文辞[32],天下不治;舌弊耳聋[33],不见成功,行义约信[34],天下不亲。于是乃废文任武,厚养死士[35],缀甲厉兵,效胜于战场[36]。夫徒处而致利[37],安坐而广地,虽古五帝、三王、五伯,明主贤君,常欲坐而致之,其势不能[38],故以战续之。宽则两军相攻,迫则杖戟相橦[39],然后可建大功。是故兵胜于外,义强于内,威立于上,民服于下。今欲并天下,凌万乘[40],诎敌国[41],制海内,子元元[42],臣诸侯,非兵不可!今之嗣主[43],忽于至道[44],皆惛于教[45]，乱于治，迷于言，惑于语，沉于辩，溺于辞[46]。以此论之，王固不能行也[47]"。

说秦王书十上而说不行。黑貂之裘弊，黄金百斤尽，资用乏绝，去秦而归。嬴縢履蹻[48]，负书担橐，形容枯槁，面目犁黑[49]，状有归色[50]。归至家，妻不下纴[51]，嫂不为炊，父母不与言。

苏秦喟叹曰："妻不以我为夫，嫂不以我为叔，父母不以我为子，是皆秦之罪也[52]。"乃夜发书[53]，陈箧数十[54]，得太公《阴符》之谋[55]，伏而诵之，简练以为揣摩[56]。读书欲睡，引锥自刺其股，血流至足，曰："安有说人主，不能出其金玉锦绣，取卿相之尊者乎？"期年，揣摩成，曰："此真可以说当世之君矣！"

于是乃摩燕乌集阙[57]，见说赵王于华屋之下[58]，抵掌而谈。赵王大悦，封为武安君[59]，受相印。革车百乘，锦绣千纯[60]，白璧百双，黄金万溢[61]，以随其后；约从散横，以抑强秦。故苏秦相于赵而关不通[62]。

当此之时，天下之大，万民之众，王侯之威，谋臣之权，皆欲决苏秦之策[63]。不费斗粮，未烦一兵，未战一士，未绝一弦[64]，未折一矢，诸侯相亲，贤于兄弟。夫贤人在而天下服，一人用而天下从。故曰：式于政[65]，不式于勇；式于廊庙之内[66]，不式于四境之外。当秦之隆[67]，黄金万溢为用，转毂连骑[68]，炫熿于道[69]，山东之国，从风而服，使赵大重[70]。且夫苏秦，特穷巷掘门、桑户棬枢之士耳[71]，伏轼撙衔[72]，横历天下[73]，廷说诸侯之王，杜左右之口[74]，天下莫之能伉[75]。

将说楚王，路过洛阳。父母闻之，清宫除道[76]，张乐设饮，郊迎三十里。妻侧目而视，倾耳而听。嫂虵行匍伏[77]，四拜自跪而谢[78]。苏秦曰："嫂何前倨而后卑也？"嫂曰："以季子之位尊而多金。"苏秦曰："嗟乎！贫穷则父母不子[79]，富贵则亲戚畏惧。人生世上，势位富贵，盖可忽乎哉！[80]"

◎ 注 释

[1] 本文选自《战国策·秦策一》。《战国策》是一部战国时期分国记事的史料汇编，作者无可考，今本为西汉学者刘向整理、编订并定名。全书按照国别分为12国策，共33篇，主要记载了战国时期策士、说客们的言行和斗争，反映了春秋以后到楚汉间二百四五十年各国的政治、军事、外交方面的许多事件。苏秦：战国时洛阳人，著名的纵横家。始：起初。将：用。连横：东西为横，故秦与齐、楚等国个别联合以打击其他国家，称为连横；南北为纵，故合齐、楚、燕、赵、韩、魏六国以抗秦，称为约从。苏秦以约从得名，但最初是主张连横的。

[2] 利：指财富资源。

[3] 胡貉：胡即山西北部少数民族地区，产貉著名。貉：形似狸，皮可制裘。代马：代即河北、山西两省北部，产马著名。用：指自然资源。

[4] 巫山：山名，在今四川省巫山县以东。黔中：地名，在今湖南省西部、北部及贵州省东部一带。限：指屏障。

[5] 肴：同"崤"（xiáo），山名，在今河南省洛宁县北。函：函谷关，在今河南省灵宝县南十里，为通往秦国的险要关口。固：指坚固。

[6] 奋击：奋力作战的士卒。

[7] 形便：指地理位置险要有利。

[8] 天府：物产丰富的天然库府。

[9] 教：严格训练。

[10] 奏：下对上的陈述。效：指预期的效果。

[11] 文章：法令。

[12] 道德：仁义恩惠。厚：深厚。使民：役使民众，指派遣民众出战。

[13] 政教：政治教化。烦大臣：指烦劳大臣对外用兵。

[14] 俨然：郑重其事。愿以异日：意谓愿意以后再领教。

[15] 固：本来。疑：虑，料到。

[16] 神农：上古帝王名，传说他教民耕种。补遂：传说上古部落名。

[17] 黄帝：传说上古帝王名，即轩辕氏。涿鹿：山名，在今河北省涿鹿县西南。禽：通"擒"。蚩尤：相传为九黎部落的首领，与黄帝作战，被黄帝擒获。

[18] 驩(huān)兜：尧臣，传说因作乱被流放。

[19] 三苗：古族名，亦称苗、有苗，在今湖北武昌、湖南岳阳、江西九江一带。

[20] 共工：古代部族。

[21] 有夏：即夏朝。有：是加在专有名词前的词头，无实义。

[22] 崇：诸侯国名，在今陕西省户县。

[23] 纣：商朝最后一个暴君，名辛，与武王战，兵败，自焚死。

[24] 任：用。伯(bà)：通"霸"。

[25] 恶(wū)：何，哪里。

[26] 使车毂(gǔ)击驰：使者出使他国所乘的车辆众多，急速奔驰，意谓外交活动频繁。毂：车两端突出的部分。"言语"二句：意谓各国使臣游说诸侯，订立盟约，这是天下都一致的。"约从"二句：约从，即约纵。革：甲胄。二句意谓合纵、连横两种主张都提出来了，武器装备不能收藏。

[27] "文士"句：谓文士们一起用巧饰的言论游说诸侯。餙：通"饰"，巧妙。

[28] 科条：法令条款。伪态：虚伪奸诈。二句意谓法令章程齐备，民众反而奸诈。

[29] 书策：指文书政令。策：竹简。稠浊：繁多杂乱。

[30] 上下：君臣。相愁：互相埋怨。聊：依赖。

[31] 明言：明白的言论和道理。章：通"彰"，明显。"辩言"句意谓文士们穿着奇伟的服装，四处巧辩。

[32] 此句意谓作繁杂称引，讲华美的言辞。

[33] 弊：破。

[34] 此句意谓行动是合乎义的，盟约是讲信用的。

[35] 厚：多。死士：敢死之士。

[36] 缀甲：缝制军装。厉兵：磨利兵器。效胜：较量取胜。

[37] 徒处：无所事事地坐着。致利：使利益到来。

[38] "其势"句意谓这种情势使他们不可能做到徒处致利与安坐广地。

[39] 橦(chōng)：刺。

[40] 凌：压倒。万乘：拥有万辆兵车的国家。

[41] 诎(qū)敌国：使敌国屈服。诎：同"屈"。

[42] 子元元：子，动词，这里有抚育、管理的意思。元元：人民。本句意谓以人民为子女，管理百姓。

[43] 嗣主：刚刚继位的君主。

[44] 至道：最高的道理，指上文说的进行战争。

[45] 惛(hūn)：同"昏"，糊涂。教：教化。

[46]"迷于言"四句意谓迷惑和沉溺于花言巧语中,对于治理国家则头脑混乱。

[47]行:指进行战争。

[48]赢(léi):通"缧",缠绕。縢(téng):绑腿布。蹻(juē):草鞋。本句意谓打着绑腿,穿上草鞋。

[49]橐(tuó):一种口袋,一本作囊。犁:通"黧",黑色。

[50]归:当作"愧"。本句意谓脸上显出惭愧的神色。

[51]紝(rèn):纺织机的机头,这里代指织布机。

[52]秦:苏秦自称。非指秦国,见后句则可知。

[53]乃夜发书:于是当天晚上取出藏书。发:取出。

[54]陈箧(qiè):摆开书箱。箧:箱子。

[55]太公:辅佐周文王的姜太公吕尚。《阴符》:相传为姜太公所著的一部兵法书。谋:计谋。

[56]简:选择。练:把丝、绢煮熟,使之洁白。这里引申为熟悉、熟练。揣摩:研究。本句意谓选择自己熟悉的来研究以切合时势。

[57]摩:切近。燕乌集:宫阙名。阙:宫廷两旁的高大建筑物。

[58]见:进谒。赵王:旧注赵肃侯。华屋:华丽的宫殿。

[59]武安:地名,在今河北省武安县。

[60]革车:兵车。纯:匹,一说一纯等于二尺四寸。

[61]溢:同"镒"。一镒等于二十四两。

[62]关不通:函谷关两边国家不相往来,指六国抗秦,与秦绝交。一说秦国不敢出兵函谷关。

[63]"皆欲"句:都要取决于苏秦的策略。

[64]弦:弓弦。

[65]式于政:把力量用在政治方面,依靠政治解决问题。式:用。

[66]廊庙:朝廷。本句意谓在朝廷内策划谋略。

[67]当秦之隆:在苏秦尊显的时候。隆:尊显。

[68]转毂连骑:车毂转动,马队连接。本句描写苏秦的尊显。

[69]炫(xuàn)煌(huáng):显耀。煌:同"煌"。

[70]使赵大重:使赵国的威望大大提高,被别国尊重。

[71]特:只是。穷巷:陋巷。掘(kū)门:在墙壁上挖洞为门。掘:通"窟"。桑户:用桑板做门扇。棬(qūn)枢:以扭曲了的树枝做门轴。本句意谓苏秦出身贫寒。

[72]伏:伏倚。轼:车厢前扶手的横木。撙(zūn):控制。衔:马勒头。本句意谓乘马坐车。

[73]横历:遍行。横:遍。历:行。

[74]杜:堵塞。左右:这里指诸侯身边的谋臣。

[75]伉(kàng):通"抗",抗衡,匹敌。

[76]清宫除道:打扫房间,清扫道路。

[77]虵:同"蛇"。虵行:像蛇一样爬行。匍伏:匍匐。

[78]四拜:形容嫂对苏秦极其卑下。谢:道歉,指对"不为炊"一事道歉。

[79]不子:不当做自己的儿子。

[80]盖:同"盍",何。

☞ 提 示

本文描写了当时著名的纵横家苏秦游说各国,谋取功名富贵的经过。先是以连横之谋游说秦惠王，遭惨败，后又经自励发奋苦读，以合纵之谋游说赵王而一举成功，直至成为六国相。本文刻画了一个执着追求个人成功的说客，他追名逐利、欲求闻达。文章也描绘了苏秦两次回家的遭遇，反映了当时的世态炎凉和人情势利。

本文可从三个方面做些探讨。

(1) 纵横家的人生价值取向。与《春秋》、《左传》、《国语》主要反映儒家思想不同，《战国策》突出表现了纵横家的思想，反映了纵横家独具一格的人生观。两者对于义与利的取舍截然不同：儒家羞于言财利，主张舍生取义，忘怀个人得失，追求品德的高尚和理想的人格；纵横家重利轻义，渴望个人成功，追求功名利禄，崇尚奇谋权变，因而朝三暮四之为仕、鸡鸣狗盗之行径，于儒家来说是大不当，于纵横家来讲却是实现自己人生目标所必需的。

(2) 语言纵横捭阖，文采斐然。纵横家游说诸侯，目的是要打动诸侯，使之采纳自己的建议，从而一夜成名，功名富贵双收。这就必须要有滔滔不绝的口才和华丽雄辩的言辞，不仅说得透彻、入木三分，而且要说得形象生动，富有吸引力，诸侯喜欢听。本文无论叙事，还是说理，常常使用铺排夸张的手法，辞藻也华美，呈现出一股酣畅淋漓的气势，有强烈的说服力和感染力。文章还善于从人物的肖像、外貌情态上作细腻描绘，以典型化语言揭示人物的心灵。

(3) 前后对比，相形而彰。作者运用对比的手法，描写了苏秦说秦失败和说赵成功后的不同遭遇，生动细腻地刻画了他失败后困顿落拓的窘相和功成名就后尊贵无比的自得形象，以及父母、妻子、嫂子对他的不同态度。

▶ 延伸性阅读文献

1. 《战国策》，上海古籍出版社，1985年。
2. 廖文远：《战国策考辨》，中华书局，1984年。
3. 刘向(集录)：《战国策》，上海古籍出版社，2008年。

思考与练习

1. 结合苏秦的人生经历，谈谈你是如何理解纵横家的人生价值观的。
2. 本文的说辞有何特点？
3. 朗读本文，读出感情和气势。

管晏列传

司马迁

司马迁(公元前145～?),字子长,夏阳龙门(今陕西韩城)人。从司马迁八世祖司马错始,司马氏世掌太史之职,其父司马谈曾任太史令,学识渊博,精通儒家、道家、法家、墨家、名家等思想,著有《论六家要旨》。司马迁幼承父训,诵读古文经传,并先后向儒学大师孔安国学习古文《尚书》,向董仲舒学习《春秋公羊传》。20岁左右开始游历天下,遍览大江南北壮丽河山,访问传说佚事,考察民俗风情;27岁仕为郎中,37岁承父职为太史令,继父志开始撰写《史记》。司马迁曾参加国家盛典,数从武帝出游,曾奉命出使西南夷,这些经历为他撰写《史记》提供了丰富的第一手资料。48岁时,司马迁为李陵事件仗义直谏,遭到牵连,不幸身受宫刑之辱,肉体的摧残和灵魂的煎熬使他经历了一次人生的涅槃,满腹的郁愁幽怨化为创作的巨大动力,发愤著书,立言而不朽。

《史记》原名《太史公书》,东汉桓、灵之世始称《史记》,自此乃成为专称。《史记》首创史书的纪传体体例,分为本纪、世家、列传、书、表五个部分,共52万字,记载了上自传说中的黄帝,下至司马迁写作该书的汉武帝太初年间(公元前102～公元101年)中国古代三千年的历史。

管仲夷吾者,颍上人也。少时常与鲍叔牙游[1],鲍叔知其贤。管仲贫困,常欺鲍叔[2],鲍叔终善遇之,不以为言。已而鲍叔事公子小白,管仲事公子纠[3]。及小白立,为桓公,公子纠死,管仲囚焉[4]。鲍叔遂进管仲[5]。管仲既用,任政于齐,齐桓公以霸[6],九合诸侯[7],一匡天下[8],管仲之谋也。

管仲曰:"吾始困时,尝与鲍叔贾[9],分财利多自与,鲍叔不以我为贪,知我贫也。吾尝为鲍叔谋事而更穷困[10],鲍叔不以我为愚,知时有利不利也。吾尝三仕三见逐于君[11],鲍叔不以我为不肖,知我不遭时也。吾尝三战三走[12],鲍叔不以我为怯,知我有老母也。公子纠败,召忽死之[14],吾幽囚受辱,鲍叔不以我为无耻,知我不羞小节而耻功名不显于天下也[15]。生我者父母,知我者鲍子也。"

鲍叔既进管仲,以身下之。子孙世禄于齐[16],有封邑者十余世,常为名大夫。天下不多管仲之贤而多鲍叔能知人也[17]。

管仲既任政相齐[18],以区区之齐在海滨,通货积财,富国强兵,与俗同好恶[19]。故其称曰[20]:"仓廪实而知礼节,衣食足而知荣辱,上服度则六亲固[21]。四维不张[22],国乃灭亡。下令如流水之原[23],令顺民心。"故论卑而易行[24]。俗之所欲,因而予之;俗之所否,因而去之[25]。

其为政也,善因祸而为福,转败而为功。贵轻重[26],慎权衡[27]。桓公实怒少姬,南袭蔡[28],管仲因而伐楚,责包茅不入贡于周室[29]。桓公实北征山戎,而管仲因而令修召公之政[30]。于柯之会，桓公欲背曹沫之约，管仲因而信之，诸侯由是归齐[31]。故曰："知与之为取，政之宝也[32]。"

管仲富拟于公室[33]，有三归、反坫[34]，齐人不以为侈[35]。管仲卒，齐国遵其政，常强于诸侯。后百余年而有晏子焉。

晏平仲婴者，莱之夷维人也。事齐灵公、庄公、景公，以节俭力行重于齐[36]。既相齐，食不重肉[37]，妾不衣帛[38]。其在朝，君语及之[39]，即危言[40]；语不及之，即危行。国有道，即顺命[41]；无道，即衡命[42]。以此三世显名于诸侯。

越石父贤，在缧绁中[43]。晏子出，遭之涂[44]，解左骖赎之[45]，载归。弗谢[46]，入闺[47]。久之，越石父请绝。晏子戄然[48]，摄衣冠谢曰[49]："婴虽不仁，免子于厄[50]，何子求绝之速也？"石父曰："不然。吾闻君子诎于不知己而信于知己者[51]。方吾在缧绁中，彼不知我也。夫子既已感寤而赎我[52]，是知己；知己而无礼，固不如在缧绁之中。"晏子于是延入为上客。

晏子为齐相，出，其御之妻从门间而窥其夫[53]。其夫为相御[54]，拥大盖[55]，策驷马，意气扬扬，甚自得也。既而归，其妻请去[56]。夫问其故。妻曰："晏子长不满六尺，身相齐国，名显诸侯。今者妾观其出，志念深矣[57]，常有以自下者。今子长八尺，乃为人仆御，然子之意自以为足，妾是以求去也。"其后夫自抑损[58]。晏子怪而问之[59]，御以实对。晏子荐以为大夫。

太史公曰：吾读管氏《牧民》、《山高》、《乘马》、《轻重》、《九府》[60]，及《晏子春秋》[61]，详哉其言之也。既见其著书，欲观其行事，故次其传[62]。至其书，世多有之，是以不论，论其轶事。

管仲，世所谓贤臣，然孔子小之[63]。岂以为周道衰微，桓公既贤，而不勉之至王，乃称霸哉？语曰[64]："将顺其美[65]，匡救其恶[66]，故上下能相亲也[67]。"岂管仲之谓乎？

方晏子伏庄公尸哭之，成礼然后去[68]，岂所谓"见义不为无勇"者邪？至其谏说，犯君之颜[69]，此所谓"进思尽忠，退思补过"者哉[70]！假令晏子而在，余虽为之执鞭，所忻慕焉[71]。

◎ 注 释

[1] 游：交游，来往。

[2] 欺：此意为占便宜，指下文"分财利多自与"。

[3] "已而"二句：齐襄公立，政令无常，数欺大臣，又淫于妇人，诛杀屡不当，鲍叔担心齐国将大乱。为避难，管仲、召忽奉襄公弟公子纠出奔鲁国，鲍叔奉襄公弟小白出奔莒国。见卷三十二《齐太公世家》、《左传·庄公八年》。

[4] "及小白"三句：公元前686年襄公被杀。公元前685年，鲁国派兵保护公子纠赶回齐国争夺王位，先由管仲领兵扼守莒、齐要道，以防小白先行入齐争位。两相遭遇，管仲射中小白带钩。小白佯死，使鲁国延误了公子纠的行程。小白率先入齐，立为桓公。桓公以军拒鲁，大败鲁军。鲁国被迫杀死公子纠，召忽自杀，管仲请囚。详见卷三十二《齐太公世家》。

[5] 进：保举，推荐。

[6] 霸：称霸。

[7] 合：会盟。

[8] 匡：匡正，纠正。

[9] 尝：曾经。贾：做买卖。

[10] 穷困：困厄，窘迫。

[11] 三：泛指多次。见：被。

[12] 遭：遇，逢。

[13] 走：逃跑。

[14] 死之：为公子纠而死。

[15] 羞：以……为羞。耻：以……为耻。

[16] 世禄：世代享受俸禄。

[17] 多：推重，赞美。

[18] 相：出任国相。

[19] 俗：指百姓。

[20] 其称曰：他自己称述说。以下引语是对《管子·牧民》篇有关论述的节录，其"仓廪实"三句和"四维不张"两句见于"国颂"一节，"下令如流水之原"两句见于"士经"一节。

[21] 上：国君。一说居上位者。服：行，施行。度：节度，或特指礼度、制度。六亲：《管子·牧民》有"六亲五法"一节，刘向注云："'以家为家'，一亲也。'以乡为乡'，二亲也。'以国为国'，三亲也。'以天下为天下'，四亲也。'毋曰不同生，远者不听；毋曰不同乡，远者不行；毋曰不同国，远者不从。''如地如天，何私何亲'，五亲也。'如月如日，唯君之节'，六亲也；天地日月，取其耀临，言人君亲下，当如天地日月之无私也。"由此可知，这里所谓"六亲"，非指一般意义的六亲，即非《正义》所云外祖父母、姊妹、妻兄弟之子、从母之子、女子，亦非王弼所云父、母、兄、弟、妻、子，或其他各种指谓。固：安固，稳固。

[22] 四维：《管子·牧民·四维》云："国有四维，一维绝则倾，二维绝则危，三维绝则覆，四维绝则灭。倾可正也，危可安也，覆可起也，灭不可复错也。何谓四维？一曰礼，二曰义，三曰廉，四曰耻。"维：纲，即网上的总绳，此引申为纲要、原则。

[23] 原：通"源"，水的源头。

[24] 论卑：指政令平易符合下边的民情。

[25] 去：废除。

[26] 轻重："轻重"一语原是《管子》中的一个特殊经济概念，是管子经济思想、经济理论中的一个重要组成部分，其核心问题是用货币和谷物来调节、控制国家经济。但从本段所举史实来看，太史公不是谈管子的经济思想。所以"轻重"一语还应理解为通常意义的"轻重"，即事物的轻重缓急。

[27] 权衡：比较利弊得失。

[28] "桓公实怒"二句：是说少姬（即蔡姬）曾荡舟戏弄桓公，制止不听，因怒，遣送回国。蔡君将其改嫁，所以桓公怒而攻蔡。见卷三十二《齐太公世家》、《左传·僖公三年》（伐蔡在"僖公四年"）。

[29] "管仲"二句：《左传·僖公四年》载：齐桓公伐楚，使管仲责之曰："尔贡包茅不入，王祭不共，无以缩酒，寡人是征。"古代祭祀，用裹束成捆的菁茅过滤去渣。包：裹束。茅：菁茅。按：责楚包茅不入贡于周室，这是齐伐楚的借口。事又见卷三十二《齐太公世家》。

[30] "桓公实北征"两句：齐桓公二十三年（公元前663年），山戎（北狄）伐燕，燕告急于齐，桓公因伐山戎，至于孤竹而还。燕庄公送桓公进入齐境。桓公说："非天子，诸侯相送不出境，吾不可以无礼于燕。"于是分沟割燕君所至之地与燕，并让燕君重修召公之政，纳贡于周。召公是燕国的始祖，周成王时为三公，"治西方，甚得兆民和"。见卷三十二《齐太公世家》、卷三十四《燕召公世家》。

[31] "于柯之会"四句：齐桓公五年（公元前681年），伐鲁，鲁将曹沫三战三败，鲁庄公请献遂邑

求和，桓公许，与鲁会柯而盟。将盟，曹沫以匕首劫持桓公于坛上，威胁桓公归还"鲁之侵地"，桓公先是被迫答应，继而"欲无与鲁地而杀曹沫"。这时，管仲劝桓公不要图一时"小快"而"弃信"于诸候，"失天下之援"。于是尽"与曹沫三败所亡地于鲁"。"诸侯闻之，皆信齐而欲附焉"。见卷三十二《齐太公世家》、卷八十六《刺客列传》。

[32]"知与之为取"二句：语出《管子·牧民》。与：给予。

[33]拟：比拟，类似。

[34]三归：建筑华丽的台。另有多种说法，如三姓女子，三处家庭、采邑、府库等。反坫：堂屋两柱间放置供祭祀、宴会所有礼器和酒的土台。按"礼"，只有诸侯才能设有三归和反坫。管仲是大夫，本不该享有。然而，齐以管仲而强，故下文说"齐人不以为侈"。

[35]侈：放纵，放肆。这里有过分的意思。

[36]力行：努力工作。重：重视。

[37]重肉：两味肉食。

[38]衣：穿。

[39]语及之：问到他。

[40]危言：正直地陈述己见。危：高耸貌，引申为正直。

[41]顺命：服从命令去做。

[42]衡命：斟酌命令的情况去做。

[43]缧绁：拘系犯人的绳子。引申为囚禁。

[44]涂：同"途"。

[45]骖：古代一车三马或四马，左右两旁的马叫骖。

[46]谢：道歉。

[47]闺：内室。

[48]慊然：惶遽的样子。

[49]摄：整理。

[50]厄：灾难。

[51]诎：通"屈"，委屈。信：通"伸"，伸展，伸张。

[52]感寤：感动醒悟。寤：通"悟"。

[53]御：车夫。门间：门缝。窥：暗中偷看。

[54]御：驾车。

[55]拥：遮、障。

[56]去：离开。此指离婚。

[57]志念：志向、抱负。

[58]抑损：谦恭、退让。抑：谦下。损：退损。

[59]怪：感到奇怪。

[60]《牧民》、《山高》、《乘马》、《轻重》、《九府》：都是《管子》篇名。

[61]《晏子春秋》：旧题春秋齐晏婴撰，实际上是后人依托并采缀晏子言行而作。

[62]次：编次、编列。

[63]小之：认为他器量狭小。《论语·八佾》有"管仲之器小哉"的话。

[64]语引自《孝经·事君》。

[65]将顺：顺势助成。

[66]匡救：纠正、挽救。

[67]上下：指君臣百姓。

[68]"晏子伏庄公尸"二句:齐国大夫崔杼因齐庄公与他新娶棠公的寡妻私通,设谋杀死庄公。晏婴到崔家,枕庄公尸而哭之,完成君臣之礼而去。见卷三十二《齐太公世家》、《左传·襄公二十五年》。

[69]犯:冒犯。颜:面容、脸色。

[70]引语出自《孝经·事君》。

[71]忻:同"欣"。慕:羡慕,向往。

☞ 提 示

司马迁在《报任安书》中说,他修史的宗旨是"究天人之际,通古今之变,成一家之言"。为了达到这个目的,他在综合前代史书各种体制的基础上,创立了纪传体的通史。全书由十二本纪、十表、八书、三十世家、七十列传组成。虽然这五种体例各有区别,但它们却相互配合,构成一个有机的整体。其中,十二本纪是纲领,统摄上自黄帝、下至西汉武帝时代3000年的兴衰沿革。十表、八书作为十二本纪的补充,形成纵横交错的叙事网络。三十世家围绕十二本纪而展开,用司马迁自己的话来说,世家与本纪的关系犹如"二十八宿环北拱,三十辐共一毂,运行无穷"(《太史公自序》)。如果说本纪是北斗,那么,世家就是环绕北斗的二十八宿;如果说本纪是车毂,那么,世家就是汇集于车毂的辐条。至于七十列传,则是历史天宇上北斗、二十八宿以外的群星。《史记》由五种体例相互补充而形成的结构框架,勾连天人,贯通古今,在设计上颇具匠心,叙事范围广泛,展示了波澜壮阔的社会生活画图。十二本纪按帝王世代顺序记述各朝兴衰终始,十表排列帝王侯国间大事,八书是有关经济、文化、天文、历法等方面的专门论述,世家主要是贵族之家的历史,列传是不同阶层、不同类型的人物传记。《史记》这部纪传体通史著作,在体例上冲破了以往历史散文的局限,能够把更多的内容纳入其中,比较全面地反映了社会生活的总体风貌。

这篇传记是春秋中后期齐国政治家管仲和晏婴的合传,作者在文章中对二人持赞美和褒扬的态度。文章详略得当,重点突出;通过选取典型细节,分别描写了两位齐国国相的不同特点;全文通过鲍叔牙和晏子知贤、荐贤和让贤的故事,刻意探索和说明了如何对待贤才的问题。

➤ 延伸性阅读文献

1. 司马迁:《史记》,辽海出版社,2010年。
2. 司马迁:《史记》,中华书局,2009年。
3. 《白话史记》,盛广智译,吉林文史出版社,2008年。

> **思考与练习**
>
> 1. 本文是如何通过选取典型细节描写来刻画人物特点的?
> 2. 举例分析本文详略得当、重点突出的写作特点。
> 3. 如何理解司马迁"究天人之际,通古今之变,成一家之言"的修史宗旨。

荔枝图序[1]

白居易

白居易(772~846年),唐代著名诗人,字乐天,晚号香山居士,祖籍山西太原。至其曾祖父,迁居下邽(今陕西渭南北)。白居易不仅在诗歌创作上取得了卓越成就,与李白、杜甫并称"李杜白",而且在诗歌理论上也颇有建树,是中唐新乐府运动的领军人物,也是继杜甫之后又一位优秀的现实主义诗人。他的诗歌题材广泛,形式多样,语言平易通俗,有"诗魔"和"诗王"之称。官至翰林学士、左赞善大夫。有《白氏长庆集》传世,代表诗作有《长恨歌》、《卖炭翁》、《琵琶行》等。白居易故居纪念馆坐落于洛阳市郊。白园(白居易墓)坐落于洛阳城南琵琶峰。

荔枝生巴峡间[2],树形团团如帷盖[3]。叶如桂,冬青[4];华如橘,春荣[5];实如丹,夏熟。朵如葡萄,核如枇杷,壳如红缯[6],膜如紫绡,瓤肉莹白如冰雪,浆液甘酸如醴酪。大略如彼,其实过之。若离本枝,一日而色变,二日而香变,三日而味变,四五日外,色香味尽去矣。

元和十五年夏,南宾守乐天命工吏图而书之,盖为不识者与识而不及一二三日者云。

◎ 注 释

[1] 据《新唐书·杨贵妃传》记载:"妃嗜荔枝,必欲生致之,乃至转传送,走数千里,味未变,已至京师。"白居易于元和十四年(819年)任忠州刺史,第二年命画工绘了一幅荔枝图,并亲自作序。
[2] 巴峡:指的是重庆朝天门以东长江上的石洞峡、铜锣峡、明月峡。
[3] 帷盖:古时车的帷幔和蓬,围在四周的部分叫"帷",盖在上面的部分叫"盖"。
[4] 冬青:冬天还是绿的。
[5] 春荣:春天开花。荣:开花。
[6] 红缯:红色的丝织品。缯:古代丝织品的总称。

☞ 提 示

这是一篇短小精悍的说明文,作者用极少的文字详细说明了荔枝的出处、外形、味道,以及采摘后短时间内的变化。文章先交代荔枝的生长环境,再对荔枝的各个部位及其特征进行细致具体的描绘说明;作者用比喻的方式,生动形象地介绍了荔枝的特质。

➢ 延伸性阅读文献

1. 屈大均:《广东新语》,中华书局,1985年。
2. 刘春:《酒狂诗魔且情长——白居易传》,光明日报出版社,1997年。

3.《白居易诗集》,吉林大学出版社,2011年。

思考与练习

1. 结合本文谈谈说明文的写作特点。
2. 作者以何种方式介绍荔枝的独特性,请具体分析。
3. 模仿本文,请写一篇关于你所喜爱的水果的说明文。

徐文长传

袁宏道

袁宏道(1568～1610年),字中郎,号石公,公安(今湖北省公安县)人,万历二十年(1592年)进士,先后担任吴县知县,京兆校官,国子监助教,礼部仪制司主事,吏部验封司主事,考功员外郎及稽勋郎中等职。中途曾两度告归。晚年定居沙市(今湖北省沙市)。对袁宏道与其兄袁宗道、弟袁中道,时称"公安三袁"。三人又以袁宏道的才力和名望为高,反对前、后七子的复古主义和形式主义流弊,提出"世道既变,文亦因之",主张文学创作要随着时代而改变,反对盲目尊古,提出"独抒性灵,不拘格套,非从自己胸臆中流出,不肯下笔",要求"人人有一段真面目溢露于楮墨之间"。这种重个性、贵独创、强调表现自我的性灵说,是公安派散文的核心。袁宏道的诗文亲切自然,清新明快,常于写景叙事中流露出人生感受;小品文尤其别致,为晚明一大家。现存有《袁中郎全集》。

余少时过里肆中[1],见北杂剧有《四声猿》[2],意气豪达[3],与近时书生所演传奇绝异[4],题曰"天池生"[5],疑为元人作。后适越[6],见人家单幅上有署"田水月"者[7],强心铁骨[8],与夫一种磊块不平之气[9],字画之中,宛宛可见[10],意甚骇之,而不知田水月为何人。

一夕,坐陶编修楼[11],随意抽架上书,得《阙编》诗一帙[12],恶楮毛书[13],烟煤败黑[14],微有字形[15]。稍就灯间读之[16],读未数首,不觉惊跃,急呼周望:"《阙编》何人作者,今邪古邪?"周望曰:"此余乡先辈徐天池先生书也。先生名渭,字文长,嘉、隆间人[17],前五六年方卒。今卷轴题额上有田水月者[18],即其人也。"余始悟前后所疑,皆即文长一人。又当诗道荒秽之时[19],获此奇秘,如魇得醒[20]。两人跃起,灯影下,读复叫,叫复读,童仆睡者皆惊起。

余自是或向人,或作书[21],皆首称文长先生。有来看余者,即出诗与之读。一时名公巨匠,浸浸知向慕云[22]。盖不佞生三十年,而始知海内有文长先生。噫,是何相识之晚也?因以所闻于越人士者,略为次第[23],为《徐文长传》。

徐渭,字文长,为山阴诸生[24],声名籍甚[25]。薛公蕙校越时[26],奇其才,有国士之目[27]。然数奇[28],屡试辄蹶[29]。中丞胡公宗宪闻之[30],客诸幕[31]。文长与胡公约:"若欲客某者[32],当具宾礼[33],非时辄得出入[34]。"胡公皆许之[35]。

文长乃葛衣乌巾[36],长揖就坐[37],纵谈天下事[38],旁若无人。胡公大喜。是时[39],公督数边兵[40],威振东南,介胄之士[41],膝语蛇行[42],不敢举头[43],而文长以部下一诸生傲之[44],信心而行[45],恣意谈谑[46],了无忌惮[47],议者方之刘真长、杜少陵云[48]。会得白鹿[49],属文长代作表[50],表上,永陵喜甚[51]。公以是益重之,一切疏记[52]，皆出其手。

文长自负才略[53]，好奇计，谈兵多中[54]，视一世士无可当意者，凡公所以饵汪、徐诸虏者[55]，皆密相议，然后行。尝饮一酒楼，有数健儿亦饮其下[56]，不肯留钱。文长密以数字驰公[57]，公立命缚健儿至麾下[58]，皆斩之，一军股栗[59]。有沙门负资而秽[60]，酒间偶言于公，公后以他事杖杀之[61]。其信任多此类。

胡公既怜文长之才，哀其数困[62]，时方省试[63]，凡入帘者[64]，公密属曰[65]："徐子，天下才[66]，若在本房[67]，幸勿脱失[68]。"皆曰："如命[69]。"一知县以他羁后至[70]，至期方谒公[71]，偶忘属，卷适在其房，遂不偶[72]。

文长既已不得志于有司[73]，遂乃放浪曲糵[74]，恣情山水，走齐、鲁、燕、赵之地[75]，穷览朔漠[76]，其所见山奔海立，沙起云行，风鸣树偃[77]，幽谷大都[78]，人物鱼鸟，一切可惊可愕之状，一一皆达之于诗。其胸中又有勃然不可磨灭之气，英雄失路托足无门之悲[79]，故其为诗，如嗔如笑[80]，如水鸣峡[81]，如种出土，如寡妇之夜哭，羁人之寒起[82]。当其放意[83]，平畴千里[84]，偶尔幽峭[85]，鬼语秋坟[86]。虽其体格时有卑者，然匠心独出，有王者气[87]，非彼巾帼而事人者所敢望也[88]。文有卓识，气沉而法严，不以模拟损才，不以议论伤格，韩、曾之流亚也[89]。文长既雅不与时调合[90]，当时所谓骚坛主盟者[91]，文长皆叱而奴之[92]，耻不与交，故其名不出于越，悲夫！

一日，饮其乡大夫家[93]。乡大夫以筵上一小物求赋[94]，阴令童仆续纸丈余进[95]，欲以苦之[96]。文长援笔立成[97]，竟满其纸，气韵遒逸[98]，物无遁情，一座大惊。

文长喜作书，笔意奔放如其诗，苍劲中姿媚跃出[99]。欧阳公所谓"妖韶女老，自有余态"者也[100]。余不能书，而谬谓文长书决当在王雅宜、文征仲之上[101]。不论书法[102]，而论书神[103]：先生者，诚八法之散圣[104]，字林之侠客也[105]。间以其余[106]，旁溢为花鸟[107]，皆超逸有致[108]。卒以疑杀其继室[109]，下狱论死[110]，张太史元汴力解乃得出[111]。既出，倔强如初。

晚年愤益深，佯狂益甚[112]，显者至门[113]，皆拒不纳[114]。当道官至[115]，求一字不可得。时携钱至酒肆[116]，呼下隶与饮[117]。或自持斧击破其头，血流被面，头骨皆折，揉之有声。或以利锥锥其两耳，深入寸余，竟不得死。

周望言："晚岁诗文益奇，无刻本，集藏于家。"余同年有官越者[118]，托以抄录，今未至。余所见者，《徐文长集》、《阙编》二种而已。然文长竟以不得志于时，抱愤而卒。

石公曰[119]："先生数奇不已，遂为狂疾；狂疾不已，遂为囹圄[120]。古今文人牢骚困苦，未有若先生者也。虽然，胡公间世豪杰，永陵英主。幕中礼数异等[121]，是胡公知有先生矣；表上，人主悦，是人主知有先生矣。独身未贵耳[122]。先生诗文崛起[123]，一扫近代芜秽之习[124]，百世而下，自有定论，胡为不遇哉？梅客生尝寄余书曰[125]：'文长吾老友，病奇于人，人奇于诗。'余谓文长无之而不奇者也。无之而不奇，斯无之而不奇也[126]。悲夫！"

◎ 注　释

[1] 里肆：当地的店铺。

[2] 北杂剧：元代北方的一种戏曲形式，每本以四折为主，有时在开头或折间另加楔子。明代也有杂剧，但每本不限四折。《四声猿》：徐渭著有《狂古史》、《玉禅师》、《雌木兰》和《女状元》四个杂剧，总称《四声猿》。

[3] 意气：意趣和气概。豪达：气魄大而无拘无束。

[4] 演：写作。

[5] 天池生：徐渭的别号。

[6] 越：今浙江省东部的别称。

[7] 单幅：指单页的一幅一幅的书画。田水月：徐渭的别号。"田水月"三个字合起来，就是"渭"字。

[8] 强心铁骨：形容书画的刚劲有力。

[9] 磊块：形容心中的不平之气。

[10] 宛宛：仿佛。

[11] 陶编修：陶望龄：字周望，号石篑，会稽（今浙江省绍兴）人，曾任翰林院编修，是作者的朋友。明代翰林院掌管修史的官员称太史，故称陶太史。

[12] 帙（zhì）：包书的布套子，这里作量词。一帙即一函或一部。

[13] 恶楮（chǔ）毛书：形容纸质很差，书装订得也很粗糙。楮树是一种落叶乔木，树皮的纤维可以造纸，所以古人把纸叫做楮。

[14] 烟煤败黑：形容印书的墨质不好。明代印书，多用烟煤和以面粉，代替墨汁；日久，烟煤易于脱落。

[15] 微有字形：形容书上印的字模糊不清。

[16] 就：凑近。

[17] 嘉、隆：嘉靖和隆庆。嘉靖是明世宗朱厚熜的年号（1522～1566年），隆庆是明穆宗朱载的年号（1567～1572年）。

[18] 卷轴：指裱好的带轴的书画。

[19] 荒秽：荒芜。

[20] 魇：噩梦。

[21] 作书：写信。

[22] 浸浸：逐渐地。向慕：向往爱慕。

[23] 不佞：不才，作者自谦之词。佞：有才能。次第：依次编排、整理。

[24] 山阴：县名，今浙江省绍兴县。诸生：经过考试入学的生员，俗称秀才。

[25] 声名籍甚：名气很大。

[26] 薛公蕙：薛蕙，字君采，亳（bó）州（今安徽亳县）人，明正德进士。校（jiào）越：作浙江的乡试主考官。

[27] 国士：一国杰出的人物。意思是说把他看成是一国杰出的人物。

[28] 数奇：运气不好。

[29] 蹶：摔倒，引申为失败。这里指科举落第。

[30] 中丞：明代以副、佥（qiān）都御史任巡抚，故称巡抚为中丞。胡公宗宪：胡宗宪，字汝贞，徽州绩溪（今安徽）人，嘉靖进士，曾经担任浙江巡抚，率兵抗倭有功。

[31] 客诸幕：延聘他为幕僚。

[32] 客某：以我为幕客。某是自称。

[33] 宾礼：对待宾客的礼节。

[34] 非时：不按正式规定的时间。

[35] 许：答应。

[36] 葛衣乌巾：穿葛布衣服，戴黑色头巾。表现保持平民身份。

[37] 长揖：自上而下地行拱手礼。

[38] 纵谈：毫不拘束地谈论。

[39] 是时：这时。

[40] 督数边兵：嘉靖三十五年(1556年)，胡宗宪总督南直隶、浙、闽军务，率兵剿倭，因此说"督数边兵"。

[41] 介胄之士：军人。介胄即甲胄，军服。甲指铠甲，胄是头盔。这里指将官。

[42] 膝语：跪着说话。蛇行：全身伏在地上，爬着向前行进。形容敬畏的样子。

[43] 举头：抬头。

[44] 诸生：生员，即秀才。

[45] 信心：随心所欲地。

[46] 恣意谈谑：任意谈论和开玩笑。

[47] 了无：毫无。忌惮：畏惧。

[48] 方：比拟。刘真长：刘惔，字真长，东晋著名清谈家。杜少陵：杜甫，字少陵，唐代诗人。两人都曾处幕僚之位，而在上司面前不拘礼节。

[49] 会：恰巧，正好。白鹿：嘉靖年间，胡宗宪得白鹿于海上，作为祥瑞上献明世宗。

[50] 属：托。表：写给皇帝的奏章。

[51] 永陵：明世宗嘉庆皇帝朱厚熜的代称，因为他的陵墓叫永陵。宋元明人皆以陵名称已故的皇帝。

[52] 疏记：奏疏和书信、公文。

[53] 自负才略：对自己在政治或军事上的能力和智谋看得很高。

[54] 谈兵多中：对军事问题所发表的意见大都很中肯。

[55] 饵：引诱。汪、徐：指汪直、徐海。汪直(一作王直)，出身无赖，出海经营走私贸易，勾结倭寇，焚掠沿海各地。徐海是汪直部下的大头目。胡宗宪设计诱降，汪直被擒获，斩于杭州，徐海投水而死。房：对汪直、徐海的蔑称。

[56] 健儿：指军士。

[57] 驰：急忙去报告。

[58] 麾下：指将帅的部下。麾是古代指挥军队的旗子。

[59] 股栗：大腿颤抖，形容十分畏惧。

[60] 沙门：出家修行的佛教徒。沙门本是梵语。负资：依仗有钱。秽：有肮脏的行为。

[61] 以他事：用其他的事情作为理由。

[62] 数困：屡次参加考试而没有考中。

[63] 省试：指乡试，即每三年一次在各省省城举行的考试，凡本省生员均可应考，考中的称为举人。

[64] 入帘：指担任帘官。明代乡试、会试时，有内帘官、外帘官之分。内帘官为主考或总裁及同考官，负责阅卷，分别去取，核定名次；外帘官为管理考场事务的官员。

[65] 密属：暗中嘱托。

[66] 天下才：第一流的人才。

[67] 房：乡试、会试时，同考官(协同主考或总裁阅卷的官员)在考场中各占一房，又称房官。试卷由房官先阅，加上批语，再推荐给主考或总裁。

[68] 脱失：遗漏。

[69] 如命：按照你的嘱咐去做。
[70] 这句说有一个知县由于其他事情在别处耽搁了，比别人来得晚。羁(jī)：萦绕，被牵制。
[71] 至期：到了举行考试的日期。
[72] 不偶：没有遇合的机会。偶：同"遇"。
[73] 有司：官吏，古代设官分职各有专司，因此称官吏为"有司"。这里指试官。
[74] 放浪：行为放纵。曲蘖(niè)：酿酒用的发酵剂，这里指酒。
[75] 齐、鲁、燕、赵：指今河北省、山东省、山西省一带地方。
[76] 穷览：普遍游览。朔漠：北方的沙漠地区。
[77] 偃：仰面倒下。这三句写徐渭所见到的种种自然界的奇异景象。
[78] 幽谷：深幽的山谷。大都：大城市。
[79] 英雄失路，托足无门：意思是说，徐渭得不到施展本领的机会，无处可以安身。
[80] 嗔：生气。
[81] 水鸣峡：水流过峡谷而发出巨大的声响。
[82] 羁人：在他乡滞留，一时不能返回家乡的人。寒起：夜间感到孤单和寒冷，睡不着觉，因而起床。
[83] 放意：心情放纵。
[84] 畴：田地。
[85] 幽峭：幽深峭拔。
[86] 鬼语秋坟：形容风格的幽峭，像秋天坟地里的鬼魂在说话一样。
[87] 王者气：帝王般的轩昂气概。
[88] 巾帼：妇女的代称。全句是说，不是那种专门侍奉权贵的世俗文人所能比拟的。
[89] 韩、曾：韩愈、曾巩，唐宋散文名家。流亚：同样类型的人物。
[90] 雅：平素，向来。时调：指当时主宰文坛的前、后七子的拟古文风。
[91] 骚坛主盟者：文坛上的领袖人物。当指王世贞、李攀龙之辈。
[92] 叱：大声斥责。奴之：把他们当做奴婢对待。意即看不起他们。
[93] 乡大夫：官名。春秋时各国设置乡大夫，掌管一乡的政教禁令。这里指当地的县令。
[94] 赋：写诗。
[95] 阴：暗中，秘密地。续：连接。
[96] 苦之：使他感到为难。
[97] 援：取。
[98] 气韵：意境、韵味。遒逸：雄健高超。
[99] 姿媚：飘逸可爱。
[100] 欧公句：欧阳修诗《水谷夜行寄子美圣俞》有句："譬如妖韶女，老自有余态。"意谓美人迟暮，风韵犹存。欧公以之赞美苏子美诗，此处借以论徐文长书法。
[101] 谬：错误地。这里是谦词。
[102] 书法：字的技法。书：这里指写的字。
[103] 书神：字的精神，笔意。
[104] 诚：确实是。八法：汉字笔画有侧(点)、勒(横)、努(直)、趯(钩)、策(斜画向上)、掠(撇)、啄(右边短撇)、磔(捺)，谓之八法。多以此指书法。散圣：放旷不羁的有成就的人。
[105] 字林：这里指书法界。侠客：和上句的"散圣"一样，含有不正统的意思。
[106] 间：有时。余：余力，余暇。
[107] 旁溢：指在书法之外，又擅长绘画。

[108] 超逸：高远，指不拘常格，远离庸俗。有致：富有情趣。
[109] 继室：指徐渭续娶的张氏。
[110] 论死：判处死刑。
[111] 张太史元汴：张元汴，字子荩，号阳和，山阴人，曾担任翰林院编修。力解：尽力解救。
[112] 佯狂：装疯卖傻。胡宗宪因为结交严嵩，嵩败，徐渭惧怕株连，就装疯卖傻，越来越厉害。
[113] 显者：有身份有地位的人。
[114] 拒不纳：拒绝接待。
[115] 当道官：在当地掌权的官员。
[116] 酒肆：酒店。
[117] 下隶：地位低贱的人。
[118] 同年：科举时代称同科考中的人为同年。
[119] 石公：袁宏道的号。
[120] 囹圄(líng yǔ)：监牢。
[121] 礼数：礼仪的等级。礼数异等：所受礼遇与别人不同。
[122] 独：唯独。未贵：没有官位。
[123] 崛起：突起，形容不平凡。
[124] 芜秽：荒芜。
[125] 梅客生：梅国桢，字客生，麻城(今湖北麻城)人，作者的朋友。万历进士，官至兵部右侍郎。
[126] 奇：不顺利，倒霉。

☞ 提　示

这篇传记选自《袁中郎全集》卷四，历来存在多个版本，编者根据几个不同的版本做了修订。《徐文长传》描述了徐文长坎坷的一生，以及他在文学艺术上取得的成就。徐渭是晚明著名文士，字文长，号天池，绍兴山阴(今浙江绍兴)人，具有多方面的才能和成就，他有经世济时之才，吞吐河山之气魄。创作上，无论是在作为正统文学的诗文、作为通俗文学的戏曲方面，还是在书法、绘画等方面，他都有很高的造诣。但就人生的不幸和苦难而言，几乎没有一个文艺名家可以与之并论。他潦倒终生，以致忧愤成疾，万历二十一年(1593年)在贫病交加中结束了一生。在徐渭去世后大约四年，袁宏道来到绍兴，在朋友陶望龄的家中无意中读到徐渭的诗集，击节称赏，以为"有明一人"。在袁宏道的传扬下，徐渭才名留文史。在写作上，本文有两个特点：一是设置悬念，未见其人，先见其文；二是以"奇"作为统摄全文，围绕徐渭才能的奇异、性格的奇怪、经历的奇特展开叙写，注重写意，淡笔勾勒，却给读者留下深刻的印象。

➤ 延伸性阅读文献

1. 李健章：《袁宏道集笺校》，武汉大学出版社，2012年。
2. 李永鑫：《徐文长故事》，浙江摄影出版社，2012年。
3. 龙吟：《怪杰徐文长》，华艺出版社，2004年。

思考与练习

1. 袁宏道在这篇传记中倾注了强烈的感情,处处可以让读者感受到作者的存在。请具体说说这样写的好处。
2. 文章是从哪几方面来表现徐文长之"奇"的?
3. 徐文长一生充满了悲剧色彩,你对此有何看法?

第三节 小　说

霍小玉传

蒋　防

蒋防，生卒年不详。中唐（宪宗、穆宗、文宗）时人。约生于贞元年间（785～804年），卒于大和五年至九年间。字子徵（一作子微），唐义兴（今江苏宜兴县）人，蒋澄之后。少年时才华横溢，诗文并茂。十八岁作《秋河赋》，"援笔立就"，知名于时。元和中历任拾遗、补阙，长庆元年因元稹、李绅之荐，为翰林学士，二年进司封员外郎，三年以司封郎中知制诰，四年由李绅之贬而谪为汀州、连州刺史，时议称冤。大和二年（828年）春，调任袁州刺史。《全唐文》卷七一九，录蒋防赋及杂文一卷；《唐诗纪事》录其诗四首；另有诗集一卷。可见其诗文均有少量遗存。他的成名之作则是传奇《霍小玉传》，约为长庆、元和年间的作品，今见《太平广记》卷四八七"杂传记类"。明本《虞初集》和鲁迅的《唐宋传奇集》有校录。明人汤显祖曾据此篇小说作有戏剧《紫箫记》和《紫钗记》。

大历中，陇西李生名益[1]，年二十，以进士擢第。其明年，拔萃[2]，俟试于天官。夏六月，至长安，舍于新昌里。生门族清华[3]，少有才思，丽词嘉句，时谓无双；先达丈人[4]，翕然[5]推伏。每自矜风调[6]，思得佳偶，博求名妓，久而未谐。长安有媒鲍十一娘者，故薛驸马[7]家青衣[8]也；折券从良[9]，十余年矣。性便辟[10]，巧言语，豪家戚里，无不经过，追风挟策，推为渠帅[11]。当[12]受生诚托厚赂，意颇德之[13]。

经数月，李方闲居舍之南亭。申未间[14]，忽闻扣门甚急，云是鲍十一娘至。摄衣从之，迎问曰："鲍卿，今日何故忽然而来？"鲍笑曰："苏姑子作好梦也未[15]？有一仙人，谪在下界，不邀财货[16]，但慕风流。如此色目[17]，共十郎相当矣。"生闻之惊跃，神飞体轻，引鲍手且拜且谢曰："一生作奴，死亦不惮[18]。"因问其名居。鲍具说曰："故霍王[19]小女，字小玉，王甚爱之。母曰净持，净持即王之宠婢也。王之初薨，诸弟兄以其出自贱庶，不甚收录[20]。因分与资财，遣居于外，易姓为郑氏，人亦不知其王女。姿质秾艳，一生未见；高情逸态，事事过人；音乐诗书，无不通解。昨遣某求一好儿郎格调相称者。某具说十郎。他亦知有李十郎名字，非常欢惬。住在胜业坊古寺曲[21]，甫上车门[22]宅是也。已与他作期约。明日午时，但至曲头觅桂子，即得矣。"

鲍既去，生便备行计。遂令家僮秋鸿，于从兄[23]京兆参军[24]尚公处假青骊驹，黄金勒[25]。其夕，生浣衣沐浴，修饰容仪，喜跃交并，通夕不寐。迟明[26]，巾帻[27]，引镜自照，惟惧不谐也。徘徊之间，至于亭午[28]。遂命驾疾驱，直抵胜业。

至约之所，果见青衣立候，迎问曰："莫是李十郎否？"即下马，令牵入屋底，急急锁门。见鲍果从内出来，遥笑曰："何等儿郎[29]，造次[30]入此？"生调诮[31]未毕，引入中门。庭间有四樱桃树；西北悬一鹦鹉笼，见生入来，即语曰："有人入来，急下帘者！"生本性雅淡，心犹疑惧，忽见鸟语，愕然[32]不敢进。逡巡，鲍引持净下阶相迎，延入对坐。年可四十余，绰约[33]多姿，谈笑甚媚。因谓生曰："素闻十郎才调风流，今又见仪容雅秀，名下固无虚士[34]。某有一女子，虽拙教训[35]，颜色不至丑陋，得配君子，颇为相宜。频见鲍十一娘说意旨，今亦便令永奉箕帚。"生谢曰："鄙拙庸愚，不意顾盼[36]，倘垂采录，生死为荣。"

遂命酒馔，即令小玉自堂东阁子[37]中而出。生即拜迎。但觉一室之中，若琼林玉树，互相照曜，转盼精彩射人。既而遂坐母侧。母谓曰："汝尝爱念'开帘风动竹，疑是故人来。'[38]即此十郎诗也。尔终日吟想，何如一见。"玉乃低鬟[39]微笑，细语曰："见面不如闻名[40]。才子岂能无貌？"生遂连起拜曰："小娘子爱才，鄙夫重色。两好相映，才貌相兼。"母女相顾而笑，遂举酒数巡[41]。生起，请玉唱歌。初不肯，母固强之。发声清亮，曲度精奇。

酒阑，及瞑，鲍引生就西院憩息。闲庭邃宇，帘幕甚华。鲍令侍儿桂子、浣沙与生脱靴解带。须臾，玉至，言叙温和，辞气宛媚。解罗衣之际，态有馀妍[42]，低帏昵枕，极其欢爱。生自以为巫山、洛浦[43]不过也。中宵[44]之夜，玉忽流涕观生曰："妾本倡家，自知非匹。今以色爱，托其仁贤。但虑一旦色衰，恩移情替，使女萝[45]无托，秋扇见捐[46]。极欢之际，不觉悲至。"生闻之，不胜感叹。乃引臂替枕，徐谓玉曰："平生志愿，今日获从，粉骨碎身，誓不相舍。夫人何发此言？请以素缣，著之盟约。"玉因收泪，命侍儿樱桃褰幄[47]执烛，授生笔研[48]。玉管弦之暇，雅[49]好诗书，筐箱笔研，皆王家之旧物。遂取绣囊，出越姬乌丝栏素缣[50]三尺以授生。生素多才思，援笔成章，引谕山河，指诚日月，句句恳切，闻之动人。染毕[51]，命藏于宝箧之内。自尔婉娈相得[52]，若翡翠之在云路也。如此二岁，日夜相从。

其后年春，生以书判拔萃登科，授郑县主簿[53]。至四月，将之官，便拜庆于东洛[54]。长安亲戚，多就筵钱。时春物尚馀，夏景初丽，酒阑宾散，离思萦怀。玉谓生曰："以君才地名声，人多景慕[55]，愿结婚媾，固亦众矣。况堂有严亲，室无冢妇[56]，君之此去，必就佳姻。盟约之言，徒虚语耳。然妾有短愿，欲辄指陈。永委君心[57]，复能听否？"生惊怪曰："有何罪过，忽发此辞？试说所言，必当敬奉。"玉曰："妾年始十八，君才二十有二，迨君壮室之秋[58]，犹有八岁。一生欢爱，愿毕此期。然后妙选高门，以谐秦晋，亦未为晚。妾便舍弃人事，剪发披缁[59]。夙昔之愿，于此足矣。"生且愧且感，不觉涕流。因谓玉曰："皎日之誓[60]，死生以之。与卿偕老，犹恐未惬素志，岂敢辄有二三[61]。固请不疑，但端居相待。至八月，必当却到[62]华州，寻使奉迎，相见非远。"更数日，生遂诀别东去。

到任旬日，求假往东都观亲。未至家日，太夫人已与商量[63]表妹卢氏，言约已定。太夫人素严毅，生逡巡不敢辞让，遂就礼谢，便有近期[64]。卢亦甲族[65]也，嫁女于他门，聘财必以百万为约，不满此数，义在不行。生家素贫，事须求贷，便托假故，远投亲知，涉历江、淮，自秋及夏。生自以孤负盟约，大愆回期[66]，寂不知闻，欲断其望，遥托亲故，不遗漏言。

　　玉自生逾期，数访音信。虚词诡说，日日不同。博求师巫，遍询卜筮，怀忧抱恨，周岁有馀。羸[67]卧空闺，遂成沉疾。虽生之书题竟绝，而玉之想望不移，赂遗亲知，使通消息。寻求既切，资用屡空，往往私令侍婢潜卖箧中服玩之物，多托于西市寄附铺[68]侯景先家货卖。曾令侍婢浣沙将紫玉钗一只，诣景先家货之。路逢内作[69]老玉工，见浣沙所执，前来认之曰："此钗，吾所作也。昔岁霍王小女，将欲上鬟[70]，令我作此，酬我万钱。我尝不忘。汝是何人，从何而得？"浣沙曰："我小娘子，即霍王女也。家事破散，失身于人。夫婿昨向东都，更无消息。悒怏成疾，今欲二年。令我卖此，赂遗于人，使求音信。"玉工凄然下泣曰："贵人男女，失机落节[71]，一至于此！我残年向尽，见此盛衰，不胜伤感。"遂引至延光公主宅[72]，具言前事。公主亦为之悲叹良久，给钱十二万焉。

　　时生所定卢氏女在长安，生既毕于聘财，还归郑县。其年腊月，又请假入城就亲。潜卜静居，不令人知。有明经[73]崔允明者，生之中表弟也。性甚长厚，昔岁常与生同欢于郑氏之室，杯盘笑语，曾不相间。每得生信，必诚告于玉。玉常以薪刍[74]衣服，资给于崔。崔颇感之。生既至，崔具以诚告玉。玉恨叹曰："天下岂有是事乎！"遍请亲朋，多方召致。生自以愆期负约，又知玉疾候沉绵[75]，惭耻忍割[76]，终不肯往。晨出暮归，欲以回避。玉日夜涕泣，都忘寝食，期一相见，竟无因由[77]。冤愤益深，委顿[78]床枕。自是长安中稍有知者。风流之士，共感玉之多情；豪侠之伦，皆怒生之薄行。

　　时已三月，人多春游。生与同辈五六人诣崇敬寺[79]玩牡丹花，步于西廊，递吟诗句。有京兆韦夏卿者，生之密友，时亦同行。谓生曰："风光甚丽，草木荣华。伤哉郑卿，衔冤空室！足下终能弃置，实是忍人。丈夫之心，不宜如此。足下宜为思之！"叹让之际，忽有一豪士，衣轻黄纻[80]衫，挟弓弹，丰神隽美，衣服轻华，唯有一剪头胡雏[81]从后，潜行而听之。俄而前揖生曰："公非李十郎者乎？某族本山东，姻连外戚[82]。虽乏文藻，心尝乐贤。仰公声华，常思觏止[83]。今日幸会，得睹清扬[84]。某之敝居，去此不远，亦有声乐，足以娱情。妖姬[85]八九人，骏马十数匹，唯公所欲。但愿一过。"生之俦辈，共聆斯语，更相叹美。因与豪士策马同行，疾转数坊，遂至胜业。生以近郑之所止，意不欲过，便托事故，欲回马首。豪士曰："敝居咫尺，忍相弃乎？"乃鞚[86]挟其马，牵引而行。迁延之间，已及郑曲。生神情恍惚，鞭马欲回。豪士遽命奴仆数人，抱持而进。疾走推入车门，便令锁却，报云："李十郎至也！"一家惊喜，声闻于外。

　　先此一夕，玉梦黄衫丈夫抱生来，至席，使玉脱鞋。惊寤而告母。因自解曰："'鞋'者，'谐'也。夫妇再合。'脱'者，'解'也。既合而解，亦当永诀。由此征之，必遂相见，相见之后，当死矣。"

　　凌晨，请母妆梳。母以其久病，心意惑乱，不甚信之。俛勉[87]之间，强为妆梳。妆梳才毕，而生果至。玉沈绵日久，转侧须人；忽闻生来，欻然[88]自起，更衣而出，恍若有神。遂与生相见，含怒凝视，不复有言。羸质娇姿，如不胜致[89]，时复掩袂，返顾李生。感物伤人，坐皆欷歔。顷之，有酒肴数十盘，自外而来。一坐惊视，遽问其故，悉是豪士之所致也。因遂陈设，相就而坐。玉乃侧身转面，斜视生良久，遂举杯酒，酬地[90]曰："我为女子，薄命如斯！君是丈夫，负心若此！韶颜稚齿，饮恨而终。慈母在堂，不能供养。绮罗弦管，从此永休。征痛黄泉[91]，皆君所致。李君李君，今当永诀！我死之后，必为厉鬼，使君妻妾，终日不安！"乃引左手握生臂，掷杯于地，长恸号哭数声而绝。母乃举尸，置于生怀，令唤之，遂不复苏矣。

生为之缟素[92]，旦夕哭泣甚哀。将葬之夕，生忽见玉繐帷[93]之中，容貌妍丽，宛若平生。著石榴裙，紫裆裆[94]，红绿帔子[95]。斜身倚帷，手引绣带，顾谓生曰："愧君相送，尚有馀情。幽冥之中，能不感叹。"言毕，遂不复见。明日，葬于长安御宿原[96]。生至墓所，尽哀而返。

后月馀，就礼于卢氏。伤情感物，郁郁不乐。夏五月，与卢氏偕行，归于郑县。至县旬日，生方与卢氏寝，忽帐外叱叱作声。生惊视之，则见一男子，年可二十馀，姿状温美，藏身映幔，连招卢氏。生惶遽走起，绕幔数匝，倏然不见。生自此心怀疑恶，猜忌万端，夫妻之间，无聊生[97]矣。或有亲情，曲相劝喻。生意稍解。后旬日，生复自外归，卢氏方鼓琴于床，忽见自门抛一斑犀钿花合子[98]，方圆一寸馀，不有轻绡，作同心结，坠于卢氏怀中。生开而视之，见相思子二、叩头虫一、发杀觜[99]一、驴驹媚[100]少许。生当时愤怒叫吼，声如豺虎，引琴撞击其妻，诘令实告。卢氏亦终不自明。尔后往往暴加捶楚[101]，备诸毒虐，竟讼于公庭而遣之[102]。卢氏既出，生或侍婢媵妾之属，蔑[103]同枕席，便加妒忌。或有因而杀之者。

生尝游广陵，得名姬曰营十一娘者，容态润媚，生甚悦之。每相对坐，尝谓营曰："我尝于某处得某姬，犯某事，我以某法杀之。"日日陈说，欲令惧己，以肃清闺门。出则以浴斛[104]覆营于床，周回封署[105]，归必详视，然后乃开。又畜一短剑，甚利，顾谓侍婢曰："此信州葛溪铁[106]，唯断作罪过头！"大凡生所见妇人，辄加猜忌，至于三娶，率皆如初焉。

◎ 注 释

[1] 大历：唐代宗李豫年号（766～779 年）。陇西：郡名，在今甘肃省境内。李益：唐时有两个李益。其一姑臧（今甘肃武威县，即古陇西地）人，长于诗歌。宪宗时曾任集贤殿学士，后来又做过礼部尚书。为人性痴而妒，对妻妾防范甚严，当时传说他有"妒病"。本篇据说就是根据他的故事附会渲染写成的。

[2] 拔萃：唐代科举及第，算有了"出身"，取得做官的资格，但还要经过一定的期限才可以选任为官，而且不一定都选得上。如果想要马上做官，可参加另一种考试：试文三篇，叫做"宏词"；试判（撰以判词，就是下文所指的"书判"）三条，叫做"拔萃"。合格后就可以分发任用。科举考试由礼部主持，这种任官考试却由吏部主持，所以下文说"俟试于天官"（天官，吏部的别称，中央主管人事的官署）。

[3] 门族清华：门第清显华贵。

[4] 先达：有声望的显达的前辈。丈人：老先生。

[5] 翕然：一致地。

[6] 自矜风调：自以为有风度、才情。

[7] 驸马：官名，就是驸马都尉。皇帝的女婿照例授此官职，是一种虚衔。

[8] 青衣：婢女。古时以青衣为"贱者"的服装，因而称婢女为"青衣"。

[9] 折券从良：赎身获得自由，嫁人为妻，不再做人家的奴隶了。"券"，指卖身契一类的文件。"折券"，毁弃了卖身契。正式成家叫从良。

[10] 性便(piān)辟：口才流利，善于迎逢。

[11] 追风挟策，推为渠帅：追风，指追求女人的行为。挟策：有主意，有办法。盗贼的首领叫做"渠帅"。这句的意思是：凡是想追求女人的，她都可以代为设法，出谋划策，因而大家推她做一个头儿。

[12] 当：方、正当。

[13] 德之：感激他。

[14] 申未间：下午三时前后。申：下午一时至三时。未：下午三时至五时。

[15] 苏姑子做好梦也未：这就是当时一句俗谚，出处未详。意思是来为他介绍佳偶，他应该在梦里就先有了好兆头，所以问他做了好梦没有。

[16] 不邀财货：不贪图金钱礼物。

[17] 如此色目：犹如说像这一类的人。"色目"：名目、身份、面貌等。

[18] 一生作奴，死亦不惮：终身服侍他，就是死也心甘情愿。

[19] 霍王：名李元轨，唐高祖的儿子。武后垂拱四年(688年)，因反武后被杀。此处是托，因为距大历中有八九十年了。

[20] 不甚收录：不大理睬、不愿容纳。

[21] 胜业坊：长安里名，在兴庆宫西。曲：唐时坊里的小街巷称"曲"。

[22] 甫上车门：刚进巷口第一个院门。

[23] 从兄：堂兄。

[24] 参军："参军事"的简称，是唐代军事机构、王府及府、州的属官，有录事参军和诸曹参军之别。诸曹参军里，在军事机构有仓曹、兵曹、骑曹、胄曹，府、州有司功、司仓、司兵、司法等种种名目。

[25] 黄金勒：饰以黄金的马笼头。

[26] 迟明：黎明。

[27] 巾帻：戴上头巾，指梳洗打扮。"巾"：做动词用。

[28] 亭午：正午。

[29] 何等儿郎：犹如说什么样的人。

[30] 造次：随随便便、冒冒失失。

[31] 调消：开玩笑，说俏皮话。

[32] 愕然：吃惊的样子。

[33] 绰约：姿态舒缓柔弱而优美的样子。

[34] 名下固无虚士：指有学问的人，名副其实，并不虚假。典出《陈书·姚察传》：姚察聘周，刘臻问他关于《汉书》的疑问十多条，他详为分析讲解，而且都有根据。刘臻佩服地说："名下固无虚士。"

[35] 拙教训：没有受到好的教育。

[36] 不意顾盼：没有想到承蒙看得起、看中了。

[37] 阁子：旁边的小门。

[38] "开帘"二句，见李益《竹窗闻风寄苗发司空曙诗》。

[39] 低鬟：低头，形容少女羞涩的样子。"鬟"：妇女的发髻。

[40] 见面不如闻名：下文"才子"指闻名，"貌"指见面，此处似应作"闻名不如见面"。

[41] 数巡：斟过几遍酒。

[42] 态有馀妍：犹如说长得很漂亮。

[43] 巫山、洛浦：以古代两个恋爱神话比喻男女欢爱。巫山：宋玉《高唐赋》中叙楚怀王游高唐曾在梦中与巫山女神欢会。洛浦：曹植《洛神赋》中写在洛水边见到洛神的故事。

[44] 中宵：半夜。

[45] 女萝：就是松萝，一种丝状的植物，多攀附在别的树上生长。封建时代，认为女子要倚靠男子生活，因而就以女萝比喻女子的身份，是夫权意识的反映。

[46] 秋扇见捐：捐：弃置。秋凉时，扇子就不用了，因而以此喻妇女因年老色衰为男子所抛弃。典出汉代班婕妤《怨歌行》。

[47] 褰(qiān)幄：褰：揭起、拉起。幄：帐幕。

[48] 研：同"砚"字。

[49] 雅：很、颇为。

[50] 乌丝栏素缣：一种白底黑线格了绸子，是浙东名产。

[51] 染毕：写完。

[52] 婉娈相得：相亲相爱。

[53] 郑县：今河南郑州市。主簿：管理文书簿册的官员。

[54] 便拜庆于东洛：就回到洛阳去探望母亲。拜庆："拜家庆"的简称。唐代风俗，离家日久而回去探望父母，叫做拜家庆。当时以洛阳为东都，故称"东洛"。

[55] 景慕：羡慕。

[56] 冢妇：正妻。

[57] 永委君心：永远放在你的心里。

[58] 壮室之秋：室：娶妻。三十岁时，古人认为是娶妻的适当年龄，有"三十而娶"的说法。

[59] 剪发披缁：当尼姑的意思。缁：缁衣，僧尼穿的黑色袈裟。

[60] 皎日之誓：皎日：白日。指着太阳发誓。语出《诗经·王风·大车》："谓予不信，有皎日。"

[61] 二三：三心二意。语出《诗经·卫风·氓》："二三其德。"

[62] 却到：还到。

[63] 商量：指议婚。

[64] 遂就礼谢，便有近期：于是到卢家去谢婚，并且商定了在短期间内举行婚礼。

[65] 甲族：高门望族。

[66] 大愆回期：大大延误了约定回霍家的日期。

[67] 羸卧：病卧。羸：瘦弱。

[68] 寄附铺：也称"柜房"，唐时多设在西市，是一种代人保管或出售珍贵物品的商行。

[69] 内作：皇家手工作坊。

[70] 上鬟：古时女子十五岁为"及笄"，这时要举行一种仪式，把披垂的头发梳上去，可以插簪子，表示已经成人待嫁了。

[71] 失机落节：倒霉落魄，落难失节。

[72] 延光公主：一作延先公主，就是郜国公主，唐肃宗的女儿。

[73] 明经：唐代考选制度，曾分为秀才、明经、进士等科。由于诗赋取中的为进士，由于儒家经义取中的为明经。

[74] 薪刍：柴米之类。

[75] 疾候沉绵：病得很沉重。

[76] 惭耻忍割：忍痛舍弃，感到羞惭。

[77] 竟无因由：竟然找不到一个机会。

[78] 委顿：精神萎靡，无力支持的样子。
[79] 崇敬寺：唐代长安中区靖安坊的一座庙宇，原为僧寺，后改尼寺，和胜业坊只隔五六坊。
[80] 轻黄纻：淡黄色麻布。
[81] 胡雏：指卖身为奴的幼年胡人。
[82] 姻连外戚：和外地的人结为亲戚。
[83] 觏止：遇见、相会。"止"：语助词。
[84] 清扬：本指人眉清目秀的样子，引申作为对人的敬辞，犹言"尊容"。
[85] 妖姬：美姬。
[86] 輓：同"挽"字。
[87] 儩勉：勉强。"儩"：同"黾"字。
[88] 欻然：忽然。
[89] 如不胜致：形容弱不禁风、怯生生的样子。致：意态。
[90] 酹地：浇酒地上。
[91] 征痛黄泉：造成含恨而死的痛苦。
[92] 为之缟素：为她服丧戴孝。"缟素"：白衣服，指丧服。
[93] 繐帷：停放棺材的灵帐。
[94] 裯裆：唐时妇女穿的一种外袍、长衣。
[95] 帔子：唐时妇女披于肩背的一种纱巾，长的称"披帛"，短的称"帔子"。亦可视为今之斗篷。
[96] 御宿原：在长安城南，是古时埋葬死者的地方。
[97] 无聊生：愁闷，毫无生趣的样子。
[98] 斑犀钿花合子：杂色犀牛角雕成的嵌金花的盒子。
[99] 发杀觜：是何等物待考，据《书影》第五卷说："似媚药无疑。"
[100] 驴驹媚：僧赞宁《物类相感志》："凡驴驹初生，未堕地，口中有一物，如肉，名媚。妇人带之能媚。"这是一种邪说。
[101] 捶楚：鞭打。捶：用杖打击。楚：一种四五尺高的小树，古人用这种树木作为责罚子弟的扑具，后来就把打人的棍子叫做楚。这里作动词用。
[102] 遣之：把她"休"掉，就是由男方主动、片面地离婚。
[103] 蹔：同"暂"字。
[104] 浴斛：澡盆之类。
[105] 周回封署：在周围贴上封条。
[106] 信州葛溪铁：信州，约辖今江西贵溪以东，怀玉山以南地区，州治在今上饶市。上饶葛溪铁精而工细，见《清异录》。

☞ 提　示

《霍小玉传》是唐传奇中期爱情题材作品中思想最深刻、认识价值最高的。小说故事主要来自作者的虚构和渲染，并把一个所谓的真人真事落实在了唐代现实生活中，赋予了它特定的时代意义。

妓女霍小玉与新第进士李益相爱，唯恐色衰见弃，李益遂对天盟誓。两年后，李益得官。离别之际，小玉向李益请求八年的相爱期，二人再订生死之盟。李益归家探亲，其母已为之选定望族卢氏女为妻，李益遂与小玉断绝往来，藏匿行踪。小玉盼郎成疾，四处打探中耗尽钱财，后得知李益消息，却无由见面。黄衫豪士强挟李益而至，小玉病中与之相见，哀叹自己，谴责李益，发誓欲报此仇，在极度悲愤中死去。在李益后来的人生中也确因小玉冤魂作祟，三娶均不和谐。

霍小玉的爱情悲剧有深刻的社会意义。它最深刻、最尖锐、最无情地揭露了唐代门阀制度的罪恶，为被压迫、被侮辱、被损害的妇女提出了血泪控诉。

此传奇的情节结构，有两条线索和三个层次。李益是一条线索，霍小玉又是一条线索，两条线索时分时合。三个层次即定情、负心、死别。这一切又是由许多场景和细节组成的。由于作者善于剪裁衔接，前后照应，只有两处略用补笔，全文如行云流水，一气呵成。

该传奇的成功之处还在于塑造出霍小玉和李益两个鲜明的人物形象。其中以霍小玉最为成功。首先，霍小玉的出身是低微的，这就决定了她不会再有更好的命运。其次，她是清醒的，尽管是不彻底的。再次，她是痴情的，对爱情忠贞不渝。最后，霍小玉是有反抗意识的，尽管这种反抗是有限的。而李益的形象则与霍小玉形成了鲜明的对比。

➢ 延伸性阅读文献

1. 刘瑛：《唐代传奇研究》，正中书局，1999年。
2. 王尽忠：《干宝研究全书》，中州古籍出版社，2009年。

思考与练习

1. 试述作品主题思想的深刻性。
2. 具体分析霍小玉、李益的人物形象特点。
3. 分析本篇传奇的结构特点。
4. 请谈谈你对魏晋志怪小说和唐传奇的理解。

俞伯牙摔琴谢知音

冯梦龙

冯梦龙(1574~1646年),明代通俗文学家、戏曲家。字犹龙,又字公鱼、子犹、耳犹,别号龙子犹、墨憨斋主人、吴下词奴、姑苏词奴、前周柱史、顾曲散人、绿天馆主人等,江苏长洲(今苏州)人。冯梦龙出身于书香世家,少年时就很有才名。青年时风流倜傥,胸怀旷达,结交名士,同其兄画家冯梦桂、其弟诗人冯梦熊并称"吴下三冯"。然而,冯梦龙一直没能考取进士,直到57岁才被选为贡生,曾在福建做了几年知县,因其在职期间"政简刑清,首尚文学",颇受当地民众爱戴。后任满归隐,继续从事小说创作和戏曲整理研究工作。清兵入关之后,曾转战闽浙之间抵抗清军,南明覆亡之后,忧愤而死。冯梦龙的作品比较强调感情和行为,最有名的作品为《古今小说》(即《喻世明言》)、《警世通言》、《醒世恒言》,合称"三言","三言"与凌濛初的《初刻拍案惊奇》、《二刻拍案惊奇》合称"三言二拍",是中国白话短篇小说的经典代表。

浪说曾分鲍叔金,谁人辨得伯牙琴!于今交道奸如鬼,湖海空悬一片心。

古来论交情至厚莫如管鲍。管是管夷吾,鲍是鲍叔牙。他两个同为商贾,得利均分;时管夷吾多取其利,叔牙不以为贪,知其贫也。后来管夷吾被囚,叔牙脱之,荐为齐相。这样朋友,才是个真正相知。这相知有几样名色:恩德相结者,谓之知己;腹心相照者,谓之知心;声气相求者,谓之知音,总来叫做相知。

今日听在下说一桩俞伯牙的故事。列位看官们,要听者,洗耳而听;不要听者,各随尊便。正是:知音说与知音听,不是知音不与谈。话说春秋战国时,有一名公,姓俞名瑞字伯牙,楚国郢都人氏,即今湖广荆州府之地也。那俞伯牙身虽楚人,官星却落于晋国,仕至上大夫之位。因奉晋主之命,来楚国修聘。伯牙讨这个差使,一来是个大才,不辱君命;二来就便省视乡里,一举两得。当时从陆路至于郢都,朝见了楚王,致了晋主之命。楚王设宴款待,十分相敬。那郢都乃是桑梓之地,少不得去看一看坟墓,会一会亲友。然虽如此,各事其主,君命在身,不敢迟留,公事已毕,拜辞楚王。楚王赠以黄金采缎,高车驷马。伯牙离楚一十二年,思想故国江山之胜,欲得恣情观览,要打从水路大宽转而回[1]。乃假奏楚王道:"臣不幸有犬马之疾,不胜车马驰骤,乞假臣舟楫,以便医药。"楚王准奏,命水师拨大船二只,一正一副,正船单坐晋国来使,副船安顿仆从行李,都是兰桡画桨,锦帐高帆,甚是齐整。群臣直送到江头而别。

只因览胜探奇,不顾山遥水远。伯牙是个风流才子,那江山之胜,正投其怀。张一片风帆,凌千层碧浪,看不尽遥山叠翠,远水澄清。不一日,行至汉阳江口。时当八月十五日中秋之夜,偶然风狂浪涌,大雨如注,舟楫不能前进,泊于山崖之下。不多时,风恬浪静,雨止云开,现出一轮明月。那雨后之月,其光倍常。伯牙在船舱中,独坐无聊，命童子焚香炉内："待我抚琴一操，以遣情怀。"童子焚香罢，捧琴囊置于案间。伯牙开囊取琴，调弦转轸，弹出一曲。曲犹未终，指下"刮剌"的一声响，琴弦断了一根。伯牙大惊，叫童子去问船头[2]："这住船所在是甚么去处？"船头答道："偶因风雨，停泊于山脚之下，虽然有些草树，并无人家。"伯牙惊讶，想道："是荒山了。若是城郭村庄，或有聪明好学之人，盗听吾琴，所以琴声忽变，有弦断之异。这荒山下，那得有听琴之人？哦，我知道了，想是有仇家差来刺客；不然，或是贼盗伺候更深，登舟劫我财物。"叫左右："与我上崖搜检一番。不在柳阴深处，定在芦苇丛中！"左右领命，唤齐众人，正欲搭跳上崖[3]，忽听岸上有人答应道："舟中大人，不必见疑。小子并非奸盗之流，乃樵夫也。因打柴归晚，值骤雨狂风，雨具不能遮蔽，潜身岩畔。闻君雅操，少住听琴。"伯牙大笑道："山中打柴之人，也敢称'听琴'二字！此言未知真伪，我也不计较了。左右的，叫他去罢。"那人不去，在崖上高声说道："大人出言谬矣！岂不闻'十室之邑，必有忠信。''门内有君子，门外君子至。'大人若欺负山野中没有听琴之人，这夜静更深，荒崖下也不该有抚琴之客了。"

　　伯牙见他出言不俗，或者真是个听琴的亦未可知。止住左右不要罗唣，走近舱门，回嗔作喜的问道："崖上那位君子，既是听琴，站立多时，可知道我适才所弹何曲？"那人道："小子若不知，却也不来听琴了。方才大人所弹，乃孔仲尼叹颜回，谱入琴声。其词云：'可惜颜回命蚤亡，教人思想鬓如霜。只因陋巷箪瓢乐，……'到这一句，就绝了琴弦，不曾抚出第四句来，小子也还记得：'留得贤名万古扬。'"伯牙闻言大喜道："先生果非俗士，隔崖弯远[4]，难以问答。"命左右："掌跳，看扶手，请那位先生登舟细讲。"左右掌跳，此人上船，果然是个樵夫：头戴箬笠，身披蓑衣，手持尖担，腰插板斧，脚踏芒鞋。手下人那知言谈好歹，见是樵夫，下眼相看："咄！那樵夫下舱去，见我老爷叩头，问你甚么言语，小心答应，官尊着哩！"樵夫却是个有意思的，道："列位不须粗鲁，待我解衣相见。"除了斗笠，头上是青布包巾；脱了蓑衣，身上是蓝布衫儿；搭膊拴腰，露出布苎下截。那时不慌不忙，将蓑衣、斗笠、尖担、板斧，俱安放舱门之外，脱下芒鞋，跗去泥水，重复穿上，步入舱来。官舱内公座上灯烛辉煌，樵夫长揖而不跪，道："大人，施礼了。"俞伯牙是晋国大臣，眼界中那有两接[5]的布衣，下来还礼，恐失了官体，既请下船，又不好叱他回去。伯牙没奈何，微微举手道："贤友免礼罢。"叫童子看坐的。童子取一张机坐儿置于下席。伯牙全无客礼，把嘴向樵夫一努，道："你且坐了。"你我之称，怠慢可知。那樵夫亦不谦让，俨然坐下。

　　伯牙见他不告而坐，微有嗔怪之意，因此不问姓名，亦不呼手下人看茶。默坐多时，怪而问之："适才崖上听琴的，就是么？"樵夫答言："不敢。"伯牙道："我且问你，既来听琴，必知琴之出处。此琴何人所造？抚他有甚好处？"正问之时，船头来禀话："风色顺了，月明如昼，可以开船。"伯牙分付："且慢些！"樵夫道："承大人下问，小子若讲话絮烦，恐担误顺风行舟。"伯牙笑道："惟恐你不知琴理。若讲得有理，就不做官，亦非大事，何况行路之迟速乎！"樵夫道："既如此，小子方敢僭谈[6]。此琴乃伏羲氏所琢，见五星之精，飞坠梧桐，凤凰来仪。凤乃百鸟之王，非竹实不食，非梧桐不栖，非醴泉不饮。伏羲氏知梧桐乃树中之良材，夺造化之精气，堪为雅乐，令人伐之。其树高三丈三尺，按三十三天之数，截为三段，分天、地、人三才。取上一段叩之，其声太清，以其过轻而废之；取下一段叩之，其声太浊，以其过重而废之；取中一段叩之，其声清浊相济，轻重相兼。送长流水中，浸七十二日，按七十二候之数。取起阴干，选良时吉日，用高手匠人刘子奇斫成乐器。此乃瑶池之乐，故名瑶琴。长三尺六寸一分，按周天三百六十一度；前阔八寸，按八节；后阔四寸，按四时；厚二寸，按两仪。有金童头、玉女腰、仙人背、龙池、凤沼、玉轸、金徽。那徽有十二，按十二月；又有一中徽，按闰月。先是五条弦在上，外按五行：金、木、水、火、土；内按五音：宫、商、角、徵、羽。尧舜时操五弦琴，歌'南风'诗，天下大治。后因周文王被囚于羑里，吊子伯邑考，添弦一根，清幽哀怨，谓之文弦。后武王伐纣，前歌后舞，添弦一根，激烈发扬，谓之武弦。先是宫、商、角、徵、羽五弦，后加二弦，称为文武七弦琴。此琴有六忌、七不弹、八绝。何为六忌？一忌大寒，二忌大暑，三忌大风，四忌大雨，五忌迅雷，六忌大雪。何为七不弹？闻丧者不弹，奏乐不弹，事冗不弹，不净身不弹，衣冠不整不弹，不焚香不弹，不遇知音者不弹。何为八绝？总之，清奇幽雅，悲壮悠长。此琴抚到尽美尽善之处，啸虎闻而不吼，哀猿听而不啼。乃雅乐之好处也。"

伯牙听见他对答如流，犹恐是记问之学，又想道："就是记问之学，也亏他了。我再试他一试。"此时已不似在先你我之称了，又问道："足下既知乐理，当时孔仲尼鼓琴于室中，颜回自外入，闻琴中有幽沉之声，疑有贪杀之意，怪而问之。仲尼曰：'吾适鼓琴，见猫方捕鼠，欲其得之，又恐其失之。此贪杀之意，遂露于丝桐。'始知圣门音乐之理，入于微妙。假如下官抚琴，心中有所思念，足下能闻而知之否？"樵夫道："《毛诗》云：'他人有心，予忖度之。'大人试抚弄一过，小子任心猜度。若猜不着时，大人休得见罪。"伯牙将断弦重整，沉思半响，其意在于高山，抚琴一弄。樵夫赞道："美哉洋洋乎，大人之意，在高山也！"伯牙不答。又凝神一会，将琴再鼓，其意在于流水。樵夫又赞道："美哉汤汤乎[7]，志在流水！"只两句，道着了伯牙的心事。伯牙大惊，推琴而起，与子期施宾主之礼，连呼："失敬！失敬！石中有美玉之藏，若以衣貌取人，岂不误了天下贤士！先生高名雅姓？"樵夫欠身而答："小子姓钟，名徽，贱字子期。"伯牙拱手道："是钟子期先生。"子期转问："大人高姓？荣任何所？"伯牙道："下官俞瑞，仕于晋朝，因修聘上国而来。"子期道："原来是伯牙大人。"伯牙推子期坐于客位，自己主席相陪，命童子点茶。茶罢，又命童子取酒共酌。伯牙道："借此攀话，休嫌简亵。"子期称："不敢。"

童子取过瑶琴，二人入席饮酒。伯牙开言又问："先生声口是楚人了，但不知尊居何处？"子期道："离此不远，地名马安山集贤村，便是荒居。"伯牙点头道："好个集贤村。"又问："道艺何为[8]？"子期道："也就是打柴为生。"伯牙微笑道："子期先生，下官也不该僭言。似先生这等抱负，何不求取功名，立身于廊庙，垂名于竹帛；却乃赍志林泉，混迹樵牧，与草木同朽？窃为先生不取也。"子期道："实不相瞒，舍间上有年迈二亲，下无手足相辅，采樵度日，以尽父母之馀年。虽位为三公之尊，不忍易我一日之养也。"伯牙道："如此大孝，一发难得。"二人杯酒酬酢了一会[9]。

子期宠辱无惊，伯牙愈加爱重。又问子期："青春多少？"子期道："虚度二十有七。"伯牙道："下官年长一旬。子期若不见弃，结为兄弟相称，不负知音契友。"子期笑道："大人差矣！大人乃上国名公，钟徽乃穷乡贱子，怎敢仰扳，有辱俯就。"伯牙道："相识满天下，知心能几人？下官碌碌风尘，得与高贤结契，实乃生平之万幸。若以富贵贫贱为嫌，觑俞瑞为何等人乎？"遂命童子重添炉火，再爇名香，就船舱中与子期顶礼八拜。伯牙年长为兄，子期为弟，今后兄弟相称，生死不负。拜罢，复命取暖酒再酌。子期让伯牙上坐，伯牙从其言。换了杯箸，子期下席，兄弟相称，彼此谈心叙话。正是：合意客来心不厌，知音人听话偏长。

谈论正浓，不觉月淡星稀，东方发白。船上水手都起身收拾篷索，整备开船。子期起身告辞，伯牙捧一杯酒递与子期，把子期之手，叹道："贤弟，我与你相见何太迟，相别何太早！"子期闻言，不觉泪珠滴于杯中。子期一饮而尽，斟酒回敬伯牙。二人各有眷恋不舍之意。伯牙道："愚兄馀情不尽，意欲曲延贤弟同行数日，未知可否？"子期道："小人非不欲相从，怎奈二亲年老，'父母在，不远游。'"伯牙道："既是二位尊人在堂，回去告过二亲，到晋阳来看愚兄一看，这就是'游必有方'了。"子期道："小弟不敢轻诺而寡信，许了贤兄，就当践约。万一禀命于二亲，二亲不允，使仁兄悬望于数千里之外，小弟之罪更大矣。"伯牙道："贤弟真所谓至诚君子。也罢，明年还是我来看贤弟。"子期道："仁兄明岁何时到此？小弟好伺候尊驾。"伯牙屈指道："昨夜是中秋节，今日天明，是八月十六日了。贤弟，我来仍在仲秋中五六日奉访。若过了中旬，迟到季秋月分，就是爽信，不为君子。"叫童子："分付记室将钟贤弟所居地名及相会的日期[10]，登写在日记薄上。"子期道："既如此，小弟来年仲秋中五六日，准在江边侍立拱候，不敢有误。天色已明，小弟告辞了。"伯牙道："贤弟且住。"命童子取黄金二笏[11]，不用封帖，双手捧定道："贤弟，些须薄礼，权为二位尊人甘旨之费。斯文骨肉，勿得嫌轻。"子期不敢谦让，即时收下。再拜告别，含泪出舱，取尖担挑了蓑衣、斗笠，插板斧于腰间，掌跳搭扶手上崖。伯牙直送至船头，各各洒泪而别。

不题子期回家之事。再说俞伯牙点鼓开船，一路江山之胜，无心观览，心心念念，只想着知音之人。又行几日，舍舟登岸。经过之地，知是晋国上大夫，不敢轻慢，安排车马相送。直至晋阳，回复了晋主，不在话下。

光阴迅速，过了秋冬，不觉春去夏来。伯牙心怀子期，无日忘之。想着中秋节近，奏过晋主，给假还乡。晋主依允。伯牙收拾行装，仍打大宽转，从水路而行。下船之后，分付水手，但是湾泊所在，就来通报地名。事有偶然，刚刚八月十五夜，水手禀复，此去马安山不远。伯牙依稀还认得去年泊船相会子期之处，分付水手，将船湾泊，水底抛锚，崖边钉橛。其夜晴明，船舱内一线月光，射进朱帘。伯牙命童子将帘卷起，步出舱门，立于船头之上，仰观斗柄。水底天心，万顷茫然，照如白昼。思想去岁与知己相逢，雨止月明；今夜重来，又值良夜。他约定江边相候，如何全无踪影，莫非爽信？又等了一会，想道："我理会得了。江边来往船只颇多，我今日所驾的，不是去年之船，吾弟急切如何认得？去岁我原为抚琴惊动知音，今夜仍将瑶琴抚弄一曲。吾弟闻之，必来相见。"命童子取琴卓安放船头，焚香设座。伯牙开囊，调弦转轸，才泛音律，商弦中有哀怨之声。伯牙停琴不操："呀！商弦哀声凄切，吾弟必遭忧在家。去岁曾言父母年高，若非父丧，必是母亡。他为人至孝，事有轻重，宁失信于我，不肯失信于亲，所以不来也。来日天明，我亲上崖探望。"叫童子收拾琴卓，下舱就寝。

伯牙一夜不睡，真个巴明不明，盼晓不晓。看看月移帘影，日出山头，伯牙起来梳洗整衣，命童子携琴相随，又取黄金十镒带去："倘吾弟居丧，可为赙礼[12]。"蹁跹登崖，行于樵径，约莫十数里，出一谷口，伯牙站住。童子禀道："老爷为何不行？"伯牙道："山分南北，路列东西。从山谷出来，两头都是大路，都去得，知道那一路往集贤村去？等个识路之人，问明了他，方才可行。"伯牙就石上少憩，童儿退立于后。不多时，左手官路上有一老叟，髯垂玉线，发挽银丝，箬冠野服，左手举藤杖，右手携竹篮，徐步而来。伯牙起身整衣，向前施礼。那老者不慌不忙，将右手竹蓝轻轻放下，双手举藤杖还礼，道："先生有何见教？"伯牙道："请问两头路，那一条路，往集贤村去的？"老者道："那两头路，就是两个集贤村。左手是上集贤村，右手是下集贤村，通衢三十里官道。先生从谷出来，正当其半，东去十五里，西去也是十五里。不知先生要往那一个集贤村？"伯牙默默无言，暗想道："吾弟是个聪明人，怎么说话这等糊涂！相会之日，你知道此间有两个集贤村，或上或下，就该说个明白了。"伯牙却才沉吟，那老者道："先生这等吟想，一定那说路的，不曾分上下，总说了个集贤村，教先生没处抓寻了。"伯牙道："便是。"老者道："两个集贤村中，有一二十家庄户，大抵都是隐遁避世之辈。老夫在这山里，多住了几年，正是：土居三十载，无有不亲人。这些庄户，不是舍亲，就是敝友。先生到集贤村必是访友，只说先生所访之友，姓甚名谁，老夫就知他住处了。"伯牙道："学生要往钟家庄去。"老者闻"钟家庄"三字，一双昏花眼内，扑簌簌掉下泪来，道："先生别家可去，若说钟家庄，不必去了。"伯牙惊问："却是为何？"老者道："先生到钟家庄，要访何人？"伯牙道："要访子期。"老者闻言，放声大哭道："子期钟徽，乃吾儿也。去年八月十五采樵归晚，遇晋国上大夫俞伯牙先生。讲论之间，意气相投。临行赠黄金二笏，吾儿买书攻读，老拙无才，不曾禁止。且则采樵负重，暮则诵读辛勤，心力耗废，染成怯疾，数月之间，已亡故了。"伯牙闻言，五内崩裂，泪如涌泉，大叫一声，傍山崖跌倒，昏绝于地。钟公用手搀扶，回顾小童道："此位先生是谁？"小童低低附耳道："就是俞伯牙老爷。"钟公道："原来是吾儿好友。"扶起伯牙苏醒。伯牙坐于地下，口吐痰涎，双手捶胸，恸哭不已，道："贤弟呵，我昨夜泊舟，还说你爽信，岂知已为泉下之鬼！你有才无寿了！"钟公拭泪相劝。伯牙哭罢起来，重与钟公施礼。不敢呼老丈，称为老伯，以见通家兄弟之音。伯牙道："老伯，令郎还是停柩在家，还是出瘗郊外了[13]？"钟公道："一言难尽！亡儿临终，老夫与拙荆坐于卧榻之前。亡儿遗语嘱付道：'修短由天，儿生前不能尽人子事亲之道，死后乞葬于马安山江边。与晋大夫俞伯牙有约，欲践前言耳。'老夫不负亡儿临终之言。适才先生来的小路之右，一丘新土，即吾儿钟徽之冢。今日是百日之忌，老夫提一陌纸钱[14]，往坟前烧化，何期与先生相遇！"伯牙道："既如此，奉陪老伯，坟前一拜。"命小童代太公提了竹篮。

钟公策杖引路，伯牙随后，小童跟定，复进谷口。果见一丘新土，在于路左。伯牙整衣下拜："贤弟在世为人聪明，死后为神灵应。愚兄此一拜，诚永别矣！"拜罢，放声又哭。惊动山前山后、山左山右黎民百姓，不问行的住的，远的近的，闻得朝中大臣来祭钟子期，回绕坟前，争先观看。伯牙却不曾摆得祭礼，无以为情，命童子把瑶琴取出囊来，放于祭石台上，盘膝坐于坟前，挥泪两行，抚琴一操。那些看者，闻琴韵铿锵，鼓掌大笑而散。伯牙问："老伯，下官抚琴，吊令郎贤弟，悲不能已，众人为何而笑？"钟公道："乡野之人，不知音律，闻琴声以为取乐之具，故此长笑。"伯牙道："原来如此。老伯可知所奏何曲?"钟公道:"老夫幼年也颇习。如今年迈,五官半废,模糊不懂久矣。"伯牙道:"这就是下官随心应手一曲短歌,以吊令郎者,口诵于老伯听之。"钟公道:"老夫愿闻。"

伯牙诵云:"忆昔去年春,江边曾会君。今日重来访,不见知音人。但见一抔土,惨然伤我心!伤心伤心复伤心,不忍泪珠纷。来欢去何苦,江畔起愁云。子期子期兮,你我千金义,历尽天涯无足语,此曲终兮不复弹,三尺瑶琴为君死!"

伯牙于衣夹间取出解手刀,割断琴弦,双手举琴,向祭石台上,用力一摔,摔得玉轸抛残,金徽零乱。钟公大惊,问道:"先生为何摔碎此琴?"伯牙道:"摔碎瑶琴凤尾寒,子期不在对谁弹!春风满面皆朋友,欲觅知音难上难。"钟公道:"原来如此,可怜!可怜!"

伯牙道:"老伯高居,端的在上集贤村,还是下集贤村?"钟公道:"荒居在上集贤村第八家就是。先生如今又问他怎的?"伯牙道:"下官伤感在心,不敢随老伯登堂了。随身带得有黄金二镒,一半代令郎甘旨之奉,一半买几亩祭田,为令郎春秋扫墓之费。待下官回本朝时,上表告归林下。那时却到上集贤村,迎接老伯与老伯母,同到寒家,以尽天年。吾即子期,子期即吾也,老伯勿以下官为外人相嫌。"说罢,命小僮取出黄金,亲手递与钟公,哭拜于地。钟公答拜,盘桓半晌而别。

这回书,题作《俞伯牙摔琴谢知音》。后人有诗赞云:势利交怀势利心,斯文谁复念知音?伯牙不作钟期逝,千古令人说破琴。

◎ 注 释

[1] 大宽转:绕路,迂回,即兜个大圈子的意思。
[2] 船头:此指船上的头目。
[3] 搭跳:搭跳板。跳:是指行船所用的跳板,放在船与岸或船与船之间供人行走。
[4] 弯远:深远,遥远。
[5] 两接:即两截,指衣衫和裤子,古时普通百姓的服装。
[6] 僭谈:不合身份的妄谈,这里是谦辞。
[7] 汤汤:形容水势浩大,水流湍急的样子。
[8] 道艺:出自《论语》"志于道""游于艺",此指平常的研究和嗜好。
[9] 酬酢:宾主相互敬酒。
[10] 记室:古代掌管章表、书记的官。
[11] 笏:我国古代金银的计量单位,二十四两为一笏,一笏又称一镒。
[12] 赙礼:给丧家送的财物。
[13] 瘞:埋葬。
[14] 陌:旧时祭奠时所烧纸钱的计量单位,相当于"叠"。

☞ 提 示

本文选自冯梦龙短篇小说集《三言·警世通言》,取材于《吕氏春秋》和《列子》中所记载的"知音"故事。俞伯牙,即俞瑞,字伯牙,春秋时的音乐家,曾担任晋国的外交官。春秋时代的琴师。既是弹琴能手,又是作曲家,故被人尊为"琴仙"。《荀子·劝学篇》中曾讲"伯牙鼓琴而六马仰秣",可见他弹琴技术之高超。《吕氏春秋·本味篇》记有伯牙鼓琴遇知音,钟子期领会琴曲志在高山、流水的故事。《琴操》记载:伯牙学琴三年不成,他的老师成连把他带到东海蓬莱山去听海水澎湃、群鸟悲鸣之音,于是他有感而作《水仙操》。现在的琴曲《高山》、《流水》和《水仙操》都是传说中俞伯牙的作品。后人以伯牙摔琴谢知音的故事为题材还创作了琴歌《伯牙吊子期》。钟子期,名徽,字子期。春秋楚国(今湖北汉阳)人。相传钟子期是一个戴斗笠、披蓑衣、背冲担、拿板斧的樵夫。历史上记载俞伯牙在汉江边鼓琴,钟子期感叹说:"巍巍乎若高山,荡荡乎若流水。"两人就成了至交。钟子期死后,俞伯牙认为世上已无知音,终身不再鼓琴。

这篇小说结构完整,构思巧妙,情节曲折生动。作者通过对话、心理、动作等描写,凸显人物性格的个性化特点;通过遇知音、识知音、觅知音、谢知音等情节的描写,歌颂了人世间生死不渝的友情和恪守信义的美德。

延伸性阅读文献

1. 冯梦龙:《警世通言》,线装书局,2013年。
2.《三言二拍》,辽海出版社,2010年。
3. 傅承洲:《冯梦龙文学研究》,中国社会科学出版社,2013年。

思考与练习

1. 举例分析本文故事情节描写的特点。
2. 查阅本文故事的来源。
3. 结合文本谈谈你对"知音"的理解。

第四节 戏　　曲

墙头马上（第三折）

白　朴

白朴(1226~1316年)，元代杂剧家，曲作家，文学家。字太素，号兰谷，初名恒，字仁甫。隩州（今山西河曲县附近）人。幼年时值金国覆亡，饱经兵乱，赖诗人元好问多方扶持，并教他读书。金亡后流寓真定。在大都时，他曾和关汉卿共同参加过玉京书会，并到过汴梁、杭州等戏剧演出较盛的地方。晚年寄居南京。白朴自幼聪慧，记忆过人，精于度曲。与关汉卿、王实甫（另一说为郑光祖）、马致远等并称"元曲四大家"。白朴的词流传至今一百余首，大多以咏物与应酬为主；其作品歌词典雅，属于文采派。杂剧有16种：《绝缨会》、《赶江江》、《东墙记》、《梁山伯》、《赚兰亭》、《银筝怨》、《斩白蛇》、《梧桐雨》、《幸月宫》、《崔护谒浆》、《钱塘梦》、《高祖归庄》、《凤皇船》、《墙头马上》、《流红叶》、《箭射双雕》。今仅存杂剧《墙头马上》、《梧桐雨》二种。散曲有《天籁集摭遗》一卷，收其小令37首，套曲4套。

（裴尚书上）云：自从少俊去洛阳买花栽子回来，今经七年。老夫常是公差，多在外，少在里。且喜少俊颇有大志，每日在后花园中看书，直等功名成就，方才娶妻。今日是清明节令，老夫待亲自上坟去，奈畏风寒，教夫人和少俊替祭祖去咱。（裴尚书下）

（裴少俊引院公上）云：自离洛阳，同小姐到长安七年也。得了一双儿女，小厮儿叫做端端，女儿唤做重阳。端端六岁，重阳四岁，只在后花园中隐藏，不曾参见父母，皆是院公伏侍，连宅里人也不知道。今日清明节令，父亲畏风寒，我与母亲郊外坟茔中祭奠去。院公在意照顾，怕老相公撞见。

（院公）云：哥哥，一岁使长百岁奴。这宅中谁敢提起个李字！若有一些差失，如同那赵盾便有灾难，老汉就是灵辄扶轮，王伯当与李密叠尸，为人须之彻。休道老相公不来，便来呵，老汉凭四方口，调三寸舌，也说将回去。我这是舯文通、李左车。哥哥，你放心，倚着我呵，万丈水不教泄漏了一点儿。

（裴少俊）云：若无疏失，回家多多赏你。（裴少俊下）

（李千金引端端、重阳上）云：自从跟了舍人来此呵，早又七年光景，得了一双儿女。过日月好疾也呵！

（李千金旦）唱：

【双调】【新水令】数年一枕梦庄蝶，过了些不明白好天良夜。想父母关山途路远，鱼雁信音绝。为甚感叹咨嗟，甚日得离书舍？

【驻马听】凭男子豪杰，平步上万里龙庭双凤阙；妻儿真烈，合该得五花官诰七香车。也强如带满头花，向午门左右把状元接；也强如挂拖地红，两头来往交媒谢。今日个改换别，成就了一天锦绣佳风月。

　　（李千金）云：我掩上这门，看有甚人来此。

　　（院公持扫帚上）云：哥哥祭奠去了，嫂嫂跟前回复去咱。（见科）云：嫂嫂，舍人祭奠去了。院公特地说与嫂嫂得知。

　　（李千金）云：院公可要在意者，则怕老相公撞将来。

　　（院公）云：老汉有句话敢说么？今日清明切，有甚节令酒果，把些与老汉吃饱了，只在门首坐着，看有甚的人来。

　　（李千金与酒肉吃科）

　　（院公）云：夜来两个小使长把墙头上花都折坏了，今日休教出来，只教书房中耍，则怕老相公撞见。

　　（李千金）唱：

【乔牌儿】当拦的便去拦，我把你个院公谢。想昨日被棘针都把衣袂扯，将孩儿指尖儿都挝破也。

　　（端端）云：奶奶，我接爹爹去来。

　　（李千金）云：还未来哩！

　　（李千金）唱：

【幺篇】便将球棒儿撇，不把胆瓶藉。你哥哥，这其间未是他来时节，怎抵死的要去接？

　　（院公）云：我门口去吃了一瓶酒，一分节食，觉一阵昏沉。倚着湖山睡些儿咱！
　　（端端打科）
　　（院公）云：唬杀人也。小爷爷！你要到房里耍去。
　　（又睡科，重阳打科）
　　（院公）云：小奶奶，女孩家这般劣！
　　（又睡科，二人齐打科）
　　（院公）云：我告你去也，快书房里去！
　　（裴尚书引张千上）云：夫人共少俊祭奠去了，老夫心中闷倦，后花园内走一遭去，看孩儿做下的功课咱。
　　（见院公）云：这老子睡着了。
　　（做打科）
　　（院公做醒、着扫帚打科）云：打你娘，那小厮！
　　（做见慌科）
　　（尚书）云：这两个小的是谁家？
　　（端端）云：是裴家。
　　（尚书）云：是那个裴家？
　　（重阳）云：是裴尚书家。
　　（院公）云：谁道不是裴尚书家花园，小弟子还不去！
　　（重阳）云：告我爹爹、奶奶说去。
　　（院公）云：你两个采了花木，还道告你爹爹、奶奶去？跳起凭公公来也，打你娘！
　　（两人走科）（院公）云：你两个不投前面走，便往后头去？

(二人见李千金科)云：我两人接爹爹去，见一老爹，问是谁家的。
(李千金)云：孩儿也，我教你休出去，兀的怎了！
(尚书做意科)云：这两个小的，不是寻常之家。这老子其中有诈，我且到堂上看来。
(李千金)唱：

【豆叶儿】接不着你哥哥，正撞见你爷爷。魄散魂消，肠慌腹热，手脚獐狂去不迭。相公把柱杖掂详，院公把扫帚支吾，孩儿把衣袂掀者。

(尚书)云：咱房里去来。
(到书房，正旦掩门科)
(尚书)云：更有谁家个妇人？
(院公)云：这妇人折了俺花，在这房内藏来。
(李千金)唱：

【挂玉钩】小业种把枕门掩上些，道的跳天撅地十分劣。被老相公亲向园中撞见者，唬的我死临侵地难分说。

(尚书)云：拿的芙蓉亭上来。
(李千金)唱：氲氲的脸上羞，扑扑的心头怯；喘似雷轰，烈似风车。
(院公)云：这妇人折了两朵儿花，怕相公见，躲在这里。合当饶过，教家去。
(李千金)云：相公可怜见，妾身是少俊的妻室。
(尚书)云：谁是媒人？下了多少钱财？谁主婚来？
(李千金做低头科)(尚书)云：这两个小的是谁家？
(院公)云：相公不合烦恼合欢喜。这的是不曾使一分财礼，得这等花枝般媳妇儿，一双好儿女，合做一个大筵席。老汉买羊去，大嫂，请回书房里去者。
(尚书怒科)云：这妇人决是介优酒肆之家！
(李千金)云：妾是官宦人家，不是下贱之人。
(尚书)云：嗾声！妇人家共人淫奔，私情来往，这罪过逢赦不赦。送与官司问去，打下你下半截来。
(李千金)唱：

【沽美酒】本是好人家女艳冶，便待要兴词讼发文牒，送到官司遭痛决。人心非铁，逢赦不该赦。

【太平令】随汉走怎说三贞九烈，勘奸情八棒十挟。谁识他歌台舞榭，甚的是茶房酒舍。相公便把贱妾，拷折下截，并不是风尘烟月。

(尚书)云：则打这老汉，他知情。
(张千)云：这个老子，从来会勾大引小。
(院公)云：相公，七年前舍人哥哥买花栽子时，都是这厮搬大引小，着舍人刁将来的。
(张千)云：老子攀下我来也。
(尚书)云：是了，敢这厮也知情！
(李千金)唱：

【川拨棹】赛灵辄，蒯文通，李左车；都不似季布喉舌，王伯当尸叠。更做道向人处无过背说，是和非须辩别。

（尚书）云：唤的夫人和少俊来者。

（夫人裴少俊上，见科）

（尚书）云：你与孩儿通同作弊，乱我家法。

（夫人）云：老相公，我可怎生知道？

（尚书）云：这的是你后园中七年做下的功课！我送到官司，依律施行者。

（裴少俊）云：少俊是卿相之子，怎好为一妇人，受官司凌辱，情愿写与休书便了。告父亲宽恕。

（李千金）唱：

【七弟兄】是那些劣憋，痛伤嗟也，时乖运蹇遭磨灭。冰清玉洁肯随邪，怎生的拆开我连理同心结！

（尚书）云：我便似八烈周公，俺夫人似三移孟母。都因为你个淫妇，枉坏了我少俊前程，辱没了我裴家上祖。兀那妇人，你听者：你既为官宦人家，如何与人私奔？昔日无盐采桑于村野，齐王车过见了，欲纳为后同车。而无盐曰："不可，禀知父母，方可成婚；不见父母，即是私奔。"呸！你比无盐败坏风俗，做的个男游九郡，女嫁三夫。

（李千金）云：我则是裴少俊一个。

（尚书怒）云：可不道"女慕贞洁，男效才良；聘则为妻，奔则为妾"。你还不归家去！

（李千金）云：这姻缘也是天赐的。

（尚书）云：夫人，将你头上玉簪来。你若天赐的姻缘，问天买卦，将玉簪向上磨做了针儿一般细。不折了，便是天赐姻缘；若折了，便归家去也。

（李千金）唱：

【梅花酒】他毒肠狠切，丈夫又软揣些些，相公又恶噷噷乖劣，夫人又叫丫丫似蝎蜇。你不去望夫石上变化身，筑坟台上立个碑碣。待教我谩惵惵，愁万缕，闷千叠；心似醉，意如果；眼似瞎，手如瘸；轻拈掇，慢拿捻。

【收江南】呀！疙叮珰掂做了两三截，有鸾胶难续玉簪折，则他这夫妻儿女两离别。总是我业彻，也强如参辰日月不交接。

（尚书）云：可知道玉簪折了也，你还不肯归家去？再取一个银壶瓶来，将着游丝系住，到金井内汲水。不断了，便是夫妻；瓶坠簪折，便归家去。

（李千金）云：可怎了！

（李千金）唱：

【雁儿落】似陷人坑千丈穴，胜滚浪千堆雪。恰才石头上损玉簪，又教我水底捞明月。

【得胜令】冰弦断，便情绝；银瓶坠，永离别。把几口儿分两处。

（尚书）云：随你再嫁别人去。

（李千金）唱：谁更待双轮辗四辙。恋酒色淫邪，那犯七出的应拚舍；享富贵豪奢，这守三从的谁似妾！

（尚书）云：既然簪折瓶坠，是天着你夫妻分离。着这贼丑生与你一纸休书，便着你归家去。少俊，你只今日便与我收拾琴剑书箱，上朝求官应举去。将这一儿一女收留在我家。

张千,便与我赶离了门者!(尚书下)

(裴少俊与李千金休书科)

(李千金)云:少俊,端端,重阳,则被你痛杀我也!

(李千金)唱:

【沉醉东风】梦惊破情缘万结,路迢遥烟水千叠。常言道有亲娘有后爷,无亲娘无疼热。他要送我到官司,逞尽豪杰。多谢你把一双幼女痴儿好觑者,我待信拖拖去也。

(李千金)云:端端,重阳,儿也!你晓事些儿,我也不能够见你了也!

(李千金)唱:

【甜水令】端端共重阳,他须是你裴家枝叶。孩儿也啼哭的似痴呆,这须是我子母情肠,厮牵厮惹,兀的不痛杀人也!

【折桂令】果然人生最苦是离别,方信道花发风筛,月满云遮。谁更敢倒凤颠鸾,撩蜂剔蝎,打草惊蛇?坏了咱墙头上传情简帖,拆开咱柳阴中莺燕蜂蝶。儿也咨嗟,女又拦截,既瓶坠簪折,咱义断恩绝!

(张千)云:娘子,你去了罢!老相公便着我回话哩。

(李千金)云:少俊,你也须送我归家去来。

(李千金)唱:

【鸳鸯煞】休把似残花败柳冤仇结,我与你生男长女填还彻。指望则生同衾,死则共穴。唱道题柱胸襟,当垆的志节,也是前世前缘,今生今业。少俊呵,与你干驾了会香车,把这个没气性的文君送了也!(正旦下)

(裴少俊)云:父亲,你好下的也。一时间将俺夫妻子父分离,怎生是好?张千,与我收拾琴剑书箱,我就上朝取应去。一面瞒着父亲,悄悄送小姐回到家中,料也不妨。

(诗云)正是:石上磨玉簪,欲成中央折。井底引银瓶,欲上丝绳绝。两者可奈何,似我今朝别。果若有天缘,终当做瓜葛。(裴少俊下)

☞ 提　示

本文取自元杂剧《墙头马上》第三折(略有改动),全名《裴少俊墙头马上》,是白朴最出色的作品,与《拜月亭》、《西厢记》、《倩女离魂》合称为"元代四大爱情剧"。故事写唐代尚书裴行俭之子裴少俊奉父命由长安去洛阳买花,途中和李世杰女李千金隔墙以诗赠答。当晚私约后园,二人私奔到长安定居,育有一子一女。后为裴少俊父亲发现,强令裴少俊休妻回家。李千金回到洛阳,父母已亡故。裴少俊中进士后,正式与李千金完婚。

《墙头马上》是一部爱情喜剧,取材于白居易《井底引银瓶》。这个故事曾多次被搬上舞台,据宋周密《武林旧事》载,宋官本杂剧有《裴少俊伊州》一本;元陶宗仪《辍耕录》载金院本有《鸳鸯简》及《墙头马》各一本,《南词叙录》载南戏有《裴少难墙头马上》。而宋话本《西山一窟鬼》中有"如捻青梅窥小俊,似骑红杏出墙头"的插词,可见人们不断地改编这一故事,添加了不少情节,甚至确定了主人公的名姓。白朴一方面对前人的创作编改有一定的继承,同时还有自己的新变。白居易《井底引银瓶》记述的是一个婚姻悲剧故事，一个女子爱上了一位男子，同居了五六年，但被家长认为"聘则为妻奔则妾"，逐出家门。在"始乱终弃"的社会风气中，白居易对这个不幸的女子给予同情，并对世人提出"寄言痴小人家女，慎勿将身轻许人"的告诫。白朴在戏中所写的内容，大致与《井底引银瓶》相同，但表现的思想倾向，则与原诗迥异。整个剧本洋溢着火热的激情，描绘李千金大胆地追求爱情，勇敢地向封建家长挑战，敢于为自己的行为辩护，成为一曲歌颂婚姻自由的赞歌，表现了当时正在兴起的市民意识。《墙头马上》不仅丰富了原诗的内容，更重要的是，白朴虽然以传统故事为框架，但他所塑造的人物，实际上是以现实生活为依据，是有血有肉的鲜活形象。全剧结构严谨而情节变化合情合理。有些曲词本色通俗，真实生动，有助于人物性格的展现。

> **延伸性阅读文献**

1. 顾学颉：《元明杂剧》，上海古籍出版社，2011年。
2. 钟涛：《元杂剧艺术生产论》，中国传媒大学出版社，2003年。
3. 罗斯宁：《元杂剧和元代民俗文化》，广东高等教育出版社，2011年。
4. 云峰：《民族文化交融与元杂剧研究》，人民出版社，2012年。

思考与练习

1. 举例分析本文的主题思想。
2. 分析李千金人物形象特点。
3. 了解元杂剧相关知识。

《牡丹亭·惊梦》（节选）

汤显祖

汤显祖（1550～1616年），字义仍，号海若、清远道人，晚年别号若士、茧翁。江西临川人。明代末期著名戏曲作家。著名作品有《牡丹亭》。汤显祖从小天资聪颖，刻苦攻读，其"幼志在诗书，吟呷不去口"，14岁就补了县诸生，21岁中了举人。汤显祖"于古文词外，能精乐府、歌行、五七言诗；诸史百家而外，通天官、地理、医药、卜筮、河籍、墨、兵、神经、怪牒诸书"。他不但爱读"非圣"之书，更广交"气义"之士，通过积极的社会活动，铸就了正直刚强，不肯趋炎附势的品格。汤显祖的主要创作成就是在戏曲方面，代表作有四部，分别是《牡丹亭》（又名《还魂记》）、《邯郸记》、《南柯记》、《紫钗记》，合称"玉茗堂四梦"，后人也称作"临川四梦"。

杜丽娘：【绕地游】梦回莺啭，乱煞年光遍，人立小亭深院。
春　香：炷尽沉烟，抛残绣线，恁今春关情似去年。小姐。
杜丽娘：晓来望断梅关，宿妆残。
春　香：小姐，你侧着宜春髻子恰凭栏。
杜丽娘：剪不断，理还乱，闷无端。
春　香：小姐，已吩咐催花莺燕借春看。
杜丽娘：春香，可曾吩咐花郎，扫除花径么？
春　香：已吩咐过了。
杜丽娘：取镜台衣服过来。
春　香：晓得。"云髻罢梳还对镜，罗衣欲换更添香。"小姐，镜台衣服在此。
杜丽娘：放下。
春　香：是。
杜丽娘：好天气也！【步步娇】袅晴丝吹来闲庭院，摇漾春如线。停半晌，整花钿，没揣菱花，偷人半面，迤逗的彩云偏。我步香闺怎便把全身现。
春　香：小姐。
杜丽娘：【醉扶归】你道翠生生出落的裙衫儿茜，艳晶晶花簪八宝钿。可知我一生儿爱好是天然？（二人同唱）恰三春好处无人见，不提防沉鱼落雁鸟惊喧，则怕的羞花闭月花愁颤。
春　香：来此已是花园门首，请小姐进去。
杜丽娘：进得园来，看画廊金粉半零星。
春　香：这是金鱼池。
杜丽娘：池馆苍苔一片青。

春　香：踏草怕泥新绣袜，惜花疼煞小金铃。
杜丽娘：春香。
春　香：小姐。
杜丽娘：不到园林，怎知春色如许？
春　香：便是。
杜丽娘、春　香：【皂罗袍】原来姹紫嫣红开遍，似这般都付与断井颓垣。良辰美景奈何天，便赏心乐事谁家院？朝飞暮卷，云霞翠轩，雨丝风片，烟波画船。锦屏人忒看的这韶光贱！
杜丽娘：【好姐姐】遍青山啼红了杜鹃，那荼蘼外烟丝醉软，那牡丹虽好，他春归怎占的先？闲凝眄兀生生燕语明如剪，听呖呖莺声溜的圆。
春　香：这园子委实观之不足。
杜丽娘：提他怎么？
春　香：留些余兴，明日再来耍子吧。
杜丽娘：有理。【尾声】观之不足由他缱，便赏遍了十二亭台是枉然，倒不如兴尽回家闲过遣。
春　香：小姐，你身子乏了，歇息片时。我去看看老夫人再来。
杜丽娘：去去就来。
春　香：晓得。瓶插映山紫，炉添沉水香。
杜丽娘：蓦地游春转，小试宜春面。春呵春！得和你两流连，春去如何遣？咳，恁般天气，好困人也！【山坡羊】没乱里春情难遣，蓦地里怀人幽怨。则为俺生小婵娟，拣名门一例一例里神仙眷。甚良缘，把青春抛的远。俺的睡情谁见？则索要因循腼腆，想幽梦谁边，和春光暗流转。迁延，这衷怀哪处言？淹煎，泼残生除非问天。（杜丽娘如梦）
（花神引杜丽娘、柳梦梅上，相见）
柳梦梅：吓姐姐！小生哪一处不寻到，却在这里。恰好在花园内，折得垂柳半枝。姐姐，你既淹通诗书，何不作诗一首，以赏此柳枝乎？
杜丽娘：那生素昧平生，因何到此？
柳梦梅：姐姐，咱一片闲情，爱煞你哩！【山桃红】则为你如花美眷，似水流年，是答儿闲寻遍，在幽闺自怜。姐姐，和你那答儿讲话去。
杜丽娘：哪里去？
柳梦梅：那！转过这芍药栏前，紧靠着湖山石边。和你把领扣儿松，衣带宽，袖梢儿揾着牙儿沾，也。则待你忍耐温存一晌眠。（二人同唱）是那处曾相见？相看俨然，早难道好处相逢无一言。（柳梦梅、杜丽娘下）
众花神：【画眉序】好景艳阳天。万紫千红尽开遍。满雕栏宝砌，云簇霞鲜。督春工珍护芳菲，免被那晓风吹颤，使佳人才子少系念，梦儿中也十分欢忭。【滴溜子】湖山畔，湖山畔，云蒸霞焕。雕栏外，雕栏外，红翻翠骈。惹下蜂愁蝶恋，三生锦绣般非因梦幻。一阵香风，送到林园。及时的，及时的，去游春，莫迟慢。怕罡风，怕罡风，吹得了花零乱，辜负了好春光，徒唤枉然，徒唤了枉然。【五般宜】一边儿燕喃喃软又甜，一边儿莺呖呖脆又圆。一边蝶飞舞，往来在花丛间。一边蜂儿逐趁，眼花缭乱。一边红

桃呈艳，一边绿柳垂线。似这等万紫千红齐装点，大地上景物多灿烂！（众花神下，杜丽娘、柳梦梅上）

柳梦梅：【山桃红】这一霎天留人便，草藉花眠，则把云鬟点，红松翠偏。见了你紧相偎，慢厮连，恨不得肉儿般和你团成片，也。逗的个日下胭脂雨上鲜。（妙!）我欲去还留恋，相看俨然，早难道好处相逢无一言。姐姐，你身子乏了，将息片时，小生去也。正是，行来春色三分雨。

杜丽娘：秀才！

柳梦梅：在！妙吓！睡去巫山一片云。（柳梦梅下，杜母上）

杜　母：夫婿坐黄堂，娇娃立绣窗。怪她裙钗上，花鸟绣双双。我儿原来昼眠在此。我儿！我儿！

杜丽娘：秀……

杜　母：儿吓！娘在此。

杜丽娘：原来是母亲。母亲万福。

杜　母：罢了。你方才说什么秀？

杜丽娘：呀，孩儿刺绣才罢。

杜　母：为何昼眠在此？

杜丽娘：告母亲知道，适才花园中游玩回来，不觉身子困倦，少睡片时。不知母亲到来，有失迎接，望母亲恕罪。

杜　母：怎么不到学堂中去看书？

杜丽娘：先生不在，且自消停。

杜　母：儿吓！花园冷静，少去闲游。

杜丽娘：谨依母亲慈训。

杜　母：女儿家长成了，就有许多情态。且自由她，我去了。正是，宛转随儿女。

杜丽娘：孩儿送母亲。

杜　母：罢了。辛勤做老娘。（杜母下）

杜丽娘：娘吓！你叫孩儿看书，不知哪一种书，才消得我闷怀吓！【绵搭絮】雨香云片，才到梦儿边，无奈高堂，唤醒纱窗睡不便。泼新鲜，俺的冷汗粘煎。闪的俺心悠步軃，意软鬟偏。不争多费尽神情，坐起谁欠，则待去眠。【尾声】困春心，游赏倦，也不索香熏绣被眠。春吓！有心情那梦儿还去不远。（杜丽娘下）

☞ 提　示

本文选自《牡丹亭》第十出，是由"游园"和"惊梦"两个情节组成，是《牡丹亭》中最负盛名的唱段之一。《牡丹亭》是汤显祖的四大剧作之一，也是成就最高的作品，乃至"《牡丹亭梦》一出，家传户诵，几令《西厢》减价"。

《牡丹亭》的剧情大意是：南宋时，南安太守杜宝，一心要把爱女杜丽娘培养成大家闺秀，聘请府学生员陈最良为师，命丫环春香伴读，以《诗经》向杜丽娘灌输"后妃之德"。与父母愿望相反，杜丽娘一心向往自然。面对大好的春光，杜丽娘深感闺中寂寞，遂与春香同去花园游玩，引起无限感慨，游兴未尽而归。杜丽娘思春入梦，在梦中与秀才柳梦梅相会在牡丹亭前。可惜好梦不长,虽然梦境生灵活现,却寻梦不见,隐情无诉,痴心难轻抛,杜丽娘在病中自描春容,题诗其上,竟饮恨与世长辞。金兵南侵,杜宝奉调镇守淮阳。行前,按丽娘遗言将其葬于后花园梅树之下,并建梅花观请石道姑照看。秀才柳梦梅也因访梦来到南安,寄居梅花观中。一日,梦梅去花园闲游,恰得杜丽娘春容画卷,并与魂灵相会,方知杜丽娘遭遇。杜丽娘精诚不散,魂游花园,再遇花仙。众神为其痴情所动,遂帮助杜丽娘还魂与柳梦梅结为永好。

本场戏堪称《牡丹亭》最精彩的部分,是全剧的一个小高潮。在这场戏中,面对美好春光,长期被禁锢的杜丽娘第一次迸发出强烈的青春意识,她的爱情观、人生观发生了巨大变化。美丽诱人的春天景致,激起了杜丽娘对美好爱情和人性自由的向往,对世俗观念的挑战以及对封建礼教束缚的反叛,具有一股强烈的精神震撼力量。

➤ 延伸性阅读文献

1. 《汤显祖戏曲集》,人民文学出版社,2010年。
2. 汤显祖:《牡丹亭》(插图版),人民文学出版社,2005年。
3. 程林辉:《汤显祖思想研究》,中国戏剧出版社,2006年。
4. 周悦文:《汤显祖传》,江西人民出版社,1987年。

思考与练习

1. 举例分析杜丽娘在游园赏春过程中的心理变化。
2. 试比较分析崔莺莺与杜丽娘二者形象的异同。
3. 赏析本场戏唱词的华美精妙。

第五节 法商古文

治 国

管 仲

管仲,春秋初期政治家,思想家,即管敬仲。名夷吾,字仲。齐国颍上(今安徽颍上)人。早年经商。初事齐国公子纠,助纠和公子小白争夺君位,小白得胜,即位为齐桓公,管仲被囚。齐桓公不计前嫌,经鲍叔牙保举,任其为卿。他在齐进行改革,分国都为15个士乡和6个工商乡,分鄙野为五属,设各级官吏管理。设选拔人才的制度,士经三次审选,可作上卿的辅佐。将士乡按五家为轨,十轨为里,四里为连,十连为乡的军事编制进行组织。征税按土地好坏分等,适当征发力役,禁止掠夺家畜。由官府统一铸造、管理钱币,制定捕鱼、煮盐之法,因此国力富强。遂在此基础上帮助齐桓公以"尊王攘夷"为号召,使其"九合诸侯,一匡天下",成为春秋时代的第一个霸主。有管仲及管仲学派的著述总集《管子》。

凡治国之道,必先富民。民富则易治也,民贫则难治也。奚以知其然也[1]?民富则安乡重家[2],安乡重家则敬上畏罪,敬上畏罪则易治也。民贫则危乡轻家[3],危乡轻家则敢凌上犯禁,凌上犯禁则难治也[4]。故治国常富,而乱国常贫。是以善为国者,必先富民,然后治之。昔者,七十九代之君[5],法制不一,号令不同,然俱王天下者,何也?必国富而粟多也。夫富国多粟生于农,故先王贵之。凡为国之急者,必先禁末作文巧[6],末作文巧禁则民无所游食[7],民无所游食则必农。民事农则田垦,田垦则粟多,粟多则国富。国富者兵强,兵强者战胜,战胜者地广。是以先王知众民、强兵、广地、富国之必生于粟也,故禁末作,止奇巧,而利农事。今为末作奇巧者,一日作而五日食。农夫终岁之作,不足以自食也。然则民舍本事而事末作。舍本事而事末作,则田荒而国贫矣。

凡农者月不足而岁有余者也[8],而上征暴急无时,则民倍贷以给上之征矣[9]。耕耨者有时,而泽不必足,则民倍贷以取庸矣。秋籴以五,春粜以束[10],是又倍贷也。故以上之证而倍取于民者四[11],关市之租,府库之征粟什一[12],厮舆之事,此四时亦当一倍贷矣。夫以一民养四主,故逃徙者刑而上不能止者,粟少而民无积也。嵩山之东[13],河汝之间,蚤生而晚杀[14],五谷之所蕃孰也[15],四种而五获。中年亩二石,一夫为粟二百石。今也仓廪虚而民无积,农夫以鬻子者,上无术以均之也[16]。故先王使农、士、商、工四民交能易作[17],终岁之利无道相过也。是以民作一而得均。民作一则田垦,奸巧不生。田垦则粟多,粟多则国富。奸巧不生则民治。富而治,此王之道也。

不生粟之国亡，粟生而死者霸[18]，粟生而不死者王。粟也者，民之所归也[19]；粟也者，财之所归也；粟也者，地之所归也。粟多则天下之物尽至矣。故舜一徙成邑，二徙成都，三徙成国[20]。舜非严刑罚重禁令，而民归之矣，去者必害，从者必利也。先王者善为民除害兴利，故天下之民归之。所谓兴利者，利农事也；所谓除害者，禁害农事也。农事胜则入粟多，入粟多则国富，国富则安乡重家，安乡重家则虽变俗易习、驱众移民，至于杀之，而民不恶。此务粟之功也。上不利农则粟少，粟少则人贫，人贫则轻家，轻家则易去、易去则上令不能必行，上令不能必行则禁不能必止，禁不能必止则战不必胜，守不必固矣。夫令不必行，禁不必止，战不必胜，守不必固，命之曰寄生之君[21]。此由不利农少粟之害也。粟者，王之本事也，人主之大务，有人之涂，治国之道也。

◎ 注　释

[1] 奚：何以，怎么。
[2] 安乡：安心居于自己的乡土。重家：重视、留恋自己的家业。
[3] 危：忧惧，不安心。
[4] 凌：凌辱，侵犯，引申为反抗。
[5] 七十九代：泛指历代君主。
[6] 文巧：指奢侈玩好物品的制作。
[7] 游食：不务农而食。
[8] 月不足而岁有余：此言农业生产一年仅收获一次，就每月而言，几乎全是付出劳动，故谓月不足，就全年算，方可能有剩余，故谓岁有余。
[9] 倍贷：指借一还二的高利贷。
[10] 朿：古代以十数为"朿"，朿为"五"之两倍，指粮价言。
[11] 倍取于民者四：倍取，即成倍索取。"倍取于民者四"，指官府的横征暴敛、高利贷盘剥、商人的贱买贵卖以及各项赋税徭役，这四个方面都成倍地加重了农民的负担。
[12] 粟什一：粮食收成的十分之一。此指田赋的征收十分中取其一。
[13] "嵩山之东"加上"河汝之间"方可成为一个地区。河汝之间，指黄河、汝水之间，今河南中部一带。
[14] 蚤：通"早"。"蚤生而晚杀"，指适宜农作物生长的时期很长。
[15] 蕃孰：通"蕃熟"，指生长成熟。
[16] 均：均衡。"上无术以均之也"，意指国家无法调节各阶层的收入，使之均衡。
[17] 交能易作：交与易皆指互换。互换其所能与所作，即互换其行业。
[18] 死：消灭，消失。引申为耗尽，消费掉。
[19] 归：归附，集聚。
[20] 徙：迁徙。"舜一徙成邑，二徙成都，三徙成国"是古代关于舜的传说。这里把造成上述现象的原因归结为舜为民兴利除害发展农业，所以人们归附他。
[21] 寄生之君：意指仰赖他国，不能长久的国君。

☞ 提　示

本文选自《管子》第四十八。《管子》一书是春秋时期(公元前 770～前 476 年)齐国政治家、思想家管仲及管仲学派的著述总集，大约成书于战国（公元前 475～前 221 年）时代。刘向编定《管子》时共 86 篇，今本实存 76 篇，其余 10 篇仅存目录。《管子》76 篇，分为 8 类：《经言》9 篇，《外言》8 篇，《内言》7 篇，《短语》17 篇，《区言》5 篇，《杂篇》10 篇，《管子解》4 篇，《管子轻重》16 篇。书中《韩非子》、贾谊《新书》和《史记》所引《牧民》、《山高》、《乘马》诸篇，学术界认为是管仲遗说。《立政》、《幼官》、《枢言》、《大匡》、《中匡》、《小匡》、《水地》等篇，学术界认为是记述管仲言行的著述。《心术》上下、《白心》、《内业》等篇另成体系，当是管仲学派、齐法家对管仲思想的发挥和发展，学术界也有人认为是宋钘、尹文的遗著。

本文中心是论述治国之道。但其内容并非一般地讲述治理国家的道理，而是专以发展农业，增产粮食为政策，达到富国强兵的目的。作者的基本论点有二：第一，以农为本，实行利农政策。作者指出，富国、强兵、王天下的基础在于发展农业生产，即"众民、强兵、地广、富国必生于粟"，发展农业、增产粮食乃是人心向背和国家强弱安危的重要因素。因此，强调国家实行利民政策的实质就在于利农："先王者善为民除害兴利，故天下之民归之。所谓兴利者，利农事也；所谓除害者，禁害农事也。"第二，以奢侈品生产为末，主张禁末，作者认为："凡为国之急者，必先禁末作文巧，末作文巧禁则民无所游食，民无所游食则必农"。因为当时"末作文巧"获利丰厚，不仅在经济上与国家发生矛盾，而且由于它对农民进行贱买贵卖，高利盘剥，迫使"民舍本事而事末作"，甚至导致农民破产逃亡，其结果必然是"田荒而国贫"，所以必须禁末，以利于农业生产的发展。

➤ 延伸性阅读文献

1. 张小木：《管子解说》，华夏出版社，2009 年。
2. 陈鼓应：《管子四篇诠释——稷下道家代表作解析》，商务印书馆，2006 年。
3. 谢浩范、朱迎平：《管子全译》，贵州人民出版社，2009 年。
4. 苏畅：《管子城市思想研究》，中国建筑工业出版社，2010 年。
5. 任继亮：《管子经济思想研究——轻重论史话》，中国社会科学出版社，2005 年。

思考与练习

1. 如何理解管子的"重农禁末"的治国思想。
2. 分析管子治国必先富民思想的进步意义。

食货志（节选）

班　固

　　班固（公元32～92年），《汉书》的编著者。东汉史学家，字孟坚，扶风安陵（今陕西咸阳东北）人，出身于世代仕宦之家。"自幼聪敏"，"九岁能属文，诵诗赋"；成年后博览群书，"九流百家之言，无不穷究"。班固善于学习，为人谦逊大度，平易近人，"性宽和容众，不以才能高人"，因此，深受学士们的爱戴。其曾祖父班况，成帝时为越骑校尉；祖父班稚，哀帝时为广平太守。父亲班彪，曾被光武帝拜为徐县令，后来专心于史籍研究，编写《史记·后传》数十篇，是东汉著名的史学家。

　　班固从小受父亲治学思想的熏陶，"年九岁，能属文诵诗赋"。建武二十三年（公元47年）前后入洛阳太学，博览群书，穷究九流百家之言。建武三十年（公元54年），其父班彪卒，自太学返回乡里为父亲服丧。居忧时，在班彪续补《史记》所作《后传》基础上开始编写《汉书》，至章帝建初中基本完成。永平元年（公元58年）班固向当时辅政的东平王苍上书，受到东平王的重视。永平五年（公元62年）有人向朝廷上书告发班固"私改作国史"。皇帝下诏收捕，班固被抓，书籍也被查抄。幸得其弟班超上书申说班固著述之意，地方官也将其书稿送到朝廷。汉明帝了解情况后，很欣赏班固的才学，召他到校书部，任命他为兰台令史（兰台是汉朝收藏图书之处），掌管和校定图书。明帝时，曾任兰台令史，与陈宗、尹敏、孟异共同撰成《世祖本纪》，升迁为郎官，任典校秘书。郎官职位很低，但班固深得皇上喜爱。此后又与人共同记述功臣、平林、新市、公孙述事迹，作列传、载记28篇奏上，计用20多年，至章帝建初中期基本上完成了我国第一部纪传体的断代史《汉书》。

　　章帝时期，班固看到京师大兴土木，而关中父老犹望朝廷西顾，于是就上《两都赋》，"盛称洛邑制度之美，以折西宾淫侈之论"，受到章帝肃宗的赞赏，因此也更得章帝的宠幸。建初三年（公元78年）升为玄武司马，是守卫玄武门的郎官中的下级官吏。由于章帝喜好儒术文学，赏识班固的才能，因此多次召他入宫廷侍读。章帝出巡，常随侍左右。奉献所作赋颂。对于朝廷大事，也常奉命发表意见，与公卿大臣讨论，曾参加论议对西域和匈奴的政策。建初四年，章帝效法西汉宣帝石渠阁故事（见石渠阁会议），在白虎观召集当代名儒讨论五经同异，并亲自裁决（见白虎观会议）。其目的是广泛动员今古文学派的力量，促进儒家思想与谶纬神学紧密结合，加强儒家思想在思想领域的统治地位。在这次会议上，班固以史官兼任记录，奉命把讨论结果整理成《白虎通德论》，又称《白虎通义》。章帝后期，班固辞官回乡为母亲服丧。和帝永元元年（公元89年），大将军窦宪奉旨远征匈奴，班固被任为中护军随行，参与谋议。窦宪大败北单于，登上燕然山（今蒙古境内的杭爱山），命班固撰写了著名的燕然山铭文，刻石记功而还。班固与窦宪本有世交之谊，入窦宪幕府后，主持笔墨之事，关系更为亲密。永元四年（公元

92年），窦宪在政争中失败自杀，洛阳令对班固积有宿怨，借机罗织罪名，捕班固入狱，同年死于狱中，终年61岁。

汉兴，接秦之敝，诸侯并起，民失作业而大饥馑。凡米石五千，人相食，死者过半。高祖乃令民得卖子，就食蜀汉[1]。天下既定，民亡盖臧[2]，自天子不能具醇驷[3]，而将相或乘牛车。上于是约法省禁，轻田租，什五而税一，量吏禄，度官用，以赋于民。而山川、园池、市肆租税之入，自天子以至封君汤沐邑[4]，皆各为私奉养，不领于天子之经费[5]。漕转关东粟以给中都官[6]，岁不过数十万石。孝惠、高后之间，衣食滋殖。文帝即位，躬修俭节，思安百姓。时民近战国，皆背本趋末，贾谊说上曰[7]：

管子曰："仓廪实而知礼节。"民不足而可治者，自古及今，未之尝闻。古之人曰："一夫不耕，或受之饥；一女不织，或受之寒。"生之有时，而用之亡度，则物力必屈[8]。古之治天下，至纤至悉也[9]，故其畜积足恃。今背本而趋末，食者甚众，是天下之大残也[10]；淫侈之俗，日日以长，是天下之大贼也[11]。残贼公行，莫之或止；大命将泛[12]，莫之振救[13]。生之者甚少而靡之者甚多[14]，天下财产何得不蹶[15]！汉之为汉几四十年矣，公私之积犹可哀痛。失时不雨，民且狼顾[16]；岁恶不入，请卖爵、子[17]。既闻耳矣，安有为天下阽危者若是而上不惊者[18]！

世之有饥穰[19]，天之行也，禹、汤被之矣[20]。即不幸有方二三千里之旱，国胡以相恤[21]？卒然边境有急[22]，数十百万之众，国胡以馈之[23]？兵旱相乘，天下大屈，有勇力者聚徒而衡击[24]，罢夫羸老易子而咬其骨[25]。政治未毕通也，远方之能疑者并举而争起矣[26]，乃骇而图之，岂将有及乎？

夫积贮者，天下之大命也[27]。苟粟多而财有余，何为而不成？以攻则取，以守则固，以战则胜。怀敌附远[28]，何招而不至？今殴民而归之农[29]，皆著于本，使天下各食其力，末技游食之民转而缘南亩[30]，则畜积足而人乐其所矣[31]。可以为富安天下，而直为此廪廪也[32]，窃为陛下惜之！

于是上感谊言，始开籍田[33]，躬耕以劝百姓。晁错复说上曰[34]：

圣王在上而民不冻饥者，非能耕而食之，织而衣之也，为开其资财之道也。故尧、禹有九年之水，汤有七年之旱，而国亡捐瘠者[35]，以畜积多而备先具也。今海内为一，土地人民之众不避汤、禹[36]，加以亡天灾数年之水旱，而畜积未及者，何也？地有遗利，民有余力，生谷之土未尽垦，山泽之利未尽出也，游食之民未尽归农也。民贫，则奸邪生。贫生于不足，不足生于不农，不农则不地著[37]，不地著则离乡轻家，民如鸟兽，虽有高城深池[38]，严法重刑，犹不能禁也。

夫寒之于衣，不待轻暖；饥之于食，不待甘旨；饥寒至身，不顾廉耻。人情，一日不再食则饥[39]，终岁不制衣则寒[40]。夫腹饥不得食，肤寒不得衣，虽慈父不能保其子，君安能以有其民哉[41]！明主知其然也，故务民于农桑，薄赋敛，广畜积，以实仓廪，备水旱，故民可得而有也。

民者，在上所以牧之[42]，趋利如水走下，四方忘择也。夫珠玉金银，饥不可食，寒不可衣，然而众贵之者，以上用之故也。其为物轻微易臧，在于把握[43]，可以周海内而亡饥寒之患[44]。此令臣轻背其主，而民易去其乡，盗贼有所劝，亡逃者得轻资也。

粟米布帛生于地，长于时，聚于力[45]，非可一日成也；数石之重，中人弗胜[46]，不为奸邪所利，一日弗得而饥寒至。是故明君贵五谷而贱金玉。

今农夫五口之家，其服役者不下二人[47]，其能耕者不过百亩，百亩之收不过百石。春耕、夏耘，秋获、冬藏，伐薪樵，治官府[48]，给徭役；春不得避风尘，夏不得避暑热，秋不得避阴雨，冬不得避寒冻，四时之间亡日休息；又私自送往迎来，吊死问疾[49]，养孤长幼在其中[50]。勤苦如此，尚复被水旱之灾，急政暴赋，赋敛不时，朝令而暮当具[51]。有者半贾而卖，亡者取倍称之息[52]，于是有卖田宅、鬻子孙以偿责者矣。而商贾大者积贮倍息，小者坐列贩卖[53]，操其奇赢[54]，日游都市，乘上之急，所卖必倍。故其男不耕耘，女不蚕织，衣必文采，食必粱肉；亡农夫之苦，有仟佰之得。因其富厚，交通王侯[55]，力过吏势，以利相倾；千里游遨[56]，冠盖相望[57]，乘坚策肥[58]，履丝曳缟[59]。此商人所以兼并农人，农人所以流亡者也。

今法律贱商人[60]，商人已富贵矣；尊农夫，农夫已贫贱矣。故俗之所贵，主之所贱也；吏之所卑，法之所尊也。上下相反，好恶乖迕[61]，而欲国富法立，不可得也。方今之务[62]，莫若使民务农而已矣。欲民务农，在于贵粟[63]；贵粟之道，在于使民以粟为赏罚。今募天下入粟县官，得以拜爵，得以除罪。如此，富人有爵，农民有钱，粟有所渫[64]。夫能入粟以受爵，皆有余者也；取于有余，以供上用，则贫民之赋可损，所谓损有余补不足，令出而民利者也。顺于民心，所补者三：一曰主用足，二曰民赋少，三曰劝农功。今令民有车骑马一匹者[65]，复卒三人[66]。车骑者，天下武备也，故为复卒。神农之教曰："有石城十仞[67]，汤池百步[68]，带甲百万[69]，而亡粟，弗能守也。"以是观之，粟者，王者大用，政之本务。令民入粟受爵至五大夫以上[70]，乃复一人耳，此其与骑马之功相去远矣。爵者，上之所擅[71]，出于口而亡穷；粟者，民之所种，生于地而不乏。夫得高爵与免罪，人之所甚欲也。使天下人入粟于边，以受爵免罪，不过三岁，塞下之粟必多矣[72]。

于是文帝从错之言，令民入粟边，六百石爵上造[73]，稍增至四千石为五大夫，万二千石为大庶长[74]，各以多少级数为差。错复奏言："陛下幸使天下入粟塞下以拜爵，甚大惠也。窃恐塞卒之食不足用大渫天下粟。边食足以支五岁，可令入粟郡、县矣；足支一岁以上，可时赦[75]，勿收农民租。如此，德泽加于万民，民俞勤农。时有军役，若遭水旱，民不困乏，天下安宁，岁孰且美，则民大富乐矣。"上复从其言，乃下诏赐民十二年租税之半[76]。明年，遂除民田之租税。

后十三岁[77]，孝景二年，令民半出田租，三十而税一也[78]。其后，上郡以西旱[79]，复修卖爵令，而裁其贾以招民[80]，及徒复作[81]，得输粟于县官以除罪。始造苑马以广用[82]，宫室、列馆、车马益增修矣。然娄敕有司以农为务[83]，民遂乐业。至武帝之初七十年间，国家亡事，非遇水旱，则民人给家足，都鄙廪庾尽满[84]，而府库余财。京师之钱累百巨万，贯朽而不可校[85]。太仓之粟陈陈相因[86]，充溢露积于外，腐败不可食。众庶街巷有马，阡陌之间成群，乘牸牝者摈而不得会聚[87]。守闾阎者食粱肉[88]；为吏者长子孙[89]；居官者以为姓号[90]。人人自爱而重犯法，先行谊而黜愧辱焉[91]。于是罔疏而民富[92]，役财骄溢，或至并兼；豪党之徒以武断于乡曲[93]。宗室有土[94]，公卿大夫以下争于奢侈，室庐车服僭上亡限。物盛而衰，固其变也。

是后，外事四夷[95]，内兴功利，役费并兴，而民去本。董仲舒说上曰[96]："《春秋》它谷不书，至于麦禾不成则书之，以此见圣人于五谷最重麦与禾也。今关中俗不好种麦，是岁失《春秋》之所重，而损生民之具也。愿陛下幸诏大司农[97]，使关中民益种宿麦[98]，令毋后时。"又言："古者税民不过什一，其求易共[99]；使民不过三日[100]，其力易足。民财内足以养老尽孝，外足以事上共税，下足以蓄妻子极爱，故民说从上。至秦则不然，用商鞅之法，改帝王之制，除井田，民得卖买，富者田连阡陌，贫者无立锥之地。又颛川泽之利[101]，管山林之饶，荒淫越制，逾侈以相高；邑有人君之尊，里有公侯之富，小民安得不困？又加月为更卒[102]，已，复为正，一岁屯戍，一岁力役，三十倍于古；田租口赋[103]，盐铁之利，二十倍于古。或耕豪民之田，见税什五。故贫民常衣牛马之衣，而食犬彘之食。重以贪暴之吏，刑戮妄加，民愁亡聊，亡逃山林，转为盗贼，赭衣半道[104]，断狱岁以千万数。汉兴，循而未改。古井田法虽难卒行，宜少近古，限民名田[105]，以澹不足，塞并兼之路。盐铁皆归于民。去奴婢，除专杀之威。薄赋敛，省徭役，以宽民力。然后可善治也。"仲舒死后，功费愈甚，天下虚耗，人复相食……

◎ 注　释

[1] 蜀、汉：蜀郡与汉中郡的简称。

[2] 亡：通"无"。盖臧：积蓄。

[3] 自：虽。醇驷：四匹同色的马。醇：通"纯"，纯一不杂。

[4] 封君：指受汉朝所封的，如公主和列侯一类人。汤沐邑：指专供皇帝、公主及列侯官府开支的领地。

[5] 领：入。

[6] 漕转：水运叫漕，车运叫转，在此均指运输粮食而言。中都官：指西汉首都长安城内的各个官府。

[7] 贾谊(公元前200～前168年)：西汉政治家，文帝时博士，后贬为长沙王太傅、梁怀王太傅，曾多次上书批评时政。下引贾谊疏见《贾谊新书·无蓄篇》。

[8] 屈：尽。

[9] 孅：通"纤"，细小。悉：周到。

[10] 残：伤害。

[11] 贼：祸害。

[12] 大命：天命，此指国家政权。泛：覆灭，败亡。

[13] 振救：拯救。

[14] 靡：散，消耗。

[15] 蹶：竭，尽。

[16] 狼顾：狼性怯，行走时好回头看，害怕袭击。这里是形容百姓惶恐不安。

[17] 请：将。卖爵、子：出卖爵位或子女。

[18] 阽危：危险。阽：有近边欲坠之意，故谓危险为阽危。

[19] 世：年岁。穰：丰收。

[20] 被：遭受。传说夏禹时发生了九年的水灾，商汤时发生了七年的旱灾。

[21] 胡：何，怎么。恤：救济。

[22] 卒：同"猝"，突然。

[23] 馈：送给。这里指发放粮饷，供应军粮。

[24] 衡击：意谓横行劫击。

[25] 罢夫：残疾多病的人。罢：通"疲"。羸老：年老体弱的人。羸：瘦弱。

[26] 能疑者：指敢于与天子比拟的人，即想争夺天下的人。疑：通"拟"，在下比拟上。

[27] "夫积贮者"二句：谓积贮乃国家命脉所在。

[28] 怀敌：怀柔敌人。附远：让远方之人前来归附。

[29] 殴：同"驱"，驱赶。

[30] 末技游食之民：指不从事农业生产而从事工商业生产或没有固定职业的人。缘南亩：从事农业生产。缘：沿、依附。

[31] 畜：蓄的古字。

[32] 廪廪：通"懔"，恐惧貌。

[33] 籍田：亦作藉田，指古代帝王亲耕之田。其实，帝王只是在每年春天，拿耒耜在籍田上推三下或拨一下，作个亲耕的样子而已。那些藉田，仍是强迫农民耕种的。这句是说，汉文帝又开始恢复藉田之礼以示重视农业。

[34] 晁错（公元前200～前154年）：西汉著名的政论家，文帝时任太常掌故，太子家令，深得太子（景帝）信任，号"智囊"。景帝即位，任御史大夫，建议削夺诸侯国的封地，以巩固中央政权。后吴、楚七国，以"请诛晁错以清君侧"为名，发动叛乱，晁错遂被景帝处死。

[35] 捐瘠：指因饥饿而死亡或瘦弱的人。捐：遗弃。瘠：瘦弱。

[36] 不避：不让，不亚于。

[37] 地著：附着在土地上，此指定居农村。

[38] 城：城墙。池：护城河。

[39] 再食：吃两顿饭。再：两次。

[40] 终岁：一年到头。

[41] 有其民：占有百姓，即保持其对百姓的统治。

[42] 牧：放牧，引申为统治。

[43] 在于把握：可以放在手里拿着。

[44] 周：遍，走遍。

[45] 聚于力：靠人力才能收获聚集起来。聚：收获、积聚。

[46] 中人弗胜：中等体力的人拿不动。

[47] 服役者不下二人：给政府服役的不少于二人。

[48] 治官府：修建官府。

[49] 吊死问疾：吊唁死者，慰问病人。

[50] 养孤长幼：赡养孤老，抚育小孩。

[51] 朝令而暮当具：原句为朝令而暮改。

[52] 亡者取倍称之息：意指手头没有东西可以变卖的人，只好承担借一还二的利息，向他人借钱交税。倍称之息：倍于原借钱数的利息。称：举债。

[53] 坐列：开设店铺或摆摊。

[54] 奇赢：奇货，即商人囤积以待高价出售的货物。

[55] 交通：交结。

[56] 游遨：即遨游，游玩。

[57] 冠盖：原指冠服与车篷，本是古代有权有势的人才享有的服饰与用具。这里用来指代商人。

相望：此指商人在路上往来不绝。

[58] 乘坚：乘坐着坚固的车子。策肥：鞭策着肥壮的马。

[59] 履丝曳缟：脚穿丝鞋，身上拖着精致洁白的丝质长衣。

[60] 贱：轻视。

[61] 乖迕：违背。

[62] 方今之务：当今要做的最紧要的事情。

[63] 贵粟：贵重粮食。

[64] 渫：通"泄"，分散。此指把粮食输送到需要的地方。

[65] 车骑马：装备齐全的战马。

[66] 复卒三人：免除一家三人的兵役。复卒：免除兵役。

[67] 仞：古代长度单位，一般以周制八尺或汉制七尺为一仞。

[68] 汤池：指护城河。

[69] 带甲：指军队。

[70] 五大夫：爵号。汉承秦制，设爵二十级，五大夫为第九级的爵位。

[71] 擅：专有。

[72] 塞下：泛指边境地区。

[73] 爵：用如动词，授爵。上造：第二级爵位。

[74] 大庶长：第十八级爵位。

[75] 时：随时。赦：免除。

[76] 十二年：指文帝前元十二年（公元前168年）。租税之半：收当年租税的二分之一，即三十税一。

[77] 后十三岁：指文帝前元十三年（公元前167年）至孝景二年（公元前155年）。

[78] 令民二句：汉朝初期的田租，一般为十五税一。汉王朝于文帝前元十三年（公元前167年）至景帝前元元年，一度免除民田之租税，但到景帝二年，又令民缴纳一半租税，即三十税一。

[79] 上郡：郡名，治所在肤施（今陕西榆林县东南），辖境约当今无定河流域及内蒙古鄂托克旗等地。

[80] 裁：减。

[81] 徒复作：亦称"复作徒"，指去了刑具而为官府服一年劳役的罪徒。

[82] 苑马：当时朝廷在边军设六牧师苑，共有军马三十万匹，统称苑马。

[83] 娄：屡的古字。

[84] 都鄙：都，指长安。鄙：都城以外的地方。廪庾：泛指粮仓。有盖的叫廪，没盖的叫庾。

[85] 贯：穿钱绳。校：数。

[86] 太仓：设在京师的国家粮仓。

[87] 牸：母马乳马驹时叫牸。牝：母马。当时骑乘重公马，贱母马。

[88] 守闾阎者：即里长一类小吏。

[89] 为吏者长子孙：意为当小吏的人久于其任，生子抱孙，并不转职。

[90] 居官以为姓号：做官的人任职长久，往往把官职作为自己的姓号，如姓仓、姓庾。

[91] 黜：通"绌"，排除。

[92] 罔疏：法网宽疏。

[93] 豪党之徒：有钱有势之人。武断：以威势主断曲直。乡曲：民间。

[94] 宗室：皇族。有土：泛指王侯。

[95] 外事四夷：指对周边少数民族的战争。

[96] 董仲舒：西汉著名经学家。
[97] 大司农：官名，掌租税、钱谷、盐铁和国家的财政收支，为九卿之一。
[98] 宿麦：冬小麦。
[99] 共：同"供"。
[100] 使民不过三日：《周礼·王制》有："用民之功，岁不过三日。"
[101] 颛：通"专"，垄断。
[102] "又加月为更卒"：秦制不详。汉代兵役徭役合一，百姓从二十三岁到五十五岁服役。每年在本郡县服役一个月，叫更卒；一生要在首都当卫士一年，叫正卒；一生要在边境屯戍一年，叫戍卒。
[103] 田租：地租。口赋：人口税。
[104] 赭衣：古代囚徒穿的红褐色衣服，引申为罪人。
[105] 名田：占田。

提　示

《汉书·食货志》是《汉书》十志之一，叙述了上起远古的神农氏，下至王莽末年的历代经济制度，特别是对于西汉经济制度和生产力发展状况，更有比较详细的记载；不仅弥补了《史记·平准书》的不足，而且还显示了这一门类的建立对于保存各种社会经济史料的重要作用。自班固在《汉书》中首创"食货志"这一门类以后，继之者甚众。从《晋书》到《清史稿》，就出现了13篇食货志。这些食货志，是研究我国封建社会经济发展不可或缺的重要史料。

《汉书·食货志》分为上、下两部分。前者着重写农业生产，后者着重叙述货币制度。本篇节选的主要是《食货志上》中叙述汉高祖至汉武帝时期经济政策的部分，其中包括贾谊的《论积贮疏》、晁错的《论贵粟疏》等著名篇章，对于研究西汉前期的社会历史，具有较高的史料价值。

延伸性阅读文献

1. 班固：《汉书》，线装书局，2010年。
2. 班固：《汉书》（文白对照），中华书局，2007年。
3. 上海师范大学古籍研究所：《汉书补注》，上海古籍出版社，2008年。

思考与练习

1. 试比较《史记·货殖列传》和《汉书·食货志》的不同特点。
2. 分析贾谊《论积贮疏》、晁错《论贵粟疏》的艺术特点和思想价值。

第二编

中国现代文学

第三章　中国现代文学概述

中华民族是一个有着几千年连续不断的历史的民族，而且，在相当长的时期内，中华民族所代表的文明，是世界上最先进的文明。在中国古代文学中，我们可以看到中华民族几千年来面对世界、面对命运时的表情；可以看到中华民族对自身行为的反思，对自身道德人生、道德实践的观照和剖析，对人性缺点与优点的审视。

在中国古代文学中，不仅有对"实有"生活及世界的或依恋或批判，还有对"应有"的生活与世界的向往与想象。它是一个古老民族的心灵史，传递着这个古老民族的大美大善、大哀大痛、大喜大悲，至今仍抚慰着我们的心灵，充实着我们的心灵，感动着我们的情怀。

从此刻开始，我们将由古代中国进入现代中国，由中国古代文学进入中国现代文学。那么，如何"现代"？怎样"中国"？什么"文学"呢？

关于中国现代文学这门学科，在各个不同的历史背景下有着不同的解释。自1949年后占主流的意见是，中国现代文学应该从1919年的五四运动开始，到1949年的中华人民共和国成立为止，正好是30年的历史。1949年后一直到现在被称为当代文学。

一、"五四"：人的觉醒与人的文学

这或许是不引人注目的偶然事件：

1915年夏天，几个在美国东部风景胜地绮色佳度假的中国留学生，就文学改革中的语言问题展开了一系列辩论，在辩论的高潮阶段，当时主修哲学专业的胡适（1891～1962年）抛出了"文学革命"的观点。他提出，为了全面革新中国文学的陈旧环境，人们必须接受白话文作为真正具有创造性的工具。

1917年夏天，坐落在北京的一个偏僻胡同里的绍兴会馆，古槐树下，晚清著名思想家、文学家章太炎（1869～1936年）的几个弟子——钱玄同和鲁迅、周作人兄弟一边喝茶，一边因张勋复辟的刺激而议论"用夷变夏"之法，一时兴起，颇说了一些"偏激话"，如"应烧毁中国书"、"应废除汉字"之类。

中国的知识者就是这样从不同的思想文化背景、不同的个人经验出发，殊途同归地来到了"五四"。他们并没有经过充分的理论准备，没有形成统一的思想体系与方法论基础，仅仅出于对"中国（包括中国文学）必须变革"历史要求的敏锐把握，出于对中国传统文化和社会的批判与怀疑态度，而在"重估一切价值"，并建立"科学"与"民主"的新价值的口号下走到了一起。

1918年5月出版的《新青年》的四卷五号上登载了一篇不足五千字的短篇小说——

《狂人日记》，它的作者鲁迅（1881～1936年，原名周树人）日后被推崇为中国现代文学和现代意识的奠基者。

这是中国历史上从未有过的人的发现与人的觉醒的大时代。作为"人的觉醒"的最突出的标志，无疑是五四文学中对于处于社会结构最底层的"人"——妇女、儿童、农民的发现。在五四文学里，"妇女解放"成为人们关注，描写的中心，"我是我自己的，谁也没有干涉我的权利"，鲁迅小说《伤逝》中女主人公的豪言壮语成为"时代最强音"。而一大批女作家的出现，更是一种最具有五四时代特色的典型文学现象：冰心（1900～1999年）、冯沅君（1900～1974年）、庐隐（1898～1934年）等的作品（代表作分别为《超人》、《旅行》、《海滨故人》）以及她们的个人风姿，倾倒了无数文学青年。女性作家以她们轻柔优美的文字给新文学带来了"爱"与女性的"美"，这对民族精神与文学的改造具有重大的意义。

鲁迅在五四时期所写的《灯下漫笔》中曾经十分沉痛地指出，在中国封建等级制度中，压在最下层的是妇女与儿童，在其上则是以农民为主体的下层人民。受压迫，这不仅是经济的压榨，更是精神上的奴役，在一定程度上可以说，受压迫最深的也就是最不觉悟的。因此，一个民族的觉醒、"人"的觉醒，归根结底，是要看处于社会结构最底层的"人"——妇女、儿童、农民的觉醒。就这样，妇女、儿童，以及以农民为主体的下层人民独立意义与价值的发现和肯定，成为五四"人的觉醒"的一个重要方面。

于是，直到五四时期，我们才有了真正的儿童与真正的儿童文学——不是徒有儿童的外衣，而像成人一样思维、说话、做事的"小大人"、"假儿童"，也不是"讲儿童事，写给大人看"的"伪儿童文学"。五四时期所出现的"儿童热"：对儿童学及儿童文学（包括童话、神话、儿歌、故事）少有的理论兴趣，出现了大量为儿童写的创作作品与译作，报刊上对儿童教育、儿童文学展开了广泛而深入的讨论，在五四文学作品中出现了"小儿崇拜"的倾向，等等，其意义不仅在于由此确立了"以儿童为本位"的儿童教育学以及儿童文学的新原则与新道德，正像郭沫若所说的：人类社会根本改造的步骤之一，应当是人的改造。人的根本改造应当从"儿童的感情教育、美的教育着手"。五四时期对儿童的关注，同样是与人的改造、人性的健全发展相联系的。对儿童及儿童文学的迷恋，实质上是表现了对于不受任何人为束缚，原始的、自然状态的，因而也是更为健全的"人性"的神往。叶圣陶（1894～1988年）的童话《稻草人》、冰心的散文《寄小读者》成了中国一代又一代儿童心中的"圣典"。对儿童的发现，给五四新文化与新文学带来了其他时代所不具有的纯真之气。

与人类幼年时代紧密相连的，不仅有小儿，还有处于自然经济下的农民；从这个意义上，对儿童的发现必然与对农民的发现联系在一起。随着鲁迅小说中闰土、祥林嫂、阿Q等农民典型的出现，农民不仅第一次成为文学的主人公，而且开创了一个文学启蒙主义的传统：一方面，以农民为主体的下层人民"人"的价值被抹杀、被损害所具有的悲剧性引起了深刻的同情；另一方面，精神上所受的奴役造成的农民及下层人民的落后、愚昧、麻木的不觉悟状态，又引发出了"改造国民性"的文学主题。鲁迅的质疑传统直接影响了20世纪20年代的鲁彦（1902～1944年）、台静农（1903～1993年）、彭家煌（1898～1933年）等"乡土文学作家"，对以后现代文学的发展同样产生了深远的影响。

值得注意的是，五四的先驱者在充分肯定农民及下层人民的独立意义与价值时，并没有因此而看轻或否定知识分子的意义与价值。蔡元培在著名的《劳工神圣》的演讲里特地郑重宣布："我所说的劳工，不但是金工木工等等，凡用自己的努力，作成有益他人的事业，不管他用的是体力，是智力，都是劳工。所以农是种植的工；商是转运的工；学校职员、著述家、发明家，是教育的工；我们都是劳工"。在他看来，脑力劳动者与体力劳动者同作为劳动者都具有"神圣"的意义与价值。李大钊在《青年与农村》一文的结尾号召知识青年到农村去，因为"只要知识阶级加入了劳工团体，那劳工团体就有了光明"，这更是对知识分子启蒙作用的一种历史的肯定。于是，在五四先驱者的启蒙意识中，一方面包含了对以农民为主体的下层人民"人"的价值的肯定与期待，这些价值的被抹杀、被损害所具有的浓重的悲剧性，引起了广泛而深刻的同情；另一方面，先驱者又不能不注意到以农民为主体的下层人民精神上遭受的奴役所造成的落后、愚昧、麻木的不觉悟状态。因此，在现实的思想文化关系中，尚未觉醒的农民与下层人民作为一种保守的思想力量，与已经觉醒的、代表现代新文化的先驱者处于对立的地位，不觉悟的下层人民的精神面貌也就必然具有强烈的喜剧因素。正是以农民为主体的下层人民的双重性，他们终于被肯定、发现的"价值"与自身不觉悟状态的尖锐矛盾，在先进知识分子这里，产生了鲁迅式的"哀其不幸，怒其不争"的矛盾心境，引出了"改造国民性"的文学主题。在这里，启蒙者的知识分子与被启蒙者的下层人民之间所具有的"平等"意识，是最能显示五四时代特色的。

总之，五四时期对于妇女、儿童及以农民为主体的下层人民的"发现"，是一种全面的"人"的"发现"，既是政治、经济、社会、历史意义的"发现"，又是人类学、美学、伦理学意义的"发现"，因而它引起的中国政治、经济、社会、思想、文化、文学等的变革是极其深刻与广泛的。过去，我们将其局限于政治的狭窄范围内，显然是存在偏颇的。而尤其可悲的是，随着农民在中国政治革命中地位的提高，知识分子的价值却受到了人为的贬抑，五四时期的"启蒙"对象最终成了"神"，农民与知识分子的关系变成了改造与被改造、"一个吃掉一个"的关系。另外，农民在被"神化"、"偶像化"的同时，也失去了自身的真正独立价值，变成了适应某种政治需要的工具——"偶像化"也就是"工具化"，这是同一个过程。五四思想启蒙的传统，也就从根本上被否定与曲解。

应该说，五四时期最具有决定意义的是知识者个性解放和自由意识的觉醒。独立的、摆脱了封建人身依附关系的知识者第一次成为文学的主人公，他们与农民一起，构成了中国现代文学的两大基本题材。文学也第一次真正成为"个性的文学"：五四文学的全部魅力，并不在于思想的深刻与艺术的成熟——在这些方面，毋宁说是肤浅与幼稚的，而在于作家个性的自由表现，以及由此产生的人格吸引力。五四新文学是那一代知识者的自我写照：那"站在沙漠上，看看飞沙走石，乐则大笑，悲则大叫，愤则大骂"的心灵自由，人性的放恣，情感的真实、自然，以其不可重复性而让人永远神往。

五四的中国，不仅是"人的发现"的大时代，也是"文的发现"的大时代。他们在文言文学之外发现白话文学，在正统文学之外发现平民文学，在文献文学之外发现口头文学，在中国文学之外发现世界文学，为文学由古典到现代阶段的转型做了许多实质性的脱胎换骨的工作，这四大发现把文学事业做新了、做活了、做大了，做得流派纷呈、激情迸发、大起大落、悲喜交集。

五四文学的基本特点和主要贡献是实现文学从古典到现代的转型。作为文学转型的至为典型的精神模式和思维方式——五四精神，深刻地影响了几乎整个世纪，以至我们现在的思维方式还不能说已经超越了转型模式。

五四运动之影响，亦波及台湾等海外中国社会。1895 年沦为日本殖民地之后，台湾与中国的文化联系依旧十分密切，迟至 20 世纪 20 年代，许多台湾青年仍然渡海至大陆接受教育。在北京的学子中，张我军(1902～1955 年)尤为受到五四运动呼吁通过语言和文学革命以达到文化复兴的启发。1924 年，他发表了《致台湾青年的一封信》，对台湾知识界不思改革发出猛烈抨击，鼓励他们对台湾社会的堕落负起应有的责任。张我军采用五四破除成规的典型模式，用传统文学和现代文学、文言文和白话文的对立来展开攻势。1926 年，张氏及友人在北京创办了《少年台湾》杂志，宣扬他的改革思想，姗姗来迟地响应王光祈(1892～1936 年)创办的《少年中国》。

二、20 世纪 30 年代的文学格局与文学思潮：左翼文学，京派、海派

1927 年 9 月，鲁迅从广州出发，他和许广平最后的目的地正好是上海；1928 年，沈从文像许多其他作家一样离开北京，踏上了前往上海的旅途。在 1927～1928 年的大迁徙中，鲁迅和沈从文具有某种典型的意义。全国各地的文化人好像候鸟一样成群结队地离开他们原来的栖居之地，向上海迁徙。"四·一二"政变之后，从欧美游历归来的新文化运动领袖胡适，在日本经过了短暂的停留观望之后终于选择了上海的航线。郭沫若、阳翰笙、李一氓等参加南昌起义之后辗转来到上海。茅盾、蒋光慈、钱杏邨等从危机的政治中心武汉潜来上海。夏衍、冯乃超、李初梨等从日本留学归来。徐霞村、巴金等从法国留学归来。刘呐鸥从台湾返回上海，戴望舒、杜衡、施蛰存在上海与外县之间回旋。最引人注目的是新文化运动发祥地北京的文化人大规模南下，中国的文学中心由古都北平回归到十里洋场上海。

历史走到了 20 世纪 30 年代，五四文学的一江春水至此演绎为 30 年代三江分流的格局。如果说五四时期中国的知识者是从不同的思想文化背景、不同个人经验出发，殊途同归地来到了五四，共同聚集在"人的发现"的大旗下，那么，从"五四"文学阵营分化、改组以来，再没有一个可以称为统一的文学存在，多元、多样已是 20 世纪 30 年代文学呈现的样式，多元文化与文学格局中，主要的文学板块有三，即左翼文学、京派与海派。

左翼文学刚提出的时候叫做"革命文学"，由于"革命文学"兴起，五四时期的文学研究会、创造社等社团作家便随之分流了。当中的激进者在马克思主义思想和中国共产党组织之下，汇聚在"左联"(即中国左翼作家联盟)和鲁迅周围，成为政治性很强的左翼作家。它的对立面，是国民党的文化高压及与现政府有联系的"民族主义文学"的作家。在鲁迅带领下汇集的青年作家，如丁玲、张天翼、沙汀、艾芜、吴组缃、萧红、端木蕻良、萧军、叶紫诸人便是左翼文学的代表性作家。

左翼文学受苏联文学的影响，在 20 世纪 30 年代就明确地批判现代主义，将其看做资本主义腐朽文化的产物。它以俄国、法国的批判现实主义大师们的经典作品为本，结

合中国的史传写作传统，把革命现实主义的创作由初级（蒋光慈为代表）发展到初步成熟（茅盾为代表）。茅盾的功绩是将一种现实主义小说（即后来被命名为"社会剖析小说"者）定型化了。这种社会剖析小说的特征是：表现时代斗争的重大题材，在创作一开始就运用一定的社会科学思想对社会生活进行理性的分析，以开拓形象思维的深度和广度，在典型环境中塑造典型性格，尤其是塑造时代性格，在戏剧冲突强烈的情节中描述人物的性格成长史或突出人物性格的一瞬。在左翼内部，跟随茅盾如此创作的有沙汀、吴组缃等。

京派作家是一个松散的文学团体，涵括了不同风格的作家，如卞之琳、老舍、林徽因、林语堂、凌叔华、沈从文、周作人等。他们都不是北京人，但是长期定居北京，在这座城市中找到相似的精神归宿。京派所要表现的，是传统中的人们如何在现代大潮中自处的历史性命运。这主要是对社会抱改良态度的、对中国文明在西方文明"压迫"下坚持以我为主的调整态度的知识分子，为自己找到了"乡土世界"这一对话的主题。这是沈从文的萧萧、三三、翠翠、夭夭的边地纯情少女，是废名的县城小林、史家庄琴子、长工三哑叔、卜居京郊的莫须有先生，是汪曾祺的校工老鲁、戴车匠、孵鸡行家余老五、赶鸭能手陆长庚、摊贩王义成等，一个个在现代乡镇环境下自然适意、自重、自爱、自尊地生活着。虽然这些古朴的乡人正在现代社会迅速隐退，但京派还是经由他们来表达对现代人性缺失的深切忧虑，对建立现代人性完美的无比憧憬。

京派是除左翼文学外的最大的文学派别。在"五四"写实文学的基础上，左翼作家在苏俄文学的影响下，明确地试验了各种名目的"革命现实主义"先锋写作，企图使现代文学统统纳入现实主义的"规范"。这是一种富有理想的集团的文学，包含对文学的机械的社会学理解，而反抗色彩也给它带来某种精神的光彩。而京派在北方汇聚的时候，是依托在学院文化和美的文学之上的，与政治、党派自觉保持距离。京派是一种个人的文学，主张精神的独立，认定左翼的集团性必然束缚个性，便特意要将人、平民、个性结合在一起。京派在文体、形式的探寻上更具先锋性。

老舍（1896～1966年）是这一时期最有成就的现实主义作家，他无疑是"北京的创造物"，然而他又发现与创造了"艺术的北京"。从此，人们对于"北京"的观照，不得不带着老舍的眼光：老舍所创造的祥子与虎妞（《骆驼祥子》）、张大哥和老李（《离婚》），以及祁家四世同堂的大院，裕泰大茶馆（《茶馆》），以至老字号三合祥（《老字号》），神枪手沙子龙的镖局（《断魂枪》），都已经成为"北京文化"的有机部分。另外，老舍也是因发现"艺术的北京"而发现自己的艺术个性，通过完成北京形象而完成了他自己。老舍与北京，城与人，他们互相寻找，有幸发现了对方，至于达到了生命的融合。

沈从文（1902～1988年）是京派的代表性作家，被誉为20世纪中国最为杰出的乡土文学作家。沈从文的作品传达的并非简单的乡愁，而是想象中的乡愁，一种自我反射的乡愁，它来自于故土和记忆的独特对话。他的代表性作品有《边城》、《丈夫》、《萧萧》、《湘行散记》等。

如果说左翼文学是政治功利的文学，京派是超脱的纯文学，那么海派就是持文学娱乐观、闲适观的商业性文学。海派对现代物质的向往，过去经常受到人们的诟病。有了穆时英等的新感觉派，现代都市的美被中国人第一次发现，都市开始有了"地狱"和"天堂"的双重品质。有了张爱玲、苏青，现代市民咂摸出世俗的人的苍凉悲欢。在左翼文学的现实主义之外，同现代派文学发生各种瓜葛的，就是京派、海派。20世纪30年代海派中的新感觉派，是中国第一个现代主义小说的流派。海派的集大成者张爱玲，是将中国的章回体小说同外国的现代派小说打通的作家。她的小说中琐细的人物服饰描写、环境描写是那样的"旧"，意象丰盛的句法和整体充沛的象征意味又是如此的"新"。如果说京派作家给人以遵循英美人文主义、恂恂如也的印象，那么海派作家则因为趋新好时、世故前卫而闻名。

三、20世纪40年代：战争与文学——一个民族的歌哭

1937年7月7日，日军在北平城西南约15千米的卢沟桥一带进行演习。以一名士兵失踪为由，他们要求进入宛平县内搜查。当他们遭到驻守宛平国军的拒绝时，竟以武力进犯。吉星文（1908～1958年）团长下令还击，点燃了长达八年的抗日战争，永远改变了中国的历史。

中国现代文学所指称的"四十年代文学"是以1937年7月全面抗战局面的形成作为开端标志的。随着战争的发展，北平、上海、南京、武汉、广州、香港等中国现代都市次第沦陷。20世纪30年代以"左翼"、"京派"与"海派"三足鼎立的中国现代文化格局遭到破坏。1937～1945年，由于日本的侵略，中国广大的版图被分割为"沦陷区"、"国统区"、"解放区"三个部分，这种分割对20世纪40年代的文化、文学的构成产生了很大影响。"沦陷区"为日本侵略军所占领，包括华北、东北、华南及港台的大部分地区和一些中心城市，如北平、上海。"国统区"是国民党军队控制的地区，主要是四川、贵州、云南、广西、内蒙古、新疆、西藏等西南和少数民族地区，重庆、桂林和昆明三座城市是它们事实上的文化中心。"解放区"（20世纪40年代前期称为根据地）是中国共产党领导的，它主要包括陕北、华北的一部分地区，包括敌后的一些地方，延安是当时的政治、文化中心。据此，文学史家便以不同的政治区域为文学分割命名，如国统区文学、解放区文学、沦陷区文学等。

如果说，影响五四文学的是文化，影响20世纪30年代文学的是革命，那么影响40年代文学的最重要的因素则是战争。几个区域的文学都受战争环境的影响，又都共同承接着"五四"以来新文学的传统，有着同属于"40年代文学"的共性方面；但如果要比较具体地考察这一时期的文学发展历史，就必须注意到：不同区域社会制度与政治文化背景都直接影响和制约着文坛的场域，各个区域的文学面貌也有所不同。

由于国统区在全国所占面积最大，拥有作家最多，而且有不同的流派倾向，文学思潮与创作都比较活跃，所以比其他区域文学更能代表"40年代文学"的主潮。然而在不同的战争阶段，文坛的变化巨大，呈现着不同的基调与风貌。

重庆、昆明为代表的国统区大后方的文学场域的生成是由两个远离时代中心的群体——国立西南联和大学（简称西南联大）同人与抗战中后期的自由作家完成的。20世纪40年代中后期，当战争进入相持阶段，在遍地硝烟之中，竟然出现了相对宁静的校园里同人对精神的坚守。沈从文、鹿桥的小说，冯至的现代诗便这样进入我们的视野。这一时期沈从文创制了空灵洒脱的《湘西》，渗入现代性的乡土中国缩影的《长河》，以及

谈论生命庄严的《七色魇》。如果说《烛虚》是探测他文学理想的诗意写真，那么《七色魇》则向我们交代了他对自然美浓烈赞颂背后的忧伤感怀，对于重建人性与民族信仰的深刻质疑，然而又不得不做出个人有些悲壮的尝试。

这一时期，沈从文的创作之外，影响较大的小说还有鹿桥的《未央歌》，《未央歌》是鹿桥唯一的小说作品，却堪称诗化小说的杰作，小说以昆明和西南联大为背景，描写了抗日战争时期青年学生的生活。

在停笔12年后，冯至在1941~1942年完成了《十四行集》。这组27首十四行诗堪称现代文学史上的里程碑，不仅由于它是第一本以中文创作的十四行诗集，更由于它精湛的艺术和深刻的思想。在体认人生相对于自然的脆弱和无常的同时，他也呈现了生命的悖论。物质和精神、存有和潜在、形式和内容之间有着相辅相成的关系：后者必须依赖前者才得以彰显。

当冯至这样的著名诗人达到创作高峰的同时，年轻一代的诗人也走上舞台，其中不少是西南联大的学生，穆旦、郑敏、杜运燮当时被称为"西南联大三星"。他们拥有共同的校园氛围和文学导师，对英美现代主义与西方哲学具有共同的兴趣。现代主义对内心世界、深层现实、避免滥情及具体意象的强调，明显使他们的作品一方面有别于战前唯心的浪漫主义，另一方面也有别于大众化的抗战诗歌。

重庆的自由作家最具代表性的是巴金、茅盾。前者连续写出了"人生三部曲"——《憩园》、《寒夜》、《第四病室》，最为人称道的是"平民史诗"——《寒夜》，汪文宣、曾树生这些小人物在战争与生活中的困境感人肺腑。如果说前期创作，巴金是怀着愤怒试图冲出"家"的牢笼，那么这一时期的巴金则呼唤爱的回应，渴求爱的降临。从青年的"怒"走入中年的"爱"，在理性的自控，宽容的批判背后，巴金日渐丰盈。茅盾的日记体小说《腐蚀》揭露的是抗战后期重庆豺狼当道、特务政治的罪行，该作继续延承他创作中理性因素主导的风格；而《霜叶红似二月花》更为精彩，主人公张婉卿具备了前期两类女性（诗意内向与神采灵动）的诸多特征，从而得以表露作者对中国传统文化的一次重新审视与张扬，并借以探讨怎样的文化操守与人格力量才能在乱世中保持完美与平衡。

当时文坛最精彩的现象之一当属青年作家的崛起。路翎（1923~1994年）的《财主底儿女们》、徐訏（1908~1980年）的《风萧萧》、无名氏（1917~1986年）的《北极风情画》等皆为国统区文坛轰动一时之畅销作。

除了重庆、昆明之外，桂林也是抗战期间内地的一个文化中心。1938年10月到1939年上半年，有上千名作家、学者、艺术家曾寄居此地，如茅盾（1896~1979年）、艾青（1910~1996年）等。可以说艾青是抗战时期最著名的诗人，他在1938年写的《雪落在中国的土地上》、《我爱这土地》、《北方》等作品对那充满灾难的土地和饱受凌虐的人民表达深刻的同情和真挚的歌颂。

沦陷区文学所涉及的地域相当广大。由于沦陷时间和沦陷地的位置不尽相同，殖民者对待东北、华北、上海沦陷区的军事、文化的统治也略有区分。三处沦陷文学地块的错位是明显的。上海又以1941年12月8日太平洋战争为界，分成"孤岛"半沦陷时期与租界也遭日军占领的完全沦陷时期两个阶段，情况更为复杂。而随着所谓"满洲作家群"入关在北平聚集，沦陷区文学的中心又归于北平、上海两地。

在日本占据北平时期，周作人的小品文写作不辍。在他的笔下，散文作为一种文体得到提升，内容和风格多有开阔。他的写作题材涵括古今中外、雅俗兼容，其文笔平和冲淡。

在日寇占领下的北平，文坛由于大批作家的迁离而相当萧索。若干在北平的台湾作家填补了这个空间，担任了特殊的角色。著名的有张我军（1902～1955年）、张深切（1904～1965年）、钟理和（1915～1960年），他们在当时的文坛上被称为"台湾三剑客"。钟理和来自劳工阶层，只受过小学教育。他的故乡是南台湾的屏东，因为当时客家习俗不允许同姓结婚，1940年他和未婚妻钟台妹私奔，在沈阳小住后，他们定居北平，直到1946年才回到台湾。在北平，钟理和靠卖木炭及日文翻译谋生，他的第一本，也是唯一一本在北平出版的短篇小说集《夹竹桃》于1945年4月面世。

从1937年11月12日上海沦陷到1941年12月8日珍珠港事变，随着太平洋战争的爆发，日本全面占领了上海的国际租界。除了英法租界之外，上海笼罩在日本势力之下，被称为"孤岛"。然而，孤岛的社会环境为文学提供了一块丰沃的土壤。孤岛文学最具代表性的两位作家是气质和风格皆有极大差异的张爱玲与钱钟书。

1944年，张爱玲的第一本短篇小说集《传奇》出版，其在四天内就卖完了，次年，散文集《流言》出版，也好评如潮。25岁的张爱玲俨然成为上海的畅销作家与文化偶像。最能代表其成就的当推《金锁记》，此作中张爱玲对现代都市和市民女性的命运做了透骨的表现。最奇特的是《封锁》这一文本，它是关于都市和人的隐喻：空袭戒严（即封锁）电车停驶后男女两人在车厢邂逅，一个被剥夺了正常形态的时空恰是"真"的绝好显露之机，于是吕宗桢和吴翠远相识了，相爱了，互相感受到对方是"一个真的人"了。他俩平时是各种人："在家里她是一个好女儿，在学校里她是一个好学生"，"平时，他是会计师，他是孩子的父亲，他是家长，他是车上的搭客，他是店里的主顾，他是市民"，唯独不是真人。可这场恋爱并没有结出成果，封锁的时间一过，上海像打个盹儿醒过来，两个人在人群中消失得没了踪影，城市变成临时的陌生化的空壳。假若将这个接近现代主义的市民叙述体，与张爱玲其他新旧融合的文本联系起来理解，就会惊异于她在开掘现代人性方面所达到的纵深度。

身为一位杰出学者，钱钟书在他的小说里主要着眼于现代知识分子——他们的虚伪、愚昧和崇洋，《围城》是其代表作，在存在意义的层面上，这部黑色幽默小说可视为对现代人生存困境的隐喻书写。

不论在中国大陆还是台湾，1937年都标志着历史新的一页。1937年后至台湾回归祖国之前，日本殖民者在台湾强制推行"皇民化"运动，废止报刊汉文栏，台湾的所有文学都是用殖民者的语言创作的。吕赫若（1914～1951年）、张文环（1909～1978年）、龙瑛宗（1911～1999年）是本时期的代表性小说家。吴浊流（1900～1976年）在台湾回归祖国前夕秘密写作、第二次世界大战后公开出版的长篇小说《亚细亚的孤儿》，是台湾新文学史上的重要作品，被称作第一部探索台湾人历史命运的文学文本。

抗战期间，不少作家避难到香港，香港成为20世纪40年代的文化中心之一。战时香港最重要的作家之一萧红在此写作了《呼兰河传》、《马伯乐》等作品。

以延安为中心的文艺活动，遍及山西、河北、察哈尔、热河、辽宁等省的乡村地区。它们被统称为"三边"——晋（山西东北部）、察（察哈尔西南部）、冀（热河南部和河北大部分地区）。实际上，延安作为解放区文学的一个中心，其文学可以分为两个阶段，以1942年毛泽东《在延安文艺座谈会上的讲话》（简称《讲话》）为界，延安文学经历了较大的自我嬗变，因此也表现出前后期不同的文学形态。

在毛泽东《讲话》之前，由于当时中共中央主管宣传工作的领导者张闻天、博古等采取了比较宽松的文艺政策，文艺界出现了活跃的局面。20世纪40年代初，影响较大的新诗歌会在延安成立，这个以延安为中心的文艺据点的诗人群最鲜明的特色是：他们"首先是战士，然后是诗人"，最有代表性的是"时代的鼓手"田间。

这一时期延安文学的繁荣还表现在杂文上，如《解放日报》、《谷雨》、《抗战文艺》等都刊载了很多有影响力的杂文。这些杂文内容多是针砭当时革命队伍的不正之风，包括官僚主义、封建思想等。著名的作品：丁玲的《三八节有感》、萧军的《论同志之"爱"与"耐"》、艾青的《了解作家，尊重作家》、王实味的《野百合花》等就是出现在这一时期。

1942年春天，为了克服抗日战争的困难，同时也是为了统一全党思想，毛泽东在解放区发动了一场长达三年之久的整风运动。《讲话》就是这场运动在文艺领域的产物。

1942年5月2日～23日，中共中央在党内整风运动的基础上召开了延安文艺工作座谈会。会上，毛泽东以党的最高领导人身份做了发言，后题为《讲话》。《讲话》不同于纯粹的文艺论著，毛泽东是以党的领导者身份谈文艺问题的，其政治策略性很强，主要考虑的是一些有关党如何领导文艺的根本性的政策问题，包括文艺与生活、文艺与政治、内容与形式、普及与提高、世界观与创作方法、文学批评标准、对文化遗产的批判继承、文艺队伍的建设及统一战线等问题。《讲话》中，毛泽东还提出了"工农兵方向"，明确提出文艺首先"为工农兵服务"，其次才是为小资产阶级和知识分子服务。

赵树理（1906～1970年）是契合《讲话》精神最成功的小说作家，1943年以描写农民反抗父母落后思想、追求爱情的《小二黑结婚》奠定了自己的声誉。赵树理的作品得到茅盾、周扬的高度评价，被誉为以"民族形式"写作"人民文学的先河"。1946年新造的"赵树理方向"一词，代表了一种新的创造范式，激励了大批的追随者。

受到《讲话》的启发，无论是《白毛女》，还是《王贵与李香香》、《新儿女英雄传》等，都赋予了"旧社会把人变成鬼，新社会把鬼变成人"这样的新的意识形态。

延安权力场的目标是"人民共和国"，与延安权力场同根同源的延安文学场就这样轻而易举地进入"文学共和国"的规范之中，延安文学所建立的规范就成为新中国成立以后文学创作的范式。

1949年之后的中国当代文学也不是从天而降的，它本身就是一种历史文化现象的延续。1949年以后的大陆文学，就是"解放区文学"的直接延续与发展。当年的所谓"国统区文学"，由于国共合作的分裂而产生分化，一部分作家加入"解放区文学"的队伍，另一部分作家随国民党入台，形成了新一阶段的"国统区文学"，即台湾文学。中国内地的"沦陷区文学"1945年被收复，1949年被"解放"，但"沦陷区文学"的某些历史文化特征（如殖民地文化观念下的商业性、媚俗性以及爱国主义、民族情结的文学表达的特殊性等）在港澳文学中得到延续。此是后话。

从19世纪中叶鸦片战争爆发到20世纪中叶中华人民共和国成立，中国社会时危势急,几度转折,经历着从性质到结构的全面变革。这一历史格局从根本上改变了文学的发展方向与流变模式。文学的演进:朝外,探索汇入世界大潮;向内,要求保持固有个性;往前,寻求文学与历史目标的同一、与民族命运的交融、与人民苦乐悲喜的紧密结合,民族化与现代化、革命化与大众化成为它的双向追求。变传统文学为现代艺术,化异域营养为本土经验,现代中国文学在历史的合力中,立足时代现实,积极探索,努力创造。它变革深刻:从审美观念到文学思潮,从文体形式到语言技巧与传统文学判然有别,奠定了新型民族文学的基础。它成就巨大:在相同的时间内,比历史上任何时期涌现出的优秀作家与作品都多。它意义深远:为现代中国社会、文化的全面转型留下了最为全面丰富的、形象的记录,并自身成为这一转型的有力动因之一和有机组成部分。现代中国文学风雨兼程、荣辱一身。它以变革传统而承接古典、断裂旧史而书写新史的智慧胆略为民族文学在现代续写了百年华章。

第四章 中国现代文学经典作品解读

第一节 诗 歌

预 言

何其芳

何其芳(1912~1977年),重庆万州人。北京大学哲学系毕业,是"汉园三诗人"之一。1938年到延安参加革命,不久加入中国共产党。1944~1947年曾两次被派往重庆,在周恩来同志的领导下从事文化工作。新中国成立后,从事文学研究和评论,同时担任文艺界的领导工作。著作主要有:散文集《画梦录》(成名作),诗集《预言》、《夜歌和白天的歌》,诗《我们最伟大的节日》。何其芳是中国现当代文学史上著名的诗人、散文家和文学评论家。他在文学道路上孜孜以求,不断探索,形成了自己独特的艺术风格。20世纪30年代,当无产阶级文学的浪潮汹涌澎湃的时候,何其芳带着他的《预言》和《画梦录》登上文坛,并以其"纯粹的柔和,纯粹的美丽"给文学界带来一股清泉。20世纪上半期的中国风云际会,政治变革频繁,社会动荡,1938年,被中国的社会现实"摇醒"了的何其芳奔向革命的圣地——延安。他在延安感觉到了"自由的空气,宽大的空气,快活的空气",禁不住对新生活放声高歌。1942年延安的文艺界整风运动对何其芳及像他一样的知识分子的命运都产生了重要的影响。以参加革命为界,具体说是以延安整风运动为界,何其芳的文学创作前后对比反差极大,延安整风运动后的何其芳已难以再写出像《预言》那样优美的诗歌。他依然写诗,但佳作甚少,多失之平白浅露,缺少诗的韵味。刘再复等把他这种"思想进步,创作退步"的现象称作"何其芳现象"。这一现象在跨中国现代、当代两代文学史的作家身上比较普遍。

这一个心跳的日子终于来临!
你夜的叹息似的渐近的足音,
我听得清不是林叶和夜风的私语,
麋鹿驰过苔径的细碎的蹄声!
告诉我,用你银铃的歌声告诉我,

你是不是预言中的年轻的神？

你一定来自温郁的南方！
告诉我那儿的月色，那儿的日光，
告诉我春风是怎样吹开百花，
燕子是怎样痴恋着绿杨！
我将合眼睡在你如梦的歌声里，
那温暖我似乎记得，又似乎遗忘。

请停下你疲劳的奔波，
进来，这里有虎皮的褥你坐！
让我烧起每一个秋天拾来的落叶，
听我低低唱起我自己的歌！
那歌声将火光一样沉郁又高扬，
火光将落叶的一生诉说。

不要前行！前面是无边的森林：
古老的树现着野兽身上的斑文，
半生半死的藤蟒蛇样交缠着，
密叶里漏不下一颗星。
你将怯怯地不敢放下第二步，
当你听见了第一步空寥的回声。

一定要走吗？请等我和你同行！
我的脚步知道每一条熟悉的路径，
我可以不停地唱着忘倦的歌，
再给你，再给你手的温存！
当夜的浓黑遮断了我们，
你可以转眼地望着我的眼睛！

我激动的歌声你竟不听，
你的脚竟不为我的颤抖暂停！
像静穆的微风飘过这黄昏里，
消失了，消失了你骄傲之足音！
呵，你终于如预言所说的无语而来
无语而去了吗，年轻的神？

一九三一年秋天，北平

☞ 提 示

在这首诗歌中，我们至少应该看到两个审美层面。

在第一审美层面上，《预言》是一首执着缠绵的爱情诗。诗中的"我"是一个痴情男儿，他苦苦思念和强烈期盼着自己心中的恋人，并幻想着这位"年轻的神"正在向"我"走来。在这种情绪的强烈驱动下，《预言》出现了6个主要画面：佳人渐近，"我"激动不已；急切打探，"我"如痴如醉；殷情接待，"我"百感交集；深情劝留，"我"忧心忡忡；祈求同行，"我"信誓旦旦；佳人已去，"我"伤感不已。这里既有令人神往的浪漫，飞越奇妙的想象，更有"我"波渡相连的心路历程，那就是由佳人将至而引发的激动万分和温情脉脉到佳人难留的忧心忡忡和失落伤感。然而，这"年轻的神"却丝毫不为"我"的痴情、挽留、劝阻、警告、祈求和伤心所动。她高傲地无语而来，无语而去，坚毅地走向她既定的方向。从这种意义上说，《预言》中的"我"既是一个一厢情愿、自作多情的痴情儿郎，也是一个爱其所爱、不舍追求的情种。

然而，当我们将审美镜头继续向深处透视，我们就会发现，《预言》其实并非一支单纯意义上的爱情之歌，而是一首孤独忧郁的青春咏叹调，应该说这才是《预言》在第二审美层面上的真正题旨。

于是，我们就不难理解《预言》中"年轻的神"的象征意义。其实，这"年轻的神"就是何其芳理想中的青春之神，也是何其芳所追求的美的化身。青春是人生命中最美好的时光，而美又必须以生动的形象来表现。于是集青春与美于一身的这位"年轻的神"，便自然有着优雅的姿态、飘逸的举止、独立的人格、高洁的品性和坚定的意志。因此，她不为"我"的殷勤、温存、劝阻、警告和同情所动，也不害怕那"无边的森林"和浓重的黑暗中的种种危险、恐惧和孤独。而是毅然独自前行。这是何其芳所渴盼、所追求、所咏叹并愿意为之奉献自己一切的青春美神。表面上，她在《预言》中是来也匆匆、去也匆匆，实际上她却是《预言》的精魂，同时也是何其芳整个"预言时代"的精神主宰。

如果说《预言》中这位"年轻的神"是何其芳当时所憧憬、所追求的理想之梦的具象表现，那么，诗篇中的"我"就是一种美好道德的化身。因为在"我"对"年轻的神"的态度中，我们所看到的正是追求美好、坚持理想、抱诚守真、克己谦让、与人为善、乐于奉献等美好道德的集中凝聚和动人表现。这些美好品行，既与中华民族传统美德一脉相系，又是何其芳在伦理道德上所追求的人生范式。正因为"我"具有了这些美好的道德人品，所以，尽管那"年轻的神"让"我"一直的期盼化为一场空等，但由于"我"的无怨无悔，遂使《预言》在表面形态和深层结构上均无尖锐激烈的矛盾冲突。在"年轻的神"与苦等、苦留、苦劝的"我"之间也呈现出一种安宁和谐的美感。这正是中华传统文化中的"和合"思想在《预言》纵深处的艺术表现。这大约也是何其芳所追求的"纯粹的柔和，纯粹的美丽"。

何其芳以他的《预言》在20世纪中华诗苑中首开了一种婉约绮丽、冷艳凄美的艺术风格，成功创造了一种既要表现自我又要隐藏自我的朦胧美，不仅是当时主流诗歌之外的宝贵收获，而且深深影响了陈敬容、痖弦、郑愁予、舒婷等一代又一代优秀诗人。

延伸性阅读文献

1. 何其芳：《何其芳作品新编》，人民文学出版社，2010年。或选读《预言》、《脚步》、《秋天》等篇。
2. 孙玉石：《中国现代诗歌艺术》，北京大学出版社，2010年。
3. 王光明、赵敏俐、吴思敬：《中国诗歌通史》（现代卷），人民文学出版社，2012年。

思考与练习

1. 如何理解"年轻的神"与"我"的形象？
2. 以何其芳的《预言》与戴望舒的《雨巷》为个案，比较两人诗歌创作风格的异同。
3. 如何理解20世纪中国文学里的"何其芳现象"？

雪落在中国的土地上

艾 青

艾青(1910~1996年),中国现代诗人。原名蒋海澄,浙江金华人。1910年出生于浙江省金华县畈田蒋村的一个封建家庭。1933年第一次用艾青的笔名发表长诗《大堰河——我的保姆》,该作感情诚挚,诗风清新,轰动诗坛。以后陆续出版诗集《北风》、《大堰河》(1939年)、《火把》(1941年)、《向太阳》(1947年)、《黎明的通知》、《欢呼集》、《宝石的红星》、《春天》等,笔触雄浑,感情强烈,倾诉了对祖国和人民的情感。新中国成立后的诗集有《欢呼集》、《光的赞歌》等。艾青作为中国20世纪诗歌交响乐的第一小提琴手,是中华民族遭遇最沉重的苦难和最英勇反抗时最伟大的见证者,也是民族从苦难走向兴盛时代变迁的伟大见证者,是诗歌群峰的万山之山,诗人中的诗人。以一首《大堰河——我的保姆》闪亮登上诗坛,他的真诚和才华震惊了诗坛,跃上诗坛就登上了峰巅。20世纪三四十年代是艾青诗歌创作的黄金季节,《雪落在中国的土地上》、《北方》、《吹号者》、《手推车》如一声声重锤敲击在中国人的心上,抚慰了、温暖了、也激励了在苦难中奋斗的民族。经历了生命中的一场冗长的劫难归来的艾青,建造了《古罗马的大斗技场》和《光的赞歌》两座丰碑,为他人生的谢幕写上了辉煌的一笔。

雪落在中国的土地上,
寒冷在封锁着中国呀……

风,
像一个太悲哀了的老妇,
紧紧地跟随着,
伸出寒冷的指爪
拉扯着行人的衣襟
用着像土地一样古老的话
一刻也不停地絮聒着……

那从林间出现的,
赶着马车的
你中国的农夫
戴着皮帽
冒着大雪
你要到哪儿去呢?

告诉你
我也是农人的后裔——
由于你们的
刻满了痛苦的皱纹的脸
我能如此深深地
知道了
生活在草原上的人们的
岁月的艰辛。

而我
也并不比你们快乐啊
——躺在时间的河流上
苦难的浪涛
曾经几次把我吞没而又卷起——
流浪与监禁
已失去了我的青春的
最可贵的日子
我的生命
也像你们的生命
一样的憔悴呀

雪落在中国的土地上，
寒冷在封锁着中国呀……

沿着雪夜的河流，
一盏小油灯在徐缓地移行，
那破烂的乌篷船里
映着灯光，垂着头
坐着的是谁呀？

——啊，你
蓬发垢面的少妇，
是不是
你的家
——那幸福与温暖的巢穴——
已被暴戾的敌人
烧毁了么？

是不是
也像这样的夜间,
失去了男人的保护,
在死亡的恐怖里
你已经受尽敌人刺刀的戏弄?

咳,就在如此寒冷的今夜,
无数的
我们的年老的母亲,
都蜷伏在不是自己的家里,
就像异邦人
不知明天的车轮
要滚上怎样的路程……
——而且
中国的路
是如此的崎岖
是如此的泥泞呀。

雪落在中国的土地上,
寒冷在封锁着中国呀……

透过雪夜的草原
那些被烽火所啮啃着的地域,
无数的土地的垦植者
失去了他们所饲养的家畜
失去了他们肥沃的田地
拥挤在
生活的绝望的污巷里;
饥馑的大地
朝向阴暗的天
伸出乞援的
颤抖着的两臂。
中国的苦痛与灾难
像这雪夜一样广阔而又漫长呀!

雪落在中国的土地上,
寒冷在封锁着中国呀……

中国，
我的在没有灯光的晚上
所写的无力的
诗句
能给你些许的温暖么？

一九三七年十二月二十八日，夜间

☞ 提　示

　　艾青开始登上新诗诗坛的时候，正是我们中华民族灾难深重的时刻。从吟唱《大堰河——我的保姆》开始，他就把目光投向风雨飘摇中的土地和背负苦难的人民，把自己的诗歌创作同我们民族的命运紧密联系在一起，深切传达了中国人民深重的苦难和坚韧不拔的民族精神。抗日战争爆发以后形成了艾青诗歌创作的第一次高潮，他相继出版了《北方》、《旷野》、《向太阳》、《土地》、《黎明的通知》等诗集。在那样一个烽火连天的岁月里，艾青形成了自己浑厚沉郁、天然蕴藉的美学风格，并以自己丰厚的创作实绩，将"五四"以来中国新诗的创作，推上了一个完全成熟的境界。

　　这首《雪落在中国的土地上》写在抗日战争爆发那年的12月。诗人感受着冬天的寒冷，更感受到侵略者铁蹄下祖国的多灾多难和人民的贫困痛苦。那"雪落在中国的土地上，寒冷在封锁着中国呀"的悲怆诗句在篇中反复出现，这一高度概括着我们民族深重苦难的悲怆画面和这一出自诗人心灵最深处的悲怆旋律，将永远撼动着国人的心灵；这种典型的艾青式的忧郁的美感，也在现代新诗创作中留下了独特的风格色彩，艾青的形象，也最终定格为行吟在大地上，沉溺于田野的气息的"土地的歌者"。没有什么比"土地"的意象更能承载艾青的诗学中对感觉与具象性的强调了。"土地"尽管在象征层面比喻家园、栖息的居所，然而在诗中它首先是感性与具体的存在。而找到了感性与具体的"土地"，艾青就找到了属于自己的审美关注点。正是借助于对土地的歌吟，艾青在抗战初期充斥诗坛的"幼稚的叫喊"与"浮泛"的概念之外贡献了凝重而雄浑的诗作，其强烈的美感力量来自于诗人对泥土的贴近，来自于诗人对苦难民族的深沉爱恋以及个体与土地的血缘关系的生命体认。艾青在把"土地"的意象散布在诗篇中的时候，也就生成了一种"土地的诗学"。作为这种"诗学"的表现形式的是艾青诗中"农民"、"土地"、"民族"相互叠加的意象网络，而其内在的美感支撑则是流淌于诗行中的深厚、凝重而又朴素、博大的总体风格。正是这种美感风格，标志着20世纪40年代写实主义诗歌获得了渐趋成熟的诗学规范，并收获了无愧于一个大时代的诗学实绩。整体而言，艾青抗战时期的诗歌以现代性的眼光重新感受和想象了中国大地的苦难与希望，不仅是中国现代诗歌史上一座丰碑，也是中国诗歌史上自杜甫以后出现的又一"史诗"。

➤ 延伸性阅读文献

　　1.《艾青全集》第一卷，花山文艺出版社，1991年。或阅读《透明的夜》、《大堰河——我的保姆》、《北方》、《手推车》、《向太阳》、《我爱这土地》。

2. 牛汉、郭宝臣：《艾青名作欣赏》，中国和平出版社，1993年。
3. 王光明、赵敏俐、吴思敬：《中国诗歌通史》（现代卷），人民文学出版社，2012年。

思考与练习

1. 尝试以《艾青笔下的土地与太阳》为题，写一篇学术小论文。
2. 如何理解艾青的"土地诗学"？
3. 为什么说艾青的诗歌是中国诗歌史上自杜甫以后出现的又一"史诗"？

十四行集（节选1~4）

冯 至

冯至(1905～1993年)，原名冯承植，字君培。现代诗人，翻译家，教授。直隶涿州(今河北涿州)人。12岁在涿县高等小学毕业后，入北京市立第四中学读书，受五四新文化运动影响，开始写诗。1921年入北京大学预科，1927年在北京大学德文系毕业，1927年4月出版第一部诗集《昨日之歌》，1929年8月出版第二部诗集《北游及其他》，记录自己大学毕业后的哈尔滨教书生活。1930年赴德国留学，其间受到德语诗人里尔克的影响。五年后获得哲学博士学位，返回战时偏安的昆明任教于西南联大任外语系教授。1941年他创作了一组后来结集为《十四行集》的诗作，影响甚大。1949年后先后任职于北京大学外语系、中国社会科学院(原中国科学院哲学社会科学部)外国文学研究所。冯至的小说与散文也均十分出色，小说的代表作有20世纪20年代的《蝉与晚秋》、《仲尼之将丧》，20世纪40年代的《伍子胥》等；散文则有1943年编的《山水》集。冯至一直是"中国最为杰出的抒情诗人"。这歌者的荣光，伴随着他几乎横跨20世纪的生命历程。而鲜有人关注的是，作为一个天才的沉思者，他又是极少数能从深刻的精神层面领悟到现代性困境的中国知识人之一。主要诗集有《昨日之歌》、《北游及其他》、《十四行集》、《西郊集》、《十年诗草》等。有《冯至全集》(十二卷)，由河北教育出版社于1999年12月出版。

一

我们准备着深深地领受
那些意想不到的奇迹，
在漫长的岁月里忽然有
彗星的出现，狂风乍起。

我们的生命在这一瞬间，
仿佛在第一次的拥抱里
过去的悲欢忽然在眼前
凝结成屹然不动的形体。

我们赞颂那些小昆虫：
它们经过了一次交媾
或是抵御了一次危险，

便结束它们美妙的一生。
我们整个的生命在承受
狂风乍起，彗星的出现。

二

什么能从我们身上脱落，
我们都让它化作尘埃：
我们安排我们在这时代
象秋日的树木，一棵棵

把树叶和些过迟的花朵
都交给秋风，好舒开树身
伸入严冬；我们安排我们
在自然里，象蜕化的蝉蛾

把残壳都丢在泥里土里；
我们把我们安排给那个
未来的死亡，象一段歌曲，

歌声从音乐的身上脱落，
归终剩下了音乐的身躯
化作一脉的青山默默。

三

你秋风里萧萧的玉树——
是一片音乐在我耳旁
筑起一座严肃的殿堂，
让我小心翼翼地走入；

又是插入晴空的高塔
在我的面前高高耸起，
有如一个圣者的身体，
升华了全城市的喧哗。

你无时不脱你的躯壳，
凋零里只看着你成长；
在阡陌纵横的田野上

我把你看成我的引导：
祝你永生，我愿一步步
化身为你根下的泥土。

四

我常常想到人的一生，
便不由得要向你祈祷。
你一丛白茸茸的小草
不曾辜负了一个名称：

但你躲避着一切名称，
过一个渺小的生活，
不辜负高贵和洁白，
默默地成就你的死生。

一切的形容、一切喧嚣
到你身边，有的就凋落，
有的化成了你的静默。

这是你伟大的骄傲
却在你的否定里完成。
我向你祈祷，为了人生

一九四一年

☞ 提 示

  20世纪40年代的中国诗歌图景深深地植入了战争背景之中，战争贯穿始终的40年代首先就并非一个抒情的时代，20世纪40年代的诗坛必然要寻找新的诗学关注点。诗的哲理化即是新诗在新的历史阶段寻求新的技艺的标志之一，同时也切合了一个沉思时代的来临。冯至正是从浪漫的抒情到哲理的沉思的诗艺转变途中选中了十四行这种诗体的。

  在停笔12年后，冯至在1941～1942年完成了《十四行集》。这27首十四行诗堪称现代文学史上的里程碑，不仅由于它是第一本以中文创作的十四行诗集，更由于他精湛的艺术和深刻的思想。深思的诗人在日常生活与自然里，发掘出既属于时代，又超越时代的人们不易发现的哲理，又纳入凝定的形式与确定的秩序里，创造出有法度的美。

  冯至的《十四行集》由27首十四行诗组成。这27首诗犹如一粒粒既各自独立、又互相关联的珍珠，连缀起来共同构筑了一个探寻生命、"沉思"存在的世界。对于冯至的著名的《十四行集》的第一首——《我们准备着深深地领受》的主题，有的研究者说，这首诗是表现生与死的主题，只有完成了生，才是成就了死，体现出较强的哲理色彩。但在表达这一主题时，我们认为更重要的是诗人所表达的"复苏"的精神狂喜，也就是诗神重临的狂欢。战争使人的生命像昆虫那样在辉煌中毁灭；爱也是如此，情人只有做到真正的"丧我"才能融合彼此的生命，才能在欢欣中欲仙欲死；而真正的艺术创作不也是以生命来换取诗神的青睐吗？狂欢中的死亡不但不使人悲伤，反而呈现出永恒的辉煌。

写于1941年的《什么能从我们身上脱落》是《十四行集》中的第二首，一般的研究者认为，第二首十四行诗延续了死亡的主题，甚至歌颂了死亡的美好。我们认为，诗人应该是通过对死亡的赞美强调了永恒。或者说，诗人歌颂了生命永恒的运动过程。它与前一首成为一组对应诗。第一首以动态的狂喜描写了生命的复苏，而这一首以静态的死亡表达了生命的永恒。什么是永恒？永恒就是不断脱落杂质的一种伟大的生命运动。这首十四行诗与前一首的艺术表现方法是很不相同的，前一首韵律和结构严谨，起承转合相当自然；而这一首节奏上却很放松，通篇用比喻，而且不断跨行跨段，使四个段落连成一片，造成一种连绵起伏、回旋不断的艺术感受，这与诗人歌颂蜕变与永恒的主题当然是吻合的。在歌颂了生命的复苏与永恒后，后面紧接着的是非常具体而形象的两首十四行诗，第三首与第四首：有加利树和鼠曲草，两者又形成一个鲜明的对照。

第三首十四行诗《你秋风里萧萧的玉树》，在冯至笔下，萧萧的玉树也像音乐一样不断生长，筑起一座严肃的庙堂，让"我"聆听着进入，像一个圣者，升华了全城市的喧哗。而当诗歌转入第三段，又回到了冯至在第二首十四行诗里所讴歌的生命的"脱落与生长"的辩证意象，那棵参天大树不断蜕变不断生长，不由使我们联想到战争中的伟大的民族，于是"我把你看成我的引导"也就容易理解了。这里我们不难体会到冯至意识深处的启蒙观念：战争使民族升华了它的原来素质。在下半阕的最后一段里，我们又看到了诗人面对玉树的另一种身份：祝你永生，我愿一步步/化身为你根下的泥土。这不仅是诗人匍匐于大树之下的谦卑状态，他还愿意化身于树根下的泥土，以血肉生命来维护树的生长。

第四首十四行诗《我常常想到人的一生》，在这里，诗人显然不是单单地赞颂一种名叫鼠曲草（也叫贵白草）的小草，而是赞美着某种人生态度。如果说临风玉树有一种宏达庄严的象征，那么，鼠曲草的谦卑、渺小、无名、默默荣枯的生活状态，和它的白色绒毛所显现的高贵洁白的色彩形成一组充满诗意的喻象，再清楚不过地指出了抗战时代的所牺牲的普通生命。普通的生命是谦虚的，所以他们所象征的伟大是在他们的自我否定里完成的。

冯至的《十四行集》完美体现了形式与内容的有机结合。27首诗大致符合意大利体的格律，对生命作为一不断变化的过程有深邃的反思。诗人1930~1935年在德国留学期间曾翻译过两位德语诗人——歌德和里尔克的诗歌。他们的影响也多少反映在这组十四行诗里，在体认人生相对于自然的脆弱和无常的同时，他也呈现了生命的悖论。物质和精神，存有和潜在，形式和内容之间有着相辅相成的关系：后者必须依赖前者才得以彰显。

从这里我们可以看到，冯至是如何善于吸收外来影响，而又富于独创性的。《十四行集》的创造性，就在于冯至开拓了从平凡的日常生活里寻找诗的感觉，他的感觉穿透了人们熟悉的表层到达未经人到的底层，推进他在日常生活里做深切的生命体验，而尽量排除文化、常识和世俗的支配，他的日常生活因此是感觉和生命的。相比之下，浪漫主义诗人多在大自然和人生悲剧里寻找诗的感觉，时代的鼓手与政治诗人大都从触目惊心的社会斗争里寻找诗的感觉。然而，这些诗人对于日常生活是非感觉的、非诗的，因而也可谓是非生命的。冯至的《十四行集》开拓了诗的领域，因而有一种新的艺术魅力。冯至把外来的十四行体运用得这么妥帖，这么自然，这么委婉而尽致，是因为他聚精会神，在限制中显出身手，从法则中获得了自由。

延伸性阅读文献

1. 冯至：《十四行集》，解放军文艺出版社，2000年。或选读《什么能从我们身上脱落》、《原野的小路》、《我们有时度过了一个亲密的夜》、《我们听着狂风里的暴雨》、《深夜又是深山》、《从一片泛滥无形的水里》等篇。
2. 谢志熙：《诗与思——冯至三首十四行诗解读》，《中国现代文学研究丛刊》，1992年第3期。
3. 王毅：《中国现代主义诗歌史论(1925—1949)》，西南师范大学出版社，1999年。

思考与练习

1. 读冯至的《十四行集》要抓住"生命的体验"这一环节，尝试从你的生命体验出发，还原原诗的情境，细细体验。
2. 有人说，冯至的《十四行集》是"沉思的诗"，如何理解这句话的含义？请反复吟诵所选的诗歌文本，以体会"诗与思相结合"的"沉思的诗"的韵味。
3. 阅读冯至的《十四行集》，体会他是如何根据现代汉语的特点转化外来的诗歌形式的。

第二节 散　文

生活之艺术

周作人

周作人（1885～1967年），现代散文家、诗人、文学翻译家。原名櫆寿，字星杓，后改名奎绶，自号起孟、启明（又作岂明）、知堂等，笔名仲密、药堂、周遐寿等。浙江绍兴人。鲁迅二弟。1901年入南京江南水师学堂。1906年东渡日本留学。1911年回国后在绍兴任中学英文教员。1917年任北京大学文科教授。"五四"时期任新潮社主任编辑，参加《新青年》的编辑工作，参与发起成立文学研究会，发表了《人的文学》、《平民文学》、《思想革命》等重要理论文章，并从事散文、新诗创作和译介外国文学作品。他的理论主张和创作实践在社会上产生了很大影响，使之成为新文化运动的重要代表人物之一。"五四"以后，周作人作为《语丝》周刊的主编和主要撰稿人之一，写了大量散文，风格平和冲淡，清隽幽雅。在他的影响下，20世纪20年代形成了包括俞平伯、废名等作家在内的散文创作流派，一个被阿英（即钱杏邨）称作"很有权威的流派"（《现代十六家小品·〈俞平伯小品〉序》）。第一次国内革命战争失败后，思想渐离时代主流，主张"闭户读书"。20世纪30年代提倡闲适幽默的小品文，沉溺于"草木虫鱼"的狭小天地。此时直至20世纪40年代所写的散文，格调"一变而为枯涩苍老，炉火纯青，归入古雅遒劲的一途"（郁达夫《〈中国新文学大系〉散文二集》导言），影响日益减小。

抗日战争爆发后，居留沦陷后的北平，出任南京国民政府委员、华北政务委员会常务委员兼教育总署督办等伪职。1945年以叛国罪被判刑入狱，1949年出狱，后定居北京，在人民文学出版社从事日本、希腊文学作品的翻译和写作有关回忆鲁迅的著述。主要著作有散文集《自己的园地》、《雨天的书》、《泽泻集》、《谈龙集》、《谈虎集》、《永日集》、《看云集》、《夜读抄》、《苦茶随笔》、《风雨谈》、《瓜豆集》、《秉烛谈》、《苦口甘口》、《过去的工作》、《知堂文集》，诗集《过去的生命》，小说集《孤儿记》，论文集《艺术与生活》、《中国新文学的源流》，论著《欧洲文学史》，文学史料集《鲁迅的故家》、《鲁迅小说里的人物》、《鲁迅的青年时代》，回忆录《知堂回想录》，另有多种译作。

契诃夫（Tshekhob）书简集中有一节道，（那时他在爱珲附近旅行，）"我请一个中国人到酒店里喝烧酒，他在未饮之前举杯向着我和酒店主人及伙计们，说道'请。'这是中国的礼节。他并不像我们那样的一饮而尽，却是一口一口的啜，每啜一口，吃一点东西；随后给我几个中国铜钱，表示感谢之意。这是一种怪有礼的民族。……"

一口一口的啜，这的确是中国仅存的饮酒的艺术：干杯者不能知酒味，泥醉者不能知微醺之味。中国人对于饮食还知道一点享用之术，但是一般的生活之艺术却早已失传了。中国生活的方式现在只是两个极端，非禁欲即是纵欲，非连酒字都不准说即是浸身在酒糟里，二者互相反动，各益增长，而其结果则是同样的污糟。动物的生活本有自然的调节，中国在千年以前文化发达，一时颇有臻于灵肉一致之象，后来为禁欲思想所战胜，变成现在这样的生活，无自由、无节制，一切在礼教的面具底下实行迫压与放恣，实在所谓礼者早已消灭无存了。

生活不是很容易的事。动物那样的，自然地简易地生活，是其一法；把生活当作一种艺术，微妙地美地生活，又是一法；二者之外别无道路，有之则是禽兽之下的乱调的生活了。生活之艺术只在禁欲与纵欲的调和。蔼理斯对于这个问题很有精到的意见，他排斥宗教的禁欲主义，但以为禁欲亦是人性的一面，欢乐与节制二者并存，且不相反而实相成。人有禁欲的倾向，即所以防欢乐的过量，并即以增欢乐的程度。他在《圣芳济与其他》一篇论文中曾说道，"有人以此二者（即禁欲与耽溺）之一为其生活之唯一目的者，其人将在尚未生活之前早已死了。有人先将其一（耽溺）推至极端，再转而之他，其人才真能了解人生是什么，日后将被记念为模范的高僧。但是始终尊重这二重理想者，那才是知生活法的明智的大师。……一切生活是一个建设与破坏，一个取进与付出，一个永远的构成作用与分解作用的循环，要正当地生活，我们须得模仿大自然的豪华与严肃。"他又说过，"生活之艺术，其方法只在于微妙地混和取与舍二者而已，"更是简明的说出这个意思来了。

生活之艺术这个名词，用中国固有的字来说便是所谓礼。斯谛耳博士在《仪礼》序上说，"礼节并不单是一套仪式，空虚无用，如后世所沿袭者。这是用以养成自制与整饬的动作之习惯，唯有能领解万物感受一切之心的人才有这样安详的容止。"从前听说辜鸿铭先生批评英文《礼记》译名的不妥当，以为"礼"不是 Rite 而是 Art，当时觉得有点乖僻，其实却是对的，不过这是指本来的礼，后来的礼仪礼教都是堕落了的东西，不足当这个称呼了。中国的礼早已丧失，只有如上文所说，还略存于茶酒之间而已。去年有西人反对上海禁娼，以为妓院是中国文化所在的地方，这句话的确难免有点荒谬，但仔细想来也不无若干理由。我们不必拉扯唐代的官妓，希腊的"女友"（Hetaira）的韵事来作辩护，只想起某外人的警句，"中国挟妓如西洋的求婚，中国娶妻如西洋的宿娼"，或者不能不感到《爱之术》（Ars Amaroria）的真是只存在草野之间了。我们并不同某西人那样要保存妓院，只觉得在有些怪论里边，也常有真实存在罢了。

中国现在所切要的是一种新的自由与新的节制，去建造中国的新文明，也就是复兴千年前的旧文明，也就是与西方文化的基础之希腊文明相合一了。这些话或者说的太大太高了，但据我想舍此中国别无得救之道，宋以来的道学家的禁欲主义总是无用的了，因为这只足以助成纵欲而不能收调节之功。其实这生活的艺术在有礼节重中庸的中国本来不是什么新奇的事物，如《中庸》的起头说，"天命之谓性，率性之谓道，修道之谓教，"照我的解说即是很明白的这种主张。不过后代的人都只拿去讲章旨节旨，没有人实行罢了。我不是说半部《中庸》可以济世，但以表示中国可以了解这个思想。日本虽然也很受到宋学的影响，生活上却可以说是承受平安朝的系统，还有许多唐代的流风余韵，因此了解生活之艺术也更是容易。在许多风俗上日本的确保存这艺术的色彩，为我们中国人所不及，但由道学家看来，或者这正是他们的缺点也未可知罢。

一九二四年十一月

☞ 提　示

"生活之艺术"是周作人在 20 世纪 20 年代提出的一个重要的思想命题，浓缩了他对现实的社会文化的深刻认识和对人的理想生存方式的独特理解。"生活之艺术"是周作人"人学"思想的发展，是他人生观、价值观的重要命题。

文中他把"中国人一口一口的啜"的吃酒方式称为中国仅存的饮食艺术。那么，这是怎样的一种艺术呢？作者首先否定了对立的两个方面，"干杯者不能知酒味，泥醉者不能知微醺之味"，进而肯定既不禁酒又不醉酒，细细品味的艺术性。当然这是一种比喻的说法，他把禁欲比喻成"连酒字都不准说"，把纵欲比喻为"浸身在酒槽里"。继而否定了二元对立的极端，"二者互相反动，各益增长，而其结果则是同样的污糟"，造成现实生活的"无自由，无节制"。在否定的同时作者已经树立起自己的观点——生活之艺术在于"禁欲与纵欲的调和"，这才是一种"微妙的美的生活"。作者反对绝对的违背人性的禁欲，但同时"以为禁欲亦是人性的一面"。这样就把生活之艺术的观点建立在他早期的"人学"之上。进一步阐明建立在人性之上的生活才具有艺术性，而艺术性的生活必是符合人性的。"人学"与"生活之艺术"二者在精神、本质上一脉相承。体现了周作人前后期思想的一致性。作者又进一步论证生活的艺术性就在于"防欢乐的过量，并即以增欢乐的程度"，即生活中对待事物的恰当的度的把握。作者把它归结为中国古代的"礼""中庸"。"礼节并不单是一套仪式，空虚无用，如后世所沿袭者。这是用以养成自制与整饬的动作之习惯，唯有能领解万物感受一切之心的人才有这样安详的容止"；"天命之谓性，率性之谓道，修道之谓教"。最后作者把"生活之艺术"的思想上升到济世救国，认为是"中国现在所切要的是一种新的自由与新的节制"，"舍此中国别无得救之道"。因此"生活之艺术"不仅是周作人自己选择的生活态度，同样认为是中国人应有的生活取向，国人通过这样一种生活方式、生活观念的建立，才可以"复千年前的旧文明"得以"与西方文化的基础之希腊文明相合一了"。周作人的"生活之艺术"也曾得到当时批评家的高度评价，"在未知生命之重的中国人中间自然更谈不到生活之艺术了，有污秽中不会生出纯洁的花，因而岂明先生在生活上提倡了美化"，"他不仅告诉了中国人生活之重，他更教给了中国人什么是美化的生活，生活之艺术"①。

需要提示的是，读周作人的文章，感觉到他似乎很会饮酒，品茶，欣赏万事万物，很"艺术地生活"，但他在实际生活中远没有那么风雅讲究。他所标榜的东西，或许也在表达一种向往和摆脱。这种隐约闪烁着无奈和苦笑的复杂态度，是周作人散文的重要价值所在，同时也预兆和折射着他一生充满着矛盾的命运。

"生活之艺术"既是周作人的人生观又是他的文艺观。其小品文所表现出来的冲和平淡的特点亦源于这一审美情趣，他的这种风格的散文带动了一个"闲话风"气候的形成。

---

① 康嗣群：《周作人评说八十年》，中国华侨出版社，2005 年。

舒芜在《周作人概观》中对周作人"生活之艺术"(他称为"中庸")之于新文学的影响做了阐述:"周作人在散文艺术上,毕生追求这种'中庸'之美,以古希腊的节制均衡之美来作为最高的楷模。……周作人散文中各种艺术特色,各种艺匠经营,全都可以统一在对'中庸'之美的追求里面。他的一切成功,都是'中庸'之美得以实现的成功。并且对中国新文学的发展一直起着巨大的影响。三十年代'京派'文学的审美思想,就是崇尚和谐,崇尚节制,而他们的旗帜,他们的精神领袖,正是周作人。"[①]

> **延伸性阅读文献**

1. 周作人:《周作人散文》,人民文学出版社,2005年。
2. 钱理群:《周作人研究二十一讲》,中华书局,2004年。
3. 钱理群:《话说周氏兄弟》,九州出版社,2013年。

思考与练习

1. 分析周作人"生活之艺术"的内涵及其对当下中国的启示意义。
2. 如何理解周作人散文的"中庸之美"。
3. 分析周作人对京派文学的影响。

---

① 舒芜:《周作人的是非功过》,人民文学出版社,1993年。

追悼志摩

胡 适

胡适(1891～1962年),现代诗人、学者。原名嗣穈,学名洪骍,字适之,笔名天风、藏晖等。安徽绩溪人。生于一个官僚地主兼商人家庭。1910年赴美国留学,1914年在康奈尔大学毕业后,入哥伦比亚大学读哲学,师从杜威,深受影响。1917年完成博士学位论文(1927年获博士学位)后回国,任北京大学教授,积极参加新文化运动和文学革命运动,并发表《文学改良刍议》,嗣后又发表《历史的文学观念论》、《建设的文学革命论》等一系列论文,他还发表《论短篇小说》、《文学进化观念与戏剧改良》、《谈新诗》等有关创作的理论文字,率先发表白话文学的创作。1920年出版中国新文学史上第一部白话诗集《尝试集》,写成了一种解放了的新诗体。另外,他用白话写作独幕剧《终身大事》,确立了现代话剧的新形式,产生了广泛而强烈的反响。抗日战争胜利后任北京大学校长。胡适一生著述宏富,著有《中国章回小说考证》、《白话文学史》、《胡适论学近著》、《四十自述》、《藏晖室记》、《中国哲学史大纲》(上卷)、《胡适书评序跋集》,以及《胡适文存》、《胡适作品集》等。译有《短篇小说集》二集、易卜生剧本《娜拉》(与罗家伦合译)等。胡适作为20世纪中国的学术权威人物,其研究范围极其广泛,举凡文、史、哲学科皆有所涉猎。文学方面:理论上,《文学改良刍议》是"文学革命运动第一声";为诗,《尝试集》成为中国现代文学史上第一部白话新诗集;为戏剧,《终身大事》作为社会问题剧的最早剧本而提及;为散文,周作人曾这样评价过,"中国散文中现有几派,适之仲甫一派的文章清新明白,长于说理讲学,好像西瓜之有口皆甜",梁实秋也说"胡先生的文章之用心,偏向于思想方面较多于散文艺术方面"。而胡适作于1932年1月3日的《追悼志摩》,不仅体现了胡适散文长于说理、精于议论的特点,而且具有动人心弦的诗情画意。

> 悄悄的我走了,
> 正如我悄悄的来;
> 我挥一挥衣袖,
> 不带走一片云彩。
>
> (《再别康桥》)

志摩这一回真走了!可不是悄悄的走。在那淋漓的大雨里,在那迷蒙的大雾里,一个猛烈的大震动,三百匹马力的飞机碰在一座终古不动的山上,我们的朋友额上受了一下致命的撞伤,大概立刻失去了知觉。半空中起了一团天火,像天上陨了一颗大星似的直掉下地去。我们的志摩和他的两个同伴就死在那烈焰里了!

我们初得着他的死信，都不肯相信，都不信志摩这样一个可爱的人会死的这么惨酷。但在那几天的精神大震撼稍稍过去之后，我们忍不住要想，那样的死法也许只有志摩最配。我们不相信志摩会"悄悄的走了"，也不忍想志摩会死一个"平凡的死"，死在天空之中，大雨淋着，大雾笼罩着，大火焚烧着，那撞不倒的山头在旁边冷眼瞧着，我们新时代的新诗人，就是要自己挑一种死法，也挑不出更合式，更悲壮的了。

志摩走了，我们这个世界里被他带走了不少云彩。他在我们这些朋友之中，真是一片最可爱的云彩，永远是温暖的颜色，永远是美的花样，永远是可爱。他常说：

> 我不知道风
> 是在哪一个方向吹——

我们也不知风是在哪一个方向吹，可是狂风过去之后，我们的天空变惨淡了，变寂寞了，我们才感觉我们的天上的一片最可爱的云彩被狂风卷去了，永远不回来了！

这十几天里，常有朋友到家里来谈志摩，谈起来常常有人痛哭，在别处痛哭他的，一定还不少。志摩所以能使朋友这样哀念他，只是因为他的为人整个的只是一团同情心，只是一团爱。叶公超先生说：

> 他对于任何人，任何事，从未有过绝对的怨恨，甚至于无意中都没有表示过一些憎嫉的神气。

陈通伯先生说：

> 尤其朋友里缺不了他。他是我们的连索，他是粘着性的，发酵性的。在这七八年中，国内文艺界里起了不少的风波，吵了不少的架，许多很熟的朋友往往弄的不能见面。但我没有听见有人怨恨过志摩。谁也不能抵抗志摩的同情心，谁也不能避开他的粘着性。他才是和事老，他有无穷的同情，他总是朋友中间的"连索"。他从没有疑心，他从不会妒忌，使这些多疑善妒的人们十分惭愧，又十分羡慕。

他的一生真是爱的象征。爱是他的宗教，他的上帝。

> 我攀登了万仞的高冈，
> 荆棘扎烂了我的衣裳，
> 我向飘渺的云天外望——
> 上帝，我望不见你！
> …… ……
> 我在道旁见一个小孩：
> 活泼，秀丽，褴褛的衣衫；
> 他叫声"妈"，眼里亮着爱——

──上帝，他眼里有你──

（《他眼里有你》）

  志摩今年在他的《猛虎集·自序》里曾说他的心境是"一个曾经有单纯信仰的流入怀疑的颓废"。这句话是他最好的自述。他的人生观真是一种"单纯信仰"，这里面只有三个大字：一个是爱，一个是自由，一个是美。他梦想这三个理想的条件能够会合在一个人生里，这是他的"单纯信仰"。他的一生的历史，只是他追求这个单纯信仰的实现的历史。

  社会上对于他的行为，往往有不能谅解的地方，都只因为社会上批评他的人不曾懂得志摩的"单纯信仰"的人生观。他的离婚和他的第二次结婚，是他一生最受社会严厉批评的两件事。现在志摩的棺已盖了，而社会上的议论还未定。但我们知道这两件事的人，都能明白，至少在志摩的方面，这两件事最可以代表志摩的单纯理想的追求。他万分诚恳的相信那两件事都是他实现他那"美与爱与自由"的人生的正当步骤。这两件事的结果，在别人看来，似乎都不曾能够实现志摩的理想生活。但到了今日，我们还忍用成败来议论他吗？

  我忍不住我的历史癖，今天我要引用一点神圣的历史材料，来说明志摩决心离婚时的心理。民国十一年三月，他正式向他的夫人提议离婚，他告诉她，他们不应该继续他们的没有爱情没有自由的结婚生活了，他提议"自由之偿还自由"，他认为这是"彼此重见生命之曙光，不世之荣业"。他说：

  故转夜为日，转地狱为天堂，直指顾间事矣。……真生命必自奋斗自求得来，真幸福亦必自奋斗自求得来，真恋爱亦必自奋斗自求得来！彼此前途无限，……彼此有改良社会之心，彼此有造福人类之心，其先自作榜样，勇决智断，彼此尊重人格，自由离婚，止绝苦痛，始兆幸福，皆在此矣。

  这信里完全是青年的志摩的单纯的理想主义，他觉得那没有爱又没有自由的家庭是可以摧毁他们的人格的，所以他下了决心，要把自由偿还自由，要从自由求得他们的真生命，真幸福，真恋爱。

  后来他回国了，婚是离了，而家庭和社会都不能谅解他。最奇怪的是他和他已离婚的夫人通信更勤，感情更好。社会上的人更不明白了。志摩是梁任公先生最爱护的学生，所以民国十二年任公先生曾写一封很长很恳切的信去劝他。在这信里，任公提出两点：

  其一，万不容以他人之苦痛，易自己之快乐。弟之此举，其于弟将来之快乐能得与否，殆茫如捕风，然先已予多数人以无量之苦痛。
  其二，恋爱神圣为今之少年所乐道。……兹事盖可遇而不可求。……况多情多感之人，其幻象起落鹘突，而得满足得宁帖也极难。所梦想之神圣境界恐终不可得，徒以烦恼终其身已耳。

任公又说：

> 呜呼志摩！天下岂有圆满之宇宙？……当知吾侪以不求圆满为生活态度，斯可以领略生活之妙味矣。……若沉迷于不可必得之梦境，挫折数次，生意尽矣，郁悒侘傺以死，死为无名。死犹可也，最可畏者，不死不生而堕落至不复能自拔。呜呼志摩，可无惧耶！可无惧耶！（十二年一月二日信）

任公一眼看透了志摩的行为是追求一种"梦想的神圣境界"，他料到他必要失望，又怕他少年人受不起几次挫折，就会死，就会堕落。所以他以老师的资格警告他："天下岂有圆满之宇宙？"

但这种反理想主义是志摩所不能承认的。他答复任公的信，第一不承认他是把他人的苦痛来换自己的快乐。他说：

> 我之甘冒世之不韪，竭全力以斗者，非特求免凶惨之苦痛，实求良心之安顿，求人格之确立，求灵魂之救度耳。
>
> 人谁不求庸德？人谁不安现成？人谁不畏艰险？然且有突围而出者，夫岂得已而然哉？

第二，他也承认恋爱是可遇而不可求的，但他不能不去追求。他说：

> 我将于茫茫人海中访我唯一灵魂之伴侣；得之，我幸；不得，我命，如此而已。

他又相信他的理想是可以创造培养出来的。他对任公说：

> 嗟夫吾师！我尝奋我灵魂之精髓，以凝成一理想之明珠，涵之以热满之心血，朗照我深奥之灵府。而庸俗忌之嫉之，辄欲麻木其灵魂，捣碎其理想，杀灭其希望，污毁其纯洁！我之不流入堕落，流入庸懦，流入卑污，其几亦微矣！

我今天发表这三封不曾发表过的信，因为这几封信最能表现那个单纯的理想主义者徐志摩。他深信理想的人生必须有爱，必须有自由，必须有美；他深信这种三位一体的人生是可以追求的，至少是可以用纯洁的心血培养出来的。——我们若从这个观点来观察志摩一生，他这十年中的一切行为就全可以了解了。我还可以说，只有从这个观点上才可以了解志摩的行为；我们必须先认清了他的单纯信仰的人生观，方才认得清志摩的为人。

志摩最近几年的生活，他承认是失败。他有一首《生活》的诗，诗暗惨的可怕：

> 阴沉，黑暗，毒蛇似的蜿蜒，
> 生活逼成了一条甬道：

一度陷入，你只可向前，
手扪索着冷壁的粘潮，

在妖魔的脏腑内挣扎，
头顶不见一线的天光，
这魂魄，在恐怖的压迫下，
除了消灭更有什么愿望？

(十九年五月二十九日)

他的失败是一个单纯的理想主义者的失败。他的追求，使我们惭愧，因为我们的信心太小了，从不敢梦想他的梦想。他的失败，也应该使我们对他表示更深厚的恭敬与同情，因为偌大的世界之中，只有他有这信心，冒了绝大的危险，费了无数的麻烦，牺牲了一切平凡安逸，牺牲家庭的亲谊和人间的名誉，去追求，去试验一个"梦想之神圣境界"而终于免不了惨酷的失败，也不完全是他的人生观的失败。他的失败是因为他的信仰太单纯了，而这个世界太复杂了，他的单纯的信仰禁不起这个现实世界的摧毁；正如易卜生的诗剧 Brand 里的那个理想主义者，抱着他的理想，在人间处处碰钉子，碰的焦头烂额，失败而死。

然而我们的志摩"在这恐怖的压迫下"，从不叫一声"我投降了"——他从不曾完全绝望，他从不曾绝对怨恨谁。他对我们说：

> 你们不能更多的责备。我觉得我已是满头的血水，能不低头已算是好的。(《猛虎集·自序》)

是的，他不曾低头。他仍旧昂起头来做人；他仍旧是他那一团的同情心，一团的爱，我们看他替朋友做事，替团体做事，他总是仍旧那样热心，仍旧那样高兴。几年的挫折，失败，苦痛，似乎使他更成熟了，更可爱了。

他在苦痛之中，仍旧继续他的歌唱。他的诗作风也更成熟了。他所谓"初期的汹涌性"固然是没有了，作品也减少了；但是他的意境变深厚了，笔致变淡远了，技术和风格都更进步了。这是读《猛虎集》的人都能感觉到的。

志摩自己希望今年是他的"一个真的复活的机会"。他说：

> 抬起头居然又见到天了。眼睛睁开了，心也跟着开始了跳动。

我们一班朋友都替他高兴。他这几年来想用心血浇灌的花树也许是枯萎的了；但他的同情，他的鼓舞，早又在别的园地里种出了无数的可爱的小树，开出了无数可爱的鲜花。他自己的歌唱有一个时代是几乎消沉了；但他的歌声引起了他的园地外无数的歌喉，嘹亮的唱，哀怨的唱，美丽的唱。这都是他的安慰，都使他高兴。

谁也想不到在这个最有希望的复活时代，他竟丢了我们走了！他的《猛虎集》里有一

首咏一只黄鹂的诗,现在重读了,好像他在那里描写他自己的死,和我们对他的死的悲哀:

> 等候他唱,我们静着望,
> 怕惊了他。但他一展翅,
> 冲破浓密,化一朵彩云:
> 他飞了,不见了,没了——
> 像是春光,火焰,像是热情。

志摩这样一个可爱的人,真是一片春光,一团火焰,一腔热情。现在难道都完了?
决不!决不!志摩最爱他自己的一首小诗,题目叫做《偶然》,在他的《卞昆冈》剧本里,在那个可爱的孩子阿明临死时,那个瞎子弹着三弦,唱着这首诗:

> 我是天空里的一片云,
> 偶尔投影在你的波心——
> 你不必讶异,
> 更无须欢喜——
> 在转瞬间消灭了踪影。
>
> 你我相逢在黑夜的海上,
> 你有你的,我有我的,方向。
> 你记得也好,
> 最好你忘掉,
> 在这交会时互放的光亮!

朋友们,志摩是走了,但他投的影子会永远留在我们心里,他放的光亮也会永远在人间,他不曾白来了一世。我们有了他做朋友,也可以安慰自己说不曾白来了一世。我们忘不了,和我们

> 在那交会时互放的光亮!

二十年,十二月,三夜

☞ 提 示

《追悼志摩》所悼之人徐志摩,是中国现代文坛上著名的诗人和散文家,更是一个自由主义知识分子,于1931年11月19日因飞机失事而猝然离开人世,年仅35岁。他短暂的一生,深受具有唯美主义倾向的英国浪漫主义文学的熏陶,他的政治思想、文艺思想、伦理道德观念以至私生活,都浸透了"康桥文化"的影响。他怀着资产阶级理想,追

求纯美，追求爱。《新月》创刊之际，他明确表示要维护文学的"健康与尊严"，公开主动地向当时文坛上感伤派、颓废派等发起攻击，自然也就受到左、右双方的攻击；他与陆小曼的恋爱史，实际上就是一部追求"爱、自由和美"的浪漫史，他们虽然结了婚，但最后却成了悲剧。他短促的一生饱受了各种压力、失败、幻灭和挫折，他感悟其理想难以在中国实现，以致最后"流入怀疑的颓废"。

胡适，20世纪中国自由主义知识分子领袖人物，对与自己有着深情厚谊的同人、同志、朋友的遽然去世，五内俱焚、痛惜万分，为了怀念，为了痛悼，更为了宣示，张扬自由主义精神，他写下了这篇情感真挚、理性冷静、为徐志摩一辩的追悼性散文。

胡适首先从徐志摩生前最惊世骇俗也最为人非议的事情切入，理性地为徐志摩的行为与理想进行辩护，那件事就是徐志摩毅然与发妻张幼仪离婚并与人称"交际花"的陆小曼结婚。胡适对此事并未从其本身或是或非作简单的道德判断，他站在一个自由主义者的立场上，从信仰与理想的角度分析徐志摩的思想根源。他指出，徐志摩的人生观"是一种'单纯信仰'，这里面只有三个大字：一个是爱，一个是自由，一个是美"。他认为，徐志摩之所以要重新选择婚姻，是"他万分诚恳的相信那两件事都是他实现那'美与爱与自由'的人生的正当步骤"。

志摩辞世，胡适哀悼。作为自由主义知识分子之领袖人物的胡适，他这篇散文所要辩护的是徐志摩的失败婚姻，但张扬的是自由主义的精神价值，我们感受最为深刻的就是理性、宽容、平等、信任这些自由主义的基本价值准则。

文如其人。由于胡适的身份、思想、学识、修养，《追悼志摩》一文，具有学者兼诗人的思维特征，构成了该文独特的创作风格。一曰冷静理性的思维方式，二曰引据求证的学者风范。胡适又是一位感情丰富的诗人，他在文中抒写了对志摩遇难的巨大悲痛，赞扬了志摩追求"爱与美与自由"的人生观及为此而挣扎、奋斗的精神。文章议论说理的成分很重，然而，作者以独特绝妙的抒情技巧，创造出凄美意境，使文章充溢着深切真情。

▶ 延伸性阅读文献

1. 胡适：《容忍与自由》，同心出版社，2012年。
2. 胡明：《胡适传论》，人民文学出版社，2010年。
3. 孙郁：《鲁迅与胡适》，现代出版社，2013年。

思考与练习

1. 作者所要追悼的对象，"社会上对他的行为，往往有不谅解的地方"——注意本文是怎样为他辩解的，由此对作者本人有什么新的了解？

2. 作者说："我忍不住我的历史癖，今天我要引用一点神圣的历史材料"——注意作者是如何引用他人的评价、徐志摩本人的诗，以及未公开的史料，来支持自己的观点的，进而体会学者散文的特点。

3. "风格即人"，可以通过本文的阅读，领悟胡适的语言风格，并与鲁迅的语言风格相比较，或许会对新文学的两位代表人物的思想与性格的不同，有新的体认。

作 父 亲

丰子恺

丰子恺(1898~1975年),中国浙江桐乡石门镇人。中国现代画家、散文家、美术教育家、音乐教育家和翻译家,是一位多方面卓有成就的文艺大师;也是中国新文化运动的启蒙者之一,被国际友人誉为"现代中国最像艺术家的艺术家"。早年从李叔同学习绘画、音乐。1921年去日本。回国后在上海、浙江、重庆等地从事音乐和美术教学。五四运动后创作漫画,早期漫画多反映社会现实,后期常创作古诗词新画,并常以儿童生活作题材。造型简括,画风朴实。丰子恺风格独特的漫画作品影响很大,深受人们的喜爱。他的作品内涵深刻,耐人寻味。丰子恺是中国新文化运动的启蒙者之一,早在20世纪20年代他就出版了《艺术概论》、《西洋名画巡礼》等著作。他一生出版的著作达一百八十多部。擅散文和诗词,文笔隽永清朗,语淡意深,有《缘缘堂随笔》等。在"文化大革命"期间,遭受迫害,因而积郁成疾,于1975年与世长辞,享年77岁。

楼窗下的弄里远远地传来一片声音:"咿哟,咿哟……"渐近渐响起来。

一个孩子从算草簿中抬起头来,睁大眼睛倾听一会,"小鸡!小鸡!"叫了起来。四个孩子同时放弃手中的笔,飞奔下楼,好像路上的一群麻雀听见了行人的脚步声而飞去一般。

我刚扶起他们所带倒的凳子,拾起桌子上滚下去的铅笔,听见大门口一片呐喊:"买小鸡!买小鸡!"其中又混着哭声,连忙下楼一看,原来元草因为落伍而狂奔,在庭中跌了一跤,跌痛了膝盖不能再跑,恐怕小鸡被哥哥姐姐们买完了轮不着他,所以激烈地哭着。我扶了他走出大门口,他且跳且喊:"买小鸡!买小鸡!"泪珠跟了他的一跳一跳而从脸上滴到地上。

孩子们见我出来,大家回转身包围了我。"买小鸡!买小鸡!"的喊声由命令变成了请愿的语气,喊得比以前更响了。他们仿佛想把这些音蓄入我的身体中,希望由我的口上开出来。独有元草直接拉住了担子的绳而狂喊。

我全无养小鸡的兴趣;而且想起了以后的种种麻烦,觉得可怕。但乡居寂寥,绝对摈除外来的诱惑而强迫一群孩子在看惯的几间屋子里隐居这一个星期日,似也有些残忍。且让这个"咿哟、咿哟"来打破门庭的岑寂,当做长闲的春昼的一种点缀吧。我就招呼挑担的,叫他把小鸡给我们看看。

他停下担子,揭开前面的一笼,"咿哟,咿哟"的声音忽然放大。但见一个细网的下面,蠕动着无数可爱的小鸡,好像许多活的雪球。五六个孩子蹲集在笼子的四周,一齐倾情地叫着:"好来!好来!"一瞬间我的心也摒绝了思虑而没入在这些小动物的姿态的美中,体会了孩子们对于小鸡的热爱的心情。许多小手伸入笼中,竟指一只纯白的小鸡,有的几乎要隔网捉住它。挑担的忙把盖子无情地冒上,许多"咿哟,咿哟"的雪球和一群"好来，好来"的孩子，便隔着咫尺天涯了。孩子们怅望笼子的盖，依附在我的身边，有的伸手摸我的口袋。我就向挑担的人说话：

"小鸡卖几钱一只？"

"一块洋钱四只。"

"这样小的，要卖二角半钱一只？可以便宜些么？"

"便宜勿得，二角半钱最少了。"

他说完，挑起担子就走。大的孩子脉脉含情地目送他，小的孩子拉住了我的衣襟而连叫："要买！要买！"挑担的越走得快，他们喊得越响。我摇手止住孩子们的喊声，再向挑担的问：

"一角半钱一只卖不卖？给你六角钱买四只吧！"

"没有还价！"

他并不停步，但略微旋转头来说了这一句话，就赶紧向前面跑。"咿哟，咿哟"的声音渐渐地远起来了。

元草的喊声就变成哭声。大的孩子锁着眉头不绝地探望挑担者的背影，又注视我的脸色。我用手掩住了元草的口，再向挑担人远远地招呼：

"二角大洋一只，卖了吧！"

"没有还价！"

他说过便昂然前行，悠长地叫出一声"卖——小——鸡！——"其背影便在弄口的转角上消失了。我这里只留着一个嚎啕大哭的孩子。

对门的大嫂子曾经从矮门上探头出来看过小鸡，这时候就拿着针线走出来，倚在门上，笑着劝慰哭的孩子，她说：

"不要哭！等一会儿还有担子挑来，我来叫你呢！"她又笑着向我说，"这个卖小鸡的想做好生意。他看见小孩子哭着要买，越是不肯让价了。昨天坍墙圈里买的一角洋钱一只，比刚才的还大一半呢！"

我同她略谈了几句，硬拉了哭着的孩子回，进门来别的孩子也懒洋洋地跟了进来。我原想为长闲的春昼找些点缀而走出门口来的，不料讨个没趣，扶了一个哭着的孩子而回来。庭中柳树正在春光中摇曳柔条，堂前的燕子正在新巢上低徊软语。我们这个刁巧的挑担者和痛哭的孩子，在这一片和平美丽的春景中很不调和啊！

关上大门，我一面为元草揩拭眼泪，一面对孩子们说：

"你们大家说'好来！好来！''要买！要买！'那人便不肯让价了！"

小的孩子听不懂我的话，继续抽噎着；大的孩子听了我的话若有所思，我继续抚慰他们：

"我们等一会再来买罢，隔壁大妈会喊我们的。但你们下次……"

我不说下去了。因为下面的话是"看见好的嘴上不可说好，想要的嘴上不可说要"。倘再进一步，就变成"看见好的嘴上应该说不好，想要的嘴上应该说不要"了。在这一片天真烂漫光明正大的春景中，向哪里容藏这样教导孩子的一个父亲呢？

一九三三年五月二十日

☞ 提 示

人的发现、妇女的发现与儿童的发现并称为西方近代的三大发现。这三大发现也是"五四"时期的重要事件之一。在人的发现的时代气氛中,作为人类个体生命初始阶段的儿童,其生命形式、内在精神、独立人格和社会地位获得了肯定和尊崇,"以儿童为本位"的现代儿童观得以建构成型,对儿童在人的生命历程中的独特价值的体认丰富了人的发现的理性视野。1918年鲁迅在《狂人日记》中发出"救救孩子"的呐喊。鲁迅是在进化论的视野中看到了后起的生命更近完全,更有意义,并以此为基础确立了他的"以幼者为本位"的儿童观。而当鲁迅呼喊"救救孩子",并思考"我们现在怎样做父亲"时,丰子恺正沉浸在对绘画和音乐的学习中,并立志以"美育"作为建构人生理想国的途径。

五四时期"人"的苏醒带来了儿童的发现和对童心的认识和尊重,追求个性解放的时代精神催生了对童心的热切向往和对儿童的无尽推崇。一时间,儿童崇拜构成了五四时期中国的一个显著时代标志。郭沫若、冰心、叶圣陶、郑振铎等中国新文学的最初奠基者膜拜儿童的纯洁,并以失去童年的成人的姿态呼唤童年,试图能"回复我纯朴的,美丽的童心"。在这样的一个群体中,丰子恺显然是一个最富代表性的名字,他由对儿女们童真稚拙生活的描绘切入艺术领域,高扬儿童的纯洁,渲染他们的有情世界,将孩子的想象力、创造力和同情心推向极致,同时又从绕膝小儿的游戏生活中体味童心,倾诉对从来不掩饰自己真情实感的真诚的儿童的全身心的推崇。对童心的如此毫无顾忌的礼赞凸现的正是丰子恺独特的儿童观,主要就呈现为儿童崇拜意识。对此,丰子恺自己有着明确的表述,"儿童天真烂漫,人格完整",这才是对五四时代高扬的人文精神和"儿童本位论"思想的倾心实践。他的对儿童的这种把握方式,无疑是对五四先哲们所倡导的儿童本位论的再度阐释,构成了儿童崇拜的核心内容。

"人伦"大概要算是中国传统文化及传统文学中的"拿手好戏",这是有确论的,其大有文章可做也是不言而喻的。特别是人伦之情,出于人的天性,既"真"且"纯",具有天生的文学性,这其实是一种内在的本质的沟通,在某种意义上甚至可以说,摒弃了人伦之情,也就取消了文学自身。说到现代文化与文学,这里似乎有一个可悲的历史的误会:现代文化与文学之于传统文化与文学,不仅有对立、批判、扬弃,更有互相渗透与继承,不仅有"破",亦有"立"。五四时期的先驱者们,对于中国传统文化,特别是孔孟儒学的"人伦"观,确实进行过尖锐的批判,但他们同时又建立起了自己的新的现代"人伦"观,并且创作了一大批人伦题材的现代文学作品,内蕴着新的观念、新的情感、新的美学品格,是别具一种思想与艺术魅力的,并且构成了中国现代文化与现代文学的重要组成部分。

在人伦题材的现代散文中,描写"亲子"之情的作品是格外引人注目的。这首先反映了由"尊者、长者为本位"的传统伦理观,向"幼者为本位"的现代伦理观的转变;同时也表现了对于人的本性,对于传统文化的新认识、新反思。且看丰子恺先生的《作父亲》里所写的那个真实的故事:小贩挑来一担小鸡,孩子们真心想要,就吵着让爸爸买,小贩看准了孩子的心思,不肯让价,鸡终于没有买成。爸爸如此劝告孩子:"你们下次……",话却说不下去,"因为下面的话是'看见好的嘴上不可说好,想要的嘴上不可说要',倘再进一步,就变成'看见好的嘴上应该说不好,想要的嘴上应该说不要'了。在这一片天真烂漫光明正大的春景中,向哪里容藏这样教导孩子的一个父亲呢?"这确实发人深省:纯真只存在于天真烂漫的儿童时代,成熟的、因而也是世故的成年时代就不免是虚伪的。由此而产生了对儿童时代的童心世界的向往之情。丰子恺表现了十分强烈的"小儿崇拜"的倾向(与"小儿崇拜"相联系的,是一种十分真诚的成年人的"自我忏悔")。而这种"小儿崇拜"恰恰构成了五四时代文化精神的一个重要方面,这是从人类学意义上对于儿童的"发现",表现了对人类及人的个体的"童年时代"的强烈兴趣。周作人说:"世上太多的大人虽然都亲自做过小孩子,却早失去了'赤子之心',好像'毛毛虫'的变了蝴蝶,前后完全是两种情状,这是很不幸的。"五四时代出现的"儿童文化热",正是出于对中国传统文化的一种深刻反思。正像马克思所说的,作为西方文化起源的"希腊人是正常的儿童",西方文化也是正常发展的文化;而中国人无疑是"早熟的儿童",中国的传统文化也是早熟的文化。五四的先驱者一接触到西方文化,首先发现的,就是民族文化不可救药的早衰现象,因而产生一种沉重感与焦灼感。五四时期的"儿童文化热"本质上就是要唤回民族(包括民族文化与文学)的童年与青春,进行历史的补课。了解了这样的文化背景,就可以懂得,现代作家那些描写儿女情态、童趣盎然的作品,不仅是表现了真挚的亲子之爱,而且有着相当深广的历史、文化的内涵,也包含了对于文学艺术本质的思考与感悟。

丰子恺不仅是一位文学家、艺术家、教育家,更是一位热爱孩子、懂得孩子的父亲。他将对儿女之爱推及为对普天下孩子的关心与呵爱。他作文绘画,痴心要为孩子们挽留住黄金时代。

丰子恺的散文善于从日常生活的平凡小事中引出自己的看法和感触,往往以小见大,由浅入深,弦外有余音;文风平和亲切、幽默灵动,读来如饮甘醇,如沐春风,一直深受读者喜爱。

➢ 延伸性阅读文献

1. 丰子恺:《给我的孩子们》,中国青年出版社,2012年。
2. 鲁迅:《我们现在怎样做父亲》,载《鲁迅全集》第一卷,人民文学出版社,2005年。
3. 钱理群:《父父子子》,复旦大学出版社,2005年。

思考与练习

1. 了解五四时期儿童本位观出现的历史背景及其意义。
2. 如何理解丰子恺散文里的童心。
3. 比较阅读与分析鲁迅的《我们现在怎样做父亲》与丰子恺的《作父亲》。

第三节 小　　说

伤　　逝[①]

——涓生的手记

鲁　迅

鲁迅(1881~1936年)，中国现代文学的奠基人。原名周树人，字豫才，浙江绍兴人。1898年到南京求学。1902年留学日本。1906年在东京开始文学活动。1909年回国。1918年参加《新青年》编辑工作，同年5月发表中国现代文学史上第一篇白话小说《狂人日记》，不久发表《阿Q正传》、《孤独者》等作品，后曾在北京、厦门、广州等地任教。1927年后，在上海从事文学活动。1936年10月19日病逝。重要作品有短篇小说集《呐喊》、《彷徨》、《故事新编》，散文诗集《野草》，散文集《朝花夕拾》，杂文集《坟》、《热风》、《华盖集》等16种。在旧体诗创作上也有较高的成就。有16卷本《鲁迅全集》行世。

如果我能够，我要写下我的悔恨和悲哀，为子君，为自己。

会馆[1]里的被遗忘在偏僻里的破屋是这样地寂静和空虚。时光过得真快，我爱子君，仗着她逃出这寂静和空虚，已经满一年了。事情又这么不凑巧，我重来时，偏偏空着的又只有这一间屋。依然是这样的破窗，这样的窗外的半枯的槐树和老紫藤，这样的窗前的方桌，这样的败壁，这样的靠壁的板床。深夜中独自躺在床上，就如我未曾和子君同居以前一般，过去一年中的时光全被消灭，全未有过，我并没有曾经从这破屋子搬出，在吉兆胡同创立了满怀希望的小小的家庭。

不但如此。在一年之前，这寂静和空虚是并不这样的，常常含着期待；期待子君的到来。在久待的焦躁中，一听到皮鞋的高底尖触着砖路的清响，是怎样地使我骤然生动起来呵！于是就看见带着笑涡的苍白的圆脸，苍白的瘦的臂膊，布的有条纹的衫子，玄色的裙。她又带了窗外的半枯的槐树的新叶来，使我看见，还有挂在铁似的老干上的一房一房的紫白的藤花。

然而现在呢，只有寂静和空虚依旧，子君却决不再来了，而且永远，永远地！……

子君不在我这破屋里时，我什么也看不见。在百无聊赖中，顺手抓过一本书来，科学也好，文学也好，横竖什么都一样；看下去，看下去，忽而自己觉得，已经翻了十多

[①] 本篇在收入本书前未在报刊上发表过。

页了，但是毫不记得书上所说的事。只是耳朵却分外地灵，仿佛听到大门外一切往来的履声，从中便有子君的，而且橐橐地逐渐临近，——但是，往往又逐渐渺茫，终于消失在别的步声的杂沓中了。我憎恶那不像子君鞋声的穿布底鞋的长班[2]的儿子，我憎恶那太像子君鞋声的常常穿着新皮鞋的邻院的搽雪花膏的小东西！

莫非她翻了车么？莫非她被电车撞伤了么？……

我便要取了帽子去看她，然而她的胞叔就曾经当面骂过我。

蓦然，她的鞋声近来了，一步响于一步，迎出去时，却已经走过紫藤棚下，脸上带着微笑的酒窝。她在她叔子的家里大约并未受气；我的心宁帖了，默默地相视片时之后，破屋里便渐渐充满了我的语声，谈家庭专制，谈打破旧习惯，谈男女平等，谈伊孛生，谈泰戈尔，谈雪莱[3]……。她总是微笑点头，两眼里弥漫着稚气的好奇的光泽。壁上就钉着一张铜板的雪莱半身像，是从杂志上裁下来的，是他的最美的一张像。当我指给她看时，她却只草草一看，便低了头，似乎不好意思了。这些地方，子君就大概还未脱尽旧思想的束缚，——我后来也想，倒不如换一张雪莱淹死在海里的纪念像或是伊孛生的罢；但也终于没有换，现在是连这一张也不知那里去了。

"我是我自己的，他们谁也没有干涉我的权利！"

这是我们交际了半年，又谈起她在这里的胞叔和在家的父亲时，她默想了一会之后，分明地，坚决地，沉静地说了出来的话。其时是我已经说尽了我的意见，我的身世，我的缺点，很少隐瞒；她也完全了解的了。这几句话很震动了我的灵魂，此后许多天还在耳中发响，而且说不出的狂喜，知道中国女性，并不如厌世家所说那样的无法可施，在不远的将来，便要看见辉煌的曙色的。

送她出门，照例是相离十多步远；照例是那鲇鱼须的老东西的脸又紧帖在脏的窗玻璃上了，连鼻尖都挤成一个小平面；到外院，照例又是明晃晃的玻璃窗里的那小东西的脸，加厚的雪花膏。她目不邪视地骄傲地走了，没有看见；我骄傲地回来。

"我是我自己的，他们谁也没有干涉我的权利！"这彻底的思想就在她的脑里，比我还透澈，坚强得多。半瓶雪花膏和鼻尖的小平面，于她能算什么东西呢？

我已经记不清那时怎样地将我的纯真热烈的爱表示给她。岂但现在，那时的事后便已模胡，夜间回想，早只剩了一些断片了；同居以后一两月，便连这些断片也化作无可追踪的梦影。我只记得那时以前的十几天，曾经很仔细地研究过表示的态度，排列过措辞的先后，以及倘或遭了拒绝以后的情形。可是临时似乎都无用，在慌张中，身不由己地竟用了在电影上见过的方法了。后来一想到，就使我很愧恧，但在记忆上却偏只有这一点永远留遗，至今还如暗室的孤灯一般，照见我含泪握着她的手，一条腿跪了下去……。

不但我自己的，便是子君的言语举动，我那时就没有看得分明；仅知道她已经允许我了。但也还仿佛记得她脸色变成青白，后来又渐渐转作绯红，——没有见过，也没有再见的绯红；孩子似的眼里射出悲喜，但是夹着惊疑的光，虽然力避我的视线，张皇地似乎要破窗飞去。然而我知道她已经允许我了，没有知道她怎样说或是没有说。

　　她却是什么都记得：我的言辞，竟至于读熟了的一般，能够滔滔背诵；我的举动，就如有一张我所看不见的影片挂在眼下，叙述得如生，很细微，自然连那使我不愿再想的浅薄的电影的一闪。夜阑人静，是相对温习的时候了，我常是被质问，被考验，并且被命复述当时的言语，然而常须由她补足，由她纠正，像一个丁等的学生。

　　这温习后来也渐渐稀疏起来。但我只要看见她两眼注视空中，出神似的凝想着，于是神色越加柔和，笑窝也深下去，便知道她又在自修旧课了，只是我很怕她看到我那可笑的电影的一闪。但我又知道，她一定要看见，而且也非看不可的。

　　然而她并不觉得可笑。即使我自己以为可笑，甚而至于可鄙的，她也毫不以为可笑。这事我知道得很清楚，因为她爱我，是这样地热烈，这样地纯真。

　　去年的暮春是最为幸福，也是最为忙碌的时光。我的心平静下去了，但又有别一部分和身体一同忙碌起来。我们这时才在路上同行，也到过几回公园，最多的是寻住所。我觉得在路上时时遇到探索，讥笑，猥亵和轻蔑的眼光，一不小心，便使我的全身有些瑟缩，只得即刻提起我的骄傲和反抗来支持。她却是大无畏的，对于这些全不关心，只是镇静地缓缓前行，坦然如入无人之境。

　　寻住所实在不是容易事，大半是被托辞拒绝，小半是我们以为不相宜。起先我们选择得很苛酷，——也非苛酷，因为看去大抵不像是我们的安身之所；后来，便只要他们能相容了。看了二十多处，这才得到可以暂且敷衍的处所，是吉兆胡同一所小屋里的两间南屋；主人是一个小官，然而倒是明白人，自住着正屋和厢房。他只有夫人和一个不到周岁的女孩子，雇一个乡下的女工，只要孩子不啼哭，是极其安闲幽静的。

　　我们的家具很简单，但已经用去了我的筹来的款子的大半；子君还卖掉了她唯一的金戒指和耳环。我拦阻她，还是定要卖，我也就不再坚持下去了；我知道不给她加入一点股分去，她是住不舒服的。

　　和她的叔子，她早经闹开，至于使他气愤到不再认她做侄女；我也陆续和几个自以为忠告，其实是替我胆怯，或者竟是嫉妒的朋友绝了交。然而这倒很清静。每日办公散后，虽然已近黄昏，车夫又一定走得这样慢，但究竟还有二人相对的时候。我们先是沉默的相视，接着是放怀而亲密的交谈，后来又是沉默。大家低头沉思着，却并未想着什么事。我也渐渐清醒地读遍了她的身体，她的灵魂，不过三星期，我似乎于她已经更加了解，揭去许多先前以为了解而现在看来却是隔膜，即所谓真的隔膜了。

　　子君也逐日活泼起来。但她并不爱花，我在庙会[4]时买来的两盆小草花，四天不浇，枯死在壁角了，我又没有照顾一切的闲暇。然而她爱动物，也许是从官太太那里传染的罢，不一月，我们的眷属便骤然加得很多，四只小油鸡，在小院子里和房主人的十多只一同走。但她们却认识鸡的相貌，各知道那一只是自家的。还有一只花白的叭儿狗，从庙会买来，记得似乎原有名字，子君却给它另起了一个，叫作阿随。我就叫它阿随，但我不喜欢这名字。

　　这是真的，爱情必须时时更新，生长，创造。我和子君说起这，她也领会地点点头。

唉唉，那是怎样的宁静而幸福的夜呵！

安宁和幸福是要凝固的，永久是这样的安宁和幸福。我们在会馆里时，还偶有议论的冲突和意思的误会，自从到吉兆胡同以来，连这一点也没有了；我们只在灯下对坐的怀旧谭中，回味那时冲突以后的和解的重生一般的乐趣。

子君竟胖了起来，脸色也红活了；可惜的是忙。管了家务便连谈天的工夫也没有，何况读书和散步。我们常说，我们总还得雇一个女工。

这就使我也一样地不快活，傍晚回来，常见她包藏着不快活的颜色，尤其使我不乐的是她要装作勉强的笑容。幸而探听出来了，也还是和那小官太太的暗斗，导火线便是两家的小油鸡。但又何必硬不告诉我呢？人总该有一个独立的家庭。这样的处所，是不能居住的。

我的路也铸定了，每星期中的六天，是由家到局，又由局到家。在局里便坐在办公桌前钞，钞，钞些公文和信件；在家里是和她相对或帮她生白炉子，煮饭，蒸馒头。我的学会了煮饭，就在这时候。

但我的食品却比在会馆里时好得多了。做菜虽不是子君的特长，然而她于此却倾注着全力；对于她的日夜的操心，使我也不能不一同操心，来算作分甘共苦。况且她又这样地终日汗流满面，短发都粘在脑额上；两只手又只是这样地粗糙起来。

况且还要饲阿随，饲油鸡，……都是非她不可的工作。

我曾经忠告她：我不吃，倒也罢了；却万不可这样地操劳。她只看了我一眼，不开口，神色却似乎有点凄然；我也只好不开口。然而她还是这样地操劳。

我所豫期的打击果然到来。双十节的前一晚，我呆坐着，她在洗碗。听到打门声，我去开门时，是局里的信差，交给我一张油印的纸条。我就有些料到了，到灯下去一看，果然，印着的就是：

奉
局长谕史涓生着毋庸到局办事
　　秘书处启　十月九号

这在会馆里时，我就早已料到了；那雪花膏便是局长的儿子的赌友，一定要去添些谣言，设法报告的。到现在才发生效验，已经要算是很晚的了。其实这在我不能算是一个打击，因为我早就决定，可以给别人去钞写，或者教读，或者虽然费力，也还可以译点书，况且《自由之友》的总编辑便是见过几次的熟人，两月前还通过信。但我的心却跳跃着。那么一个无畏的子君也变了色，尤其使我痛心；她近来似乎也较为怯弱了。

"那算什么。哼，我们干新的。我们……。"她说。

她的话没有说完；不知怎地，那声音在我听去却只是浮浮的；灯光也觉得格外黯淡。人们真是可笑的动物，一点极微末的小事情，便会受着很深的影响。我们先是默默地相视，逐渐商量起来，终于决定将现有的钱竭力节省，一面登"小广告"去寻求钞写和教读，一面写信给《自由之友》的总编辑，说明我目下的遭遇，请他收用我的译本，给我帮一点艰辛时候的忙。

"说做，就做罢！来开一条新的路！"

我立刻转身向了书案，推开盛香油的瓶子和醋碟，子君便送过那黯淡的灯来。我先拟广告；其次是选定可译的书，迁移以来未曾翻阅过，每本的头上都满漫着灰尘了；最后才写信。

我很费踌躇，不知道怎样措辞好，当停笔凝思的时候，转眼去一瞥她的脸，在昏暗的灯光下，又很见得凄然。我真不料这样微细的小事情，竟会给坚决的，无畏的子君以这么显著的变化。她近来实在变得很怯弱了，但也并不是今夜才开始的。我的心因此更缭乱，忽然有安宁的生活的影像——会馆里的破屋的寂静，在眼前一闪，刚刚想定睛凝视，却又看见了昏暗的灯光。

许久之后，信也写成了，是一封颇长的信；很觉得疲劳，仿佛近来自己也较为怯弱了。于是我们决定，广告和发信，就在明日一同实行。大家不约而同地伸直了腰肢，在无言中，似乎又都感到彼此的坚忍崛强的精神，还看见从新萌芽起来的将来的希望。

外来的打击其实倒是振作了我们的新精神。局里的生活，原如鸟贩子手里的禽鸟一般，仅有一点小米维系残生，决不会肥胖；日子一久，只落得麻痹了翅子，即使放出笼外，早已不能奋飞。现在总算脱出这牢笼了，我从此要在新的开阔的天空中翱翔，趁我还未忘却了我的翅子的扇动。

小广告是一时自然不会发生效力的；但译书也不是容易事，先前看过，以为已经懂得的，一动手，却疑难百出了，进行得很慢。然而我决计努力地做，一本半新的字典，不到半月，边上便有了一大片乌黑的指痕，这就证明着我的工作的切实。《自由之友》的总编辑曾经说过，他的刊物是决不会埋没好稿子的。

可惜的是我没有一间静室，子君又没有先前那么幽静，善于体帖了，屋子里总是散乱着碗碟，弥漫着煤烟，使人不能安心做事，但是这自然还只能怨我自己无力置一间书斋。然而又加以阿随，加以油鸡们。加以油鸡们又大起来了，更容易成为两家争吵的引线。

加以每日的"川流不息"的吃饭；子君的功业，仿佛就完全建立在这吃饭中。吃了筹钱，筹来吃饭，还要喂阿随，饲油鸡；她似乎将先前所知道的全都忘掉了，也不想到我的构思就常常为了这催促吃饭而打断。即使在坐中给看一点怒色，她总是不改变，仍然毫无感触似的大嚼起来。

使她明白了我的作工不能受规定的吃饭的束缚，就费去五星期。她明白之后，大约很不高兴罢，可是没有说。我的工作果然从此较为迅速地进行，不久就共译了五万言，只要润色一回，便可以和做好的两篇小品，一同寄给《自由之友》去。只是吃饭却依然给我苦恼。菜冷，是无妨的，然而竟不够；有时连饭也不够，虽然我因为终日坐在家里用脑，饭量已经比先前要减少得多。这是先去喂了阿随了，有时还并那近来连自己也轻易不吃的羊肉。她说，阿随实在瘦得太可怜，房东太太还因此嗤笑我们了，她受不住这样的奚落。

于是吃我残饭的便只有油鸡们。这是我积久才看出来的,但同时也如赫胥黎[5]的论定"人类在宇宙间的位置"一般,自觉了我在这里的位置:不过是叭儿狗和油鸡之间。

后来,经多次的抗争和催逼,油鸡们也逐渐成为肴馔,我们和阿随都享用了十多日的鲜肥;可是其实都很瘦,因为它们早已每日只能得到几粒高粱了。从此便清静得多。只有子君很颓唐,似乎常觉得凄苦和无聊,至于不大愿意开口。我想,人是多么容易改变呵!

但是阿随也将留不住了。我们已经不能再希望从什么地方会有来信,子君也早没有一点食物可以引它打拱或直立起来。冬季又逼近得这么快,火炉就要成为很大的问题;它的食量,在我们其实早是一个极易觉得的很重的负担。于是连它也留不住了。

倘使插了草标[6]到庙市去出卖,也许能得几文钱罢,然而我们都不能,也不愿这样做。终于是用包袱蒙着头,由我带到西郊去放掉了,还要追上来,便推在一个并不很深的土坑里。

我一回寓,觉得又清静得多多了;但子君的凄惨的神色,却使我很吃惊。那是没有见过的神色,自然是为阿随。但又何至于此呢?我还没有说起推在土坑里的事。

到夜间,在她的凄惨的神色中,加上冰冷的分子了。

"奇怪。——子君,你怎么今天这样儿了?"我忍不住问。

"什么?"她连看也不看我。

"你的脸色……。"

"没有什么,——什么也没有。"

我终于从她言动上看出,她大概已经认定我是一个忍心的人。其实,我一个人,是容易生活的,虽然因为骄傲,向来不与世交来往,迁居以后,也疏远了所有旧识的人,然而只要能远走高飞,生路还宽广得很。现在忍受着这生活压迫的苦痛,大半倒是为她,便是放掉阿随,也何尝不如此。但子君的识见却似乎只是浅薄起来,竟至于连这一点也想不到了。

我拣了一个机会,将这些道理暗示她;她领会似的点头。然而看她后来的情形,她是没有懂,或者是并不相信的。

天气的冷和神情的冷,逼迫我不能在家庭中安身。但是,往那里去呢?大道上,公园里,虽然没有冰冷的神情,冷风究竟也刺得人皮肤欲裂。我终于在通俗图书馆里觅得了我的天堂。

那里无须买票;阅书室里又装着两个铁火炉。纵使不过是烧着不死不活的煤的火炉,但单是看见装着它,精神上也就总觉得有些温暖。书却无可看:旧的陈腐,新的是几乎没有的。

好在我到那里去也并非为看书。另外时常还有几个人,多则十余人,都是单薄衣裳,正如我,各人看各人的书,作为取暖的口实。这于我尤为合式。道路上容易遇见熟人,得到轻蔑的一瞥,但此地却决无那样的横祸,因为他们是永远围在别的铁炉旁,或者靠在自家的白炉边的。

那里虽然没有书给我看,却还有安闲容得我想。待到孤身枯坐,回忆从前,这才觉得大半年来，只为了爱，——盲目的爱，——而将别的人生的要义全盘疏忽了。第一，便是生活。人必生活着，爱才有所附丽。世界上并非没有为了奋斗者而开的活路；我也还未忘却翅子的扇动，虽然比先前已经颓唐得多……。

屋子和读者渐渐消失了，我看见怒涛中的渔夫，战壕中的兵士，摩托车[7]中的贵人，洋场上的投机家，深山密林中的豪杰，讲台上的教授，昏夜的运动者和深夜的偷儿……。子君，——不在近旁。她的勇气都失掉了，只为着阿随悲愤，为着做饭出神；然而奇怪的是倒也并不怎样瘦损……。

冷了起来，火炉里的不死不活的几片硬煤，也终于烧尽了，已是闭馆的时候。又须回到吉兆胡同，领略冰冷的颜色去了。近来也间或遇到温暖的神情，但这却反而增加我的苦痛。记得有一夜，子君的眼里忽而又发出久已不见的稚气的光来，笑着和我谈到还在会馆时候的情形，时时又很带些恐怖的神色。我知道我近来的超过她的冷漠，已经引起她的忧疑来，只得也勉力谈笑，想给她一点慰藉。然而我的笑貌一上脸，我的话一出口，却即刻变为空虚，这空虚又即刻发生反响，回向我的耳目里，给我一个难堪的恶毒的冷嘲。

子君似乎也觉得的，从此便失掉了她往常的麻木似的镇静，虽然竭力掩饰，总还是时时露出忧疑的神色来，但对我却温和得多了。

我要明告她，但我还没有敢，当决心要说的时候，看见她孩子一般的眼色，就使我只得暂且改作勉强的欢容。但是这又即刻来冷嘲我，并使我失却那冷漠的镇静。

她从此又开始了往事的温习和新的考验，逼我做出许多虚伪的温存的答案来，将温存示给她，虚伪的草稿便写在自己的心上。我的心渐被这些草稿填满了，常觉得难于呼吸。我在苦恼中常常想，说真实自然须有极大的勇气的；假如没有这勇气，而苟安于虚伪，那也便是不能开辟新的生路的人。不独不是这个，连这人也未尝有！

子君有怨色，在早晨，极冷的早晨，这是从未见过的，但也许是从我看来的怨色。我那时冷冷地气愤和暗笑了；她所磨练的思想和豁达无畏的言论，到底也还是一个空虚，而对于这空虚却并未自觉。她早已什么书也不看，已不知道人的生活的第一着是求生，向着这求生的道路，是必须携手同行，或奋身孤往的了，倘使只知道摇着一个人的衣角，那便是虽战士也难于战斗，只得一同灭亡。

我觉得新的希望就只在我们的分离；她应该决然舍去，——我也突然想到她的死，然而立刻自责，忏悔了。幸而是早晨，时间正多，我可以说我的真实。我们的新的道路的开辟，便在这一遭。

我和她闲谈，故意地引起我们的往事，提到文艺，于是涉及外国的文人，文人的作品：《诺拉》，《海的女人》[8]。称扬诺拉的果决……。也还是去年在会馆的破屋里讲过的那些话，但现在已经变成空虚，从我的嘴传入自己的耳中，时时疑心有一个隐形的坏孩子，在背后恶意地刻毒地学舌。

她还是点头答应着倾听，后来沉默了。我也就断续地说完了我的话，连余音都消失在虚空中了。

"是的。"她又沉默了一会，说，"但是，……涓生，我觉得你近来很两样了。可是的？你，——你老实告诉我。"

我觉得这似乎给了我当头一击，但也立即定了神，说出我的意见和主张来：新的路的开辟，新的生活的再造，为的是免得一同灭亡。

临末，我用了十分的决心，加上这几句话：

"……况且你已经可以无须顾虑，勇往直前了。你要我老实说；是的，人是不该虚伪的。我老实说罢：因为，因为我已经不爱你了！但这于你倒好得多，因为你更可以毫无挂念地做事……。"

我同时豫期着大的变故的到来，然而只有沉默。她脸色陡然变成灰黄，死了似的；瞬间便又苏生，眼里也发了稚气的闪闪的光泽。这眼光射向四处，正如孩子在饥渴中寻求着慈爱的母亲，但只在空中寻求，恐怖地回避着我的眼。

我不能看下去了，幸而是早晨，我冒着寒风径奔通俗图书馆。

在那里看见《自由之友》，我的小品文都登出了。这使我一惊，仿佛得了一点生气。我想，生活的路还很多，——但是，现在这样也还是不行的。

我开始去访问久已不相闻问的熟人，但这也不过一两次；他们的屋子自然是暖和的，我在骨髓中却觉得寒冽。夜间，便蜷伏在比冰还冷的冷屋中。

冰的针刺着我的灵魂，使我永远苦于麻木的疼痛。生活的路还很多，我也还没有忘却翅子的扇动，我想。——我突然想到她的死，然而立刻自责，忏悔了。

在通俗图书馆里往往瞥见一闪的光明，新的生路横在前面。她勇猛地觉悟了，毅然走出这冰冷的家，而且，——毫无怨恨的神色。我便轻如行云，漂浮空际，上有蔚蓝的天，下是深山大海，广厦高楼，战场，摩托车，洋场，公馆，晴明的闹市，黑暗的夜……。

而且，真的，我豫感得这新生面便要来到了。

我们总算度过了极难忍受的冬天，这北京的冬天；就如蜻蜓落在恶作剧的坏孩子的手里一般，被系着细线，尽情玩弄，虐待，虽然幸而没有送掉性命，结果也还是躺在地上，只争着一个迟早之间。

写给《自由之友》的总编辑已经有三封信，这才得到回信，信封里只有两张书券[9]：两角的和三角的。我却单是催，就用了九分的邮票，一天的饥饿，又都白挨给于己一无所得的空虚了。

然而觉得要来的事，却终于来到了。

这是冬春之交的事，风已没有这么冷，我也更久地在外面徘徊；待到回家，大概已经昏黑。就在这样一个昏黑的晚上，我照常没精打采地回来，一看见寓所的门，也照常更加丧气，使脚步放得更缓。但终于走进自己的屋子里了，没有灯火；摸火柴点起来时，是异样的寂寞和空虚！

正在错愕中，官太太便到窗外来叫我出去。

"今天子君的父亲来到这里，将她接回去了。"她很简单地说。

这似乎又不是意料中的事,我便如脑后受了一击,无言地站着。

"她去了么?"过了些时,我只问出这样一句话。

"她去了。"

"她,——她可说什么?"

"没说什么。单是托我见你回来时告诉你,说她去了。"

我不信;但是屋子里是异样的寂寞和空虚。我遍看各处,寻觅子君;只见几件破旧而黯淡的家具,都显得极其清疏,在证明着它们毫无隐匿一人一物的能力。我转念寻信或她留下的字迹,也没有;只是盐和干辣椒,面粉,半株白菜,却聚集在一处了,旁边还有几十枚铜元。这是我们两人生活材料的全副,现在她就郑重地将这留给我一个人,在不言中,教我借此去维持较久的生活。

我似乎被周围所排挤,奔到院子中间,有昏黑在我的周围;正屋的纸窗上映出明亮的灯光,他们正在逗着孩子玩笑。我的心也沉静下来,觉得在沉重的迫压中,渐渐隐约地现出脱走的路径:深山大泽,洋场,电灯下的盛筵;壕沟,最黑最黑的深夜,利刃的一击,毫无声响的脚步……。

心地有些轻松,舒展了,想到旅费,并且嘘一口气。

躺着,在合着的眼前经过的豫想的前途,不到半夜已经现尽;暗中忽然仿佛看见一堆食物,这之后,便浮出一个子君的灰黄的脸来,睁了孩子气的眼睛,恳托似的看着我。我一定神,什么也没有了。

但我的心却又觉得沉重。我为什么偏不忍耐几天,要这样急急地告诉她真话的呢?现在她知道,她以后所有的只是她父亲——儿女的债主——的烈日一般的严威和旁人的赛过冰霜的冷眼。此外便是虚空。负着虚空的重担,在严威和冷眼中走着所谓人生的路,这是怎么可怕的事呵!而况这路的尽头,又不过是——连墓碑也没有的坟墓。

我不应该将真实说给子君,我们相爱过,我应该永久奉献她我的说谎。如果真实可以宝贵,这在子君就不该是一个沉重的空虚。谎语当然也是一个空虚,然而临末,至多也不过这样地沉重。

我以为将真实说给子君,她便可以毫无顾虑,坚决地毅然前行,一如我们将要同居时那样。但这恐怕是我错误了。她当时的勇敢和无畏是因为爱。

我没有负着虚伪的重担的勇气,却将真实的重担卸给她了。她爱我之后,就要负了这重担,在严威和冷眼中走着所谓人生的路。

我想到她的死……。我看见我是一个卑怯者,应该被摈于强有力的人们,无论是真实者,虚伪者。然而她却自始至终,还希望我维持较久的生活……。

我要离开吉兆胡同,在这里是异样的空虚和寂寞。我想,只要离开这里,子君便如还在我的身边;至少,也如还在城中,有一天,将要出乎意表地访我,像住在会馆时候似的。

然而一切请托和书信,都是一无反响;我不得已,只好访问一个久不问候的世交去了。他是我伯父的幼年的同窗,以正经出名的拔贡[10],寓京很久,交游也广阔的。

大概因为衣服的破旧罢，一登门便很遭门房的白眼。好容易才相见，也还相识，但是很冷落。我们的往事，他全都知道了。

"自然，你也不能在这里了，"他听了我托他在别处觅事之后，冷冷地说，"但那里去呢？很难。——你那，什么呢，你的朋友罢，子君，你可知道，她死了。"

我惊得没有话。

"真的？"我终于不自觉地问。

"哈哈。自然真的。我家的王升的家，就和她家同村。"

"但是，——不知道是怎么死的？"

"谁知道呢。总之是死了就是了。"

我已经忘却了怎样辞别他，回到自己的寓所。我知道他是不说谎话的；子君总不会再来的了，像去年那样。她虽是想在严威和冷眼中负着虚空的重担来走所谓人生的路，也已经不能。她的命运，已经决定她在我所给与的真实——无爱的人间死灭了！

自然，我不能在这里了；但是，"那里去呢？"

四围是广大的空虚，还有死的寂静。死于无爱的人们的眼前的黑暗，我仿佛一一看见，还听得一切苦闷和绝望的挣扎的声音。

我还期待着新的东西到来，无名的，意外的。但一天一天，无非是死的寂静。

我比先前已经不大出门，只坐卧在广大的空虚里，一任这死的寂静侵蚀着我的灵魂。死的寂静有时也自己战栗，自己退藏，于是在这绝续之交，便闪出无名的，意外的，新的期待。

一天是阴沉的上午，太阳还不能从云里面挣扎出来；连空气都疲乏着。耳中听到细碎的步声和咻咻的鼻息，使我睁开眼。大致一看，屋子里还是空虚；但偶然看到地面，却盘旋着一匹小小的动物，瘦弱的，半死的，满身灰土的……。

我一细看，我的心就一停，接着便直跳起来。

那是阿随。它回来了。

我的离开吉兆胡同，也不单是为了房主人们和他家女工的冷眼，大半就为着这阿随。但是，"那里去呢？"新的生路自然还很多，我约略知道，也间或依稀看见，觉得就在我面前，然而我还没有知道跨进那里去的第一步的方法。

经过许多回的思量和比较，也还只有会馆是还能相容的地方。依然是这样的破屋，这样的板床，这样的半枯的槐树和紫藤，但那时使我希望，欢欣，爱，生活的，却全都逝去了，只有一个虚空，我用真实去换来的虚空存在。

新的生路还很多，我必须跨进去，因为我还活着。但我还不知道怎样跨出那第一步。有时，仿佛看见那生路就像一条灰白的长蛇，自己蜿蜒地向我奔来，我等着，等着，看看临近，但忽然便消失在黑暗里了。

初春的夜，还是那么长。长久的枯坐中记起上午在街头所见的葬式，前面是纸人纸马，后面是唱歌一般的哭声。我现在已经知道他们的聪明了，这是多么轻松简截的事。

然而子君的葬式却又在我的眼前,是独自负着虚空的重担,在灰白的长路上前行,而又即刻消失在周围的严威和冷眼里了。

我愿意真有所谓鬼魂,真有所谓地狱,那么,即使在孽风怒吼之中,我也将寻觅子君,当面说出我的悔恨和悲哀,祈求她的饶恕;否则,地狱的毒焰将围绕我,猛烈地烧尽我的悔恨和悲哀。

我将在孽风和毒焰中拥抱子君,乞她宽容,或者使她快意……。

但是,这却更虚空于新的生路;现在所有的只是初春的夜,竟还是那么长。我活着,我总得向着新的生路跨出去,那第一步,——却不过是写下我的悔恨和悲哀,为子君,为自己。

我仍然只有唱歌一般的哭声,给子君送葬,葬在遗忘中。

我要遗忘;我为自己,并且要不再想到这用了遗忘给子君送葬。

我要向着新的生路跨进第一步去,我要将真实深深地藏在心的创伤中,默默地前行,用遗忘和说谎做我的前导……。

一九二五年十月二十一日毕

◎ 注 释

[1] 会馆：旧时都市中同乡会或同业公会设立的馆舍,供同乡或同业旅居、聚会之用。

[2] 长班：旧时官员的随身仆人,也用来称呼一般的"听差"。

[3] 易孛生(H. Ibsen, 1828～1906年)：通译易卜生,挪威剧作家。泰戈尔(R. Tagore, 1861～1941年),印度诗人。1924年曾来中国,当时他的诗作译成中文的有《新月集》、《飞鸟集》等。雪莱(P. B. Shelley, 1792～1822年),英国诗人。曾参加爱尔兰民族独立运动,因传播革命思想和争取婚姻自由屡遭迫害。后在海里覆舟淹死。他的《西风颂》、《云雀颂》等著名短诗,"五四"后被介绍到中国。

[4] 庙会：又称"庙市",旧时在节日或规定的日子,设在寺庙或其附近的集市。

[5] 赫胥黎(T. Huxley, 1825～1895年)：英国生物学家。他的《人类在宇宙间的位置》(今译《人类在自然界的位置》)是宣传达尔文的进化论的重要著作。

[6] 草标：旧时在被卖的人身上或物品上插置的草秆,作为出卖的标志。

[7] 摩托车：当时对小汽车的称呼。

[8] 《诺拉》：通译《娜拉》(又译作《玩偶之家》)、《海的女人》,通译《海的夫人》都是易卜生的著名剧作。

[9] 书券：购书用的代价券,可按券面金额到指定书店选购。旧时有的报刊用它代替现金支付稿酬。

[10] 拔贡：清代科举考试制度：在规定的年限(原定六年,后改为十二年)选拔"文行兼优"的秀才,保送到京师,贡入国子监,称为"拔贡"。是贡生的一种。

☞ 提 示

本篇完成于1925年10月21日,是鲁迅作品中唯一直接反映男女恋爱婚姻的小说,也是鲁迅小说创作当中题材独特、寓意深刻的作品文本。对《伤逝》的解读,总结起来,主要有四种主要观点：一是传统观点，认为鲁迅的《伤逝》其实是《娜拉走后怎样》演讲的详注，鲁迅意在证明爱情必须附丽于生活，个性解放必须立足于经济基础的改革。醒过来的子君像娜拉一样勇敢地出走，争取爱情和自由，但因没"经济权"，无立身基础，最终还会"回来"。鲁迅以小说来证明改革乃至革命的必要，针砭了只要爱情不要生活的西式新潮爱情观。第二种观点是周作人提出来的，他直到晚年还坚持认为"《伤逝》不是普通恋爱小说，乃是假借了男女的死亡来哀悼兄弟恩情的断绝的"。第三种观点以胡尹强为代表，他认为《伤逝》正好写于鲁迅与许广平谈恋爱期间，小说在收入《彷徨》前没在任何刊物上发表，鲁迅秘而不发的原因是想在那个特殊时期只给许广平看，算是他对许广平追求他的答复。鲁迅尽可能想到了与许同居后的坏结局，以此提醒对方要有准备，更要反省，以图避免先驱者的失误，创造真正的幸福。第四种观点是邓晓芒提出来的。他在《鲁迅研究月刊》著文指出，鲁迅在《伤逝》中写到的涓生和子君的爱情虽具有西式爱情的表面形式，但实质仍是中国传统的"似水柔情"式爱情，属《红楼梦》中"意淫"型爱情。涓生爱子君，是因她天真、纯洁、稚气、超凡脱俗，但又有"我是我自己的，他们谁也没有干涉我的权力"这样的惊人傲气。但涓生其实误解了她。他以为这句话表达了中国女性"在不远的将来，便要看见辉煌的曙色的"，其实这只不过是种林黛玉式的孤傲。在这里，"他们"代表世俗，"我自己"却是一个模糊的概念，并不意味着"自己"有一个独立行动的封闭的内心世界，而只是意味着"我"不会让任何世俗的秽物玷污自己，而要保持自己的纯洁明净，以便像镜子一样反映出她的"心上人"。

在《伤逝》问世的几十年时间里，评论家们不是从作品文本而是从抽象理论，赋予其"社会黑暗说"、"知识分子软弱说"、"子君新女性说"、"涓生肯定说"、"兄弟失和说"、"鲁迅婚姻说"等穿凿附会的主观诠释，进而使《伤逝》完全脱离了其自身所固有的审美意义，成为学术界精英发挥自由想象的言说对象。我们认为，《伤逝》的创作动机与鲁迅其他小说的价值取向是一致的，仍旧保持着作者对现代思想启蒙运动的困惑与反省。如果能够重新回归并精读文本，便可以发现《伤逝》与《狂人日记》、《药》、《阿Q正传》等小说一样，都深刻地反映着鲁迅在启蒙狂热时代清醒而孤独的批判理性。作者通过主人公涓生与子君的爱情悲剧，对于五四思想启蒙运动做了形象生动的深刻反省。《伤逝》具有明确的自我批判意识和社会批判意识，它对以"恋爱自由"为中心话语的五四精神，提出了与众不同的强烈质疑；并借助涓生灵魂忏悔的痛苦追忆，由衷地表达了自己"希望"与"绝望"、"寂寞"与"虚无"的真实心境。

首先，《伤逝》这篇小说采用第一人称的手法，运用手记的体裁，这种写法比较适宜于抒写内心的感受，可以一边叙述，一边评论，一边控诉，给人一种亲切的感觉。小说中具体细节的描写很少，对话也不多，没有铺叙细节的过程，而只是把心理描写、情节发展、人物行动和具体感受结合起来，通过涓生第一人称的回忆抒写出来，因此抒情性很浓，有强烈的艺术感染力。其次，小说的叙事、议论、写景都有浓郁的抒情色彩。叙事、议论和抒情紧密结合。在具体结构中，作家不是按照事件的先后顺序安排情节，而是根据主人公的情感流动，有详有略，作跳跃式的追述。情感的基调是沉痛而有节制的。

鲁迅小说有诗一样的单纯的韵味，却又精粹、凝练、含蓄，可以反复欣赏、越读越有滋味。由于鲁迅能独立地按照其所要表现的生活内容和自己的艺术个性去进行灵活的艺术熔裁，小说的体式手法不断有新创造。

鲁迅是真正现代意义短篇小说《狂人日记》的作者。他的《阿Q正传》塑造了不朽的中国国民性（劣根性方面）典型。他带领建立了"五四""乡土小说"谱系，自己写有脍炙人口的《孔乙己》、《故乡》、《风波》等名篇。实际上鲁迅在所有的"五四"小说家中，是实验现代短篇小说体式最多的、最具有创生能力的，是多种多样现代小说的总源头。像鲁迅这样以为数不多的短篇而赢得如此巨大的文学声誉的作家，在世界文学史上都是罕见的。中国现代小说从鲁迅这里开始，又在鲁迅这里成熟，并成为中国现代各体小说发展的重要源头。

➢ 延伸性阅读文献

1. 鲁迅：《鲁迅全集》第一卷，人民文学出版社，1980年。
2. 钱理群：《鲁迅作品十五讲》，北京大学出版社，2003年。
3. 王富仁：《中国鲁迅研究的历史与现状》，福建教育出版社，2006年。

思考与练习

1. 你同情子君吗？如何理解子君这一人物形象？你觉得涓生和子君的爱情为什么会失去？其根本原因在哪里？

2. 有人说，《伤逝》所讲述的，实际上是一个现代版"始乱终弃"的悲情故事。子君离家出走并与涓生同居，与其说是五四个性解放思想启蒙的必然结果，还不如说是"有女怀春，吉士诱之"古典爱情的现代演绎。子君是一个典型的中国传统女性，她在作品中的所有表现，自始至终都是涓生主观意志的顺从者。鲁迅多次以"我的声音"、"我和子君说"、"我要告诉她"、"我和她闲谈"等描写语汇来表达他对子君完全处于被动状态的深切同情，这种丧失言说权利、毫无自主意识的"从夫"思想，难道不正是儒家伦理"夫为妻纲"的历史再现吗？如果我们把子君与刘兰芝、杜十娘等中国古代女性加以比较，则发现她甚至比这些传统女性更为传统——刘兰芝为了爱情"揽裙脱丝履，举身赴清池"；杜十娘为了爱情"抱持宝匣，向江心一跳"。她们虽然壮烈而死，却都死得很有尊严。唯独子君却默默无语地独自归去，面对父亲"烈日一般的威严"，以及旁人"赛过冰霜的冷眼"，最终只能抑郁而死。由此可见，将子君视为一个具有现代意识的"新女性"，只是批评家们的主观臆断，而非鲁迅的真实想法。你同意这个观点吗？

3. 你觉得本篇采用第一人称的叙事手法对传达作品的思想内蕴有何作用？

萧 萧

沈从文

沈从文(1902～1988年),原名沈岳焕,20世纪中国最优秀的作家之一。湖南凤凰人,他的出生地湖南凤凰是个偏远而美丽如画的县镇,他身上有苗族、土家族和汉族的混合血统(楚人的血液)。早年投身行伍,他仅读过小学,却把湘西这块土地、沅水这块大江和生活其中的人民,当做一本大书读得烂熟。受了"五四"思想的波及,1922年他只身来到北京,投学无门,在极度贫困中自习写作。当时的情景可见郁达夫到他"窄而霉"小屋去探他后写出的《给一位文学青年的公开状》这篇名文。逐渐地,他展露才华,在得到"新月"中人的提携后,步入了文坛。1924年开始文学创作,他是白话文革命的重要践行者和代表作家。沈从文文采斐然,笔耕不辍,以湘西的人情、自然、风俗为背景,凭一颗诚心,用最干净的文字缔造了纯美的湘西世界,也由此奠定了他在中国现代文学中的独特地位。1949年后,他在中国历史博物馆和中国社会科学院历史研究所工作,主要从事中国古代服饰研究,编著的《中国古代服饰研究》填补了中国文物研究史上的一项空白。1988年病逝于北京,辞世后,被誉为"中国第一流的现代文学作家,仅次于鲁迅"(金介甫)。

1923年起以"休芸芸"等笔名陆续发表作品。从此一发不可收拾,共创作了四十余部作品,重要的短篇小说集有《龙朱》、《旅店及其他》、《虎雏》、《月下小景》、《八骏图》、《从文小说习作》、《新与旧》、《主妇集》等,中长篇小说有《边城》、《长河》等。此外有散文《从文自传》、《湘西》、《湘行散记》、《烛虚》等,成为中国现代文学史上最多产的作家之一,创造了中国文坛一个"乡下人"的神话。

乡下人吹唢呐接媳妇,到了十二月是成天有的事情。

唢呐后面一顶花轿,两个伕子平平稳稳的抬着,轿中人被铜锁锁在里面,虽穿了平时不上过身的体面红绿衣裳,也仍然得荷荷大哭。在这些小女人心中,做新娘子,从母亲身边离开,且准备作他人的母亲,从此必然将有许多新事情等待发生。像做梦一样,将同一个陌生男子汉在一个床上睡觉,做着承宗接祖的事情。这些事想起来,当然有些害怕,所以照例觉得要哭哭,就哭了。

也有做媳妇不哭的人。萧萧做媳妇就不哭。这女人没有母亲,从小寄养到伯父种田的庄子上,终日提个小竹兜箩,在路旁田坎捡狗屎。出嫁只是从这家转到那家。因此到那一天,这女人还只是笑。她又不害羞,又不怕。她是什么事也不知道,就做了人家的新媳妇了。

萧萧做媳妇时年纪十二岁,有一个小丈夫,年纪还不到三岁。丈夫比她年少十来岁,断奶还不多久。地方有这么一个老规矩,过了门,她喊他做弟弟。她每天应做的事是抱弟弟到村前柳树下去玩,到溪边去玩,饿了,喂东西吃,哭了,就哄他,摘南瓜花或狗尾草戴到小丈夫头上,或者连连亲嘴,一面说:"弟弟,哪,啵。再来,啵。"在那满是肮脏的小脸上亲了又亲,孩子于是便笑了。孩子一欢喜兴奋,行动粗野起来,会用短短的小手乱抓萧萧的头发。那是平时不大能收拾蓬蓬松松在头上的黄发。有时候,垂到脑后那条小辫儿被拉得太久,把红绒线结也弄松了,生了气,就挞那弟弟几下,弟弟自然哇的哭出声来。萧萧于是也装成要哭的样子,用手指着弟弟的哭脸,说:"哪,人不讲理,可不行!哪能这样动手动脚,长大了不是要杀人放火。"

  天晴落雨日子混下去,每日抱抱丈夫,也帮家中作点杂事,能动手的就动手。又时常到溪沟里去洗衣,搓尿片,一面还捡拾有花纹的田螺给坐在身边的小丈夫玩。到了夜里睡觉,便常常做这种年龄人所做过的梦,梦到后门角落或别的什么地方捡得大把大把铜钱,吃好东西,爬树,自己变成鱼到水中各处溜,或一时仿佛身子很小很轻,飞到天上众星中,没有一个人,只是一片白,一片金光,于是大喊"妈!"人就吓醒了。醒来心里还只是跳。吵了隔壁的人,不免骂着:"疯子,你想什么!白天玩得疯,晚上就做梦!"萧萧听着却不作声,只是咕咕的笑。也有很好很爽快的梦,为丈夫哭醒的事情。那丈夫本来晚上在自己母亲身边睡,吃奶方便,但是吃多了奶,或因另外情形,半夜大哭,起来放水拉稀是常有的事。丈夫哭到婆婆无可奈何,于是萧萧轻脚轻手爬起床来,睡眼迷蒙,走到床边,把人抱起,给他看月光,看星光;或者仍然啵啵的亲嘴,互相觑着,孩子气的"嗨嗨,看猫呵!"那样喊着哄着,于是丈夫笑了。玩一会会,困倦起来,慢慢的阖上眼。人睡定后,放上床,站在床边看着,听远处一传一递的鸡叫,知道天快到什么时候了,于是仍然蜷到小床上睡去。天亮后,虽不做梦,却可以无意中闭眼开眼,看一阵在面前空中变幻无端的黄边紫心葵花,那是一种真正的享受。

  萧萧嫁过了门,做了拳头大丈夫的小媳妇,一切并不比先前受苦,这只看她一年来身体发育就可明白。风里雨里过日子,像一株长在园角落不为人注意的蓖麻,大叶大枝,日增茂盛,这小女人简直是全不为丈夫设想那么似的,一天比一天长大起来了。

  夏夜光景说来如做梦。大家饭后坐到院中心歇凉,挥摇蒲扇,看天上的星同屋角的萤,听南瓜棚上纺织娘咯咯咯拖长声音纺车,远近声音繁密如落雨,禾花风飐飐吹到脸上,正是让人在各种方便中说笑话的时候。

  萧萧好高,一个人常常爬到草料堆上去,抱了已经熟睡的丈夫在怀里,轻轻的轻轻的随意唱着自编的四句头山歌。唱来唱去却把自己也催眠起来,快要睡去了。

  在院坝中,公公婆婆,祖父祖母,另外还有帮工汉子两个,散乱的坐在小板凳上,摆龙门阵学古,轮流下去打发上半夜。

  祖父身边有个烟包,在黑暗中放光。这用艾蒿作成的烟包,是驱逐长脚蚊得力东西,蜷在祖父脚边,犹如一条乌梢蛇。间或又拿起来晃那么几下。

  想起白天场上的事情,祖父开口说话:"我听三金说,前天又有女学生过身。"

  大家就哄然笑了起来。

  这笑的意义何在?只因为在大家印象中,都知道女学生没有辫子,留下个鹌鹑尾巴,像个尼姑,又不完全像。穿的衣服像洋人,又不是洋人。吃的,用的,……总而言之,事事不同,一想起来就觉得怪可笑!

萧萧不大明白,她不笑。所以老祖父又说话了。他说:"萧萧,你长大了,将来也会做女学生!"

大家于是更哄然大笑起来。

萧萧为人并不愚蠢,觉得这一定是不利于己的一件事情,所以接口便说:"爷爷,我不做女学生。"

"你像个女学生,不做可不行。"

"我一定不做。"

众人有意取笑,异口同声的说:"萧萧,爷爷说得对,你非做女学生不行!"

萧萧急得无可如何,"做就做,我不怕。"其实做女学生有什么不好,萧萧全不知道。

女学生这东西,在本乡的确永远是奇闻。每年一到六月天,据说放"水假"日子一到,照例便有三三五五女学生,由一个荒谬不经的热闹地方来,到另一个远地方去,取道从本地过身。从乡下人眼中看来,这些人都近于另一世界中活下的人,装扮奇奇怪怪,行为更不可思议。这种女学生过身时,使一村人都可以说一整天的笑话。

祖父是当地一个人物,因为想起所知道的女学生在大城中的生活情形,所以说笑话要萧萧也去作女学生。一面听到这话,就感觉一种打哈哈趣味,一面还有那被说的萧萧感觉一种惶恐,说这话的不为无意义了。

女学生由祖父方面所知道的是这样一种人:她们穿衣服不管天气冷暖,吃东西不问饥饱,晚上交到子时才睡觉,白天正经事全不作,只知唱歌打球,读洋书。她们都会花钱,一年用的钱可以买十六只水牛。她们在省里京里想往什么地方去时,不必走路,只要钻进一个大匣子中,那匣子就可以带她到地。城市中还有各种各样的大小不同匣子,都用机器开动。她们在学校,男女在一处上课读书,人熟了,就随意同那男子睡觉,也不要媒人,也不要财礼,名叫"自由"。她们也做做州县官,带家眷上任,男子仍然喊作"老爷",小孩子叫"少爷"。她们自己不养牛,却吃牛奶羊奶,如小牛小羊;买那奶时是用铁罐子盛的。她们无事时到一个唱戏地方去,那地方完全像个大庙,从衣袋中取出一块洋钱来(那洋钱在乡下可买五只母鸡),买了一小方纸片儿,拿了那纸片到里面去,就可以坐下看洋人扮演影子戏。她们被冤了,不赌咒,不哭。她们年纪有老到二十四岁还不肯嫁人的,有老到三十四十居然还好意思嫁人的。她们不怕男子,男子不能使她们受委屈,一受委屈就上衙门打官司,要官罚男子的款,这笔钱她有时独占自己花用,有时和官平分。她们不洗衣煮饭,也不养猪喂鸡;有了小孩子,也只花五块钱或十块钱一月,雇个人专管小孩,自己仍然整天看戏打牌,或者读那些没有用处的闲书。……

总而言之,说来事事都希奇古怪,和庄稼人不同,有的简直还可说岂有此理。这时经祖父一为说明,听过这话的萧萧,心中却忽然有了一种模模糊糊的愿望,以为倘若她也是个女学生,她是不是照祖父说的女学生一个样子去做那些事情?不管好歹,女学生并不可怕,因此一来却已为这乡下姑娘初次体念到了。

因为听祖父说起女学生是怎样的人物,到后萧萧独自笑得特别久。笑够了时,她说:"爷爷,明天有女学生过路,你喊我,我要看看。"

"你看,她们捉你去作丫头。"

"我不怕她们。"

"她们读洋书念经你也不怕?"

"念观音菩萨消灾经,念紧箍咒,我都不怕。"

"她们咬人,和做官的一样,专吃乡下人,吃人骨头渣渣也不吐,你不怕?"

萧萧肯定的回答说:"也不怕。"

可是这时节萧萧手上所抱的丈夫,不知为甚么,在睡梦中哭了,媳妇于是用作母亲的声势,半哄半吓的说:"弟弟,弟弟,不许哭,不许哭,女学生咬人来了。"

丈夫还仍然哭着,得抱起各处走走。萧萧抱着丈夫离开了祖父,祖父同人说另外一样古话去了。

萧萧从此以后心中有个"女学生"。做梦也便常常梦到女学生,且梦到同这些人并排走路。仿佛也坐过那种自己会走路的匣子,她又觉得这匣子并不比自己跑路更快。在梦中那匣子的形体同谷仓差不多,里面还有小小灰色老鼠,眼珠子红红的,各处乱跑,有时钻到门缝里去,把个小尾巴露在外边。

因为有这样一段经过,祖父从此喊萧萧不喊"小丫头",不喊"萧萧",却唤作"女学生"。在不经意中萧萧答应得很好。

乡下里日子也如世界上一般日子,时时不同。世界上人把日子糟蹋,和萧萧一类人家把日子吝惜是同样的,各有所得,各属分定。许多城市中文明人,把一个夏天完全消磨到软绸衣服、精美饮料以及种种好事情上面。萧萧的一家,因为一个夏天的劳作,却得了十多斤细麻,二三十担瓜。

作小媳妇的萧萧,一个夏天中,一面照料丈夫,一面还绩了细麻四斤。到秋八月工人摘瓜,在瓜间玩,看硕大如盆、上面满是灰粉的大南瓜,成排成堆摆到地上,很有趣味。时间到摘瓜,秋天真的已来了,院子中各处有从屋后林子里树上吹来的大红大黄木叶。萧萧在瓜旁站定,手拿木叶一束,为丈夫编小小笠帽玩。

工人中有个名叫花狗,年纪二十三岁,抱了萧萧的丈夫到枣树下去打枣子。小小竹竿打在枣树上,落枣满地。

"花狗大[1],莫打了,太多了吃不完。"

虽听这样喊,还不停手。到后,仿佛完全因为丈夫要枣子,花狗才不听话。萧萧于是又警告她那小丈夫:

"弟弟,弟弟,来,不许捡了。吃多了生东西肚子痛!"

丈夫听话,兜了大堆枣子向萧萧身边走来,请萧萧吃枣子。

"姐姐吃,这是大的。"

"我不吃。"

"要吃一颗!"

她两手那里有空!木叶帽正在制边,工夫要紧,还正要个人帮忙!

"弟弟,把枣子喂我口里。"

丈夫照她的命令作事,作完了觉得有趣,哈哈大笑。

她要他放下枣子帮忙捏紧帽边,便于添加新木叶。

丈夫照她吩咐作事，但老是顽皮的摇动，口中唱歌。这孩子原来像一只猫，欢喜时就得捣乱。

"弟弟，你唱的是什么？"

"我唱花狗大告我的山歌。"

"好好的唱一个给我听。"

丈夫于是帮忙拉着帽边，一面就唱下去，照所记到的歌唱：

　　天上起云云起花，
　　　包谷林里种豆荚，
　　　豆荚缠坏包谷树，
　　　娇妹缠坏后生家。

　　……

歌中意义丈夫全不明白，唱完了就问萧萧好不好。萧萧说好，并且问从谁学来的，她知道是花狗教他的，却故意盘问他。

"花狗大告我，他说还有好多歌，长大了再教我唱。"

听说花狗会唱歌，萧萧说："花狗大，花狗大，你唱一个正经好听的歌我听听。"

那花狗，面如其心，生长得不很正气，知道萧萧要听歌，人也快到听歌的年龄了，就给她唱"十岁娘子一岁夫"。那故事说的是妻年大，可以随便到外面作一点不规矩事情；夫年小，只知吃奶，让他吃奶。这歌丈夫完全不懂，懂到一点儿的是萧萧。把歌听过后，萧萧装成"我全明白"那种神气，她用生气的样子，对花狗说："花狗大，这个不行，这是骂人的歌！"

花狗分辩说："不是骂人的歌。"

"我明白，是骂人的歌。"

花狗难得说多话，歌已经唱过了，错了陪礼，只有不再唱。他看她已经有点懂事了，怕她回头告祖父，会挨顿臭骂，就把话支吾开，扯到"女学生"上头去。他问萧萧，看不看过女学生习体操唱洋歌的事情。

若不是花狗提起，萧萧几乎已忘却了这事情。这时又提到女学生，她问花狗近来有没有女学生过路，她想看看。

花狗一面把南瓜从棚架边抱到墙角去，告她女学生唱歌的事情，这些事的来源还是萧萧的那个祖父。他在萧萧面前说了点大活，说他曾经到官路上见过四个女学生，她们都拿得有旗帜，走长路流汗喘气之中仍然唱歌，同军人所唱的一模一样。不消说，这自然完全是胡诌的笑话。可是那故事把萧萧可乐坏了。因为花狗说这个就叫做"自由"。

花狗是"起眼动眉毛、一打两头翘"会说会笑的一个人。听萧萧带着歆羡口气说"花狗大，你膀子真大"，他就说："我不止膀子大。"

"你身个子也大。"

"我全身无处不大。"

萧萧还不大懂得这个话的意思，只觉得憨而好笑。

到萧萧抱了她的丈夫走去以后，同花狗在一起摘瓜，取名字叫哑巴的，开了平时不常开的口。

"花狗，你少坏点。人家是十三岁黄花女，还要等十二年后才圆房！"

花狗不做声，打了那伙计一巴掌，走到枣树下捡落地枣去了。

到摘瓜的秋天，日子计算起来，萧萧过丈夫家有一年了。

几次降霜落雪，几次清明谷雨，一家中人都说萧萧是大人了。天保佑，喝冷水，吃粗粝饭，四季无疾病，倒发育得这样快。婆婆虽生来像一把剪子，把凡是给萧萧暴长的机会都剪去了，但乡下的日头同空气都帮助人长大，却不是折磨可以阻拦得住。

萧萧十五岁时已高如成人，心却还是一颗糊糊涂涂的心。

人大了一点，家中做的事也多了一点。绩麻、纺线、洗衣、照料丈夫以外，打猪草推磨一些事情也要作，还有浆纱织布。凡事都学，学学就会了。乡下习惯凡是行有余力的都可从劳作中攒点本分私房，两三年来仅仅萧萧个人份上所聚集的粗细麻和纺就的棉纱，也够萧萧坐到土机上抛三个月的梭子了。

丈夫早断了奶。婆婆有了新儿子，这五岁儿子就像归萧萧独有了。不论做什么，走到什么地方去，丈夫总跟在身边。丈夫有些方面很怕她，当她如母亲，不敢多事。他们俩实在感情不坏。

地方稍稍进步，祖父的笑话转到"萧萧你也把辫子剪去好自由"那一类事上去了。听着这话的萧萧，某个夏天也看过了一次女学生，虽不把祖父笑话认真，可是每一次在祖父说过这笑话以后，她到水边去，必不自觉的用手捏着辫子末梢，设想没有辫子的人那种神气，那点趣味。

打猪草，带丈夫上螺蛳山的山阴是常有的事。

小孩子不知事故，听别人唱歌也唱歌。一开腔唱歌，就把花狗引来了。

花狗对萧萧生了另外一种心，萧萧有点明白了，常常觉得惶恐不安。但花狗是男子，凡是男子的美德恶德都不缺少，劳动力强，手脚勤快，又会玩会说，所以一面使萧萧的丈夫非常欢喜同他玩，一面一有机会即缠在萧萧身边，且总是想方设法把萧萧那点惶恐减去。

山大人小，到处是树林蒙茸，平时不知道萧萧所在，花狗就站在高处唱歌逗萧萧身边的丈夫；丈夫小口一开，花狗穿山越岭就来到萧萧面前了。

见了花狗，小孩子只有欢喜，不知其他。他原要花狗为他编草虫玩，做竹箫哨子玩，花狗想方法支使他到一个远处去找材料，便坐到萧萧身边来，要萧萧听他唱那使人开心红脸的歌。她有时觉得害怕，不许丈夫走开；有时又像有了花狗在身边，打发丈夫走去反倒好一点。终于有一天，萧萧就这样给花狗把心窍子唱开，变成个妇人了。

那时节，丈夫走到山下采刺莓去了，花狗唱了许多歌，到后却向萧萧唱：

娇家门前一重坡，
别人走少郎走多，

铁打草鞋穿烂了，
不是为你为哪个？

末了却向萧萧说："我为你睡不着觉。"他又说他赌咒不把这事情告给人。听了这些话仍然不懂什么的萧萧，眼睛只注意到他那一对粗粗的手膀子，耳朵只注意到他最后一句话。末了花狗大便又唱了许多歌给她听。她心里乱了。她要他当真对天赌咒，赌过了咒，一切好像有了保障，她就一切尽他了。到丈夫返身时，手被毛毛虫螫伤，肿了一大片，走到萧萧身边。萧萧捏紧这一只小手，且用口去呵它，吮它，想起刚才的糊涂，才仿佛明白自己作了一点不大好的糊涂事。

花狗诱她做坏事情是麦黄四月，到六月，李子熟了，她欢喜吃生李子。她觉得身体有点特别，在山上碰到花狗，就将这事情告给他，问他怎么办。

讨论了多久，花狗全无主意。虽以前自己当天赌得有咒，也仍然无主意。原来这家伙个子大，胆量小。个子大容易做错事，胆量小做了错事就想不出办法。

到后，萧萧捏着自己那条乌梢蛇似的大辫子，想起城里了，她说："花狗大，我们到城里去自由，帮帮人过日子，不好么？"

"那怎么行？到城里去做什么？"

"我肚子大了，那不成。"

"我们找药去。场上有郎中卖药。"

"你赶快找药来，我想……"

"你想逃到城里去自由，不成的。人生面不熟，讨饭也有规矩，不能随便！"

"你这没有良心的，你害了我，我想死！"

"我赌咒不辜负你。"

"负不负我有什么用，帮我个忙，赶快拿去肚子里这块肉罢。我害怕！"

花狗不再做声，过了一会，便走开了。不久丈夫从他处拿了大把山里红果子回来，见萧萧一个人坐在草地上眼睛红红的，丈夫心中纳罕。看了一会，问萧萧："姐姐，为甚么哭？"

"不为甚么，毛毛虫落到眼睛窝里，痛。"

"我吹吹罢。"

"不要吹。"

"你瞧我，得这些这些。"

他把手中拿的和从溪中捡来放在衣口袋里的小蚌、石头全部陈列到萧萧面前，萧萧泪眼婆娑看了一会，勉强笑着说："弟弟，我们要好，我哭你莫告家中。告家中我可要生气！"到后这事情家中当真就无人知道。

过了半个月，花狗不辞而行，把自己所有的衣裤都拿去了。祖父问同住的长工哑巴，知不知道他为什么走路，走哪儿去？是上山落草，还是作薛仁贵投军？哑巴只是摇头，说花狗还欠了他两百钱，临走时话都不留一句，为人少良心。哑巴说他自己的话，并没有把花狗走的理由说明。因此这一家稀奇一整天，谈论一整天。不过这工人既不偷走物件,又不拐带别的,这事情过后不久,自然也就把他忘掉了。

萧萧仍然是往日的萧萧。她能够忘记花狗就好了,但是肚子真有些不同了,肚中东西总在动,使她常常一个人干发急,尽做怪梦。

她脾气坏了一点,这坏处只有丈夫知道,因为她对丈夫似乎严厉苛刻了好些。

仍然每天同丈夫在一处,她的心,想到的事自己也不十分明白。她常想,我现在死了,什么都好了。可是为什么要死?她还很高兴活下去,愿意活下去。

家中人不拘谁在无意中提起关于丈夫弟弟的话,提起小孩子,提起花狗,都像使这话如拳头,在萧萧胸口上重重一击。

到九月,她担心人知道更多了,引丈夫庙里去玩,就私自许愿,吃了一大把香灰。吃香灰被她丈夫看见了,丈夫问这是做甚么,萧萧就说肚痛,应当吃这个。萧萧自然说谎。虽说求菩萨保佑,菩萨当然没有如她的希望,肚子中长大的东西依旧在慢慢的长大。

她又常常往溪里去喝冷水,给丈夫看见时,丈夫问她,她就说口渴。

一切她所想到的方法都没有能够使她与自己不欢喜的东西分开。大肚子只有丈夫一人知道,他却不敢告这件事给父母晓得。因为时间长久,年龄不同,丈夫有些时候对于萧萧的怕同爱,比对于父母还深切。

她还记得那花狗赌咒那一天里的事情,如同记着其他事情一样。到秋天,屋前屋后毛毛虫都结茧,成了各种好看蝶蛾,丈夫像故意折磨她一样,常常提起几个月前被毛毛虫螫手的旧话,使萧萧心里难过。她因此极恨毛毛虫,见了那小虫就想用脚去踹。

有一天,又听人说有好些女学生过路,听过这话的萧萧,睁了眼做过一阵梦,愣愣的对日头出处痴了半天。

萧萧步花狗后尘,也想逃走,收拾一点东西预备跟了女学生走的那条路上城去自由。但没有动身,就被家里人发觉了。这种打算照乡下人说来是一件大事,于是把她两手捆了起来,丢在灶屋边,饿了一天。

家中追究这逃走的根源,才明白这个十年后预备给小丈夫生儿子继香火的萧萧肚子,已被另一个人抢先下了种。这在一家人生活中真是了不得的一件大事!一家人的平静生活,为这件新事全弄乱了。生气的生气,流泪的流泪,骂人的骂人,各按本分乱下去。悬梁,投水,吃毒药,被禁困着的萧萧,诸事漫无边际的全想到了,究竟是年纪太小,舍不得死,却不曾做。于是祖父从现实出发,想出个聪明主意,把萧萧关在房里,派两人好好看守着,请萧萧本族的人来说话,照规矩,看是"沉潭"还是"发卖"?萧萧家中人要面子,就沉潭淹死了她,舍不得死就发卖。萧萧只有一个伯父,在近处庄子里为人种田,去请他时先还以为是吃酒,到了才知是这样丢脸事情,弄得这老实忠厚的家长手足无措。

大肚子作证,什么也没有可说。照习惯,沉潭多是读过"子曰"的族长爱面子才作出的蠢事。伯父不读"子曰",不忍把萧萧当牺牲,萧萧当然应当嫁人作"二路亲"了。

这也是一种处罚,好像极其自然,照习惯受损失的是丈夫家里,然而却可以在改嫁上收回一笔钱,当作赔偿损失的数目。那伯父把这事情告给了萧萧,就要走路。萧萧拉着伯父衣角不放，只是幽幽的哭。伯父摇了一会头，一句话不说，仍然走了。

一时没有相当的人家来要萧萧，送到远处去也得有人，因此暂时就仍然在丈夫家中住下。这件事情既经说明白，照乡下规矩，倒又像不甚么要紧，只等待处分，大家反而释然了。先是小丈夫不能再同萧萧在一处，到后又仍然如月前情形，姐弟一般有说有笑的过日子了。

丈夫知道了萧萧肚子中有儿子的事情，又知道因为这样萧萧才应当嫁到远处去。但是丈夫并不愿意萧萧去，萧萧自己也不愿意去。大家全莫名其妙，只是照规矩像逼到要这样做，不得不做。究竟是谁定的规矩，是周公还是周婆，也没有人说得清楚。

在等候主顾来看人，等到十二月，还没有人来，萧萧只好在这人家过年。

萧萧次年二月间，十月满足，坐草生了一个儿子，团头大眼，声响宏壮。大家把母子二人照料得好好的，照规矩吃蒸鸡同江米酒补血，烧纸谢神。一家人都欢喜那儿子。

生下的既是儿子，萧萧不嫁别处了。

到萧萧正式同丈夫拜堂圆房时，儿子已经年纪十岁，有了半劳动力，能看牛割草，成为家中生产者一员了。平时喊萧萧丈夫做大叔，大叔也答应，从不生气。

这儿子名叫牛儿。牛儿十二岁时也接了亲，媳妇年长六岁。媳妇年纪大，方能诸事作帮手，对家中有帮助。唢呐到门前时，新娘在轿中呜呜的哭着，忙坏了那个祖父，曾祖父。

这一天，萧萧刚坐月子不久，孩子才满三月，抱了自己新生的毛毛，在屋前榆蜡树篱笆间看热闹，同十年前抱丈夫一个样子。

一九二九年冬作

◎ 注 释

［1］花狗大的"大"字，即大哥简称。

☞ 提 示

被称为"乡土寻梦者"的沈从文，其乡土小说具有与现代文学史上其他乡土小说明显不同的审美意识和文化情致。他以湘西这片独特的土地为历史文化背景，在悲悯而不是批判的基础上建构文本，关注的是作为个体的湘西人的命运和生存境遇，注重表现"粗糙的灵魂、单纯的情欲，以及一切由生产关系下形成的苦乐"[1]。同时由于城市文明的阴影越来越深地渗入到乡间生活中去，于是，"都市人生与乡村世界的互参，成为沈从文小说的整体人生构图"[2]。

而作为沈从文在城乡文明对峙的意义结构中对于女性境遇关注，1929年所作的小说《萧萧》是非常值得重视的。这篇小说发表于1930年1月10日《小说月报》第21卷第1号。《萧萧》讲述一个几千年来都在传统中国农村上演的老故事，作为童养媳的萧萧在青

---

① 沈从文：《沫沫集·论冯文炳》，载《沈从文批评文集》，珠海出版社，1998年。
② 凌宇：《二、三十年代乡土小说中的乡土意识》，《文学评论》，2000年第4期。

春的诱惑下成为女人，触犯了宗法制的戒条。出于现实利益与人性的宽厚，萧萧被接受留在丈夫家，延续既定的生活。小说从萧萧自己被接为童养媳的唢呐声中开始，在萧萧的儿子牛儿迎娶童养媳的唢呐声中结束，显示农村传统习俗强大的惯性力量，以及农村人安时处顺的命运观。

它没有传奇，没有绚丽的爱情，也没有起伏跌宕的情节，显得平淡而质朴，但也正通过那份平淡、质朴，让我们看到了生命的本质，在内心产生一种比惊心动魄更深入灵魂的感受。

《萧萧》一方面延续着作者乡土抒情的情调，展示了湘西底层人民古朴和和谐、乐天安命的生存状态和自在无为的人生形式。这种生活既是庄严的，又是悲凉的。萧萧作为没有接受现代文明教化的农村女子，对自身以及社会处境并不具备认知能力，一切都是自然而然地发生了，一切生存行为都是照例而已。"几次降霜落雪，几次清明谷雨，一家人都说萧萧是大人了。"正如农村人依据季候的变化来判断生命的生长过程，家里人对萧萧犯戒的惩罚也是"各安本分乱下去"，乱过之后就是坦然接纳，结尾的大团圆与大和解是传统农村命运观念下的生命循环。另一方面，作者站在现代文明的视角，由"常"观"变"，将"女学生"引入乡下人的视野，在不动声色的叙述中完成对萧萧人生悲剧的透视。乡下人命定的悲剧轮回上演，萧萧的无知减弱了她对痛苦的感知力，理性的蒙昧对于他们的生存是幸还是不幸，是悲悯拯救还是认同与欣赏，决定了五四以来知识分子面对乡土的两种思考。同时透过祖父与花狗的描述暴露出知识分子的启蒙主义立场与民间价值判断的隔膜，以及现代文明进入农村后所遭遇的尴尬。

面对东西方文明的交汇，作者显示了矛盾的文化心态。文化的保守主义使他在风俗画的描绘中注重祥和、舒缓的一面，叙事基调平和，淡化了这一事件本身本应导致的激情、对抗与悲愤。

沈从文对中国现代文学的贡献，首先来自他精心建构的"湘西世界"，显示了较成功的乡土抒写和历史文化思考。对文化差异的敏感，是沈从文写作的一个特别的着眼点。他自觉与城里人和城里文化保持间距。这反差包括城与乡、现代与传统、现代脚步来得急促或沉缓的地区、汉文化中心和少数民族边缘的地区等。他以一个湘西"乡下人"闯入现代大都市后具有的一种知识者的新身份，对中国现代生活持一种历史文化的消解态度，从城乡对峙的整体结构出发来批评现代文明进入中国后产生的种种复杂情状而带来的"常"与"变"。由此，他提出了民族和民族文化"重建"的庄严目标。最后，沈从文对现代文学的贡献体现为其对小说文体的贡献。在小说体式上，他排除了废名式的晦涩和自赏，使得现代的诗体乡土小说生气勃勃，有浓厚的文化积淀、指向这种小说重视叙述的感觉和情绪，或者说总是将直觉引入物象、人象，注意叙述主体的确立、纯情人物的设置、营造气氛和人事描述的统一，使得叙述灵动而富生气。它并不十分在意人物性格和故事情节的刻意安排，而把"造境"作为叙事作品很高的目标。这种诗体小说注重开头的文化环境的铺叙。他的文字也逐渐摆脱某种拗曲，在口语基础上吸收文言字句的特长，崇尚自然、澄澈、明净，但也注重炼句炼字。这种文字可以抒情，也可以讽刺，能写神话传说，也能写佛经故事，散文化的素朴，融入了诗的质地，和对人间的人的温暖和悲悯。沈从文的乡土抒情体对后世有深远的影响。

延伸性阅读文献

1. 沈从文：《沈从文精选集(世纪文学经典)》，北京燕山出版社，2010年。
2. 张新颖：《沈从文精读》，复旦大学出版社，2005年。
3. 凌宇：《沈从文传》，北京十月文艺出版社，2004年。
4. 王晓明：《"乡下人"的文体与"土绅士"的理想》，载王晓明：《二十世纪中国文学史论》，东方出版中心，1997年。

思考与练习

1. 沈从文的学生汪曾祺说过，他一直觉得《萧萧》这篇小说写得好但说不清好在哪里，你以为这篇小说"好"在什么地方呢？
2. 请你设想一下如果让鲁迅来讲萧萧的故事，他会怎样叙述呢？
3. 阅读沈从文的《萧萧》与老舍的《断魂枪》，比较分析两者的文化立场。

封　锁

张爱玲

　　张爱玲(1920～1995年)，中国现代著名的女作家，但长期缺席于大陆文学史，美国学者夏志清重新发现了她。张爱玲本名张瑛，1920年9月30日出生在上海公共租界西区，家世显赫，祖父张佩纶是清末名臣，祖母李菊耦是朝廷重臣李鸿章的长女，父亲则是典型的遗少。1943年，张爱玲在孤岛上海一举成名。写《倾城之恋》的那年，张爱玲嫁给了胡兰成。胡兰成既是作家，也是汪精卫伪政府统治下的《中华日报》的主编。婚后三年分开，这一段感情成就了一段传奇，也影响了她后半生的生存方式以及文学史对她的评价。1952年张爱玲离开上海，移居香港，1955年远走美国，她再也没有回过中国。1995年9月8日，中秋节，张爱玲的房东发现她逝世于加利福尼亚州韦斯特伍德市罗彻斯特大道的公寓，终年75岁，死于动脉硬化心血管病。张爱玲一生创作了大量文学作品，类型包括小说、散文、电影剧本以及文学论著，她的书信也被人们作为著作的一部分加以研究，其中以小说集《传奇》、散文集《流言》传世。晚年从事中国古典小说研究，包括对《红楼梦》、《海上花》、《金瓶梅》等作品的阐释。张爱玲后期的某些作品，包括《小团圆》、《雷峰塔》、《易经》，都是她去世后才陆续面世的。在张爱玲身前身后曾出现过多次"张爱玲热"的文化现象。

　　开电车的人开电车。在大太阳底下，电车轨道像两条光莹莹的，水里钻出来的曲蟮，抽长了，又缩短了；抽长了，又缩短了，就这么样往前移——柔滑的，老长老长的曲蟮，没有完，没有完……开电车的人眼睛盯住了这两条蠕蠕的车轨，然而他不发疯。

　　如果不碰到封锁，电车的进行是永远不会断的。封锁了。摇铃了。"叮玲玲玲玲玲，"每一个"玲"字是冷冷的一小点，一点一点连成了一条虚线，切断了时间与空间。

　　电车停了，马路上的人却开始奔跑，在街的左面的人们奔到街的右面，在右面的人们奔到左面。商店一律地沙啦啦拉上铁门。女太太们发狂一般扯动铁栅栏，叫道："让我们进来一会儿！我这儿有孩子哪，有年纪大的人！"然而门还是关得紧腾腾的。铁门里的人和铁门外的人眼睁睁对看着，互相惧怕着。

　　电车里的人相当镇静。他们有座位可坐，虽然设备简陋一点，和多数乘客的家里的情形比较起来，还是略胜一筹。街上渐渐地也安静下来，并不是绝对的寂静，但是人声逐渐渺茫，像睡梦里所听到的芦花枕头里的窸窣声。这庞大的城市在阳光里盹着了，重重地把头搁在人们的肩上，口涎顺着人们的衣服缓缓流下去，不能想象的巨大的重量压住了每一个人。上海似乎从来没有这么静过——大白天里！一个乞丐趁着鸦雀无声的时候，提高了喉咙唱将起来："阿有老爷太太先生小姐做做好事救救我可怜人哇？阿有老爷太太……"然而他不久就停了下来，被这不经见的沉寂吓噤住了。

还有一个较有勇气的山东乞丐，毅然打破了这静默。他的嗓子浑圆嘹亮："可怜啊可怜！一个人啊没钱！"悠久的歌，从一个世纪唱到下一个世纪。音乐性的节奏传染上了开电车的。开电车的也是山东人。他长长地叹了一口气，抱着胳膊，向车门上一靠，跟着唱了起来："可怜啊可怜！一个人啊没钱！"

电车里，一部分的乘客下去了。剩下的一群中，零零落落也有人说句把话。靠近门口的几个公事房里回来的人继续谈讲下去。一个人撒喇一声抖开了扇子，下了结论道："总而言之，他别的毛病没有，就吃亏在不会做人。"另一个鼻子里哼了一声，冷笑道："说他不会做人，他把上头敷衍得挺好的呢！"

一对长得颇像兄妹的中年夫妇把手吊在皮圈上，双双站在电车的正中，她突然叫道："当心别把裤子弄脏了！"他吃了一惊，抬起他的手，手里拎着一包熏鱼。他小心翼翼使那油汪汪的纸口袋与他的西装裤子维持二寸远的距离。他太太兀自絮叨道："现在干洗是什么价钱？做一条裤子是什么价钱？"

坐在角落里的吕宗桢，华茂银行的会计师，看见了那熏鱼，就联想到他夫人托他在银行附近一家面食摊子上买的菠菜包子。女人就是这样！弯弯扭扭最难找的小胡同里买来的包子必定是价廉物美的！她一点也不为他着想——一个齐齐整整穿着西装戴着玳瑁边眼镜提着公事皮包的人，抱着报纸里的热腾腾的包子满街跑，实在是不像话！然而无论如何，假使这封锁延长下去，耽误了他的晚饭，至少这包子可以派用场。他看了看手表，才四点半。该是心理作用罢？他已经觉得饿了。他轻轻揭开报纸的一角，向里面张了一张。一个个雪白的，喷出淡淡的麻油气味。一部分的报纸粘住了包子，他谨慎地把报纸撕了下来，包子上印了铅字，字都是反的，像镜子里映出来的，然而他有这耐心，低下头去逐个认了出来："讣告……申请……华股动态……隆重登场候教……"都是得用的字眼儿，不知道为什么转载到包子上，就带点开玩笑性质。也许因为"吃"是太严重的一件事了，相形之下，其他的一切都成了笑话。吕宗桢看着也觉得不顺眼，可是他并没有笑，他是一个老实人。他从包子上的文章看到报上的文章，把半页旧报纸读完了，若是翻过来看，包子就得跌出来，只得罢了。他在这里看报，全车的人都学了样，有报的看报，没有报的看发票，看章程，看名片。任何印刷物都没有的人，就看街上的市招。他们不能不填满这可怕的空虚——不然，他们的脑子也许会活动起来。思想是痛苦的一件事。

只有吕宗桢对面坐着的一个老头子，手心里骨碌碌骨碌碌搓着两只油光水滑的核桃，有板有眼的小动作代替了思想。他剃着光头，红黄皮色，满脸浮油，打着皱，整个的头像一个核桃。他的脑子就像核桃仁，甜的，滋润的，可是没有多大意思。

老头子右首坐着吴翠远，看上去像一个教会派的少奶奶，但是还没有结婚。她穿着一件白洋纱旗袍，滚一道窄窄的蓝边——深蓝与白，很有点讣闻的风味。她携着一把蓝白格子小遮阳伞。头发梳成千篇一律的式样，唯恐唤起公众的注意。然而她实在没有过分触目的危险。她长得不难看，可是她那种美是一种模棱两可的，仿佛怕得罪了谁的美，脸上一切都是淡淡的，松弛的，没有轮廓。连她自己的母亲也形容不出她是长脸还是圆脸。

在家里她是一个好女儿，在学校里她是一个好学生。大学毕了业后，翠远就在母校服务，担任英文助教。她现在打算利用封锁的时间改改卷子。翻开了第一篇，是一个男生做的，大声疾呼抨击都市的罪恶，充满了正义感的愤怒，用不很合文法的，吃吃艾艾的句子，骂着"红嘴唇的卖淫妇……大世界……下等舞场与酒吧间"。翠远略略沉吟了一会，就找出红铅笔来批了一个"A"字。若在平时，批了也就批了，可是今天她有太多的考虑的时间，她不由地要质问自己，为什么她给了他这么好的分数：不问倒也罢了，一问，她竟涨红了脸。她突然明白了：因为这学生是胆敢这么毫无顾忌地对她说这些话的唯一的一个男子。

他拿她当做一个见多识广的人看待；他拿她当做一个男人，一个心腹。他看得起她。翠远在学校里老是觉得谁都看不起她——从校长起，教授、学生、校役……学生们尤其愤慨得厉害："申大越来越糟了！一天不如一天！用中国人教英文，照说，已经是不应当，何况是没有出过洋的中国人！"翠远在学校里受气，在家里也受气。吴家是一个新式的，带着宗教背景的模范家庭。家里竭力鼓励女儿用功读书，一步一步往上爬，爬到了顶儿尖儿上——一个二十来岁的女孩子在大学里教书！打破了女子职业的新纪录。然而家长渐渐对她失掉了兴趣，宁愿她当初在书本上马虎一点，匀出点时间来找一个有钱的女婿。

她是一个好女儿，好学生。她家里都是好人，天天洗澡，看报，听无线电向来不听申曲滑稽京戏什么的，而专听贝多芬瓦格涅的交响乐，听不懂也要听。世界上的好人比真人多……翠远不快乐。

生命像圣经，从希伯莱文译成希腊文，从希腊文译成拉丁文，从拉丁文译成英文，从英文译成国语。翠远读它的时候，国语又在她脑子里译成了上海话。那未免有点隔膜。

翠远搁下了那本卷子，双手捧着脸。太阳滚热地晒在她背脊上。

隔壁坐着个奶妈，怀里躺着小孩，孩子的脚底心紧紧抵在翠远的腿上。小小的老虎头红鞋包着柔软而坚硬的脚……这至少是真的。

电车里，一位医科学生拿出一本图画簿，孜孜修改一张人体骨骼的简图。其他的乘客以为他在那里速写他对面盹着的那个人。大家闲着没事干，一个一个聚拢来，三三两两，撑着腰，背着手，围绕着他，看他写生。拎着熏鱼的丈夫向他妻子低声道："我就看不惯现在兴的这些立体派，印象派！"他妻子附耳道："你的裤子！"

那医科学生细细填写每一根骨头，神经，筋络的名字。有一个公事房里回来的人将折扇半掩着脸，悄悄向他的同事解释道："中国画的影响。现在的西洋画也时兴题字了，倒真是'东风西渐'！"

吕宗桢没凑热闹，孤零零地坐在原处。他决定他是饿了。大家都走开了，他正好从容地吃他的菠菜包子，偏偏他一抬头，瞥见了三等车厢里有他一个亲戚，是他太太的姨表妹的儿子。他恨透了这董培芝。培芝是一个胸怀大志的清寒子弟，一心只想娶个略具资产的小姐。吕宗桢的大女儿今年方才十三岁，已经被培芝睃在眼里，心里打着如意算盘，脚步儿越发走得勤了。吕宗桢一眼望见了这年青人，暗暗叫声不好，只怕培芝看见了他，要利用这绝好的机会向他进攻。若是在封锁期间和这董培芝困在一间屋子里，这情形一定是不堪设想！他匆匆收拾起公事皮包和包子，一阵风奔到对面一排座位上，坐

了下来。现在他恰巧被隔壁的吴翠远挡住了,他表侄绝对不能够看见他。翠远回过头来,微微瞪了他一眼。糟了!这女人准是以为他无缘无故换了一个座位,不怀好意。他认得出那被调戏的女人的脸谱——脸板得纹丝不动,眼睛里没有笑意,嘴角也没有笑意,连鼻洼里都没有笑意,然而不知道什么地方有一点颤巍巍的微笑,随时可以散布开来。觉得自己太可爱了的人,是熬不住要笑的。

该死,董培芝毕竟看见了他,向头等车厢走过来了,谦卑地,老远地就躬着腰,红喷喷的长长的面颊,含有僧尼气息的灰布长衫——一个吃苦耐劳,守身如玉的青年,最合理想的乘龙快婿。宗桢迅疾地决定将计就计,顺水推舟,伸出一只手臂来搁在翠远背后的窗台上,不声不响宣布了他的调情的计划。他知道他这么一来,并不能吓退了董培芝,因为培芝眼中的他素来是一个无恶不作的老年人。由培芝看来,过了三十岁的人都是老年人,老年人都是一肚子的坏。培芝今天亲眼看见他这样下流,少不得一五一十要去报告给他太太听——气气他太太也好!谁叫她给他弄上这么一个表侄!气,活该气!

他不怎么喜欢身边这女人。她的手臂,白倒是白的,像挤出来的牙膏。她的整个的人像挤出来的牙膏,没有款式。

他向她低声笑道:"这封锁,几时完哪?真讨厌!"翠远吃了一惊,掉过头来,看见了他搁在她身后的那只胳膊,整个身子就僵了一僵,宗桢无论如何不能容许他自己抽回那只胳膊。他的表侄正在那里双眼灼灼望着他,脸上带着点会心的微笑。如果他夹忙里跟他表侄对一对眼光,也许那小子会怯怯地低下头去——处女风韵的窘态;也许那小子会向他挤一挤眼睛——谁知道?

他咬一咬牙,重新向翠远进攻。他道:"您也觉着闷罢?我们说两句话,总没有什么要紧!我们——我们谈谈!"他不由自主的,声音里带着哀恳的调子。翠远重新吃了一惊,又掉回头来看了他一眼。他现在记得了,他瞥见她上车的——非常戏剧化的一刹那,但是那戏剧效果是碰巧得到的,并不能归功于她。他低声道:"你知道么?我看见你上车,前头的玻璃上贴的广告,撕破了一块,从这破的地方我看见你的侧面,就只一点下巴。"是乃络维奶粉的广告,画着一个胖孩子,孩子的耳朵底下突然出现了这女人的下巴,仔细想起来是有点吓人的。"后来你低下头去从皮包里拿钱,我才看见你的眼睛,眉毛,头发。"拆开来一部分一部分地看,她未尝没有她的一种风韵。

翠远笑了。看不出这人倒也会花言巧语——以为他是个靠得住的生意人模样!她又看了他一眼。太阳光红红地晒穿他鼻尖下的软骨。他搁在报纸包上的那只手,从袖口里出来,黄色的,敏感的——一个真的人!不很诚实,也不很聪明,但是一个真的人!她突然觉得炽热,快乐。她背过脸去,细声道:"这种话,少说些罢!"

宗桢道:"嗯?"他早忘了他说了些什么。他眼睛盯着他表侄的背影——那知趣的青年觉得他在这儿是多余的,他不愿得罪了表叔,以后他们还要见面呢,大家都是快刀斩不断的好亲戚;他竟退回三等车厢去了。董培芝一走,宗桢立刻将他的手臂收回,谈吐也正经起来。他搭讪着望了一望她膝上摊着的练习簿,道:"申光大学……您在申光读书!"

他以为她这么年青?她还是一个学生?她笑了,没作声。

宗桢道:"我是华济毕业的。华济。"她颈子上有一粒小小的棕色的痣,像指甲刻的印子。宗桢下意识地用右手捻了一捻左手的指甲，咳嗽了一声，接下去问道："您读的是哪一科？"

翠远注意到他的手臂不在那儿了，以为他态度的转变是由于她端凝的人格，潜移默化所致。这么一想，倒不能不答话了，便道："文科。您呢？"宗桢道："商科。"他忽然觉得他们的对话，道学气太浓了一点，便道："当初在学校里的时候，忙着运动，出了学校，又忙着混饭吃。书，简直没念多少！"翠远道："你公事忙么？"宗桢道："忙得没头没脑。早上乘电车上公事房去，下午又乘电车回来，也不知道为什么去，为什么来！我对于我的工作一点也不感到兴趣。说是为了挣钱罢，也不知道是为谁挣的！"翠远道："谁都有点家累。"宗桢道："你不知道——我家里——咳，别提了！"翠远暗道："来了！他太太一点都不同情他！世上有了太太的男人，似乎都是急切需要别的女人的同情。"宗桢迟疑了一会，方才吞吞吐吐，万分为难地说道："我太太——一点都不同情我。"

翠远皱着眉毛望着他，表示充分了解。宗桢道："我简直不懂我为什么天天到了时候就回家去。回到哪儿去？实际上我是无家可归的。"他褪下眼镜来，迎着亮，用手绢子拭去上面的水渍，道："咳！混着也就混下去了，不能想——就是不能想！"近视眼的人当众摘下眼镜子，翠远觉得有点秽亵，仿佛当众脱衣服似的，不成体统。宗桢继续说道："你——你不知道她是怎么样的一个女人！"翠远道："那么，你当初……"宗桢道："当初我也反对来着。她是我母亲给订下的。我自然是愿意让我自己拣，可是……她从前非常的美……我那时又年青……年青的人，你知道……"翠远点点头。

宗桢道："她后来变成了这么样的一个人——连我母亲都跟她闹翻了，倒过来怪我不该娶了她！她……她那脾气——她连小学都没有毕业。"翠远不禁微笑道："你仿佛非常看重那一纸文凭！其实，女子教育也不过是那么一回事！"她不知道为什么她说出这句话来，伤了她自己的心。宗桢道："当然哪，你可以在旁边说风凉话，因为你是受过上等教育的。你不知道她是怎么样的一个——"他顿住了口，上气不接下气，刚戴上了眼镜子，又褪下来擦镜片。翠远道："你说得太过分了一点罢？"宗桢手里捏着眼镜，艰难地做了一个手势道："你不知道她是——"翠远忙道："我知道，我知道。"她知道他们夫妇不和，决不能单怪他太太，他自己也是一个思想简单的人。他需要一个原谅他，包涵他的女人。

街上一阵乱，轰隆轰隆来了两辆卡车，载满了兵。翠远与宗桢同时探头出去张望；出其不意地，两人的面庞异常接近。在极短的距离内，任何人的脸都和寻常不同，像银幕上特写镜头一般的紧张。宗桢和翠远突然觉得他们俩还是第一次见面。在宗桢的眼中，她的脸像一朵淡淡几笔的白描牡丹花，额角上两三根吹乱的短发便是风中的花蕊。

他看着她，她红了脸，她一脸红，让他看见了，他显然是很愉快。她的脸就越发红了。

宗桢没有想到他能够使一个女人脸红，使她微笑，使她背过脸去，使她掉过头来。在这里，他是一个男子。平时，他是会计师，他是孩子的父亲，他是家长，他是车上的搭客，他是店里的主顾，他是市民。可是对于这个不知道他的底细的女人，他只是一个单纯的男子。

他们恋爱着了。他告诉她许多话，关于他们银行里，谁跟他最好，谁跟他面和心不和,家里怎样闹口舌,他的秘密的悲哀,他读书时代的志愿……无休无歇的话,可是她并不嫌烦。恋爱着的男子向来是喜欢说,恋爱着的女人向来是喜欢听。恋爱着的女人破例地不大爱说话,因为下意识地她知道:男人彻底地懂得了一个女人之后,是不会爱她的。

宗桢断定了翠远是一个可爱的女人——白,稀薄,温热,像冬天里你自己嘴里呵出来的一口气。你不要她,她就悄悄地飘散了。她是你自己的一部分,她什么都懂,什么都宽宥你。你说真话,她为你心酸;你说假话,她微笑着,仿佛说:"瞧你这张嘴!"

宗桢沉默了一会,忽然说道:"我打算重新结婚。"翠远连忙做出惊慌的神气,叫道:"你要离婚?那……恐怕不行罢?"宗桢道:"我不能够离婚。我得顾全孩子们的幸福。我大女儿今年十三岁了,才考进了中学,成绩很不错。"翠远暗道:"这跟当前的问题又有什么关系?"她冷冷地道:"哦,你打算娶妾。"宗桢道:"我预备将她当妻子看待。我——我会替她安排好的。我不会让她为难。"翠远道:"可是,如果她是个好人家的女孩子,只怕她未见得肯罢?种种法律上的麻烦……"宗桢叹了口气道:"是的。你这话对。我没有这权利。我根本不该起这种念头……我年纪也太大了。我已经三十五了。"翠远缓缓的道:"其实,照现在的眼光看来,那倒也不算大。"宗桢默然。半响方说道:"你……几岁?"翠远低下头去道:"二十五。"宗桢顿了一顿,又道:"你是自由的么?"翠远不答。宗桢道:"你不是自由的。即使你答应了,你的家里人也不会答应的,是不是?……是不是?"

翠远抿紧了嘴唇。她家里的人——那些一尘不染的好人——她恨他们!他们哄够了她。他们要她找个有钱的女婿,宗桢没有钱而有太太——气气他们也好!气,活该气!

车上的人又渐渐多了起来,外面许是有了"封锁行将开放"的谣言,乘客一个一个上来,坐下,宗桢与翠远给他们挤得紧紧的,坐近一点,再坐近一点。

宗桢与翠远奇怪他们刚才怎么这样的糊涂,就想不到自动地坐近一点,宗桢觉得她太快乐了,不能不抗议。他用苦楚的声音向她说:"不行!这不行!我不能让你牺牲了你的前程!你是上等人,你受过这样好的教育……我——我又没有多少钱,我不能坑了你的一生!"可不是,还是钱的问题。他的话有理。翠远想道:"完了。"以后她多半是会嫁人的,可是她的丈夫决不会像一个萍水相逢的人一般的可爱——封锁中的电车上的人……一切再也不会像这样自然。再也不会……呵,这个人,这么笨!这么笨!她只要他的生命中的一部分,谁也不希罕的一部分。他白糟蹋了他自己的幸福。那么愚蠢的浪费!她哭了,可是那不是斯斯文文的,淑女式的哭。她简直把她的眼泪唾到他脸上。他是个好人——世界上的好人又多了一个!

向他解释有什么用?如果一个女人必须倚仗着她的言语来打动一个男人,她也就太可怜了。

宗桢一急,竟说不出话来,连连用手去摇撼她手里的阳伞。她不理他。他又去摇撼她的手,道:"我说——我说——这儿有人哪!别!别这样!等会儿我们在电话上仔细谈。你告诉我你的电话。"翠远不答。他逼着问道:"你无论如何得给我一个电话号码。"翠远飞快地说了一遍道:"七五三六九。"

宗桢道:"七五三六九?"她又不做声了。宗桢嘴里喃喃重复着:"七五三六九,"伸手在上下的口袋里掏摸自来水笔，越忙越摸不着。翠远皮包里有红铅笔，但是她有意地不拿出来。她的电话号码，他理该记得。记不得，他是不爱她，他们也就用不着往下谈了。

封锁开放了。"叮玲玲玲玲玲"摇着铃，每一个"玲"字是冷冷的一点，一点一点连成一条虚线，切断时间与空间。

一阵欢呼的风刮过这大城市。电车当当当往前开了。宗桢突然站起身来，挤到人丛中，不见了。翠远偏过头去，只做不理会。他走了。对于她，他等于死了。电车加足了速力前进，黄昏的人行道上，卖臭豆腐干的歇下了担子，一个人捧着文王神卦的匣子，闭着眼霍霍地摇。一个大个子的金发女人，背上背着大草帽，露出大牙齿来向一个意大利水兵一笑，说了句玩笑话。翠远的眼睛看到了他们，他们就活了，只活那么一刹那。车往前当当地跑，他们一个个的死去了。

翠远烦恼地合上了眼。他如果打电话给她，她一定管不住她自己的声音，对他分外的热烈，因为他是一个死去了又活过来的人。

电车里点上了灯，她一睁眼望见他遥遥坐在他原先的位子上。她震了一震——原来他并没有下车去！她明白他的意思了：封锁期间的一切，等于没有发生。整个的上海打了个盹，做了个不近情理的梦。

开电车的放声唱道："可怜啊可怜！一个人啊没钱！可怜啊可怜……"一个穷婆子慌里慌张掠过车头，横穿过马路。开电车的大喝道："猪猡！"

吕宗桢到家正赶上吃晚饭。他一面吃一面阅读他女儿的成绩报告单，刚寄来的。他还记得电车上那一回事，可是翠远的脸已经有点模糊——那是天生使人忘记的脸。他不记得她说了些什么，可是他自己的话他记得很清楚——温柔地："你——几岁？"慷慨激昂地："我不能让你牺牲了你的前程！"

饭后，他接过热手巾，擦着脸，踱到卧室里来，扭开了电灯。一只乌壳虫从房这头爬到房那头，爬了一半，灯一开，它只得伏在地板的正中，一动也不动。在装死么？在思想着么？整天爬来爬去，很少有思想的时间罢？然而思想毕竟是痛苦的。宗桢捻灭了电灯，手按在机括上，手心汗潮了，浑身一滴滴沁出汗来，像小虫子痒痒地在爬。他又开了灯，乌壳虫不见了，爬回窠里去了。

一九四三年八月

☞ 提 示

张爱玲是 20 世纪 40 年代中国文坛的一个传奇，1943 年是张爱玲最出彩的一年，是她踏上文坛、声名鹊起的重要时间节点。初入文坛，张爱玲就创作了包括"香港传奇"《沉香屑·第一炉香》、《茉莉香片》、电车故事《封锁》、"上海传奇"《金锁记》等在内的重要小说作品，它们不禁让人沉溺于其独特的文风特色。不过更关键的是，当年的小说反映了张爱玲小说创作所运用的基本情节模式和情感基调。张爱玲这一年的小说中存在着一个相同的情节模式，即"封锁"下爱情的建构与破灭。这一情节模式不单是张爱玲极端化的感情体验的一种折射，更是她苍凉决绝的爱情婚恋观的重要缩影。

《封锁》写的是一辆电车上的短暂故事。因为战事原因，正在行进着的电车突然停了下来。封锁期间，整个上海凝固了。故事的男主人公，一个已婚者、某银行会计师吕宗桢正在细心反读粘在热包子上的报纸。女主人公吴翠远，某大学青年助教，正在一心一意地批改学生的卷子。他俩同乘一车，但素不相识，本无故事可言。要不是吕宗桢一抬头看见了他讨厌的远房侄子，吴翠远是不会"被交往"的。为逃避一心想找个好岳家而向上爬的侄子的纠缠，吕宗桢有意坐到吴翠远的旁边去了，"不声不响地宣布了他的调情计划"。他俩渐渐谈得投机，有些爱意朦朦，甚至还谈到了婚姻大事。留下电话号码后，封锁开放了。"宗桢突然站起身，挤到人群中不见了……他走了……电车里点上了灯，她一睁眼望见他遥遥地坐在他原先的位子上。她震了一震——原来他并没有下车去！她明白他的意思了：封锁期间的一切，等于没有发生。整个的上海打了个盹，做了个不近情理的梦"。

　　一场偶然的恋爱，一个无情的结局。粗看起来，这是一个荒诞不经、不可思议的故事。但是，如果读者以为写的是一段滑稽的笑话，或者是把中外文学史上那种谴责薄情男子、同情痴情女性的通常主题又演绎了一遍，那就曲解了作者的苦心。她的本意决不在此。

　　这是一部合情合理、真实深刻的人性探微之作。

　　"封锁"是历史背景，更是一种心理状态。张爱玲的这些小说正是通过对心理"封锁"下爱情获得过程的描绘和对历史上战争中封锁事实的借用来展开叙事的。"封锁"这种心理状态的形成包含着三个层面：不佳的个人境遇为张爱玲笔下的主人公们创造了第一层"封锁"，家庭氛围的压抑加深了第二层"封锁"，经济利益的纠葛完成了核心的第三层"封锁"。

　　由此可见，《封锁》是一个关于人类的寓言，《封锁》里的"他们"也是"我们"。我们"苍白"、"渺小"，我们无力承担战争的重负，我们只求苟且偷生；我们"自私"、"空虚"，有着脆弱的本性：渴望背叛既定生存状态、既定社会角色，行动起来却又瞻前顾后，畏首畏尾；即使在特殊的环境中偶尔对生命的真相有所了悟，也不可能长久地停留。因此，一个非常态的封锁空间象征着整个"围城"人生：人生的常态就是社会规范对人的封锁，也是人对自我的囚禁。

　　"封锁"不单是故事发生的背景，更是一个单纯而又繁富的意象。张爱玲构筑这样一个因战争灾难而意外营造的短暂而封闭"封锁"时空，是为了更集中展示人的更本真层面：好人与真人的对立。《封锁》状写尘世与纯情、好人与真人、婚姻与爱情之矛盾，表现文明对人性的束缚，现实对情感的挤压，揭示了现代人普遍的精神困境。《封锁》的最大贡献是把传统小说和现代小说中盛行的好人与坏人对立模式改造为好人与真人对照模式。显示了现代小说内容的深化，显示了中国文学现代化道路上的新气象。

　　这是一个精致的短篇。它构思巧妙、结构简练，以一辆电车上两个陌生人在几小时内发生的故事表现严肃的人生问题。小说运用的是全知的叙事调子，但不对事件进行干涉和评论，而是以一种冷静客观的态度，通过事件自身的发展，以描写人物的言行和心理为主，注重渲染人物的感官印象、辅之以大量的比喻象征（小说的标题和故事本身也是极富寓意的），完满地表现出风格的讽刺性和主题的荒诞性。传奇色彩与严格写实融为一体，是张爱玲小说新颖独特、高于一般通俗小说之处。在对人物的描写上，本篇也是"参差对照"的张爱玲体的一个成功实践。《封锁》中男女主人公真人因素和好人因素的起起落落、互相映衬,罕见地表现了人性的深度。张爱玲说她喜欢用参差对照的手法,写出现代人的虚伪之中有真实,浮华之中有素朴,她笔下的人物大都是"不彻底"的人物,没有大奸大坏、大慈大悲。其着眼点即是文明与人性的冲突,其个人化发现即是好人与真人的对立。深入到意识与潜意识、好人与真人这种深层的对照中,充分表现了形成人物性格的丰富复杂性,言与行、情感与理智、人性与道德、本能与文明等诸多因素的交织与冲突。

张爱玲是把中国传统小说技巧与西方现代主义文学精髓结合得最好的中国现代作家,她突破了中国传统小说中那种只是道德意义上和政治观念意义上的美化与丑化、理想化与漫画化的外部对照方式,即所谓好人与坏人的对照,其技巧圆熟老到,也为20世纪40年代为数不多的短篇创作领域提供了一篇优秀作品。与张爱玲同时代的作家穆旦对"我们有机器和制度却没有文明"的质疑之声,钱钟书对中国式"围城"困境的探寻解剖,与张爱玲异曲同工。走向现代的中国人,实际上已普遍面对并且会越来越关注这个关于人自身的根本性问题,从张、钱、穆的创作中可以认定,20世纪40年代中国最优秀的作家,已经跟20世纪世界现代主义文学共振,在精神上有高度契合,在技巧上有精细创造。

▶ 延伸性阅读文献

1. 张爱玲:《张爱玲全集01:倾城之恋》,北京十月文艺出版社,2012年。
2. 余斌:《张爱玲传》,人民文学出版社,2013年。
3. 高全之:《张爱玲学》,麦田出版社,2003年。

思考与练习

1. 如何认识《封锁》里的"封锁"这个空间意象。
2. 如何认识《封锁》里的男女主人公。
3. 用问卷或者其他形式,调查一下周围大学生阅读接受张爱玲的情况,并针对持续的"张爱玲热"写一篇社会文化的分析报告。

第三编

中国当代文学

第五章 中国当代文学概述

文学，一路走来，便进入当代中国。于是，一个古老的民族在几千年的古典文学、几十年的现代文学之外，有了所谓的"当代文学"。

中国当代文学是中国现代文学在当代的延伸。它受到始于1919年的新文学革命确立的目标的规约，使新文学的精神在当代文学中得到传承和发扬。中国当代文学持续致力于中国文学的现代化，即通过现代社会和人的意识情感的加入，以改变中国古典文学造成的封闭和隔绝，使文学在内容和表达上与当代中国人的实际有更多的联系和契合；当代文学继续增强白话对文言的优势，它使中国文学在语言运用上更为接近中国当代人的习惯。

20世纪50年代末，"中国当代文学"这一提法开始出现在中国大陆大学教材和有关论述中。当时，它的所指有三：一是文学的时段性，指1949年以来的文学；二是文学的政治性，指中国共产党所领导的"新中国文学"，又叫"社会主义文学"；三是文学的地域性，仅限于中国大陆的文学。事实上，只要不是单纯从党派和政治的视角，而是从文化、语言、民族的统一性来考察和阐述文学史，"中国当代文学"就不应仅仅局限于中国大陆的文学，而应包括大陆文学、台湾文学、香港与澳门文学及海外华文文学这三个组成部分。

人类历史上有许多关键的时刻，如果说，对于现代中国而言，1919年是个重要的分界；那么，对于当代中国而言，1949年是个大分水岭，决定了现代中国内地，以至香港、台湾为什么是现在这个样子。1949年以后，中国文学呈现出"三江分流"的局面：大陆、台湾、香港与澳门及海外。很长时间以来，大陆和台湾相互隔绝、没有往来；而香港由于天时地利人和，竟成为两岸文学的交融点。

那么，如何"当代"？怎样"中国"？什么"文学"呢？当"文学"遇到了"当代"，文学发生了什么？六十余年的中国当代文学的历史建构是如何展开的呢？

一、共和国开国文学的建构

1949年10月1日，一个改变了中国的湖南人用一口湖南话向全世界庄严宣布："中华人民共和国中央人民政府今天成立了！"

"十一"以后大约一个多月，《人民日报》连续几期以整版的篇幅发表了湖北诗人、现代文艺理论家胡风歌颂人民共和国的长诗：《时间开始了》。

"时间开始了"——从此中国文学进入一个崭新的时间与空间世界。

从 1949 年到 1966 年，文学史家习惯上称这一时期的文学为"十七年文学"。十七年文学是中国共产党领导下的新中国文学，属于中华人民共和国开国时期的文学。它的总体特征是：以政党的政治方向和文化欲求为核心，以行政命令等强制性政策为手段，以解放区文学家为主体，以教育改造知识分子为基本任务，建立国家一体化的文学体制。20 世纪 40 年代延安时期形成的一套文学生产模式、文学消费观念、文学价值体系，对共和国开国文学起着至关重要的作用。

中国文人历来重视"咏世德之骏烈，诵先人之清芬"，形成了"祖述圣德"的传统。尤其是开国文学时期，刚刚经历了波澜壮阔的推翻旧王朝的斗争，胜利者意气风发，志得意满，他们要把自己描绘成历史的必然继承者和统治者，按照自己的身份和系统评价历史、叙述历史，弘扬自己的奋战过程，颂扬自己阵营的英雄人物，展示自己的创造能力，表现自己的历史意识，迅速成为开国时期的文学主体，形成开国文学形态。

在共和国开国文学的初期，反映新民主主义革命斗争的文学成为主流文学，表现革命意识、塑造革命的英雄形象成为文学的主要任务和基本特征。革命历史题材成为文学的主流，《红岩》、《红旗谱》、《红日》、《林海雪原》、《敌后武工队》等都是直接反映革命战争年代，由中国共产党领导的军事斗争和政治斗争生活的作品，其中塑造了一批革命英雄形象，这种宏大叙事一方面缅怀革命时期的战友，另一方面告诉人们新社会是无数革命先烈用鲜血和生命换来的，中国共产党是中国革命唯一正确的领导者，进一步在全国树立党的形象，把党的利益与国家根本利益统一起来，使人们坚信中国共产党是人民的真正代表，也是建立人民国家的政治保障。

这是"历史的创造者"对本阶级的历史与现实业绩的一次大规模的有计划的复述，是充满意识形态自信的复述，为什么要这样的复述自己呢？是为了借此证明已经和在进行的事业的合目的性与合规律性，作者与评论家将之称为"革命现实主义与革命浪漫主义相结合"的创作方法的伟大胜利。

这是在特定的话语环境内(冷战格局与冷战焦虑)，有强烈的民族文化主义情绪的一代人与中国传统文化接轨的一次艺术尝试，不但在人物塑造、小说结构、文学语言上自觉借鉴了中国传统文学中的"英雄传奇"，而且在历史意识、正面展现重大历史事件等方面也继承了五四以来的"革命史诗"传统，从而将文学的"民族化"与"群众化"的努力推到了极致。

这更是有计划有目的地对"革命传统"的创造、确认与传递：作家在自己的作品里，创造了符合意识形态理想与标准的新道德、新价值观念的"新人"("新英雄")，国家、社会及政党则动用一切有组织的力量，通过一切传播渠道(出版、评论、影视改编，以至选入中学教科书)，将这些新人(新英雄)形象在识字的与不识字的最广大群众中普及，进而直接影响与支配亿万人的思想与行动。杨子荣(《林海雪原》)、朱老忠(《红旗谱》)、江姐和许云峰(《红岩》)、梁生宝(《创业史》)、林道静(《青春之歌》)……成为新时代的革命英雄传奇人物，与中国民间传说故事中的三国、水浒英雄一样，家喻户晓，代代相传。

"吾国易代之际……此时之民族心理，别成一段落，所谓兴朝气象，与叔季性情，迥乎不同，而遗老遗民，富于故国之思者，身世飘零之感，宇宙摇落之悲，百端交集，发为诗文，哀愤之思，僭若风霜，憔悴之音托于环玦；苞稂黍离之什，旨乱而词隐，别拓一新境地。"(钱钟书语)，鲁迅先生也曾经预言，革命文学在革命之前一定表现为抗议和怒吼，怒吼文学一产生，革命就要到了，而革命之后，将会产生两种文学：一种是挽歌文学，即对刚刚消失的时代的哀悼；另一种是讴歌文学，即对新时代和创造时代的雄主的讴歌。鲁迅的预言果然应验了。在大陆的讴歌文学发展到非常"亢奋"的时候，在台湾却产生了挽歌文学。它的代表作就是白先勇的《台北人》。这种作品带有一种很强的历史沧桑感和个人身世沧桑感。白先勇小说里所谓的"台北人"，主要指 20 世纪 60~70 年代迁移到台北的外省人群，从公务员、仆人、教授、舞女、交际花到军人等各个阶层都有，作者利用各阶层的故事拼凑出一个大时代的流亡剧，表现这些迁移外省人群的痛苦。在 20 世纪中国下半叶的文学流程中，白先勇的挽歌文学取得非常突出的成就。他让过去的时光犹如电影般再现，让消逝的美复活。有别于历史的纪录，用名不见经传的人物谱出真实的生命，用爱情的永恒抗拒死亡与凋零。

二、当代中国的社会生活与新时期文学的建构

1977 年 8 月召开的中国共产党第十一次全国代表大会，宣布历时十年的"文化大革命"以粉碎"四人帮"为标志而结束。这次会议把"文革"结束后的中国社会，称为社会主义革命和建设的"新时期"，与社会关联密切的文学界，也把"文革"后的文学称为"新时期文学"。

"新时期文学"的产生，被看作 20 世纪中国文学的另一次重大"转折"。

掀起新时期小说创作第一个热潮的是一批深刻地反映十年"文革"给人民造成的心灵创伤的作品，这些小说被称为"伤痕文学"。"伤痕文学"的主体是短篇小说，包括刘心武的《班主任》、卢新华的《伤痕》、陈国凯的《我该怎么办》、王蒙的《最可宝贵的》等。以叶辛的《蹉跎岁月》、周克芹的《许茂和他的女儿们》为代表的、为数不多的长篇小说，也是"伤痕文学"中的代表作品。

20 世纪 80 年代前期，当农村积极推行家庭联产承包责任制时，城市的工厂和单位同样在积极实施改革计划。这个时期农村的变化主要在改革，开放不多；而城市的工厂则是改革开放双管齐下。高晓声的"陈奂生系列"、贾平凹的"商州系列"和路遥的《人生》《平凡的世界》等描写农村的作品表现了新的气象。蒋子龙的《乔厂长上任记》、张洁的《沉重的翅膀》、柯云路的《新星》成了这一时期城市改革文学最亮丽的风景。改革虽然是国家意志的体现，是科学技术的转化，但是文学的可贵之处在于其丰富地表现改革中人们精神生活的变化，这不仅是改革文学的主题，也是 20 世纪 80 年代前期中国人精神生活的写照。20 世纪 80 年代中期的 1985 年、1986 年被认为是新时期文学的转折点。后来的寻根文学、先锋文学、新生代诗歌（第三代诗人）都在这两年先后登场，新写实小说也于 1987 年崭露头角。整体上看，20 世纪 80 年代中后期的文学开始走向多元。阿城的《棋王》、王安忆的《小鲍庄》、韩少功的《爸爸爸》等都是寻根文学的经典作品。寻根文学的故事虽然有明显的地域边缘化特征，是向中国文化的纵深处寻找灵感，但仍然有着强烈的现实情怀。

几乎与寻根文学同时，先锋小说也于 1985 年走上中国文坛。马原的《冈底斯的诱

惑》、刘索拉的《你别无选择》、莫言的《透明的红萝卜》、残雪的《山上的小屋》、徐星的《无主题变奏》，都于1985年问世，这些小说与之前的中国小说的面貌完全不一样。它们主要从西方文学中汲取元素，叙事形式的怪诞、故事意义的消解成为一种整体特征。先锋小说在小说的叙事形式上是一次革命，先锋小说对现实不相信，把真实性给予了梦幻化的心理世界，展现的是一个非理性的世界。先锋小说把现代化过程中人的困境表现了出来，这种困境不是物质世界的，而是人的精神上的。

1986年，新生代诗歌以群体的形式大量涌现，三五人就组成一个诗社，或者自称一个派别，其中影响最大的是"他们"与"非非"两大诗群，前者以于坚、韩东为中心成立于南京，出版不定期刊物《他们》，艺术上追求个人化；后者的主要成员是蓝马、杨梨、周佑伦等，成立于四川，主张"非崇高""非文化"，新时代诗人把批判的锋芒指向了朦胧诗人，"打倒北岛"成为他们的口号。

1987年池莉的《烦恼人生》和方方的《风景》发表，1988年，刘恒的《白涡》、遊容的《懒得离婚》等发表，1989年第3期的《钟山》增加了"新写实小说大联展"一栏。后来的文学史写作一般用"新写实小说"来概括这批作品，还包括刘震云的《一地鸡毛》等作品，都被放在新写实小说的旗帜下。

如果说寻根文学以历史线性的方式寻找中国文化之根，以求确立自身的主体性来获得与世界对话的身份。先锋小说则是注重叙事形式的变革，以向内转的方式探索当代人的精神困境。新生代诗歌和新写实小说则以还原生活本相的姿态，表现现实生活中日常人的生存困境与他们的喜怒哀乐。这表现了新时期文学的多元化走向。

从1978年党的十一届三中全会确立改革开放的路线到1999年的20多年里，中国社会都处在巨大的转型期。如果说"新时期"人们只是朦胧地感到需要改革，那么，20世纪90年代，人们已经绘就了"市场经济"的社会蓝图。在"市场经济"左右下的中国社会，尤其是当代中国的文学世界，又将经历怎样的蜕变呢？

20世纪90年代的中国文坛是一个众声喧哗的空间场域。随着社会文化空间的日益开放，人们的精神生活也愈加丰富起来，多样的审美需求与价值体认让80年代"共名式"的写作趋向解体，昔日重大、统一的时代主题（如"文革"、改革开放等）正在失去它的魅力。在此情况下，作家纷纷放弃了宏大叙事风格，而根据个人的审美趣味与艺术追求，探寻新的艺术空间，以期建构个性化的创作风格。于是，诗歌中出现了知识分子写作与民间写作的分化，散文有文化大散文与各类软性随笔，小说更是五花八门：既有"新"字打头的各类小说形态（如"新市民""新状态""新武侠"等），也有同一创作方法的不同变体（如"新写实"与"现实主义冲击波"）；既有体制内的"遵命文学"，又有体制外的自由撰稿（如王小波）。他们有的向民间汲取灵感，有的以颠覆正史虚构故事为乐，有的坚守传统的写实，有的倚重现代写作技法……文学以它的多变与善变来适应、反抗着无处不在的市场趣味与压力。"个人化"的写作立场由此浮出水面。

所谓"个人化写作"是指作家从个体身份和立场出发，独立介入时代文化处境，处理生存和生命问题的话语方式与写作姿态。它常常以个人方式承担人类命运和文学诉求，弘扬个人话语权力，其言说既源自个人话语又超越个人话语。"个人化写作"首先表现在以陈染、林白、海男、徐晓斌为代表的"私人写作"，这种"私人写作"聚焦于女性成长过程中的独特的生命经验,如身体的觉醒、姐妹情谊以及创伤、幽闭的心理体验等,以回忆的笔调缓缓道来。20世纪90年代个人化写作最主要的体现者,是"新生代"作家。

所谓"新生代"是一个相当松散的概念,代表人物有:韩东、毕飞宇、李洱、张旻、何顿、朱文、邱华栋、鲁羊等。"新生代"小说是中国社会在向市场转型中出现的一种文学现象。它对个人叙事的提倡,对价值的理解,对人隐秘心理的发掘,说明了市场经济时代人们审美观念的深刻变化。从某种意义上说,这正是市场平等交换原则对文学审美领域的渗透、震荡的表现。既然一切都可以用货币来购买,都可以通过交换的形式获得,那么还有什么"形而上"或者"伟大的意义"呢?如何在这个涣散的时代中,重建文学的价值,是"新生代"和所有持"个人化写作"立场的作家所面临的共同问题。

正如每个新的历史阶段的开始,在20世纪90年代文学带着世纪末的浑浊啸音回旋而过之后,新世纪的文学之门在众生期待中徐徐打开了。进入21世纪后,中国文坛迎来了一种诸神降临、众生共舞的态势。一方面新世纪文学的生产主体出现了较多的新生力量,包括"打工"作家、以"80后"世代为代表的青春作家等,这些创作者以"乡下人进城"的底层体验和自身的青春成长经历为书写对象,呈现出以往文学叙述中没有的新鲜景观;另一方面,80年代以来就占据文坛主流位置的作家们在进入新世纪后,开始面对城市化日益推进的社会语境,他们在总结以往经验的基础上也表现出一种新的审美视镜。

进入21世纪后,文学发展的另外一个重要特点就是科学技术的渗透。这种技术性力量的最典型体现就是互联网在中国的普及。作为社会文化结构中的重要一元,文学也和互联网发生了密切关联。网络文学就是这种数字化技术和文学联姻的必然结果。从此,在我国几千年的传统文学的基础上,产生了一个新的文学样式——汉语网络文学。

以上,我们大体描述了汉语世界最大的文学板块——中国当代文学的流变与建构。现代中国的"文学版图"除了大陆之外,理应包含台湾、香港与澳门及海外华人世界的文学,尤其是台湾文学更是不容忽视的重要构成。

三、台湾新文学的文化空间与历史建构

台湾自古以来就是中国的一部分,而台湾文学也和大陆文学一样,有着长远的发展历程。20世纪20年代,台湾文学开始了历史的新纪元:台湾新文化运动发生,新文学也随之问世。从那时候开始到21世纪的今天,台湾新文学的发展,总体而言,经历过三个发展时期。

(一)20世纪20~40年代

在这一时期,台湾处于日据状态之下,新文学走过了艰难曲折的道路,其基本倾向是反殖民主义、反帝国主义、反封建主义,高举"科学""民主"大旗,从整体上看,与"五四"新文学运动的走向是完全一致的。赖和、张我军、杨云萍、杨守愚等台湾新文学的先驱创作了一批小说、诗歌、散文作品,形成了台湾新文学创作的滥觞。代表性作品如赖和的小说《斗闹热》《一杆"秤子"》,张我军的白话诗集《乱都之恋》、小说《卖彩票》,杨云萍的小说《光临》,杨守愚的小说《一群失业的人》等。20世纪

20 年代的创作多属于"乡土文学"的范畴,至 20 世纪三四十年代,台湾文学的反日意识日益强烈。这一时期在艺术上取得一定成就的作品有:杨逵的《送报夫》《鹅妈妈出嫁》,吕赫若的《牛车》,龙瑛宗的《植有木瓜的小镇》,吴浊流的《亚细亚的孤儿》《先生妈》等。

(二)20 世纪 50~70 年代

台湾摆脱殖民统治、国民党迁台以后,文学发展出现了新的改变。

(1)20 世纪 50 年代"怀乡文学"风行一时,代表性作品有林海音的《城南旧事》、於梨华的《梦回青河》、张秀亚的《三色堇》等。

(2)现代派文学在 20 世纪 50 年代兴起,至 60 年代几乎盛行一时,主要表现在诗和小说两个领域。前者以纪弦的《阿富罗底之死》、郑愁予的《梦土上》、洛夫的《石室之死亡》、痖弦的《深渊》为代表;后者则以白先勇的《游园惊梦》、施叔青的《倒放的天梯》、王文兴的《家变》、七等生的《我爱黑眼珠》、欧阳子的《魔女》等为代表。

(3)在这段时期,台湾文学又向另一种方向寻找出路,这就是以娱乐消遣为追求的通俗文学。20 世纪 60 年代初,琼瑶以《窗外》打开了言情小说的天地,建立起自己的爱情王国;古龙、卧龙生、独狐红等百余人大写武侠小说,此后又有其他种类的通俗文学(包括三毛作品),以流行天下之势,形成奇异的文学景观。

(4)留学生文学崛起并延伸至 20 世纪 80~90 年代。聂华苓、於梨华、陈若曦、白先勇、丛甦、马森、张系国、赵淑侠等贡献了一大批留学生题材的作品,在大洋彼岸亮出了一道华文文学的独特风景线。代表性作品有《纽约客》(白先勇),《又见棕桐,又见棕桐》《傅家的儿女们》(於梨华),《昨日之怒》(张系国),《向着太平洋彼岸》(陈若曦),《我们的歌》、《塞纳河畔》(赵淑侠)等。

(三)20 世纪 80 年代至今

这一时期,台湾文学呈现无主流的多元发展的新格局,颠覆既有价值成为文坛趋势,出现了一些新的文学现象。

1. *女性主义文学潮流*

随着社会的发展和传统伦理道德规范的逐渐解体,一群接受过高等教育或者去西方留过学、接受过现代派文艺思潮洗礼的年轻女作家,挟带着反叛传统、肯定自我的英气,以迥异于前辈的写作姿态和意识观念,写出了一批高扬现代意识和女性意识的作品。其中包括袁琼琼的《自己的天空》、李昂的《杀夫》《暗夜》,廖辉英的《油麻菜籽》,苏伟贞的《世间女子》等,昭示着台湾女性主义文学的高涨。

2. *都市文学与后现代派潮流风行,多媒体创作浮出水面*

既有吴淡如的《邪窗月》、黄子音《CICI 小姐》等表现女性都市生存困境的小说,也有黄凡的《财阀》、林佩芬的《都市丛林股票组》这类表现工商社会现世相的作品,还有林耀德、杜十三、简政珍等的颇具后现代意味的都市诗,乃至富于实践性的多媒体文学创作。

3. *"探亲文学"形成一时热潮*

台湾当局 1988 年允许居民赴大陆探亲,很多作家在阔别大陆故乡几十年后,重返

台湾当局 1988 年允许居民赴大陆探亲,很多作家在阔别大陆故乡几十年后,重返故土,留下了不少动人的篇章,如《四十年来家国》(多人合著)、琼瑶的《剪不断的乡愁》等。一些本地作家也得以到大陆旅游观光,写下记游大陆见闻的诗文,如粟耘《丝路漫漫,漫漫思路》等,与此类探亲文学有某种相通之处,表达了对中华文化和民族传统的认同。"眷村文学"也是此阶段出现的重要文学现象。

4. 环保文学与自然写作的兴盛

在工业文明发展到一定程度的时候,人与自然的关系,凸显其重要意义,环保文学应运而生,并成为八十年代以来台湾文学的一个新的亮点。心岱的《大地反扑》、韩韩、马以工的《我们只有一个地球》、刘克襄的"鸟文学"以及徐仁修、王家祥、吴明益、洪素丽等的自然写作,都显示出作家们在乡土文学与政治文学等现实关怀的创作领域之外,又开辟出新的创作空间。

5. "新人类作家"与世纪末文学思潮

一些出生于 20 世纪 60~70 年代的"新人类作家",以更恣肆凌厉的姿态,着意建构自己的价值与话语体系,表现出颓废的世纪末情怀(其中有的被称为"新都市言情小说"),其中年青女作家占据着醒目的位置。朱天文的《世纪末华丽》、张曼娟的《我的男人是爬虫类》《俨然记》,成英姝的《公主彻夜未眠》《人类不宜飞行》,邱妙津的《鬼的狂欢》,叶姿麟的《陆上的鱼》,赖香吟的《翻译者》《虚构一九八七》,黄子音的《桃花游戏》《爱情罐头》,吴淡如的《鸡尾酒婚姻》等,可谓色彩缤纷,各呈异相。至 2010 年,骆以军以另类别致的《西夏旅馆》获得全球华语写作的"红楼梦奖"(又名"世界华文长篇小说奖"),这是新时代作家一个标志性的成就。

历史俱往矣,未来犹可追。而当代就意味着我们自己。克罗齐有言:"一切历史都是当代史。"人类历史如此便是由这每一代人的"当代"所构成的绵延的长河。"当代文学"就是这样与时代一起发展前进的文学。与中国古代文学和中国现代文学不同,它是一直处于发展中的文学形态。当代中国的现状是作为一个民族国家从近代以来发展的结果,"中国当代文学"的未来是开放的,有待所有中国作家与学者去努力。

第六章 中国当代文学经典作品解读

第一节 诗 歌

乡愁四韵

余光中

余光中(1928~),祖籍福建永春,1928年9月9日生于南京。其母亲为江苏武进人,因此亦自称"江南人"。1947年高中毕业,同时被北京大学和金陵大学外文系录取,后就读金陵大学。1949年1月转入厦门大学外文系二年级,开始在厦门的报纸副刊上发表新诗和短评。同年7月随同父母迁往香港,1950年5月到达台湾,9月考入台湾大学外文系三年级插班。1952年7月从台湾大学毕业后以第一名的成绩考取台湾联勤陆海军编译人员训练班。1953年入台湾当局"国防部"联络官室任少尉编译官。1954年与覃子豪等共创"蓝星诗社"。1956年退役到东吴大学、台湾师范大学兼课,并开始主编《蓝星周刊》。1958年10月赴美国爱荷华大学进修,次年,获该校艺术硕士学位。返回台湾后任台湾师范大学英语系讲师,并主编《现代文学》及《文星》中诗的部分。1960年主编了《中外画刊》文艺版。1962年获台湾"文艺协会"新诗奖,并参加了在菲律宾举行的亚洲作家会议。20世纪60年代中期和后期应美国国务院和美国教育部之请,曾两度到美国讲学。1972年任台湾政治大学西语系主任,1974年8月任香港中文大学中文系教授。次年兼任中文大学联合书院中文系主任。1985年返台定居,任台湾中山大学文学院院长及外文研究所所长至退休。乡愁的情怀,是创作的强大动力。余光中是多产作家,新诗的总量近八百首。自1952年出版处女诗集《舟子的悲歌》以来,诗、散文、理论和翻译,创作不断,出版了诗集、散文集、文学评论集和译著等评论集和译著多种,是台湾诗坛和文坛著述丰富、影响最大的诗人和作家之一。出版有九卷本《余光中集》(天津,百花文艺出版社,2004年)。

给我一瓢长江水啊长江水
酒一样的长江水
醉酒的滋味

　　　　是乡愁的滋味
　　给我一瓢长江水啊长江水

　　给我一张海棠红啊海棠红
　　　　血一样的海棠红
　　　　沸血的烧痛
　　　　是乡愁的烧痛
　　给我一张海棠红啊海棠红

　　给我一片雪花白啊雪花白
　　　　信一样的雪花白
　　　　家信的等待
　　　　是乡愁的等待
　　给我一片雪花白啊雪花白

　　给我一朵腊梅香啊腊梅香
　　　　母亲一样的腊梅香
　　　　母亲的芬芳
　　　　是乡土的芬芳
　　给我一朵腊梅香啊腊梅香

一九七四年三月

☞ 提 示

　　台湾新诗自20世纪50年代以来，走过了与大陆颇有差别的一段曲折的路。大体是从西化到回归传统，后又走向了现代与传统的融合的多元化格局。这与台湾特殊的地域特性和社会、经济乃至历史的背景有关。台湾1945年摆脱日本50年的殖民统治，回到中国的文化母体，4年后又再度疏离大陆，并在西方资本主义影响下由经济转型导致社会都市化。台湾经济的转型，对台湾社会的变化产生着深刻的影响，形成了制约当代台湾文学发展的重要的社会文化因素。上述各种政治、经济因素引发了不同的社会文化思潮，即由"农村文化"向"都市文化"的转换，由锁闭到开放的转变，由单一走向多元。这就使台湾新诗具有一个相当奇特而又极为复杂的社会文化背景。台湾诗坛的多变、多元的风貌，也就由此而形成。台湾新诗在20世纪50年代中期以后，由于西方思潮的涌入而西欧化，70年代论争后走向回归，并在80年代以后逐渐构成传统与现代新潮相互融合的多元化的诗坛文化景观。

　　国民党败退孤岛，与海峡彼岸50多年政治对峙，使台湾隔绝于大陆之外，因此台湾人民对彼岸的骨肉同胞，对家国故土的思念就显得格外强烈了。这种思念又与渴求祖国统一的心愿紧紧联系在一起，从而使原本基于个人情怀的乡愁，蕴含着更加深厚的历史内容。此外，台湾由于经济转型而都市化的社会内部发生的巨大变化，这也使台湾新诗人引起"乡愁、回归"的心理。

乡愁文学，在台湾又称"怀乡文学"或"回忆文学"，最初流行于20世纪50年代中后期，后来逐渐成为台湾文学创作中最常见、影响广泛的文学思潮。1949年国民党撤离大陆，200万随行人员来到台湾。新中国成立后，台湾长期处于与祖国大陆隔绝的状态。从大陆去台湾的人，无时不在怀念大陆的骨肉同胞和故乡家园。台湾的乡愁文学也就应运而生。它是台湾同胞渴望回归故里，思念落叶归根的怀亲观念的一种反映。思乡、乡愁成了台湾当代文学一个很重要的题材和主题。

乡愁是台湾社会独特历史条件下民族感情的一种体现，而乡愁思亲是台湾诗坛50年来最流行的主题之一。余光中的乡愁诗在他诗中占有相当重的分量，格外引人注目。余光中个人的人生体验，就是游子的生活，因此他的诗歌中表现出了离开母体思念故园的痛苦情绪与民族的自尊心，而且包含了古典的、传统的意识与乡土的、民族的观念。由此说来，余光中诗中的乡愁意识是传统意识与民族意识的反映，而且是诗人选择的两岸沟通的文化角色和相应的文化使命与艺术追求的表现。《乡愁》、《乡愁四韵》等诗歌奏出了他一生"乡愁"的最强音。台湾诗人余光中以乡愁诗闻名海内外，被誉"乡愁诗人"。

在《乡愁四韵》中，余光中采撷意象颇具浓郁的传统风韵，"长江水"、"海棠红"、"雪花白"和"腊梅香"这极富民族特色和个性风格的意象被有机地组合在一起。用"醉酒的滋味"、"沸血的烧痛"、"家信的等待"和"母亲的芬芳"等不同感受，从身体和心理感受等角度来诠释浓浓"乡愁"，语言的张力、穿透力让我们叹为观止。

通览整首《乡愁四韵》，四个意象有各自不同的特征，各自与乡愁又都有着密切的联系，形成一个完整的意象组合。诗人先利用最为直接的味觉来表现乡愁，转而用痛觉来阐述更为深刻的乡愁，最后，诗人用视觉和嗅觉展开了一个横向的空间。因为离开故乡而生的地理乡愁，延续了一个纵向的时间，因为故乡改变而生的历史乡愁。当时空交汇时，这种乡愁就升华为民族的乡愁，展现了乡愁表层的、深层的、纵向的、横向的四个不同层面，层层深入，使全篇迂回反复、一咏三叹。就这样，诗人把这四种意象与人的各种感觉紧紧联系起来，又通过"酒""血""信""母亲"赋予了它们更深的含义，给乡愁烙上文化的印记，注入历史的沧桑，构成了可感可知的、立体的、耐人寻味的乡愁。

这是古典意象与现代情愫的融合，"长江水"给人的感觉是李白的《渡荆门送别》的"仍怜故乡水，万里送行舟"。只能静默地远送离舟，脚步却不能跟上远去的速度之无奈。在此处，诗人却给这瓢水注入乡愁之思，让这一瓢长江水变得分外得浓烈。李白的长江水是触手可及的，而余光中的长江水远在古大陆之上，惟恨这一股伤痛正如《听听那冷雨》一样始终无法"与古大陆分担"。"海棠红"是杨万里《春晴怀故园海棠》中"万物皆春人独老，一年过社燕方回"的故园之思，在这里诗人却给海棠注入乡愁之思，这一股思念，来自苏轼，来自黄庭坚，来自唐宋的文人墨客，更是来自余光中，乡愁变成一股痛苦的思念，远方的故乡始终在魂牵梦绕久久不能散去，"归不得"的诗人，只能在纸上苦吟一纸乡思。"雪花白"是刘长卿的《逢雪宿芙蓉山主人》中的"柴门闻犬吠，风雪夜归人"的一夜孤灯，在此处，诗人为这一片"雪花白"寄出了等待，那是来自故乡的信，那是来自一番苦等后心如死灰的失望，诗人的乡愁，总希望能够在一纸家书中等到寄托，但无奈于时局,乡音飘不过那一百几十千米的海峡,在大背景之下,个人的思念被套上一大堆的背景。"腊梅香"是王维《杂诗》的"君自故乡来,应知故乡事。来日倚窗前,寒梅著花未"天边游子对故乡的一句问候,那种在泥土里的乡愁,随着时间的推移,那股对于家乡的思念只会把根扎得越来越深,思乡的情感只会越发地壮大,"人非草木,孰能无情"?"乡愁诗人"的乡愁诗数量不小,大多是表达对乡国的深沉思念,本应不该与当时的大背景扯上关系,也许,仅仅是诗人一个人的思乡。然在退守台湾之后,思乡不可避免地成为了海峡对岸人们的共同情感,也许,诗人也算是这群思乡的人们中的代表吧,他通过自己的诗歌,表达了自己对于乡国的那份深沉的爱,随着岁月的逝去,越来越深,越来越浓。

余光中被誉为"中国现代诗坛的祭酒",他的乡愁诗是其诗作最为闪光的珠宝,抒发了海外游子的浓郁思乡情。诗艺精巧,寓意深远,兼绘画美、音乐美、结构美,实现了传统与现代的优美统一。

➢ 延伸性阅读文献

1. 余光中:《余光中诗歌选集》(全三册),时代文艺出版社,1997年。
2. 曹惠民:《台港澳文学教程新编》,复旦大学学出版社,2013年。
3. 赵敏俐、吴思敬:《中国诗歌通史》(当代卷),人民文学出版社,2012年。

> **思考与练习**
>
> 1. 比较分析余光中的《乡愁》和《乡愁四韵》。
> 2. 分析与体会《乡愁四韵》这首诗的音乐性。
> 3. 为什么说余光中的诗歌创作实现了传统与现代的优美统一。

致 橡 树

舒 婷

舒婷(1952～　)，原名龚佩瑜、龚舒婷，祖籍福建泉州。从小到大一直生活在厦门。在厦门一中读到初二时，正赶上"文化大革命"。1969年到闽西山区插队。1972年回到城里。1973年到建筑公司做临时工，干过统计员、炉前工、泥水匠。1975年在织布厂做染纱工和挡车工。1977年到灯泡厂做焊锡工。1980年年底调到福建作家协会，成为专业作家。舒婷从1969年起开始诗歌创作，20世纪70年代，结识了老诗人蔡其矫，并与北京的《今天》派诗人取得了联系。1979年她的诗作开始公开发表。著有诗集《双桅船》、《舒婷顾城抒情诗选》、《会唱歌的鸢尾花》、《始祖鸟》、《舒婷的诗》、《舒婷诗文自选集》，此外还出版了《舒婷文集》三卷，并有散文集多种问世。

我如果爱你——
绝不像攀援的凌霄花，
借你的高枝炫耀自己；
我如果爱你——
绝不学痴情的鸟儿，
为绿荫重复单调的歌曲；
也不止像泉源，
常年送来清凉的慰藉；
也不止像险峰，
增加你的高度，衬托你的威仪。
甚至日光，
甚至春雨。
不，这些都还不够！
我必须是你近旁的一株木棉，
作为树的形象和你站在一起。
根，紧握在地下，
叶，相触在云里。
每一阵风过，
我们都互相致意，
但没有人，
听懂我们的言语。
你有你的铜枝铁干

像刀，像剑，
也像戟；
我有我红硕的花朵，
像沉重的叹息，
又像英勇的火炬。
我们分担寒潮、风雷、霹雳；
我们共享雾霭、流岚、虹霓。
仿佛永远分离，
却又终身相依。
这才是伟大的爱情，
坚贞就在这里：
爱——
不仅爱你伟岸的身躯，
也爱你坚持的位置，足下的土地。

一九七七年三月二十七日

☞ 提　示

　　舒婷，朦胧诗创作的核心人物之一。朦胧诗是在20世纪七八十代"思想解放运动"中浮出历史地表的，它的两个鲜明的特点是：①许多著名的作品先在民间（同人）刊物上发表，后来才被正式出版物接纳；②对这种诗歌的认同过程一直伴随着激烈的争论。

　　由于女性的生理特征和多年来在以男性为中心的社会中形成的女性角色意识，女性诗歌有着不同于男性诗歌的独特风貌。男性诗人一般情况下不存在对性别的特殊强调。但女性诗人则不然，在男性中心的社会中，女性对自己的地位、处境、生存方式等最为敏感，因而新时期女性诗歌自然更凸显女性意识作为一位真诚而本色的女诗人，舒婷自然而然地显示了女性立场，她的诗歌也渗透着一种鲜明的女性意识。

　　写于1977年的《致橡树》是诗人舒婷的成名作，也是她的爱情诗代表作，更是一首新时期女性的爱情宣言。作者以新的视角，运用象征手法，否定了传统爱情观，肯定了平等独立、互依互助的新型爱情关系。

　　在长期的封建社会中，女人被封建的纲常礼教压在最底层，女性的独立人格被极大地扭曲，形成了对男人的根深蒂固的依附心理：相夫教子成为女人生活的内容、夫唱妇随成为女人的生活准则，夫荣妻贵成为女人的生活理想。这种心理即使到了现代社会也仍然有强大的市场。正是在这样的背景下，舒婷发出了振聋发聩的呼唤。

　　诗人用"攀援的凌霄花"和"痴情的鸟儿"来比喻那些缺乏独立人格的女性，对那些利用爱情来抬高自己的身份和甘做丈夫应声虫的做法持坚决的否定态度。在诗人的心目中，真正的爱情应该是"我必须是你近旁的一株木棉，／作为树的形象和你站在一起。"也就是说，男女双方各自保持自己的独立人格，互相尊重，互相扶持，女性不再是陪衬，不再是附属，而是首先以一个独立的人的身份出现。这无疑体现了女性意识在新时期的觉醒与张扬。

朦胧诗创作的那种特定的时代思想背景已经离我们很遥远了，然而，我们不难发现，舒婷的诗篇至今仍颇受读者的喜爱。舒婷是一位真正能够顺应时代、从自身内在体验出发，用最原初、最本质的生存状态去透视生活的诗人。正是这种状态，使她的诗作具有跨时代的魅力。

在人生价值迷失的今天，我们重温舒婷的《致橡树》，常常会吃惊地发现，舒婷早在20世纪70年代已断言：如果一个女性没有了自我、自尊、自立、自重的意识，男人是不会给你所期待的一切的。在物质生活日益丰盈的今天，爱情观与价值观又承载了哪些新的时代意义呢？繁漪可以摆脱周朴园的禁锢，蔑视周萍的懦弱，大胆追求属于自己的真正爱情；娜拉从家中走出，定会开创属于自己的生活，不可能再回头；子君解决了生活问题，爱就有所附丽，与涓生的生活就会有新契机。那么，作为新时代的女性，我们应该怎样才能做到真正意义上的独立，将自己的情感生活经营得更好呢？诗人舒婷为我们诠释了这份"独立"：在自立的基础上，建立一份互敬互爱互助的爱情，能与爱人同患难共甘甜。当我们诵读诗作《致橡树》时，不由地引发一些思考：这个时代"舒婷式"的情感诠释还有意义吗？为满足物质生活时是否要以牺牲精神为代价呢？在物欲横流的今天是否还有真正的爱情呢？追求舒适的生活是否要以亵渎纯洁的爱情为代价呢？有了这样的思考，这首诗的现实意义也就不言而喻了。

在中国新时期女性文学的发展史上，舒婷留下了宝贵的脚印。一般说来，男性诗人对自己的性别角色远不如女性诗人敏感，男性诗人，尤其是其中的佼佼者，他们写起诗来自然地是着眼于包括女性在内的整个人类，真正成熟的女性诗人也应如此，她们应该具有鲜明的女性角色意识，但又要超越这种意识，只有当她们也像伟大的男性那样，不仅是着眼于性别，而且是着眼于全人类来讲话的时候，她们才取得了真正意义上与男性诗人平等对话的资格，才在写作上获得了真正意义的女性解放。换句话说，真正女性诗歌所提供的都应是女性自身的和人类的双重信息，女性诗歌既是女性的，更是全人类的。可以毫不犹豫地说，舒婷的优秀诗篇做到了这一点。

▶ 延伸性阅读文献

1. 舒婷：《舒婷的诗》，人民文学出版社，1994年。
2. 赵敏俐、吴思敬：《中国诗歌通史》（当代卷），人民文学出版社，2012年。
3. 洪子诚：《中国当代诗歌史》，人民文学出版社，1993年。

思考与练习

1. 一千个读者就有一千个哈姆雷特，同一个文学作品不同的人会品味出不同的情感。同样，同一个作品，一个人在不同的人生阶段、不同的阅历之后，也会有不同的体会。课文以舒婷的代表作《致橡树》主题再探讨为例，旨在告诉人们，经典的文学作品需要我们反复地阅读和品味，并从中得到启发，从而对人生价值进行再思考。你是如何理解《致橡树》所表达的婚姻爱情观及其对你的启示。

2.《致橡树》是我国当代"朦胧诗派"代表女诗人舒婷的一首别具意蕴的爱情诗,以《爱情与自由》为中国人所熟知的匈牙利著名诗人裴多菲的《我愿意是激流》也是一首感情炽热的爱情诗,比较阅读这两首诗,更深刻地理解诗的主题,体味两位不同时代、不同性别的诗人对爱情的不同诠释的内蕴。

3. 如何理解舒婷诗歌的"女性意识"。

面朝大海,春暖花开

海 子

  海子(1964～1989年),原名查海生,当代中国最负盛名的诗人之一。1964年3月24日生于安徽怀宁县高河查湾村。1979年考入北京大学法律系,1983年毕业,成为中国政法大学哲学教研室教师。1989年3月26日,海子在山海关龙家营附近卧轨自杀,年仅25岁。1989年的"诗人之死"成为"我们这个时代的神话之一"①。

  海子是中国当代诗歌史上一个特例。他以飞翔的速度完成了漫长的抒情,以年轻的生命创造了苍老而复杂的诗歌。1984～1989年的5年中,海子写下了二百余首高质量的抒情诗,七部实验色彩极浓、手法多样、风格芜杂的长诗《太阳·七部书》,以及八篇诗学札记。除此之外,海子还写有三部长诗:《河流》、《传说》、《但是水,水》。1997年由西川编订、上海三联书店出版的《海子诗全编》收入的短诗共计241首。

      从明天起,做一个幸福的人
      喂马、劈柴,周游世界
      从明天起,关心粮食和蔬菜
      我有一所房子,面朝大海,春暖花开

      从明天起,和每一个亲人通信
      告诉他们我的幸福
      那幸福的闪电告诉我的
      我将告诉每一个人

      给每一条河每一座山取一个温暖的名字
      陌生人,我也为你祝福
      愿你有一个灿烂的前程
      愿你有情人终成眷属
      愿你在尘世获得幸福
      我只愿面朝大海,春暖花开

一九八九年一月十三日

---

① 西川:《怀念》,载西川:《海子诗全编》,上海三联书店,1997年。

☞ 提　示

　　《面朝大海，春暖花开》是海子在民间最富声誉的一首诗，也是海子流传最广的具有"怀旧"质素与典型"家园想象"的一首诗。诗歌一旦写出，就拥有自己的命运，这种命运很大程度上与读者的"主观精神层级"或者说"精神境界"相关。《面朝大海，春暖花开》正是作为这样一个可多层级接受、多面向解读的抒情短诗进入课堂、晚会以及商品社会的流通领域。

　　对于这首诗的解读，在其主旨内容的认定上存在较大分歧。有人认为此诗基调温暖，表达了对生活的热爱，合乎理想的诗教观，适宜于青少年的道德教育、情感教育、审美教育。也有学者认为此诗格调阴暗，有绝望、厌世情绪，不宜入中学教材。这首诗并不被海子过多地看重，却阴差阳错地成为了海子的"代表作"。对于这首诗的理解将会影响到对海子诗的整体评价，因此有必要对其主题解读做些梳理、辨析。

　　到底这首诗是格调明朗，表达对生活的无限热爱，还是充满死亡气息，暗示了对生活的绝望乃至彻底厌弃？这个问题的回答，牵涉到另一个无法回避的同题，那就是海子之死对于阅读、理解海子诗歌的干扰。

　　《面朝大海，春暖花开》这首诗只从诗作本身来看，是温暖、明丽、澄澈的，为我们创设了一个具有超越性的足以安放心灵的文学空间。而多数论者不是从文本事实角度作为解读的依据，而是采用"倒逼推理法"，即先"预设"了"海子之死"这一行为，然后才开始阅读这篇作品的。或者说，他们忽略了这首诗的文本独立意义，只把它当成海子弃世行为的注脚来加以理解。按照这一范式，把这首诗看得无比黑暗，甚至成为一个春天般的陷阱，也就不足为怪了。《面朝大海，春暖花开》是一个文学文本，阴差阳错地把它当成一个社会文本来解读，除了能闻到作者死亡的气味之外，也就难以欣赏诗歌之美了。

　　诗无达诂，想一劳永逸地理解一首诗是不可能的，尤其是对于《面朝大海，春暖花开》这样的文本，但这并不能作为对《面朝大海，春暖花开》曲解附会的理由。

　　对《面朝大海，春暖花开》的理解尽管可以有"多个通道或界面"，但是以"海子之死"结论先行，证据求索在后，并且这些证据以外部根据为主，这就很难避免结论和推理上的武断性。当阅读脱离海子诗歌的文本存在，游离于文本内容和特性之外时，其结论就很难说是可靠的。

　　《面朝大海，春暖花开》作为海子的一首抒情诗，虽然难以代表海子的全部艺术风格，并不是海子所认定的一首伟大的诗；作为海子的代表作也并不能反映海子的诗所能达到的成就，但仍不失为海子的一首好诗。这首诗之所以为人喜爱，是因为人们喜欢它的开阔和明净，喜爱它在这么一个面朝大海、春暖花开的境界里，散发着暖融融的、清新的幸福气息。对于青年学生来说，如果不是过度敏感于"死亡主题"，通过这一首诗进行热爱生活，执着于理想的诗教教育，并无不妥。

➢ 延伸性阅读文献

　　1. 海子：《海子的诗》，人民文学出版社，1995 年。阅读《麦地》、《黑夜的献诗》、《春天，十个海子》等篇目。

2. 赵晖：《海子，一个"80年代"文学镜像的生成》，北京大学出版社，2011年。
3. 洪子诚：《中国当代诗歌史》，人民文学出版社，1993年。

> **思考与练习**
>
> 　　1. 海子的诗歌创作分为短诗和长篇史诗两种。他的短诗带有强烈的抒情色彩，并在语言和节奏上别具一格。他的抒情短诗产生了广泛的影响，并能引起普遍的共鸣。这一方面得益于语言上的精当和表现力，另一方面则是因为这些诗歌作用于某种集体无意识的普遍心理共识，请以《面朝大海，春暖花开》为例，体会这种集体无意识的心理共识。
>
> 　　2. 海子的《面朝大海，春暖花开》是流传最广、也最为大家所熟悉的诗，人们对这首诗通常是怎样解读的？学过这篇课文后再来读此诗是否有新的感受？你对通常的解读又有哪些看法？从自己的阅读感受出发，谈谈你对这首诗主题的理解。
>
> 　　3. 从"海景房"的广告，体会商业话语对《面朝大海，春暖花开》的借鉴。
>
> 　　4. 2009年，台湾歌手潘越云带着一支《面朝大海》的单曲复出歌坛，据说，其灵感来自海子的著名诗歌《面朝大海，春暖花开》，你怎样看待大众主流意识形态对海子的误读及其背后的社会心态。

第二节 散文

红楼点滴

张中行

张中行(1909~2006年),出生于河北省香河县的一个农民家庭,1931年毕业于通县师范学校,1935年毕业于北京大学中国语言文学系,曾先后在中学和大学任教。1949年以后,就职于人民教育出版社,从事中学语文教材的编辑工作。他一生笔耕精勤,著述颇丰,曾参加编写《汉语课本》、《古代散文选》等,著有《负暄琐话》、《负暄续话》、《负暄三话》、《月旦集》、《禅外说禅》、《顺生论》、《流年碎影》等,张中行研究国学、逻辑学、哲学,不仅思索老庄、孔孟、佛学,而且研究罗素、培根,这在当代文人中并不多见,其成就令人仰视。与张中行有半个多世纪交情的好友启功这样评价他:"说现象不拘于一点,谈学理不妄自尊大。"熟悉他的人对他的评价是性格耿直,心地善良,有长者风范。

一

民国年间,北京大学有三个院:一院是文学院,即有名的红楼,在紫禁城神武门(北门)以东汉花园(沙滩的东部)。二院是理学院,在景山之东马神庙(后改名景山东街)路北,这是北京大学的老居址,京师大学堂所在地。三院是法学院(后期移一院),在一院之南北河沿路西。红楼是名副其实的红色,四层的砖木结构,坐北向南一个横长条。民国初年建造时候,是想用作宿舍的,建成之后用作文科教室。文科,而且是教室,于是许多与文有关的知名人士就不能不到这里来进进出出。其中最为大家所称道的当然是蔡元培校长,其余如刘师培、陈独秀、辜鸿铭、胡适等,就几乎数不清了。人多,活动多,值得说说的自然就随着多起来。为了把乱丝理出个头绪,要分类。其中的一类是课堂的随随便便。

一般人谈起北京大学就想到蔡元培校长,谈起蔡元培校长就想到他开创的风气——兼容并包和学术自由。这风气表现在各个方面,或者说无孔不入,这孔自然不能不包括课堂。课堂,由宗周的国子学到清末的三味书屋,规矩都是严格的。北京大学的课堂却不然,虽然规定并不这样说,事实上总是可以随随便便。这说得鲜明一些是:不应该来上课的却可以每课必到,应该来上课的却可以经常不到。

先说不应该上课而上课的情况。这出于几方面的因缘和合。北京大学不乏名教授,所讲虽然未必都是发前人之所未发,却是名声在外。这是一方面。有些年轻人在沙滩一带流浪,没有上学而同样愿意求学,还有些人,上了学而学校是不入流的,也愿意买硬席票而坐软席车，于是都踊跃地来旁听。这也是一个方面。还有一个方面是北京大学课堂的惯例：来者不拒，去者不追。且说我刚入学的时候，首先感到奇怪的是同学间的隔膜。同坐一堂，摩肩碰肘，却很少交谈，甚至相视而笑的情况也很少。这由心理方面说恐怕是，都自以为有一套，因而目中无人。但这就给旁听者创造了大方便，因为都漠不相关，所以非本班的人进来入座，就不会有人看，更不会有人盘查，常有这样的情况，一个学期，上课常常在一起，比如说十几个人，其中哪些是选课的，哪些是旁听的，不知道；哪些是本校的，哪些不是，也不知道。这模模糊糊，有时必须水落石出，就会近于笑谈。比如刘半农先生开"古声律学"的课，每次上课有十几个人，到期考才知道选课的只有我一个人。还有一次，听说是法文课，上课的每次有五六个人，到期考却没有一个人参加。教师当然很恼火，问管注册的，原来是只一个人选。后来退了，管注册的人忘记注销，所以便宜了旁听的。

  再说应该上课而不上课的情况。据我所知，上课时间不上课，去逛大街或看电影的，像是很少。不上有种种原因或种种想法。比如有的课不值得听，如"党义"；有的课，上课所讲与讲义所写无大差别，可以不重复；有的课，内容不深，自己所知已经不少；等等。这类不上课的人，上课时间多半在图书馆，目的是过屠门而大嚼。因为这样，所以常常不上课的人，也许是成绩比较好的；在教授一面，也就会有反常的反应，对于常上课的是亲近，对于不常上课的是敬畏。不常上课，有旷课的处罚问题，学校规定，旷课一半以上不能参加期考，不考不能得学分，学分不够不能毕业。怎么办？办法是求管点名（进课堂看坐位号，空位画一次缺课）的盛先生擦去几次。学生不上课，钻图书馆，这情况是大家都知道的，所以盛先生总是慨然应允。

  这种课堂的随随便便，在校外曾引来不很客气的评论，比如，北京大学是把后门的门槛锯下来，加在前门的门槛上，就是一种。这评论的意思是，进门很难；但只要能进去，混混就可以毕业，因为后门没有门槛阻挡了。其实，至少就我亲身所体验，是进门以后，并没有很多混混过去的自由，因为有无形又不成文的大法管辖着，这就是学术空气。说是空气，无声无臭，却很厉害。比如说，许多学问有大成就的人都是蓝布长衫，学生，即使很有钱，也不敢西装革履，因为一对照，更惭愧。其他学问大事就更不用说了。

  时间不很长，我离开这个随随便便的环境。又不久，国土被侵占，学校迁往西南，同清华、南开合伙过日子去了。一晃过了十年光景，学校返回旧居，一切支离破碎。我有时想到红楼的昔日，旧的风气还会有一些吗？记得是一九四七年或一九四八年，老友曹君来串门，说梁思成在北大讲中国建筑史，每次放映幻灯片，很有意思，他听了几次。下次是最后一次，讲杂建筑，应该去听听。到时候，我们去了。讲的是花园、桥、塔等等，记得幻灯片里有苏州木渎镇的某花园，小巧曲折，很美。两小时，讲完了，梁先生说："课讲完了，为了应酬公事，还得考一考吧？诸位说说怎么考好？"听课的有近二十人，没有一个答话。梁先生又说："反正是应酬公事，怎么样都可以，说说吧。"还是没有人答话。梁先生像是恍然大悟，于是说："那就先看看有几位是选课的吧，请选课的举手。"没有一个人举手。梁先生笑了，说："原来诸位都是旁听的，谢谢诸位捧场。"说着，向讲台下作一个大揖。听讲的人报之以微笑，而散。我走出来，想到北京大学未改旧家风。心里觉得安慰。

二

点滴一谈的是红楼散漫的一面。还有严正的一面，也应该谈谈。不记得是哪位先生了，上课鼓励学生要有求真精神，引古希腊亚里士多德改变业师柏拉图学说的故事，有人责问他不该这样做，他说："吾爱吾师，吾更爱真理。"红楼里就是提倡这种精神，也就真充满这种空气。这类故事很不少，说几件还记得的。

先说一件非亲历的。我到北京大学是三十年代初，其时古文家刘师培和今文家崔适已经下世十年左右。听老字号的人说，他们二位的校内住所恰好对门，自然要朝夕相见，每次见面都是恭敬客气，互称某先生，同时伴以一鞠躬；可是上课之后就完全变了样，总要攻击对方荒谬，毫不留情。崔有著作，《史记探原》和《春秋复始》都有北京大学讲义本；刘著作更多，早逝之后刊为《刘申叔先生遗书》，可见都是忠于自己的所信，当仁不让的。

三十年代初，还是疑古考古风很盛的时候；同是考，又有从旧和革新之别。胡适写了《中国哲学史大纲》上卷，在学校讲中国哲学史，自然也是上卷。顺便说个笑话，胡还写过《白话文学史》，也是只有上卷，所以有人戏称之为"上卷博士"。言归正传，钱宾四（穆）其时已经写完《先秦诸子系年考辨》，并准备印《老子辨》。两个人都不能不处理《老子》。这个问题很复杂，提要言之，书的《老子》，人的"老子"，究竟是什么时代的？胡从旧，二"老"就年高了，高到春秋晚年，略早于孔子；钱破旧，二"老"成为年轻人，晚到战国，略早于韩非。胡书早出，自然按兵不动，于是钱起兵而攻之，胡不举白旗，钱很气愤，一次相遇于教授会（现在名教研室或教员休息室），钱说："胡先生，《老子》年代晚，证据确凿，你不要再坚持了。"胡答："钱先生，你举的证据还不能使我心服；如果能使我心服，我连我的老子也不要了。"这次激烈的争执以一笑结束。

争执也有不这样轻松的。也是反胡，戈矛不是来自革新的一面，而是来自更守旧的一面。那是林公铎（损），人有些才气，读书不少，长于记诵，二十几岁就到北京大学国文系任教授。一个熟于子曰诗云而不识 abcd 的人，不赞成白话是可以理解的。他不像林琴南，公开写信反对；但又不能唾面自干，于是把满腹怨气发泄在课堂上。一次，忘记是讲什么课了，他照例是喝完半瓶葡萄酒，红着面孔走上讲台。张口第一句就责骂胡适怎样不通，因为读不懂古文，所以主张用新式标点。列举标点的荒唐，其中之一是在人名左侧打一个杠子（案即专名号），"这成什么话！"接着说，有一次他看到胡适写的什么，里面写到他，旁边有个杠子，把他气坏了；往下看，有胡适自己的名字，旁边也有个杠子，他的气才消了些。讲台下大笑。他像是满足了，这场缺席判决就这样结束。

教师之间如此。教师学生之间也是如此，举两件为例。一次是青年教师俞平伯讲古诗，蔡邕所作《饮马长城窟行》，其中有"枯桑知天风，海水知天寒"两句，俞说："知就是不知。"一个同学站起来说："俞先生，你这样讲有根据吗？"俞说："古书这种反训不少。"接着拿起粉笔，在黑板上写出六七种。提问的同学说："对。"坐下。另一次是胡适之讲课，提到某一种小说，他说："可惜向来没有人说过作者是谁。"一个同学张君，后来成为史学家的，站起来说，有人说过，见什么丛书里的什么书。胡很惊讶，也很高兴，以后上课，逢人便说："北大真不愧为大。"

这种站起来提问或反驳的举动，有时还会有不礼貌的。如有那么一次，是关于佛学某问题的讨论会，胡适发言比较长，正在讲得津津有味的时候，一个姓韩的同学气冲冲地站起来说："胡先生，你不要讲了，你说的都是外行话。"胡说："我这方面确是很不行。不过，叫我讲完了可以吗？"在场的人都说，当然要讲完。因为这是红楼的传统，坚持己见，也容许别人坚持己见。根究起来，韩君的主张是外道，所以被否决。

这种坚持己见的风气，有时也会引来小麻烦。据说是对于讲课中涉及的某学术问题，某教授和某同学意见相反。这只要能够相互容忍也就罢了；偏偏是互不相让，争论起来无尽无休。这样延续到学期终了，不知教授是有意为难还是选取重点，考题就正好出了这一个。这位同学自然要言己之所信。教授阅卷，自然认为错误，于是评为不及格。照规定，不及格，下学期开学之后要补考，考卷上照例盖一长条印章，上写：注意，六十七分及格。因为照规定，补考分数要打九折，记入学分册，评六十七分，九折得六十分多一点，勉强及格。且说这次补考，也许为了表示决不让步吧，教授出题，仍是原样。那位同学也不让步，答卷也仍是原样。评分，写六十，打折扣，自然不及格。还要补考，仍旧是双方都不让步，评分又是六十。但这一次算及了格，问为什么。说是规定只说补考打九折，没有说再补考还要打九折，所以不打折扣。这位教授违背了红楼精神，于是以失败告终。

三

点滴一谈散漫，二谈严正；还可以再加一种，谈容忍。我是在中等学校念了六年走入北京大学的，深知充任中学教师之不易。没有相当的学识不成；有，口才差，讲不好也不成；还要有差不多的仪表，因为学生不只听，还要看。学生好比是剧场的看客，既有不买票的自由，又有喊倒好的权利。戴着这种旧眼镜走入红楼，真是面目一新，这里是只要学有专长，其他一切都可以凑合。自然，学生还有不买票的自由，不过只要买了票，进场入座，不管演者有什么奇怪的唱念做，学生都不会喊倒好，因为红楼的风气是我干我的，你干你的，各不相扰。举几件还记得的小事为证。

一件，是英文组，我常去旁听。一个外国胖太太，总不少于五十多岁吧，课讲得不坏，发音清朗而语言流利。她讲一会总要让学生温习一下，这一段空闲，她坐下，由小皮包里拿出小镜子、粉和胭脂，对着镜子细细涂抹。这是很不合中国习惯的，因为是"老"师，而且在课堂。我第一次看见，简直有点愕然；及至看看别人，都若无其事，也就恢复平静了。

另一件，是顾颉刚先生，那时候他是燕京大学教授，在北京大学兼课，讲《禹贡》之类。顾先生专攻历史，学问渊博，是疑古队伍中的健将；善于写文章，下笔万言，凡是翻过《古史辨》的人都知道。可是天道吝啬，与其角者缺其齿，口才偏偏很差。讲课，他总是意多而言语跟不上，吃吃一会，就急得拿起粉笔在黑板上疾书。写得速度快而字清楚，可是无论如何，较之口若悬河总是很差了。我有时想，要是在中学，也许有被驱逐的危险吧？而在红楼，大家就处之泰然。

又一件，是明清史专家孟心史（森）先生。我知道他，起初是因为他是一桩公案的判决者。这是有关《红楼梦》本事的。很多人都知道，研究《红楼梦》，早期有"索隐"派，如王梦阮，说《红楼梦》是影射清世祖顺治和董鄂妃的，而董鄂妃就是秦淮名妓嫁给冒辟疆的董小宛。这样一比附，贾宝玉就成为顺治的替身，林黛玉就成为董小宛的替身，真是说来活灵活现，像煞有介事。孟先生不声不响，写了《董小宛考》，证明董小宛生于明朝天启四年，比顺治大十四岁，董小宛死时年二十八，顺治还是十四岁的孩子。结果判决：不可能。我是怀着看看这位精干厉害人物的心情才去听他的课的。及至上课，才知道，从外貌看他是既不精干，又不厉害。身材不高，永远穿一件旧棉布长衫，面部沉闷，毫无表情。专说他的讲课，也是出奇的沉闷。有讲义，学生人手一编。上课钟响后，他走上讲台，手里拿着一本讲义，拇指插在讲义中间。从来不向讲台下看，也许因为看也看不见。应该从哪里念起，是早已准备好，有拇指作记号的，于是翻开就照本慢读。我曾检验过，耳听目视，果然一字不差。下课钟响了，把讲义合上，拇指仍然插在中间，转身走出，还是不向讲台下看。下一课仍旧如此，真够得上是坚定不移了。

又一件，是讲目录学的伦哲如（明）先生。他知识丰富，不但历代经籍艺文情况熟，而且，据说见闻广，许多善本书他都见过。可是有些事却糊里糊涂。譬如上下课有钟声，他向来不清楚，或者听而不闻，要有人提醒才能照办。关于课程内容的数量，讲授时间的长短，他也不清楚，学生有时问到，他照例答："不知道。"

又一件，是林公铎（损，原写攻渎）先生。他年岁很轻就到北京大学中国语言文学系任教授，我推想就是因此而骄傲，常常借酒力说怪话。据说他长于记诵，许多古籍能背；诗写得很好，可惜没见过。至于学识究竟如何，我所知甚少，不敢妄言。只知道他著过一种书，名《政理古微》，薄薄一本，我见过，印象不深，以"人云亦云"为标准衡之，恐怕不很高明，因为很少人提到。但他自视很高，喜欢立异，有时异到等于胡说。譬如有一次，有人问他："林先生这学期开什么课？"他答："唐诗。"又问："准备讲哪些人？"他答："陶渊明。"他上课，常常是发牢骚，说题外话。譬如讲诗，一学期不见得能讲几首；就是几首，有时也喜欢随口乱说，以表示与众不同。同学田君告诉我，他听林公铎讲杜甫《赠卫八处士》，结尾云，卫八处士不够朋友，用黄米饭炒韭菜招待杜甫，杜公当然不满，所以诗中说，"明日隔山岳，世事两茫茫"，意思是此后你走你的路，我走我的路。也许就是因为常常讲得太怪，所以到胡适兼任系主任，动手整顿的时候，林公铎解聘了。他不服，写了责问的公开信，其中用了杨修"鸡肋"的典故，说"教授鸡肋"。我当时觉得，这个典故用得并不妥，因为鸡肋的一面是弃之可惜，林先生本意是想表示被解聘无所谓的。

最后说说钱玄同先生。钱先生是学术界大名人，原名夏，据说因为庶出受歧视，想扔掉本姓，署名"疑古玄同"。早年在日本，也是章太炎的弟子。与鲁迅先生是同门之友，来往很密，并劝鲁迅先生改钞古碑为写点文章，就是《呐喊·自序》称为"金心异"的（案此名本为林琴南所惠赐）。他通文字音韵及国学各门。最难得的是在老学究的队伍里而下笔则诙谐讽刺，或说嬉笑怒骂，他是师范大学教授，在北京大学兼课，讲"中国音韵沿革"。钱先生有口才，头脑清晰，讲书条理清楚，滔滔不绝。我听了他一年课，照规定要考两次。上一学期终了考，他来了，发下考卷考题以后，打开书包，坐在讲桌后写他自己的什么。考题四道，旁边一个同学告诉我，好歹答三道题就交吧，反正没人看。我照样做了，到下课，果然见钱先生拿着考卷走进教务室，并立刻空着手出来。后来知道，钱先生是向来不判考卷的，学校为此刻一个木戳，上写"及格"二字，收到考卷，盖上木戳，照封面姓名记入学分册，而已。这个办法，据说钱先生曾向外推广，那是在燕京大学兼课，考卷不看，交与学校。学校退回，钱先生仍是不看，也退回。于是学校要依法制裁，说如不判考卷，将扣发薪金云云。钱先生作复，并附钞票一包，云：薪金全数奉还，判卷恕不能从命。这次争执如何了结，因为没有听到下回分解，不敢妄说。总之可证，红楼的容忍风气虽然根深蒂固，想越雷池一步还是不容易的。

☞ 提　示

季羡林曾这样评说他眼里的张中行，"他居红楼沙滩颇久，至今虽已到了望九之年，他上班的地方仍距红楼沙滩不远，可谓与之众生有缘了。因此，在他的生花妙笔下，其实并不怎样美妙的红楼沙滩，却仿佛活了起来，有了形貌，有了感情，能说话，会微笑。中行先生怀着浓烈的'思古之幽情'，信笔写来，娓娓动听。他笔下那一些当年学术界的风云人物，虽墓木久拱，却又起死回生，出入红楼，形象历历如在眼前。"他描绘的红楼，一是学术上的自由空气浓，二是知识群落个性的强烈。新与旧、古与今都荟萃于此，真是郁郁乎文哉。但文字中并不都是誉词，有时对自己的老师亦有微词，并不以前人是非为是非。张中行以为老北大的不凡在于，将学术由传统的泛道德化转变到多元的道路上来。

张中行是因为写北大红楼而出了名的，红楼的生活给他的影响是巨大的，当沉浸在历史的往事里时，他勾勒了那么多我们不曾知晓的故事。文字老到精妙，内心静得没有杂音，仿佛是从博物馆里传来的钟声，传递着失去的足音。他那么感怀新文化的前驱，文字毫无迂腐气，在古朴里还透着现代哲学的凌厉之气。有一点康德的不可知论的雄辩，一点知堂式的从容，外加上曹雪芹般的感时伤怀。许多文章的问世，构成了一个个旧梦。他的文章给我们带来的气息，在别人那里是感受不到的。

现代散文中，闲话甚为风行，甚而形成了一种闲话文风。而与这种闲话相对应的心态是闲适或悠闲，如周作人的小品。张中行的琐话也是一种闲话，但旨趣不在于闲适或悠闲，而是有所言说，不无眷恋。

张中行学问的日常化、平民化，文中的人间烟火气、泥土气素为读者推崇。孙郁说："他的文字很好，静静的。像冬夜悄然落地的雪，安静里有些清冷，一切都是暗暗的。记人记事，有古风，像六朝的短章，也夹带晚明小品的笔意，很有苍凉的况味。""观其文，是从金石里流出来的。又沐以西哲的光泽，还杂有旧诗文的风采"。孙郁认为，周作人的杂学与平淡，废名的深奥与古朴，对张中行影响至深。张中行晚年在文坛的出现，可以说是复活了旧时京派文学的灵魂。他也指出张中行文章的问题：一是有时略显重复，逻辑上的涩味暗生。二是古风甚浓，像博物馆里的遗物，鲜活气不足。

➤ 延伸性阅读文献

1. 张中行：《张中行散文》，人民文学出版社，2008年。
2. 谢志浩：《六朝人物张中行》，载谢志浩：《那些有伤的读书人》，新星出版社，2012年。

3. 孙郁:《张中行别传》,人民文学出版社,2009年。

4. 韩小蕙、靳飞:《张中行名作欣赏》,中国和平出版社,2010年。

思考与练习

1. 如何理解张中行所谓的"红楼精神"?

2. 如何理解张中行散文的"闲话风"?

3. 比较阅读周作人的散文《红楼内外》与张中行的《红楼点滴》,体会为什么说张中行晚年在文坛的出现复活了旧时京派文学的灵魂。

敦煌四题

高尔泰

高尔泰(1935～　)，美学家、画家、作家。1935年生于江苏高淳。早年就读于江苏师院美术系。1957年因发表美学论文《论美》而被打成右派，被送到夹边沟劳改。1962～1990年，分别在敦煌文物研究所从事绘画研究，中国社会科学院哲学研究所美学研究室从事美学理论研究，兰州大学哲学系从事教学，四川师范大学任美学研究室主任。著有论文集《论美》、《再论美》，论文《艺术的觉醒》、《什么是艺术》、自传性的回忆录《寻找家园》等。1992年出国，在海外从事绘画、写作，并在多所大学访学。现居美国拉斯维加斯。

敦煌莫高窟

要到莫高窟，先到敦煌城。据说现在的敦煌，已成了国际旅游城市。高楼林立，夜市通宵达旦。还筑了飞机场，客运繁忙。可三十五年前的那时，只有横七竖八一簇簇灰黄色的土屋。一般是平房，顶多两层楼。街上坑坑洼洼，行人稀少，满地畜粪，车过处黄尘滚滚。一丁点儿也看不出，它曾经是古代欧亚大陆桥——丝绸之路上总绾中西交通的重镇。想当年异国商贾云集，周边羌胡来归，毡庐千帐，土屋万家，鸣驼骄马，绿酒红裙，繁华真如一梦。

城外沙漠中，残留着一些陈迹。西面有汉代的阳关遗墟和沙州故城遗墟；北面有汉代的玉门关遗墟；南面沿着疏勒河，有一条高低断续的土墩，是长城烽燧的残余；东面平沙中发现了一些木简、农具、钱币和箭镞，折戟沉沙铁未消，说明它曾是东汉以来成边士卒的屯田。举世闻名的莫高窟，就在东南面鸣沙山和三危山之间峡谷里的悬岩上。

可以想象，万里流沙中这些壁立千仞的悬岩，是洪荒时代雷鸣般的浊流冲刷出来的。但是为什么，那亘古不息摇天撼地的寥寥长风，那水一般流动着的填平一切的沉重黄沙，到这个悬岩边上就停止了，宁肯在一旁聚成消长无凭的高高沙山，也不肯进入这小小的峡谷？

峡谷从南到北，狭长一千六百多米。有一股地下水从南端冒出来，到北端又没入地下。中间无数百年老树，拔地参天，郁郁森森，掩映着几座古寺。岩壁上高低参差保存着十六国、北魏、西魏、北周、隋、唐、五代、宋、西夏、元等十个朝代的洞窟四百九十多个。壁画总面积四万五千多平方米，彩塑两千四百多身，有经卷写本数万，唐宋窟檐若干。据说这些，都只是残留下来的部分，其盛时有窟千余。具体如何，已无可考。不论如何，它不可能是一个人或一个王朝的作品，只有无数人千余年间代代相继层层累进，才有造成这样的宏构巨制的可能。

如果没有佛教的东来，没有印度文化、波斯文化、马其顿东征带来的希腊文化随着丝绸之路上的商队,在这里和月支、乌孙、匈奴人留下的本土文化,以及汉廷的西征健儿、移徙流民、被贬黜的官吏和迁谪文人带过来的中原华夏文化交汇融合,而产生出一种野性的活力,激活了人们创造的潜能,并为之提供了宣泄的渠道,则这种可能性也不会向现实性推移。

所以莫高窟艺术,如果说它是一件集壁画、建筑与雕塑于一体的综合艺术品的话,那么应该说,历史和自然都参与了它的创造。那荒野神奇而又深藏若虚的自然景观,不是更增添了它撼人心魄的艺术魅力吗?那些壁画积淀着岁月递嬗的痕印,或深或浅都成了黄调子。加上部分变色、褪色,斑驳剥落,隐显之间,倒反而更加丰富,更加奇幻。其沉郁浑厚处,光怪陆离处,更是出乎意表,非人力所能及。正如当初锃亮闪光俗不可耐的祭器,后来变成了绿锈斑驳古朴凝重的青铜文物。大自然的破坏力量,在这里变成了创造的力量。鬼斧神工,此之谓乎?

被那斑斓万翠的洪流带着,在千壁画林中徘徊而又徘徊,我有一种梦幻之感。想到历史无序,多种机缘的偶然遇合,在这么长的时间里为创造这些作品提供的保证多么难得;想到岁月无情,它历经千百年风沙兵燹保存至今更不容易;想到世事无常,我家破人亡死地生还犹能来此与之相对尤其幸运,心中就不由得充满着一种深深的感激之情。

面壁记

从六二年到七二年,我在敦煌十年,但只工作了四年。六六年"文革"爆发,成了"揪斗人员"。六九年中共"九大"前夕,被派到酒泉作画,七二年调离敦煌,到"五七干校"劳动。

"文革"改变了人们的生活,也改变了人们的形象。所里那些温文尔雅不苟言笑的好好先生,一夜之间变成了凶猛的野兽,剧烈地蹦跳叫喊,忽又放声歌唱,忽又涕泗交流,忽又自打耳光,忽又半夜里起来山呼万岁,敲锣打鼓宣传伟大思想……整个莫高窟地面上,只有洞中那些菩萨和佛像,依旧保持着往日的自尊与安详。

被揪斗的人多起来时,我这个"死老虎"被撇在一边,常常被派去扫洞子。岩壁上落下的沙子,有时飘进洞里,久之积下或厚或薄的一层。我的任务就是把它扫出来,弄走。这是个没数的活儿,岩壁上上下下四五层四百九十多个洞子,谁知道哪里进了沙子?如果哪里我没扫,我可以说是刚刚扫过就又落了一层。

有好几年的时间,我都在扫洞子。每天独个儿挂着扫帚,仰头向壁与仙佛同游,仿佛生活在另一个世界。光暗看不清了,就到栈道上望远,"更无人处一凭栏",也是难得的体验。林海外,一片斜阳,万顷荒莽,有时恍惚里,真不知今夕何年。

这些洞窟壁画,以前都曾看过。但是挂着扫帚看到的,同拿着卡片或者画笔看到的,又不相同。作为佛教艺术,在佛教教义给定的框架范围内,敦煌艺术所展现的内容十分丰富。特别是作为经变(本生故事和感应故事)的背景,当时社会生活的方方面面,诸如耕种、蚕桑、纺织、建造、狩猎、捕鱼、畜牧、婚嫁、丧葬、教学、商旅、制陶、冶铁、驭车、推磨、炊事、战争、行乞、屠宰、练武、歌舞、百戏、早朝、宴会、帝王将相出巡、游猎、剃度、审讯……场景都有。其间宫殿城池、亭台楼阁、桥梁水榭、舟车寺塔、学校店铺、驿亭酒肆、衣冠服饰、宗教仪式具备。以致许多不同方面的研究者，都可以在里面找到有用的东西。

对于卡片来说它们是资料，对于画笔来说它们是范本。对于以戴罪之身，手持箕帚，心无所求，依次从容不迫地看下去的我来说，它们成了心灵史，成了一个思维空间的广延量。

都说唐代艺术最好最美，但我个人最喜欢的还是魏窟。十六国时期洞窟里的人物造型，一律矮壮质朴，唐代则一律丰圆壮肃。唯魏晋瘦削修长，意态生动潇洒。额广，颐窄，五官疏朗，眉毛与眼睛相距很远，恰如《世说新语》所说的"秀骨清像"，《历代名画记》所说的"变态有奇意"。也不以色貌色，绿马、蓝马、黑山、白山空无所依，蓝人、绿人、红人、黑人，都白眼白鼻，非人间所见。前呼后拥在黑色或土红色调子的背景上涌现出来，予人以一种奇幻神秘之感。

最使我流连的是西魏二八五窟，直以粉壁为天地，空灵透明。星汉奔流，云气飞扬，涵虚混太清。佛教诸天：日天、月天、纬纽天、毗那夜迦、鸠摩罗天、天龙八部等等，还有佛经中没有，来自中国古代神话的伏羲女娲，朱雀玄武，青龙白虎，雷公雨师，飞廉羽人，东王公西王母，以及《楚辞·天问》中提到的许多怪物，奔腾竞逐于天空。或乘雷电，或踏飞轮。灵幡飘渺，华盖悬空。旌旗舒卷，衣带流虹。潇潇飒飒，满壁生风。

所有这些，包括藻井、龛楣、以及分布全窟的装饰纹样，都用线条勾勒组成。无数纤细强劲、金属丝一般富有弹性，而又修长柔软如游丝的线条，在幽邃诡谲、光怪陆离的色块之中穿行，互相跟随互相追逐，时而遇合时而分离，轻悠下降忽又陡然上升，徐缓伸展忽又蓦地缩回。聚集、交错、相与旋转，以为要纠缠不清了，忽又各自飞散，飞散而又彼此呼应，相遇在意想不到的地方。像一组组流动的乐音，有笙笛的悠扬，但不柔弱。有鼓乐的喧闹，但不狂野。从容不迫，而又略带凄凉。凄凉中有一种自信，不是宿命的恐惧或悲剧性的崇高，也不是谦卑忍让或无所依归的彷徨。

唐代的洞窟，特别是贞观、开元之际的唐窟，以华严、瑰丽、气度恢宏为特点。色彩鲜艳丰富、金碧辉煌。线描技法亦更为多样。用笔仍是中锋，但有轻重、快慢、虚实、粗细的变化，抑扬顿挫。兰叶、铁线、游丝、曹家样、吴家样错杂并陈。菩萨和供养人等，大都是周家样绮罗人物，曲眉丰颊，莹肌圆体，肩披长发，半裸上身，璎珞珠饰繁华缤纷。或静立，或歌舞，或飞天，或坐思，都妩媚生动，而又端庄从容。不是禁欲的官能压抑，也不是无所敬畏的张狂。佛国的庄严，都化作了人间的温馨。如此大气，又如此隽永。

唐窟中最使我倾心的，还是塑像，特别是二〇五、一九四等几个洞子的塑像。同为佛教诸神，却又各有个性。阿难单纯质朴；迦叶饱经风霜，观音呢，圣洁而又仁慈。他们全都赤着脚，像是刚刚从风炙土灼的沙漠里走来，历尽千辛万苦，面对着来日大难，既没有畏惧，也没有抱怨，视未来如过去，不知不觉征服了苦难。一三八窟的卧佛，是释迦牟尼临终时的造像，姿势单纯自然，脸容恬淡安详，如睡梦觉，如莲华开，视终极如开端，不知不觉征服了死亡。

看到死亡的曲子，如此这般地被奏成了生命的凯歌，我想到西方艺术中那些以死亡为主题的雕像（如《拉奥孔》，米开朗琪罗的《死》，或者罗丹的《死》）都是悲剧性的。宽阔的胸脯隆起的肌肉，剧烈的动作紧张的表情，都表征着恐惧与绝望的抗争。相比之下，这些文弱沉静从容安详的塑像所呈现出来的，也许是更加强大的力量。这不是一个可以用阳刚阴柔之类现成的概念，或者十字架和太极图之类近似的比喻可以说明的差异，其中隐藏的消息，也为我打开了一个通向别样世界的门窗。

在那些小小的石头洞中面壁，我感觉到一种广阔。只可惜天黑了还得回到外面，和其他揪斗人员一起，在毛主席像前请罪。唱语录歌，听训话，互相揭发批判，和自我揭发批判，一如但丁笔下的鬼魂，互相撕扯咬啃。没处躲没处藏，直觉得四面都是墙壁。

寂寂三清宫

我是1962年6月2日到的，在招待所住了几天，后来搬到下寺。

莫高窟原有三座寺庙。一座在狭长地带的最南端，原名雷音寺，简称为上寺。我去那时，已成了所内工作人员的家属宿舍，几个院子里都随处堆放着各家的杂物，晾晒着各家的衣衫，奔跑着各家的鸡鸭。各家洗东西的水倒在地上，形成水洼，正好让羽毛肮脏的鸭子，在里面聊解乡愁。

紧连着上寺是中寺，原先是喇嘛庙，名"皇庆寺"，已经改建，成了研究所办公室、工作室、会议室、招待所、伙房、食堂等的所在地。大门上，"敦煌文物研究所"七个字是茅盾写的，枯硬拘谨，我不喜欢。庙里剩有两个喇嘛，一男一女。男的叫徐斯，女的叫宝乃，都搬到上寺住了。我初去时，徐斯七十多岁，瘦高一如插图中的唐吉诃德。给所里放羊，常在山中，经旬不归。宝乃八十多岁，仍穿着紫红色僧袍。人极瘦小，又是驼背，高不满一公尺，拄着拐杖行走，身体前倾，摇摇欲倒；语音嘶哑，但目光犀利，时或有一些强壮剽悍的彪形大汉，成群结队越过沙漠来拜望她，称她"老大"，敬畏有加。她那乌黑低矮的小屋门前，常系着雄健的骄马，喷着响鼻，前足刨地，得得有声，俯仰之间，辔头哗啷啷直响。

下寺却是道观，原名"三清宫"，匾额犹存。位在狭长林带的北端，莫高窟山门之外。离上寺和中寺约一公里多路。据说很早以前，里面吊死过人。后来有个道士，在那儿被土匪打死。还有些狐仙鬼怪的传说。有几分神秘，几分恐怖，久已没人居住。廊柱油漆剥落，栋梁蛛网尘封，落叶堆庭，荒草芜径。出后门不远，就是著名的藏经洞，内有张大千题壁，字迹遒劲，略有板桥风。前门外不远处的山门上，有"莫高窟"三字，为于右任所题，已被刮除，并用石灰涂盖，然残迹犹存，细审之仍历历可辨。笔意位置，清气袭人，野逸中透着苍健。入山间行约半公里，有一牌楼，新油漆甚鲜艳。正反两面，各有"石室宝藏"和"三危揽胜"四字，蓝底金字，光闪闪特扎眼，是郭沫若手笔。搔首弄姿，我不喜欢。

我喜欢三清宫的宁静，要求住在那里，办公室同意了。我扫净一间厢房，搬了进去，一住就是三年。后来所里决定将办公室搬到下寺，动手施工改建三清宫，才搬到上寺，与大家为邻，享受往来应酬的热闹，还有鸡鸭儿童的欢叫。改建后的三清宫，面目全非。但也终于没做办公室。因为紧接着，"文化大革命"就爆发了。我一点儿也不喜欢我上寺的居所，但也没有在里面住多久，"文革"一来就被抄家查封，带着个行李卷搬到牛棚去住了。牛棚常换地方，我们居无定所，值得后来怀念的，也还是那苍苔露冷的下寺三清宫。

　　所里四十九个人，编制分为研究部、石窟保护部和行政部。研究部分为美术组、考古组和资料室。我所在的美术组，包括张大千留下的裱画师李复，共九个人。主要工作是研究和临摹壁画。按所里的年度计划，在年初把全年的任务分配落实到每个人头上，各自完成。七八个人加上考古组一共二十来个人，分散到近五百个洞子里，还是比较自由的。我白天在洞里临摹，或在资料室翻书，下班后在食堂吃过晚饭就回"家"。虽然工作并不乏味，我还是很爱回家——回下寺三清宫去。那是一个属于我个人的世界，离人群愈远，它愈开阔。

　　房间窗子朝东，窗外有几十棵合抱的大树，当地人叫它"鬼拍掌树"，疏疏落落占了很大一片地面。疏林外是河滩，川流不息。河那边隔着荒芜的丛莽，可以看见高坡上几个古代僧人留下的舍利塔。再过去就是三危山了。傍晚回来，开门就可以看到，三危山精赤的巉岩映着落日，火焰般腾跃着一片金紫银红，烈烈煌煌。返照染红河水，还把蓝色的树影投射到房间里的东墙之上。偶有鸟飞鱼跃，墙上就会漾起，层层明亮的波纹。我常常凭窗站着，长久地一动不动，看山上的光焰渐渐暗淡，直到它变成深紫色，才点上那盏老式的煤油罩子灯，捣弄分配给我的专题。桌上一摞一摞，全是老得发黄的线装书。

　　我知道在敦煌研究敦煌学，条件难得。我知道我的安全和利益都在于利用这个条件，钻进故纸堆里，成为这方面的专家。这是我想来敦煌的主要动机。想来而真能来，是一种幸运，我十分珍惜。我感激常书鸿先生帮助我来到这里，急于让他知道，他没有看错了我。利益的考量加上急于求成，我在研究和临摹两方面都全力以赴。常常为了解决一个很小很小的问题，比方说某句佛经和变文的异同、某窟某条题记的确切年代之类，花上好几天，甚至几十天的功夫。为临摹四六五窟元代密宗壁画，我在这个我所不喜欢的洞窟里耗费了整整一年的时间。

　　有天深夜，我渴了。到四六五洞去取我的暖瓶。巨树森黑，月影满地，足音清晰。唐、宋窟檐上，时或传来几声檐马的叮当。隔着密林，那古代的声音像就在耳边。甚至那些较大的沙粒从悬岩上落下，打在窟檐或楼道上的细微沙声音，也都清脆可闻，使寂静更加寂静，静得像戈壁一般沉重。我穿过长长的沙路，爬上高高的梯子，进出黑暗的洞窟，没入阴森的古寺，一路上都觉得，自己像一个幽灵。推开房门，看到昏黄的灯泡照着那一桌子破旧的古书，我突然有一种被活埋了的恐惧。无边的寂静就是坟墓，在其中那些古人虽然已经死了，好像还活着。我自己虽然活着，却好像已经死了。

　　以前在惊涛骇浪中浮沉，我曾经渴望寂静，梦想着有一个风平浪静的港湾，好安顿遍体鳞伤的身心。现在我得到了寂静，同时也就明白了，寂静不等于安宁。轻柔温软的寂静，有一个冷而且硬的内核；它是刹那和永恒的中介，是通向空无的桥梁。当我感觉到，而不是推理到这一点的时候，我产生了逃避寂静的欲望。

　　我翻出那些在夹河滩农场用很小的字写在各种碎纸片上的所见所闻所想，仔细地一张一张看起来。看着看着，仿佛又回到了那个充满着劳役、饥饿和屈辱的生活。总觉得即使是那样的生活，也比现在这样，变成千年古墓里的行尸走肉要好。看着看着，不知不觉，又写了起来。写人的价值，写人的异化和复归，写美的追求与人的解放，写美是自由的象征。自知是在玩火,但也顾不得了。除了玩火,我找不到同外间世界,同自己的时代、同人类历史的联系。我需要这种联系,就像当初需要寂静与孤独。写起来就有了一种复活的喜悦。但同时,也就失去了安全感。写时总要把房门从里面拴住。有时风吹门嘎嘎一响,就会吃一惊,猛回头,一阵心跳。

这批文章,"文革"中全部失去。大都落到革命群众手里,成了我的罪证。但我无悔,因为写作它们,我已经生活过了。

花落知多少

说起斯坦因、伯希和、华尔纳等人对于敦煌文物的"帝国主义劫掠",人们都痛心疾首、义愤填膺。一些劫掠的遗痕,至今被小心地保存着,作为爱国主义和民族主义的直观教材。如果我们撇开这些什么什么主义,全面地衡量一下损失,心情就会宽缓许多。

敦煌艺术的昌盛,以唐为最。唐以降,愈往后愈失掉昔年的高华与大气,一代不如一代。宋代的壁画都比唐代的草率粗糙。不但结构散,笔墨缺乏功力和韵律,而且公式化、概念化,千人一面,走进去有种空落之感。好在色彩清旷萧散,还算是有自己的风格。元代除第三窟外,连风格都没了。剥皮抽筋(密宗内容)都入画,很不好看。清代几无壁画,少量彩塑皆鲜艳粗俗,更无美感可言。纵观一千六百年敦煌艺术,唐代以后,确实是每况愈下。文艺风格的递嬗,包含着某种历史的信息。这个变化的曲线,值得研究。一代不如一代这样的事,并不稀奇。中世纪欧洲艺术,落后于古希腊罗马时代;苏联文学的水平,远低于十九世纪的俄罗斯……这样的例子比比皆是。且不问什么原因,起码敦煌艺术的式微,不是什么特殊的现象。奇怪的是,这样曲线运行的轨迹,会与内地(从中原到江左)的大致符合。例如魏窟粗犷略似建安风骨;唐窟华严正如盛唐之音;宋窟清空也像受了程、朱理学的影响;元以降愈趋世俗化的倾向,也同内地曲子词、小说家言的流行相呼应……敦煌孤悬天末,政治经济各方面的发展,都比中原慢好几拍,为什么其艺术基调的变迁,却能与之同步?也是个值得研究的问题。

1962年9月,文化部副部长徐平羽率领刘开渠、王朝闻等一行到莫高窟开专家会,策划石窟加固工程。参观洞子时,议论清代塑像,都说丑陋难看,竟在会上议决,把它们全部砸毁,从洞子里清除出去。我是跑腿的,没有发言权。只能看着雇来的农民抬着一件件砸下的断肢残躯往牛车上抛掷,然后拉到戈壁滩上丢弃,一任它雨打风吹,一年年变成泥土。

一条历史的曲线,就这样地被切掉了尾巴。这不算什么问题。如果说,有些被劫掠的文物还可以在大英博物馆之类的地方,获得妥善保护和公开展览的话,那么在被劫掠以后的抢救过程中,落入大小中国官员手里、沿途散佚、被抢救者据为己有的大量文物,后来连影子都没有了。即使那些抢救出来,终于收入国立北平图书馆的卷子,据陈垣《敦煌劫余录》记载,有许多都是撕裂了拼凑的。那缺失的精彩部分,早已经杳无踪迹。

平时的损失,是不引起注意的。历年来此牧驼、砍柴、敬香赶庙会的人来来往往,拴驴饮马、停车过夜、磕磕碰碰,撞断塑像一根手指或一条臂膀,磨掉壁画上一双眼睛或一个面孔之类的事,从来没人过问。当然这些人都是无意,不算破坏。就像走路踩死蚂蚁，不算谋杀。但后果是一样的。

民国十一年（1922年），当地政府安置白俄逃亡者五百多人到莫高窟居住，每天提供食物，任他们在洞内支床、安炉、生火做饭、刻划涂抹，敲取唐宋窟檐、唐宋栈道的木结构当柴烧。把大批壁画，包括著名的二一七窟《法华经变》和《观无量经变》大面积熏成乌黑。许多塑像上的贴金被刮去，只留下密密麻麻一条条的刮痕。后来（1939年）国民党马步芳军队驻扎在莫高窟，乱挖乱掘，损失更无法统计。

抗战时期，张大千到敦煌临摹壁画，在莫高窟住了两年七个月，作摹本二百七十多件。期间给洞窟编了号，也曾呼吁政府筑围墙，禁炊煮和派人保管石窟。摹本在重庆展出，引起轰动。弘扬敦煌艺术，功不可没。但是张大千的临摹，是用透明薄纸在墙上直接拷贝，方法一如描红，不可能不对原作造成损伤。尤其对于那些粉化、起甲、漫漶、易剥落的壁画来说，损伤很可能是严重的。由于内行人挑选的临摹对象，大都是壁画中的精彩部分，问题就更大了。况且这不是张大千一个人的问题，许多画家、许多美术院校的师生来实习，都这样。

六二年以来，所里的管理逐渐严格。"文革"后，莫高窟成了旅游热点，研究所改称研究院，按照商业化旅游区的要求，重建了窟前环境，加强了洞窟管理。卖门票开放参观，设专人带队讲解，基本上杜绝了上述种种情况。但是谁也没有想到，人潮带来的空气污染，环境改变造成的生态失衡，反而大大地加快了壁画酥碱、起甲、大面积脱落的速度，要纠正已经很难。

所有这一切无心之失，都是一种历史中的自然，我们不妨听其自然，要不，数十年来，整个中国无端损失了那么多人的生命和生活，又在滚滚商潮中失落了那么多的人文精神，我们又当如何？

☞ 提　示

《敦煌四题》最初发表于《读书》2003年第1期，后收入《寻找家园》一书。《寻找家园》是高尔泰带自传性的一本文集，从孩提时代家乡的美好，到流放西北，在鬼门关附近徘徊的经历，高尔泰娓娓叙来，惊心动魄。高尔泰用一本书书写一生，苍莽浑厚、精洁优美。他的文字是历史的真实回忆，更是对人性的深层揭示，对灵魂的深度挖掘。书中浓墨重彩地刻画了一个个形象生动的人物，记录了很多真实的生活事件。人性中的恶一再有机会被放大、扭曲。高尔泰用文字还原了许多琐碎小事和日常感觉，丰富着大历史。一种稀有的、似古君子的强健宽厚之风贯穿全书。

高尔泰是以美学家闻名于世的，20世纪80年代，他提出"美是自由的象征"的美学命题。《敦煌四题》正是他的"美是自由的象征"的美学传达。它绝非一段偶然性游程的传神写照，也不仅是高尔泰作为画家的艺术启示录和他作为美学家的一次深刻的学术体认，而是更多地交融着作者在自我生命困顿与精神磨难中所获得的超越性的时空视界和命运感知，以及由此而形成的艺术顿悟与学术提升。

第一题"敦煌莫高窟"可以看做高尔泰对于敦煌艺术的整体性审视。作者由现实回溯往昔，由现代新貌遥想曾经灿烂辉煌而今繁华不再的历史旧梦。

如果说第一题已经初步传递了高尔泰当时的现实生存信息，那么第二题的"面壁记"，便把这种生存现实引向了更为痛切的倾诉，高尔泰并非在此渲染个人的苦难，而是要着意强调人在一种痛苦的生命体验中所能获得的超越常态的精神感受。

"寂寞三清宫"一题既是作者寻觅自由的精神曲线，又是他呼唤自由的心灵直白。当高尔泰在那生命的炼狱中进行着惨烈悲壮的精神突围的时候，他对自由的呼唤无疑是一种心灵的直白，但他在实现这种心灵直白的进程中，又无疑经历了一段生命的苦旅，一条精神的曲线，行之于文，高尔泰就将生命的真实演绎成了一条令人心动神摇的艺术曲线。

全文最后的"花落知多少"一题似乎无一词一语关乎自由，作者心之所系的是敦煌文物的存亡绝续，但其中仍然蕴含着对艺术生命自由的深切牵挂。

读《敦煌四题》，你或能从中获得对作者人生经历的更有血肉的把握，你或惊叹其炉火纯青的行文运笔之功，或心折于他对敦煌艺术的妙悟高见，或感喟于他所经历的精神炼狱和生命涅槃。

读高尔泰的《敦煌四题》，自然会想到余秋雨的《莫高窟》。在《莫高窟》一文中，余秋雨也有与高尔泰同样的关于艺术与自由关系的精彩表达："狂欢是天然秩序，释放是天赋的人格，艺术的天国是自由的殿堂。"但如果与高尔泰的《敦煌四题》相比较，余氏的"生命状态"则更多的是一种思考状态和写作状态，他虽然也造访过敦煌，也对此投入了生命的真诚，但与高尔泰的敦煌之缘相比，他也只能算是敦煌艺术之旅的一个过客，其文虽有苦心孤诣的思索，但也不可避免地带着明显的书斋气和学院色彩。高尔泰是艺术家也是学者，但他更是生命苦旅的真正践行者和艺术险峰的真正攀登者，《敦煌四题》是用生命书写的，是他的"美是自由的象征"的美学传达，他是在用生命诠释美与自由。

> **延伸性阅读文献**

1. 高尔泰：《寻找家园》，北京十月文艺出版社，2011年。
2. 高尔泰：《草色连云》，中信出版社，2014年。
3. 杨显惠：《夹边沟记事》，花城出版社，2008年。

思考与练习

1. 比较阅读高尔泰的《寻找家园》、杨显惠的《夹皮沟记事》与严歌苓的《陆犯焉识》，了解当代中国的一段特殊历史。
2. 比较阅读高尔泰《敦煌四题》与余秋雨的《莫高窟》。
3. 为什么说《敦煌四题》是高尔泰"美是自由的象征"的美学传达。

畸人刘镇西

野 夫

野夫，本名郑世平，1962 年生于湖北恩施。中国自由作家，发表诗歌、散文、报告文学、小说、论文、剧本等 100 多万字。2006 年获"第三代诗人回顾展"之"杰出贡献奖"，2009 年获"2009 当代汉语贡献奖"，2010 年凭借《江上的母亲》获台北 2010 国际书展非虚构类图书大奖，《乡关何处》获 2012 年度《新周刊》新锐榜年度图书。

一

畸人，是伟大的庄子为汉语贡献的一个名词。他认为这样的人，"畸于人而侔于天"；也就是说他们在人世间孤独无匹，却与天道完美契合。

我每每看见这个词，就想起故乡的莫逆之交老刘。在这个世界，我有幸结交过万千奇人，但是真正能当得起这个"畸人"称名的，似乎非他莫属。

最近的一次还乡，我们又坐到了一起。朋友们问我——为什么还不写老刘？我还没来得及回答，老刘自己便解释——他说要等我死了才写的，可是我偏生是个老不死的，看来诸位还得等了。

大家笑罢，我忽然内心涌出一丝歉疚和凄凉。难道我真的要到他坟前去焚稿，才能倾尽我们三十年的交谊吗？我何不趁他健在，就给他朗读我积年的知遇和敬重呢？

是的，是朗读而不是给他看，他早已看不见我的文字了。他圆睁的双眼在这个世界始终像怒目金刚，可是却早已被黑暗遮蔽。他每天在孤老院里，拿着我的书去祈求那些识字的护理员读给他听，听着听着那枯井般的眼眶就泉涌两行。

就是这样的一个睁眼瞎，每天却拒绝策杖；他独自像明眼人一样横行于闹市通衢，而且总要高唱着自己所谱的歌曲，旁若无人地行走在他的江湖生涯中。

二

1977 年我还在利川高中读书时，便认识了老刘。但是那时他不认识我，那时他在广场的戏台上被反绑着示众，然后我们这些集合去参会的学生，惊骇地看着他被宣判为"现行反革命"，被判刑 8 年，然后被恐怖呼啸的刑车带到了省城监狱。

1981 年我大学毕业回到小城，浮躁孟浪地成为了一个薄有姓名的诗人。一日，我和文化局长刘湘松在书店闲转，正在翻看新到的《中国古典十大悲剧》。忽然一个带着高度近视眼镜的中年男人急匆匆闯来，近乎无礼地直接从我们手中夺过该书开始翻阅。他一边看目录，一边嘀咕——牡丹亭怎么也收进了悲剧？

刘湘松是儒雅富学的人，便搭腔道——这个在学界也有争议，可算悲喜剧吧。他一听我们的议论接近内行，立马回眸打量问道——两位高姓大名啊？我们眼见此人古怪，寒暄着自报家门；他突然双手各自紧拽我俩，高声笑道——神交已久，缘悭一面。未曾想今日邂逅，请两位务必到寒舍小坐。

我们赶紧模拟他的古旧声腔，回问阁下怎么称呼；他爽朗答曰在下刘镇西便是。我们都记起了这个小城著名的政治犯，想到初识不便登门，便委婉客气曰改日拜访云云。哪知他完全不由分说，直接强拉着我们跟他进入一个歪斜的木楼。

上得楼来，他家却柴门深锁，我们又急忙托故说下次下次。他哪里肯听，直接将我们按进邻居的椅子，说他去去便来。只听他在院子里喊了几声老妻，便去敲隔壁一家的门借斧头。我们像遇见强人打劫一般，急忙出去拉住他说，千万别如此，我们改日一定再来。他已然利器在手，口中念念有词曰——幸有嘉宾至，何妨破门入。手起刀落，门锁已被他砍成两截。就这样，我们在他不足十平米的暗室，杯茶订交，成了今生头颅相许的朋友。

三

老刘似乎是一个始终活在古代的人。他无论言谈举止，处处都透着古风。上面那些对话，外人以为我乃虚构明清小说的口吻，殊不知利川的百姓，但凡接近过老刘的人，皆知我所言非虚。

那时的他约略 40 多岁，皮肤黝黑，额上皱纹深刻如横写的川字。浓密的眉毛几乎要连接在一起，下面是一副宽边高度近视眼镜。他自嘲说根据古代相术，他就是天生的苦相。我看他的形貌，不需要懂麻衣柳庄，那也是绝对可以看得出的悲苦。

那时他刚刚平反提前出狱，原本没有工作，故而也不存在补偿工资一说，三年多的深牢大狱那算是白坐了。问起案由，则才知道其中的荒诞。原来他早在 1958 年，就因同情"右派"乱说反动言论，曾经被劳教过三年。"两劳"人员在当时的中国，属于"地富反坏右"之中的坏分子一角，属于要永远监督惩罚的对象。

但凡国家有大事，基层政权都要集中这些"五类分子"学习训话，观察反应。1976 年的打倒"四人帮"，自然是审看这些所谓反动派的最好时机。他被叫到了城关镇政府，问他对这一事件的看法。老刘一生耿介磊落，反问主官是要听真话还是假话。主官一向反感其桀骜不驯，自然窃喜说要听真话。他说——那你等我回去把后事安排一下，马上就来回答。

老刘回家收拾一床薄被（那时坐牢是要自带被子的），妻问他干嘛，他说明缘由——要去镇上讲真话，肯定就会坐牢。他把妻女托付给一家朋友看顾，妻是文盲，抱着他的腿哭泣不放，哀求他不要去管什么国家的闲事。他是那种绝不屈服和畏惧的人，还是悲风扑面地走向了衙门。

他对那些主官慷慨激昂地说——"四人帮"固然是"极左"，但华国锋也是"极左"出身。但凡了解他在湘潭地委书记任上的作为，以及"文革"中的火箭突起，就可以断定……

此番高论在当时自然石破天惊，很快便获刑 8 年。求仁得仁，于他而言不过是换一个碗吃饭。但是历史却很快证明了他的预言，于是他得以提前解脱桎梏。此后，他重操旧业，靠在搪瓷碗盆上烧字养活妻女。

四

烧字这一手艺，在今天已然绝迹。那时各个单位学校食堂，多是使用统一的搪瓷碗盆，为了防止被人偷窃，往往便要烧上某某食堂几个字做记号。学校毕业生或军队转业者，也都喜欢发一个某某纪念的碗盆。于是，操此手艺者就能勉强求食。

烧字的工序是先用一种红色的瓷粉矿物质，在器皿上书法，然后再用高压煤油喷灯，像氧焊一样把那些字融进器皿，冷却之后就再也洗刷不掉了。但是一个单位烧过了，基本永远不会再有需要。也因此这一手艺者，注定要在各地流浪乞食。我认识老刘的时候，他就是这样背着一个简单的木头工具箱，走遍了二十几个省的无数县镇的。

他和那些江湖手艺人唯一的不同是，他的工具箱里永远放着《楚辞》。那些异乡的青灯雨夜，屈子的骚赋一直伴随着他的自我放逐。没有人相信这个衣衫落拓的苦命人，竟然是《楚辞》的横流倒背者，且更是楚辞古韵和名物的民间研究者。

他的生涯便是这样越走越远的，赚来一点钱，路上便邮寄给妻子，自己只留下到下一站的车票。每半年左右回来一次，休息十天半月就又要上路。每次倦游归来，首先便要到我处小坐，谈谈在路上的故事，以及沿途见闻的国家走向。

他比我大二十几岁，萧条异代，我们却成了山城最密切的忘年之交。那时的小城多雨而寂寥，冬天往往深雪覆盖。他在许多个夜晚踏雪而来，在我的斗室围炉长话；我第一次看见一个江湖老男人，读完我的《致毛泽东》而掩面恸哭。他的青春在毛时代毁灭殆尽，内心的苦楚无人可诉，我则是他唯一信托的兄弟。

我也常去他的陋室看他，他是著名的围棋迷，在我们那边远小城，那时熟稔这种玩意的不多几人。因此全县的棋赛，他也往往可以入围前三。有次我去，看见他正和一位老师手谈。他的妻子一会过来对他耳语——中午没米下锅了，要他去找人借米。他入棋正深，挥手不语。妻子眼看断炊，又来高声催促，希望对手封盘，下午再战。对手尴尬起身，却被老刘一把按住，只好接着迎战。其妻再也按捺不住，一把掀翻棋盘；老刘恼羞成怒，几乎要动手，终也还是被我劝住。我才知道他家的日子，竟然窘迫至此。

次日，老刘来我这羞涩地借钱，他说只要五块钱，够他上路的车票即可。我要多给，他却坚持不要。我只好将吃不完的粮票塞给了他，看他摸索着远行他乡。

五

老刘的妻子叫桂枝，我们没大没小地也就直叫老嫂子。嫂子也是那种苦相的人，没有工作，独自带着一个上小学的女儿，每天依门守候着老刘的挂号信——那是他们母女赖以存活的唯一指望。

偶尔我会看见嫂子在街边嗑瓜子，年轻的我好恶分明，想到老刘终年流浪的辛苦和谋生的艰难，便有些郁郁不乐，觉得她不该这样好吃零食。

一次老刘归来，沉重地找我诉说——想要离婚。说这个女人太不理解他了，唯一的一点读书下棋爱好都要被剥夺。那时的我真是不谙世事，立马就表示支持，而且说这个女人太拖累他，希望他早日解脱。

老刘似乎找到了他最在乎的动力，仿佛下定了决心一般出门而去。几天之后，他又颓丧地来了，我以为他已经办完手续。哪知他沉痛地对我说——我不离了。我询之，他这才告诉我,关于他的婚姻与爱情——

老刘十几岁就被劳教,出来之后带着"坏分子"的帽子,自然没有人敢嫁他。那时的他靠当泥瓦工在建筑队糊口,整个青春期完全与女人无缘。到了1975年左右,终于有媒人说合,给他介绍了现在的妻子。媒人只说是乡下农妇,守寡带着一个女孩,且女孩还是婆家在喂养。老刘正当年,却又寒促逼人,如何可以挑剔对方的条件,两人很快就结合了。

婚后未几,妻子告诉他自己已经结扎,再也不能生育。女儿是送给别家的,病了需要救治。老刘虽然有些憋屈,但立刻就答应把女儿接回来喂养了。就这样,一个弱小的生命,被老刘抚育到那时。

老刘泪眼朦胧地对我说——我不能离,离了后这个孩子就失去了生活,肯定不是死就是被卖出去。她虽然不是我的亲生孩子,可是我把她养大,就是养个猫狗,那也养出了感情。再说这孩子心地善良,对我如亲父,我岂能看着她被遗弃啊。

当我知道这一深层原因之后,顿觉脸红;在老刘的善良高尚面前,我愧觉了自己的少不更事。他们夫妻此后再也没有什么纷争了,但是哀伤的故事却远远不止这一些。

六

我在这个国家,见过无数悲苦的女人。但是像老刘妻子这样的悲剧人物,我还真没见过超乎其上的苦命。有时不免想,这是怎样的一种因缘啊,天地之间竟然把这样两个极端苦难的男女组合在一起。

老刘新婚未久,某天回家,突然看见高矮一顺溜多出了另外三个孩子。每个孩子都面黄肌瘦,嗷嗷待哺的样子,惊恐地看着他。妻子正在打骂那些孩子,看见他出现也一时手足无措,紧张地不知如何说起,只知道泪流满面。他把妻子拉到一边细问,这才捅开一个天大的秘密。

原来桂枝在嫁给他以前,已经有过三次婚史和四个儿女。前面的三个男人,一个病逝,一个坐牢离婚,一个车祸身亡。她一个无助的女人,怎么也无法独自抚养四个孩子,况乎还在那样一个农村极端贫苦的年代。因此,寻求再嫁一个城里人,找一份供应粮,是她唯一求生的可能。于是,她把那几个稍大一点的孩子,各自托付给他们不同的爷爷奶奶家,自己则在媒婆的隐瞒下,找到了老刘这样一个忠厚人。

那个年代到处打零工的老刘,无论怎样善良,实际上都无法养活老婆和四个孩子。桂枝也深知这一点,不愿太拖累他,只敢带回最小的女儿,而继续隐瞒着前面的婚事和孩子。哪知道十多岁的大儿子,听说母亲嫁到了城里,知道弟妹们在各家都在挨饿,便相约一起进城寻母,只为要吃一顿饱饭。

这群半大不小的孩子自个打听,竟然饥肠辘辘地找到了母亲。贫穷的母亲看着瘦骨嶙峋的孩子们,垂泪不已,但是她实在没有能力和勇气抚养他们,也不敢让老刘知道她还有如此沉重的负担和卑微的历史。只好赶紧让他们吃一顿饱饭之后,催促他们回去。孩子们也渴望母爱,恋恋不舍磨蹭着想留下,想和小妹妹一样有人疼爱。母亲万般无奈流泪打骂他们,要他们赶紧趁天黑之前回家。这时,老刘疲惫地回来了。

突然知道这些情况,我想对多数人来说,都是一个考验——毕竟一个女人似乎隐瞒了太多的往事，且无端添出了这么多的责任。老刘听罢妻子哭诉，二话不说，带着这群孩子就进了一个餐馆，他将当天收入的钱全部拿出，为孩子们点了一大盆红烧肉，看着他们饱餐。然后对他们说，他实在养不活全家，甚至唯一的一间房也住不下大家。孩子们还是得回到各自的爷爷奶奶家去，但是每月可以进城来打一顿牙祭。

七

我在80年代与老刘时相过往之时，他的日子稍微好过一些，养女已经在小学。他一直是利川的文化人之一，爱写诗歌，新旧体都写，与我也不时唱和。他还爱谱曲，偶尔发表在一些基层刊物上，便也其乐陶陶。更不可思议的是，他一直在默默地研究楚辞的古韵和名物。他的足迹主要活动在古代的楚文化地域，因此他有心在各地方言中去求证古音韵的残留现象，以及楚辞中的大量植物名称与现在楚地的存活植物的对应关系。

音韵学一直是中文系称为"绝学"的学问，我在第一个大学时，古汉语老师讲到音韵学时，便明确说自己不懂，大家自学粗通即可。老刘这样一个从未上过大学的民间爱好者，且又时刻处在乱离岁月中，与学界毫无联系，他怎么要迷恋这样一种孤僻的学问呢？为了成全他的爱好，我还是送了他不少楚辞研究的书籍。

悲剧还是要上演了。某日他兴冲冲地找来，从怀里掏出一卷书稿对我自得地说——我终于完成这本书了，半生的研究总算有个结果。我拿过来一看，原来是楚辞韵读的手写稿。也就是说，楚辞按今天的普通话读，很多已经不押韵，但是在古代，它是押韵的。它在古代究竟是怎样的读音，老刘给你一一标注出来——这就叫上古音韵学和方言研究。

我翻看了一下他的稿子，心中犹豫再三，不忍破坏他的快乐；但是最终又不能不告诉他真相。我从书架上抽出我刚买的王力先生《楚辞韵读》和《诗经韵读》给他，对他说——老刘，你晚了一步。老刘急忙打开翻阅，一会只见眼泪滴答在书页上，最后竟然伏在我膝盖上嚎啕起来。

一个民间学人，没有基本的生活保障，更没有学术信息，完全不知道学界的发展状态；他就像一个暗夜的瞎子一样，完全靠自己摸索前进。钱钟书先生曾说，意大利有一个典故成语叫——发明伞的人。老刘实际上就成了这样的一个人。此后他焚稿断痴，再也不谈楚辞了。只有在极少的朋友圈子谈起某个乡间植物时，他会指出，这就是楚辞中的某某。

八

一个"两劳"释放人员，一个高度近视接近盲眼的人，没有固定工作，更没有社会福利，还要加上拖家带口，其日子无论如何也不可能好转更多。更不要说老刘的性格耿直孤介，不善与人相处了。

一日在小街上，我远远看见他岔开双脚，举步维艰地移动向前；急忙过去扶住他问。他痛苦摇头叹息说，他不幸染上了坐板疮，屁股长满脓疮，不能出门谋生，只好在家养病。我问他去医院看看没有，他说哪里有钱看病，就靠自己每天热水烫洗，也许慢慢就好了。

这次我是第一次对他发火了，我大声呵斥他为何不来找我，他说欠我太多，不好意思再添麻烦了。我说你不赶紧治病出门谋生,你一家子怎么活啊?他说已经借了不少人的米了。我愤怒而哀伤地拉着他直奔医院,打针开药,这么点小感染,对西医来说不费吹灰之力。

他很快好了,又来嗫嚅着借钱上路,总是三五块,反正他每次回家是首先必来还钱的。但是他的生意却是越来越难做了。80年代的改革开放,各单位再也不把盆盆钵钵当一回事了,因此烧字做记号或发放做纪念的,就越来越少。20世纪的突飞猛进,已经残酷地淘汰了太多古老的手艺人,老刘这样的畸零者,面对着时代张皇失措,实在想不出怎样才能跟进别人的脚步。

但他是一生难得低头的人,多年的江湖游历,使得他生命力极强。养家糊口——这是男人的使命,他必须硬扛着生活寻求变局。他决定放下他那老旧的工具箱,且很快学会了自己配制老鼠药。他每周一天驱赶出妻女,自己闭户锁门调配那些剧毒品,几乎成了东邪西毒一样的世外高人;然后再去各个乡间赶集出售。感于他的身世况味,我尝赠诗云——垂老街头作药师,一生偃塞为诗痴。古时君子时终悖,当世高人世莫知。天性淳真不苟俗,秉心清苦已忘机。每回相对还相哭,寒士风姿让我思。

我看他生意清淡,决定帮他义卖一次。那时我在县委工作,满街都是熟人朋友。我让他站一边收钱,我拿着半导体喇叭帮他守着摊子叫卖。过往人群见我卖药,都觉滑稽好笑,一时围观看热闹者甚众。我逮住每一个熟人要求他们必须买,有朋友哀求家里无鼠,买去实在没用。我说不管那些,开玩笑说"买去两口子自己吃也行",反正掏钱才能走人。

那天算是帮老刘挣了一笔,但是,这终究不过相濡以沫而已。

九

武大毕业,我要南下海口了。回乡揖别亲友,老刘在街上拦住我说——我受了你多年的恩,却没请你吃过一餐饭。此次你远行,也不知再见之日。你嫂子桂枝说,无论如何要请你去家里喝一杯。

我深知他家窘境,婉拒说你我之间,无需这些俗礼。他像抓贼一样抓住我哽咽说,我也请不起更多的人作陪,就请了你的至交苏家桥,你们俩要是不肯给我这个薄面,那我们今生也就到此为止了。

晚上我只好带着苏家桥去了,桌子上果然没有多的菜,两荤一素一汤,却只放着两副碗筷和酒杯。我诧异,他喃喃云他们全家都先吃了,就想看着我们喝酒聊天,他们一家便足矣。我怎么也要拉他们上席,但是连初中的女儿都坚拒不肯。

我和苏家桥只好坐下开饮,世间这样的请客法,平生我也就看见这一次。酒到微醺,老刘取出他那一把二胡说——我为送你远行,填了一首词并谱曲,且教会了桂枝和女儿。现在聊助两位酒兴,我们全家一起为你们合唱一下。唱得不好,万勿笑话。

就在那空空如也的陋室,苍凉的二胡声开始回旋。他沙哑的嗓子,和着他五音不全的文盲妻子的如泣如诉,再加上一个少女脆生生的童音,像三重奏一样唱起来,且歌词又是他的妻女尚无法全懂的文言。我和苏家桥再也无法忍住我们的眼泪,他们就那样投入地缠绵回环地长歌,我们就这样涕泗交流地低泣。连初初懂事的孩子,都唱出了眼泪，这是怎样朴素苦情的一家啊。

那一夜的别情，至今想来还是酸涩。之后，我果然差点真就是相见无日了。

十

我坐牢那几年，每年冬天都要收到老刘寄来的一双老棉鞋。那是老嫂子桂枝一针一线手扎的，温暖结实。武汉的冬天凄冷难言，那些来自山中故人的暖意从脚底升起，使我今生都能笑对尘世炎凉。

刚一释放，老刘就来信说要来看我。间关千里，我不忍要他奔波，但他还是摸到了我那脏乱差的出租屋。这时，我才知道他的眼睛已经基本失去视力了。他拿着我在狱中写的诗集，完全是鼻子顶在纸面上，才能勉强分辨阅读。我劝他不要读了，他坚持要读，他从中读出了我和他两代人共同的那些经历和记忆，他不时狂笑如疯子，不时嚎啕似孩儿。

他的老鼠药因为太有效，国家不许民间配制剧毒，他又失去了生计。但是这样的人注定是天地难杀的人杰，他又改行做起了肥猪增长剂的生意，依旧是瞎眼去赶周边的乡场勉强活命。这时，他的养女已经辍学，小小年纪就到福建沿海打工去了。

那时正是我也走投无路之日，无从帮他，大家布衣相交一场，还得各奔生路。哪知当年底，我为彻底轻身远行，回乡要去为外婆拾骨迁坟，又只有找他帮我出力了。故乡是土葬，偌大的坟堆和沉重的棺材，十年入土的尸身究竟何般模样，这都是我独自无力料理的难事。老刘带着工具和几个晚辈大早随我上山，在乱坟岗上找到我外婆的碑刻，他说——你跪拜完就到一边去等着，这个时候你是难以面对的，就让我代你为婆婆尽孝吧。

他瞎着老眼在那里一点一点地刨土，生怕那些晚辈挖烂了外婆的棺材。最后启开棺盖，我们一起细细地将外婆的骨殖一寸一寸地捡起来，他和我一起扛着已然不到十斤的骨头下山。我们再一次挥泪而别，皆不知未来还有何等厄运在等着。

十一

老刘70年代入狱之后，骤然再度失去生活来源的桂枝和女儿，岂是朋友真能彻底照管的。杯水车薪不足以解救艰危时日，更不要说政治上的牵连之虑了。

迫于无奈的桂枝，再次被人介绍到了鄂东的乡下，带着孩子跟一个男人勉强度日。她没有和老刘离婚，心中依旧惦记着这个倔强而善良的男人。老刘出狱之后，人去楼空，他四处打探妻女的下落。没有这个女人，他在这个世界那是真的连家的感觉都没了。桂枝那边也一直在关注故乡的消息，她终于等到了寻找而来的老刘。贫贱夫妻的劫后重逢，大悲大喜都只换成了清泪两行。那个同居的男人并未为难他们，他们终于又破镜重圆了。

这个有过五个男人的悲剧女人，在90年代似乎才开始过上一点安稳的生活。这时，她的其他几个孩子，都已经长大成人，分别工作成家。最小的女儿初中毕业，没能考上高中，跟人远去福建打工，每月给他们寄回一些钱来。老刘真是没有白疼这些个孩子，现在渐渐失去谋生能力的他，终于可以得到孩子们的反哺了。

他们依旧节衣缩食地在底层挣扎。肥猪药的市场被四川刘氏集团垄断之后，老刘的生意也每况愈下了。那年初有改观的我,春节前从北京还乡去看他。嫂子坐在没有生火的屋里瑟瑟发抖,我知道故乡的严寒,问她为何不生火,她说没钱买煤。我问老刘呢,她说上街去写春联卖去了。

我赶到街头,远远看见老刘摆着一个简陋的案子,在那里几乎鼻子贴着红纸,用毛笔书法着给万户千家的吉祥话。他的清涕就在刺骨的风中悬挂着,不时要垂落到纸面。我急忙过去夺过他的毛笔,我说你歇着,我来帮你写。他惊喜地搓手顿足,在一边乐呵呵地看着。

他对我欣慰地说,孩子们都有孝心,他们已经攒下了几千元,终于买了一个破房子,现在正在简单修理,明年就可以搬进自己的屋了。他们一生都是在廉租房里度过的,我能想象他那种终于有家的快乐。

嫂子也渐有老相了,我终于看见了她展眉一笑的容颜。看见这对苦难夫妻,似乎终于熬到了头,我也就略略安心了。谁知道次年突然传来消息——嫂子失足摔死了。我急忙去电详问,原来两口子修好那破屋之后,前去验收,嫂子在二楼一脚踏空,当场就断气了。还没搬进新家享受一日之福,就这样撒手人寰。命运于她,实在是太过薄幸了。

十二

老刘像庄子一样鼓盆而歌,送走患难相依几十年的荆妻,自己也骤临老境了。他一生酷爱的读书写字,因为眼睛几乎完全失明而不得不舍下。女儿每月给他寄一点生活费,基本能保证他的饱暖;但是做饭洗衣这样的事情,他在他的长夜里却实在难以自理了。

恰好我的一个同学这时当上了民政局长,我给她电话说,利川是对不起老刘的。这样一个民间文化人,无缘无故两陷冤狱。而今失明的孤老一个,你们福利院不救助这样的人,那实在不近人情。同学亦善士,很快帮他解决了这个问题;哪知他却梗犟不愿去吃这嗟来之食。我只好给他电话,我说人要服老,没有一个朋友可以永远伺候你。你的养女已经很孝顺,但是她在外也不能照管你太多,她也还要开始自己的生活。这样老刘才搬进了福利院。

福利院的住客多是文盲残疾孤老,无人可与交流,自然愁煞老刘。他的女儿安家在西双版纳,夫妻做熟食维持生计。刚好我亦在大理栖居,老刘决定暮年滇游,来看望我以及他一生都视同己出的女儿。我担心他形同盲翁,如何完成这数千里往返。他笑答平生遍历江湖,沿途自会找到相助者。某日凌晨,我接到一陌生电话,要我去车站接他。赶去果见一对父女陪护着风中的老刘,要亲手将他转交给我才放心而去。

在大理,老刘与我一如荒江野老,在夜雨寒窗之下检点平生往事,遥远的伤痛再次令他泪满青衿——老刘的童年是在抗战烽烟下的奉节度过的,后来母亲去世,十来岁的他竟然独自徒步来到利川寻父。父亲是民国利川粮站的一个吏员,1949之后作为伪职人员饱受打压。他在50年代初考上农校,却为莫名其妙的一件小事被开除。反右倾时又因为言论忤逆而被强行劳教,等他释放回来时,父亲已经在大饥饿中奄奄一息。他为父亲找来了一点食物,结果饿得太久而狠狠饱餐的父亲,却被胀死了。

他的一生几乎从来没有摆脱过贫困,底层人民的所有苦难他都亲历遍尝。我从未看见过他有任何自怨自艾的时候，他始终乐观地面对一切厄运。

而今，他每天长歌穿过闹市，在世人的眼里像一个疯子一样的自得其乐。只有我深知，他悲苦的内心有着怎样的痛与恨；在他终年的黑暗里，是在怎样地渴望着生命中的光明。

☞ 提　示

野夫的作品给我们展示了一个隐藏于当代中国社会中的江湖世界，这个江湖世界不同于金庸小说中的江湖，也不同于人们习惯意义上的江湖，它存在于我们的周围，是我们身边的江湖，同时也是"看不见的江湖"。而在这个江湖里，野夫又让我们看见很多与我们不一样的人物形象，他们不是绝世高手，也没有武林秘籍，但却有着贯穿始终的道义坚持和独特的侠义精神，遵循着古老的道统精神，是一群每天与我们擦身而过，却又是与众绝然不同的一群人，他们形单影只，执着而孤僻倔强，孤独地穿梭在自己的世界，坚持自己的道义，存在于主流社会却不属于主流大众，他们的名字或可叫做"畸零人"。

野夫的散文作品中有很多"畸零人"形象，像刘镇西、苏家桥、李如波等。而作者笔下的这些人全都具备着"畸零人"的典型特点，最重要的表现便是他们的"畸性"，而他们的"畸性"则表现在他们从外到内，从行为到思想的方方面面。这种"畸性"，首先表现为相貌的"畸性"。俗语说相由心生，野夫笔下"畸零人"的长相往往都与常人相异，独具风格，从相貌便可以知道他们并非常人。《畸人刘镇西》中，作者是这样描写刘镇西的相貌的："那时的他略约40多岁，皮肤黝黑，额上皱纹深刻如横写的川字。浓密的眉毛几乎要连接在一起，下面是一副宽边的高度近视眼镜。他自嘲说根据古代相术，他就是天生的苦相。我看他的形貌，不需要懂麻衣柳庄，那也是绝对可以看得出的悲苦。"寥寥数笔，一个天生命运悲苦的"畸零人"跃然纸上，这几句话似乎也就是刘镇西命运的写照。其次是动作行为的"畸性"。例如，《畸人刘镇西》中，关于刘镇西不同寻常的行为，作者有一段细致描写，"上得楼来，他家却柴门深锁，我们又急忙托故说下次下次。他哪里肯听，直接将我们按进邻居的椅子，说他去去便来。只听他在院子里喊了几声老妻，便去敲隔壁一家的门借斧头。我们像遇见强人打劫一般，急忙出去拉住他说，千万别如此，我们改日一定再来。他已然利器在手，口中念念有词曰——幸有嘉宾至，何妨破门入。手起刀落，门锁已被他砍成两截"。他们的行为都有着古风的印迹，刘镇西破门邀嘉宾，让人想到的便是水浒里那些个英雄豪迈气的江湖好汉，苏家桥夜半喝酒恸哭，投掷尿瓶的不羁行为也让人联想到魏晋时期阮籍、嵇康、刘伶之辈，"畸零人"的江湖豪迈之风，魏晋风流之气，不禁让人感慨这些人全是和现世人不同的古代遗老，而他们身上的这些特点，无疑就是他们身为"畸零人"的最好标志和特点。最后是思想的"畸性"。这一点可以说是"畸零人"身上"畸性"最显著的也是最重要的特点，"畸零人"的思想往往都是与世不符，与传统道德相悖，正是由于他们离经叛道的思想才决定了他们离经叛道的行为，也注定了他们与众不同的人生。思想上的"畸性"是他们作为社会边缘人，与现实社会中的正常人注定与众不同的决定因素。在他们身上，我们可以很显然地看见魏晋之风，也可以看见五四和民国的影子，可以很明显地感受到他们和屈原一样，在不停地自我放逐，又是在不停寻找归途的浪子。他们的骨子里多带有着魏晋先贤的影子，因此才会像魏晋先贤那般做出如此风流,如此离经叛道之事,他们可以半夜裸体上街,可以终日醉酒,可以丝毫不在意外表,这些行为的出现都是因为他们的思想不受传统道德的束缚,直接越过封建礼教的种种束缚,奔回魏晋时代,找到自己的灵魂伴侣,并身体力行地效法和继承先贤的思想。他们一不愿与官府同道,二不愿与世俗为伴,三不愿违背自己的内心,一心只愿忠于自己的内心,偏执而疯狂地执着于自己所想,于是,放荡不羁的行为就此出现。

他们身上最鲜明的特点便是他们的"畸性",这种畸形表现在他们的一举一动中,他们带着与时代不相符合的古风古韵,具备着与整体社会逆道而行的思想行为,冷眼看穿畸性的人世和政治。在这个社会中,他们集体站立在边缘,和他们离经叛道的思想一起,被正常人遗弃在世界的角落,而他们在自己选择的存在方式中、在他们的边缘世界里伫立凝视。

有人说,鲁迅以后,散文大体以轻灵见长。然而野夫散文却是个例外,文字凝练,内容深沉,情感真诚自制。更奇特者,他的散文,有一种刚正之气。让我们仿佛看见一个剑客,当浊世滔滔,早已遗忘了是非黑白的界限时,他还站在那里,浑身浴血,坚持人间的爱恨情仇,有恩报恩,有仇报仇,把话说分明,没有打混的余地。即使他是最后一个剑客,也要战到最后一刻。这散文,是剑客的独白,是正气的坚持,也是孤独的狼的夜歌。世间文字有重与轻之别,一如鲁迅与沈从文。重者如烈火、烈酒;轻者如微风与绿茶。野夫的散文,是烈火,是让人燃烧起来的酒。

> **延伸性阅读文献**

1. 野夫:《乡关何处:故乡·故人·故事》,中信出版社,2010年。
2. 野夫:《身边的江湖》,广东人民出版社,2013年。
3. 刘义庆:《世说新语》,朱碧莲、沈海波译注,中华书局,2011年。

思考与练习

1. 以《畸人刘镇西》为例,谈谈如何理解野夫笔下的"畸零人"形象。
2. 如何理解野夫笔下的"江湖中国"。
3. 阅读《世说新语》,体会野夫笔下的"畸零人"与"魏晋人物"的历史联系。

第三节 小　　说

永远的尹雪艳

白先勇

白先勇(1937～　)，回族，台湾当代著名作家。中国国民党高级将领白崇禧之子。祖籍江苏南京，生于广西桂林。童年在重庆生活，后随父母迁居南京、香港、台湾，台北"建国"中学毕业后入台南成功大学，一年后进台湾大学外文系。1958年发表第一篇小说《金大奶奶》。1960年与同班同学欧阳子、李欧梵、王文兴、陈若曦等一起创办《现代文学》杂志，该杂志在推动和深化现代主义文学运动方面对台湾文学产生了很大的影响，并在此发表了《月梦》、《玉卿嫂》、《毕业》等小说多篇。1961年大学毕业。1963年赴美国，入爱荷华大学作家创作班，1965年获硕士学位后旅居美国，任教于加州大学圣塔芭芭拉分校，讲授中国文学课程。白先勇的主要作品有短篇小说集《寂寞的十七岁》、《台北人》，长篇小说《孽子》，散文集《第六只手指》、《树犹如此》、《白先勇说昆曲》等。1999年白先勇的《台北人》名列30本"台湾文学经典"小说类的首位。同年，香港《亚洲周刊》评选"20世纪中文小说一百强"，《台北人》名列第七。白先勇和他的代表作《台北人》在港澳和世界华人社会拥有很高的声誉。近年，他热衷于中国传统戏剧的改编，成绩斐然。

一

尹雪艳总也不老。十几年前那一班在上海百乐门舞厅替她捧场的五陵年少，有些头上开了顶，有些两鬓添了霜；有些来台湾降成了铁厂、水泥厂、人造纤维厂的闲顾问，但也有少数却升成了银行的董事长、机关里的大主管。不管人事怎么变迁，尹雪艳永远是尹雪艳，在台北仍旧穿着她那一身蝉翼纱的素白旗袍，一径那么浅浅的笑着，连眼角儿也不肯皱一下。

尹雪艳着实迷人。但谁也没能道出她真正迷人的地方。尹雪艳从来不爱擦胭抹粉，有时最多在嘴唇上点着些似有似无的蜜丝佛陀；尹雪艳也不爱穿红戴绿，天时炎热，一个夏天，她都浑身银白，净扮的了不得。不错，尹雪艳是有一身雪白的肌肤，细挑的身材，容长的脸蛋儿配着一副俏丽恬静的眉眼子，但是这些都不是尹雪艳出奇的地方。见过尹雪艳的人都这么说，也不知是何道理，无论尹雪艳一举手、一投足，总有一份世人不及的风情。别人伸个腰、蹙一下眉，难看，但是尹雪艳做起来，却又别有一番妩媚了。尹雪艳也不多言、不多语，紧要的场合插上几句苏州腔的上海话，又中听、又熨贴。有些荷包不足的舞客，攀不上叫尹雪艳的台子，但是他们却去百乐门坐坐，观观尹雪艳的风采，听她讲儿句吴侬软语，心里也是舒服的。尹雪艳在舞池子里，微仰着头，轻摆着腰，一径是那么不慌不忙的起舞着；即使跳着快狐步，尹雪艳从来也没有失过分寸，仍旧显得那么从容，那么轻盈，像一球随风飘荡的柳絮，脚下没有扎根似的。尹雪艳有她自己的旋律。尹雪艳有她自己的拍子。绝不因外界的迁异，影响到她的均衡。

尹雪艳迷人的地方实在讲不清，数不尽。但是有一点却大大增加了她的神秘。尹雪艳名气大了，难免招忌，她同行的姊妹淘醋心重的就到处嚼起说：尹雪艳的八字带着重煞，犯了白虎，沾上的人，轻者家败，重者人亡。谁知道就是为着尹雪艳享了重煞的令誉，上海洋场的男士们都对她增加了十分的兴味。生活悠闲了，家当丰沃了，就不免想冒险，去闯闯这颗红遍了黄浦滩的煞星儿。上海棉纱财阀王家的少老板王贵生就是其中探险者之一。天天开着崭新的开德拉克，在百乐门门口候着尹雪艳转完台子，两人一同上国际饭店廿四楼的屋顶花园去共进华美的夜宵。望着天上的月亮及灿烂的星斗，王贵生说，如果用他家的金条儿能够搭成一道天梯，他愿意爬上天空去把那弯月牙儿掐下来，插在尹雪艳的云鬓上。尹雪艳吟吟的笑着，总也不出声，伸出她那兰花般细巧的手，慢条斯理的将一枚枚涂着俄国乌鱼子的小月牙儿饼拈到嘴里去。

王贵生拼命的投资，不择手段的赚钱，想把原来的财富堆成三倍四倍，将尹雪艳身边那批富有的逐鹿者一一击倒，然后用钻石玛瑙串成一根链子，套在尹雪艳的脖子上，把她牵回家去。当王贵生犯上官商勾结的重罪，下狱枪毙的那一天，尹雪艳在百乐门停了一宵，算是对王贵生致了哀。

最后赢得尹雪艳的却是上海金融界一位热可炙手的洪处长。洪处长休掉了前妻，抛弃了三个儿女，答应了尹雪艳十条条件；于是尹雪艳变成了洪夫人，住在上海法租界一幢从日本人接收过来华贵的花园洋房里。两三个月的工夫，尹雪艳便像一株晚开的玉梨花，在上海上流社会的场合中以压倒群芳的姿态绽发起来。

尹雪艳着实有压场的本领。每当盛宴华筵，无论在场的贵人名媛，穿着紫貂，围着火狸，当尹雪艳披着她那件翻领束腰的银狐大氅，像一阵三月的微风，轻盈盈的闪进来时，全场的人都好像给这阵风熏中了一般，总是情不自禁的向她迎过来。尹雪艳在人堆子里，像个冰雪化成的精灵，冷艳逼人，踏着风一般的步子，看得那些绅士以及仕女们的眼睛都一齐冒出火来。这就是尹雪艳：在兆丰夜总会的舞厅里、在兰心剧院的过道上，以及在霞飞路上一幢幢侯门官府的客堂中，一身银白，歪靠在沙发椅上，嘴角一径挂着那流吟吟浅笑，把场合中许多银行界的经理、协理、纱厂的老板及小开，以及一些新贵和他们的夫人们都拘到跟前来。

可是洪处长的八字到底软了些，没能抵得住尹雪艳的重煞。一年丢官，两年破产，到了台北来连个闲职也没捞上。尹雪艳离开洪处长时还算有良心，除了自己的家当外，只带走一个从上海跟来的名厨司及两个苏州娘姨。

二

尹雪艳的新公馆落在仁爱路四段的高级住宅区里，是一幢崭新的西式洋房，有个十分宽敞的客厅，容得下两三桌酒席。尹雪艳对她的新公馆倒是刻意经营过一番。客厅的家具是一色桃花心红木桌椅。几张老式大靠背的沙发，塞满了黑丝面子鸳鸯戏水的湘绣靠枕，人一坐下去就陷进了一半，倚在柔软的丝枕上，十分舒适。到过尹公馆的人，都称赞尹雪艳的客厅布置妥帖，叫人坐着不肯动身。打麻将有特别设备的麻将间，麻将桌、麻将灯都设计得十分精巧。有些客人喜欢挖花，尹雪艳还特别腾出一间有隔音设备的房间，挖花的客人可以关在里面恣意唱和。冬天有暖炉，夏天有冷气，坐在尹公馆里，很容易忘记外面台北市的阴寒及溽暑。客厅案头的古玩花瓶，四时都供着鲜花。尹雪艳对于花道十分讲究，中山北路的玫瑰花店常年都送来上选的鲜货。整个夏天，尹雪艳的客厅中都细细的透着一股又甜又腻的晚香玉。

尹雪艳的新公馆很快的便成为她旧雨新知的聚会所。老朋友来到时，谈谈老话，大家都有一腔怀古的幽情，想一会儿当年，在尹雪艳面前发发牢骚，好像尹雪艳便是上海百乐门时代永恒的象征，京沪繁华的佐证一般。

"阿嫂，看看干爹的头发都白光喽！侬还像枝万年青一式，愈来愈年轻！"

吴经理在上海当过银行的总经理，是百乐门的座上常客，来到台北赋闲，在一家铁工厂挂个顾问的名义。见到尹雪艳，他总爱拉着她半开玩笑而又不免带点自怜的口吻这样说。吴经理的头发确实全白了，而且患着严重的风湿，走起路来，十分蹒跚，眼睛又害沙眼，眼毛倒插，常年淌着眼泪，眼圈已经开始溃烂，露出粉红的肉来。冬天时候，尹雪艳总把客厅里那架电暖炉移到吴经理的脚跟前，亲自奉上一盅铁观音，笑吟吟的说道：

"哪里的话，干爹才是老当益壮呢！"

吴经理心中熨帖了，恢复了不少自信，眨着他那烂掉了睫毛的老花眼，在尹公馆里，当众票了一出"坐宫"以苍凉沙哑的嗓子唱出：

> 我好比浅水龙，
> 被困在沙滩。

尹雪艳有迷男人的工夫，也有迷女人的功夫。跟尹雪艳结交的那班太太们，打从上海起，就背地数落她。当尹雪艳平步青云时，这起太太们气不忿，说道：凭你怎么爬，左不过是个货腰娘。当尹雪艳的靠山相врг遭到厄运的时候，她们就叹气道：命是逃不过的，煞气重的娘儿们到底沾惹不得。可是十几年来这起太太们一个也舍不得离开尹雪艳，到了台北都一窝蜂似的聚到尹雪艳的公馆里，她们不得不承认尹雪艳实在有她惊动人的地方。尹雪艳在台北的鸿翔绸缎庄打得出七五折，在小花园里挑得出最登样的绣花鞋儿，红楼的绍兴戏码，尹雪艳最在行，吴燕丽唱《孟丽君》的时候，尹雪艳可以拿得到免费的前座戏票，论起西门町的京沪小吃，尹雪艳又是无一不精了。于是这起太太们，由尹雪艳领队，逛西门町、看绍兴戏，坐在三六九里吃桂花汤团，往往把十几年来不如意的事儿一股脑儿抛掉，好像尹雪艳周身都透着上海大千世界荣华的麝香一般，熏得这起往事沧桑的中年妇人都进入半醉的状态，而不由自主都津津乐道起上海五香斋的蟹黄面来。这起太太们常常容易闹情绪。尹雪艳对于她们都一一施以广泛的同情，她总耐心的聆听她们的怨艾及委屈，必要时说几句安抚的话，把她们焦躁的脾气一一熨平。

"输呀，输得精光才好呢！反正家里有老牛马垫背，我不输，也有旁人替我输！"

每逢宋太太搓麻将输了钱时就向尹雪艳带着酸意的抱怨道。宋太太在台湾得了妇女更年期的痴肥症，体重暴增到一百八十多磅，形态十分臃肿，走多了路，会犯气喘。宋太太的心酸话较多，因为她先生宋协理有了外遇，对她颇为冷落，而且对方又是一个身段苗条的小酒女。十几年前宋太太在上海的社交场合出过一阵风头，因此她对以往的日子特别向往。尹雪艳自然是宋太太倾诉衷肠的适当人选，因为只有她才能体会宋太太那种今昔之感。有时讲到伤心处，宋太太会禁不住掩面而泣。

"宋家阿姐，'人无千日好，花无百日红'，谁又能保得住一辈子享荣华，受富贵呢？"

于是尹雪艳便递过热毛巾给宋太太揩面，怜悯的劝说道。宋太太不肯认命，总要抽抽搭搭的怨怼一番：

"我就不信我的命又要比别人差些！像侬吧，尹家妹妹，侬一辈子是不必发愁的，自然有人会来帮衬侬。"

三

尹雪艳确实不必发愁，尹公馆门前的车马从来也未曾断过。老朋友固然把尹公馆当做世外桃源，一般新知也在尹公馆找到别处稀有的吸引力。尹雪艳公馆一向维持它的气派。尹雪艳从来不肯把它降低于上海霞飞路的排场。出入的人士，纵然有些是过了时的，但是他们有他们的身份，有他们的派头，因此一进到尹公馆，大家都觉得自己重要。即使是十几年前作废了的头衔，经过尹雪艳娇声亲切的称呼起来，也如同受过诰封一般，心理上恢复了不少的优越感。至于一般新知，尹公馆更是建立社交的好所在了。

当然，最吸引人的，还是尹雪艳本身。尹雪艳是一个最称职的主人。每一位客人，不分尊卑老幼，她都招呼得妥妥帖帖。一进到尹公馆，坐在客厅中那些铺满黑丝面椅垫的沙发上，大家都有一种宾至如归，乐不思蜀的亲切之感，因此，做会总在尹公馆开标，请生日酒总在尹公馆开席，即使没有名堂的日子，大家也立一个名目，凑到尹公馆成一个牌局。一年里，倒有大半的日子，尹公馆里总是高朋满座。

尹雪艳本人极少下场，逢到这些日期，她总预先替客人们安排好牌局；有时两桌，有时三桌。她对每位客人的牌品及癖性都摸得清清楚楚，因此牌搭子总配得十分理想，从来没有伤过和气。尹雪艳本人督导着两个头干脸净的苏州娘姨在旁边招呼着。午点是宁波年糕或者湖州粽子。晚饭是尹公馆上海名厨的京沪小菜：金银腿、贵妃鸡、炝虾。醉蟹——尹雪艳亲自设计了一个转动的菜牌，天天转出一桌桌精致的筵席来。到了下半夜，两个娘姨便捧上雪白喷了明星花露水的冰面巾，让大战方酣的客人们揩面醒脑，然后便是一碗鸡汤银丝面作了夜宵。客人们掷下的桌面十分慷慨，每次总上两三千。赢了钱的客人固然值得兴奋，即使输了钱的客人也是心甘情愿。在尹公馆里吃了玩了，末了还由尹雪艳差人叫好计程车，一一送回家去。

当牌局进展激烈的当儿，尹雪艳便换上轻装、周旋在几个牌桌之间，踏着她那风一般的步子，轻盈盈的来回巡视着，像个通身银白的女祭司，替那些作战的人们祈祷和祭祀。

"阿嫒，干爹又快输脱底喽！"

每到败北阶段，吴经理就眨着他那烂掉了睫毛的眼睛，向尹雪艳发出讨救的哀号。

"还早呢，干爹，下四圈就该你摸清一色了。"

尹雪艳把个黑丝椅垫枕到吴经理害了风湿症的背脊上，怜恤的安慰着这个命运乖谬的老人。

"尹小姐，你是看到的。今晚我可没打错一张牌，手气就那么背！"

女客人那边也经常向尹雪艳发出乞怜的呼吁，有时宋太太输急了，也顾不得身份，就抓起两颗骰子啐道：

"呸！呸！呸！勿要面孔的东西，看你霉到啥个辰光！"

尹雪艳也照例过去，用着充满同情的语调，安抚她们一番。这个时候，尹雪艳的话就如同神谕一般令人敬畏。在麻将桌上，一个人的命运往往不受控制，客人们都讨尹雪艳的口采来恢复信心及加强斗志。尹雪艳站在一旁，叼着金嘴子的三个九，徐徐的喷着烟圈，以悲天悯人的眼光看着她这一群得意的、失意的、老年的、壮年的、曾经叱咤风云的、曾经风华绝代的客人们，狂热的互相厮杀，互相宰割。

四

新来的客人中，有一位叫徐壮图的中年男士，是上海交通大学的毕业生；生得品貌堂堂，高高的个儿，结实的身体，穿着剪裁合度的西装，显得分外英挺。徐壮图是个台北市新兴的实业巨子，随着台北市的工业化，许多大企业应运而生，徐壮图头脑灵活，具有丰富的现代化工商管理的知识，才是四十出头，便出任一家大水泥公司的经理。徐壮图有位贤慧的太太及两个可爱的孩子。家庭美满，事业充满前途，徐壮图成为一个雄心勃勃的企业家。

徐壮图第一次进入尹公馆是在一个庆生酒会上。尹雪艳替吴经理做六十大寿，徐壮图是吴经理的外甥，也就随着吴经理来到尹雪艳的公馆。

那天尹雪艳着实装饰了一番，穿着一袭月白短袖的织锦旗袍，襟上一排香妃色的大盘扣；脚上也是月白缎子的软底绣花鞋，鞋尖却点着两瓣肉色的海棠叶儿。为了讨喜气，尹雪艳破例的在右鬓簪上一朵酒杯大血红的郁金香，而耳朵上却吊着一对寸把长的银坠子。客厅里的寿堂也布置得喜气洋洋。案上全换上才铰下的晚香玉，徐壮图一踏进去，就嗅中一阵沁人脑肺的甜香。

"阿媛，干爹替侬带来顶顶体面的一位人客。"吴经理穿着一身崭新的纺绸长衫，佝着背，笑呵呵的把徐壮图介绍给尹雪艳道，然后指着尹雪艳说：

"我这位干小姐呀，实在孝顺不过。我这个老朽三灾五难的还要赶着替我做生日。我忖忖：我现在又不在职，又不问世，这把老骨头天天还要给触霉头的风湿症来折磨。管他折福也罢，今朝我且大模大样的生受了干小姐这场寿酒再讲。我这位外甥，年轻有为，难得放纵一回，今朝也来跟我们这群老朽一道开心开心。阿媛是个最妥当的主人家，我把壮图交把侬，侬好好的招待招待他吧。"

"徐先生是稀客，又是干爹的令戚，自然要跟别人不同一点。"尹雪艳笑吟吟的答道，发上那朵血红的郁金香颤巍巍的抖动着。

徐壮图果然受到尹雪艳特别的款待。在席上，尹雪艳坐在徐壮图旁边一径殷勤的向

他劝酒让菜,然后歪向他低声说道:

"徐先生,这道是我们大师傅的拿手,你尝尝,比外面馆子做的如何?"

用完席后,尹雪艳亲自盛上一碗冰冻杏仁豆腐捧给徐壮图,上面却放着两颗鲜红的樱桃。用完席成上牌局的时候,尹雪艳走到徐壮图背后看他打牌。徐壮图的牌张不熟,时常发错张子,才是八圈,已经输掉一半筹码。有一轮,徐壮图正当发出一张梅花五筒的时候,突然尹雪艳从后面欠过身伸出她那细巧的手把徐壮图的手背按住说道:

"徐先生,这张牌是打不得的。"

那一盘徐壮图便和了一副"满园花",一下子就把输出去的筹码赢回了大半。客人中有一个开玩笑抗议道:

"尹小姐,你怎么不来替我也点点张子,瞧瞧我也输光啦。"

"人家徐先生头一趟到我们家,当然不好意思让他吃了亏回去的喽。"徐壮图回头看到尹雪艳正朝着他满面堆着笑容,一对银耳坠子吊在她乌黑的发脚下来回的浪荡着。

客厅中的晚香玉到了半夜,吐出一蓬蓬的浓香来。席间徐壮图喝了不少热花雕,加上牌桌上和了那盘"满园花"的亢奋,临走时他已经有些微醺的感觉了。

"尹小姐,全得你的指教,要不然今晚的麻将一定全盘败北了。"

尹雪艳送徐壮图出大门时,徐壮图感激的对尹雪艳说道。尹雪艳站在门框里,一身白色的衣衫,双手合抱在胸前,像一尊观世音,朝着徐壮图笑吟吟的答道:

"哪里的话,隔日徐先生来白相,我们再一道研究研究麻将经。"

隔了两日,果然徐壮图又来到了尹公馆,向尹雪艳讨教麻将的诀窍。

五

徐壮图太太坐在家中的藤椅上,呆望着大门,两腮一天天消瘦,眼睛凹成了两个深坑。

当徐太太的干妈吴家阿婆来探望她的时候,她牵着徐太太的手失惊叫道:

"嗳呀,我的干小姐,才是个把月没见着,怎么你就瘦脱了形?"

吴家阿婆是一个六十来岁的妇人,硕壮的身体,没有半根白发,一双放大的小脚,仍旧行走如飞。吴家阿婆曾经上四川青城山去听过道,拜了上面白云观里一位道行高深的法师做师父。这位老法师因为看上吴家阿婆天生异禀,飞升时便把衣钵传了给她。吴家阿婆在台北家中设了一个法堂,中央供着她老师父的神像。神像下面悬着八尺见方黄绫一幅。据吴家阿婆说,她老师父常在这幅黄绫上显灵,向她授予机宜,因此吴家阿婆可以预卜凶吉,消灾除祸。吴家阿婆的信徒颇众,大多是中年妇女,有些颇有社会地位。经济环境不虞匮乏,这些太太们的心灵难免感到空虚。于是每月初一十五,她们便停止一天麻将,或者标会的聚会,成群结队来到吴家阿婆的法堂上,虔诚的念经叩拜,布施散财,救济贫困,以求自身或家人的安宁。有些有疑难大症,有些有家庭纠纷,吴家阿婆一律慷慨施以许诺,答应在老法师灵前替她们祈求神助。

"我的太太,我看你的气色竟是不好呢!"吴家阿婆仔细端详了徐太太一番,摇头叹息。徐太太低首俯面忍不住伤心哭泣,向吴家阿婆道出了衷肠话来。

"亲妈,你老人家是看到的,"徐太太流着泪断断续续的诉说道,"我们徐先生和我结婚这么久，别说破脸，连句重话都向来没有过。我们徐先生是个争强好胜的人。他一向都这么说：'男人的心五分倒有三分应该放在事业上。'来台湾熬了这十来年，好不容易盼着他们水泥公司发达起来，他才出了头，我看他每天为公事在外面忙着应酬，我心里只有暗暗着急。事业不事业倒在其次，求祈他身体康宁，我们母子再苦些也是情愿的。谁知道打上月起，我们徐先生竟好像变了一个人似的。经常两晚三晚不回家。我问一声，他就摔碗砸筷，脾气暴得了不得。前天连两个孩子都挨了一顿狠打。有人传话给我听，说是我们徐先生外面有了人，而且人家还是个有头有脸的人物。亲妈，我这个本本分分的人哪里经过这些事情？人还撑得住不走样？"

"干小姐，"吴家阿婆拍了一下巴掌说道："你不提呢，我也就不说了。你晓得我是最怕兜揽是非的人。你叫了我声亲妈，我当然也就向着你些。你知道那个胖婆儿宋太太呀，她先生宋协理搞上个什么'五月花'的小酒女。她跑到我那里一把鼻涕一把眼泪要我替她求求老师父。我拿她先生的八字来一算，果然冲犯了东西。宋太太在老师父灵前许了重愿，我替她念了十二本经。现在她男人不是乖乖的回去了？后来我就劝宋太太：'整天少和那些狐狸精似的女人穷混，念经做善事要紧！'宋太太就一五一十的把你们徐先生的事情源源本本数了给我听。那个尹雪艳呀，你以为她是个什么好东西？她没有两下，就能笼得住这些人？连你们徐先生那么个正人君子她都有本事抓得牢。这种事情历史上是有的：褒姒、妲己、飞燕、太真——这起祸水！你以为都是真人吗？妖孽！凡是到了乱世，这些妖孽都纷纷下凡，扰乱人间。那个尹雪艳还不知道是个什么东西变的呢！我看你呀，总得变个法儿替你们徐先生消了这场灾难才好。"

"亲妈，"徐太太忍不住又哭了起来，"你晓得我们徐先生不是那种没有良心的男人。每次他在外面逗留了回来，他嘴里虽然不说，我晓得他心里是过意不去的。有时他一个人闷坐着猛抽烟，头筋叠暴起来，样子真唬人。我又不敢去劝解他，只有干着急。这几天他更是着了魔一般，回来嚷着说公司里人人都寻他晦气。他和那些工人也使脾气，昨天还把人家开除了几个。我劝他说犯不着和那些粗人计较，他连我也喝斥了一顿。他的行径反常得很，看着不像，真不由得不叫人担心哪！"

"就是说呀！"吴家阿婆点头说道，"怕是你们徐先生也犯着了什么吧？你且把他的八字递给我，回去我替他测一测。"

徐太太把徐壮图的八字抄了给吴家阿婆说道：

"亲妈，全托你老人家的福了。"

"放心，"吴家阿婆临走时说道，"我们老师父最是法力无边，能够替人排难解厄的。"

然而老师父的法力并没有能够拯救徐壮图。有一天，正当徐壮图向一个工人拍起桌子喝骂的时候。那个工人突然发了狂，一把扁钻从徐壮图前胸刺穿到后背。

六

徐壮图的治丧委员会吴经理当了总干事。因为连日奔忙，风湿又弄翻了，他在极乐殡仪馆穿出穿进的时候，一径挂着拐杖，十分蹒跚。开吊的那一天，灵堂就设在殡仪馆里。一时亲朋好友的花圈丧幛白簇簇的一直排到殡仪馆的门口来。水泥公司同仁挽的却是"痛失英才"四个大字。来祭吊的人从早上九点钟起开始络绎不绝。徐太太早已哭成了痴人，一身麻衣丧服带着两个孩子，跪在灵前答谢。吴家阿婆却率领了十二个道士，身着法衣，手执拂尘，在灵堂后面的法坛打解冤法业醮。此外并有僧尼十数人在念经超度，拜大悲忏。

正午的时候，来祭吊的人早挤满了一堂，正当众人熙攘之际，突然人群里起了一阵骚动，接着全堂静寂下来，一片肃穆。原来尹雪艳不知什么时候却像一阵风一般的闪了进来。尹雪艳仍旧一身素白打扮，脸上未施脂粉，轻盈盈的走到管事台前，不慌不忙的提起毛笔，在签名簿上一挥而就的签上了名，然后款款的步到灵堂中央，客人们都倏地分开两边，让尹雪艳走到灵台跟前，尹雪艳凝着神，敛着容，朝着徐壮图的遗像深深的鞠了三鞠躬。这时在场的亲友大家都呆如木鸡。有些显得惊讶，有些却是忿愤，也有些满脸惶惑，可是大家都好似被一股潜力镇住了，未敢轻举妄动。这次徐壮图的惨死，徐太太那一边有些亲戚迁怒于尹雪艳，他们都没有料到尹雪艳居然有这个胆识闯进徐家的灵堂来。场合过分紧张突兀，一时大家都有点手足无措。尹雪艳行完礼后，却走到徐太太面前，伸出手抚摸了一下两个孩子的头，然后庄重的和徐太太握了一握手。正当众人面面相觑的当儿，尹雪艳却踏着她那轻盈盈的步子走出了极乐殡仪馆。一时灵堂里一阵大乱，徐太太突然跪倒在地，昏厥了过去，吴家阿婆赶紧丢掉拂尘，抢身过去，将徐太太抱到后堂去。

当晚，尹雪艳的公馆里又成上了牌局，有些牌搭子是白天在徐壮图祭悼会后约好的。吴经理又带了两位新客人来。一位是南国纺织厂新上任的余经理；另一位是大华企业公司的周董事长。这晚吴经理的手气却出了奇迹，一连串的在和满贯。吴经理不停地笑着叫着，眼泪从他烂掉了睫毛的血红眼圈一滴滴淌落下来。到了第二十圈，有一盘吴经理突然双手乱舞大叫起来：

"阿媛，决来！快来！'四喜临门'！这真是百年难见的怪牌。东、南、西、北——全齐了，外带自摸双！人家说和了大四喜，兆头不祥。我倒楣了一辈子，和了这副怪牌，从此否极泰来。阿媛，阿媛，侬看看这副牌可爱不可爱？有趣不有趣？"

吴经理喊着笑着把麻将撒满了一桌子。尹雪艳站到吴经理身边，轻轻的按着吴经理的肩膀，笑吟吟的说道：

"干爹，快打起精神多和两盘。回头赢了余经理及周董事长他们的钱，我来吃你的红！"

一九六五年《现代文学》第二十四期

☞ 提 示

夏志清说过，白先勇是当代短篇小说家的奇才，"五四"以来，艺术成就上能与他匹敌的，从鲁迅到张爱玲，五六人而已。

《永远的尹雪艳》是《台北人》开卷第一篇。《台北人》是一本主题小说集，由 14 篇小说构成，技巧篇篇不同，长短也有异。每篇都能独立存在，但若聚合在一起，仿佛变为了一条画廊，使小说的幅面变广，阅尽种种"众生之相"。更重要的是，由于主题命意的一再重复，使读者能更进一步地深入了解作品的含义。

夏志清在《白先勇论》中提出："《台北人》甚至可说是部民国史。"白先勇的《台北人》呈现了当时流亡到台湾各个阶层的外省人。相较于正史，这些大时代下畸零人的痛苦反而更加真实。历史不会记载脆弱、流泪的人，但是，也正是这些人承受、构建了历史。《台北人》中的故事，有一些曲折变幻，起伏跌宕，极尽婷婷之至。即使有几篇没有离奇紧张的情节，也有扎实的生活的底子，有个清晰的"来龙去脉"，有着可感的意境与氛围。《台北人》的情感投注，既醇烈又克制，有着宗教般的悲天悯人，有着真诚的痛楚与欢欣。《台北人》的风格（包括语言），典雅深沉，精致含蓄，能够品出《红楼梦》和唐诗宋词的馨香。《台北人》接续的是从《诗经》、《楚辞》、李商隐、晏殊直到《红楼梦》的中国文学的"正格"。

《台北人》每一篇都容量极大，除开"现在时"的故事，背后往往叠加着"过去时"的往事。除开表层的现象，还有深层的内涵，还有可做完全不同解读的象征层面。《永远的尹雪艳》、《秋思》之类都是可以当做寓言来读的。

《永远的尹雪艳》是白先勇的代表作。小说讲述了一个丰姿超群的交际花"永远不老、青春永驻"的故事。当年的尹雪艳在上海百乐门舞厅红得发紫，令许多五陵年少为之神魂颠倒。到台北后，她依然具有同样的魅力："不管人事怎样变迁，尹雪艳永远是尹雪艳，在台北仍旧穿着她那一身蝉翼纱的素白旗袍，一径那么浅浅的笑着，连眼角儿也不肯皱一下。"尹雪艳有什么魔力使自己永远不老呢？靠得并不是穿着打扮或浓妆艳抹，而是她那特有的风度、特有的旋律。小说写她总是一身银装，"浑身银白，"再加上"一身雪白的肌肤"，她"便像一株晚开的玉梨花"，"像个通身银白的女祭司"，"像个冰雪化成的精灵"。尹雪艳步态轻盈，"即使跳着快狐步，……仍旧显得那么从容，那么轻盈，像一球随风飘荡的柳絮，脚下没有扎根似的。尹雪艳有她自己的旋律，尹雪艳有她自己的拍子。绝不因外界的迁异，影响到她的均衡"。小说中尹雪艳形象继承了中国古典小说红颜祸水的说法，赋予了尹雪艳亦人亦魔的奇异色彩。在旧上海为她送命的有王贵生，为她丢官乃至倾家荡产的是洪处长。在台北，为她丧命的是"事业如日中天"的徐壮图。未来也许还有余经理、周董事长等。难道尹雪艳真像她的姐妹说得那样："八字带着重煞，犯了白虎，沾上的人，轻者家败，重者身亡"。当然尹雪艳既不是白虎星也不是魔星，她只是一个貌美如花，颇有心计的女子。她的命中多劫，更增添了神秘色彩。尹雪艳在台北仍然走俏，与当时台北特有的社会氛围有关。

国民党政府撤退到台湾后，许多国民党的军政要员和社会名流的权利和地位发生了巨变，他们经历了荣辱，历经了人生的沧桑，饱含了愤世嫉俗的忧愤。正如小说中吴经理以苍凉沙哑的嗓子唱出："我好比浅水龙，被困在沙滩。"在这些人心中尹雪艳便是"上海百乐门时代永恒的象征，京沪繁华的佐证一般"。这些人只有在台北尹雪艳的公馆中，"几十年前作废了的头衔，经过尹雪艳娇声亲切称呼起来，也如同诰封一般，心理上恢复了不少的优越感"。俗话说："世事洞明皆学问"，尹雪艳可以说做到了人情练达。"尹雪艳是一个最称职的主人。每一位客人，不分尊卑老幼，她都招呼得妥妥贴贴。"不仅仅旧知喜欢尹公馆，新知也有宾至如归的感觉。那么，尹公馆一年中有大半的日子高朋满座也就不足为怪了。但是，台北尹公馆毕竟不是上海百乐门，此时的尹雪艳也不是过去上海百乐门的红舞女，尹雪艳好比一张怀旧的照片，摆在那，供人们观赏。尹雪艳在台北特有历史年代的怀旧感伤的氛围中重温当年她在上海百乐门红极一时的美梦，她做着"永远不老，青春永驻"的幻梦。

小说中尹雪艳劝宋太太时说："人无千日好，花无百日红，谁能保得住一辈子享荣华、受富贵呢"，尹雪艳也懂得这个道理。那么尹雪艳在台北的车水马龙、高朋满座只不过是虚假的繁华。尹雪艳的美艳也会随着时间的流逝而凋谢，所谓"永远不老，青春永驻"只不过是尹雪艳的日神式的美梦。既然是美梦，尹雪艳便有滋有味地做下去，煞费了苦心，钻营人情世故，竭力讨客人们的欢心。为了她的美梦，不惜损人利己，害人性命，徐壮图的死不能说与尹雪艳无关。但是我们从人性的角度考虑，尹雪艳只是一个弱女子，在一个恃强凌弱的社会里，尹雪艳除了美色，便没有了其他资本。她要生存，有权力追求自己喜欢的生活方式。因此对这个人物，我们不应该一味谴责她的冷酷、自私。她的人生在表面繁荣的背后隐藏着更大的悲剧。她极力追求梦的乐趣和情致，自己沉迷其中，不能自拔。"一朝春尽红颜老，花落人亡两不知"，红颜易逝，美梦难再，门前冷落鞍马稀，尹雪艳晚景的凄凉就可想而知了。白先勇写尹雪艳这个人物，不只是单纯地想谴责什么，作家只是向我们展示了这样一个日神式的悲剧。

从总体上看，白先勇为20世纪华文文学作出的贡献，除了塑造了一群唯有在他的文学世界中才会出现的人物形象，具有强烈而深厚的"历史感"以及自成一格的语言形态之外，最重要的是他对"传统"和"现代"的几近完美的融合。从根本上说，他是一位杰出的"融传统于现代"的践行者。

▶ 延伸性阅读文献

1. 白先勇：《白先勇文集》（第二卷），花城出版社，2000年。
2. 欧阳子：《〈永远的尹雪艳〉之语言与语调》，载《白先勇文集》（第二卷），花城出版社，2000年。
3. 刘俊：《情与美：白先勇传》，花城出版社，2009年。

思考与练习

1. 从作品的阅读出发，谈一谈你是如何理解尹雪艳这一人物形象的。
2. 阅读白先勇的《台北人》，谈一谈你对白先勇《台北人》与"民国世界"的理解。
3. 从具体的文本个案出发，谈一谈白先勇是如何把"传统"和"现代"融合在一起的。

受　戒

汪曾祺

汪曾祺（1920～1997 年），江苏高邮人，中国当代作家、散文家、戏剧家，京派作家的代表人物。早年毕业于西南联大，历任中学教师、北京市文联干部、《北京文艺》编辑、北京京剧院编辑。汪曾祺是一位连接现当代的作家。20 世纪 40 年代他在西南联大师从沈从文，受影响颇深，当时就有小说集《邂逅集》问世，新中国成立后从事戏曲工作，写过京剧剧本。新时期以来，他的《受戒》、《大淖记事》引起广泛关注，随后一发不可收，发表了大量独具风格的小说和散文，影响很大。出版有《晚饭花集》、《汪曾祺短篇小说集》等几个小说集，散文有《蒲桥集》、《旅食小品》、《汪曾祺小品》等集子。另有文学评论集《晚翠文谈》。1993 年四卷本《汪曾祺文集》出版，1998 年八卷本《汪曾祺全集》出版。汪曾祺就像一条埋在地底下的河流，被发掘出来，喜爱者甚多，追随者也很多，俨然形成一股"汪曾祺热"。

明海出家已经四年了。

他是十三岁来的。

这个地方的地名有点怪，叫庵赵庄。赵，是因为庄上大都姓赵。叫做庄，可是人家住得很分散，这里两三家，那里两三家。一出门，远远可以看到，走起来得走一会，因为没有大路，都是弯弯曲曲的田埂。庵，是因为有一个庵。庵叫菩提庵，可是大家叫讹了，叫成荸荠庵。连庵里的和尚也这样叫。"宝刹何处？"——"荸荠庵。"庵本来是住尼姑的。"和尚庙"、"尼姑庵"嘛。可是荸荠庵住的是和尚。也许因为荸荠庵不大，大者为庙，小者为庵。

明海在家叫小明子。他是从小就确定要出家的。他的家乡不叫"出家"，叫"当和尚"。他的家乡出和尚。就像有的地方出劁猪的，有的地方出织席子的，有的地方出箍桶的，有的地方出弹棉花的，有的地方出画匠，有的地方出婊子，他的家乡出和尚。人家弟兄多，就派一个出去当和尚。当和尚也要通过关系，也有帮。这地方的和尚有的走得很远。有到杭州灵隐寺的、上海静安寺的、镇江金山寺的、扬州天宁寺的。一般的就在本县的寺庙。明海家田少，老大、老二、老三，就足够种的了。他是老四。他七岁那年，他当和尚的舅舅回家，他爹、他娘就和舅舅商议，决定叫他当和尚。他当时在旁边，觉得这实在是在情在理，没有理由反对。当和尚有很多好处。一是可以吃现成饭。哪个庙里都是管饭的。二是可以攒钱。只要学会了放瑜伽焰口，拜梁皇忏，可以按例分到辛苦钱。积攒起来，将来还俗娶亲也可以；不想还俗，买几亩田也可以。当和尚也不容易，一要面如朗月，二要声如钟磬，三要聪明记性好。他舅舅给他相了相面，叫他前走几步，后走几步，又叫他喊了一声赶牛打场的号子："格当嘚——"，说是"明子准能当个好和尚，我包了！"要当和尚，得下点本，——念几年书。哪有不认字的和尚呢！于是明子就开蒙入学，读了《三字经》、《百家姓》、《四言杂字》、《幼学琼林》、《上论、下论》、《上孟、下孟》，每天还写一张仿。村里都夸他字写得好，很黑。

舅舅按照约定的日期又回了家，带了一件他自己穿的和尚领的短衫，叫明子娘改小一点，给明子穿上。明子穿了这件和尚短衫，下身还是在家穿的紫花裤子，赤脚穿了一双新布鞋，跟他爹、他娘磕了一个头，就随舅舅走了。

他上学时起了个学名，叫明海。舅舅说，不用改了。于是"明海"就从学名变成了法名。

过了一个湖。好大一个湖！穿过一个县城。县城真热闹：官盐店，税务局，肉铺里挂着成边的猪，一个驴子在磨芝麻，满街都是小磨香油的香味，布店，卖茉莉粉、梳头油的什么斋，卖绒花的，卖丝线的，打把式卖膏药的，吹糖人的，耍蛇的，……他什么都想看看。舅舅一劲地推他："快走！快走！"

到了一个河边，有一只船在等着他们。船上有一个五十来岁的瘦长瘦长的大伯，船头蹲着一个跟明子差不多大的女孩子，在剥一个莲蓬吃。明子和舅舅坐到舱里，船就开了。明子听见有人跟他说话，是那个女孩子。

"是你要到荸荠庵当和尚吗？"

明子点点头。

"当和尚要烧戒疤呕！你不怕？"

明子不知道怎么回答，就含含糊糊地摇了摇头。

"你叫什么？"

"明海。"

"在家的时候？"

"叫明子。"

"明子！我叫小英子！我们是邻居。我家挨着荸荠庵。——给你！"

小英子把吃剩的半个莲蓬扔给明海，小明子就剥开莲蓬壳，一颗一颗吃起来。

大伯一桨一桨地划着，只听见船桨拨水的声音：

"哗——许！哗——许！"

荸荠庵的地势很好，在一片高地上。这一带就数这片地势高，当初建庵的人很会选地方。门前是一条河。门外是一片很大的打谷场。三面都是高大的柳树。山门里是一个穿堂。迎门供着弥勒佛。不知是哪一位名士撰写了一副对联：

　　大肚能容容天下难容之事
　　开颜一笑笑世间可笑之人

弥勒佛背后，是韦驮。过穿堂，是一个不小的天井，种着两棵白果树。天井两边各有三间厢房。走过天井，便是大殿，供着三世佛。佛像连龛才四尺来高。大殿东边是方丈，西边是库房。大殿东侧，有一个小小的六角门，白门绿字，刻着一副对联：

一花一世界
　　三藐三菩提

　　进门有一个狭长的天井，几块假山石，几盆花，有三间小房。
　　小和尚的日子清闲得很。一早起来，开山门，扫地。庵里的地铺的都是箩底方砖，好扫得很，给弥勒佛、韦驮烧一炷香，正殿的三世佛面前也烧一炷香、磕三个头、念三声"南无阿弥陀佛"，敲三声磬。这庵里的和尚不兴做什么早课、晚课，明子这三声磬就全都代替了。然后，挑水，喂猪。然后，等当家和尚，即明子的舅舅起来，教他念经。
　　教念经也跟教书一样，师父面前一本经，徒弟面前一本经，师父唱一句，徒弟跟着唱一句。是唱哎。舅舅一边唱，一边还用手在桌上拍板。一板一眼，拍得很响，就跟教唱戏一样。是跟教唱戏一样，完全一样哎。连用的名词都一样。舅舅说，念经：一要板眼准，二要合工尺。说：当一个好和尚，得有条好嗓子。说：民国二十年闹大水，运河倒了堤，最后在清水潭合龙，因为大水淹死的人很多，放了一台大焰口，十三大师——十三个正座和尚，各大庙的方丈都来了，下面的和尚上百。谁当这个首座？推来推去，还是石桥——善因寺的方丈！他往上一坐，就跟地藏王菩萨一样，这就不用说了；那一声"开香赞"，围看的上千人立时鸦雀无声。说：嗓子要练，夏练三伏，冬练三九，要练丹田气！说：要吃得苦中苦，方为人上人！说：和尚里也有状元、榜眼、探花！要用心，不要贪玩！舅舅这一番大法要说得明海和尚实在是五体投地，于是就一板一眼地跟着舅舅唱起来：

　　"炉香乍爇——"
　　"炉香乍爇——"
　　"法界蒙薰——"
　　"法界蒙薰——"
　　"诸佛现金身……"
　　"诸佛现金身……"
　　……

　　等明海学完了早经，——他晚上临睡前还要学一段，叫做晚经，——荸荠庵的师父们就都陆续起床了。
　　这庵里人口简单，一共六个人。连明海在内，五个和尚。
　　有一个老和尚，六十几了，是舅舅的师叔，法名普照，但是知道的人很少，因为很少人叫他法名，都称之为老和尚或老师父，明海叫他师爷爷。这是个很枯寂的人，一天关在房里，就是那"一花一世界"里。也看不见他念佛，只是那么一声不响地坐着。他是吃斋的，过年时除外。
　　下面就是师兄弟三个，仁字排行：仁山、仁海、仁渡。庵里庵外，有的称他们为大师父、二师父；有的称之为山师父、海师父。只有仁渡，没有叫他"渡师父"的，因为听起来不像话，大都直呼之为仁渡。他也只配如此，因为他还年轻，才二十多岁。

仁山，即明子的舅舅，是当家的。不叫"方丈"，也不叫"住持"，却叫"当家的"，是很有道理的，因为他确确实实干的是当家的职务。他屋里摆的是一张帐桌，桌子上放的是帐簿和算盘。帐簿共有三本。一本是经帐，一本是租帐，一本是债帐。和尚要做法事，做法事要收钱，——要不，当和尚干什么？常做的法事是放焰口。正规的焰口是十个人。一个正座，一个敲鼓的，两边一边四个。人少了，八个，一边三个，也凑合了。荸荠庵只有四个和尚，要放整焰口就得和别的庙里合伙。这样的时候也有过，通常只是放半台焰口。一个正座，一个敲鼓，另外一边一个。一来找别的庙里合伙费事；二来这一带放得起整焰口的人家也不多。有的时候，谁家死了人，就只请两个，甚至一个和尚咕噜咕噜念一通经，敲打几声法器就算完事。很多人家的经钱不是当时就给，往往要等秋后才还。这就得记帐。另外，和尚放焰口的辛苦钱不是一样的。就像唱戏一样，有份子。正座第一份。因为他要领唱，而且还要独唱。当中有一大段"叹骷髅"，别的和尚都放下法器休息，只有首座一个人有板有眼地曼声吟唱。第二份是敲鼓的。你以为这容易呀？哼，单是一开头的"发擂"，手上没功夫就敲不出迟疾顿挫！其余的，就一样了。这也得记上：某月某日、谁家焰口半台，谁正座，谁敲鼓……省得到年底结帐时赌咒骂娘。……这庵里有几十亩庙产，租给人种，到时候要收租。庵里还放债。租、债一向倒很少亏欠，因为租佃借钱的人怕菩萨不高兴。这三本帐就够仁山忙的了。另外香烛、灯火、油盐"福食"，这也得随时记记帐呀。除了帐簿之外，山师父的方丈的墙上还挂着一块水牌，上漆四个红字："勤笔免思"。

仁山所说当一个好和尚的三个条件，他自己其实一条也不具备。他的相貌只要用两个字就说清楚了：黄，胖。声音也不像钟磬，倒像母猪。聪明么？难说，打牌老输。他在庵里从不穿袈裟，连海青直裰也免了。经常是披着件短僧衣，袒露着一个黄色的肚子。下面是光脚趿拉着一对僧鞋，——新鞋他也是趿拉着。他一天就是这样不衫不履地这里走走，那里走走，发出母猪一样的声音："呣——呣——"。

二师父仁海。他是有老婆的。他老婆每年夏秋之间来住几个月，因为庵里凉快。庵里有六个人，其中之一，就是这位和尚的家眷。仁山、仁渡叫她嫂子，明海叫她师娘。这两口子都很爱干净，整天的洗涮。傍晚的时候，坐在天井里乘凉。白天，闷在屋里不出来。

三师父是个很聪明精干的人。有时一笔帐大师兄扒了半天算盘也算不清，他眼珠子转两转，早算得一清二楚。他打牌赢的时候多，二三十张牌落地，上下家手里有些什么牌，他就差不多都知道了。他打牌时，总有人爱在他后面看歪头胡。谁家约他打牌，就说"想送两个钱给你。"他不但经忏俱通（小庙的和尚能够拜忏的不多），而且身怀绝技，会"飞铙"。七月间有些地方做盂兰会，在旷地上放大焰口，几十个和尚，穿绣花袈裟，飞铙。飞铙就是把十多斤重的大铙钹飞起来。到了一定的时候，全部法器皆停，只几十副大铙紧张急促地敲起来。忽然起手，大铙向半空中飞去，一面飞，一面旋转。然后，又落下来，接住。接住不是平平常常地接住，有各种架势，"犀牛望月"、"苏秦背剑"……这哪是念经，这是耍杂技。也许是地藏王菩萨爱看这个，但真正因此快乐起来的是人，尤其是妇女和孩子。这是年轻漂亮的和尚出风头的机会。一场大焰口过后，也像一个好戏班子过后一样，会有一个两个大姑娘、小媳妇失踪，——跟和尚跑了。他还会放"花焰口"。有的人家,亲戚中多风流子弟,在不是很哀伤的佛事——如做冥寿时,就会提出放花焰口。所谓"花焰口"就是在正焰口之后,叫和尚唱小调,拉丝弦,吹管笛,敲鼓板,而且可以点唱。仁渡一个人可以唱一夜不重头。仁渡前几年一直在外面,近二年才常住在庵里。据说他有相好的,而且不止一个。他平常可是很规矩,看到姑娘媳妇总是老老实实的,连一句玩笑话都不说,一句小调山歌都不唱。有一回,在打谷场上乘凉的时候,一伙人把他围起来,非叫他唱两个不可。他却情不过,说:"好,唱一个。不唱家乡的。家乡的你们都熟,唱个安徽的。"

姐和小郎打大麦,
一转子讲得听不得。
听不得就听不得,
打完了大麦打小麦。

……

这个庵里无所谓清规,连这两个字也没人提起。

仁山吃水烟,连出门做法事也带着他的水烟袋。

他们经常打牌。这是个打牌的好地方。把大殿上吃饭的方桌往门口一搭,斜放着,就是牌桌。桌子一放好,仁山就从他的方丈里把筹码拿出来,哗啦一声倒在桌上。斗纸牌的时候多,搓麻将的时候少。牌客除了师兄弟三人,常来的是一个收鸭毛的,一个打兔子兼偷鸡的,都是正经人。收鸭毛的担一副竹筐,串乡串镇,拉长了沙哑的声音喊叫:

"鸭毛卖钱——!"

偷鸡的有一件家什——铜蜻蜓。看准了一只老母鸡,把铜蜻蜓一丢,鸡婆子上去就是一口。这一啄,铜蜻蜓的硬簧绷开,鸡嘴撑住了,叫不出来了。正在这鸡十分纳闷的时候,上去一把薅住。

明子曾经跟这位正经人要过铜蜻蜓看看。他拿到小英子家门前试了一试,果然!小英的娘知道了,骂明子:

"要死了!儿子!你怎么到我家来玩铜蜻蜓了!"

小英子跑过来:

"给我!给我!"

她也试了试,真灵,一个黑母鸡一下子就把嘴撑住,傻了眼了!

下雨阴天,这二位就光临荸荠庵,消磨一天。

有时没有外客,就把老师叔也拉出来,打牌的结局,大都是当家和尚气得鼓鼓的:"×妈妈的!又输了!下回不来了!"

他们吃肉不瞒人。年下也杀猪。杀猪就在大殿上。一切都和在家人一样,开水、木桶、尖刀。捆猪的时候,猪也是没命地叫。跟在家人不同的,是多一道仪式,要给即将升天的猪念一道"往生咒",并且总是老师叔念,神情很庄重:"……一切胎生、卵生、息生,来从虚空来,还归虚空去。往生再世,皆当欢喜。南无阿弥陀佛!"

三师父仁渡一刀子下去,鲜红的猪血就带着很多沫子喷出来。

……

明子老往小英子家里跑。

小英子的家像一个小岛,三面都是河,西面有一条小路通到荸荠庵。独门独户,岛上只有这一家。岛上有六棵大桑树,夏天都结大桑椹,三棵结白的,三棵结紫的;一个菜园子,瓜豆蔬菜,四时不缺。院墙下半截是砖砌的,上半截是泥夯的。大门是桐油油过的,贴着一副万年红的春联:

向阳门第春常在
积善人家庆有余

门里是一个很宽的院子。院子里一边是牛屋、碓棚;一边是猪圈、鸡窠,还有个关鸭子的栅栏。露天地放着一具石磨。正北面是住房,也是砖基土筑,上面盖的一半是瓦,一半是草。房子翻修了才三年,木料还露着白茬。正中是堂屋,家神菩萨的画像上贴的金还没有发黑。两边是卧房。隔扇窗上各嵌了一块一尺见方的玻璃,明亮亮的,——这在乡下是不多见的。房檐下一边种着一棵石榴树,一边种着一棵栀子花,都齐房檐高了。夏天开了花,一红一白,好看得很。栀子花香得冲鼻子。顺风的时候,在荸荠庵都闻得见。

这家人口不多,他家当然是姓赵。一共四口人:赵大伯、赵大妈,两个女儿,大英子、小英子。老两口没得儿子。因为这些年人不得病,牛不生灾,也没有大旱大水闹蝗虫,日子过得很兴旺。他们家自己有田,本来够吃的了,又租种了庵上的十亩田。自己的田里,一亩种了荸荠,——这一半是小英子的主意,她爱吃荸荠,一亩种了茨菇。家里喂了一大群鸡鸭,单是鸡蛋鸭毛就够一年的油盐了。赵大伯是个能干人。他是一个"全把式",不但田里场上样样精通,还会罩鱼、洗磨、凿砻、修水库、修船、砌墙、烧砖、箍桶、劈篾、绞麻绳。他不咳嗽,不腰疼,结结实实,像一棵榆树。人很和气,一天不声不响。赵大伯是一棵摇钱树,赵大娘就是个聚宝盆。大娘精神得出奇。五十岁了,两个眼睛还是清亮亮的。不论什么时候,头都是梳得滑溜溜的,身上衣服都是格挣挣的。像老头子一样,她一天不闲着。煮猪食,喂猪,腌咸菜,——她腌的咸萝卜干非常好吃,舂粉子,磨小豆腐,编蓑衣,织芦筜。

她还会剪花样子。这里嫁闺女,陪嫁妆,磁坛子、锡罐子,都要用梅红纸剪出吉祥花样,贴在上面,讨个吉利,也才好看:"丹凤朝阳"呀、"白头到老"呀、"子孙万代"呀、"福寿绵长"呀。二三十里的人家都来请她:"大娘,好日子是十六,你哪天去呀?"——"十五,我一大清早就来!"

"一定呀!"——"一定!一定!"

两个女儿,长得跟她娘像一个模子里托出来的。眼睛长得尤其像,白眼珠鸭蛋青,黑眼珠棋子黑,定神时如清水,闪动时像星星。浑身上下,头是头,脚是脚。头发滑溜溜的，衣服格挣挣的。——这里的风俗，十五六岁的姑娘就都梳上头了。这两个丫头，这一头的好头发！通红的发根，雪白的簪子！娘女三个去赶集，一集的人都朝她们望。

姐妹俩长得很像，性格不同。大姑娘很文静，话很少，像父亲。小英子比她娘还会说，一天咭咭呱呱地不停。大姐说：

"你一天到晚咭咭呱呱——"

"像个喜鹊！"

"你自己说的！——吵得人心乱！"

"心乱？"

"心乱！"

"你心乱怪我呀！"

二姑娘话里有话。大英子已经有了人家。小人她偷偷地看过，人很敦厚，也不难看，家道也殷实，她满意。已经下过小定，日子还没有定下来。她这二年，很少出房门，整天赶她的嫁妆。大裁大剪，她都会。挑花绣花，不如娘。她可又嫌娘出的样子太老了。她到城里看过新娘子，说人家现在绣的都是活花活草。这可把娘难住了。最后是喜鹊忽然一拍屁股："我给你保举一个人！"

这人是谁？是明子。明子念"上孟下孟"的时候，不知怎么得了半套《芥子园》，他喜欢得很。到了荸荠庵，他还常翻出来看，有时还把旧帐簿子翻过来，照着描。小英子说：

"他会画！画得跟活的一样！"

小英子把明海请到家里来，给他磨墨铺纸，小和尚画了几张，大英子喜欢得了不得："就是这样！就是这样！这就可以乱孱！"——所谓"乱孱"是绣花的一种针法：绣了第一层，第二层的针脚插进第一层的针缝，这样颜色就可由深到淡，不露痕迹，不像娘那一代绣的花是平针，深浅之间，界限分明，一道一道的。小英子就像个书童，又像个参谋：

"画一朵石榴花！"

"画一朵栀子花！"

她把花掐来，明海就照着画。

到后来，凤仙花、石竹子、水蓼、淡竹叶、天竺果子、腊梅花，他都能画。

大娘看着也喜欢，搂住明海的和尚头：

"你真聪明！你给我当一个干儿子吧！"

小英子捺住他的肩膀，说：

"快叫！快叫！"

小明子跪在地下磕了一个头，从此就叫小英子的娘做干娘。

大英子绣的三双鞋，三十里方圆都传遍了。很多姑娘都走路坐船来看。看完了，就说："啧啧啧，真好看！这哪是绣的，这是一朵鲜花！"她们就拿了纸来央大娘求了小和尚来画。有求画帐檐的，有求画门帘飘带的，有求画鞋头花的。每回明子来画花，小英子就给他做点好吃的，煮两个鸡蛋，蒸一碗芋头，煎几个藕团子。

因为照顾姐姐赶嫁妆，田里的零碎生活小英子就全包了。她的帮手，是明子。

这地方的忙活是栽秧、车高田水、薅头遍草、再就是割稻子、打场子。这几荐重活，自己一家是忙不过来的。这地方兴换工。排好了日期，几家顾一家，轮流转。不收工钱，但是吃好的。一天吃六顿，两头见肉，顿顿有酒。干活时，敲着锣鼓，唱着歌，热闹得很。其余的时候，各顾各，不显得紧张。

薅三遍草的时候，秧已经很高了，低下头看不见人。一听见非常脆亮的嗓子在一片浓绿里唱：

栀子哎开花哎六瓣头哎……
姐家哎门前哎一道桥哎……

明海就知道小英子在哪里，三步两步就赶到，赶到就低头薅起草来，傍晚牵牛"打汪"，是明子的事。——水牛怕蚊子。这里的习惯，牛卸了轭，饮了水，就牵到一口和好泥水的"汪"里，由它自己打滚扑腾，弄得全身都是泥浆，这样蚊子就咬不通了。低田上水，只要一挂十四轧的水车，两个人车半天就够了。明子和小英子就伏在车杠上，不紧不慢地踩着车轴上的拐子，轻轻地唱着明海向三师父学来的各处山歌。打场的时候，明子能替赵大伯一会，让他回家吃饭。——赵家自己没有场，每年都在荸荠庵外面的场上打谷子。他一扬鞭子，喊起了打场号子：

"格当嘚——"

这打场号子有音无字，可是九转十三弯，比什么山歌号子都好听。赵大娘在家，听见明子的号子，就侧起耳朵：

"这孩子这条嗓子！"

连大英子也停下针线：

"真好听！"

小英子非常骄傲地说：

"一十三省数第一！"

晚上，他们一起看场。——荸荠庵收来的租稻也晒在场上。他们并肩坐在一个石磙子上，听青蛙打鼓，听寒蛇唱歌，——这个地方以为蟋蟀叫是蚯蚓叫，而且叫蚯蚓叫"寒蛇"，听纺纱婆子不停地纺纱，"唦——"，看萤火虫飞来飞去，看天上的流星。

"呀！我忘了在裤带上打一个结！"小英子说。

这里的人相信，在流星掉下来的时候在裤带上打一个结，心里想什么好事，就能如愿。

……

"捵"荸荠，这是小英子最爱干的生活。秋天过去了，地净场光，荸荠的叶子枯了，——荸荠的笔直的小葱一样的圆叶子里是一格一格的，用手一捋，哔哔地响，小英子最爱捋着玩，——荸荠藏在烂泥里。赤了脚，在凉浸浸滑滑溜溜的泥里踩着，——哎，一个硬疙瘩！伸手下去，一个红紫红紫的荸荠。她自己爱干这生活，还拉了明子一起去。她老是故意用自己的光脚去踩明子的脚。

她挎着一篮子荸荠回去了，在柔软的田埂上留了一串脚印。明海看着她的脚印，傻了。五个小小的趾头，脚掌平平的，脚跟细细的，脚弓部分缺了一块。明海身上有一种从来没有过的感觉，他觉得心里痒痒的。这一串美丽的脚印把小和尚的心搞乱了。
　　……

　　明子常搭赵家的船进城，给庵里买香烛，买油盐。闲时是赵大伯划船；忙时是小英子去，划船的是明子。
　　从庵赵庄到县城，当中要经过一片很大的芦花荡子。芦苇长得密密的，当中一条水路，四边不见人。划到这里，明子总是无端端地觉得心里很紧张，他就使劲地划桨。
　　小英子喊起来：
　　"明子！明子！你怎么啦？你发疯啦？为什么划得这么快？"
　　……

　　明海到善因寺去受戒。
　　"你真的要去烧戒疤呀？"
　　"真的。"
　　"好好的头皮上烧十二个洞，那不疼死啦？"
　　"咬咬牙。舅舅说这是当和尚的一大关，总要过的。"
　　"不受戒不行吗？"
　　"不受戒的是野和尚。"
　　"受了戒有啥好处？"
　　"受了戒就可以到处云游，逢寺挂褡。"
　　"什么叫'挂褡'？"
　　"就是在庙里住。有斋就吃。"
　　"不把钱？"
　　"不把钱。有法事，还得先尽外来的师父。"
　　"怪不得都说'远来的和尚会念经'。就凭头上这几个戒疤？"
　　"还要有一份戒牒。"
　　"闹半天，受戒就是领一张和尚的合格文凭呀！"
　　"就是！"
　　"我划船送你去。"
　　"好。"
　　小英子早早就把船划到荸荠庵门前。不知是什么道理，她兴奋得很。她充满了好奇心，想去看看善因寺这座大庙，看看受戒是个啥样子。
　　善因寺是全县第一大庙，在东门外，面临一条水很深的护城河，三面都是大树，寺在树林子里，远处只能隐隐约约看到一点金碧辉煌的屋顶，不知道有多大。树上到处挂着"谨防恶犬"的牌子。这寺里的狗出名的厉害。平常不大有人进去。放戒期间，任人游看，恶狗都锁起来了。

好大一座庙！庙门的门坎比小英子的胳膝都高。迎门蠢着两块大牌，一边一块，一块写着斗大两个大字："放戒"，一块是："禁止喧哗"。这庙里果然是气象庄严，到了这里谁也不敢大声咳嗽。明海自去报名办事，小英子就到处看看。好家伙，这哼哈二将、四大天王，有三丈多高，都是簇新的，才装修了不久。天井有二亩地大，铺着青石，种着苍松翠柏。"大雄宝殿"，这才真是个"大殿"！一进去，凉嗖嗖的。到处都是金光耀眼。释迦牟尼佛坐在一个莲花座上，单是莲座，就比小英子还高。抬起头来也看不全他的脸，只看到一个微微闭着的嘴唇和胖敦敦的下巴。两边的两根大红蜡烛，一搂多粗。佛像前的大供桌上供着鲜花、绒花、绢花，还有珊瑚树，玉如意、整根的大象牙。香炉里烧着檀香。小英子出了庙，闻着自己的衣服都是香的。挂了好些幡。这些幡不知是什么缎子的，那么厚重，绣的花真细。这么大一口磬，里头能装五担水！这么大一个木鱼，有一头牛大，漆得通红的。她又去转了转罗汉堂，爬到千佛楼上看了看。真有一千个小佛！她还跟着一些人去看了看藏经楼。藏经楼没有什么看头，都是经书！妈吔！逛了这么一圈，腿都酸了。小英子想起还要给家里打油，替姐姐配丝线，给娘买鞋面布，给自己买两个坠围裙飘带的银蝴蝶，给爹买旱烟，就出庙了。

等把事情办齐，晌午了。她又到庙里看了看，和尚正在吃粥。好大一个"膳堂"，坐得下八百个和尚。吃粥也有这样多讲究：正面法座上摆着两个锡胆瓶，里面插着红绒花，后面盘膝坐着一个穿了大红满金绣袈裟的和尚，手里拿了戒尺。这戒尺是要打人的。哪个和尚吃粥吃出了声音，他下来就是一戒尺。不过他并不真的打人，只是做个样子。真稀奇，那么多的和尚吃粥，竟然不出一点声音！他看见明子也坐在里面，想跟他打个招呼又不好打。想了想，管他禁止不禁止喧哗，就大声喊了一句："我走啦！"她看见明子目不斜视地微微点了点头，就不管很多人都朝自己看，大摇大摆地走了。

第四天一大清早小英子就去看明子。她知道明子受戒是第三天半夜，——烧戒疤是不许人看的。她知道要请老剃头师傅剃头，要剃得横摸顺摸都摸不出头发茬子，要不然一烧，就会"走"了戒，烧成了一片。她知道是用枣泥子先点在头皮上，然后用香头子点着。她知道烧了戒疤就喝一碗蘑菇汤，让它"发"，还不能躺下，要不停地走动，叫做"散戒"。这些都是明子告诉她的。明子是听舅舅说的。

她一看，和尚真在那里"散戒"，在城墙根底下的荒地里。一个一个，穿了新海青，光光的头皮上都有十二个黑点子。——这黑疤掉了，才会露出白白的、圆圆的"戒疤"。和尚都笑嘻嘻的，好像很高兴。她一眼就看见了明子。隔着一条护城河，就喊他：

"明子！"

"小英子！"

"你受了戒啦？"

"受了。"

"疼吗？"

"疼。"

"现在还疼吗？"

"现在疼过去了。"

"你哪天回去？"

"后天。"
"上午？下午？"
"下午。"
"我来接你！"
"好！"
……

小英子把明海接上船。

小英子这天穿了一件细白夏布上衣，下边是黑洋纱的裤子，赤脚穿了一双龙须草的细草鞋，头上一边插着一朵栀子花，一边插着一朵石榴花。她看见明子穿了新海青，里面露出短褂子的白领子，就说："把你那外面的一件脱了，你不热呀！"

他们一人一把桨。小英子在中舱，明子扳艄，在船尾。

她一路问了明子很多话，好像一年没有看见了。

她问，烧戒疤的时候，有人哭吗？喊吗？

明子说，没有人哭，只是不住地念佛。有个山东和尚骂人：

"俺日你奶奶！俺不烧了！"

她问善因寺的方丈石桥是相貌和声音都很出众吗？

"是的。"

"说他的方丈比小姐的绣房还讲究？"

"讲究。什么东西都是绣花的。"

"他屋里很香？"

"很香。他烧的是伽楠香，贵得很。"

"听说他会做诗，会画画，会写字？"

"会。庙里走廊两头的砖额上，都刻着他写的大字。"

"他是有个小老婆吗？"

"有一个。"

"才十九岁？"

"听说。"

"好看吗？"

"都说好看。"

"你没看见？"

"我怎么会看见？我关在庙里。"

明子告诉她，善因寺一个老和尚告诉他，寺里有意选他当沙弥尾，不过还没有定，要等主事的和尚商议。

"什么叫'沙弥尾'？"

"放一堂戒，要选出一个沙弥头，一个沙弥尾。沙弥头要老成，要会念很多经。沙弥尾要年轻，聪明，相貌好。"

"当了沙弥尾跟别的和尚有什么不同？"

"沙弥头，沙弥尾，将来都能当方丈。现在的方丈退居了，就当。石桥原来就是沙弥尾。"

"你当沙弥尾吗？"

"还不一定哪。"

"你当方丈，管善因寺？管这么大一个庙？！"

"还早呐！"

划了一气，小英子说："你不要当方丈！"

"好，不当。"

"你也不要当沙弥尾！"

"好，不当。"

又划了一气，看见那一片芦花荡子了。

小英子忽然把桨放下，走到船尾，趴在明子的耳朵旁边，小声地说：

"我给你当老婆，你要不要？"

明子眼睛鼓得大大的。

"你说话呀！"

明子说："嗯。"

"什么叫'嗯'呀！要不要，要不要？"

明子大声地说："要！"

"你喊什么！"

明子小小声说："要——！"

"快点划！"

英子跳到中舱，两只桨飞快地划起来，划进了芦花荡。

芦花才吐新穗。紫灰色的芦穗，发着银光，软软的，滑溜溜的，像一串丝线。有的地方结了蒲棒，通红的，像一枝一枝小蜡烛。青浮萍，紫浮萍。长脚蚊子，水蜘蛛。野菱角开着四瓣的小白花。惊起一只青桩（一种水鸟），擦着芦穗，扑鲁鲁鲁飞远了。

……

1980年8月12日，写43年前的一个梦

☞ 提　示

在中国当代文学坛上．汪曾祺是为数不多的堪称大师级的人物。他从自己的老师沈从文那里继承了独特的艺术风格和文学思想，用清新丽质的文字构建起了自己的精神家园。短篇小说《受戒》可谓是汪曾祺的扛鼎之作，这篇小说风行文坛30年，一直被奉为经典。在《受戒》这篇小说里，汪曾祺以一种超然脱俗的文学精神，为文学保留一片纯洁的天空。

在这个近乎完美的世俗仙境里，体现着一种充满着诗意的和谐，健康完美的人性得到了有机的展示与合乎情理的观照。在韵律优美的语言中，江南水乡的一切都充满着神奇的家园情怀。汪曾祺坦言，小说是他43年前的一个梦，因此他就用带着灵气的语言

把小说中的人、物、情、景写得如梦如诗，令人陶醉。这里的人们平静地生活，与世无争，自然祥和，纯朴中浸透着高贵优雅的气质，散发出健康向上的美；这里的花花草草，万物生灵，无不显现出天公造化细心雕琢的神韵，令人心驰神往。作者不经意之间就用一种回归古典的语言，轻描淡写地为我们勾画出一个诗一般的田园乌托邦。

汪曾祺的《受戒》以其所表现的人性的美好，所营造的"散而淡"的艺术风格，以及汉语表达的独特韵致而成为当代文学经典。小说的别致之处在于，它呈现了一幅恬适而美丽、悠闲而快乐的生活景象，一种浪漫而抒情、充实而自足的生活方式，所彰显的是传统伦理和世俗情感的美好。同时，这也是一个有诗性而无神性、有信心而无信仰的世界，尤其是作者欣赏而赞叹的情感态度，不仅带有个人的想象和意图，而且也是渎神时代的自娱和快乐。它是否是对现代启蒙精神的撤退和掩藏？这值得我们重新玩味和反思。

小说营造了一个自然纯朴、自在洒脱、赏心悦目的"桃花源"世界，庵赵庄的风光自然而美丽，寺庙和农家生活悠闲而温馨，这是一个诗意的世界。特别是小说中性与情欲的自然流露、世俗生活对宗教戒律的破除，给那个时代以强大的诱惑与反叛力量。小说表现了"出家"即居家，僧人即俗人，庙里庙外都有快乐的生活的。

小说里的寺庙和乡村都是一个有诗性而无神性、有信心而无信仰的世界，它有恬适而美丽、悠闲而快乐的生活景象，有浪漫而抒情、充实而自足的生活方式，有着典型的世俗社会的伦理特点。汪曾祺说："和尚也是一种人。他们的生活也是一种生活，凡作为人的七情六欲，他们皆不缺少，只是表现方式不同而已。"[①]的确，小说最令人惊羡的是出家和尚依然尽情享受着世俗生活的美好，体验着人性本真的自由和快乐，没有任何清规戒律的束缚，世俗和寺庙之间没有阻隔，表现了"对神的嘲弄，对人的自然情感与生活权利的肯定"[②]。

小说里最为美丽动人的地方是明子和小英子的爱情。小说所要渲染的是和尚明海与农家少女小英子之间萌发的纯真无邪的爱情，由此赞美人性的纯洁和世俗生活的美好。受戒本来是佛教信徒出家为僧尼，需在一定的仪式下接受戒律，如不杀生、不偷盗、不邪淫、不妄语、不饮酒等五戒，是佛教的基本戒律。但小说所写的"受戒"形同虚设，破除戒律没有任何顾虑和思量。也许小说试图将佛教的世俗化和人情化统一起来，表明"佛"在生活之中，合乎人情人性也是符合"神性"的。小说以"受戒"为题，所隐含的是"谁戒谁"或"谁受谁的戒"的寓意。

中国现代抒情小说，从鲁迅的《故乡》、《伤逝》、《在酒楼上》、《孤独者》到沈从文的《边城》、废名的《桥》、冯至的《伍子胥》以及萧红的《呼兰河传》、芦焚的《果园城记》等，也以其"诗性"显示出丰富的艺术魅力。他们表现了人性的淳朴和美丽，自然的和谐与神性，却有着特定的时代背景和现实感受，如废名通过小说的形式写出了传统社会溃败的挽歌，沈从文则希望借助小说重建现代人的道德和理想。如果将《受戒》看做20世纪80年代的文化寓言，也许会更接近作者的意图。它是对被时代扭曲的一个"梦"的回忆和召

---

① 汪曾祺：《关于〈受戒〉》，载《汪曾祺全集》，北京师范大学出版社，1998年。
② 季红真：《传统的生活与文化铸造的性格》，《北京文学》1983年2月号。

唤，是中国社会的"生活"与"信仰"关系的世俗性还原。

汪曾祺的小说大多数没有太强的故事性，却蕴含着唯美与诗艺，尤其是他将古典诗话和现代散文话语结合起来，节奏舒缓，韵律优美，蕴藉风流，读来如小桥流水，雪月空明，臻于化境。应该静下心来，细细品读，慢慢咀嚼其中余味，才能领悟汪曾祺的"诗心"、"画意"。

汪曾祺在文学史上是具有"承前启后"意义的小说家。一方面，他把被中断的散文化小说传统延续下来，这个传统可追溯到废名、沈从文、萧红。另一方面，他对中国当代文学的影响很远，开启了"寻根文学"风气之先，更新了小说观念，启动了当代作家的文体意识和语言感觉，这在钟阿城、何立伟等一系列小说家那里都有所体现。

▶ 延伸性阅读文献

1. 汪曾祺：《汪曾祺精选集》，北京燕山出版社，2011年。
2. 李陀：《汪曾祺与现代汉语写作》，载王晓明：《二十世纪中国文学史论》(下)(修订版)，东方出版中心，2003年。
3. 陈思和：《中国当代文学史教程》(第二版)，复旦大学出版社，2005年。

思考与练习

1. 比较阅读汪曾祺的《受戒》与沈从文的《边城》。
2. 汪曾祺的小说在中国当代文学的整体格局里显得与众不同，试结合对汪曾祺《受戒》等作品的分析，评说汪曾祺小说的整体特征。
3. 汪曾祺小说最主要的特征是其小说的散文化，如何评价这一散文化特征？这个特征表现在具体作品中是如何完成的？

白狗秋千架

莫 言

　　莫言，原名管谟业，1955年2月17日生，山东高密人，1976年应征入伍，历任战士、班长、教员、干事、专业作家，1997年转业，1981年开始发表作品，莫言是第一个获得诺贝尔文学奖的中国籍作家，他自20世纪80年代以一系列乡土作品崛起，充满着"怀乡"的复杂情感，被归类为"寻根文学"作家。他的《红高粱》是20世纪80年代中国文坛的里程碑之作，已经被翻译成20多种文字在全世界发行。2011年莫言荣获茅盾文学奖。2012年莫言以"通过幻觉现实主义将民间故事、历史与当代社会融合在一起"获得诺贝尔文学奖。莫言获得诺贝尔文学奖，让世界更关注中国文学，同时也提升了当代文学在国人心中的地位。莫言是富于想象力、很会讲故事，而又具有出色的创造精神的作家，他给当代文学带来很多新的质素。莫言的小说有很深的生活根基，他执著地描写中国北方农村底层，多部以高密乡为背景的小说连成一气，已经形成一个独立奇异的"文学世界"。莫言迷醉于民间文化，他对百年来民间文化的变异与堕落有锥心之痛，几乎本能地呈现了这种文化之痛楚。莫言所营造的神秘而狂乱的世界以及汪洋恣肆的语言，形成特异的风格。莫言已发表80多篇短篇小说，30部中篇小说，11部长篇小说，5部散文集，1套三卷本散文全集。此外，还创作过9部影视文学剧本及两部话剧作品。中篇小说《红高粱》获全国中篇小说奖，《丰乳肥臀》获首届《大家》文学奖，《白狗秋千架》获台湾联合文学奖，《酒国》（法文版）获法国儒尔·巴泰庸奖，《檀香刑》获首届鼎钧文学奖、台湾联合报十大好书奖，另获意大利第30届诺尼诺国际文学奖。2004年获法兰西文化与艺术骑士勋章。从1988年起，莫言的作品被广泛地翻译成英语、法语、西班牙语、德语、瑞典语、俄语、日语等多种语言。

　　高密东北乡原产白色温驯的大狗，绵延数代之后，很难再见一匹纯种。现在，那儿家家养的多是一些杂狗，偶有一只白色的，也总是在身体的某一部位生出杂毛，显出混血的痕迹来。但只要这杂毛的面积在整个狗体的面积中占的比例不大，又不是在特别显眼的部位，大家也就习惯地以"白狗"称之，并不去循名求实，过分地挑毛病。有一匹全身皆白、只黑了两只前爪的白狗，垂头丧气地从故乡小河上那座颓败的石桥上走过来时，我正在桥头下的石阶上捧着清清的河水洗脸。农历七月末，低洼的高密东北乡燠热难挨，我从县城通往乡镇的公共汽车里钻出来，汗水已浸透衣服，脖子和脸上落满了黄黄的尘土。洗完脖子和脸，又很想脱得一丝不挂跳进河里去，但看到与石桥连接的褐色田间路上，远远地有人在走动，也就罢了这念头，站起来，用未婚妻赠送的系列手绢中的一条揩着脸和颈。时间已过午，太阳略偏西，一阵阵东南风吹过来。冰爽温和的东南风让人极舒服，让高粱梢头轻轻摇摆，飒飒作响，让一条越走越大的白狗毛儿耸起，尾巴轻摇。它近了，我看到了它的两个黑爪子。

那条黑爪子白狗走到桥头，停住脚，回头望望土路，又抬起下巴望望我，用那两只浑浊的狗眼。狗眼里的神色遥远荒凉，含有一种模糊的暗示，这遥远荒凉的暗示唤起内心深处一种迷蒙的感受。

求学离开家乡后，父母亲也搬迁到外省我哥哥处居住，故乡无亲人，我也就不再回来，一晃就是十年，距离不短也不长。暑假前，父亲到我任教的学院来看我，说起故乡事，不由感慨系之。他希望我能回去看看，我说工作忙，脱不开身，父亲不以为然地摇摇头。父亲走了，我心里总觉不安。终于下了决心，割断丝丝缕缕，回来了。

白狗又回头望褐色的土路，又仰望看我，狗眼依然浑浊。我看着它那两个黑爪子，惊讶地要回忆点什么时，它却缩进鲜红的舌头，对着我叫了两声。接着，它蹲在桥头的石桩上，跷起一条后腿，习惯性地撒尿。完事后，竟也沿着我下桥头的路，慢慢地挪下来，站在我身边，尾巴耷拉进腿间，伸出舌头，一下一下地舔着水。

它似乎在等人，显出一副喝水并非因为口渴的消闲样子。河水中映出狗脸上那种漠然的表情，水底的游鱼不断从狗脸上穿过。狗和鱼都不怕我，我确凿地嗅到狗腥气和鱼腥气，甚至产生一脚踢它进水中抓鱼的恶劣想法。又想还是"狗道"些吧，而这时，狗卷起尾巴，抬起脸，冷冷地瞅我一眼，一步步走上桥头去。我看到它把颈上的毛耸了耸，激动不安地向来路跑去。土路两边是大片的穗子灰绿的高粱。飘着纯白云朵的小小蓝天，罩着板块相连的原野。我走上桥头，拎起旅行袋，想急急过桥去，这儿离我的村庄还有十二里路吧，来前没给村里的人们打招呼，早早赶进去，也好让人家方便食宿。正想着，就看到白狗小跑步开路，从路边的高粱地里，领出一个背着大捆高粱叶子的人来。

我在农村滚了近二十年，自然晓得这高粱叶子是牛马的上等饲料，也知道褪掉晒米时高粱的老叶子，不大影响高粱的产量。远远地看着一大捆高粱叶子蹒跚地移过来，心里为之沉重。我很清楚暑天里钻进密不透风的高粱地里打叶子的滋味，汗水遍身胸口发闷是不必说了，最苦的还是叶子上的细毛与你汗淋淋的皮肤接触。我为自己轻松地叹了一口气。渐渐地看清了驮着高粱叶子弯曲着走过来的人。蓝褂子，黑裤子，乌脚杆子黄胶鞋，要不是垂着的发，我是不大可能看出她是个女人的，尽管她一出现就离我很近。她的头与地面平行着，脖子探出很长。是为了减轻肩头的痛苦吧？她用一只手按着搭在肩头的背棍的下头，另一只手从颈后绕过去，把着背棍的上头。阳光照着她的颈子上和头皮上亮晶晶的汗水。高粱叶子葱绿、新鲜。她一步步挪着，终于上了桥。桥的宽度跟她背上的草捆差不多，我退到白狗适才停下记号的桥头石旁站定，看着它和她过桥。

我恍然觉得白狗和她之间有一条看不见的线，白狗紧一步慢一步地颠着，这条线也松松紧紧地牵着。走到我面前时，它又瞥着我，用那双遥远的狗眼，狗眼里那种模糊的暗示在一瞬间变得异常清晰，它那两只黑爪子一下子撕破了我心头的迷雾，让我马上想到她，她的低垂的头从我身边滑过去，短促的喘息声和扑鼻的汗酸永留在我的感觉里。猛地把背上沉重的高粱叶子摔掉，她把身体缓缓舒展开。那一大捆叶子在她身后，差不多齐着她的胸乳。我看到叶子捆与她身体接触的地方，明显地凹进去，特别着力的部位，是湿漉漉揉烂了的叶子。我知道，她身体上揉烂了高粱叶子的那些部位，现在一定非常舒服；站在漾着清凉水气的桥头上，让田野里的风吹拂着，她一定体会到了轻松和满足。轻松、满足，是构成幸福的要素，对此，在逝去的岁月里，我是有体会的。

她挺直腰板后，暂时地像失去了知觉。脸上的灰垢显出了汗水的道道。生动的嘴巴张着，吐出一口口长长的气。鼻梁挺秀如一管葱。脸色黝黑。牙齿洁白。

故乡出漂亮女人，历代都有选进宫廷的。现在也有几个在京城里演电影的，这几个人我见过，也就是那么个样，比她强不了许多。如果她不是破了相，没准儿早成了大演员。十几年前，她婷婷如一枝花，双目皎皎如星。

"暖！"我喊了一声。

她用左眼盯着我看，眼白上布满血丝，看起来很恶。

"暖，小姑。"我注解性地又喊了一声。

我今年29，她小我两岁，分别十年，变化很大，要不是秋千架上的失误给她留下的残疾，我不会敢认她。白狗也专注地打量着我，算一算，它竟有12岁，应该是匹老狗了。我没想到它居然还活着，看起来还蛮健康。那年端午节，它只有篮球般大，父亲从县城里我舅爷家把它抱来。12年前，纯种白狗已近绝迹，连这种有小缺陷，大致还可以称为白狗的也很难求了。舅爷是以养狗谋利的人，父亲把它抱回来，不会不依仗着老外甥对舅舅放无赖的招数。在杂种花狗充斥乡村的时候，父亲抱回来它，引起众人的称羡，也有出三十块钱高价来买的，当然被婉言回绝了。即便是那时的农村，在我们高密东北乡那种荒僻地方，还是有不少乐趣，养狗当如是解。只要不逢大天灾，一般都能足食，所以狗类得以繁衍。

我19岁，暖17岁那一年，白狗四个月的时候，一队队解放军，一辆辆军车，从北边过来，络绎不绝过石桥。我们中学在桥头旁边扎起席棚给解放军烧茶水，学生宣传队在席棚边上敲锣打鼓，唱歌跳舞。桥很窄，第一辆大卡车悬着半边轮子，小心翼翼开过去了。第二辆的后轮压断了一块桥石，翻到了河里，车上载的锅碗瓢盆砸碎了不少，满河里漂着油花子。一群战士跳下河，把司机从驾驶楼里拖出来，水淋淋地抬到岸上。几个穿白大褂的军人围上去。一个戴白手套的人，手举着耳机子，大声地喊叫。我和暖是宣传队的骨干，忘了歌唱鼓噪，直着眼看热闹。后来，过来几个很大的首长，跟我们学校里的贫下中农代表郭麻子大爷握手，跟我们校革委会刘主任握手，戴好手套，又对着我们挥挥手，然后，一溜儿站在那儿，看着队伍继续过河。郭麻子大爷让我吹笛，刘主任让暖唱歌。暖问："唱什么？"刘主任说："唱《看到你们格外亲》。"于是，就吹就唱。战士们一行行踏着桥过河，汽车一辆辆涉水过河。（小河里的水呀清悠悠，庄稼盖满了沟）车头激起雪白的浪花，车后留下黄色的浊流。（解放军进山来，帮助咱们闹秋收）大卡车过完后，两辆小吉普车也呆头呆脑下了河。一辆飞速过河，溅起五六米高的雪浪花；一辆一头钻进水里，嗡嗡怪叫着被淹死了，从河水中冒出一股青烟。（拉起了家常话，多少往事涌上心头）"糟糕！"一个首长说。另一个首长说："他妈的笨蛋！让王猴子派人把车抬上去。"（吃的是一锅饭，点的是一灯油）很快的就有几十个解放军在河水中推那辆撒了气的吉普车，解放军都是穿着军装下了河，河水仅仅没膝，但他们都湿到胸口，湿后变深了颜色的军衣紧贴在身上，显出了肥的瘦的腿和臀。（你们是俺们的亲骨肉，你们是俺们的贴心人）那几个穿白大褂的人把那个水淋淋的司机抬上一辆涂着红十字的汽车。

（党的恩情说不尽，见到你们总觉得格外亲）首长们转过身来，看样子准备过桥去，我提着笛子，嗳张着口，怔怔地看着首长。一个戴着黑边眼镜的首长对着我们点点头，说："唱得不错，吹得也不错。"郭麻子大爷说："首长们辛苦了。孩子们胡吹瞎咧咧，别见笑。"他摸出一包烟，拆开，很恭敬地敬过去，首长们客气地谢绝了。一辆轱辘很多的车停在河对岸，几个战士跳上去，扔下几盘粗大的钢丝绳和一些白色的木棒。戴黑边眼镜的首长对身边一个年轻英俊的军官说："蔡队长，你们宣传队送一些乐器呀之类的给他们。"

队伍过了河，分散到各村去。师部住在我们村。那些日子就像过年一样，全村人都激动。从我家厢房里扯出了几十根电话线，伸展到四面八方去。英俊的蔡队长带着一群吹拉弹唱的文艺兵住在暖家。我天天去玩，和蔡队长混得很熟。蔡队长让暖唱歌给他听。他是个高大的青年，头发蓬松着，眉毛高挑着。暖唱歌时，他低着头拼命抽烟，我看到他的耳朵轻轻地抖动着。他说暖条件不错，很不错，可惜缺乏名师指导。他说我也很有发展前途。他很喜欢我家那只黑爪子小白狗，父亲知道后，马上要送给他，他没要。队伍要开拔那天，我爹和暖的爹一块来了，央求蔡队长把我和暖带走。蔡队长说，回去跟首长汇报一下，年底征兵时就把我们征去。临别时，蔡队长送我一本《笛子演奏法》，送暖一本《怎样演唱革命歌曲》。

"小姑，"我发窘地说，"你不认识我了吗？"

我们村是杂姓庄子，张王李杜，四面八方凑起来的，各种辈分的排列，有点乱七八糟。姑姑嫁给侄子，侄子拐跑婶婶的事时有发生，只要年龄相仿，也就没人嗤笑。我称暖为小姑是从小惯成的叫法，并无一点血缘骨肉的情分在内。十几年前，当把"暖"与"小姑"含混着乱叫一通时，是别有一番滋味在心头的。这一别十年，都老大不小，虽还是那样叫着，但已经无滋味了。

"小姑，难道你真的不认识我了吗？"说完这句话，我马上谴责了自己的迟钝。她的脸上，早已是凄凉的景色了。汗水依然浸洇着，将一绺干枯的头发粘到腮边。黝黑的脸上透出灰白来。左眼里有明亮的水光闪烁。右边没有眼，没有泪，深深凹进去的眼眶里，栽着一排乱纷纷的黑睫毛。我的心拳拳着，实在不忍看那凹陷，便故意把目光散了，瞄着她委婉的眉毛和在半天阳光下因汗湿而闪亮的头发。她左腮上的肌肉联动着眼眶的睫毛和眶上的眉毛，微微地抽搐着，造成了一种凄凉古怪的表情。别人看见她不会动心，我看见她无法不动心……

十几年前的那个晚上，我跑到你家对你说："小姑，打秋千的人都散了，走，我们去打个痛快。"你说："我打盹呢。"我说："别拿一把啦！寒食节过了八天啦，队里明天就要拆秋千架用木头。今早晨车把式对队长嘟哝，嫌把大车绳当秋千绳用，都快磨断了。"你打了一个呵欠，说："那就去吧。"白狗长成一个半大狗了，细筋细骨，比小时候难看。它跟在我们身后，月亮照着它的毛，它的毛闪烁银光，秋千架竖在场院边上，两根立木，一根横木，两个铁吊环，两根粗绳，一个木踏板。秋千架，默立在月光下，阴森森，像个鬼门关。架后不远是场院沟，沟里生着绵亘不断的刺槐树丛，尖尖又坚硬的刺针上，挑着青灰色的月亮。

"我坐着,你荡我。"你说。
"我把你荡到天上去。"
"带上白狗。"
"你别想花花点子了。"
你把白狗叫过来,你说:"白狗,让你也恣悠恣悠。"
你一只手扶住绳子,一只手搂住白狗,它委屈地嘤嘤着。我站在踏板上,用双腿夹住你和狗,一下一下用力,秋千渐渐有了惯性。我们渐渐升高,月光动荡如水,耳边习习生风,我有点儿头晕。你格格地笑着,白狗呜呜地叫着,终于悠平了横梁。我眼前交替出现田野和河流,房屋和坟丘,凉风拂面来,凉风拂面去。我低头看着你的眼睛,问:"小姑,好不好?"
你说:"好,上了天啦。"
绳子断了。我落在秋千架下,你和白狗飞到刺槐丛中去,一根槐针扎进了你的右眼。白狗从树丛中钻出来,在秋千架下醉酒般地转着圈,秋千把它晃晕了……
"这些年……过得还不错吧?"我嗫嚅着。
我看到她耸起的双肩塌了下来,脸上紧张的肌肉也一下子松弛了。也许是因为生理补偿或是因为努力劳作而变得极大的左眼里,突然射出了冷冰冰的光线,刺得我浑身不自在。
"怎么会错呢?有饭吃,有衣穿,有男人,有孩子,除了缺一只眼,什么都不缺,这不就是'不错'吗?"她很泼地说着。
我一时语塞了,想了半天,竟说:"我留在母校任教了,据说,就要提我为讲师了……我很想家,不但想家乡的人,还想家乡的小河、石桥、田野、田野里的红高粱、清闲的空气、婉转的鸟啼……趁着放暑假,我就回来啦。"
"有什么好想的,这破地方。想这破桥?高粱地里像他妈×的蒸笼一样,快把人蒸熟了。"她说着,沿着漫坡走下桥,站着把那件泛着白碱花的男式蓝制服褂子脱下来,扔在身边石头上,弯下腰去洗脸洗脖子。她上身只穿一件肥大的圆领汗衫,衫上已烂出密密麻麻的小洞。它曾经是白色的,现在是灰色的。汗衫扎进裤腰里,一根打着卷的白绷带束着她的裤子,她再也不看我,撩着水洗脸洗胳膊。最后,她旁若无人地把汗衫下摆从裤腰里拽出来,撩起来,掬水洗胸膛。汗衫很快就湿了,紧贴在肥大下垂的乳房上。看着那两个物件,我很淡地想,这个那个的,也不过是那么回事。正像乡下孩子们唱的:没结婚是金奶子,结了婚是银奶子,生了孩子是狗奶子。我于是问:
"几个孩子了?"
"三个。"她拢拢头发,扯着汗衫抖了抖,又重新塞进裤腰里去。
"不是说只准生一胎吗?"
"我也没生二胎。"见我不解,她又冷冷地解释,"一胎生了三个,吐噜吐噜,像下狗一样。"
我缺乏诚实地笑着。她拎起蓝上衣,在膝盖上抽打几下穿到身上去,从下往上扣着纽扣。趴在草捆旁边的白狗也站起来,抖擞着毛,伸着懒腰。
我说:"你可真能干。"

"不能干有什么法子？该遭多少罪都是一定的，想躲也躲不开。"
"男孩儿女孩儿都有吧？"
"全是公的。"
"你可真是好福气，多子多福。"
"豆腐！"
"这还是那条狗吧？"
"活不了几天啦。"
"一晃儿就是十几年。"
"再一晃儿就该死啦。"
"可不，"我渐渐有些烦恼起来，对坐在草捆旁边的白狗说，"这条老狗，还挺能活！"
"噢，兴你们活就不兴我们活？吃米的要活，吃糠的也要活；高级的要活，低级的也要活。"
"你怎么成了这样？"我说，"谁是高级？谁是低级？"
"你不就挺高级的吗？大学讲师！"

我面红耳热，讷讷无言，一时觉得难以忍受这窝囊气，搜寻着刻薄词儿想反讥，又一想，罢了。我提起旅行袋，干瘪地笑着，说："我可能住到我八叔家，你有空儿就来耍吧。"
"我嫁到了王家丘子，你知道吗？"
"你不说我不知道。"
"知道不知道的，没有大景色了。"她平平地说，"要是不嫌你小姑人模狗样的，就抽空儿来耍吧，进村打听'个眼暖'家，没有不知道的。"
"小姑，真想不到成了这样……"
"这就是命，人的命，天管定，胡思乱想不中用。"她款款地从桥下上来，站在草捆前说，"行行好吧，帮我把草掀到肩上。"
我心里立刻热得不行，勇敢地说："我帮你背回去吧！"
"不敢用！"说着，她在草捆前跪下，把背棍放在肩头，说，"起吧。"
我转到她背后，抓住捆绳，用力上提，借着这股劲儿，她站了起来。
她的身体又弯曲起来，为了背着舒适一点儿，她用力地颠了几下背上的草捆，高粱叶子沙沙啦啦地响着。从很低的地方传上来她瓮声瓮气的话：
"来耍吧。"
白狗对我吠叫几声，跑到前边去了。我久久地立在桥头上，看着这一大捆高粱叶子在缓慢地往北移动，一直到白狗变成了白点儿，人和草捆变成了比白点儿大的黑点儿，我才转身往南走。
从桥头到王家丘子七里路。
从桥头到我们村十二里里路。

从我们村到王家丘子十九里路，八叔让我骑车去。我说算了吧，十几里路走着去就行。八叔说：现在富了，自行车家家有，不是前几年啦，全村只有一辆半辆车子，要借也不容易，稀罕物儿谁愿借呢。我说我知道富了，看到了自行车满街筒子乱蹿，但我不想骑车，当了几年知识分子，当出几套痔疮，还是走路好。八叔说：念书可见也不是件太好的事，七病八灾不说，人还疯疯癫癫的。你说你去她家干什么子，瞎的瞎，哑的哑，也不怕村里人笑话你。鱼找鱼，虾找虾，不要低了自己的身份啊！我说八叔我不和您争执，我扔了二十数三十的人啦，心里有数。八叔悻悻地忙自己的事去了，不来管我。

我很希望能在桥头上再碰到她和白狗，如果再有那么一大捆高粱叶子，我豁出命去也要帮她背回家；白狗和她，都会成为可能的向导，把我引到她家里去。城里都到了人人关注时装、个个追赶时髦的时代了；故乡的人，却对我的牛仔裤投过鄙夷的目光，弄得我很狼狈。于是解释：处理货，三块六毛钱一条——其实我花了二十五块钱。既然便宜，村里的人们也就原谅了我。王家丘子的村民们是不知道我的裤子便宜的，碰不到她和狗，只好进村再问路，难免招人注意。如此想着，就更加希望碰到她，或者白狗。但毕竟落了空。一过石桥，看到太阳很红地从高粱棵里冒出来，河里躺着一根粗大的红光柱，鲜艳地染遍了河水。太阳红得有些古怪，周围似乎还环绕着一些黑气，大概是要落雨了吧。

我撑着折叠伞，在一阵倾斜的疏雨中进了村。一个仄楞着肩膀的老女人正在横穿街道，风翻动着长大的衣襟，风使她摇摇摆摆。我收起伞，提着，迎上去问路。"大娘，暖家在哪儿住？"她斜斜地站定，困惑地转动着昏暗的眼。风通过花白的头发，翻动的衣襟，柔软的树木，表现出自己来；雨点大如铜钱，疏可跑马，间或有一滴打到她的脸上。"暖家在哪住？"我又问。"哪个暖家？"她问。我只好说"个眼暖家"。老女人阴沉地瞥我一眼，抬起胳膊，指着街道旁边一排蓝瓦房。

站在甬道上我大声喊："暖姑在家吗？"

最先应了我的喊叫的，是那条黑爪子老白狗。它不像那些围着你腾跃咆哮、仗着人势在窝里横咬不死你，也要吓死你的恶狗，它安安稳稳地趴在檐下铺了干草的狗窝里，眯缝着狗眼，象征性地叫着，充分显示出良种白狗温良宽厚的品质来。

我又喊，暖在屋里很脆地答应了一声，出来迎接我的却是一个满腮黄胡子两只黄眼珠的剽悍男子。他用土黄色的眼珠子恶狠狠地打量着我，在我那条牛仔裤上停住目光，嘴巴歪歪地撇起，脸上显出疯狂的表情。他向前跨一步——我慌忙退一步——，翘起右手的小拇指头，在我眼前急遽地晃动着，口里发出一大串断断续续的音节。我虽然从八叔的口里知道了暖姑的丈夫是个哑巴，但见了真人狂状，心里仍然立刻沉甸甸的。独眼嫁哑巴，弯刀对着瓢切菜，按说也并不委屈着哪一个，可我心是仍然立刻就沉甸甸的。

暖姑，那时我们想得美。蔡队长走了，把很大的希望留给我们。他走那天，你直视着他，流出的泪水都是给他的。蔡队长脸色灰白，从衣袋里摸出一把牛角小梳子递给你。我也哭了，我说："蔡队长，我们等你来招我们。"蔡队长说："等着吧。"等到高粱通红了的深秋，听说县城里有招兵的解放军，咱俩兴奋得觉都睡不稳了。学校里有老师进县城办事，我们托他去人武部打听一下，看看蔡队长来没来。老师去了。老师回来了。老师对我们说：今年来招兵的解放军一律黄褂蓝裤，空军地勤兵，不是蔡队长那部分。我失望了，你充满信心地对我说："蔡队长不会骗我们！"我说："人家早就把这码事忘了。"你爹也说："给你们个棒槌，你们就当了针。他是拿你们当小孩哄怂着玩哩，好人不当兵，好铁不打钉，混混毕了业，回家来拉弯弯铁，别净想俏事儿。"你说："他可没把我当小孩子。他决不能把我当小孩子。"说着,你的脸上浮起浓艳的红色。你爹说:"能得你。"我惊诧地看着你变色的脸,看着你脸上那种隐隐约约的特异表情,语无伦次地说:"也许,他今年不来后年来,后年不来大后年来。"蔡队长可真是个仪表堂堂的美男子啊!他四肢修长,面部线条冷峭,胡楂子总刮得青白。后来,你坦率地对我说,他在临走前一个晚上,抱着你的头,轻轻地亲了一下。你说他亲完后呻吟着说:"小妹妹,你真纯洁……"为此我心中有过无名的恼怒。你说:"当了兵,我就嫁给他。"我说:"别做美梦了!倒贴上二百斤猪肉,蔡队长也不会要你。""他不要我,我再嫁给你。""我不要!"我大声叫着。你白我一眼,说:"烧得你不轻!"现在回想起来,你那时就很有点儿样子了。你那花蕾般的胸脯,经常让我心跳。

哑巴显然瞧不起我,他用翘起的小拇指表示着对我的轻蔑和憎恶。我堆起满脸笑,想争取他的友谊,他却把双手的指头交叉在一起,弄出很怪的形状,举到我的面前。我从少年时代的恶作剧中积累起来的知识里,找到了这种手势的低级下流的答案,心里顿时产生了手捧癞蛤蟆的感觉。我甚至都想抽身逃走了,却见三个同样相貌、同样装束的光头小男孩从屋里滚出来,站在门口用同样的土黄色小眼珠瞅着我,头一律往右倾,像三只羽毛未丰、性情暴躁的小公鸡。孩子的脸显得很老相,额上都有抬头纹,下腭骨阔大结实,全都微微地颤抖着。我急忙掏出糖来,对他们说:"请吃糖。"哑巴立即对他们挥挥手,嘴里蹦出几个简单的音节。男孩们眼巴巴地瞅着我手中花花绿绿的糖块,不敢动一动。我想走过去,哑巴挡在我面前,蛮横地挥舞着胳膊,口里发着令人发怵的怪叫。

暖把双手交叠在腹部,步履略有些踉跄地走出屋来。我很快明白了她迟迟不出屋的原因,干净的阴丹士林蓝布褂子,褶儿很挺的灰的确良裤子,显然都是刚换的。士林蓝布和用士林蓝布缝成的李铁梅式褂子久不见了,乍一见心中便有一种怀旧的情绪快快而生。穿这种褂子的胸部丰硕的少妇别有风韵。暖是脖子挺拔的女人,脸型也很清雅。她右眼眶里装进了假眼,面部恢复了平衡。我的心为她良苦的心感到忧伤,我用低调观察着人生,心弦纤细如丝,明察秋毫,并自然地颤栗。不能细看那眼睛,它没有生命,它浑浊地闪着磁光。她发现了我在注视她,便低了头,绕过哑巴走到我面前,摘下我肩上的挎包,说:"进屋去吧。"

哑巴猛地把她拽开,怒气冲冲的样子,眼睛里像要出电。他指指我的裤子,又翘起小拇指,晃动着,嘴里嗷嗷叫着,五官都在动作,忽而挤成一撮,忽而大开大裂,脸上表情生动可怖。最后,他把一口唾沫啐在地上,用骨节很大的脚踩了踩。哑巴对我的憎恶看来是与牛仔裤有直接关系的,我后悔穿这条裤子回故乡,我决心回村就找八叔要一条肥腰裤子换上。

"小姑,你看,大哥不认识我。"我尴尬地说。

她推了哑巴一把,指指我,翘翘大拇指,又指指我们村庄的方向,指指我的手,指指我口袋里的钢笔和我胸前的校徽,比划出写字的动作,又比划出一本方方正正的书,又伸出大拇指,指指天空。她脸上的表情丰富多彩。哑巴稍一愣,马上消失了全身的锋芒,目光温顺得像个大孩子。他犬吠般地笑着,张着大嘴,露出一口黄色的板牙。他用手掌拍拍我的心窝,然后,跺脚,吼叫,脸憋得通红。我完全理解了他的意思,感动得不行。我为自己赢得了哑兄弟的信任感到浑身的轻松。那三个男孩子躲躲闪闪地凑上来，目不转睛地看着我手中的糖。

我说："来呀！"

男孩们抬起眼看着他们的父亲。哑巴嘿嘿一笑，孩子们就敏捷地蹿上来，把我手中的糖抢走了。为争夺掉在地上的一块糖，三颗光脑袋挤在一起攒动着。哑巴看着他们笑。暖发出一声轻轻的叹息，她说：

"你什么都看到了，笑话死俺吧。"

"小姑……我怎么敢……他们都很可爱……"

哑巴敏感地看着我，笑笑，转过身去，用大脚板儿几下子就把厮缠在一起的三个男孩儿踢开。男孩儿们咻咻地喘着气，汹汹地对视着。我摸出所有的糖，均匀地分成三份，递给他们，哑巴嗷嗷地叫着，对着男孩儿打手势。男孩儿都把手藏到背后去，一步步往后退。哑巴更响地嗷了一阵，男孩儿便抽搐着脸，每人拿出一块糖，放在父亲关节粗大的手里，然后呼号一声，消逝得无影无踪。哑巴把三块糖托着，笨拙地看了一会，就转眼对着我，嘴里啊啊手比划着。我不懂，求援地看着暖。暖说："他说他早就知道你的大名，你从北京带来的高级糖，他要吃块尝尝。"我做了一个往嘴里扔食物的姿势。他笑了，仔细地剥开糖纸，把糖扔进口里去，嚼着，歪着头，仿佛在聆听什么。他又一次伸出大拇指，我这次完全明白他是在夸奖糖的高级了。很快地他又吃了第二块糖。我对暖说，下次回来，一定带些真正的高级糖给大哥吃。暖说："你还能再来吗？"我说一定来。

哑巴吃完第二块糖，略一想，把手中那块糖递到暖的面前。暖闭眼，"嗷——"哑巴吼了一声。我心里抖着，见他又把手往暖眼前伸，暖闭眼，摇了摇头。"嗷——嗷——"哑巴愤怒地吼叫着，左手揪住暖的头发，往后扯着，使她的脸仰起来，右手把那块糖送到自己嘴边，用牙齿撕掉糖纸，两个手指捏着那块沾着他黏黏口涎的糖，硬塞进她的嘴里去。她的嘴不算小，但被他那两根小黄瓜一样的手指比得很小。他乌黑的粗手指使她的双唇显得玲珑娇嫩。在他的大手下，那张脸变得单薄脆弱。

她含着那块糖，不吐也不嚼，脸上表情平淡如死水。哑巴为了自己的胜利，对着我得意地笑。

她含混地说："进屋吧，我们多傻，就这么在风里站着。"我目光巡睃着院子，她说："你看什么？那是头大草驴，又踢又咬，生人不敢近身，在他手里老老实实的。春上他又去买那头牛，才下了犊一个月。"

她家院子里有个大敞棚，敞棚里养着驴和牛。牛极瘦，腿下有一头肥滚滚的牛犊在吃奶，它蹬着后腿，摇着尾巴，不时用头撞击母牛的乳房，母牛痛苦地弓起背，眼睛里闪着幽幽的蓝光。

哑巴是海量，一瓶浓烈的"诸城白干"，他喝了十分之九，我喝了十分之一。他面不改色，我头晕乎乎。他又开了一瓶酒，为我斟满杯，双手举杯过头敬我。我生怕伤了这个朋友的心，便抱着电灯泡捣蒜的决心，接过酒来干了。怕他再敬，便装出不能支持的样子，歪在被子上。他兴奋得脸通红，对着暖比划，暖和他对着比划一阵，轻声对我说："你别和他比，你十个也醉不过他一个。你千万不要喝醉。"他用力盯了我一眼。我翘起大拇指，指指他，翘起小拇指，指指自己。于是撤去酒，端上饺子来。我说："小姑,一起吃吧。"暖征得哑巴同意,三个男孩儿便爬上炕,挤在一簇,狼吞虎咽。暖站在炕下,端饭倒水伺候我们,让她吃,她说肚子难受,不想吃。

饭后,风停云散,狠毒的日头灼灼地在正南挂着。暖从柜子里拿出一块黄布,指指三个孩子,对哑巴比划着东北方向。哑巴点点头。暖对我说:"你歇一会儿吧,我到乡镇去给孩子们裁几件衣服。不要等我,过了晌你就走。"她狠狠地看我一眼,夹起包袱,一溜风走出院子,白狗伸着舌头跟在她身后。

哑巴与我对面坐着,只要一碰上我的目光,他就咧开嘴笑。三个小男孩儿闹了一阵,侧歪在炕上睡了,他们几乎是同时入睡。太阳一出来,立刻便感到热,蝉在外面树上聒噪着。哑巴脱掉裤子,裸出上身发达的肌肉,闻着他身上挥发出来的野兽般的气息,我害怕,我无聊。哑巴紧密地眨巴着眼,双手搓着胸膛,搓下一条条鼠屎般的灰泥。他还不时地伸出蜥蜴般灵活的舌头舔着厚厚的嘴唇。我感到恶心、燥热,心里想起桥下粼粼的绿水。阳光透过窗户,晒着我穿牛仔裤的腿。我抬腕看表。"噢噢噢!"哑巴喊着,跳下炕,从抽屉里摸出一块电子手表给我看。我看着他脸上祈望的神情,便不诚实地用小拇指点点我腕上的表,用大拇指点点他的电子表。他果然非常地高兴起来,把电子手表套在右手腕子上,我指指他的左手腕子,他迷惘地摇摇头。我笑了一下。

"好热的天。今年庄稼长得挺好。秋天收晚田。你养的那头驴很有气度。三中全会后,农民生活大大提高了。大哥富起来了,该去买台电视机。'诸城老白干'到底是老牌子,劲儿冲。"

"噢噢,噢噢。"他脸上充满幸福感,用并拢的手摸摸头皮,比比脖子。我惊愕地想,他要砍掉谁的脑袋吗?他见我不解,很着急,手哆嗦着,"噢噢噢,噢噢噢!"他用手指着自己的右眼,又摸头皮,手顺着头皮往下滑,到脖颈处,停住。我明白了。他要说暖什么事给我知道。我点点头。他摸摸自己两个黑乎乎的乳头,指指孩子,又摸摸肚子。我似懂非懂,摇摇头。他焦急地蹲起来,调动起几乎全部的形体向我传达信息,我用力地点着头,我想应该学学哑语。最后,我满脸挂汗向他告辞,这没有什么难理解的,他脸上显出孩子般的真情来,拍拍我的心,又拍拍自己的心。我干脆大声说:"大哥,我们是好兄弟!"他三巴掌打起三个男孩儿来,让他们带着眵目糊给我送行。在门口,我从挎包里摸出那把自动折叠伞送他,并教他使用方法。他如获至宝,举着伞,弹开,收拢,收拢,弹开,翻来复去地弄。三个男孩儿仰脸看着忽开忽合的伞,腭骨又索索地抖起来。我戳了他一下,指指南去的路。"噢噢。"他叫着,摆摆手,飞步跑回家去。他拿出一把拃多长的刀子,拔出牛角刀鞘,举到我的面前。刀刃上寒光闪闪,看得出来是件利物。他踮起脚,拽下门口杨树上一根拇指粗细的树枝来,用刀去削,树枝一节节落在地上。

他把刀子塞到我的挎包里。

走着路,我想,他虽然哑,但仍不失为一条有性格的男子汉,暖姑嫁给他,想必也不会有太多的苦吃,不能说话,日久天长习惯之后,凭借手势和眼神,也可以拆除生理缺陷造成的交流障碍。我种种软弱的想法,也许是犯着杞人忧天的毛病了。走到桥头间,已不去想她那儿的事,只想跳进河里洗个澡。路上清静无人。上午下那点儿雨,早就蒸发掉了,地上是一层灰黄的尘土。路两边窸窣着油亮的高粱叶子,蝗虫在蓬草间飞动,闪烁着粉红的内翅,翅膀剪动空气,发出"喀达喀达"的响声。桥下水声泼剌,白狗蹲在桥头。

　　白狗见到我便鸣叫起来,龇着一嘴雪白的狗牙。我预感到事情的微妙。白狗站起来,向高粱地里走,一边走,一边频频回头鸣叫,好像是召唤着我。脑子里浮现出侦探小说里的一些情节,横着心跟狗走,并把手伸进挎包里,紧紧地握着哑巴送我的利刃。分开茂密的高粱钻进去,看到她坐在那儿,小包袱放在身边。她压倒了一边高粱,辟出了一块空间,四周的高粱壁立着,如同屏风。看我进来,她从包袱里抽出黄布,展开在压倒的高粱上。一大片斑驳的暗影在她脸上晃动着。白狗趴到一边去,把头伏在平伸的前爪上,"哈达哈达"地喘气。

　　我浑身发紧发冷,牙齿打战,下腭僵硬,嘴巴笨拙:"你……不是去乡镇了吗?怎么跑到这里来……"

　　"我信了命。"一道明亮的眼泪在她的腮上汩汩地流着,她说,"我对白狗说,'狗呀,狗,你要是懂我的心,就去桥头上给我领来他,他要是能来就是我们的缘分未断',它把你给我领来啦。"

　　"你快回家去吧。"我从挎包里摸出刀,说,"他把刀都给了我。"

　　"你一走就是十年,寻思着这辈子见不着你了。你还没结婚?还没结婚……你也看到他啦,就那样,要亲能把你亲死,要揍能把你揍死……我随便和哪个男人说句话,就招他怀疑,也恨不得用绳拴起我来。闷得我整天和白狗说话,狗呀,自从我瞎了眼,你就跟着我,你比我老得快。嫁给他第二年,怀了孕,肚子像吹气球一样胀起来,临分娩时,路都走不动了,站着望不到自己的脚尖。一胎生了三个儿子,四斤多重一个,瘦得像一堆猫。要哭一齐哭,要吃一齐吃,只有两个奶子,轮着班吃,吃不到就哭。那二年,我差点瘫了。孩子落了草,就一直悬着心,老天,别让他们像他爹,让他们一个个开口说话……他们七八个月时,我心就凉了。那情景不对呀,一个个又呆又聋,哭起来像擀饼柱子不会拐弯。我祷告着,天啊,天!别让俺一窝都哑了呀,哪怕有一个响巴,和我作伴说话……到底还是全哑巴了……"

　　我深深地垂下头,嗫嚅着:"姑……小姑……都怨我,那年,要不是我拉你去打秋千……"

　　"没有你的事,想来想去还是怨自己。那年,我对你说,蔡队长亲过我的头……要是我胆儿大,硬去队伍上找他,他就会收留我,他是真心实意地喜欢我。后来就在秋千架上出了事。你上学后给我写信,我故意不回信。我想,我已经破了相,配不上你了,只叫一人寒,不叫二人单,想想我真傻。你说实话,要是我当时提出要嫁给你,你会要我吗?"

　　我看着她狂放的脸,感动地说:"一定会要的,一定会。"

　　"好你……你也该明白……怕你厌恶,我装上了假眼。我正在期上……我要个会说话的孩子……你答应了就是救了我了,你不答应就是害死我了。有一千条理由,有一万个借口,你都不要对我说。"

　　……

一九八五年四月

☞ 提 示

《白狗秋千架》是莫言早期的一部重要作品，2003年被霍建起导演改编成电影《暖》，并获得第十六届东京电影节麒麟奖。

小说里，男女主人公青梅竹马。女主人公"暖"在少年时期的游玩中，从秋千架上掉下来，跌落在一丛灌木中把一只眼睛扎瞎了，命运发生了逆转，由原来的青春靓丽，变成了而今的不忍卒睹，生活境遇也因此跌入了黑谷。当年朦胧地爱着她的"我"于十年后回归故里，目睹了这一今昔对照，自我宽慰中却面临着一个两难的抉择。小说采用回忆过去和叙述现在相结合的叙事手法来写作，将十年前发生的事和眼前的情景交织起来，也可起到今昔对比的作用，更能展现出暖的命运变迁的残忍和无常。从暖的无法掌控自己的命运中折射出的是，每个人都无法决定自己的命运，我们的每一天都像在"荡秋千"一样，随时都会从命运的顶端跌落下来。莫言的一贯创作主张："作家应该关注的，始终都是人的命运和遭际，以及在动荡的社会中人类感情的变异和人类理性的迷失。"在揭示特定社会环境导致人的情感的变异和理性的迷失这一主题方面，暖可谓是莫言小说人物谱系中最有代表性的一个。就暖的整个命运发展而言，她对自我实现的需求贯穿了整部小说，从热切的希望到一点点地被现实撕碎，到失望，到破灭。暖的人生就是一个由追求自我理想、价值的实现到这种追求在现实中残酷地破灭的过程。小说运用对比的手法，巧埋伏笔，站在人性的视角，于结尾处抛出严肃的问题，引人深思。

这篇小说的语言比较平缓，不见莫言后来作品那些爆炸性团簇出现的淋漓意象，但乡村生活中的艰苦气息，仍然被他传神地写了出来。这篇小说里有很多元素，后来在莫言其他作品中大放光彩——正是由这篇小说写下了"高密东北乡"的史前史，开始了她小说中"历史传奇"系列。《白狗秋千架》是莫言整个"高密东北乡"文学王国的基础，这部小说所涉及的各种元素，在他后来的创作中不断扩大，成为整整一个世界的风物景致。

在社会转型期的文化矛盾中，莫言是一个非常典型的个案，他参与了1985年以来中国当代文学的发展进程，从他的身上既可以看到中国现当代乡土文学演变过程中传统流失和继承的辩证法，也可以找到中国当代文学发展的种种迹象。

➢ 延伸性阅读文献

1. 莫言：《莫言精选集》，北京燕山出版社，2006年。
2. 杨杨：《莫言作品解读》，华东师范大学出版社，2012年。
3. 王德威等：《说莫言》，上海三联出版社，2013年。

> **思考与练习**
>
> 1. 如何理解《白狗秋千架》里对人性与命运的思考。
> 2. 有人说《白狗秋千架》是莫言整个"高密东北乡"文学国王的基础，你认同这种说法吗？谈谈你自己对这部作品的理解。
> 3. 莫言曾说他的《白狗秋千架》的写作受日本作家川端康成的《雪国》的影响，请比较阅读一下这两部作品。

第四编 外国文学(欧美部分)

第七章 外国文学(欧美部分)概述

外国文学包含了除中国之外的世界各国文学、范围广阔,由于本教材篇幅有限,选篇囿于欧美文学部分,故本章内容只涉及欧美文字。

欧美文学,由于地理、历史、语言、文化等多方面因素形成了相对统一的发展轨迹和体系。从公元前11世纪至今的三千多年间,欧美文学群星璀璨,在世界文学的园地里风光占尽。

一、古希腊、罗马文学

古希腊、罗马文学是欧美文学的源头,是欧美文学的辉煌起点。

古希腊文学(公元前11世纪至公元前2世纪)的主要成就是希腊神话、荷马史诗和古希腊悲剧。

希腊神话包括神的故事和英雄传说,它们是希腊艺术的武库和土壤。

荷马史诗是欧洲叙事诗的典范,反映了希腊社会从原始公社向奴隶制过渡的社会面貌。《伊利亚特》是一部描写古代特洛伊战争的英雄史诗,塑造了阿喀琉斯、赫克托耳等古代英雄的形象。《奥德赛》则讲述特洛伊战争后奥德赛海上十年的历险和还乡的故事。

古希腊戏剧成就辉煌,有三大悲剧诗人埃斯库罗斯、索福克勒斯和欧里庇得斯和喜剧诗人阿里斯托芬。"悲剧之父"埃斯库罗斯的代表作是《被缚的普罗米修斯》,普罗米修斯被马克思赞誉为"哲学历书上最高尚的圣者和殉道者";索福克勒斯有"戏剧艺术的荷马"之称,代表作《俄狄浦斯王》通过"弑父娶母"的故事,表现了人与命运之间的冲突;欧里庇得斯的《美狄亚》表现了弃妇之仇与慈母之爱的心理冲突,被称为"心理戏剧鼻祖"。古希腊喜剧多取材于现实,对人们普遍关心的重大政治社会问题发表意见。

古希腊形成了成熟的文艺理论,代表人物是柏拉图和亚里士多德,柏拉图主张"摹仿说",认为文艺是"影子的影子";他还提出了著名的"灵感论",认为诗人只有在"灵"的感召下,才能创造出不朽的作品。亚里士多德的《诗学》是欧美文学第一部体系化的文艺论著,该作主张文艺是对现实的摹仿,是西方现实主义文艺理论的奠基之石;亚里斯多德的悲剧理论影响深远。

此外,古希腊抒情诗发达,如著名女诗人萨福的爱情琴歌;《伊索寓言》通过动物之间的关系表现当时的社会关系,是劳动人民经验与智慧的总结;古希腊的历史著作、哲学著作和一些演说词是优美的散文作品。

古罗马文学(公元前3世纪到公元1世纪)主要继承了古希腊文学的传统。维吉尔的史诗《埃涅阿斯纪》叙述了埃涅阿斯成为罗马开国国君的种种经历，被称为欧洲文学史上第一部文人史诗；贺拉斯在其《诗艺》中提出了"寓教于乐"的文艺功用论；奥维德的神话诗《变形记》想象丰富，成为后代作家创作题材的来源。

二、中世纪文学

从公元476年西罗马帝国灭亡到17世纪中叶英国资产阶级革命爆发，是欧洲历史上的中世纪。而欧洲中世纪文学主要指公元5世纪到15世纪的文学，公元15世纪到17世纪中叶的文学则为文艺复兴时期文学。

中世纪由于基督教在意识形态的独尊地位，宗教文学占突出地位，此外还有世俗的骑士文学、英雄史诗和城市文学。

宗教文学的目的是宣扬宗教教义，多取材于《圣经》，体裁有圣经故事、圣徒传、苦修传说、梦幻故事、宗教剧、赞美诗等，内容是赞美上帝权威、歌颂圣徒德行、宣扬禁欲主义和来世主义，多用梦幻、寓意、象征等手法。

骑士文学是西欧骑士制度的产物，以描写骑士的爱情和行侠冒险为基本内容，包括骑士抒情诗和骑士传奇，后者是欧洲长篇小说的滥觞。

英雄史诗反映民族的历史事件，歌颂民族英雄。前期的英雄史诗有盎格鲁·撒克逊人的《贝奥武甫》、日耳曼人的《希尔德布兰特之歌》以及冰岛的《埃达》、《萨迦》等。后期的英雄史诗则以法国的《罗兰之歌》、西班牙的《熙德》、德国的《尼伯龙根之歌》、古罗斯的《伊戈尔远征记》等为代表。

城市文学反映中世纪城市生活和新型市民阶层的愿望，体裁有韵文故事和讽刺叙事诗、抒情诗和市民剧等，代表作是法国动物故事《列那狐传奇》和笑剧《巴特兰律师》等。

但丁是中世纪最伟大的作家，也是意大利文艺复兴运动的先驱。

《神曲》通过但丁幻游地狱、炼狱和天堂三界的故事，说明人类必须通过理性和信仰，才能从迷惘和错误中，经历苦难和考验，最终到达真理和至善的境界。《神曲》是一篇象征性的寓言，是欧洲文学史上一部具有划时代意义的巨著。恩格斯称但丁是"中世纪的最后一位诗人，同时又是新时代的最初一位诗人"。

三、文艺复兴时期文学

14~16世纪的文艺复兴是新型资产阶级反封建反教会的思想解放运动，它打着复兴古希腊、罗马文化的旗帜，以人文主义为思想武器，倡人性反神权，倡个性解放反禁欲主义，倡理性反蒙昧主义，反对封建割据。文艺复兴实际上借助古代文化精神摧毁中世纪以"神"为中心的封建宗教意识形态，建立资产阶级以"人"为中心的思想文化体系。文艺复兴时期文学，是继古希腊罗马文学后欧洲文学的又一高峰，标志着欧洲近代文学的开端。

意大利是文艺复兴的发源地。彼特拉克是意大利人文主义的先驱，他的十四行诗集《歌集》为欧洲抒情诗开辟了一条新路。薄伽丘的短篇小说集《十日谈》，通过100个故事歌颂爱情，宣扬现世幸福，反对禁欲主义，揭露教会的黑暗和虚伪，《十日谈》的框形结构奠定了欧洲短篇小说的基础。

拉伯雷的《巨人传》是法国第一部长篇小说，通过法国民间传说的三代巨人的故事，全面展示了人文主义的理想，肯定人的力量，强调了人文主义教育和知识的重要性，无情地批判教皇统治和封建司法机构的罪恶。

西班牙出现了最早的流浪汉小说《小癞子》，通过人物的流浪史来展示下层社会的人生世相，是欧洲长篇小说结构的鼻祖。塞万提斯的长篇小说《堂吉诃德》塑造了可笑可悲复可敬可爱的"伟大的疯子"堂吉诃德形象，其深沉的意蕴使之在世界文学殿堂光辉永存。

英国文学是文艺复兴时期欧洲文学的顶峰。有乔叟的《坎特伯雷故事集》、托马斯·莫尔的《乌托邦》、"大学才子派"的剧作等，更出现了文学"巨人"莎士比亚，在历史剧、喜剧、悲剧、传奇剧等多方面展现其戏剧天才，《哈姆雷特》、《奥赛罗》、《李尔王》、《麦克白》、《威尼斯商人》、《第十二夜》、《无事生非》等37部剧本，充满了文艺复兴的时代精神，表现了卓越的戏剧艺术，是后世戏剧创作的楷模和世界文化的瑰宝。

四、17世纪文学

17世纪欧洲的主要文学思潮是古典主义，它形成并繁荣于法国。

法国古典主义的基本特征是政治上拥护王权、思想上崇尚理性、艺术上以古希腊罗马为典范，强调三一律(每部戏剧只能有一个中心情节、发生在一个地点、时间不得超过一昼夜)。

法国古典主义主要表现在戏剧，高乃依的《熙德》通过情与理的冲突，表达了对理性的崇尚、王权的歌颂，拉辛的《安德洛玛克》借由古希腊故事，强调理性的重要，二者均为古典主义悲剧的典范。莫里哀是法国最杰出的古典主义喜剧家，代表作《伪君子》和《吝啬鬼》分别塑造了伪君子答尔丢夫和守财奴阿尔巴贡这两个世界文学的杰出典型。莫里哀喜剧艺术对欧洲戏剧产生了深远的影响。理论家布瓦洛所著《诗的艺术》，阐明了古典主义的美学观点和创作原则，是古典主义的立法者和发言人。

17世纪的欧洲文坛，英国资产阶级革命文学和巴洛克文学也有较大影响。

英国资产阶级革命文学的代表人物是杰出的诗人弥尔顿，他被恩格斯称为"第一个为弑君辩护的人"，其长诗《失乐园》、《复乐园》和诗剧《力士参孙》皆取材于《圣经》，表达了资产阶级革命的理想和精神。

巴洛克文学是一种形式上雕琢华丽、富于夸饰倾向，充满悲观主义、神秘主义、颓废主义倾向的文学流派，曾广泛地浸润了17世纪西欧各国文学。

五、18世纪文学

18世纪的启蒙主义思潮是继文艺复兴后的一场资产阶级思想文化运动，崇尚理性、科学、自由、平等，反对宗教、专制王权，启蒙运动的中心在法国。启蒙文学成为18世纪欧洲文学的主潮，主要出现在法国、英国、德国。

法国著名的启蒙学者都有启蒙文学作品传世，孟德斯鸠的书信体小说《波斯人信札》、伏尔泰的哲理小说《老实人》、狄德罗的哲理小说《拉摩的侄儿》等都充满政治倾向性、哲理性、教谕性、论辩性，并创造和运用了新的艺术形式，如哲理小说、对话体小说、书信体小说、教育小说等。卢梭书信体小说《新爱洛伊丝》充满感伤色彩，歌颂了纯真高尚的爱情，具有强烈的反封建思想；他的《忏悔录》大胆坦诚，惊世骇俗，成为文学史上的独具魅力的奇书。博玛舍的喜剧《费加罗的婚礼》、《塞维勒的理发师》均为传世佳作。

英国文学的主要成就是现实主义的小说创作。笛福的《鲁滨逊漂流记》反映了资产阶级上升时期的冒险进取精神，标志着英国现实主义小说的诞生；斯威夫特的《格列佛游记》借幻想游记的形式，讽刺了英国的社会现实；菲尔丁的《汤姆·琼斯》叙写弃儿汤姆·琼斯的爱情和旅行冒险，在叙述角度、结构、人物塑造等方面体现了18世纪英国现实主义小说的最高成就。英国18世纪风靡一时的还有感伤小说、哥特小说等。

歌德和席勒崛起于德国的狂飙突进运动时期，歌德是德国民族文学最杰出的代表，他的书信体小说《少年维特之烦恼》通过维特与绿蒂的爱情悲剧反映了德国知识分子的精神苦闷，是德国第一部具有世界意义的作品；他60余年心血的结晶——诗剧《浮士德》通过浮士德探索真理的经历和悲剧，揭示出数百年间欧洲资产阶级先进知识分子孜孜不倦的精神探索之路，表现了新型资产阶级先进分子不满现状、追求真理、自强不息的奋斗精神，成为世界文学史上里程碑式的作品。席勒的市民剧《阴谋与爱情》写斐迪南与露伊斯之间纯真爱情被阴谋毁灭的悲剧，是德国"第一部有政治倾向性的戏剧"。莱辛的美学著作《拉奥孔》探讨了诗与画的界限，戏剧理论著作《汉堡剧评》强调了戏剧的教育作用和民族特性。

六、19世纪文学

欧洲的19世纪是群星璀璨、光彩夺目的文学世纪，影响波及美洲。

世纪开篇是激情洋溢的浪漫主义文学，着重表现作家的主观理想，强调个人情感的自由抒发，弘扬自我与个性，推崇灵感与想象，讴歌大自然，惯用对比和夸张的手法。涌现了一大批浪漫主义诗人。

英国第一代浪漫主义诗人——"湖畔"三诗人的华兹华斯、柯尔律治、骚塞远离现实，厌恶工业文明，试图在大自然中寻找人生的理想和归宿；第二代浪漫主义诗人拜伦、雪莱则怀抱自由和民主理想，热情投身现实政治，拜伦的《恰尔德·哈罗尔德游记》、《唐璜》和雪莱的《解放了的普罗米修斯》、《西风颂》等诗篇，代表欧洲浪漫主义诗歌的最高成就。

法国浪漫主义作家有夏多布里昂、斯塔尔夫人、大仲马、梅里美、雨果、缪塞、乔治·桑等。雨果是法国浪漫主义文学运动的领袖，他的《〈克伦威尔〉序言》是法国浪漫主义文学宣言，他的代表作《巴黎圣母院》和《悲惨世界》体现了热诚的人道主义思想和奇异的浪漫主义特色。

俄国重要的浪漫主义诗人有茹科夫斯基、普希金和雷列耶夫。普希金又是俄国现实主义文学的奠基人，被誉为俄国文学之父。他的长篇诗体小说《叶甫盖尼·奥涅金》，塑造了"多余人"奥涅金的形象。

惠特曼是美国浪漫主义最伟大的诗人，代表作《草叶集》气势澎湃，"自由诗体"，激越奔放，讴歌自由、自然、自我、劳动和人民，是新兴的美利坚自由、平等、民主精神的伟大歌手。

19世纪30～90年代，批判现实主义取代浪漫主义成为主潮。批判现实主义文学以前所未有的广阔性和深刻性反映社会现实，强烈犀利的批判锋芒直指资本主义的罪恶与黑暗，塑造了一系列"典型环境中的典型人物"，注重细节描写，以人道主义为思想武器，长篇小说空前繁荣，在法、英、俄等国蔚为大观。

法国是批判现实主义的发源地。司汤达的《红与黑》是批判现实主义的开山之作，它通过小资产阶级青年于连个人反抗的悲剧命运，揭示了复辟时期法国广阔的社会现实和复杂的阶级矛盾。巴尔扎克的《人间喜剧》代表了批判现实主义文学的最高成就，展现了封建贵族没落衰亡史和资产阶级罪恶发迹史及其金钱世界的罪恶，代表作《高老头》、《欧也妮·葛朗台》。福楼拜的《包法利夫人》通过爱玛追逐浪漫爱情的人生悲剧，批判了卑污庸俗冷酷的社会现实。

英国出现了一大批出色小说家。狄更斯是英国批判现实主义文学的奠基人，代表作有《匹克威克外传》、《大卫·科波菲尔》等，反映了资本主义时代下层小人物的悲欢。萨克雷的《名利场》暴露了金钱世界唯利是图的本质。女作家群令人瞩目：勃朗特姐妹、乔治·艾略特等的创作表达了女性的生存困境。19世纪后期，哈代的《德伯家的苔丝》、《无名的裘德》等作品通过个人的悲剧命运，深刻反映了资本主义时代农民的贫困和破产，批判了资产阶级伦理道德的虚伪性和法律的残酷性。高尔斯华绥的小说及其萧伯纳的剧作都反映了世纪之交资本主义的金钱关系和世态炎凉。

批判现实主义文学在俄国达到了高峰。俄国的批判现实主义文学激烈批判腐朽的农奴制，并与俄国民主解放运动密切呼应。莱蒙托夫的《当代英雄》塑造了奥涅金之后的又一个"多余人"形象毕巧林。果戈理讽刺剧《钦差大臣》展现了俄国官僚社会的种种丑态；小说《死魂灵》通过五个地主形象，揭露了俄国农奴制的腐朽和堕落，开创了俄国文学批判现实主义的新时期。陀思妥耶夫斯基的《罪与罚》、《卡拉马佐夫兄弟》等作品，多关注人内在的心灵冲突，并以"多声部"的艺术手法受到后人瞩目。屠格涅夫在20世纪50年代创作了表现"多余人"的《罗亭》、《贵族之家》，60年代的《前夜》、《父与子》则最先塑造了"新人"的形象。列夫·托尔斯泰的三大巨著《战争与和平》、《安娜·卡列尼娜》、《复活》贯穿了托尔斯泰一贯对社会恶的大胆暴露和激烈批判，以及对人的灵魂的不断探索与对崇高道德的不懈追求；既展示了社会历史的广阔性和和丰富性，又表现了人的心灵世界的深刻性和真实性，气势磅礴、博大精深。契诃夫是俄国批判现实主义最后一个作家，世界短篇小说大师，《套中人》、《变色龙》等名作脍炙人口。

挪威戏剧家易卜生的《玩偶之家》、《人民公敌》、《社会支柱》等"社会问题剧"开创了欧洲现代戏剧的现实主义道路，易卜生被誉为"现代戏剧之父"。

批判现实主义在美国卓有成就，以马克·吐温的《汤姆索亚历险记》和《哈克贝利·芬历险记》、欧·亨利的短篇小说、杰克·伦敦的《马丁·伊登》等为代表。

19世纪后期，在现实主义主流之外，还有自然主义、唯美主义、象征主义等文学流派。法国左拉是自然主义理论的阐述者，代表作是系列小说《卢贡-马卡尔家族》。唯美主义主张"为艺术而艺术"，法国的戈蒂耶是唯美主义的创始者，英国王尔德的《道林·格雷的画像》是唯美主义的经典之作。波德莱尔的诗集《恶之花》被视为法国象征主义的开山之作,著名的象征主义诗人还有法国的马拉美、魏尔伦、兰波等。

七、20 世纪文学

20 世纪是政治经济迅速发展和变化的时代,文学上思潮迭起,多元共存。现实主义和现代主义相互冲突、渗透,为文学的发展提供了新的活力;各种文体实验都获得了充分的发展。

20 世纪的现实主义文学创作或偏重传统,或偏重创新,艺术上较为开放和包容。代表性的作家作品有:英国萧伯纳的《巴巴拉少校》、劳伦斯的《查特莱夫人的情人》、毛姆的《人性的枷锁》;法国罗曼·罗兰的《约翰·克里斯多夫》、莫里亚克的《蝮蛇结》;德国托马斯·曼的《布登勃洛克一家》、雷马克的《西线无战事》;美国德莱塞的《嘉莉妹妹》和《美国的悲剧》、海明威的《永别了,武器》和《老人与海》、斯坦贝克的《愤怒的葡萄》;奥地利茨威格的中短篇小说等。

现代主义文学标新立异,流派纷呈,象征主义代表诗人有法国的保尔·瓦莱里(《海滨墓园》)、爱尔兰的叶芝(《驶向拜占庭》)、英国的艾略特(《荒原》)、奥地利的里尔克(《杜伊诺哀歌》)、美国的庞德等;表现主义的代表作家有奥地利的卡夫卡(《城堡》、《变形记》)和美国的奥尼尔(《毛猿》)、瑞典的斯特林堡等;意识流的代表作家有法国的普鲁斯特(《追忆逝水年华》)、爱尔兰的乔伊斯(《尤利西斯》)、美国的福克纳(《喧哗与骚动》)等;超现实主义的代表作家有法国的布勒东(《娜佳》)、艾吕雅和阿拉贡等;存在主义的代表作家有法国的萨特(《禁闭》)和加缪(《局外人》)等;未来主义的代表作家有意大利的马里内蒂;黑色幽默的代表作家有美国约瑟夫·海勒(《第二十二条军规》)、库尔特·冯尼古特(《冠军牌的早餐》)等;荒诞派戏剧的代表作家有法国的尤奈斯库(《秃头歌女》)和贝克特(《等待戈多》)等;新小说派的代表作家有法国的罗伯-格利耶(《橡皮》、《窥视者》)等;魔幻现实主义的代表作家有哥伦比亚的马尔克斯(《百年孤独》)等,阿根廷的博尔赫斯则以其迷宫小说(《小径分岔的花园》等)成为后现代主义文学的先驱。

在 20 世纪的社会主义苏联,新的生活形态培养了新的文学精神和创作方法。早期有高尔基的《母亲》、马雅可夫斯基的楼梯诗等;绥拉菲莫维奇的《铁流》、富尔曼诺夫的《恰巴耶夫》、法捷耶夫的《毁灭》被誉为苏联国内战争三大里程碑作品;社会主义建设时期的作品有阿·托尔斯泰的《苦难的历程》、肖霍洛夫的《静静的顿河》和《被开垦的处女地》等;"解冻"时期有爱伦堡的《解冻》、帕斯捷尔纳克的《日戈瓦医生》、肖霍洛夫的《一个人的遭遇》、瓦西里耶夫的《这里的黎明静悄悄》等。

第八章　欧美文学经典作品解读

第一节　诗　歌

公　园　里

[法国]普列维尔

普列维尔(Jacques Prévert，1900～1977年)，法国著名诗人。创作兼及诗歌、戏剧和电影剧本等，主要作品有《歌词集》、《故事集》、《戏剧集》、《雨天和晴天》等。他用现代口语写诗，同时又把现代艺术，如电影和绘画的许多艺术手法引入诗歌，对法国现代诗歌语言进行了革新。他的诗简练而不简单，轻松而不肤浅，通俗易懂而寓意深远。他的许多诗被谱成了歌曲，深受欢迎。

一千年一万年
也难以
诉说尽
这瞬间的永恒
你吻了我
我吻了你
在冬日朦胧的清晨
清晨在蒙苏利公园
公园在巴黎
巴黎是地上一座城
地球是天上一颗星

(选自黎华：《世界爱情诗选》，高行健译，百花洲文艺出版社，1990年)

☞ 提　示

全诗是一个特写的瞬间——情人拥吻，这一剪影被定格在广袤的天地之间，先用茫茫时间来对比，再用无垠的空间来衬托，瞬间成为永恒。

延伸性阅读文献

1. 普列维尔：《普列维尔诗二首》，高行健译，《诗刊》，1980 年第 2 期。
2. 高行健：《法国现代派诗人普列维尔和他的"歌词集"》，《花城》，1980 年第 5 期。
3. 黎华：《世界爱情诗选》，百花洲文艺出版社，1990。

思考与练习

1. 有评论说，本诗使得"吻"这个日渐苍白的词得到一次濯洗，重新显现其无法替代的珍贵、神圣。你怎样理解？
2. 本诗短小隽永，构思巧妙，富于哲理，试体会。

窗 前 晨 景

[美国]T. S. 艾略特

　　托马斯·斯特恩斯·艾略特(Thomas Stearns Eliot，1888～1965年)，20世纪最重要的诗人和批评家，后期象征主义的杰出代表。出生在美国密苏里州圣路易斯市，曾在哈佛大学、巴黎大学等著名学府攻读哲学、文学等，1915年开始定居英国伦敦，1927年加入英国国籍。著名作品有《荒原》(1922年)《四个四重奏》(1943年)等；重要的批评著作有《传统与个人才能》(1917年)、《批评的功能》(1923年)等。他的诗歌意象清晰、准确、富有韵味，强调通过"客观对应物"，即用象征和暗示的方法来表达内心世界的真实。《荒原》揭示了第二次世界大战后西方人的精神世界已干涸如"荒原"，被西方评论家称为现代诗歌的里程碑，是20世纪西方文学中划时代的作品。1948年，艾略特"因为对当代诗歌作出的卓越贡献和所起的先锋作用"而获得诺贝尔文学奖。

　　　　地下室厨房里，她们把早餐盘子洗得乒乓响；
　　　　沿着众人践踏的街道边沿，
　　　　我感到女仆们潮湿的灵魂
　　　　在地下室前的大门口沮丧地发芽。

　　　　一阵阵棕色波浪般的雾从街的尽头
　　　　向我抛上一张张扭曲的脸，
　　　　又从一位穿着泥污的裙子的行人的脸上
　　　　撕下一个空洞的微笑，微笑逗留在半空，
　　　　又沿着屋顶一线消失了。

（选自郑克鲁：《外国文学作品选》(第二版)，裘小龙译，复旦大学出版社，2011年）

☞ 提　示

　　作者选取了清晨时刻似乎毫无关联的两幅画面：一是女仆在地下室厨房准备早餐，二是街头路人掠入作者视线时的刹那印象，意象鲜明，含蕴深刻，即现代城市文明的无意义与沮丧，人的精神世界在物质生活的欲望中日益崩溃，庸俗、空虚如同一片荒原。"灵魂发芽"是艾略特创造的著名意象之一，刻画出物质世界里现代人心灵的贫瘠、病态。

➢ 延伸性阅读文献

1. 耿建华：《〈窗前晨景〉赏析》，载《诺贝尔奖获得者诗歌赏析》，花城出版社，1991。

2. 艾略特：《荒原》，赵萝蕤译；艾略特：《空心人》，赵毅衡译。
3. 王佐良：《英诗的境界》，生活·读书·新知三联书店，2012年。
4. 赵萝蕤：《艾略特与〈荒原〉》，载《我的读书生涯》，北京大学出版社，1996年。

思考与练习

1. 艾略特《窗前晨景》描写现代城市怎样的病态征象？
2. "潮湿的灵魂""绝望地发芽""撕下一个空洞的微笑"等意象有怎样的表达效果？

致 云 雀[1]

[英国]雪　莱

珀西·比希·雪莱(Percy Bysshe Shelley，1792～1822年)，英国著名浪漫主义诗人。出生于英国苏塞克斯郡的贵族家庭，曾就读伊顿贵族学校、牛津大学等，在学期间因发表《无神论的必然性》被牛津大学开除，并和家庭决裂。由于思想激进和个人生活，后被迫离开祖国，侨居意大利。雪莱1822年7月8日因海难逝世。

著名作品有叙事长诗《麦布女王》，长诗《伊斯兰的起义》，诗剧《解放了的普罗米修斯》，诗体悲剧《钦契一家》等，抒情诗《云》、《致云雀》、《西风颂》等，作品想象丰富，情感激越，音韵和谐，节奏明快，在英国诗歌史上占有重要地位。

你好啊，欢乐的精灵！
你似乎从不是飞禽，
从天堂或天堂的邻近，
以酣畅淋漓的乐音，
不事雕琢的艺术，倾吐你的衷心。

向上，再向高处飞翔，
从地面你一跃而上，
象一片烈火的轻云，
掠过蔚蓝的天心，
永远歌唱着飞翔，飞翔着歌唱。

地平线下的太阳[2]，
放射出金色的电光，
晴空里霞蔚云蒸，
你沐浴着阳光飞行，
似不具形体的喜悦刚开始迅疾的远征。

淡淡的紫色黎明
在你航程周围消融，
像昼空里的星星，
虽然不见形影，
却可以听得清你那欢乐的强音——

那犀利无比的乐音,
似银色星光的利箭,
它那强烈的明灯,
在晨曦中暗淡,
直到难以分辨,却能感觉到就在空间。

整个大地和大气,
响彻你婉转的歌喉,
仿佛在荒凉的黑夜,
从一片孤云背后,
明月射出光芒,清辉洋溢宇宙。

我们不知,你是什么,
什么和你最为相似?
从霓虹似的彩霞
也降不下这样美的雨,
能和当你出现时降下的乐曲甘霖相比。

像一位诗人,隐身
在思想的明辉之中,
吟诵着即兴的诗韵,
直到普天下的同情
都被未曾留意过的希望和忧虑唤醒;

像一位高贵的少女,
居住在深宫的楼台,
在寂寞难言的时刻,
排遣她为爱所苦的情怀,
甜美有如爱情的歌曲,溢出闺阁之外;

像一只金色的萤火虫,
在凝露的深山幽谷,
不显露它的行踪,
把晶莹的流光传播,
在遮断我们视线的芳草鲜花丛中;

像一朵让自己的绿叶
阴蔽着的玫瑰，
遭受到热风的摧残，
直到它的芳菲
以过浓的香甜使鲁莽的飞贼沉醉；

晶莹闪烁的草地，
春霖洒落的声息，
雨后苏醒的花瓣，
称得上明朗，欢悦，
清新的一切，都不及你的音乐。

飞禽或是精灵，有什么
甜美的思绪在你心头？
我从没有听到过
爱情或是醇酒的颂歌
能够迸涌出这样神圣的极乐音流。

赞婚的合唱也罢，
凯旋的欢歌也罢，
和你的乐曲相比，
不过是空洞的浮夸，
人们可以觉察，其中总有着贫乏。

什么样的物象或事件，
是你欢乐乐曲的源泉？
什么田野、波涛、山峦？
什么空中、陆上的形态？
是你对同类的爱，还是对痛苦的绝缘[3]？

有你明澈强烈的欢快。
倦怠永不会出现，
烦恼的阴影从来
近不得你的身边，
你爱，却从不知晓过分充满爱的悲哀[4]。

是醒来或是睡去[5]，
你对死的理解一定比

我们凡人梦想到的
更加深刻真切,否则
你的乐曲音流,怎能象液态的水晶涌泻?

我们瞻前顾后,为了
不存在的事物自扰,
我们最真挚的笑,
也交织着某种苦恼,
我们最美的音乐是最能倾诉哀思的曲调。

可是,即使我们能摈弃
憎恨、傲慢和恐惧,
即使我们生来不会
抛洒一滴眼泪,
我也不知,怎能接近于你的欢愉。

比一切欢乐的音律
更加甜蜜美妙,
比一切书中的宝库
更加丰盛富饶,
这就是鄙弃尘土[6]的你啊,你的艺术技巧。

教给我一半,你的心
必定熟知的欢欣,
和谐、炽热的激情
就会流出我的双唇,
全世界就会像此刻的我——侧耳倾听。

(选自郑克鲁:《外国文学作品选》(第二版),江枫译,复旦大学出版社,2011年)

◎ 注 释

[1] 云雀,黄褐色小鸟,巢于地面,昼飞夜返,边飞边鸣,越飞越高。云雀是19世纪英国诗人经常吟咏的题材,本诗是雪莱抒情诗的珍品。

[2] Sunken Sun,沉落的太阳,对于前一天为落日,对于新的一天则是尚未从地平线下升起的太阳。

[3] 所谓对痛苦的绝缘,是指遇挫折而不气馁,处逆境而泰然,胸怀坦荡,超然于痛苦之外。对同类的爱和对痛苦的绝缘,是诗人所珍视的品质。

[4] 雪莱的悲哀常常来源于对正义的事业、对受苦的人类、对他自己所确认的真理爱得太深、太真、太强烈,却不被世俗理解。

[5] 这是指对死的理解，不是指云雀的精神状态。有人认为死是从如梦的人生醒来，有人认为死是长眠。这一节诗意为：凡人认为死亡是最大的痛苦，而诗人认为，只有参透了生死的真谛，才能超然于痛苦之外，摆脱庸俗的恐惧和忧虑，上升到崇高的精神境界。

[6] "鄙弃尘土"，在这里语义双关：既是描写云雀从地面一跃而起，升上高空，又表达了诗人对当时流行的庸俗的政治、社会观念以及诗歌理论等所持的鄙弃态度。

☞ 提　示

云雀栖于荒野，性喜高飞，清晨升腾而飞，云间嬉戏，鸣声婉转柔媚，声扬霄汉，常被西方诗人作为讴歌的对象。诗歌运用了多种比喻，极富音乐性和画面感地讴歌了云雀欢快激昂的歌声和自由不羁的形象。诗人借云雀抒情明志，不仅向世人传递了对自由、光明的向往和憧憬，也表达了诗人崇高的精神境界、美学理想和艺术抱负。

呼应云雀清新婉转的鸣声，诗歌富有强烈的音乐魅力。全诗21节，每节四短一长，先急促后悠扬，读来如云雀鸣声，似穿云透月，激越奔放。

➢ 延伸性阅读文献

1. 雪莱：《西风颂》、《云》，济慈：《夜莺颂》，华兹华斯：《致云雀》。
2. 雪莱：《诗辩》，载戴维·洛奇：《二十世纪文学评论》(下)，卞之琳等译，上海译文出版社，1993年。
3. 飞白：《〈致云雀〉赏析》，载《外国诗歌鉴赏辞典·近代卷》，上海辞书出版社，2010年。
4. 江弱水：《一种天教歌唱的鸟》，载钱理群、洪子诚：《诗歌读本·大学卷》，广西师范大学出版社，2010年。

思考与练习

1. 诗歌用了哪些比喻类比云雀或云雀的歌声？传达了怎样的思想感情？
2. 试找出中国诗歌中常用来抒情的鸟类，比较中西诗歌鸟意象及其代表的情感。
3. 试阅读英语原诗，并把不同的译本进行比较，评其优劣。

豹
——在巴黎动物园

[奥地利] 里尔克

赖内·马利亚·里尔克(Rainer Maria Rilke，1875～1926年)，奥地利诗人，现代德语文学界最有影响的诗人之一。生于布拉格，大学攻读哲学、艺术与文学史，一生游历欧洲各地，曾为雕塑家罗丹当过秘书，得到重要的艺术启发，也深受法国象征派诗人波德莱尔等的影响。

里尔克的诗多对于幸福和痛苦、生与死、存在等问题进行探索，并善于把他敏锐的感受和深入的思考凝练为精致而又奇特的意象，如雕塑一般展现出来。里尔克对现代诗歌的发展产生了巨大影响。代表作为长诗《杜伊诺哀歌》、《献给奥尔甫斯的十四行》等。

> 它的目光被那走不完的铁栏
> 缠得这般疲倦，什么也不能收留。
> 它好象只有千条的铁栏杆，
> 千条的铁栏后便没有宇宙。
>
> 强韧的脚步迈着柔软的步容，
> 步容在这极小的圈中旋转，
> 仿佛力之舞围绕着一个中心，
> 在中心一个伟大的意志昏眩。
>
> 只有时眼帘无声地撩起。——
> 于是有一幅图像侵入，
> 通过四肢紧张的静寂——
> 在心中化为乌有。

(选自郑克鲁：《外国文学作品选》(第二版)，冯至译，复旦大学出版社，2011年)

☞ 提 示

来自丛林的豹，被困于笼中，绝望地转圈，寻求突围，但是结果只有无边的疲倦。那目光、脚步和身影，传达了强大的力量和意志被困铁栏中的悲剧状态，然而它是不屈的，也是优美的，作为森林之王，它那不屈的反抗现实与命运的意志更加凶猛，就像飓风的中心之力一样，强烈内聚，更富冲击性，然而铁笼的羁勒之中，努力只能乌有，其雄心也只能一现即逝，充满悲哀和无奈。

本诗刻画出了猛兽的独特神韵，孤傲、郁愤，渗透着英雄末日的苍凉气息；而那种被压抑的力之美，如雕塑一般的凝重坚实，富于质感。

➤ 延伸性阅读文献

1. 里尔克：《预感》、《秋日》。
2. 北岛：《北岛说里尔克的诗〈豹〉》，《名作欣赏》，2005年第7期。
3. 里尔克：《诗是经验》，载戴维·洛奇：《二十世纪文学评论》(下)，卞之琳等译，上海译文出版社，1993年。
4. 威廉·布莱克：《老虎》。

思考与练习

1. 体会本诗中"被压抑的力之美"。
2. 阅读里尔克的其他诗，体会其意象的"雕塑感"。

最后一次相见

[俄罗斯]阿赫玛托娃

安娜·安德烈耶夫娜·阿赫玛托娃（AHHa AHpeeBHa AxMaroBa，1889~1966年），是俄罗斯文学史上最著名的女诗人之一。她和第一任丈夫古米廖夫同是20世纪20年代阿克梅派的杰出代表。十月革命后，古米廖夫被处决，阿赫玛托娃受牵连，命运多舛，50年代恢复名誉。著名的诗集有《黄昏》、《念珠》、《白色的云朵》、《车前草》、《耶稣纪元》，长诗《没有主人公的长诗》。30年代，她的儿子两次被捕，她根据自己的亲身遭遇，写下了她一生最重要的组诗《安魂曲》。

阿赫玛托娃被称为"俄罗斯诗歌的月亮"、"俄国的萨福"。

心变得那么冰凉，
脚步却迈得匆忙。
我竟把左手的手套
套在了右手上。

我只记得迈了三步，
实际上跨下了许多梯级！
秋在枫树间悄声低语：
"跟我一起死去"。

"命运欺骗了我，
它沮丧、乖戾、多变！"
我回答说："亲爱的，亲爱的！
我亦如此。让我们一起归天……"

这是最后一次相见。
我睥睨你那晦暗的楼房。
只见卧室的烛影
闪烁着冷漠的黄光。

（选自郑克鲁：《外国文学作品选》（第二版），王守仁译，复旦大学出版社，2011年）

☞ 提 示

阿赫玛托娃早年的诗以撷取生活的戏剧性细节表现恋爱中人物的心理活动而见长，

被称作"室内爱情诗"。本诗短小隽永，有情节、细节、场景、冲突，但无故事的头和尾，写出了一个女子逃离负心人时的激动、慌乱和迷惘的心境。注重表达抒情女主人公最紧张、最激烈的内心冲突以及对于爱情痛苦的深刻体验，并借秋天的意象"枫树"、"烛影"、"黄光"等来传达抒情主人公的痛苦内心。诗既是抒情主人公的内心独白，又似乎是潜在的对话。

> ## 延伸性阅读文献

1. 阿赫玛托娃：《爱》、《深色披肩下我紧抱着双臂》。
2. 范斯坦：《俄罗斯的安娜：安娜·阿赫玛托娃传》，马海甸译，上海译文出版社，2013年。
3. 汪剑钊：《阿赫玛托娃传·20世纪外国经典作家传记》，新世界出版社，2006年。

思考与练习

1. 阅读阿赫玛托娃《深色披肩下我紧抱着双臂》等作品，体会作者"室内爱情诗"的特色。
2. 这首爱情诗在感情表达上有什么特色？试列举你读过的中外爱情诗并进行比较分析。

第二节 散　　文

论无所事事

［英国］普里斯特利

约翰·博因顿·普里斯特利（John Boynton Priestley，1894～1984年），英国作家，生于英国约克郡的勃雷福特，毕业于剑桥三一学院。20世纪20年代初登文坛，为杂志写评论、随笔等，因小说《好伙伴》（1929年）一举成名，30年代初曾转向戏剧，剧作以《菩提树》（1947年）最受称誉。有小说、散文、评论、剧本100余种。其散文取材广泛，幽默犀利，富有个性。

我曾经随同一位美术家朋友到他的农舍去住过一阵子，他是个讨人喜欢的懒家伙。那所房子坐落在约克郡的丘陵地带，离一个火车站约有十英里远。我们赶巧碰上连日变得突然挺暖和的天气。于是每天一清早就抄最近的荒野小道，悠闲自在地爬到海拔两千英尺地方去，仰面朝天地躺在那儿，消磨那漫长而金光灿烂的午后良辰——任什么事也不干。要找个地方偷闲休息休息，哪儿也比不上荒野高原。那里像是一个洁净而空旷的露天大厅。那种显然单调的环境，既不提供当场叫人神魂颠倒的娱乐，也无引人入胜而声色俱全的大戏可看，却有浮云阴影和色彩斑斓的地平线慢慢变幻出来的千姿百态，微妙绝伦，足以使您心荡神移，情趣丛生。高原上一块块客厅地毯般大小的草地，美好软柔的像丝绒，诱您躺在上面养神歇息。那儿远离尘世喧嚣，超脱人间利害得失，万古长存，使人头脑得以休息，杂念涤尽。世上的嘈音全都淹没在麻鹬一片单调的啾啾声中。

我们连日舒坦地躺在高原草地上，不是仰望苍穹就是梦幻般地凝视着远方的地平线。说我们什么事都没干，也绝非其事，因为我们抽掉大量烟叶，吃了许多三明治和小块的巧克力，喝了不少冰冷冒汽的溪水，那水也不知道从哪涌出来的，汩汩流了几码就消失了。我们俩偶尔也交换一两句话。不过，我们也许达到了人类两名成员尽可能近乎什么事也不干的程度。我们闲呆着，什么计划也不制订，头脑里连个想法都没有，我们甚至没有像两个男伙伴聚在一起往往一味地对着吹牛那样消磨时光。在远方某地，我们的亲友正在乱哄哄地忙忙碌碌，动用心计啦，图谋划策啦，争辩啦，挣钱啦，挥霍啦。可我们就像成了仙一样，实实在在地无所事事，头脑清净，一片空白。但是，我们结束那段短暂的赋闲时刻，脸色晒得晚霞那样红喷喷，从高原下来，回到凡人和报馆老板盘距的城市，却发现我们刚刚受到戈登·瑟夫里奇先生的指责。

他是什么时候什么场合指责我们的，我并不知道。我也不清楚是一群什么样嘻嘻哈哈欢闹的家伙居然招致并取得了他的信任。怪事就发生在这稀罕的阳光助长我们怪癖的季节里。去年还是前年刚有那么一位富有创业精神的家伙组织了欧洲大陆导游旅行，为了招徕更有学问的人参加度假，还特地在途中各站给他们安排一系列知名作家的演讲。那群愉快的游客上路了，他们的向导也确实信守诺言，因为您瞧——第一站就由英季教长[1]给他们作了一次畅论现代享乐的演讲。不过，瑟夫里奇先生是不是也向一群度假者发表宏论，或是在那帮商场大老板召开的严肃会议上致词，我就不清楚了，反正我确实知道他说了他最痛恨懒散，认为那是天字第一号罪恶。我也相信他批评了一些浪费时间的人，可我把他举出的理由和例子忘了，说实话，再去细究，我会认为那是一种浪费时间的丢脸事儿。瑟夫里奇先生虽然没有点我们的名，却在攻击懒散那一过程中，脑子里自始至终想着我们俩，这一点是根本用不着怀疑的。也许他的脑海里出现这样一种使他震怒的景像，那就是我们俩平躺在荒野高原上，堂而皇之地浪费时间，而世间却有许多活儿急待去做，顺便提一句，急待完成后由瑟夫里奇的店铺买进再卖出。我真希望他能看到我们俩，因为那想必会对他大有好处。我们俩无论在什么时候都叫人瞧着痛快，即使我们什么事也不做的时候，谁要是看看我们，哪怕只看到并不完整而难以理解的形像，也会对他的身心有所裨益。不幸的是，瑟夫里奇先生大概对他所谓的懒散之罪已经下了定语，所以不愿意接受别人的看法，连态度也不肯软化一些。这实在可惜，更糟糕的是他的观点在我看来并不对，而且肯定相当有害。

在这人世间，万恶其实都是那些一向忙忙碌碌的人造成的，他们既不知道什么时候该忙，也不晓得什么事情该做。我认为魔鬼仍然是宇宙间最忙碌的家伙，我也蛮有把握地想象到他在谴责懒散，而且对那种浪费一丁点时间的现象大发雷霆。我敢打赌，在他统治的王国里，谁也不许闲着，即使偷闲一个下午也不行。我们大家都坦率承认这个世界一团糟。可我跟有些人一样，认为并非是悠闲懒散把它弄到这步田地的。人间缺少的不是有为，而是无为，它无所不能。唯独缺少友善和些许理智。世界上仍然有大量的精力（以往也从来没有这样多瞎忙的人），只不过大部分都给浪费在不该用的地方了。比如说，要是1914年7月里，天气好得叫人懒洋洋。所有的人，皇帝啦，国王啦，大公爵啦，政治家啦，将军啦，记者啦，都一下子极想什么事也不干，而只希望在阳光下闲荡，消耗烟叶，那么我们的境况也许就会比现在强多了。可是不行，那种生活必须紧张的说教仍然是无可争辩的。任何时间都不许浪费，总得想法干点什么。于是，众所周知，真就干出了什么名堂。再说，假如咱们那些政治家，与其带着一大堆还没考虑成熟的想法和大量可以消耗的精力匆匆赶到凡尔赛去，还不如暂时撇下一切书信来往和接见等等事务，干脆都去度假两周，只在这个或那个山坡上闲逛，破题儿第一遭在他们精力旺盛的生活当中显然什么事都不干，然后嘛，再回到他们那个所谓的和平大会去，这样也就可以在散会后，声誉没被玷污，世界大事也给处理得挺好。其实就在目前，如果欧洲有一半政治家都放弃那种视懒散为罪恶的想法，离开政坛一阵子，什么事也不干，那我们肯定会从中获益匪浅。其他例子也都涌上心头。例如，某些宗教教派时而召开会议，尽管外面罪恶堆成山，人类文明的前景仍然难卜，那些与会代表却在谴责女人裙子的长度和伴舞乐队的噪声，净在这些小是小非上瞎浪费时间，他们还不如找个地方躺躺，凝视天空，休息休息他们的脑筋更好些。

懒散为万恶之首的想法，伴以生活必须紧张的说教，在美国十分流行，我们也没法回避美国是个令人惊异的昌盛国家这一事实。可我们也没法回避另一事实：在那样一个社会里，所有最卓越的当代作家竟然全是讽刺家。说也奇怪，大多数伟大的美国作家都毫不迟疑地歌颂悠闲自在，他们的才能往往就是无所事事，为此还自夸呢，这就是他们救世的办法。因此，梭罗[2]如果没有他那种什么事也不干只欣赏银河的本领，就只会是个冷冰冰的道学先生。还有惠特曼[3]，如果剥夺了他双手插在裤兜里闲荡的习惯以及这样消遣时所流露出来的天真喜悦，就只会是个大号笨蛋。任何一个蠢货都会小题大做瞎忙乎，到处消耗他的精力，而一个人想安顿下来无所事事，却得有点真本事。他必须存有可以汲取的精力，必须能够浸沉于缓缓流畅的沉思奇想的河流，必须内心深处是位诗人。往往其他诗人叫我们失望的时候，我们便会想到华兹华斯[4]，因为他深知无所事事的奥妙，你可以说，没有谁比他做的更好了，你也可以从他的作品中发现有关这方面最好的叙述。他活得够长的，足可以把他年轻时的大多数见解收回，可我认为他绝不会对其中一个想法反悔，那就是世间再也没有什么比无所事事地凝视大自然更能使人心灵净化，更能使人健康了(他在一首诗中真的对一些吉卜赛人表示过愤慨，因为他有一次从那些人身旁走过，十二个小时后再从他们身旁经过，竟然发现他们一直什么事也没干。我怀疑这是种族偏见，还带点忌妒，因为他本人虽然干得不多，那些人却干得更少)。他要是仍然在世，肯定会比以往更加热情而经常地宣讲他的信条，他或许还会攻击瑟夫里奇先生，用一连串了不起的十四行诗(开首是"上周他俩漫步在荒野高原上")来维护我们俩，顺便说一句，这些诗一点儿也不会引起人们的注意。他会告诫我们，如果人人在未来十年里，一有机会就尽可能仰面朝天地躺在荒野高原上，无所事事，那么全世界的情况就会好得多。这他可就说对了。

(选自余中先：《散文中的散文》，梅邵武译，凤凰出版传媒集团、译林出版社，2010年)

◎ 注　释

[1] 威廉·拉尔夫·英季(1860～1954年)，英国牧师和作家，著有《柏拉图哲学的传统》、《基督教神秘主义》等。

[2] 亨利·大卫·梭罗(1817～1862年)美国自然主义者，作家，著有《瓦尔登湖》。

[3] 惠特曼(1819～1892年)，美国诗人，著有《草叶集》。

[4] 华兹华斯(1770～1850年)，英国浪漫主义诗人，因隐居湖畔被称为"湖畔诗人"。

☞ 提　示

这篇散文开头写两个朋友躺着野外高原上悠然自在地享受大自然，被老板指责为无所事事浪费时间，作者由此出发，谈到了人生的一种境界——"无所事事"，犀利指出现代社会名利场上"皆为利来皆为利往"的忙碌情景，是令世界变得更糟的原因之一。在作者看来，那样无谓的忙碌似乎是现代社会"文明"的象征，其实不过是一种对于"利"的无止境追求。作者认为"世间再也没有什么比无所事事地凝视大自然更能使人心灵净化，更能使人健康了"。

本文是对现代社会中人被物质异化的生存状况的一种讽刺，启发我们思考应该过怎样的生活更有意义。道理并不高深，却予人一种回味，一点启示。

普里斯特利的作品具有英国散文特有的风格，犀利、睿智的嘲讽蕴于温和幽默的笔调中。

➤ 延伸性阅读文献

1. 海因里希·伯尔：《懒惰哲学趣话》，载余中先：《散文中的散文》，译林出版社，2010年。
2. 普里斯特利：《普里斯特利散文选》，林荇译，百花文艺出版社，2009年。

思考与练习

1. "万恶其实都是那些忙忙碌碌的人造成的，……我认为魔鬼仍然是宇宙间最忙碌的家伙……人间缺少的不是有为，而是无为……世间再也没有什么比无所事事地凝视大自然更能使人心灵净化，更能使人健康。"你怎样评价这些话？

2. 你认为"无所事事"是人生境界，还是懒散恶习？

西西弗的神话

[法国]阿尔贝·加缪

阿尔贝·加缪(Albert Camus,1913～1960年),法国著名的小说家、戏剧家和评论家,存在主义的主要代表人物之一。出生于法属阿尔及利亚东部的蒙多维镇,幼时生活艰辛,早年学习哲学和投身社会运动,20世纪四五十年代从事文学创作。小说《局外人》、《鼠疫》是存在主义小说的代表作;哲学散文集《西西弗的神话》是存在主义哲学的重要理论著作;剧本有《误会》、《卡利古拉》、《戒严》等。他的作品寓意深邃,简约朴素,明晰严谨。1957年,加缪因"以明彻的认真态度阐明了我们这个时代人类良知的问题",荣获诺贝尔文学奖。1960年,因车祸身亡。

诸神处罚西西弗[1]不停地把一块巨石推上山顶,而石头由于自身的重量又滚下山去,诸神认为再也没有比进行这种无效无望的劳动更为严厉的惩罚了。

荷马说,西西弗是最终要死的人中最聪明最谨慎的人。但另有传说说他屈从于强盗生涯。我看不出其中有什么矛盾。各种说法的分歧在于是否要赋予这地狱中的无效劳动者的行为动机以价值。人们首先是以某种轻率的态度把他与诸神放在一起进行谴责,并历数他们的隐私。阿索玻斯[2]的女儿埃葵娜被朱庇特劫走。父亲对女儿的失踪大为震惊并且怪罪于西西弗,深知内情的西西弗对阿索玻斯说,他可以告诉他女儿的消息,但必须以给柯兰特城堡供水为条件,他宁愿得到水的圣浴,而不是天火雷电。他因此被罚下地狱,荷马告诉我们西西弗曾经扼住过死神的喉咙。普洛托[3]忍受不了地狱王国的荒凉寂寞,他催促战神把死神从其战胜者手中解放出来。

还有人说,西西弗在临死前冒失地要检验他妻子对他的爱情。他命令她把他的尸体扔在广场中央,不举行任何仪式。于是西西弗重堕地狱。他在地狱里对那恣意践踏人类之爱的行径十分愤慨。他获得普洛托的允诺重返人间以惩罚他的妻子。但当他又一次看到这大地的面貌,重新领略流水、阳光的抚爱,重新触摸那火热的石头、宽阔的大海的时候,他就再也不愿回到阴森的地狱中去了。冥王的诏令、气愤和警告都无济于事。他又在地球上生活了多年,面对起伏的山峦,奔腾的大海和大地的微笑他又生活了多年。诸神于是进行干涉。墨丘利[4]跑来揪住这冒犯者的领子,把他从欢乐的生活中拉了出来,强行把他重新投入地狱,在那里,为惩罚他而设的巨石已准备就绪。

我们已经明白:西西弗是个荒谬的英雄。他之所以是荒谬的英雄,还因为他的激情和他所经受的磨难。他藐视神明,仇恨死亡,对生活充满激情,这必然使他受到难以用言语尽述的非人折磨:他以自己的整个身心致力于一种没有效果的事业,而这是为了对大地的无限热爱必须付出的代价。人们并没有谈到西西弗在地狱里的情况,创造这些神话是为了让人的想象使西西弗的形象栩栩如生。在西西弗身上,我们只能看到这样一幅图画：一个紧张的身体千百次地重复一个动作：搬动巨石，滚动它并把它推至山顶；我们看到的是一张痛苦扭曲的脸，看到的是紧贴在巨石上的面颊，那落满泥土、抖动的肩膀，沾满泥土的双脚，完全僵直的胳膊，以及那坚实的满是泥土的人的双手。经过被渺渺空间和永恒的时间限制着的努力之后，目的就达到了。西西弗于是看到巨石在几秒钟内又向着下面的世界滚下，而他则必须把这巨石重新推向山顶。他于是又向山下走去。

正是因为这种回复、停歇，我对西西弗产生了兴趣。这一张饱经磨难近似石头般坚硬的面孔已经自己化成了石头！我看到这个人以沉重而均匀的脚步走向那无尽的苦难。这个时刻就像一次呼吸那样短促，它的到来与西西弗的不幸一样是确定无疑的，这个时刻就是意识的时刻。在每一个这样的时刻中，他离开山顶并且逐渐地深入到诸神的巢穴中去，他超出了他自己的命运。他比他搬动的巨石还要坚硬。

如果说，这个神话是悲剧的，那是因为它的主人公是有意识的。若他行的每一步都依靠成功的希望所支持，那他的痛苦实际上又在哪里呢？今天的工人终生都在劳动，终日完成的是同样的工作，这样的命运并非不比西西弗的命运荒谬。但是，这种命运只有在工人变得有意识的偶然时刻才是悲剧性的。西西弗，这诸神中的无产者，这进行无效劳役而又进行反叛的无产者，他完全清楚自己所处的悲惨境地：在他下山时，他想到的正是这悲惨的境地。造成西西弗痛苦的清醒意识同时也就造就了他的胜利。不存在不通过蔑视而自我超越的命运。

如果西西弗下山推石在某些天里是痛苦地进行着的，那么这个工作也可以在欢乐中进行。这并不是言过其实。我还想象西西弗又回头走向他的巨石，痛苦又重新开始。当对大地的想象过于着重于回忆，当对幸福的憧憬过于急切，那痛苦就在人的心灵深处升起：这就是巨石的胜利，这就是巨石本身。巨大的悲痛是难以承担的重负。这就是我们的客西马尼之夜[5]。但是，雄辩的真理一旦被认识就会衰竭。因此，俄狄浦斯不知不觉首先屈从命运。而一旦他明白了一切，他的悲剧就开始了。与此同时，两眼失明而又丧失希望的俄狄浦斯认识到，他与世界之间的唯一联系就是一个年轻姑娘鲜润的手。他于是毫无顾忌地发出这样震撼人心的声音："尽管我历尽艰难困苦，但我年逾不惑，我的灵魂深邃伟大，因而我认为我是幸福的。"索福克勒斯的俄狄浦斯与陀思妥耶夫斯基的基里洛夫都提出了荒谬胜利的法则。先贤的智慧与现代英雄主义汇合了。

人们要发现荒谬，就不能不想到要写某种有关幸福的教材。"哎，什么！就凭这些如此狭窄的道路……？"但是，世界只有一个。幸福与荒谬是同一大地的两个产儿。若说幸福一定是从荒谬的发现中产生的，那可能是错误的。因为荒谬的感情还很可能产生于幸福。"我认为我是幸福的"，俄狄浦斯说，而这种说法是神圣的，它回响在人的疯狂而又有限的世界之中。它告诫人们一切都还没有也从没有被穷尽过。它把一个上帝从世界中驱逐出去，这个上帝是怀着不满足的心理以及对无效痛苦的偏好而进入人间的。它还把命运改造成为一件应该在人们之中得到安排的人的事情。

西西弗无声的全部快乐就在于此。他的命运是属于他的。他的岩石是他的事情。同样，当荒谬的人深思他的痛苦时，他就使一切偶像哑然失声。在这突然重又沉默的世界中，大地升起千万个美妙细小的声音。无意识的、秘密的召唤，一切面貌提出的要求，这些都是胜利必不可少的对立面和应付的代价。不存在无阴影的太阳，而且必须认识黑夜。荒谬的人说"是",但他的努力永不停息。如果有一种个人的命运,就不会有更高的命运,或至少可以说,只有一种被人看作是宿命的和应受到蔑视的命运。此外,荒谬的人知道,他是自己生活的主人。在这微妙的时刻,人回归到自己的生活之中,西西弗回身走向巨石,他静观这一系列没有关联而又变成他自己命运的行动,他的命运是他自己创造的,是在他的记忆的注视下聚合而又马上会被他的死亡固定的命运。因此,盲人从一开始就坚信一切人的东西都源于人道主义,就像盲人渴望看见而又知道黑夜是无穷尽的一样,西西弗永远行进。而巨石仍在滚动着。

我把西西弗留在山脚下!我们总是看到他身上的重负。而西西弗告诉我们,最高的虔诚是否认诸神并且搬掉石头。他也认为自己是幸福的。这个从此没有主宰的世界对他来讲既不是荒漠,也不是沃土。这块巨石上的每一颗粒,这黑黝黝的高山上的每一颗矿砂唯有对西西弗才形成一个世界。他爬上山顶所要进行的斗争本身就足以使一个人心里感到充实。应该认为,西西弗是幸福的。

(选自加缪:《西西弗的神话》,杜小真译,生活·读书·新知三联书店,1987年)

◎ 注　释

[1]西西弗:希腊传说中的科林斯王。
[2]阿索玻斯:希腊神话中的河神,埃癸娜是他的女儿。
[3]普洛托:罗马神话中的冥王。
[4]墨丘利:罗马神话中的商业神。
[5]客西马尼:《福音书》中所说的耶稣被犹大出卖而遭大祭司抓捕前所在的地方,位于橄榄山下。耶稣在此作最后的祷告,而门徒们都在沉睡。

☞ 提　示

加缪用存在主义思想对西西弗的神话进行了改写,把不停推石上山的受难者西西弗塑造成对抗荒诞的英雄。西西弗面对诸神的惩罚,没有乞怜和绝望,反而用坚定的行动蔑视了神的惩罚,表现了人的勇气和尊严;他意识到推石上山的荒诞性,又能正视这种黑暗和荒诞,始终自己主宰命运,决心在这苦难的世界里活下去。推石上山的无数过程是在他努力下完成的,每一个脚印都是他作为人的生命活动的确证。加缪笔下的西西弗不是一个痛苦的受难者,而是一个善于在斗争中品味幸福的英雄。

加缪认为荒诞是普遍存在的、永恒的,人类身处荒诞境况中,应该坚持抗争,永不退缩,用自己的行动创造人生的意义,实现心灵的充实和人生的幸福。

➤ 延伸性阅读文献

1. 加缪:《西西弗神话》,沈志明译、《局外人》,柳鸣九译,上海译文出版社。
2. W. 考夫曼:《存在主义》,陈鼓应等译,商务印书馆,1987年。
3. 萨特:《阿尔贝·加缪》,载《萨特文学论文集》,施康强译,安徽文艺出版社,1998年。
4. 罗歇·格勒尼埃:《阳光与阴影——阿尔贝·加缪传》,顾嘉琛译,北京大学出版社,1997年。
5. 朱大可:《我坐在加缪先生的山顶上》,《新京报·书评》,2004年6月4日。

思考与练习

1. 为什么说西西弗是"荒谬的英雄"？他的英雄本色体现在哪些方面？

2. 加缪说"他超出了他自己的命运""他比他搬动的巨石还要坚硬""幸福与荒谬是同一大地的两个产儿"，怎样理解这些话的含义？

潜 水 鸟

[美国]梭 罗

梭罗(Henry David Thoreau，1817~1862年)，美国作家、思想家。生于马萨诸塞州的康科德的小业主家庭，哈佛大学毕业，曾随同乡作家爱默生工作并学习写作。1845年，独自来到康科德附近的瓦尔登湖畔，自建了一个小木屋住了下来，自力更生，开荒种地，写作看书，践行着最朴素简单的生活方式。1847年，梭罗结束了瓦尔登湖离群索居的生活，回到原来的村落。他仍然保持着简朴的生活方式：写作、讲课和观察当地的动植物。后来患肺病，医治无效，于1862年病逝于康城，享年44岁。

梭罗倡导并践行一种与现代物质生活对立的简朴的生活方式，他的口头禅是"简朴，简朴，简朴"("Simplify, simplify, simplify")。梭罗对待自然的观念和生活方式，给现代人许多启迪。他被尊为最早的环境保护主义者和关注人类生存状况的生态主义哲学家。

《瓦尔登湖》是梭罗在瓦尔登湖两年多的生活、观察和思想纪录，许多文笔是关于大自然和动物、植物的观察随笔。这些文字是关于自然的艺术创作。梭罗是自然随笔的创始者。

……

秋天里，潜水鸟(Colymbus glaclalis)像往常一样来了，在湖里脱毛并且洗澡，我还没有起身，森林里已响起了它的狂放的笑声。一听到它已经来到，磨坊水闸上的全部猎人都出动了，有的坐马车，有的步行，两两三三，带着猎枪和子弹，还有望远镜。他们行来，像秋天的树叶飒飒然穿过林中，一只潜水鸟至少有十个猎者。有的放哨在这一边湖岸，有的站岗在那一边湖岸，因为这可怜的鸟不能够四处同时出现；如果它从这里潜水下去，它一定会从那边上来的。可是，那阳春十月的风吹起来了，吹得树叶沙沙作响，湖面起了皱纹，再听不到也看不到潜水鸟了，虽然它的敌人用望远镜搜索水面，尽管枪声在林中震荡，鸟儿的踪迹都没有了。水波大量地涌起，愤怒地冲到岸上，它们和水禽是同一阵线的，我们的爱好打猎的人们只得空手回到镇上店里，还去干他们的未完的事务。不过，他们的事务常常是很成功的。黎明，我到湖上汲水的时候，我常常看到这种王者风度的潜水鸟驶出我的小湾，相距不过数杆。如果我想坐船追上它，看它如何活动，它就潜下水去，全身消失，从此不再看见，有时候要到当天的下午才出来。可是，在水面上，我还是有法子对付它的。它常常在一阵雨中飞去。有一个静谧的十月下午，我划船在北岸，因为正是这种日子，潜水鸟会像乳草的柔毛似的出现在湖上。我正四顾都找不到潜水鸟，突然间却有一头，从湖岸上出来，向湖心游去，在我面前只几杆之远，狂笑一阵，引起了我的注意。我划桨追去，它便潜入水中，但是等它冒出来，我却愈加接近了。它又潜入水中，这次我把方向估计错误了，它再次冒出来时，距离我已经五十杆。这样的距离却是我自己造成的；它又大声哗笑了半天，这次当然笑得更有理由了。它这样灵活地行动，矫若游龙，我无法进入距离它五六杆的地方。每一次，它冒到水面上，头这边那边地旋转，冷静地考察了湖水和大地，显然在挑选它的路线，以便浮起来时，恰在湖面最开阔、距离船舶又最远的地点。惊人的是它运筹决策十分迅速，而一经决定就立即执行。它立刻把我诱入最浩森的水域，我却不能把它驱入湖水之一角了，当它脑中正想着什么的时候，我也努力在脑中测度它的思想。这真是一个美丽的棋局，在一个波平如镜的水上，一人一鸟正在对弈。突然对方把它的棋子下在棋盘下面了，问题便是把你的棋子下在它下次出现时最接近它的地方。有时它出乎意料地在我对面升上水面，显然从我的船底穿过了。它的一口气真长，它又不知疲倦，然而，等它游到最远处时，立刻又潜到水下；任何智慧都无法测度，在这样平滑的水面下，它能在这样深的湖水里的什么地方急泅如鱼，因为它有能力以及时间去到最深处的湖底作访问。据说在纽约湖中，深八十英尺的地方，潜水鸟曾被捕鳅鱼的钩子钩住。然而瓦尔登是深得多了。我想水中群鱼一定惊奇不置了，从另一世界来的这个不速之客能在它们的中间潜来潜去！然而它似乎深识水性，水下认路和水上一样，并且在水下泅泳得还格外迅疾。有一两次，我看到它接近水面时激起的水花，刚把它的脑袋探出来观察了一下，立刻又潜没了。我觉得我既可以估计它下次出现的地点，也不妨停下桨来等它自行出水，因为一次又一次，当我向着一个方向望穿了秋水时，我却突然听到它在我背后发出一声怪笑，叫我大吃一惊，可是为什么这样狡猾地作弄了我之后，每次钻出水面，一定放声大笑，使得它自己形迹败露呢？它的白色的胸脯还不够使它被人发现吗？我想，它真是一只愚蠢的潜水鸟。我一般都能听到它出水时的拍水之声，所以也能侦察到它的所在。可是，这样玩了一个小时，它富有生气、兴致勃勃，不减当初，游得比一开始时还要远。它钻出水面又庄严地游走了，胸羽一丝不乱，它是在水底下就用自己的脚蹼抚平了它胸上的羽毛的。它通常的声音是这恶魔般的笑声，有点像水鸟的叫声，但是有时，它成功地躲开了我，潜水到了老远的地方再钻出水面，它就发出一声长长的怪叫，不似鸟叫，更似狼嗥；正像一只野兽的嘴，咻咻地啃着地面而发出呼号。这是潜水鸟之音，这样狂野的音响在这一带似乎还从没听见过，整个森林都被震动了。我想它是用笑声来嘲笑我白费力气，并且相信它自己是足智多谋的。此时天色虽然阴沉，湖面却很平静，我只看到它冒出水来，还未听到它的声音。他的胸毛雪白，空气肃穆，湖水平静，这一切本来都是不利于它的。最后，在离我五十杆的地方，它又发出了这样的一声长啸，仿佛它在召唤潜水鸟之神出来援助它，立刻从东方吹来一阵风，吹皱了湖水，而天地间都是蒙蒙细雨，还夹带着雨点，我的印象是，好像潜水鸟的召唤得到了响应，它的神生了我的气，于是我离开它，听凭它在汹涌的波浪上任意远扬了。

……

（选自梭罗：《瓦尔登湖》，徐迟译，上海译文出版社，2010 年）

☞ 提　示

梭罗对工业文明、喧嚣物质挤压人类、侵蚀人性心怀忧虑，他认为人类只有过简单、淳朴的生活,才能将时间腾出来深入生命,品味人生。

徐迟评价梭罗:"他的一生是如此之简单而馥郁,又如此之孤独而芬芳。也可以说,他的一生十分不简单,也毫不孤独。他的读者将会发现,他的精神生活十分丰富,而且是精美绝伦,世上罕见,和他交往的人不多,而神交的人可就多得多了。"

梭罗用他的眼睛,他的耳朵,他的双手和双脚观察、谛听、体会着大自然,以谦逊沉静的心境感受着更纯粹本质的生命。

《禽兽为邻》是《瓦尔登湖》中的著名篇章,梭罗结庐湖畔,远离人烟,各种小动物野鼠、知更鸟、蚂蚁、潜水鸟、野鸭等便成为他的伙伴和邻居,他们睦邻相契,和谐共处。梭罗全副身心谛听、感受着它们的生命气息,并用生花妙笔将它们自然自在的生活,复杂多样的习性,栩栩如生地展现在读者面前。

本文选自《禽兽为邻》中描写潜水鸟的一段,由著名作家徐迟翻译。作者的观察无微不至,笔下情景交融,徐迟的译笔也曲尽其致,锦上添花。

▶ 延伸性阅读文献

1. 梭罗:《瓦尔登湖》,徐迟译。
2. 徐迟:《〈瓦尔登湖〉译本序》,载《瓦尔登湖》,徐迟译,上海译文出版社,2010年。
3. 瓦特尔·哈丁:《〈瓦尔登湖〉的五种读法》,胡杨译,http://blog.163.com/guweidong66666@126/blog/static/50938388201459111848840/,2014年6月7日。
4. 苇岸:《大地上的事情》,广西师范大学出版社,2014年。

思考与练习

1. 作者叙述人与各种动物和谐共处的情景,字里行间是怎样一种态度和情感?
2. 仔细阅读本文,体会梭罗笔下的鸟类描写和鸟类科学报告有怎样的区别?
3. 试选读《瓦尔登湖》的英语原文片段,并对照不同中文译本进行比较评价。

第三节 小　　说

布莱克·沃兹沃斯

[英国]V. S. 奈保尔

　　V. S. 奈保尔（Vidiadhar Surajprasad Naipaul），著名英籍印度裔作家，1932年生于中美洲的特立尼达和多巴哥的一个印度婆罗门家庭，1950年进入牛津大学，毕业后定居英国。代表作品有《米格尔街》、《河湾》、《抵达之谜》等。奈保尔的作品多描写印度、非洲等第三世界的人的生存状况，表现后殖民时代的世态人心。奈保尔的文字简洁节制，生动利落，但却包含所有的复杂性。奈保尔曾获毛姆文学奖（1959年）、布克奖（1971年），并于2001年获得诺贝尔文学奖。

　　每天都有三个乞丐准时来到米格尔大街好客的住户门口乞讨。十点钟左右，一个穿着白衣、缠着腰布的印度人首先来到，我们把一小罐米饭倒进他背上的一只口袋里。十二点钟，那个叼着泥烟斗的老太婆来了，我们给了她一分钱。下午两点，一个盲人由一个男孩引路，来讨他的那分钱。
　　有时，我们也布施流浪汉。有个男人一天来到这儿，说他饿坏了，我们就招待他饱餐了一顿，尔后，他又要了一支香烟，直到我们替他把香烟点燃后才肯离去。以后那个人再也没有来过。
　　一天下午大约四点钟的时候，来了一个最令人奇怪的流浪汉。我已经放学回家，刚刚换好便服。听到他在叫我："小弟弟，我可以进你家的院子吗？"
　　他身材瘦小，穿戴整齐，戴着一顶帽子，穿着一件白衬衫和一条黑裤子。
　　我问道："你想干啥？"
　　他说："我想看看你们的蜜蜂。"
　　我家院里有四棵大王棕榈树的幼树，上面聚集了不请自来的蜜蜂。
　　我跑上台阶，喊道："妈，有一个人在院子这里，他说想看看蜜蜂。"
　　妈妈走出来，上下打量着他，极不友善地问："你想干啥？"
　　那人说："我想看看你们的蜜蜂。"
　　他英语讲得太好了，简直有些近乎做作。我看出妈妈有些不放心。
　　她对我说："呆在这儿，他看蜜蜂时盯着他点儿。"
　　那人说："谢谢您，太太。今天您做了件好事。"
　　他讲得极缓慢极准确，仿佛说出的每个字都要花掉他的钱一样。
　　我们一块儿看着蜜蜂，他和我，蹲在棕榈树下，大约有一个小时的光景。

那人说:"我喜欢看蜜蜂。小弟弟,你喜欢看蜜蜂吗?"

我说:"我可没这工夫。"

他沮丧地摇着头。他说:"我就干这个,就是看。我能一连看上好几天,你看过蚂蚁吗?还有蝎子、蜈蚣和两栖鲵什么的,你都看过吗?"

我摇摇头。

我说:"你是干什么的。先生?"

他站起身来说:"我是诗人。"

"是个好诗人吗?"我问道。

"世界上伟大的诗人。"他说。

"你叫啥名,先生?"

"B. 沃兹沃斯。"

"B 是比尔的意思吧?"

"是布莱克。布莱克·沃兹沃斯[1]。怀特·沃兹沃斯是我哥哥,我们心心相通。就是看到一朵像牵牛花一样的小花,我都想哭出来。"

我问:"你为啥哭?"

"为啥,孩子?为啥?等你长大了就会明白啦。要知道,你也是诗人。你成了诗人以后,任何一件事都会使你哭出来的。"

我笑不出来。

他问:"你喜欢妈妈吗?"

"她不打我的时候,喜欢。"

他从后裤兜里掏出一张印有铅字的纸片,说:"上面是一首描写母亲的最伟大的诗篇。我打算贱卖给你,只要四分钱。"

我跑进屋,说道:"妈,你想花四分钱买一首诗吗?"

妈妈说:"你听着,告诉那个该死的家伙,赶快给我夹起尾巴滚出去。"

我对 B. 沃兹沃斯说:"妈妈说,她没有四分钱。"

B. 沃兹沃斯说:"这就是诗人的遭遇。"

他把那张纸片放裤兜,好像并不介意。

我说:"像你这样到处转游着卖诗倒挺有意思。只有那些唱克利普索[2]小调的人才干这种事。有很多人买吗?"

他说:"从来没人买过。"

"那你为什么还要四处转游?"

他说:"这样我就可以看到许多东西,我还一直希望遇到别的诗人。"

我说:"你真的认为我是个诗人吗?"

"你像我一样有才华。"他说。

后来,B. 沃兹沃斯走了,我暗自祈祷,但愿还能再见到他。

大约一周以后的一天下午,在放学的路上,我在米格尔街的拐角处又见到了他。

他说:"我已经等你很久啦。"

我问:"卖掉诗了吗?"

他摇摇头。

他说:"我院里有棵挺好看芒果树,是西班牙港最好的一棵。现在芒果都熟透了,红彤彤的,果汁又多又甜。我就为了这事在这儿等你,一来告诉你,二来也请你去吃芒果。"

他住在阿尔贝托街上的一间小棚屋里,正好在街中心。院子里绿茵茵的,有一棵高大的芒果树,还有一棵可可树和一棵李子树。这地方看上去很荒凉,好像根本不在城里。在那儿一点儿都看不到街上高大的混凝土建筑。

他说得不错,芒果汁又多又甜。我一连吃了六个。桔黄的芒果汁顺着胳膊一直流到我的臂肘上,从嘴角流到下巴上,我衬衫也染上了果汁。

回到家后,妈妈问我:"你钻到哪儿去啦?你以为你已经长大成人了,可以到处疯去啦?去折条鞭子给我拿来!"

她打得够狠的,我从家里逃出来,发誓再也不回去了。我来到 B. 沃兹沃斯家。我气极了,鼻子流着血。

B. 沃兹沃斯说:"别哭啦,咱们一块去散散步吧!"

我停止了哭泣,却还在抽抽搭搭。我们散着步,走过圣克莱尔大街,来到"大草原",沿着跑道漫步。

B. 沃兹沃斯说:"嗳,咱们到草坪上躺一会儿,看看天空,我想让你猜猜那些星星离我们这儿有多远。"

我按他说的做了,明白了他的意思。我忘记了一切,有生以来第一次感到如此骄傲和愉快。我的气愤一扫而光,我忘掉了眼泪,忘掉了刚刚饱尝过的那顿老拳。

当我告诉他我觉得好些的时候,他就开始告诉我星星的名字。搞不清为什么我对猎户星座记得尤其牢。直到今天我还能一下子指出它来,其他的却早已忘得精光。

忽然,一道光束照在我脸上,一个警察出现在面前。我们赶紧从草地上站起来。

"你们在这儿干什么?"警察问道。

B. 沃兹沃斯说:"已经四十年啦,我也一直在想这个问题。"

从此,我们成了好朋友,B. 沃兹沃斯和我。他对我说:"关于我还有芒果树、可可树和李子树的事,你不要告诉任何人,一定要保守秘密。假如你告诉了别人,我会知道,因为我是诗人。"

我起了誓,而且一直守信用。

我很喜欢他的小房间,里面的家具还没有乔治[3]家里临街的那间屋里的多,但看上去更干净,也更舒服;然而,看上去也很冷清。

一天我问他:"沃兹沃斯先生,你为什么在院里留这么多灌木丛?会不会使这儿太潮湿呀?"

他说:"听着,我给你讲个故事。很久很久以前,有个男孩遇见了一位姑娘,他们很快相爱了。他们彼此深深相爱,后来就结婚了。他俩都是诗人,少年喜欢优美的文学,姑娘酷爱花草树木。他们在一间小房子里生活得非常愉快。有一天,女诗人对那少年诗人讲:'咱们家里又要增加一个诗人啦!'但是那个小诗人并没有出生,因为姑娘死了,他也跟她去了,死在姑娘的肚子里。姑娘的丈夫非常难过,决定从此再也不去动花园里的一草一木。于是，花园留下来了，树木、花草没人管理，越长越高。"

我看着 B. 沃兹沃斯，当讲述这个动人的故事时，他显得更加苍老。我明白了他的故事。

我们总是一起去做长距离的散步。我们去植物园和岩石花园。黄昏时，登上了"校长"小山，观看西班牙港渐渐被黑夜所笼罩，城里和码头上的轮船渐渐灯光辉煌。

他做每一件事，都像生平第一次做一样，就像参加圣典一样郑重其事。

有时他会问我："嗳，去吃冰激淋怎么样？"

当我表示同意时，他变得非常严肃，说："那么，咱们去光顾哪家冷食店呢？"好像这也是一桩异常重要的事一样。他常常为这合计好半天，最后才说："依我看，我该先到这家去打听一下价钱。"

这世界真是一个令人兴奋的地方！

一天在他院里，他对我说："我准备告诉你一个重要的秘密。"

我说："真的是秘密吗？"

"这会儿还是秘密。"

我看着他，他也看着我。他说："记着，只有你我知道。我正在写一首诗。"

"噢，"我失望了。

他说："这可不是一首普通的诗，是世界上最伟大的诗。"

我嘘了一声。

他说："到现在，我已经写了五年啦。再有二十二年就完成了，也就是说，如果我能保持现这个速度的话。"

"那么，你现在每天都写很多吗？"

他说："不像以前那样多了。每月只写一行，不过肯定是非常出色的一行。"

我问："上个月写的那行是什么？"

他仰起头看着天空说："往昔深远而奥妙。"

我说："是行很美的诗。"

B. 沃兹沃斯说："我希望能把一个月的体会感受全部倾注到这行诗句中去。这样二十二年以后，我就会写出一首震撼全人类的诗篇。"

我充满了惊叹之情。

我们一直像往常一样去散步。一天，我们沿着港口的防波堤走着，我说："沃兹沃斯先生，假如我把这颗钉子扔到海里，你说它能浮起来吗？"

他说："世界是奇妙的。把钉子扔下去，咱们看看会怎样。"

钉子沉了下去。

我又问："这个月的诗写好了吗？"

然而，他再也没有说出一句诗来，只是说："噢，就要好啦，你知道，就要好啦。"

有时我们坐在防波堤上，默默顾看着进港的轮船。

从此，我再也没有听到那首世界上最伟大的诗。

我觉得他一天天衰老下去。

"你是怎样生活的，沃兹沃斯先生？"有一次我问他说。

他说:"你是问我哪里来的钱吧?"

我点点头。他狡诈地笑了起来。

他说:"每年唱克利普索小调的季节时,去唱小调。"

"这够你一年生活的吗?"

"足够啦。"

"等写完了那首最伟大的诗,你就会成为世界上最有钱的人了吧?"

他没有回答我的问题。

一天,我到他的小房子里去看望他,发现他躺在他的小床上。他看上去是那么虚弱、苍老,我真想大哭一场。

他说:"诗写得不太顺利。"

他并没看我,而是透过窗户看着那棵可可树,就好像我根本不存在一样,喃喃地诉说着:"二十岁的时侯,我好像有使不完的劲。"这时,仿佛就发生在我眼前一样,他的脸变得更加苍老、疲倦。"可那……那已是很久以前的事啦。"

就在这时,我好像被妈妈打了一顿耳光。突然,我敏锐地感觉到了什么。我在他的脸上清楚地看了这一点。谁都会看到的,死神已经爬上那张布满皱纹的面孔。

他看着我,看见我满含热泪,强挣着坐了起来。

他说:"过来。"我走过去坐到他的膝盖上。

他看着我的眼睛说:"嗯,你也看到它了,我一直说你具有诗人的眼光。"

看上去他并不难过,这使我再也控制不住,大声哭了起来。

他把我搂到他那瘦削的胸前,说:"你想听我再给你讲个有趣的故事吗?"他冲我鼓励地微笑着。

可是我什么也说不出来。

他说:"我给你讲完这个故事后,你要答应我马上回家,再也不要来看我了,好吗?"

我点点头。

他说:"很好,现在听着我讲,以前我给你讲过的关于少年诗人和女诗人的故事,你还记得吗?那不是真事,是我编造出来的。还有那些什么作诗和世界上最伟大的诗,也是假的。你说这是不是你听过的最有趣的事情?"

他声音中断了。

我离开了小房子,跑回家去,大哭起来。像诗人一样,看到什么都想哭。

一年后,我又来到阿尔贝托街,可是再也看不到那栋小房子了,倒不是它突然消失了,而是和消失差不多。它被人们扒掉了。一栋二层楼的建筑取代了它。芒果树、可可树还有李子树也被人们砍倒了,留下的只是一片水泥砖铺成的地面。

一切都好像表明 B. 沃兹沃斯从来没有到过这个世界。

(选自奈保尔:《米格尔街》,王志勇译,浙江文艺出版社,2009 年)

◎ 注 释

[1] 威廉·布莱克和威廉·沃兹沃斯二者均为英国浪漫主义诗人。

[2] 小说中的"克利普索"指西印度群岛上的一种小调，常以讽刺时事为主题。

[3] 乔治：《米格尔街》另一短篇《乔治和他的粉红屋》中的主人公，是个住着破旧的小木屋、性情暴躁的人。

☞ 提 示

本文选自《米格尔街》。《米格尔街》是奈保尔的成名作和处女作，包括17个短篇，以少年"我"的视角描述、回忆了与西班牙港毗邻的特立尼达岛一条大街上的众生相。叙述生动活泼，如一幅幅简洁传神的众生速写。

米格尔街上的这些小人物，不仅处于社会底层，同时处于被殖民地的文化边缘，作者在少年生动活泼温情幽默的叙述背后传达了他们的苦涩和心酸的命运，映照出这些边缘人的生存困境和精神创伤。

正如浙江文艺出版社的《米格尔街》的编辑手记所言："通过小人物的想入非非，揭示了植于琐屑欲念中的民间理想。"一方面总是某种虚幻的东西在支撑着人生意趣，而另一方面，那些卑微、古怪的动机同时让你感受到"理想"本身所包含的"凄凉"。瑞典文学院的授奖词中也特别提到这部作品，说其中的短小故事"把契诃夫与特立尼达民间calypso小调结合在一起，奠定了幽默作家和街道生活讲述者的名声"。

本文中的主人公B.沃兹沃斯是个落魄诗人流浪汉，小说写少年"我"与布莱克·沃兹沃斯从结识到他死去的相处片段，写了这个穷诗人卑微的生活困境中所怀抱的凄凉梦想，但临死前，他又推翻了之前的梦想和浪漫故事，有点扑朔迷离，使这个流浪汉成为充满张力的神秘形象。少年的"我"对于这个落魄诗人表现了和成人完全不同的态度，甚至成为相濡以沫的忘年之交；可是文本一些细节又传达出成人视角的调侃和反讽。

➢ 延伸性阅读文献

1.《米格尔街》，王志勇译，浙江文艺出版社，2009年；《米格尔街》，张琪译，花城出版社1992年。

2. 仵从巨：《一条大街和一个世界——读奈保尔〈米格尔大街〉》，《名作欣赏》，2002年第5期。

3. 张德明：《米格尔大街的后现代、后殖民解读》，《外国文学研究》，2002年第1期。

思考与练习

1. 你怎样理解布莱克·沃兹沃斯的形象？

2. "我"对于布莱克·沃兹沃斯是怎样的感情？和周围的成人有何区别？为什么？

3. 阅读《米格尔街》，看其他人物的故事和命运，他们和布莱克·沃兹沃斯有什么共同点？

农业展览会

[法国]福楼拜

居斯塔夫·福楼拜(Gustave Flaubert，1821~1880年)，19世纪中期法国伟大的批判现实主义小说家。1821年出生在鲁昂城一个著名的外科医生家庭，医院环境培养了福楼拜实验主义倾向和缜密观察、细致剖析的作风。青年时代他曾经就读法律，因病辍学，后专门从事文学写作，终其一生。

著名作品有小说《包法利夫人》、《情感教育》、《萨朗波》、《布瓦尔和佩库歇》等，以及著名短篇小说《一颗简单的心》。福楼拜在创作中主张客观无动于衷的态度，反对小说家在作品中表现自己，被誉为"自然主义文学的鼻祖"、"西方现代小说的奠基者"。福楼拜也是精雕细刻的文体家，遣词造句的大师，其作品是法国文学史上的"模范散文"。

这名闻遐迩的展览会果然开幕了！从盛大节日的早上开始，居民就在门口说长道短，议论准备工作做得怎样；镇公所门口装饰了常春藤；草地上搭起了一座帐篷，准备摆酒席，而广场当中，教堂前面，有一架中世纪的射石炮，等到州长光临，或者农民受奖的时候，就要鸣炮。国民自卫队从比希开来(荣镇没有自卫队)，和比内率领的消防队联合参加检阅。这一天，比内的衣领比平时还高，制服紧紧裹在身上，胸部挺起，一动不动，仿佛只有下半身两条腿才会动似的，抬腿也有节奏，一步一拍，动作一致。税务官和联队长似乎要见个高低，显显本领，就要部下各自操练。观众只见自卫队的红肩章和消防队的黑胸甲你来我往，川流不息，红的才走，黑的又来！他们从来没见过这样盛大的场面！好些人家头一天就把房屋打扫干净；三色的国旗挂在半开半关的窗子外面；家家酒店都是高朋满座；天气晴朗，上了浆的帽子，金十字架和花围巾在阳光下闪耀，似乎比雪还白，在星罗棋布的五颜六色衬托之下，深色的外套和蓝色的工装越发显得单调了。附近的农村妇女生怕弄脏了长袍，就把下摆卷起，用大别针紧紧扣在身上，一直等到下马的时候才解开；她们的丈夫却相反，只爱惜他们的帽子，把手帕遮在上面还用牙齿咬住手帕的一个角。

人群从村子的两头走上大街。小街小巷，家家户户都有人出来；时不时地听得见门环响，戴线手套的太太们出来看热闹，门就关上了。大家特别津津乐道的是两个长长的三角架，上面挂满了灯笼，竖立在要人们就座的主席台两边。另外，在镇公所门前的四根圆柱上，绑了四根旗杆，每根杆子上挂了一面淡绿色的小旗，旗子上绣了金字，一面旗子上绣的是商业，另一面是农业，第三面是工业，第四面是艺术。

大家兴高采烈，人人笑逐颜开，只有勒方苏瓦老板娘一个人显得闷闷不乐。她站在厨房的台阶上，仿佛下巴在嘀咕似地说道：

"真是胡闹！这些帆布篷子真是胡闹！难道他们以为州长也像一个街头艺人，会坐在帐篷底下吃午餐吗？这些阻碍交通的摊子，难道能说是造福乡里吗！早知道这样，犯得着到新堡去找一个蹩脚厨子来吗！为什么找人呢？为这些放牛的！为赤脚的流浪汉！……"

药剂师过来了。他穿着黑色的礼服，一条米黄色的裤子，一双狸毛皮鞋，尤其难得的是戴了一顶小礼帽。

"对不起！"他说，"鄙人很忙。"

胖胖的寡妇问他到哪里去。

"你觉得很奇怪，是不是？我一直钻在实验室里，就像拉·封丹寓言中写的老鼠钻在干酪[1]里一样。"

"什么干酪？"老板娘问道。

"没什么！没什么！"奥默接着说。"我只是跟你讲，勒方苏瓦太太，我习惯于一个人呆在家里。不过今天，情况不同了，我不得不……"

"啊！你到那边去？"她说时露出一副瞧不起的神气。

"是的，到那边去，"药剂师诧异地回答道。"我不是咨询委员会的委员吗？"

勒方苏瓦大娘打量了他几分钟，最后笑着说：

"那是另外一码事！耕田种地和你有什么关系呢？你懂得那一套吗？"

"当然懂得，因为我是药剂师，也就是化学家嘛！而化学的目的，勒方苏瓦太太，就是认识自然界一切物体的分子之间的相互作用，农业当然也包括在化学的范围之内了！事实上，肥料的合成，酒精的发酵，煤气的分析，瘴气的影响，这一切的一切，我要问你，不是不折不扣的化学吗？"

老板娘无言对答。奥默又接着说：

"你以为做一个农学家，就要自己耕田种地，养鸡喂鸭吗？其实，他更需要知道的倒是物质的成分，地层的分类，大气的作用，土地、矿床、水源的性质，各种物体的密度和毛细管现象！其他等等。一定要彻底掌握了卫生原理，才能指导、批评如何建筑房屋，喂养牲口，供应仆人食物！勒方苏瓦太太，还要掌握植物学，学会分辨草木，你明白吗？哪些对健康有益，哪些有害；哪些产量低，哪些营养高；是不是应该在这边拔，再在那边种；繁殖一种，消灭另一种；总而言之，要读小册子和报刊杂志，才能了解科学发展的情况，总要紧张得喘不过气来，才能指出改进的方法……"

老板娘的眼睛没有离开法兰西咖啡馆的门，药剂师却接着说：

"上帝保佑，假如我们的农民都是农学家，或者他们至少能多听听科学家的意见，那就好了！因此，我最近写了一本很有用的小册子，一篇有七十二页的学术论文，题目是：《论苹果酒的制作法及其效用；附新思考》。我送到卢昂农学会去了，并且很荣幸地被接受为会员，分在农业组果树类。哎，要是我的作品能够公布于世……"

但是药剂师住口了，因为勒方苏瓦大娘看来心不在焉。

"看他们！"她说，"真不懂！简直不成话！"

她耸一耸肩膀，把胸前毛衣的网眼也绷开了。她伸出两只手来，指着她对手开的小餐馆，里面传出了歌声。

"你看，这长久得了吗？"她又说了一句。"不到一个星期，不关门才怪呢！"

奥默一听，吓得倒退了两步。她却走下三级台阶，在他耳边说道：

"怎么！你不晓得？这个星期就要查封了。是勒合害了他。他的借票都到期了。"

"那真是祸从天降！"药剂师叫了起来，不管碰到什么情况，他总不会没有话说。

于是老板娘就讲起这件事来，她是听吉约曼先生的佣人特奥多讲的。虽然她恨小餐馆的老板特利耶，但也不肯放过勒合。他是一个骗子，一条爬虫。

"啊！且慢！"她说，"菜市场里那个人不就是他吗？他正向包法利夫人打招呼呢；夫人戴了一顶绿色的帽子。她还挎着布朗瑞先生的胳膊。"

"包法利夫人吗？"奥默说。"我得过去招呼一下。说不定她要在院子里，在柱廊下找个座位。"

勒方苏瓦大娘想叫住药剂师，还要罗罗嗦嗦地讲下去，可是他不听她的，赶快走开了，嘴上还挂着微笑，腿伸得直直的，碰到人就打招呼，黑礼服的下摆在后面随风飘动，占了好多地方。

罗多夫老远就看见了他，却加快了脚步，但是包法利夫人喘气了，他只好又放慢步子，不太客气地微笑着对她说：

"我是要躲开那个胖子：你知道，我说的是药剂师。"

她用胳膊肘捅了他一下。

"这是什么意思？"他心里想。

他继续往前走，一面斜着眼睛看她。

她的侧影很安静，简直叫人猜不透。她的脸在阳光下看得更清楚。她戴着椭圆形的帽子，浅色的帽带好像芦苇的叶子。她的眼睛在弯弯的长睫毛下望着前面，虽然睁得很大。但由于白净的皮肤下面血在流动，看来有点受到颧骨的抑制。她的鼻孔透出玫瑰般的红颜色。她头一歪，看得见两片嘴唇之间珍珠般的白牙齿。

"难道她是在笑我？"罗多夫心里想。

其实，艾玛捅他，只是要他当心；因为勒合先生陪着他们，没话找话地说上一两句：

"今天天气真好：大家都出来了！今天刮的是东风。"

包法利夫人和罗多夫一样、都懒得回答，但是只要他们稍微一动，他就凑到他们身边问道："有什么吩咐吗？"并且做出要脱帽的手势。

他们走到铁匠店前，罗多夫突然不从大路到栅栏门去，拉着包法利夫人走上了一条小路，并且喊道：

"再见，勒合先生：祝你快乐！"

"你真会打发人！"她笑着说。

"为什么，"他回答说，"要让别人打搅？既然今天我三生有幸……"

艾玛脸红了，他没有说完他的话。于是他又谈起好天气，谈起草地上散步的乐趣来。有些雏菊已经长出来了。

"这些温存体贴的雏菊，"他说，"够本地害相思的姑娘用来求神问卦的了[2]。"

他又加上一句：

"要是我也摘一朵呢！你说好不好呀？"

"难道你也在恋爱吗？"她咳嗽了一声说。

"哎！哎！那谁晓得？"罗多夫答道。

草地上的人多起来了，管家婆拿着大雨伞，大菜篮，带着小孩子横冲直撞。你还要时常躲开一溜乡下女人，穿蓝袜子、平底鞋、戴银戒指的女佣人，你走过她们身边，就闻得到牛奶味。她们手拉着手，顺着草地走来，从那排白杨到宴会的帐篷，到处是人。好在评审的时间到了，庄稼汉一个接着一个，走进了一块用绳子拴着木桩圈出来的空场子。牲口也在里面，鼻孔冲着绳子，大大小小的屁股乱嘈嘈地挤成一排。有几头猪似睡非睡地在用嘴拱土；有些小牛在哞哞叫，小羊在咩咩呼喊；母牛弯着后腿，肚皮贴着草地，在慢慢地咀嚼，还不停地眨着沉重的眼皮，牛蝇围着它们嗡嗡飞。几个赶大车的车夫光着胳膊，拉住公马的笼头，公马炮起蹶子，朝着母马扯开嗓子嘶叫。母马却老老实实地待着，伸长了鬃毛下垂的脖子，小马驹躺在母马身子下面，有时站起吮几口奶；这些牲口挤在一起，排成一行，动起来就像波浪随风起伏一样，这里冒出雪白的鬃毛，那里露出牛羊的尖角，或者是来回攒动的人头，在围场外面大约一百步远的地方，有一头黑色的大公牛，戴了嘴套，鼻孔上穿了一个铁环，一动不动，好像一头铜牛。一个衣衫褴褛的孩子用绳子牵着它。

这时，在两排牲口中间，来了几位大人先生，他们走的脚步很重，每检查一只牲口之后，就彼此低声商量。他们当中有一位显得更重要，一边走，一边在本子上记录。他就是评判委员会的主席：邦镇的德罗泽雷先生。他一认出了罗多夫，就兴冲冲地走过来，做出讨人欢喜的模样，微笑着对他说：

"怎么，布朗瑞先生，你放得下大伙儿的事情不管吗？"

罗多夫满口答应说他一定来。但等主席一走，

"说老实话，"他就对艾玛说，"我才不去呢。陪他哪里比得上陪你有意思！"

罗多夫虽然不把展览会放在眼里，但是为了行动方便，却向警察出示自己的蓝色请帖，有时还在一件"展品"面前站住，可惜包法利夫人对展品不感兴趣。他一发现，马上就改变话题，嘲笑荣镇女人的打扮；接着又请艾玛原谅他的衣着随便。他的装束显得不太协调，既普通，又讲究，看惯了平常人的衣服，一般老百姓会看出他的生活与众不同。他的感情越出常轨，艺术对他的专横影响，还总夹杂着某种瞧不起社会习俗的心理。这对人既有吸引力，又使人恼火。他的细麻布衬衫袖口上有绉褶，他的背心是灰色斜纹布的，只要一起风，衬衫就会从背心领口那儿鼓出来；他的裤子上有宽宽的条纹，在脚踝骨那儿露出了一双南京布面的漆皮鞋。鞋上镶的漆皮很亮，连草都照得出来。他就穿着这样贼亮的皮鞋在马粪上走，一只手插在上衣口袋里，草帽歪戴在头上。

"再说，"他又补充一句，"一个人住在乡下的时候……"

"做什么都是白费劲，"艾玛说。

"你说得对！"罗多夫接过来说。"想想看，这些乡巴佬，没有一个人知道礼服的式样！"

于是他们谈到乡下的土气，压得喘不出气的生活，幻灭了的希望。

"因此，"罗多夫说，"我沉在忧郁的深渊里……"

"你吗！"她惊讶得叫了起来。"我还以为你很快活呢？"

"啊！是的，表面上是这样，因为在人群中，我总在脸上戴了一个嘻嘻哈哈的假面具。但是只要一看见坟墓，在月光之下，我有多少回在心里寻思：是不是追随长眠地下的人好些……"

"哎呀！那你的朋友呢？"她说，"难道你就不想他们！"

"我的朋友吗？那是什么人呀？我有朋友吗？谁关心我呀？"

说到最后一句话的时候，他嘴里不知不觉地吹出了口哨的声音。

但是他们不得不分开一下，因为有一个人抱着一大堆椅子从后面走来了。椅子堆得这样高，只看得见他的木头鞋尖和张开的十个指头。来的人是掘坟墓的勒斯蒂布杜瓦，他把教堂里的椅子搬出来给大家坐。只要和他的利益有关，他的想象力是丰富的，所以就想出了这个办法，要从展览会捞一点好处；他的想法不错，因为要租椅子的人太多，他不知道听谁的好。的确，乡下人一热，就抢着租椅子，因为草垫子闻起来有香烛的气味，厚厚的椅背上还沾着熔化了的蜡，于是他们毕恭毕敬地坐了上去。

包法利夫人再挽住罗多夫的胳膊。他又自言自语地说起来：

"是啊！我总是一个人！错过了多少机会！啊！要是生活有个目的，要是我碰到一个真情实意的人，要是我能找到……哎呀！我多么愿意用尽我的精力，克服一切困难，打破一切障碍！"

"可是，在我看来，"艾玛说，"你并没有什么可抱怨的呀！"

"啊！你这样想？"罗多夫说。

"因为，说到底……"她接着说，"你是自由的。"

她犹豫了一下说："你还有钱呢。"

"不要拿我开玩笑了，"他回答说。

她发誓不是开玩笑。忽然听见一声炮响，大家立刻一窝蜂似地挤到村子里去。

不料这是个错误的信号，州长先生还没有来，评判委员们感到很为难，不知道是应该开会，还是该再等一等。

到底，在广场的尽头，出现了一辆租来的双篷四轮大马车，拉车的是两匹瘦马，一个戴白帽的车夫正在挥舞马鞭。比内还来得及喊："取枪！"联队长也不甘落后。大家跑去取架好的枪。大家都争先恐后。有些人还忘记了戴领章。好在州长的车驾似乎也能体谅他们的苦衷，两匹并驾齐驱的瘦马，咬着马嚼小链，左摇右摆，小步跑到了镇公所的四根圆柱前，正好国民自卫队和消防队来得及摆好队伍，打着鼓在原地踏步。

"站稳！"比内喊道。

"立定！"联队长喊道。"向左看齐！"于是持枪敬礼，枪箍卡里卡拉一响，好像铜锅滚下楼梯一般，然后枪都放下。

于是就看见马车里走下一位先生，穿了一件银线绣花的短礼服，前额秃了，后脑有一撮头发，脸色灰白，看起来很和善。他的两只眼睛很大，眼皮很厚，半开半闭地打量了一眼在场的群众，同时仰起他的尖鼻子，使瘪下去的嘴巴露出微笑来。他认出了佩绶带的镇长，就对他解释，说州长不能来了。他本人是州议员；接着，他又表示了歉意。杜瓦施回答了几句恭维话，州议员表示不敢当；他们就这样面对面地站着，前额几乎碰到前额，四周围着评判委员、乡镇议员、知名人士、国民自卫队和群众。州议员先生把黑色的小三角帽放在胸前，一再还礼，而杜瓦施也把腰弯得像一张弓，一面微笑着，结结巴巴地搜索枯肠，要表明他对王室的忠心[3]，对贵宾光临荣镇的感激。

客店的小伙计伊波利特走过来，接过了马车夫手里的缰绳，虽然他跛了一只脚，还是把马牵到金狮客店的门廊下．那里有很多乡下人挤在一起看马车。于是击鼓鸣炮。先生们一个接着一个走上了主席台，坐上杜瓦施夫人借给大会的红色粗绒扶手椅。

大人先生的模样都差不多。他们脸上的皮肤松弛，给太阳晒得有点黑了，看起来像甜苹果酒的颜色，他们蓬松的连鬓胡子显露在硬领外面，领子上系了白领带，还结了一个玫瑰领花，他们的背心都是丝绒的，都有个圆翻领，他们的表带末端都挂了一个椭圆形的红玉印章；他们都把手放在大腿上，两腿小心地分开，裤裆的料子没有褪色，磨得比靴皮还亮。

有身份地位的女士们坐在后面，在柱廊里，在圆柱子中间，而普通老百姓就站在对面，或者坐在椅子上。的确，勒斯蒂布杜瓦把原先搬到草地上的椅子又都搬到这里来了，他甚至还一刻不停地跑到教堂里去找椅子，由于他这样来回做买卖，造成了交通堵塞，要想走到主席台的小梯子前，也都很困难了。

"我认为，"勒合先生碰到回座位去的药剂师，就搭话说，"我们应该竖两根威尼斯旗杆，挂上一些庄严肃穆、富丽堂皇的东西，就像时新的服饰用品一样，那才好看呢！"

"的确，"奥默答道。"但是，你有什么办法呢！这是镇长一手包办的呀！他的口味不高，可怜的杜瓦施，他根本就没有什么艺术的天分。"

这时，罗多夫带着包法利夫人上了镇公所的二楼，走进了"会议厅"，里面没有人，他就说："在这里瞧热闹舒服多了，"他在摆着国王半身像的椭圆桌边搬了三个凳子，放在一个窗前，于是他们并肩坐着。

主席台上正在互相推让，不断地交头接耳，低声商量。最后，州议员先生站了起来，这时大家才知道他姓略万，于是你一言，我一语，这个姓氏就在群众中传开了。他核对了一下几页讲稿，眼睛凑在纸上，开口讲道：

"诸位先生，首先，在谈到今天盛会的主题之前，请允许我表达一下我们大家共有的感情。我说，我要公正地评价我们的最高行政当局，政府，君主，诸位先生，我是说我们至高无上、无比爱戴的国王，无论我们国家的繁荣，或是个人事业的兴隆，国王无不关心，并且坚定明智，驾御国家这辆大车，经过千难万险，惊涛骇浪，无论是平时或是战时，都能振兴工业，商业，农业，艺术。"

"我看，"罗多夫说，"我该靠后一点坐。"

"为什么？"艾玛问道。

偏偏就在这个时候，州议员的声音提得特别高。他激动地讲道：

"诸位先生，内战血染广场，工商业主夜半被警钟惊醒，标语口号颠覆国家的基础，这种日子已经一去不复返了……"

"这是因为，"罗多夫接着说，"下面的人看得见我；这样一来，我要花半个月来道歉还怕不够呢！你要晓得，像我这样名声不好的人……"

"哎呀！你怎么糟踏自己！"艾玛说。

"不，不，我的名声是糟透了，我说的是真话。"

"但是,诸位先生,"州议员接着说,"如果我们不去回想这些黑暗的情景,而把我们的目光转移到我们美丽祖国的现实情况上来,我们又会看见什么呢?到处的商业和艺术都是一片繁荣,到处的新交通路线,就像国家机体内的新动脉一样,建立了新的联系;我们巨大的生产中心又恢复了活动;宗教更加巩固,向所有的心灵微笑;我们的港口货源不断,我们的信心得到恢复,法兰西总算松了一口气!……"

"其实,"罗多夫补充说,"从社会的观点看来,他们也许有理。"

"怎么有理?"她问。

"什么!"他说,"难道你不知道,有些人的灵魂不断受到折磨?他们有时需要理想,有时需要行动,有时需要最纯洁的热情,有时却需要最疯狂的享受,人就这样投身于各式各样的狂想,怪癖。"

于是她瞧着他,好像打量一个天外来客一样,接着又说:

"我们却连这种享受也没有呢!多么可怜的女人呵!"

"这不能算是什么享受,因为这里找不到幸福。"

"幸福是找得到的吗?"她问道。

"是的,总有一天会碰到的,"他答道。

"这是你们都明白的,"州议员说。"你们是农民和乡镇工人,你们是文化的先锋,和平的战士!你们是有道德的人,是进步人士!你们明白,我说,政治风暴的确比大自然的风暴还要可怕得多……"

"总有一天会碰到的,"罗多夫重复说。"总有一天。在你灰心绝望的时候,突然一下就碰到了。于是云开见天,仿佛有个声音在喊:'就在眼前!'你觉得需要向这个人推心置腹,把一切献给他,为他牺牲一切!不用解释,心照不宣。你们梦里似曾相识,(他瞧着她。)总而言之,踏破铁鞋无觅处,宝贝忽然出现在面前,它在闪闪发光,然而你还怀疑,你还不敢相信,你还目瞪口呆,好像刚刚走出黑暗,突然看见光明一样。"

说完了这几句话,罗多夫还做了一个手势。他把手放在脸上,好像感到头晕;然后他又把手放下,却趁势让手落在艾玛手上。她把手抽出来。

州议员还在念讲稿:

"有什么人会感到惊奇吗,诸位先生!有的,就是那种瞎了眼睛、有目无珠的人,我敢说,就是那种陷入偏见,在另一个世纪的偏见中陷得太深,甚至不相信农民有头脑的人。的确,如果不来农村,到哪里找得到爱国精神,到哪里找得到对公共事业的忠诚,总而言之一句话,到哪里找得到智慧?诸位先生,我不是说表面上的智慧,那是游手好闲、无所事事的点缀品。我指的是那种深刻而不外露的智慧,最重要的是,从事实用目的的智慧,那才对个人福利、改善公共事业,支持国家,都大有好处;那才是遵守法律、恪尽职守的结果……"

"啊!又来了,"罗多夫说。"总是职责,我听都听腻了。真是一堆穿着法兰绒背心的老混蛋,一堆离不开脚炉和念珠的假教徒,老是在我们耳边唱高调:'职责!职责!'哎!天呀!职责是要感到什么是伟大的,要热爱一切美丽的,而不是接受社会上的一切陈规陋习,还有社会强加在我们身上的恶名。"

"不过……不过……"包法利夫人反对了。

"哎！不要说不！为什么要反对热情？难道热情不是世界上唯一美丽的东西？不是一切美好事物的根源？没有热情会有英雄主义、积极性、诗歌、音乐、艺术吗？"

"不过，"艾玛说，"也该听听大家的意见，遵守公共的道德呀。"

"啊！但是道德有两种，"他反驳说。"一种是小人的道德，小人说了就算，所以千变万化，叫得最响，动得厉害，就像眼前这伙笨蛋一样。另外一种是永恒的道德，天上地下，无所不在，就像风景一样围绕着我们，像青天一样照耀着我们。"

略万先生刚刚从口袋里掏出手帕来擦擦嘴。他又接着说：

"诸位先生，难道还用得着我来向你们说明农业的用处吗？谁供应我们的必需品？谁维持我们的生计？难道不是农民？诸位先生，农民用勤劳的双手在肥沃的田地里撒下了种子，使地里长出了麦子，又用巧妙的机器把麦子磨碎，这就成了面粉，再运到城市，送进面包房，做成食品，给富人吃，也同样给穷人吃，为了我们有衣服穿，难道不又是农民养肥了牧场上的羊群？要是没有农民。叫我们穿什么？叫我们吃什么？其实，诸位先生，何必举那么远的例子呢？近在眼前，谁能不常常想到那些不显眼的家禽，我们饲养场的光荣，它们为我们的枕头提供了软绵绵的羽毛，为我们的餐桌提供了美味的食品，还为我们下蛋呢。要是这样讲下去的话，我怕没个完了，因为精耕细作的土地生产各种粮食，就像慈母对儿女一样慷慨大方，这里是葡萄园，那里是酿酒用的苹果树，远一点是油菜，再远一点在制干酪，还有麻呢，诸位先生，我们不能忘记麻[4]！最近几年，麻的产量大大增加，因此，我要特别提请大家注意。"

用不着他提请，因为听众的嘴都张得很大，仿佛要把他的话吞下去。杜瓦施坐在他旁边，听得睁大了眼睛；德罗泽雷先生却时不时地微微合上眼皮；再过去一点，药剂师两条腿夹住他的儿子拿破仑，把手放在耳朵后面，唯恐漏掉一个字。其他评判委员慢慢地点头，摆动下巴，表示赞成。消防队员站在主席台下，靠在他们上了刺刀的枪上；比内一动不动，胳膊肘朝外，刀尖朝天，他也许听得见，但他肯定什么也看不清，因为他头盔的帽檐一直遮到他的鼻子。他的副手是杜瓦施先生的小儿子，帽檐低得越发出奇；因为他戴的头盔太大，在脑瓜上晃晃荡荡，垫上印花头巾也不顶事，反而有一角露在外面。他戴着大头盔，笑嘻嘻的，满脸的孩子气，小脸蛋有点苍白，汗水不断地滴下来，他又累又困，却好像在享受似的。

广场上挤满了人，一直站到两边的房屋前面。家家有人靠着窗子，有人站在门口，朱斯坦也在药房的铺面前，似乎在聚精会神地注视着他在看的东西。虽然很静，略万先生的声音还是消失在空气中。只有片言只语传到你的耳边，因为不是这里，就是那里，群众中总有椅子的响声打断他的话头；然后忽然听见背后一声牛叫，或者是街角的羊羔，咩咩地遥相呼应。的确，放牛的和放羊的把牲口一直赶到这里，牛羊时不时地要叫上一两声，伸出舌头，把嘴边的残叶卷进嘴里去。

罗多夫靠得离艾玛更近了，他低声对她说，并且说得很快：

"这伙小人的合谋难道不使你反感？难道有哪一种感情不受到他们指责？最高尚的本性，最纯洁的同情，都要受到迫害，诬蔑，而且，只要一对可怜的有情人碰到一起，小人们就要组织一切力量，不许他们团聚。不过情人总要试试，总要拍拍翅膀，你呼我应。哎！有什么关系，或迟或早，十个月或十年，他们总是要结合的，总是要相爱的，因为他们命里注定了是天生的一对,地成的一双。"

他两臂交叉,手放在膝盖上,就这样仰起脸来,凑得很近地凝目瞧着艾玛。在他的眼睛里,她看的清黑色瞳孔的周围,发射出细微的金色光线,她甚至闻到他头发上的香味。于是她感到软绵绵、懒洋洋的,回想起在沃比萨陪她跳华尔兹舞的子爵,他的胡子和这些头发一样,也发出了香草和柠檬的香气;不知不觉地,她微微闭上眼皮,要更好地闻闻这股味道。但是她这样往后一仰,却看见了遥远的天边,燕子号公共马车正慢慢地走下勒坡,后面还掀起了一片尘土。当年,莱昂就时常坐了这辆黄色马车进城,为她买东西回来;以后,他又是步走这条路,一去不复返了!她仿佛看见他还在对面,还在窗前;随后,一切化为一片烟云;她似乎还在跳华尔兹舞,在吊灯下,在子爵怀里,而莱昂也离她不远,他就要来……但是她一直感觉得到的只是罗多夫的头在她身边。这种温柔的感觉渗进了她昔日的梦想,她的欲望在一股微妙的香气中死灰复燃,散遍了她整个灵魂,就像一阵风卷起漫天飞舞的黄沙一样。她好几次张大鼻孔,用力吸进缠着柱头的常春藤发出的清新气息。她脱下手套,擦擦双手;然后,她拿出手绢来当扇子用,扇自己的脸。太阳穴的脉搏跳得很快,但她还听得见群众的喧哗和州议员念经一般的声音。

他说:"继续努力!坚持到底!不要因循守旧,也不要急躁冒进、听信不成熟的经验!努力改良土壤,积好肥料,发展马种、牛种、羊种、猪种!让展览会成为和平的竞赛场,让胜利者向失败者伸出友谊之手,希望下一次取得更大的成功!你们这些可敬的佣人,谦虚的下人,今天以前,没有一个政府重视你们的艰苦劳动。现在,请来接受你们只做不说的报酬吧!请你们相信,从今以后,国家一定会注重你们,鼓励你们,保护你们,满足你们的合理要求,尽力减轻你们的负担,减少你们痛苦的牺牲!"

于是略万先生坐下;德罗泽雷先生站了起来,开始另外的长篇大论。他讲的话也许不如州议员讲的冠冕堂皇,但他也有独到之处。他的风格更重实际,这就是说,他有专门知识,议论也高人一等。因此,歌功颂德的话少了,宗教和农业谈得多了。他讲到宗教和农业的关系,两者如何共同努力,促进文化的发展。

罗多夫不听这一套,只管和包法利夫人谈梦,谈预感,谈磁力。

演说家却在回顾社会的萌芽时期,描写洪荒时代,人住在树林深处,吃橡栗过日子。后来,人又脱掉兽皮,穿上布衣,耕田犁地,种植葡萄,这是不是进步?这种发现是不是弊多利少?德罗泽雷先生自己提出了这个问题。

罗多夫却由磁力渐渐地谈到了亲和力。而当主席先生列举罗马执政官犁田,罗马皇帝种菜[5],中国皇帝立春播种的时候,年轻的罗多夫却向年轻的少妇解释:这些吸引力所以无法抗拒,是因为前生有缘。

"因此,我们,"他说,"我们为什么会相识?这是什么机会造成的,这就好像两条河,原来距离很远,却流到一处来了,我们各自的天性,使我们互相接近了。"

他握住她的手;她没有缩回去。

"耕种普通奖!"主席发奖了。

"比方说,刚才我到你家里……"

"奖给坎康普瓦的比泽先生。"

"难道我晓得能陪你出来吗?"

"七十法郎!"

"多少回我想走开。但我还是跟着你,一直和你待在一起。"

"肥料奖。"

"就像我今天晚上,明天,以后,一辈子都和你待在一起一样!"

"奖给阿格伊的卡龙先生金质奖章一枚!"

"因为我和别人在一起,从来没有这样全身都着了迷。"

"奖给吉夫里·圣马丁的班先生!"

"所以我呀,我会永远记得你。"

"他养了一头美利奴羊……"

"但是你会忘了我的,就像忘了一个影子。"

"奖给母院的贝洛先生……"

"不会吧!对不对?我在你的心上,在你的生活中,总还留下了一点东西吧?"

"良种猪奖两名:勒埃里塞先生和居朗布先生平分六十法郎!"

罗多夫捏住她的手,感到手是暖洋洋、颤巍巍的,好像一只给人捉住了的斑鸠,还想飞走;但是,不知道她是要抽出手来,还是对他的紧握作出反应,她的手指做了一个动作;他却叫了起来:

"啊!谢谢!你不拒绝我!你真好!你明白我是你的!让我看看你,让我好好看看你!"

窗外吹来一阵风,把桌毯都吹皱了,而在下面广场上,乡下女人的大帽子也掀了起来,好像迎风展翅的白蝴蝶一样。

"利用油料植物的渣子饼,"主席继续说。他赶快说下去:

"粪便肥料,——种植亚麻——排水渠道,——长期租约,——雇佣劳动。"

罗多夫不再说话。他们互相瞅着。两个人都欲火中烧,嘴唇发干,哆哆嗦嗦;软绵绵地,不用力气,他们的手指就捏得难分难解了。

"萨塞托·拉·盖里耶的卡特琳·尼凯丝·伊利沙白·勒鲁,在同一农场劳动服务五十四年,奖给银质奖章一枚——价值二十五法郎!"

"卡特琳·勒鲁,到哪里去了?"州议员重复问了几遍。

她没有走出来领奖,只听见有人悄悄说:

"去呀!"

"不去,"

"往左边走!"

"不要害怕!"

"啊!她多么傻!"

"她到底来了没有?"杜瓦施喊道。

"来了!……就在这里!"

"那叫她到前面来呀!"

于是一个矮小的老婆子走到主席台前。她的神情畏畏缩缩,穿着皱成一团的破衣烂衫，显得更加干瘪。她脚上穿一双木底皮面大套鞋，腰间系一条蓝色大围裙。她的一张瘦脸，戴上一顶没有镶边的小风帽，看来皱纹比干了的斑皮苹果还多；从红色短上衣的袖子里伸出两只疙里疙瘩的手。谷仓里的灰尘、洗衣服的碱水和羊毛的油脂使她手上起了一层发裂的硬皮，虽然用清水洗过，后来也是脏的；手张开的时候太多，结果合也合不拢，仿佛在低声下气地说明她吃过多少苦。她脸上的表情像修道院的修女一样刻板。哀怨、感动、都软化不了她暗淡的眼光。她和牲口呆在一起的时间太多，自己也变得和牲口一样哑口无言，心平气和，她这是第一次在这样一大堆人当中，看见旗呀，鼓呀，穿黑礼服的大人先生，州议员的十字勋章，她心里给吓唬住了，一动不动，也不知道该往前走，还是该往后逃，既不明白大伙儿为什么推她，也不明白评判委员为什么对她微笑，吃了半个世纪的苦。她现在就这样站在笑逐颜开的老爷们面前。

"过来，可敬的卡特琳·尼凯丝·伊利沙白·勒鲁！"州议员说，他已经从主席手里接过了得奖人的名单。

他审查一遍名单，又看一遍老婆子，然后用慈父般的声音重复说：

"过来，过来！"

"你聋了吗？"杜瓦施从扶手椅里跳起来说。

他对着她的耳朵喊道：

"五十四年的劳务！一枚银质奖章！值二十五个法郎！这是给你的。"

等她得到了奖章，她就仔细看看，于是，天赐幸福的微笑出现在她脸上。她走开时，听得见她叽叽咕咕地说：

"我要送给神甫，请他给我作弥撒。"

"信教信到这种地步！"药剂师弯下身子，对公证人说。

会开完了，群众散了。既然讲稿已经念过，每个人都各归原位，一切照旧：主人照旧骂佣人，佣人照旧打牲口，得奖的牛羊在角上挂了一个绿色的桂冠，照旧漠不关心地回栏里去。

这时，国民自卫队上到镇公所二楼，刺刀上挂了一串奶油圆球蛋糕，大队的鼓手提了一篮子酒瓶。包法利夫人挽着罗多夫的胳膊，他把她送回家里。他们到门口才分手，然后他一个人在草地里散步，等时间到了就去赴宴。

宴会时间很长，非常热闹，但是招待不周。大家挤着坐在一起，连胳膊肘都很难动一下，用狭窄的木板临时搭成的条凳，几乎给宾客的体重压断。大家大吃大喝。人人拼命吃自己那一份。个个吃得满头大汗；热气腾腾，像秋天清晨河上的水蒸汽，笼罩着餐桌的上空，连挂着的油灯都熏暗了。罗多夫背靠着布篷，心里在想艾玛，什么也没听见。在他后面的草地上，有些佣人在把用过的脏盘子擦起来，他的邻座讲话，他不答理；有人给他斟满酒杯，虽然外面闹哄哄的，他的心里却是一片寂静。他做梦似地回想她说过的话，她嘴唇的模样；军帽上的帽徽好像一面魔镜，照出了她的脸；她的百褶裙沿着墙像波浪似的流下来，他想到未来的恩爱日子也会像流不尽的波浪。

晚上放烟火的时候，他又看见了她，不过她同她的丈夫，还有奥默夫妇在一起。药剂师老是焦急不安，唯恐花炮出事，他时常离开大伙儿，过去关照比内几句。

花炮送到杜瓦施先生那里时，他过分小心，把炮仗锁进了地窖；结果火药受了潮，简直点不着，主要节目"龙咬尾巴"根本上不了天。偶尔看到一支罗马蜡烛[6]似的焰火，目瞪口呆的群众就发出一声喊，有的妇女在暗中给人胳肢了腰，也叫起来。艾玛不出声，缩成一团，悄悄地靠着夏尔的肩头；然后她仰起下巴来，望着光辉的火焰射过黑暗的天空。罗多夫只有在灯笼的光照下，才能凝目看她。灯笼慢慢熄了。星星发出微光。天上还落下几点雨。艾玛把围巾扎在头上。

这时，州议员的马车走出了客店。车夫喝醉了酒，忽然发起迷糊来；远远看得见他半身高过车篷，坐在两盏灯之间，车厢前后颠簸，他就左右摇摆。

"的确，"药剂师说，"应该严格禁止酗酒！我希望镇公所每星期挂一次牌，公布一周之内酗酒人的姓名。从统计学的观点看来，这也可以像年鉴一样，必要时供参考……对不起。"

他又向着消防队长跑去。

队长正要回家。他要回去看看他的车床。

"派个人去看看，"奥默对他说，"或者你亲自去，这不太碍事吧？"

"让我歇一口气，"税务员答道，"根本不会出事！"

"你们放心吧，"药剂师一回到朋友们身边就说，"比内先生向我肯定：已经采取了措施。火花不会掉下来的。水龙也装满了水，我们可以睡觉去了。"

"的确！我要睡觉，"奥默太太大打呵欠说，"不过，这有什么关系呢？我们这一天过得好痛快。"

罗多夫眼睛含情脉脉，低声重复说：

"是啊！好痛快！"

大家打过招呼，就都转身走了。两天后，《卢昂灯塔》发表了一篇报道展览会的大块文章。那是奥默劲头一来，第二天就一气呵成了：

"为什么张灯结彩，鲜花似锦？群众像怒海波涛一样，要跑到哪里去？他们为什么不怕烈日的热浪，淹没了我们的休闲田？"

于是，他谈起了农民的情况。当然，政府尽了大力，但还不够！

"要鼓足干劲！"他向政府呼吁："各种改革责无旁贷，要我们来完成。"

然后，他谈到州议员驾临，没有忘记"我们民兵的英勇姿态"，也没有忘记"我们最活泼的乡村妇女"，还有秃头的老人，好像古代的族长，其中有几位是"我们不朽队伍的幸存者，听到雄壮的鼓声就会心情激动。"他把自己说成是首要的评判委员之一，并且加注说明：药剂师奥默先生曾向农学会递交过一篇关于苹果酒的论文。写到发奖时，他用言过其实的字眼来描绘得奖人的高兴：父亲拥抱儿子，哥哥拥抱弟弟，丈夫拥抱妻子。不止一个人得意洋洋地出示他小小的奖章，不用说，回家之后，到了他贤内助的身边，他会流着眼泪，把奖章挂在小茅屋的不引人注意的墙上。

"六点钟左右，宴会在列雅尔先生的牧场上举行，参加大会的主要人物欢聚一堂。气氛始终热烈亲切，无以复加。宴会中频频举杯：略万先生为国王祝酒！杜瓦施先生为州长祝酒！德罗泽雷先为农业干杯！奥默先生为工业和艺术两姊妹干杯！勒普利谢先生为改良干杯！到了夜晚，光明的烟火忽然照亮了天空。这简直可以说是千变万化的万花筒，真正的歌剧舞台布景。片刻之间，我们这个小地方就进入了《天方夜谭》的梦境。"

"我们敢说:这次大家庭的聚会没有出现任何不愉快的麻烦事。"他还加了两句:

"我们只注意到:神职人员没有出席宴会。当然,教会对进步的了解,和我们有所不同。耶稣会的信徒,随你们的便吧!"

(选自福楼拜:《包法利夫人》第二部第八节,周克希译,上海译文出版社,2011年。题目为编者加)

◎ 注　释

[1]《拉封丹的寓言》有一则"隐居的老鼠"的故事,说有一只老鼠,藏在一块干酪里,吃得又肥又胖。

[2] 当时当地风俗,根据花瓣数目,推断对方是否爱她。

[3] 王室,指法国七月革命后登基的波旁家族幼支奥尔良系路易-菲利普的王室。

[4] 当时王室重视工业,所以州行政委员也做同样表示。小说前面提到,荣镇建有麻纺厂。

[5] 罗马共和国的执政官辛辛纳图斯(公元前460年)当选后,官员往迎,他正在耕田;罗马皇帝戴克里先(245～313年),305年退隐后,公卿请他复位,他正在种菜。中国历朝天子有立春亲耕劝稼的传统,表示重农。

[6] 罗马蜡烛是一种星形爆竹。

☞ 提　示

《包法利夫人》是法国19世纪现实主义文学大师福楼拜的长篇代表作。

艾玛憧憬着传奇式的浪漫爱情,背着丈夫,两度偷情,使自己成为高利贷者盘剥的对象,最后债台高筑,走投无路,服毒自尽。作品展示了19世纪中叶法国外省沉闷闭塞、令人窒息的环境,批判了资产阶级社会庸俗、冷酷、堕落的风气。艾玛的悲剧是浪漫主义理想与庸俗鄙陋的现实社会发生冲突的必然后果。

本文选自第二部第八节,作者把艾玛的"失足"别出心裁的安排在熙熙攘攘的农业展览会上,一边是喧嚣的农业颁奖会,一边是罗道尔夫情挑艾玛,两种语言并列一起,穿插进行,作者又未置评议,既荒谬又美妙。此外,本节以一个劳作了半个世纪的形容枯槁的老农妇和地方长官对当局的肉麻颂扬形成鲜明对比,讽刺当时法国资本主义繁荣的表象后面,金玉其外败絮其中的本质。福楼拜不动声色、客观冷静的叙述带给读者巨大的解读空间。

➤ 延伸性阅读文献

1.《包法利夫人》(李健吾译本或周克希译本)。

2. 弗拉基米尔·纳博科夫:《居斯塔夫·福楼拜》,载《文学讲稿》,申慧辉译,上海三联书店,2005年。

3. 格非:《小说叙事研究》,清华大学出版社,2002年。

4. 王安忆:《残酷的写实——重读〈包法利夫人〉》,载《我读我看》,上海人民出版社,2001年。

5. 苏童:《谈谈〈包法利夫人〉》,《图书馆杂志》,2006年第7期。

思考与练习

1. 农业展览会场景展示了19世纪中叶法国资本主义繁荣的局面，仔细阅读，看其中透露了哪些信息？
2. 爱情的表白和公牛、种子、粪池等语言并列进行，这种安排有何效果？
3. 作者的感情态度是怎样的？这样的感情态度带来怎样的阅读体验？

舞会以后

[俄国]托尔斯泰

列夫·尼古拉耶维奇·托尔斯泰（Лев Николаевич Толстой，1828～1910年），19世纪俄国最伟大的作家。出生于图拉省贵族世家。代表作有里程碑式巨著《战争与和平》（1864～1869年）、《安娜·卡列尼娜》（1873～1877年）、《复活》（1898～1899年）；中短篇小说有《哥萨克》、《伊凡·伊里奇之死》、《舞会之后》等。

托尔斯泰一生孜孜不倦，探索俄国社会改革的出路和个人的精神出路，形成了著名的"托尔斯泰主义"，晚年，苦于思想和现实的矛盾，1910年10月离家出走，11月7日病逝于阿斯塔波火车站。

托尔斯泰的文学创作表现了对社会恶的大胆暴露和激烈批判，以及对人灵魂的不断探索与对崇高道德的不懈追求；既展示了社会历史的广阔性和丰富性，又表现了人的心灵世界的深刻性和真实性，气势磅礴、博大精深。

"你们是说，一个人本身不可能懂得什么是好，什么是坏，问题全在环境，是环境坑害人。我却认为问题全在机缘。就拿我自己来说吧……"

我们谈到，为了使个人趋于完善，首先必须改变人们的生活条件，接着，人人敬重的伊万·瓦西里那维奇就这样说起来了。其实谁也没有说过人自身不可能懂得什么是好，什么是坏，然而伊万·瓦西里那维奇有个习惯，总爱解释他自己在谈话中产生的想法，随后为了证实这些想法，讲起他生活里的插曲来。他时常把促使他讲话的原因忘得一干二净，只管全神贯注地讲下去，而且讲得很诚恳、很真实。

现在他也是这样做的。

"拿我自己来说吧。我的整个生活成为这样而不是那样，并不是由于环境，完全是由于别的缘故。"

"到底由于什么呢？"我们问道。

"这可说来后长了。要讲上一大篇，你们才会明白。"

"您就讲一讲吧。"

伊万·瓦西里那维奇沉思了一下，摇了摇头。

"是啊，"他说，"我的整个生活一夜之间，或者不如说，在一个早晨，就起了变化。"

"到底是怎么回事啊？"

"是这么回事：当时我正在热烈地恋爱。我恋爱过多次，可是这一次爱得最热烈。事情早过去了；她的几个女儿都已经出嫁了。她叫Б——，是的，瓦莲卡·Б——"伊万·瓦西里耶维奇说出她的姓氏，"她到了五十岁还是一位出色的美人。在年轻的时候，十八岁的时候，她简直能叫人入迷：修长、苗条、优雅、端庄——正是端庄。她总是把身子挺得笔直,仿佛非这样不可似的,同时又微微仰起她的头,这配上她的姣美的容貌和修长的身材——虽然她并不丰满,甚至可以说是清瘦——就使她显出一种威仪万千的气概,要不是她的嘴边、她的迷人的明亮的眼睛里以及她那可爱的年轻的全身有那么一抹亲切的、永远愉快的微笑,人家便不敢接近她了。"

"伊万·瓦西里那维奇多么会渲染!"

"但是无论怎么渲染,也没法渲染得使你们能够明白她是怎样一个女人。不过问题不在这里。我要讲的事情出在四十年代。那时候我是一所外省大学的学生。我不知道这是好事还是坏事:那时我们大学里没有任何小组[1]也不谈任何理论,我们只是年轻,照青年时代特有的方式过生活;除了学习,就是玩乐,我是一个很愉快活泼的小伙子,况且家境又富裕。我有一匹烈性的溜蹄快马,我常常陪小姐们上山滑雪(溜冰还没有流行),跟同学们饮酒作乐(当时我们只喝香槟,没有钱就什么也不喝,可不像现在这样改喝伏特加)。但是我的主要乐趣在参加晚会和舞会。我跳舞跳得很好,人也不算丑。"

"得啦,不必太谦虚,"一位交谈的女士插嘴道,"我们不是见过您一张旧式的银版照片吗?您不但不丑,还是一个美男子哩。"

"美男子就美男子吧,反正问题不在这里。问题是,正当我狂热地爱着她的期间,我在谢肉节的最后一天参加了本省贵族长家的舞会,他是一位忠厚长者,豪富好客的侍从官。他的太太接待了我,她也像他一样忠厚,穿一件深咖啡色的丝绒长衫,戴一副钻石头饰,她袒露着衰老可是丰腴白净的肩膀和胸脯,如同伊丽莎白·彼得罗夫娜[2]的画像上描画的那样。这是一次绝妙的舞会:设有乐队楼厢的富丽的舞厅,来自爱好音乐的地主之家的、当时有名的农奴乐师,丰美的菜肴,喝不完的香槟。我虽然也喜欢香槟,但是并没有喝,因为不用喝酒我就醉了,陶醉在爱情中了,不过我跳舞却跳得筋疲力尽,——又跳卡德里尔舞,又跳华尔兹舞,又跳波尔卡舞,自然是尽可能跟瓦莲卡跳。她身穿白色长裙,束着粉红腰带,一双白羊皮手套差点儿齐到她的纤瘦的、尖尖的肘部,脚上是白净的缎鞋。玛祖卡舞开始的时候,有人抢掉了我的机会:她刚一进场,讨厌透顶的工程师阿尼西莫夫——我直到现在还不能原谅他——就邀请了她,我因为上理发店去买手套来晚了一步。所以我跳玛祖卡舞的女伴不是瓦莲卡,而是一位德国小姐,从前我也曾稍稍向她献过殷勤。可是这天晚上我对她恐怕很不礼貌,既没有跟她说话,也没有望她一眼,我只看见那个穿白衣裙、束粉红腰带的修长苗条的身影,只看见她的晖朗、红润、有酒窝的脸蛋和亲切可爱的眼睛。不光是我,大家都望着她,欣赏她,男人欣赏她,女人也欣赏她,显然她盖过了她们所有的人。不能不欣赏她啊。"

"照规矩应该说,我不是她跳玛祖卡舞的舞伴,而实际上,我几乎一直都在跟她跳。她大大方方地穿过整个舞厅,径直向我走来,我不待邀请,就连忙站了起来,她微微一笑,酬答我的机灵。当我们被领到她的跟前而她没有猜出我的代号[3]时,她只好把手伸给别人,耸耸她的纤瘦的肩膀,向我微笑,表示惋惜和安慰。当大家在玛祖卡舞中变出花样,插进华尔兹的时候,我跟她跳了很久的华尔兹,她尽管呼吸急促,还是笑眯眯地对我说:'再来一次。[4]'于是我再一次又一次地跳着华尔兹,甚至感觉不到自己还有一个沉甸甸的肉体。"

"咦,怎么感觉不到呢?我想,您搂着她的腰,不但能够清楚地感觉到自己的肉体,还能感觉到她的哩,"一个男客人说。

伊万·瓦西里耶维奇突然涨红了脸,几乎是气冲冲地叫喊道:

"是的,你们现代的青年就是这样。你们眼里只有肉体。我们那个时代可不同。我爱得越强烈,就越是不注意她的肉体。你们现在只看到腿、脚踝和别的什么,你们恨不得把所爱的女人脱个精光,而在我看来。正像阿尔封斯·卡尔[5]——他是一位好作家——说的:我的恋爱对象永远穿着一身铜打的衣服。我们不是把她脱个精光,而是极力遮盖她赤裸的身体,像挪亚的好儿子[6]一样。嗨,反正你们不会了解……"

"不要听他的。后来呢?"我们中间的一个男人问道。

"好吧。我就这样尽跟她跳,没有注意时光是怎么过去的。乐师们早已累得要命,——你们知道,舞会快结束时总是这样,——翻来复去地演奏玛祖卡舞曲,老先生和老太太们已经从客厅里的牌桌旁边站起来,等待吃晚饭,仆人拿着东西,更频繁地来回奔走着。这时是两点多钟。必须利用最后几分钟。我再一次选定了她,我们沿着舞厅跳到一百次了。"'晚饭以后还跟我跳卡德里尔舞吗?'我领着她回到她的座位时问她。

"'当然,只要家里人不把我带走,'她笑眯眯地说。

"'我不让带走,'我说。

"'扇子可要还给我,'她说。

"'舍不得还,'我说,同时递给她那把不大值钱的白扇子。

"'那就送您这个吧,您不必舍不得了,'说着,她从扇子上扯下一小片羽毛给我。

"我接过羽毛,只能用眼光表示我的全部喜悦和感激。我不但愉快和满意,甚至感到幸福、陶然,我善良,我不是原来的我,而是一个不知有恶、只能行善的超凡脱俗的人了。我把那片羽毛塞进手套,呆呆地站在那里,再也离不开她。

"'您看,他们在请爸爸跳舞,'她对我说道,一边指着她那身材魁梧端正、戴着银色肩章的上校父亲,他正跟女主人和其他的太太们站在门口。

"'瓦莲卡,过来,'我们听见戴钻石头饰、露出伊丽莎白式肩膀的女主人的响亮声音。

"瓦莲卡往门口走去,我跟在她后面。

"'我亲爱的[7],劝您父亲跟您跳一跳吧。喂,彼得·弗拉季斯拉维奇,请,'女主人转向上校说。

"瓦莲卡的父亲是一个器宇不凡的老人,长得端正、魁梧,神采奕奕。他的脸色红润,留着两撇雪白的、尼古拉一世式的[8]尖端鬈曲的唇髭和同样雪白的、跟唇髭连成一片的络腮胡子,两鬓的头发向前梳着;他那明亮的眼睛里和嘴唇上,也像他女儿一样露出亲切快乐的微笑。他生就一副堂堂的仪表,宽阔的胸脯照军人的派头高挺着,胸前挂了不多几枚勋章,此外他还有一副健壮的肩膀和两条匀称的长腿。他是一位具有尼古拉一世风采的宿将型的军事长官。

"我们走近门口的时候,上校推辞说,他对于跳舞早已荒疏,不过他还是笑眯眯地把手伸到左边,从刀剑带上取下佩剑,交给一个殷勤的青年人,右手戴上鹿皮手套,'一切都要合乎规矩,'他含笑说,然后握住女儿的一只手,微微转过身来,等待着拍子。

"等到玛祖卡舞曲开始的时候,他灵敏地踏着一只脚,伸出另一只脚,于是他的魁梧肥硕的身体就一会儿文静从容地,一会儿带着靴底踏地声和两脚相碰声,啪哒啪哒地、猛烈地沿着舞厅转动起来了。瓦莲卡的优美的身子在他的左右翩然飘舞,她及时地缩短或放长她那穿白缎鞋的小脚的步子,灵巧得叫人难以察觉。全厅的人都在注视这对舞伴的每个动作。我不仅欣赏他们,而且受了深深的感动。格外使我感动的是他那用裤脚带扣得紧紧的靴子[9],那是一双上好的小牛皮靴,但不是时兴的尖头靴,而是老式的、没有后跟的方头靴。这双靴子分明是部队里的靴匠做的。'为了把他的爱女带进社交界和给她穿戴打扮,他不买时兴的靴子,只穿自制的靴子,'我想;所以这双方头靴格外使我感动。他显然有过舞艺精湛的时候,可是现在身体发胖,要跳出他竭力想跳的那一切优美快速的步法,腿部的弹力已经不够。不过他仍然巧妙地跳了两圈。他迅速地叉开两腿,重又合拢来,虽说不太灵活,他还能跪下一条腿。她微笑着理了理被他挂住的裙子,从容地绕着他跳了一遍,这时候,所有的人都热烈鼓掌了。他有点吃力地站立起来,温柔亲热地抱住女儿的后脑,吻吻她的额头,随后领她到我身边,他以为我要跟她跳舞。我说,我不是她的舞伴。

"'呃,反正一样,您现在跟她跳吧,'他说,一边亲切地微笑着,将佩剑插进刀剑带里。

"瓶子里的水只要倒出一滴,其余的便常常会大股大股地跟着往外倾泻,同样,我心中对瓦莲卡的爱,也把蕴藏在我内心的全部爱的力量释放出来了。那时我真是用我的爱拥抱了全世界。我也爱那戴着头饰、露出伊丽莎白式的胸脯的女主人,也爱她的丈夫、她的客人、她的仆役,甚至那个对我板着脸的工程师阿尼西莫夫。至于对她的父亲,连同他的家制皮靴和像她一样的亲切的微笑,当时我更是体验到一种深厚的温柔的感情。

"玛祖卡舞结束之后,主人夫妇请客人去用晚饭,但是Б上校推辞说,他明天必须早起,就向主人告别了。我惟恐连她也给带走,幸好她跟她母亲留下了。

"晚饭以后,我跟她跳了她事先应许的卡德里尔舞,虽然我似乎已经无限地幸福,而我的幸福还是有增无减。我们完全没谈爱情。我甚至没有问问她,也没有问问我自己,她是否爱我。只要我爱她,在我就足够了。我只担心一点——担心有什么东西破坏我的幸福。

"等我回到家中,脱下衣服,想要睡觉的时候,我就看出那是决不可能的事。我手里有一小片从她的扇子上扯下的羽毛和她的一只手套,这只手套是她离开之前,我先后扶着她母亲和她上车时,她送给我的。我望着这两件东西,不用闭上眼睛,便能清清楚楚地回想起她来:或者是当她为了从两个男舞伴中挑选一个而猜测我的代号,用可爱的声音说出'骄傲?是吗?',并且快活地伸手给我的时候,或者是当她在晚餐席上一点一点地呷着香槟,皱起眉头,用亲热的眼光望着我的时候;不过我多半是回想她怎样跟她父亲跳舞,她怎样在他身边从容地转动,露出为自己和为他感到骄傲与喜悦的神态,瞧了瞧欣然赞赏的观众。我不禁对他和她同样发生柔和温婉的感情了。

"当时我和我已故的兄弟单独住在一起。我的兄弟向来不喜欢上流社会,不参加舞会,这时候又在准备学士考试,过着极有规律的生活。他已经睡了。我看看他那埋在枕头里面、叫法兰绒被子遮住一半的脑袋,不觉对他动了怜爱之心。我怜悯他,因为他不知道也不能分享我所体验到的幸福。服侍我们的农奴彼得鲁沙拿着蜡烛来接我,他想帮我脱下外衣,可是我遣开了他。我觉得他的睡眼惺忪的面貌和蓬乱的头发使人非常感动。我极力不发出声响,踮起脚尖走进自己房里,在床沿坐下。不行,我太幸福了,我没法睡。加之我在炉火熊熊的房间里感到闷热,我就不脱制服,轻轻地走进前厅,穿上大衣,打开通向外面的门,走到街上去了。

"我离开舞会是四点多钟,等我到家,在家里坐了一坐,又过了两个来钟头,所以,我出门的时候,天已经亮了。那正是谢肉节的天气,有雾,饱含水分的积雪在路上融化,所有的屋檐都在滴水。当时Б家住在城市的尽头,靠近一大片空地,空地的一头是人们游息的场所,另一头是女子中学。我走过我们的冷僻的胡同,来到大街上,这才开始碰见行人和装运柴火的雪橇,雪橇的滑木触到了路面[10]。马匹在光滑的木轭下有节奏地摆动着湿漉漉的脑袋,车夫们身披蒲席,穿着肥大的皮靴,跟在货车旁边扑嚓扑嚓行走,沿街的房屋在雾中显得分外高大,——这一切都使我觉得特别可爱和有意思。

"我走到Б宅附近的空地,看见靠游戏场所的一头有一大团黑糊糊的东西,听到从那边传来笛声和鼓声。我一直满心欢畅,有时玛祖卡舞曲还在我耳边萦绕。但这里是另一种音乐,一种生硬难听的音乐。

"'这是怎么回事?'我想,随即沿着空地当中一条由车马辗踏出来的溜滑的道路,朝着发出声音的方向走去。走了一百来步,我开始从雾霭中看出那里有许多黑色的人影。显然是一群士兵。'大概在上操,'我想,便跟一个身穿油迹斑斑的短皮袄和围裙、手上拿着东西、走在我前头的铁匠一起,更往前走近些。士兵们穿着黑军服,面对面地分两行持枪立定,一动也不动。鼓手和吹笛子的站在他们背后,不停地重复那支令人不快的、刺耳的老调子。

"'他们这是干什么?'我问那个站在我身边的铁匠。

"'对一个鞑靼逃兵用夹鞭刑,'铁匠瞧着远处的行列尽头,愤愤地说。

"我也朝那边望去,看见两行士兵中间有个可怕的东西正在向我逼近。向我逼近来的是一个光着上身的人,他的双手被捆在枪杆上面,两名军士用这枪牵着他。他的身旁有个穿大衣、戴制帽的魁梧的军官,我仿佛觉得面熟。受刑人浑身痉挛着,两只脚扑嚓扑嚓地踩着融化中的积雪,向我走来,棍子从两边往他身上纷纷打下,他一会儿朝后倒,于是两名用枪牵着他的军士便把他往前一推,一会儿他又向前栽,于是军士便把他往后一拉,不让他栽倒。那魁梧的军官迈着坚定的步子,大摇大摆地,始终跟他并行着。这就是她的脸色红润、留着雪白的唇髭和络腮胡子的父亲。

"受刑人每挨一棍子,就好像吃了一惊似的,把他痛苦得皱了起来的脸转向棍子落下的一边,露出一口雪白的牙齿,重复着两句同样的话。直到他离我很近的时候,我才听清这两句话。他不是说话,而是呜咽道:'弟兄们,发发慈悲吧。弟兄们,发发慈悲吧。'但是弟兄们不发慈悲,当这一行人走到我的紧跟前时,我看见站在我对面的一名士兵坚决地向前跨出一步,呼呼地挥动着棍子,使劲朝鞑靼人背上劈啪一声打下去。鞑靼人往前扑去,可是军士们拽住了他,接着,同样的一棍子又从另一边落在他的身上,又是这边一下,那边一下。上校在旁边走着,一会儿瞧瞧自己脚下,一会儿瞧瞧受刑人,他吸进一口气,鼓起腮帮,然后噘着嘴唇,慢慢地吐出来。这一行人经过我站立的地方的时候。我向夹在两行士兵中间的受刑人的背脊扫了一眼。这是一个斑斑驳驳的、湿淋淋的、紫红色的、奇形怪状的东西，我简直不相信这是人的躯体。

"'天啊，'铁匠在我身边说道。

"这一行人慢慢离远了，棍子仍然从两边落在那跟跟跄跄、浑身抽搐的人背上，鼓声和笛声仍然鸣响着，身材魁梧端正的上校也仍然迈着坚定的步子，在受刑人身边走动。突然间，上校停下来，快步走到一名士兵面前。

"'我要让你知道厉害，'我听见他用气呼呼的声音说，'你还敢糊弄吗？还敢吗？'

"我看见他举起戴鹿皮手套的有力的手，给了那惊慌失措、没有多大气力的矮个子士兵一记耳光，只因为这个士兵没有使足劲儿往鞑靼人的紫红的背脊打下棍子。

"'来几条新的军棍！'他一边吼叫，一边回头观看，终于看见了我。他假装不认识我，可怕地、恶狠狠地皱起眉头，连忙转过脸去。我觉得那样羞耻，不知道往哪里看才好，仿佛我有一桩最可耻的行径被人揭发了似的，我埋下眼睛，匆匆回家去了。一路上我的耳边时而响起鼓声和笛声，时而传来'弟兄们，发发慈悲吧'这两句话，时而又听见上校充满自信的、气呼呼的吼声：'你还敢糊弄吗？还敢吗？'同时我感到一种近似恶心的、几乎是生理上的痛苦，我好几次停下脚步，觉得我马上就要把这幅景象在我内心引起的恐怖统统呕出来了。我不记得是怎样到家和躺下的。可是我刚刚入睡，就又听见和看到那一切，我索性一骨碌爬起来了。

"'他显然知道一件我所不知道的事情，'我想起上校，'如果我知道他所知道的那件事，我也就会了解我看到的一切，不致苦恼了。'可是无论我怎样反复思索，还是无法了解上校所知道的那件事，我直到傍晚才睡着，而且是上一位朋友家里去，跟他一起喝得烂醉以后才睡着的。

"嗯，你们以为我当时就断定了我看到的是一件坏事吗？决不。'既然这是带着那样大的信心干下的，并且人人都承认它是必要的，那末，可见他们一定知道一件我所不知道的事情。'我想，于是努力去探究这一点。但是无论我多么努力，始终探究不出来。探究不出，我就不能像原先希望的那样去服兵役，我不但没有进军队供职，也没有在任何地方供职，所以正像你们看到的，我成了一个废物。"

"得啦，我们知道您成了什么'废物'，"我们中间的一个男人说，"您还不如说：要是没有您，有多少人会变成废物。"

"得了吧，这完全是扯淡，"伊万·瓦西里那维奇真正懊恼他说。

"好，那末，爱情呢？"我们问。

"爱情吗？爱情从这一天起衰退了。当她像平常那样面带笑容在沉思的时候，我立刻想起广场上的上校，总觉得有点别扭和不快，于是我跟她见面的次数渐渐减少，结果爱情便消失了。世界上就有这样的事情，它使得人的整个生活发生变化，走上新的方向。你们却说……"他结束道。

(选自刘开华：《外国短篇小说百篇必读》，蒋路译，人民文学出版社，2011年)

◎ 注 释

[1] 小组：指19世纪30年代在莫斯科的部分大学生中成立的探讨哲学和文学问题、传播先进思

想的各种小组。

[2] 伊丽莎白·彼得罗夫娜：1741～1760年在位的俄国女皇。

[3] 我们：指他和另一个男舞伴。代号：当时舞会的一条规则，男舞伴必须给自己选定一个代号，如"温顺""骄傲""喜悦""悲哀"之类，跳舞之前，两个男舞伴由第三者领到女舞伴面前，请女舞伴猜测代号，被猜中者就可以和她跳舞。

[4] 原文是法语。

[5] 阿尔封斯·卡尔：(1808—1890)，法国作家。

[6] 像挪亚的好儿子一样：据《旧约·创世纪》第9章记载，有一次挪亚喝醉了酒，赤着身子睡着了，他的儿子闪和雅弗便用衣服给他盖上。

[7] 原文为法语。

[8] 原文为法语。

[9] 裤脚带：指缝在裤脚口的带子，捆在鞋跟和鞋掌之间的地方。以免人坐下时裤脚往上吊，露出袜子。

[10] 说明积雪不厚。

☞ 提　示

小说主人公娓娓地追述了一次难忘的舞会及其舞会前后自己的感情经历。舞会之前的欢乐温柔，舞会之后的凶残暴虐，形成强烈对比，表现了托尔斯泰一贯的对沙皇专制社会的激烈批判和对腐朽、堕落的贵族阶层的尖锐抨击，以及对善良人性的追求和对下层人民的同情。

作为世界短篇小说的不朽之作，双层叙述、主人公自述、往事的回忆、讲述者和倾听者的对话等叙述设置，使小说具有丰富的解读空间，充满了永恒的魅力。

➢ 延伸性阅读文献

1. 刘俐俐：《一段空白所决定的一生——〈舞会之后〉的文本分析》，载《外国经典短篇小说文本分析》，北京大学出版社，2004年。

2. 王立业：《"宽恕日"里无宽恕，假面撕去又何从？——读列夫·托尔斯泰小说〈舞会之后〉》，载金亚娜等：《俄罗斯文学与文化研究》(第1辑)，北京大学出版社，2012年。

3. 托尔斯泰：《托尔斯泰中短篇小说选》，草婴译，上海译文出版社，1986年。

思考与练习

1. 这篇小说的叙述有何特点，对于小说意蕴的传达有怎样的效果？
2. 小说是怎样使用对比手法和心理描写来刻画人物形象的？
3. 男主人公因为目睹上校——瓦莲卡的父亲暴施酷刑而改变了对瓦莲卡的爱情，这种态度对于瓦莲卡是否有失公平？你怎样评价？

献给爱米丽的一朵玫瑰花

[美国]威廉·福克纳

威廉·福克纳(William Faulkner，1897~1962年)，美国作家，意识流小说大师。生于美国密西西比州新奥尔巴尼的一个庄园主家。第一次世界大战曾在加拿大空军服役，战后大学肄业一年，1925年后专门从事创作。他的19部长篇和70多篇短篇小说以美国南方"约克纳帕塔法郡"为背景，反映了美国南方社会历史的变迁和人类的精神危机。他的代表作《喧哗与骚动》、《我弥留之际》、《圣殿》、《八月之光》、《押沙龙，押沙龙》等都是现代文学的经典之作，并以大胆的叙事实验闻名。因为"对当代美国小说作出了强有力的和艺术上无与伦比的贡献"，1949年福克纳获诺贝尔文学奖。

一

爱米丽·格里尔生小姐过世了，全镇的人都去送丧：男人们是出于爱慕之情，因为一个纪念碑倒下了。妇女们呢，则大多数出于好奇心，想看看她屋子的内部。除了一个花匠兼厨师的老仆人之外，至少已有十年光景谁也没进去看看这幢房子了。

那是一幢过去漆成白色的四方形大木屋，坐落在当年一条最考究的街道上，还装点着有十九世纪七十年代风格的圆形屋顶、尖塔和涡形花纹的阳台，带有浓厚的轻盈气息。可是汽车间和轧棉机之类的东西侵犯了这一带庄严的名字，把它们涂抹得一干二净。只有爱米丽小姐的屋子岿然独存，四周簇拥着棉花车和汽车泵。房子虽已破败，却还是桀骜不驯，装模作样，真是丑中之丑。现在爱米丽小姐已经加入了那些名字庄严的代表人物的行列，他们沉睡在雪松环绕的墓园之中，那里尽是一排排在南北战争时期杰弗生战役中阵亡的南方和北方的无名军人墓。

爱米丽小姐在世时，始终是一个传统的化身，是义务的象征，也是人民关注的对象。打一八九四年某日镇长沙多里斯上校——也就是他下了一道黑人妇女不系围裙不得上街的命令——豁免了她一切应纳的税款起，期限从她父亲去世之日开始，一直到她去世为止，这是全镇沿袭下来对她的一种义务。这也并非说爱米丽甘愿接受施舍，原来是沙多里斯上校编造了一大套无中生有的话，说是爱米丽的父亲曾经贷款给政府，因此政府作为一种交易，宁愿以这种方式偿还。这一套话，只有沙多里斯一代的人以及像沙多里斯一样头脑的人才能编得出来，也只有妇道人家才会相信。

等到思想更为开明的第二代人当了镇长和参议员时，这项安排引起了一些小小的不满。那年元旦，他们便给她寄去了一张纳税通知单。二月份到了，还是杳无音信。他们发去一封公函，要她便中到司法长官办公室处去一趟。一周之后，镇长亲自写信给爱米丽，表示愿意登门访问，或派车迎接她，而所得回信却是一张便条，写在古色古香的信笺上，书法流利，字迹细小，但墨水已不鲜艳，信的大意是说她已根本不外出。纳税通知附还，没有表示意见。

参议员们开了个特别会议，派出一个代表团对她进行了访问。他们敲敲门，自从八年或则十年前她停止开授瓷器彩绘课以来，谁也没有从这大门出入过。那个上了年纪的黑人男仆把他们接待进阴暗的门厅，从那里再由楼梯上去，光线就更暗了。一股尘封的气味扑鼻而来，空气阴湿而又沉闷，这屋子长久没有人住了。黑人打开了一扇百叶窗，这时，便可看出皮套子已经折裂；等他们坐了下来，大腿两边就有一阵灰尘冉冉上升，尘粒在那一缕阳光中缓缓旋转。壁炉前已经失去金色光泽的画架上面放着爱米丽父亲的炭笔画像。

她一进屋，他们全都站了起来。一个小模小样、腰圆体胖的女人，穿了一身黑服，一条细细的金表链拖到腰部，落到腰带里去了，一根乌木拐杖支撑着她的身体，拐杖头的镶金已经失去光泽。她的身架矮小，也许正因为这个缘故，在别的女人身上显得是丰满的东西，而她却给人以肥大的感觉。她看上去像长久泡在死水中的一具尸体，肿胀发白。当客人说明来意时，她那双凹陷在一脸隆起的肥肉之中，活像揉在一团生面中的两个小煤球似的眼睛不住地移动着，时而瞧瞧这张面空，时而打量那张面孔。

她没有请他们坐下来。她只是站在门口，静静地听着，直到发言的代表结结巴巴地说完，他们这时才听到那块隐在金链子那一端的挂表滴答作响。

她的声调冷酷无情。"我在杰弗生无税可纳。沙多里斯上校早就向我交代过了。或许你们有谁可以去查一查镇政府档案，就可以把事情弄清楚。"

"我们已经查过档案，爱米丽小姐，我们就是政府当局。难道你没有收到过司法长官亲手签署的通知吗？"

"不错，我收到过一份通知，"爱米丽小姐说道，"也许他自封为司法长官……可是我在杰弗生无税可缴。"

"可是纳税册上并没有如此说明，你明白吧。我们应根据……"

"你们去找沙多里斯上校。我在杰弗生无税可缴。"

"可是，爱米丽小姐——"

"你们去找沙多里斯上校。"（沙多里斯上校死了将近十年了。）"我在杰弗生无税可纳。托比！"黑人应声而来。"把这些先生请出去。"

二

她就这样把他们"连人带马"地打败了，正如三十年前为了那股气味的事战胜了他们的父辈一样。那是她父亲死后两年，也就是在她的心上人——我们都相信一定会和她结婚的那个人——抛弃她不久的时候。父亲死后，她很少外出；心上人离去之后，人们简直就看不到她了。有少数几位妇女竟冒冒失失地去访问过她，但都吃了闭门羹。她居住周围惟一的生命迹象就是那个黑人男子拎着一个篮子出出进进，当年他还是个青年。

"好象只要是一个男子，随便什么样的男子，都可以把厨房收拾得井井有条似的。"妇女们都这样说。因此，那种气味越来越厉害时，她们也不感到惊异。那是芸芸众生的世界与高贵有势的格里尔生家之间的另一联系。

邻家一位妇女向年已八十的法官斯蒂芬斯镇长抱怨。

"可是太太,你叫我对这件事又有什么办法呢?"他说。

"哼,通知她把气味弄掉,"那位妇女说,"法律不是有明文规定吗?"

"我认为这倒不必要,"法官斯蒂芬斯说,"可能是她用的那个黑鬼在院子里打死了一条蛇或一只老鼠。我去跟他说说这件事。"

第二天,他又接到两起申诉,一起来自一个男的,用温和的语气提出意见。"法官,我们对这件事实在不能不过问了。我是最不愿意打扰爱米丽小姐的人,可是我们总得想个办法。"那天晚上全体参议员——三位老人和一位年纪较轻的新一代成员在一起开了个会。

"这件事很简单,"年轻人说,"通知她把屋子打扫干净,限期搞好,不然的话……"

"先生,这怎么行?"法官斯蒂芬斯说,"你能当着一位贵妇人的面说她那里有难闻的气味吗?"

于是,第二天午夜之后,有四个人穿过了爱米丽小姐家的草坪,像夜盗一样绕着屋子潜行,沿着墙角一带以及在地窖通风处拼命闻嗅,而其中一个人则用手从挎在肩上的袋子中掏出什么东西,不断做着播种的动作。他们打开了地窖门,在那里和所有的外屋里都散上了石灰。等到他们回头又穿过草坪时,原来暗黑的一扇窗户亮起了灯:爱米丽小姐坐在那里,灯在她身后,她那挺直的身躯一动不动像是一尊偶像。他们蹑手蹑脚地走过草坪,进入街道两旁洋槐树阴之中。一两个星期之后,气味就闻不到了。

而这时人们才开始真正为她感到难过。镇上的人想起爱米丽的姑奶奶韦亚特老太太终于变成了十足疯子的事。都相信格里尔生一家人自视过高,不了解自己所处的地位。爱米丽小姐和像她一类的女子对什么年轻男子都看不上眼。长久以来,我们把这家人一直看做一幅画中的人物:身段苗条、穿着白衣的爱米丽小姐立在身后,她父亲叉开双脚的侧影在前面,背对着爱米丽,手执一根马鞭,一扇向后开的前门恰好嵌住了他们俩的身影。因此当她年近三十,尚未婚配时,我们实在没有喜幸的心理,只是觉得先前的看法得到了证实。即令她家有着疯癫的血液吧,如果真有一切机会摆在她面前,她也不至于断然放过。

父亲死后,传说留给她的全部财产就是那座房子;人们倒也有点感到高兴。到头来,他们可以对爱米丽表示怜悯之情了。单身独处,贫苦无告,她变得懂人情了。如今她也体会到多一便士就激动喜悦、少一便士便痛苦失望的那种人皆有之的心情了。

她父亲死后的第二天,所有的妇女们都准备到她家拜望,表示哀悼和愿意接济的心意,这是我们的习俗。爱米丽小姐在门口接待她们,衣着和平日一样,脸上没有一丝哀愁。她告诉她们,她的父亲并未死。一连三天她都是这样,不论是教会牧师访问她也好,还是医生想劝她让他们把尸体处理掉也好。正当他们要诉诸法律和武力时,她垮了下来,于是他们很快地埋葬了她的父亲。

当时我们还没有说她发疯。我们相信,她这样做是控制不了自己。我们还记得她父亲赶走了所有的青年男子,我们也知道她现在已经一无所有,只好像人们常常做的一样,死死拖住抢走了她一切的那个人。

三

她病了好长一个时期。再见到她时,她的头发已经剪短,看上去像个姑娘,和教堂里彩色玻璃窗上的天使像不无相似之处——有几分悲怆肃穆。

行政当局已经订好合同,要铺设人行道,就在她父亲去世的那年夏天开始动工。建筑公司带着一批黑人、骡子和机器来了,工头是一个北方佬,名叫荷默·伯隆,个子高大,皮肤黝黑,精明强干,声音宏亮,双眼比脸色浅淡。一群群孩子跟在他身后听他用不堪入耳的话责骂黑人,而黑人则随着铁镐的上下起落有节奏地哼着劳动号子。没有多少时候,全镇的人他都认识了。随便什么时候人们要是在广场上的什么地方听见呵呵大笑的声音,荷默·伯隆肯定是在人群中心。过了不久,逢到礼拜天的下午我们就看到他和爱米丽小姐一齐驾着轻便马车出游了。那辆黄轮车配上从马房挑出的栗色辕马,十分相称。

起初我们都高兴地看到爱米丽小姐多少有了一点寄托,因为妇女们都说:"格里尔生家的人绝对不会真的看中一个北方佬,一个拿日工资的人。"不过也有别人,一些年纪大的人说就是悲伤也不会叫一个真正高贵的妇女忘记"贵人举止",尽管口头上不把它叫做"贵人举止"。他们只是说:"可怜的爱米丽,她的亲属应该来到她的身边。"她有亲属在亚拉巴马;但很多年前,她的父亲为了疯婆子韦亚特老太太的产权问题跟他们闹翻了,以后两家就没有来往。他们连丧礼也没派人参加。

老人们一说到"可怜的爱米丽",就交头接耳开了。他们彼此说:"你当真认为是那么回事吗?""当然是啦。还能是别的什么事?……"而这句话他们是用手捂住嘴轻轻地说的;轻快的马蹄哒哒驶去的时候,关上了遮挡星期日午后骄阳的百叶窗,还可听出绸缎的轻声:"可怜的爱米丽。"

她把头抬得高高——甚至当我们深信她已经堕落了的时候也是如此,仿佛她比历来都更要求人们承认她作为格里尔生家族末代人物的尊严,仿佛她的尊严就需要同世俗的接触来重新肯定她那不受任何影响的性格。比如说,她那次买老鼠药、砒霜的情况。那是在人们已经开始说"可怜的爱米丽"之后一年多,她的两堂姐妹也正在那时来看望她。

"我要买点毒药。"她跟药剂师说。她当时三十出头,依然是个削肩瘦腰的女人,只是比往常更加清瘦了,一双黑眼冷酷高傲,脸上的肉在两边的太阳穴和眼窝处绷得很紧,那副面部表情是你想象中的灯塔守望人所应有的。"我要买点毒药。"她说道。

"知道了,爱米丽小姐。要买哪一种?是毒老鼠之类的吗?那么我介……"

"我要你们店里最有效的毒药,种类我不管。"

药剂师一口说出好几种。"它们什么都毒得死,哪怕是大象。可是你要的是……"

"砒霜,"爱米丽小姐说,"砒霜灵不灵?"

"是……砒霜?知道了,小姐。可是你要的是……"

"我要的是砒霜。"

药剂师朝下望了她一眼。她回看他一眼,身子挺直,面孔像一面拉紧了的旗子。"噢噢,当然有,"药剂师说,"如果你要的是这种毒药。不过,法律规定你得说明做什么用途。"

爱米丽小姐只是瞪着他,头向后仰了仰,以便双眼好正视他的双眼,一直看到他把目光移开了,走进去拿砒霜包好。黑人送货员把那包药送出来给她;药剂师却没有再露面。她回家打开药包,盒子上骷髅标记下注明:"毒鼠用药。"

四

于是,第二天我们大家都说:"她要自杀了。"我们也都说这是再好没有的事。我们第一次看到她和荷默·伯隆在一块儿时,我们都说:"她要嫁给他了。"后来又说:"她还得说服她呢。"因为荷默自己说他喜欢和男人来往,大家知道他和年轻人在一家俱乐部一道喝酒,他本人说过,他是无意于成家的人。以后每逢礼拜天下午,他们乘着漂亮的轻便马车驰过:爱米丽小姐昂着头,荷默歪戴着帽子,嘴里叼着雪茄烟,戴着黄手套的手握着马缰和马鞭。我们在百叶窗后都不禁要说一声:"可怜的爱米丽。"

后来有些妇女开始说,这是全镇的羞辱,也是青年的坏榜样。男子汉不想干涉,但妇女们终于迫使浸礼会牧师——爱米丽小姐一家人都是属于圣公会的——去拜访她。访问经过他从未透露,但他再也不愿去第二趟了。下个礼拜天他们又驾着马车出现在街上,于是第二天牧师夫人就写信告知爱米丽住在亚拉巴马的亲属。

原来她家里还有近亲,于是我们坐等事态的发展。起先没有动静,随后我们得到确讯,他们即将结婚。我们还听说爱米丽小姐去过首饰店,订购了一套银质男人盥洗用具,每件上面刻着"荷·伯"。两天之后人家又告诉我们她买了全套男人服装,包括睡衣在内,因此我们说:"他们已经结婚了。"我们着实高兴。我们高兴的是两位堂姐妹比起爱米丽小姐来,更有格里尔生家族的风度。

因此当荷默·伯隆离开本城——街道铺路工程已经竣工好一阵子了——时,我们一点也不感到惊异。我们倒因为缺少一番送行告别的热闹,不无失望之感。不过我们都相信他此去是为了迎接爱米丽小姐作一番准备,或则让她有个机会打发走两个堂姐妹(这时已经形成了一个秘密小集团,我们都站在爱米丽小姐一边,帮她踢开这一对堂姐妹)。一点也不差,一星期后她们就走了。而且,正如我们一直所期待的那样,荷默·伯隆又回到镇上来了。一位邻居亲眼看见那个黑人在一天黄昏时分打开厨房门让他进去了。

这就是我们最后一次看到荷默·伯隆。至于爱米丽小姐呢,我们则有一段时间没有见到过她。黑人拿着购货篮进进出出,可是前门却总是关着。偶尔可以看到她的身影在窗口晃过,就像人们在撒石灰那天夜晚曾经见到过的那样,但却整整有六个月的时间,她没有出现在大街上。我们明白这也并非出乎意料;她父亲的性格三番五次地使她那作为女性的一生平添波折,而这性格仿佛太恶毒,太狂暴,还不肯消失似的。

等到我们再见到爱米丽小姐时,她已经发胖了,头发也已灰白了。以后数年中,头发越变越灰,变得像胡椒盐似的铁灰色,颜色就不再变了。直到她七十四岁去世之日为止,还是保持着那旺盛的铁灰色,像是一个活跃的男子的头发。

打那时起,她的前门就一直关闭着,除了她四十左右的那段约有六七年的时间之外。在那段时期,她开授瓷器彩绘课。在楼下的一间房里,她临时布置了一个画室,沙多里斯上校的同时代人全部把女儿、孙女送到她那里学画,那样的按时按刻,那样的认真精神,简直同礼拜天她们送到教堂去,还给她们两角五分钱的硬币准备放在捐献盆子里的情况一模一样。这时,她的捐税已经被豁免了。

后来，新的一代成了全镇的骨干和精神，学画的学生们也长大成人，渐次离开了，她们没有让她们自己的女孩子带着颜色盒、令人生厌的画笔和从妇女杂志上剪下来的画片到爱米丽小姐那里去学画。最后一个学生离开后，前门关上了，而且永远关上了。全镇实行免费邮递制度之后，只有爱米丽小姐一个人拒绝在她门口钉上金属门牌号，附设一个邮件箱。她怎么也不理睬他们。

日复一日，月复一月，年复一年，我们眼看着那黑人的头发变白了，背也驼了，还照旧提着购货篮进进出出。每年十二月我们都寄给她一张纳税通知单，但一个星期后又由邮局退还了，无人收信。不时我们在楼底下的一个窗口——她显然是把楼上封闭起来了——见到她的身影，像神龛中的一个偶像的雕塑躯干，我们说不上她是不是在看着我们。她就这样度过了一代又一代——高贵、宁静，无法逃避，无法接近，怪癖乖张。

她就这样与世长辞了。在一栋尘埃遍地、鬼影幢幢的屋子里得了病，侍候她的只有一个老态龙钟的黑人。我们甚至连她病了也不知道；也早已不想从黑人那里去打听什么消息。他跟谁都不说话，恐怕对她也是如此，他的嗓子似乎由于长久不用变得嘶哑了。

她死在楼下一间屋子里，笨重的胡桃木床上还挂着床帏，她那长满铁灰头发的头枕着的枕头由于用了多年而又不见阳光，已经黄得发霉了。

五

黑人在前门口迎接第一批妇女，把她们请进来，她们话音低沉，发出咝咝声响，以好奇的目光迅速扫视着一切。黑人随即不见了，他穿过屋子，走出后门，从此就不见踪影了。

两位堂姐妹也随即赶到，他们第二天就举行了丧礼，全镇的人都跑来看看覆盖着鲜花的爱米丽小姐的尸体。停尸架上方悬挂着她父亲的炭笔画像，一脸深刻沉思的表情，妇女们唧唧喳喳地谈论着死亡，而老年男子呢——有些人还穿了刷得很干净的南方同盟军制服——则在走廊上、草坪上纷纷谈论着爱米丽小姐的一生，仿佛她是他们的同时代人，而且还相信和她跳过舞，甚至向她求过爱，他们把按数学级数向前推进的时间给搅混了。这是老年人常有的情形。在他们看来，过去的岁月不是一条越来越窄的路，而是一片广袤的连冬天也对它无所影响的大草地，只是近十年来才像窄小的瓶口一样，把他们同过去隔断了。

我们已经知道，楼上那块地方有一个房间，四十年来从没有人见到过，要进去得把门撬开。他们等到爱米丽小姐安葬之后，才设法开门。

门猛地被打开，震得屋里灰尘弥漫。这间布置得像新房的屋子，仿佛到处都笼罩着墓室一般的淡淡的阴惨惨的氛围：败了色的玫瑰色窗帘，玫瑰色的灯罩，梳妆台，一排精细的水晶制品和白银做底的男人盥洗用具，但白银已毫无光泽，连刻制的姓名字母图案都已无法辨认了。杂物中有一条硬领和领带，仿佛刚从身上取下来似的，把它们拿起来时，在台面上堆积的尘埃中留下淡淡的月牙痕。椅子上放着一套衣服，折叠得好好的；椅子底下有两只寂寞无声的鞋和一双扔了不要的袜子。

那男人躺在床上。

我们在那里立了好久，俯视着那没有肉的脸上令人莫测的龇牙咧嘴的样子。那尸体躺在那里,显出一度是拥抱的姿态,但那比爱情更能持久、那战胜了爱情的煎熬的永恒长眠已经使他驯服了。他所遗留下来的肉体已在破烂的睡衣下腐烂,跟他躺着的木床黏在了一起,难分难解了。在他身上和他身旁的枕头,均匀地覆盖着一层长年累月积下来的灰尘。

后来我们才注意到旁边那只枕头上有人头压过的痕迹。我们当中有一个人从那上面拿起了什么东西,大家凑近一看——这时一股淡淡的干燥发臭的气味钻进了鼻孔——原来是一绺长长的铁灰色头发。

(选自刘开华:《外国短篇小说百篇必读》,杨岂深译,人民文学出版社,2011年)

☞ 提 示

小说通过拒税、否认父亲死亡、执意爱北方佬、毒死北方佬并存尸隐居等情节,展示了美国南方贵族爱米丽小姐刻板、高贵、桀骜不驯的悲剧人生。爱米丽小姐是南方传统文化的化身,既是其牺牲者,同时又是其坚守者。她的死被目为一个纪念碑的倒下,象征着美国南方传统文化的衰败与消亡。

小说的叙事人称、视角、时序的安排等独具匠心,使这部短篇小说蕴含了丰富复杂的情感信息。尤其第一人称复数"我们"作为"公众发言人"的叙述,传达了对爱米丽小姐的敬畏、隔阂,又兼嘲讽等复杂情味。此外小说中还有悬念、对照、伏笔、象征等多种设置。小说题名为"献给爱米丽的一朵玫瑰花",但通篇没有提到"玫瑰花",暗示作者对于女主人公态度的意味深长——对她代表的某些"东西"的致敬?眷恋?凭吊?叹息?

➤ 延伸性阅读文献

1. 刘俐俐:《"我们"和作者之间共同的爱米丽小姐》,载《外国经典短篇小说文本分析》,北京大学出版社,2004年。
2.《福克纳短篇小说集》,陶洁译,译林出版社,2001年。
3. 莫言:《说说福克纳老头》,载《会唱歌的墙》,作家出版社,2005年。
4. 余华:《奥克斯福的威廉·福克纳》,《上海文学》,2005年第3期。

思考与练习

1. 爱米丽小姐是怎样一个人?试做分析。
2. 小说主要采用第一人称复数"我们"进行叙述,与第三人称全知视角的叙述有怎样不同的效果?
3. 小说中的杰弗生小镇是怎样一个环境,试体会它与人物的关系。

第四节 戏 剧

吝啬鬼(节选)

[法国]莫里哀

莫里哀(Moliere,1622~1673年),法国伟大的戏剧家,古典主义喜剧创始人。一生从事戏剧事业,他自建剧团,惨淡经营,曾因负债而入狱;他不顾当时视演戏为"贱业"的社会风气和家庭的反对,离家出走,过了13年流浪艺人的生活,编、演了一系列很有影响的喜剧。后来一直在巴黎进行创作演出。1673年,在演完《无病呻吟》后,咯血倒下,当晚去世。

莫里哀留存30多部剧作,代表作有《悭吝人》、《伪君子》、《丈夫学堂》、《太太学堂》等,他的剧作反映了17世纪法国资产阶级兴起时期的风俗世态,以喜剧形式对宗教的伪善、贵族的荒唐和庸俗、资产阶级吝啬和虚荣等进行了辛辣的讽刺嘲笑。

莫里哀的喜剧大多遵循古典主义的"三一律"原则,冲突集中,结构严谨;但又突破了古典主义的清规戒律,将欧洲的喜剧艺术推向一个新的高度,成为典范作品,对后世欧洲的喜剧产生了深远的影响。他是继莎士比亚之后欧洲戏剧成就最高的戏剧家之一。

剧情梗概:阿尔巴贡是个放高利贷的老鳏夫,贪婪吝啬,嗜钱如命,他老担心别人算计他的钱,就把一万金币埋在花园里。他的儿子克莱昂特爱上出身贫穷的姑娘玛丽雅娜,他却硬要儿子娶有钱的寡妇;女儿艾莉丝爱上了曾救过自己性命的贵族青年法赖尔,而他却逼女儿嫁给不要陪嫁的年过半百的富翁昂塞尔默;而他自己想不花钱娶年轻姑娘玛丽雅娜。仆人阿箭为了帮少爷的忙,他乘主人父子吵架的机会,溜进花园,把阿巴公藏在地下的财宝箱弄到手。阿尔巴贡发现埋在花园里的钱丢了,顿时痛不欲生。阿尔巴贡误以为钱是乔装佣人的贵族青年法赖尔偷的,而将其告上法庭。在警局,玛丽雅娜、法赖尔与昂塞尔默认亲,误解消除,两对年轻人喜结良缘。阿尔巴贡也找回了自己的金币。

人物(以选文中出场的人物为限)

阿尔巴贡[1]——克莱昂特和艾莉丝的父亲,玛丽雅娜的求婚人。
克莱昂特——阿尔巴贡的儿子,玛丽雅娜的情人。
艾莉丝——阿尔巴贡的女儿,法赖尔的情人。
法赖尔——昂塞耳默的儿子,艾莉丝的情人。
玛丽雅娜——克莱昂特的情人,阿尔巴贡的意中人。
昂塞耳默——法赖尔和玛丽雅娜的父亲。

西蒙老板——掮客[2]。

雅克师傅——阿尔巴贡的厨子和车夫。

阿箭[3]——克莱昂特的听差。

克楼德妈妈——阿尔巴贡的女仆。

荞麦秆儿、干鳕鱼——阿尔巴贡的跟班。

地点（巴黎）

第二幕

第一场

克莱昂特，阿箭。

克莱昂特 啊！你这坏包，你钻到哪儿去啦？我不是吩咐你……

阿箭 是啊，少爷，我本来一直在这儿等着您，可是老太爷蛮不讲理，不管三七二十一，把我给撵出来了，差点儿还把我给揍了。

克莱昂特 事情怎么样？情形越来越急，在我没有看见你的这个时期，我发现我爸爸是我的情敌。

阿箭 老太爷闹恋爱？

克莱昂特 可不，我听了这话，心乱如麻，好不容易才没有让他看出来。

阿箭 他也闹恋爱！他打的是什么鬼主意？是不是成心和人作对？难道恋爱是为这种人预备的吗？

克莱昂特 一定是我造下孽了，他才害上了这相思病。

阿箭 可是您为什么瞒着不让他知道？

克莱昂特 免得他起疑心，我在紧要关头上，也好找窍门儿，打消这门亲事。他们怎么答复你的？

阿箭 说真的！少爷，人倒了霉，才借债；像您这样走投无路，非跨债主的门槛儿不可，有些怪事，就得受着。

克莱昂特 借不到钱？

阿箭 不是这么说。和我们打交道的那位掮客，西蒙老板，有活动能力，人也热心，他说，他为您的事大卖气力，单凭您的长相，他就乐意效劳。

克莱昂特 我要的一万五千法郎，会不会有？

阿箭 有的，不过您想事情成功，有几个小条件，可得接受。

克莱昂特 他有没有让你和借钱的人谈谈？

阿箭 哎呀！您可真不在行啦，哪儿会有这事啊。他藏自己，比您藏自己小心多了；有些秘密事，您说什么也料想不到。人家根本不肯说出他的名姓来，打算今天在一家借来的房子里，让他和您谈谈，从您嘴里问出您的产业和您的家庭。我相信，单老太爷这个姓，就会做成这笔交易。

克莱昂特 尤其是我母亲已经死了，她留给我的财产，旁人是夺不去的。

阿箭 这是他本人口授给中人的条款，要您在进行交易之前先看看："兹假设贷方已有充分保证，又假设借方已达成年，家境宽裕，产业确实，安全可靠，并无任何纠纷,双方始得于公证人监视下,订立确切精当契约。该公证人必须绝对正直,为此,应由贷方加以选择,因借据是否合乎手续,对贷方关系最大。"

克莱昂特　这没有什么好说的。

阿箭　"贷方为免除良心上任何不安起见,建议所贷之款应以十八个、一个利计算[4]。"

克莱昂特　十八个、一个利!行!公平合理,没有什么可抱怨的。

阿箭　说的是。"但该贷方手边并无此款,为满足借方需要起见,本人不得不以五个、一个利[5]向人借入,故该借方自应于承担前利之外,并担负后利,因该贷方之所以借入,仅为资助借方而已。"

克莱昂特　怎么?活见鬼!他是犹太人,还是阿拉伯人[6]?比四个、一个利[7]还高。

阿箭　着啊,我就这么说来的。您要仔细核计核计看。

克莱昂特　你要我核计什么?我急着等钱用;什么条件我都得接受。

阿箭　我就是这么回答他的。

克莱昂特　还有别的条件吗?

阿箭　也就只是一个小条款了。"所需一万五千法郎,贷方仅有一万二千现金,下余一千艾居[8],以旧衣、杂物与首饰折付,其价格已由该贷方本诸善意,以最低价折合。附清单如下。"

克莱昂特　这是什么意思?

阿箭　听听这张清单吧

"一:四脚床一张,带匈牙利绣呢,床单一条,料子橄榄色,极为雅致,外有六只椅子与色彩相同之护被单;全部整洁如新,并有红蓝闪光缎沿边"。

"又:床帐一顶,料子为暗玫瑰红十字呢,欧马耳[9]出品,下缀大小不等丝线流苏。"

克莱昂特　他要我拿这些东西干什么用?

阿箭　还有

"又:贡保与玛赛行乐图[10]挂锦一套。"

"又:胡桃木大桌一张,两头可以拉长,桌腿为十二根圆柱或旋柱,下附小板凳六张。"

克莱昂特　家伙,我要这些东西干什么?

阿箭　您听我念

"又:大型火枪三支,镶珠贝,并有原配架子三只。"

"又:砖炉一只,附蒸馏器二只,受容器三只,对爱蒸馏者,极为有用。"

克莱昂特　气死我啦。

阿箭　别急

"又:博洛尼亚琵琶一张,弦齐全,缺亦无几。"

"又:球桌[11]一张,棋盘一只,与传自古希腊人之鹅图[12]一具,消磨时光,最为相宜。"

"又:蜥蜴皮一张,长三尺半,内盛干草,悬于天花板上,珍奇悦目。"

"以上所开各物,实值四千五百法郎尚多,贷方力求克己,削价为一千艾居。"

克莱昂特 "力求克己",见他的鬼!简直是奸商、杀人不见血的凶手!谁从来听说过这种高利贷的?利息已经高到不能再高了,他还不知足,要我把他拾来的破铜烂铁,照三千法郎收下来?我拿到手,连六百法郎也变卖不出。可是有什么办法?我还非接受他的条件不可,因为他知道我急于要钱,条件再酷苛,也肯接受。可不,无赖,他简直是活要人命。

阿箭 少爷,不是我说,您走的路,我看正是巴吕奇[13]走的那条下坡路,预支钱用,买时贵,卖时便宜,寅吃卯粮。

克莱昂特 你要我怎么着?这就是父亲一毛不拔,年轻人被逼铤而走险的下场。无怪乎儿子要咒父亲死了。

阿箭 像老太爷那样爱财如命,我敢说,涵养工夫顶深的人,见了也要发火的。多谢上帝,我没有上绞刑架的心思。我那批弟兄,爱干些小不正经的勾当,我可不那么傻,到时说溜就溜;他们干的那些妙事,离绞刑架有点太近,我小心在意,不和他们伙在一起。不过话说回来,冲他的行事,我真还有意偷他。我相信,偷他可以说是功德无量。

克莱昂特 你把这张清单给我,让我再过过目。

第二场

西蒙老板,阿尔巴贡,克莱昂特,阿箭。

西蒙老板 (认出克莱昂特,低声,向阿尔巴贡)是啊,先生,是一个年轻人等着钱用。他找钱找得很急,您写的条款,他全部接受。

阿尔巴贡 不过西蒙老板,你相信绝对没有风险?你说起的这个人,你晓得他的姓名、财产和家庭吗?

西蒙老板 不知道,他是人家在偶然场合介绍给我的,所以有些情形,我还不能详细讲给您听,不过他本人会对您交代明白的,接头的人告诉我,您见到他以后,一定满意。我所能告诉您的,就是他的家境非常富裕,母亲已经死了,而且有必要的话,他保证他父亲不到八个月就死。

阿尔巴贡 值得考虑。西蒙老板,只要我们有力量,就该大发慈悲,与人方便才对。

西蒙老板 当然。

阿箭 (低声,向克莱昂特)这是怎么回事?我们那位捐客,西蒙老板,在和老太爷讲话。

克莱昂特 会不会有人告诉他,我是谁来的?会不会是你跟我捣蛋?

西蒙老板 (向阿箭)啊!啊!你们真是急碴儿!谁告诉你们是这儿来的?(向阿尔巴贡)先生,您的姓名和您的住宅,并不是我透露给他们知道的,其实依我看来,也没有什么太要不得。他们作人持重,你们在这儿就可以一块儿谈清楚的。

阿尔巴贡 怎么?

西蒙老板 (指着克莱昂特)我对您说起的一万五千法郎,就是这位先生想跟您借。

阿尔巴贡 怎么,死鬼?不务正业,走短命路的,原来是你啊?

克莱昂特 怎么，爸爸？伤天害理，干欺心事的，原来是您啊？

阿尔巴贡 死活不管，胡乱借钱的，原来是你啊？

克莱昂特 放印子钱，非法致富的，原来是您啊？

阿尔巴贡 你干这种事，还敢见我？

克莱昂特 您干这种事，还敢见人？

阿尔巴贡 你倒说，你这样胡作非为，拿钱乱花，把父母流血流汗为你攒下的家业败光了，害不害臊？

克莱昂特 您做这种生意，辱没您的身份，一个钱又一个钱往里抠，没有知足的一天，丢尽了体面，坏尽了名声，就连自来名声最狼藉的放高利贷的，他们丧心病狂，想出种种花样，和您重利盘剥的手段一比，也不如您苛细；您倒是羞也不羞？

阿尔巴贡 混账东西，滚开，我不要看见你！

克莱昂特 就您看来，谁顶有罪？是需要钱用而张罗钱的人，还是根本不需要钱用而盗窃钱的人？

阿尔巴贡 我说过了，走开，别招我生气。(一个人)我对这事，并不难过；这对我倒是一个警告：他的一举一动，以后我要格外注意。

第三幕
第一场

阿尔巴贡，克莱昂特，艾莉丝，法赖尔，克楼德妈妈，雅克师傅，荞麦秆儿，干鳕鱼。

阿尔巴贡 好，全过来，听我安排你们回头的活儿，把各人的事给派定了。克楼德妈妈，过来，先打你起。(她拿着一把扫帚)好，你手里拿着家伙。我要你把四下里打扫干净，擦家具，千万当心，别擦的太重了，蹭伤了什么的。另外，用晚饭的时候我要你管理酒瓶，万一少掉一只，砸碎什么东西的话，我就找你算账，从你的工资里扣。

雅克师傅 (旁白)精明的处罚。

阿尔巴贡 (向克楼德妈妈)去吧。(克楼德妈妈下)你，荞麦秆儿，还有你，干鳕鱼，你们的活儿是洗干净杯子，倒酒喝；可是要注意，只在人家渴了的时候才许倒。有些跟班不懂事，过来劝酒，人家想也没有想到，就提醒人家喝：这种习惯是学不得的。要倒，也得人家问过不止一次才倒。而且要记住总多往里头兑水。

雅克师傅 (旁白)对，纯酒要上头的。

干鳕鱼 老爷，我们脱不脱罩袢？

阿尔巴贡 看见有人来，你们再脱。脱了以后，可千万当心，别弄脏了衣服。

荞麦秆儿 老爷，您晓得，我这件制服，前襟有一个大点子灯油渍。

干鳕鱼 还有，老爷，我这条灯笼裤，后头破了一个窟窿，我说话粗，老爷别见怪，望得见我的……

阿尔巴贡 住口。想办法背朝墙，总拿脸儿冲人，也就是了。(阿尔巴贡把荞麦秆儿的帽子拿过来，放在制服前头，教他怎么样遮盖油渍)你呢，伺候客人的时候，老这样拿着你的帽子。(两个跟班下)至于你，女儿，撤下去的东西，你要看好了，当心别糟踢掉。女孩子们干这事很相宜。可是你还要准备好了招待我的意中人,她就要来看望你,带你一道逛集去。我的话你听见没有?

艾莉丝 听见了,爸爸。

……

阿尔巴贡 法赖尔,帮我多想想看。喂,雅克,你过来,我把你留到最末来讲。

雅克师傅 老爷,我是您的车夫,又是您的厨子,您想同哪一个讲?

阿尔巴贡 同两个讲。

雅克师傅 不过两个里头,哪一个在先?

阿尔巴贡 厨子。

雅克师傅 请您等等。(他脱去他的车夫制服,露出厨子服装)

阿尔巴贡 家伙!这是什么臭讲究?

雅克师傅 现在您吩咐好了。

阿尔巴贡 雅克,我约好了今天请人吃晚饭。

雅克师傅 (旁白)希罕事!

阿尔巴贡 说说看,你有好菜给我们吃吗?

雅克师傅 有,只要您有很多的钱给我。

阿尔巴贡 见鬼,老离不开钱!除掉了钱,钱,钱,他们就像没有别的话讲。啊!他们挂在嘴边的,只有这个字:"钱。"老在说钱。这成了他们的口头禅:"钱。"

法赖尔 对。

雅克师傅 说真的,管家先生,你把这个秘诀告诉我,把我这厨子差事接过去,我承情不浅。你在这家,好管闲事,成了一手抓。

阿尔巴贡 别闲扯啦。到底该怎么做?

雅克师傅 有您的管家先生嘛。他会给您花很少的钱,做出好吃的菜来。

阿尔巴贡 得啦!我要你回话。

雅克师傅 席面上有多少人?

阿尔巴贡 我们不是八个人,就是十个人。就算八个人好了。有八个人吃的,也就足够十个人了。

法赖尔 当然。

雅克师傅 好吧!那就得开四份好汤,五道主菜。好汤……主菜……

阿尔巴贡 活见鬼哟!可以款待全城的人了。

雅克师傅 烤的东西……

阿尔巴贡 (拿手捂他的嘴)哎呀!捣蛋鬼,你想吃掉我的全部家当。

雅克师傅 和烤的东西同时上的……

阿尔巴贡 (又拿手捂雅克师傅的嘴)还有?

法赖尔 (向雅克师傅)你打算把大家撑死啊?难道老爷请客,是要他们死塞活塞,把他们害死吗?你去念念卫生守则吧;问问医生,还有比吃多了对人害处大的?

阿尔巴贡 说得对。

法赖尔 大师傅,你和你那些同行要知道:一张饭桌,上多了菜,等于是一家黑店。把客人当做朋友看待，菜饭就该清淡才好，一位古人说得好，"夫食以其为生也，非生以其为食也。"[14]

阿尔巴贡 对。（向雅克师傅）你听见了没有？（向法赖尔）这话是哪一位大人物说的？

法赖尔 我现在想不起他的姓名。

阿尔巴贡 记着把这句话给我写下来，我要用金字刻在我饭厅的壁炉上。

法赖尔 我一定写。至于晚饭，交给我办。我会安排妥当的。

阿尔巴贡 就你办吧。

雅克师傅 再好不过，我免去许多麻烦。

阿尔巴贡 就该搭配一些不对胃口的东西，不吃便罢，一吃就饱，好比肥肥的红烧羊肉啊，栗子肉馅的点心啊。

法赖尔 一切有我，您放心好啦。

阿尔巴贡 现在，大师傅，要把我的马车擦干净。

雅克师傅 等一下。这话是对车夫讲的。（他又穿上他的罩褂）您说……

阿尔巴贡 把我的马车擦干净，把马准备好，回头赶集去……

雅克师傅 老爷，您那些马呀？说真的，一步都走不动啦。我不是说，它们累坏了，躺在槽头站不起来，可怜的牲口不是累坏了，那么说，不合实情。毛病出在您老叫它们挨饿，饿到后来，也就只有皮包骨头，马架子、马影子、马样子了。

阿尔巴贡 什么活儿也不干，说病就病。

雅克师傅 老爷，什么活儿也不干，就该挨饿吗？可怜的牲口，多干活儿，可是有的吃，对它们好多了。看见它们就多一口气了，我打心里难过；因为说到临了，我对我那些马有感情，看见它们受罪，就像自己也在受罪一样，我每天省下自己的口粮来喂它们。老爷，对生灵没有一点点怜惜，未免心肠也太狠了点儿。

阿尔巴贡 赶一趟集，又不是什么重活儿。

雅克师傅 老爷，不成，我狠不下这个心吆喝，它们那副可怜样子，我拿鞭子抽，要良心不安的。它们连自己都拖不动，您怎么好叫它们拖车？

法赖尔 老爷，我约街坊毕伽底[15]人吆喝车好了，再说，我们也需要他预备晚饭。

雅克师傅 也好。它们宁可死在旁人手中，也别死在我手中。

法赖尔 大师傅真是高谈阔论的能人。

雅克师傅 管家先生真是水来土挡的好手。

阿尔巴贡 别吵！

雅克师傅 老爷，我就是看不惯那些马屁精。不管他干什么，哪怕是无时无刻查对面包呀，我看呀，只不过是巴结、逢迎。想到这上头我就有气。听见人家议论您，我就难过。因为不管我怎么着，说到临了，我觉得自己对您是有感情的。除去我那些马，您就是我顶爱的人了。

阿尔巴贡 雅克，你能不能告诉我，人家议论我什么。

雅克师傅 老爷，说也没有什么，不过话讲在前头，您可不能恼我。

阿尔巴贡 我不恼你，决不会的。

雅克师傅 算了吧，我看十有八九，您要生气的。

阿尔巴贡 我不但不生气，反而爱听。我喜欢知道人家怎么议论我。

雅克师傅 老爷，您一定要听，我就干脆对您明说了吧，到处有人说您坏话。人家说起您来，刻薄得就像大雨点子，四面八方全是。人家就喜欢挖苦您，无时无刻，不拿您的吝啬当笑话讲。有人讲：您专为自己印了一些历书，四季的大斋[16]和举行圣典之前吃斋的日子，加了一倍，好叫一家大小多断几回食。有人讲：赶上过节送礼或下人歇工的时候，您总有碴儿跟下人吵，找借口不给他们东西。又有人讲：街坊养的一只猫，有一回偷吃了您剩下来的一块剩羊腿，您告了猫一状。还有人讲：有一夜晚，有人发觉您到马棚偷喂马的荞麦，您的车夫，就是我以前的那个车夫，黑地里不晓得揍了您多少棍子，您是哑巴吃黄连，有苦说不出。总之，您要我说给您听，随便走到一个地方，就会听见有人在糟蹋您。您成了人人的话柄，笑柄。人家不说您便罢，一说起您来，总把您叫做吝啬鬼、钱串子、财迷和放高利贷的。

阿尔巴贡 （打他）你是一个傻瓜、一个混蛋、一个坏包、一个不要脸的东西。

雅克师傅 看！我不早就料到了吗？您就是信不过我嘛。我早对您说过了：我对您讲了真话，您要恼我的。

阿尔巴贡 学学该怎么讲话吧。

第四幕
第六场

阿箭，克莱昂特。

阿箭 （抱着一只匣子，从花园那边出来）哎！少爷，我正在找您！快跟我走！

克莱昂特 什么事？

阿箭 跟我走就是。这下子可好啦。

克莱昂特 你说什么？

阿箭 事情有着落啦。

克莱昂特 什么？

阿箭 我憋了整整一天。

克莱昂特 到底是怎么一回事？

阿箭 老太爷藏的钱，让我弄到手啦。

克莱昂特 你怎么弄到手的？

阿箭 回头说给您听。我们快走，我听见他在嚷嚷。

第七场

阿尔巴贡。

阿尔巴贡 （他在花园就喊捉贼，出来帽子也没有戴）捉贼！捉贼！捉凶手！捉杀人犯！王法，有眼的上天，我完啦，叫人暗害啦，叫人抹了脖子啦，叫人把我的钱偷了去啦。这会是谁？他去了什么地方？他在什么地方？他躲在什么地方？我怎么样才找得着他？往什么地方跑？不往什么地方跑？他不在那边？他不在这边？这是谁？站住。还我钱，混账东西……（他抓住自己的胳膊）啊！是我自己。我神志不清啦，我不晓得我在什么地方，我是谁，我在干什么。哎呀！我可怜的钱，我可怜的钱，我的好朋友！人家把你活生生从我这边抢走啦；你既然被抢走了，我也就没有了依靠，没有了安慰，没有了欢乐。我是什么都完啦，我活在世上也没有意思啦。没有你，我就活不下去。全完啦，我再也无能为力啦，我在咽气，我死啦，我叫人埋啦。难道没有一个人愿意把我救活过来，把我的宝贝钱还我，要不然也告诉我，是谁把它拿走的？哦？你说什么？没有人。不管是谁下的这个毒手，他一定用心在暗地里算计我的：不前不后，正好是我跟我那忤逆儿子讲话的时候。走。我要告状，拷问全家大小：女佣人，男佣人，儿子，女儿，还有我自己。这儿聚了许多人[17]！我随便看谁一眼，谁就可疑，全像偷我的钱的贼。哎！他们在那边谈什么？谈那偷我的钱的贼？楼上什么声音响？他会不会在上头？行行好，有谁知道他的下落，求谁告诉我。他有没有藏在你们当中？他们全看着我，人人在笑。你看吧，我被偷盗的事，他们一定也有份。快来呀，警务员，宪兵，队长，法官，刑具，绞刑架，刽子手。我要把那几个人绞死。我找不到我的钱呀，跟着就把自己吊死。

（选自周煦良：《外国文学作品选》第二卷，李健吾译，上海译文出版社，1983年）

◎ 注　释

[1] 阿尔巴贡：这个名字，最初见于意大利16世纪一部喜剧，格洛头（1541～1585年）的《艾密莉雅》里面有一个吝啬鬼，叫做阿尔巴苟，字义是钩与贼。

[2] 捐（qián）客：指替人介绍买卖，从中赚取佣金的人。

[3] 阿箭：仆人名。当时仆人取名，常用花草、杂物、地名等代替本人真名。下边荞麦秆儿、干鳕鱼这两个仆人名，也是用植物和鱼名代替本人真名。

[4] 十八个、一个利：即五点五厘多利。

[5] 五个、一个利：即二分利。

[6] 犹太人：指放高利贷的。阿拉伯人：指野蛮人。

[7] 四个、一个利：即二分五厘利。

[8] 一千艾居：即三千法郎。

[9] 欧马耳：在法国西北部，近海。

[10] 贡保与玛赛行乐图：图共有八联，有诗，有画，从订婚到去世，叙述一对田野夫妇的日常生活，以贡保为主，在17世纪初期相当流行。

[11] 球桌：直译应是"夫人洞"。桌上摆一个架子，靠桌面开13个小洞，上写数字，不按顺序排列，中间一个洞眼为13，用13个象牙小球往里打。

[12] 鹅图：似"升官图"，共63格，每格有图，中央最大，绘鹅，掷二骰为戏，先到鹅图者赢。

[13] 巴吕奇：拉伯雷《高康大与胖大官儿》中的人物。

[14] 夫食以其为生也，非生以其为食也：意思是"吃东西为了活着，不是活着为了吃东西"，传说是苏格拉底说的。

[15] 毕伽底：旧时法国北部临海的一个省。

[16] 四季的大斋：天主教规定每季开始，划出三天（星期四、五、六）吃斋。

[17] 许多人：指台下的观众。

☞ 提　示

莫里哀的五幕喜剧《吝啬鬼》取材于古罗马喜剧家普劳图斯的《一罐黄金》，塑造了阿尔巴贡这一欧洲文学史上著名的吝啬鬼形象。本文节选的三段剧情：阿尔巴贡放高利贷、安排订婚筵席和丢失钱匣，惟妙惟肖地刻画了他痴狂的守财奴本性；尤其丢失钱匣后呼天抢地，痛不欲生的情景，活画出一个视钱如命的守财奴形象。

　　莫里哀笔下的人物形象既具有高度的概括性，又性格鲜明、栩栩如生。阿尔巴贡几乎成了吝啬鬼的代名词。

　　作者善于通过人物的台词和典型细节来塑造人物形象，并借助夸张的手法进行辛辣的讽刺，形成文本的喜剧特色。

▶ 延伸性阅读文献

1. 张国清：《戏弄的艺术——谈法国戏剧〈吝啬鬼〉中的戏弄手法》，《四川戏剧》，2008年第4期。
2. 《莫里哀喜剧六种》，李健吾译，上海译文出版社，2008年。
3. 董健、马俊山：《悲剧、喜剧、正剧》，载《戏剧艺术十五讲》，北京大学出版社，2004年。
4. E. M. 福斯特：《关于"扁平人物"》，载《小说面面观》，冯涛译，人民文学出版社，2009年。

思考与练习

1. 莫里哀通过哪些艺术手法塑造阿尔巴贡这个"吝啬鬼"的形象的？
2. 阿尔巴贡是世界文学人物画廊著名的"吝啬鬼"，试把你所知道的中外"吝啬鬼"形象进行比较，看他们的同异何在？
3. 体会本剧的喜剧特色，分析喜剧的构成因素有哪些？试和悲剧进行比较。

后　　记

本教材为2012年立项的广东省高等教育教学改革"经管类本科院校'大学语文'类课程教学改革研究与实践"项目的结项成果，2014年获批广东高等学校精品教材建设项目。此前，我们分别于1998年、2004年、2008年编写了三部《大学语文》教材，曾被全国多所高校采用。随着中学语文教学的改革发展，以及大学语文教学水平不断提高的需要，我们再次对此教材进行改编。

参加本教材编写者均为广东财经大学中文系大学语文教研室的教师，有着多年从事大学语文教学的丰富经验，特别是对当前高校大学语文教学的情况十分熟悉，为本教材的编写提供了质量上的保证。本教材由广东省高等学校精品教材项目负责人郑瑞侠负责全书的审定工作。具体分工如下：

第一编：古代文学，郑瑞侠教授负责；第二编：现代文学，刘俊峰副教授负责；第三编：当代文学，刘俊峰副教授负责；第四编：外国文学，施永秀副教授负责。项目总负责人：司马晓雯教授。

本教材在编写过程中对近时研究成果有颇多采纳吸收，这里难以逐一标注，谨此致谢！

编　者

2015年3月

匡亚明

　　匡亚明是著名的马克思主义理论家、教育家、社会活动家和著名的新闻工作者。他在70余年的革命和建设生涯中,忠于党、忠于人民的事业,并为此奉献了自己的一生。他长期在党的宣传工作、理论工作和教育工作领域,在马克思主义理论研究、中国传统思想文化研究、高等教育和国家古籍整理理论和实践等方面都有卓越的建树和重要贡献。可见,他的学术思想是极其丰富的。他是一位博学的革命家,又是革命的博学者;他是一代英才,又是一位传奇式的人物。他的风范和学术思想值得我们永远怀念、尊重、学习和研究。

一、个人简历

匡亚明先生1906年3月17日生于江苏省丹阳市导墅桥镇匡村的一个塾师家庭,兄弟姐妹中排行第三。6岁时丧父,7岁读小学,常在牛背上看书。17岁(1923年)考入江苏省第一师范(现为江苏省苏州高级中学)读书,任学生会干部,曾聘请恽代英、萧楚女等来校开设讲座宣传革命。18岁(1924年)时,国共两党合作后,由国民党元老叶楚伧和国民党中的左派朱季荠两人介绍加入中国国民党。20岁那年,因积极参加革命活动,被第一师范学校开除学籍。后来由恽代英推荐考入上海大学(插班进入中国文学系二年级,丁玲是他的同班同学)。1926年8月,由罗霖和蔡泰两位同志介绍加入共青团。9月,加入中国共产党。10月,由上海大学团支部书记杨振铎派到上海著名工业区——沪东引翔港地区担任团支部书记。1927年(21岁)2月第一次被捕,被英捕房抓走,备受鞭打酷刑,后转上海防守司令部审讯,入漕河泾监狱,历时两个月,经互济会营救出狱。4月,出狱后改名匡梦苏,赴沪中区任团区委组织部长。8月,又回上海任团沪东区委书记兼中共沪东区委青年委员。曾向南京地下党传达"八七"会议精神。9月初,调沪西任团区委书记。11月,以团江苏省委委员身份和特派员的名义参加领导了宜兴秋收起义(为五人委员会委员之一,任副书记)。12月,回沪任团闸北区委书记(直到1928年2月)。1927年冬,曾被当时的特科红色保卫队误认为是叛徒,后经任弼时堂兄任作民、陈云等人出面代表中央为其平反。1929年春,在苏州乐益女中执教(张闻天当时也在该校执教)。同年,在苏州创办太阳剧社。

26岁(1932年)那年,匡亚明与邓中夏一起被派遣到中共沪东区委宣传部编辑《前锋报》，后被任命为江苏省徐海蚌特委宣传部长兼青委书记。此间曾为上海《日日新报》（为中共中央与江苏省委合办的公开报纸）主笔。1933年春，任上海总工会秘书长兼宣传部长。1933年至1937年曾两次被捕入狱，在"反省院"中研究中国古书。后由中共南京八路军办事处无条件保释，出狱后去延安。

匡亚明先生33岁（1939年）那年任《大众日报》总编辑。1940年（34岁）5月，路过太行山时在安乐庄村（山西省长治市武乡县东部）太行山深处等待人员集中后一起去延安。其间，任中共中央北方局机关报《新华日报》编辑。35岁去延安。在延安枣园以中央社会部为基础而扩建成立中共中央和中央军委统一的军政战略情报机关——中央情报部工作。中央情报部是中央调查研究局下的重要部门，下设四室，匡亚明任第四室副主任，主持全面工作。

匡先生36岁（1942年）那年，在延安杨家岭任康生的政治秘书，又任整风办主任（处长），与毛泽东比邻而居。在后来的10多年中，还曾任中共中央华东局宣传部副部长及华东局党报《大众日报》党委书记、社长兼总编辑；中共中央山东分局宣传部长兼政策研究室主任；中共中央华东局宣传部副部长；华东人民革命大学副校长兼政治研究院党委书记及院长；苏州华东人民革命大学政治研究院迁到上海，任华东局宣传部常务副部长。49岁（1955年5月）时被调任东北人民大学（后改名吉林大学）党委书记兼校长，中国高等教育访苏团副团长。57岁（1963年5月）调至南京大学任党委书记兼校长。"文革"期间匡先生遭到摧残和折磨。72岁（1978年）获得平反并恢复了南京大学领导职务。73岁（1979年）任教育部组建的中国大学校长代表团团长率团赴美访问一个多月。

匡亚明先生76岁（1982年）辞去南京大学党委书记兼校长职

务,被国务院任命为南京大学名誉校长。7月,在江苏省红楼梦学会作《还〈红楼梦〉的本来面目》的报告,任省红楼梦学会名誉会长。9月13日,在《光明日报》上发表《对孔子进行再研究和再评价》一文。12月,在《文史哲》1982年第6期发表《匡亚明同志谈研究孔子问题》一文。

78岁(1984年9月)担任中国孔子基金会会长。1985年春,79岁的匡先生筹备召开中国孔子基金会第二次理事会。3月,齐鲁书社出版其《孔子评传》一书(该书曾获全国图书一等奖)。4月,他参加在曲阜召开的孔子基金会部分会长会议,修改基金会章程并发言。10月,在曲阜为"孔子研究院"选址。

80岁(1986年2月)的匡先生主持召开"中国思想家评传丛书"的第一个会议"《宋应星评传》定稿学术研讨会",旨在以点指导面。10月,以中国孔子基金会和中共曲阜市委两家名义向上级党委申请办报。11月,南京大学建立了中国思想家研究中心,匡先生任名誉主任。1987年1月,在获批准后,匡先生为《曲阜报》题写报头。

81岁(1987年9月),匡先生向儒学国际学术讨论会提交论文:《论孔子和孟子关于战争与和平思想的现实意义》(载《儒学国际学术讨论会论文集》上册,齐鲁书社1989年出版)。82岁(1988年)时,他在"教育与社会进步中外学者研讨会"上提交论文《关于孔子教育思想与当代教育》,并作致词《当代教育发展的三大课题》(代序)。11月,参加在德国波恩举行的"第二次儒学国际讨论会"并作演讲《孔子仁学思想中积极因素的现代价值》。

1989年9月,江泽民总书记在北京亲切接见了他。11月,他参加日本大学创立一百周年举行的"迈向新的创造的二十一世纪——人间、协调、和平"大会并作演讲《二十一世纪新人的形象与社会》。

1990年12月，"中国思想家评传丛书"之《孔子评传》由南京大学出版社出版。

匡亚明先生85岁（1991年6月18日）时，在新加坡召开的"汉学研究之回顾与前瞻"国际会议上提交论文《孔子思想研究的新气象》。6月28日至7月1日，为加强国际交流，他主持召开"中国传统思想文化与21世纪国际学术研讨会"并作开幕词。9月，他被任命为国务院古籍整理出版规划小组组长。

1992年1月24日，匡先生86岁，江泽民总书记视察南京大学时，与作为国务院古籍整理出版规划小组组长、南京大学名誉校长、中国思想家研究中心名誉主任、"中国思想家评传丛书"主编、著名教育家匡亚明教授亲切交谈。

1994年，国际儒学联合会成立，匡亚明教授被聘为首届顾问。

1995年1月27日，国家古籍整理出版规划小组学术委员会举行会议讨论匡先生提出的两点建议。1996年5月15日，90岁高龄的匡亚明先生在北京人民大会堂主持"中国思想家评传丛书"阶段性成果新闻发布会暨学术研讨会；5月17日，他接受中央电视台《东方之子》节目的记者采访，制作《匡亚明（上、下）》两集电视片，之后电视台摄制《九十老人的追求》电视片。11月1日，中共中央政治局常委、中央书记处书记胡锦涛专程赴匡老家看望匡亚明同志。11月19日，匡先生在"中国思想家评传丛书"主编会上的即席讲话《提高思想水平，写好高质量的"评传"》，登载在中国思想家研究中心《动态信息》第89期（1996年11月25日）。

1996年12月16日，匡亚明教授在南京逝世，享年91岁（以虚岁计算）。

二、主要学术经历和学术成就

匡亚明教授一生追求真理,进行学术探索,从家乡丹阳到上海,从山东到延安,从吉林到南京,办报刊、创学校、慷慨陈词,著书立说。晚年仍孜孜以求,主编"中国思想家评传丛书",主导国家古籍整理出版规划小组的方针大计。他以"老骥伏枥,志在千里"的气魄,致力于学术事业,为弘扬民族优秀文化鞠躬尽瘁!他是一位具有远见卓识的哲人,又是一位博学多才的大容量学者、名家,也是一位永远不知疲倦的、忠诚的共产主义战士。对于革命工作,他严肃认真、一丝不苟。他既有严峻的一面,又有宽容的一面。他的业余生活丰富多彩,善于欣赏戏曲音乐,自带诗人的浪漫情趣和潇洒脱俗的气质。他游镇江甘露寺,临江朗诵《永遇乐·京口北固亭怀古》。参加江苏省红楼梦学会活动,他对宝、黛的恋爱悲剧提出了独到见解。在畅游采石矶,体味李白"江心捉月"的境界时,他在太白楼挥毫写下了"君骑长鲸去不返,独留明月照江南"的条幅。他于音律、书法都有造诣,走进艺术殿堂时,颇有"顾曲周郎"的气概。其书法上承唐代书家褚遂良的笔意,看上去正直挺拔,别有气骨。可见匡老诗人、书法家的气质也很浓。匡老之为人,深沉有大志。他早年勤于笔耕,赋诗立意,愿做文学家;壮年出生入死,冒着枪林弹雨奔赴圣地延安,成了为祖国解放事业而英勇奋斗的革命家;中年执掌吉林大学和南京大学的校政,成了名闻南北的教育家;晚年潜心学术,推陈出新,以少年时代熟读"四书""五经"的扎实功底,研究孔孟儒家学说和中国思想文化史,终于成了惠泽后世的哲人学者。

（一）主要学术经历、研究历程

1.倡导开设大学语文，将优秀文化传统和民族精神传授给大学生

匡老非常关心年轻学生。"文革"结束后，他发现有不少大学生汉语言和文字水平很低，在他的倡导下，1980年南京大学在全国高校率先开办大学语文课，并把它列为全校文理科各系学生的共同必修科目之一。他自己还亲自授课。实践证明，大学里开设语文课不仅有助于提高学生的语文水平和思考分析能力，而且对陶冶思想情操，提高大学生的人文素质也起到重要作用。匡老在倡议中强调：

第一，大学语文教育的重要性。语文是一切科学文化的基础，也是从事各项工作最基本的工具。一个人的语文基础，不仅关系到他的理解能力、阅读能力、表达能力、写作能力，而且还关系到他的思维能力和道德情操。

第二，大学语文教育的基本任务。他认为，"教师应该进一步把我国的优秀文化传统（精华）和民族精神传授给学生"；"把科学、文学、哲学中的优秀文化遗产批判地继承下来，推陈出新，古为今用"；"帮助学生打好语文基础，增强文字表达能力，提高文学鉴赏水平和审美情趣，特别是提高品德素质是我们广大教师，尤其是语文教师的一项光荣职责"。

第三，对大学语文教师的要求与期望。他认为"语文教师的灵魂深处要有社会主义的政治觉悟，同时应通过语文感染和教导学生"。"教师要用马克思主义的世界观、认识论、方法论，研究语文材料和教学方法，在课堂上讲得生动活泼，娓娓动听。好的作品要背诵，以加强学生的记忆。"

第四，正确看待教材中古人、前人的文章。古人、前人当然有

某些历史的局限,需要审慎地取,不能简单照搬,但也要看到遗产中的优秀传统,原就带有某种人类社会共同的普遍合理的准则。马克思能整段地背诵莎士比亚的作品,恩格斯也能用俄语背诵普希金的名著《欧根·奥涅金》,马克思主义的形成是不能离开资本主义和封建文化中的优秀成分的。"只知唯物论,不知唯心论,就是只知其一,不知其二,就是只知正面,不知对立面,就会对唯物论本身也是知之不深,知之不全。"这是他在学术思想上明智与解放的表现。

第五,坚持自学,定能成才。他说:"自学成才是古今中外的通例。孔子完全是自学成才的,富兰克林、马克思、恩格斯、陈毅的军事才能,华罗庚的数学造诣都是自学成才的。""孔子在《论语》中的许多格言,至今仍保有生命力。""我国古代'政文合一''文道合一',历史上不少卓越的政治家留下许多宣扬优秀道德品质的名篇。如范仲淹的《岳阳楼记》、卓越军事家诸葛亮的《出师表》、岳飞的《满江红》也为人传诵。"

2.匡老博学多才,涉及学术研究内容广而深

其《求索集》百篇左右文章中就有六大部分:学术编;文学编;教育编;政论编;人物编;综合编。

其学术编中的文章有:《儒家哲理观——"中"》(1925年11月);《孔孟"仁"的哲理之厘定》(1926年);《研究中国古书的意义何在》(1926年11月18日);《论调查研究工作的性质和作用》(1941年11月29日);《列宁论农村工作》序(1946年12月7日);《坚持实践第一的观点 整顿思想作风》(1978年12月);《对孔子进行再研究和再评价》(1982年9月13日);《关于研究孔子问题》(1982年10月);《漫谈宗教》(1983年5月4日);《孔子评传》后记(1985年3月);《人类文化知识遗产的继承和发展问题》(1986

年6月);《孔子评传》外文版序(1986年9月15日);《论孔子和孟子关于战争与和平思想的现实意义》(1987年9月);《孔子人学思想中积极因素的现代价值》(1988年11月);《二十一世纪新的人的形象与社会》(1989年11月);《论孔子的经济思想》(1990年1月10日);《中国思想家评传丛书·序》(1990年12月);《孔子思想的主要特征和应注意的三个区别》(1990年12月);《孔子思想研究的新气象》(1991年6月18日);"中国传统思想文化与二十一世纪"国际学术研讨会开幕词(1991年6月28日);《中国传统文化与当代社会——中国传统文化中关于个人修养和人际关系思想的现代价值》(1992年3月21日);《认真整理出版古籍 弘扬优秀传统文化》(1992年5月25日);《以"三心"创"三成果"》(1992年5月31日);《传统文化与现代化》发刊词(1993年2月)。

(二)代表作及主要学术观点

1. "推陈出新""古为今用""洋为中用"的观点

(1)匡亚明才华横溢,早在江苏省第一师范读书时就开始写文章。现发现他1925年的处女作中就有两篇哲学论文,鲜明地提出了"推陈出新""古为今用""洋为中用"的思想学术观点。1925年11月,他以匡世之名在上海大东书局《学生文艺丛刊》(第2卷第9集)上发表了题为《儒家哲理观——"中"》一文。在文中以鲜明的观点提出:"中国是伟大的文明古国,它的哲学思想,正好似庄严的深山幽谷,多么丰富,多么深邃,决非三言两语所能简括说清。但因一时读书有感,昧然想从丰富深邃的哲理中提出一个'中'的思想来,加以学术性讨论。""中国哲学思想的中心,我认为就是重实际生活。""在这重实际生活的思想里,因受了种种时代和环境的影响,就产生了两个极端的派别:一派是纯粹'为我'

的消极主义;一派是纯粹'利他'的过激主义。前者的代表是杨子,后者的代表是墨子。这两派的思想,各执一偏,都太极端了,但都属空想而难以实行……因此一点就产下直到今日而还存在的'中'的哲理观。'中'就是不高不低、不左不右的意思。……要知道'中'的哲理,孔子在《礼记·中庸》中说:'执其两端,用其中于民'。""虽然中庸的道理实难做到,可是这种思想确实根深蒂固种在我国民的脑子里,直到现在还未消失;也可说中国的国民性也多少受了这'中'的哲理的影响。"匡亚明在该文中对儒家哲理观——"中"作了简要剖析。①重"天命";②重内心自励;③重保守。并对儒家哲理观——"中"进行实事求是、历史唯物主义的评论。他指出:"中"的哲学提倡听天由命,安分守己,放弃抗争,确实是一种消极的保守思想。社会要进步,要变革,就要突破这种思想;就要打破它对人们头脑的束缚。这是应该打破的消极保守的东西。但另一方面,还要看到儒家"中"的哲理在教人如何困苦自励,如何"博学""审问""慎思""明辨""笃行"等方面,确有其合理的、积极的思想实质在。在儒家"中"的哲理中,前者应打破、消除,后者应保留、发扬。……事实上,"失败""逆境"是奋斗的兴奋剂;"遂意""成功"是苟安的麻醉药。世界上的一切光明进化,都是奋斗的结晶。匡亚明年轻时撰写的这些警句,至今仍有其深远的意义。

(2)匡亚明在江苏省第一师范时,正是五四运动"打倒孔家店"后不久,但他却有胆识,撰写了一篇哲学论文《孔孟"仁"的哲理之厘定》。他在文中指出:"温良恭俭让"乃是孔孟的根本人生观。而且他们所以能成千古不朽的圣者,就在于他们能实践这种人生观。我并非孔孟的信徒来替他们宣传教义。我们且扪心一问:孔孟的学说是否都是废话?孔孟是不是中国目前致败的罪人?即退一步讲,我们即使承认孔孟的学说完全是废话;甚至孔孟诚然是中国的罪人;那么,我们依据科学的精神,也应该研究一下其所以然,考究一下它为什么,是否尚有改良保留的可能。就此一点,则孔孟的学说,终有够我们大大地探索一下,深深地揣摩一番的必要和价值;看看他们何以能负数千年的盛名,做中国式的——东方的——文化之中心。我单就孔孟二人的学说讨论,而更只就孔孟二人的"仁之哲理"作题讨论,因为"仁"是孔孟哲学的中心思想。

匡亚明指出:"仁"含有广义、狭义两种解法。孟子说的"仁者爱人"和"人能充无欲害人之心,而仁不可胜用也"的"仁"字都是推己及人的"恕"的道理;而"恕"的中间又含有爱人的意思。《论语》记仲弓问仁,孔子答语有"己所不欲,勿施于人"一句。可见"仁"与"恕"的关系。孔门说"仁"虽是爱人,却和后来墨家的"兼爱"不相同。墨家的"爱"是无差等的"爱",孔孟的"爱"是有差等的"爱"……墨家重在"兼而爱之"的"兼"字,儒家重在"推恩足以保四海"的"推"字。

匡亚明解释"仁"当用分析的方法,他指出:拿"推""恕""爱"等字来解释"仁"是狭义的解法。蔡元培所谓:"仁"广义的是"统摄诸德完成人格"的一个无所不包的美德。梁漱溟在《东西文化及其哲学》中极力排斥胡适之对于"仁"的解释。但梁先生把这个"仁"具体说出来倒叫我们更深入一层疑团了。"仁"是多么伟大,分析起来又多么复杂。"仁"确乎是一个抽象的混合体的总名。

要解释"仁",首先要从分析着手,分析对象主要指广义的"仁"。要知孔孟为代表的儒家的"仁",乃是中国封建社会的产物,它反映了封建社会需要稳定的要求,而事实上它对中国封建社会延续了长达数千年之久,也确实起了很大作用。其中有些东

西,即使社会发展了,变革了,却至今乃至今后仍有参考价值。现将"仁"的主要要素之分析,略述于下:

第一,亲亲。孟子说的"老吾老,以及人之老;幼吾幼,以及人之幼"和孔子说的"亲亲之亲"之类,都是顺着这种人情之常讲话的。至于墨家便不然了。他反对这种从亲亲出发的有私的人情,而另提倡无私的公的人情,所谓"视人之国,若己之国;视人之父,若己之父"的不分"人""我""彼""此"的"兼而爱之",不容带有丝毫"私我"的色彩。故在人情上总是难于被人接受。孟子说:"亲亲,仁也。""未有仁而遗其亲者也。"《论语》《孟子》在"亲亲"里头又提出两个条件来,就是"孝""悌"两个字。"孝""悌"愈加让"亲亲"显得重要和具体。但他们所主张的"孝""悌"原是相对的,所谓父慈、子孝、兄友、弟恭的便是。反之,要是做父亲的不慈,做阿兄的不友,就产生不了"孝""悌"了。"孝""悌"这种相对的和谐精神总是少不了的。"孝""悌"是对家庭而言,"亲亲"却不为家庭所限制。孔孟心目中"仁"的第一个要素是"情感"和"直觉","亲亲"就是这种"情感"和"直觉"的源流,所以"仁"的第一个要素就是"亲亲"。

第二,忠恕。匡亚明认为"仁"的第二个要素就是"忠""恕"。一是客观的(忠),一是主观的(恕)。因为孔孟对于一切事物总喜欢持主观的态度——也许是重直觉的缘故——所以讲"恕"更多于讲"忠"。

第三,诚。"仁"的第三个要素则是"诚"。孔孟极力提倡主张"性善",并求充分发挥其"本性"。孔孟承认"智""愚"是必然有的差别。但无论"智者",还是"愚者",只要不为物欲所蔽,能尽心披露本性去求总是可达到"诚"的;只要真正达到"诚",就不可计较是怎样达到的。

第四，礼义。匡亚明分析"仁"学第四个要素是"礼义"。合得上礼义这个模型，方始称得一个完全的人——圣人。孔子也曾将"法"与"礼"比较过，认为"礼治"比"法治"要高一着。"义"呢，也是和"礼"同样的作用。不过"礼"是看得见的，"义"是看不见的，仿佛有"表里"的关系。"义"是行"仁"的工具，是"仁"的要素。大概孔孟对于"义"的观念和我们现在所说的"真理"的观念相同。所相异的是我们现在说的"真理"是客观的，孔孟的"义"是主观的。"礼"呢，则纯是外面的仪式。但这种仪式必根据于"义"。人立身处世，若不遵循"礼""义"就会为非作歹，王纪堕落乃至祸国殃民。

第五，乐。这是"仁"的最后一个要素。孔子说"兴于《诗》，立于礼，成于乐"。可见，做到"乐"的地步就达到完成的目的了。我们为"乐"是情感和谐的表现，同时乐也是启发情感的工具。孔孟强调情感，所以把它和"礼"看得一样重。要理解这个"仁"，就必得首先提到上述五个要素而剖析之，不然便是不完整的。

君子小人的区别，就在于他们"作为"的动机上。若为"利"而去做，以至见"利"忘"义"便是小人；为真理——义——而持"行其义不谋其利"的态度去做，便是君子。所谓"君子喻于义，小人喻于利"就是这个道理。

有人拿"述而不作，信而好古"来批评孔子，说他放弃创造，只是好古。其实，无论什么伟人，都要拿已故的学说和成绩作一切改进的张本。若把古的一概抹杀，一切都要自己所创作的，那么最好是从"茹毛饮血"的生活起。试问于事实可能吗？章太炎说："旧章诚不可与永守，政不骤革，斟酌向今；未有不借资于史。"这个"史"不是古的一切之结晶吗？"述而不作，信而好古"，是否就可代表孔子的全副态度，还是个疑问。因为他既是放弃"自我"和

"创作"的好古家、因袭家,那么他只要一味"述"就好了,更何用"笔则笔,削则削"地参加那历史取材的制裁?更何用"博学之,审问之,慎思之,明辨之,笃行之"和"温故而知新"的求知精神?所以,孔子的"好古"实在是"推陈出新"的意思。

自从西学东渐后,一般醉心西洋物质文明的人士,趋向功利主义,注重效力观念,而把中国一切固有的美德,像"砥砺气节""坚苦自立""安贫乐道""克勤克俭"等完全抛弃在一边。总之,他们凡事出于外人之手,什么东西都是好的;出于本国人自己之手,什么事都是不好的。对此,我只作下列补充,即凡事出于本国人自己之手,好的必须保存发扬,不好的必须排除抛弃;凡事出于外人之手,好的必须吸取学习,坏的必须抵制弃去。这才是复兴中华、繁荣文化的康庄大道。东方文化的主人翁啊!你们忍心抛弃所有的优秀文化遗产吗?匡亚明在20世纪20年代的呼吁,至今还有其现实意义。

从上可见,匡亚明早在1925年中学时期就撰写论文,与学术界的胡适之、蔡元培、梁漱溟、章太炎等名家、大家进行学术商榷与交流,可见他的学术水平起点很高。同时,他又用马克思主义的历史唯物主义立场、观点、方法和态度去探讨中国的古文化,求索中外优秀的传统文化,正确对待历史文化,堪称一代英才。以后他参加革命工作,依然见缝插针,不断学习、不停著述,最终成为"走进书斋是学者,走出书斋是革命的社会活动家"。

2.对孔子等古代名人的评价应运用三分法

匡亚明在"文革""批林批孔"之后不久,即开始撰写《孔子评传》,他的好友陆定一当时劝他不要写孔子了,但他认为有必要写。他首先写了论文《对孔子进行再研究和再评价》(原载《光明日报》,1982年9月13日),后写《孔子评传》。后来受到陆定一同志的赞扬。不久,匡聘陆为"中国思想家评传丛书"的名誉顾问。

匡亚明的学术观点是：我们对历史人物所采取的态度，应该是：第一，把他放在特定的历史条件下，视其在多大程度上促进或阻碍历史进程；第二，视其在多大程度上有利或不利于当前人民的、社会主义的事业，"实事求是地加以评论和判断"。既反对"厚古薄今"的态度，也反对历史虚无主义的态度。对孔子这个有巨大影响的历史人物，更应如此。

匡亚明对孔子思想研究和处理的三分法观点如下：

研究孔子思想应从三个方面加以剖析：一、对其封建性糟粕进行批判和清除；二、对其人民性精华进行继承和发扬；三、对其封建性和人民性相混杂的部分进行批判分析，去其糟粕，取其精华，即扬弃。这就是匡亚明所说的"三分法"。这样才能更实事求是地体现批判和继承的精神。具体讲：

第一，明显为维护封建地主统治阶级的统治和阶级伦理关系的思想言论（这是孔子思想的历史背景所决定的），……必须予以严肃批判，把它抛弃。

第二，在封建性的外形下，含有人民性、进步性内容的思想言论经过剖析，分解出合理内容，可以作为借鉴。如"天下为公"和"大同"思想、"仁"的观念等，如何批判分析，吸取其精华，借以丰富社会主义精神文明。

第三，孔子思想中关于学习态度、学习方法、学习规律以及教学态度、教学方法等思想言论，是没有明显阶级含义的，是孔子思想中直至今日尚闪耀着光辉的部分。一般说来，可作为有益箴言而加以引用。

（三）"中国思想家评传丛书"及其社会评价

"中国思想家评传丛书"（200部）是匡亚明生前发起并主编，

南京大学中国思想家研究中心组织编撰的一套大型评、传结合的学术丛书,是规模宏大的中国传统思想文化研究工程。

"中国思想家评传丛书"从20世纪80年代开始组织编撰,经过200余位专家20来年不懈的努力,至2006年8月,时值匡老诞辰100周年之际,这套200部、6000余万字的宏伟工程圆满竣工。

"中国思想家评传丛书"充分体现了匡老主编这套丛书的宗旨和指导思想,在从孔夫子到孙中山的两千多年间的历史长河中,遴选出对中国传统思想文化的形成、发展具有突出贡献和重大影响的代表性人物(270余人)作为传主,这些人物不仅有哲学家,即一般意义上的思想家,而且包括在政治、经济、历史、教育、军事、文学艺术、科学技术和宗教等各领域、各学科做出过重要贡献的历史人物。19世纪英国历史学家托马斯·卡莱尔曾说:"千真万确,对一个民族来说,获得一个清晰表达的声音,产生一个悦耳地说出她的心里话的人,这是一件大事!"这些人物就是在中国传统思想文化发展过程中说出中华民族"心里话的人",从孔子、孟子、老子、庄子、墨子,一直到孙中山,他们深沉的、蕴含民族智慧的声音贯穿于中国约2500年的历史空间。该丛书共200部,是2500多年历史的浓缩,是中华民族的脊梁和灵魂,就像是筑成了一座民族优秀传统文化的"长城"。该丛书的出版,是对民族传统思想文化的全面总结,也是在最大程度上记录了民族思想文化的声音,说出了"民族的心里话"。

该丛书的整体出版,不仅对弘扬我国优秀传统思想文化、繁荣学术文化事业和建设社会主义精神文明产生积极的作用,而且必将走向世界,成为沟通东西方思想的大桥,为丰富世界思想宝库,让全人类分享中华民族源远流长、博大精深的思想智慧做出应有的贡献。

匡亚明在《中国思想家评传丛书·序》中强调：伟大的中华民族在长达五千年连绵不断的曲折发展过程中，……我们勤劳、勇敢、智慧的各族人民，在长期的生产活动、社会活动、思维活动和对外交往以及抗击外来侵略过程中，逐渐创造、积累、发展了具有以生生不息的内在思想活力为核心的优秀传统思想文化。这是一种伟大、坚强的精神支柱，是我们民族凝聚力和生命力之所在，是历史留给我们所有海内外炎黄子孙引以自豪的无价之宝。

当然，和各国各种不同传统思想文化一样，在中华民族的思想文化传统中，也是既有精华，又有糟粕，因而全盘肯定和全盘否定，不对；一知半解、信口开河或裹足不前、漠然置之，也不对。郑重而严肃的态度应该是对它进行实事求是的、科学的研究和分析，取其精华，弃其糟粕，继承和弘扬这份瑰宝，振兴中华，造福人类。人类历史发展的连续性，就是在不断去粗取精、继往开来和改革创新过程中实现的。继往就是继民族优秀传统之往，开来就是开社会主义现代化建设之来。继往是为了开来，开来不能离开继往。民族虚无主义和复古主义，都是违背历史发展的辩证规律的。毛泽东同志早在1938年就说过："从孔夫子到孙中山，我们应当给以总结、承继这一份珍贵的遗产。"[1]这是很有远见而又切合实际的英明建议。

该丛书所以用"中国思想家评传"命名，主要是考虑到中国传统思想文化中的核心是生生不息的内在思想活力，而历史事实也反复证明，凡是在各个不同时代不同领域和学科中取得成绩者，大多是那些在当时历史条件下自觉或不自觉地认识和掌握了该领域

---

[1]《中国共产党在民族战争中的地位》，载《毛泽东选集》第二卷，北京：人民出版社1952年版，第522页。

事物发展规律的具有敏锐思想的人。他们取得成就的大小,取决于思想上认识和反映这些规律,主要是通过社会实践和对前人思想成果的借鉴和继承。思想一旦形成,反过来在一定程度上又对实践起决定性指导作用。为此匡亚明扩大了思想家的范围,即不仅把文、史、哲、经、宗、政中有杰出成就的人物定为思想家,而且把农、工、医等自然科学中有杰出成就者也遴选为传主,如李时珍、宋应星等。

匡亚明还强调"中国思想家评传丛书"撰著者应重视下列一些基本原则:

一是坚持实事求是的原则。实事求是,是贯穿在马克思实际活动和理论研究中的主线,离开了它就离开了马克思主义,只有切实掌握了客观情况,才能得出正确的认识和判断。前者为"实事",后者为"求是",二者相结合就是实事求是。事不实则非夸即诬。

二是坚持批判继承的原则。马克思主义学说就是批判的学说,而批判是为了继承、发展和创新。

三是坚持"百花齐放""百家争鸣"的原则。"百花齐放"和"百家争鸣"是发扬学术民主、促进学术繁荣的正确原则和巨大动力。前者强调一个"齐"字,后者强调一个"争"字,是表示学术上平等、民主和自由的两种不同状态;前者突出的是统一与和谐,后者突出的是区别与争论;两种状态又统一于不断地相互促进和相互补充、转化的持续发展、提高过程之中。

匡老在《中国思想家评传丛书·序》中又强调了对历史人物传主的三分法观点:

一是凡传主业绩和思想中体现了诸如爱国主义、民主意识、科学见解、艺术创造和艰苦奋斗、克己奉公、追求真理的精神,即在符合历史前进要求的"立德""立功""立言"诸方面有显著成就等积极因素者,必须满腔热情地加以继承和弘扬,并紧密结合当前社会主义建设实际,使之深入人心,蔚然成风。

二是凡反映有诸如封建迷信、专制独裁、愚昧落后、丧失民族尊严和违背科学进步等消极因素者,必须以历史唯物主义的观点加以批判,清除其一定程度上至今尚起作用的消极影响,而消极因素经过彻底批判后可转化为有益的教训。

三是凡积极因素和消极因素相混者,更当加以认真清理和扬弃,既发扬其积极因素又摒弃其消极因素。

我们要切实认真地探索各个传主思想和业绩中珍贵的积极因素,使之成为全国各族人民正在从事的继往开来伟大历史工程的组成部分。

(四)弘扬和普及儒学及国内外学术交流

匡亚明在早年五四运动"打倒孔家店"后和"文革""批林批孔"之后,首先提出研究孔子,故在弘扬和普及儒学方面成就巨大,特别是他主编的"中国思想家评传丛书",其中《孔子评传》外文版的出版,在国内外影响极大。世界上很多孔子学院均取《孔子评传》和"中国思想家评传丛书"作为教材之用。他的三分法观点和扩大思想家的范围均是独创。

国内外访问、学术交流情况,包括主办或参加重要国际或国内学术会议等方面的情况,已在上述个人简历中作了介绍,在此不再多论述。

(五)追思和评价

最后,列出几位名教授对匡亚明教授的追思和评价:

南京大学程千帆教授激动地说:"是匡老给了我20年的学术生命,我终生感激他老人家。他老人家的革命精神,崇高品德,对人民的热爱,对后进的提携,让我忽然想到陈后山挽曾巩的诗句,仅书悬灵右'丘原无起日,江汉有东流',以当挽词。"

吉林大学金景芳教授指出:"马克思主义与中国传统思想文化相结合,是这两部书(指匡老的《孔子评传》和《求索集》)共同的特点,也是亚明同志这个人的特点……只有两者结合起来,才是现实的,有生命力的。亚明同志作为革命家和学者,是实现这种结合的典范。我和我的助手吕绍纲教授拟一副挽联:

是老革命,早岁与恽代英邓中夏相交,九死一生,恨未睹中国腾飞廿一世纪;

亦大学者,终身共马列书孔孟文为伴,朝乾夕惕,已预见丛书耀眼百五十篇。"

南京大学原副校长冯致光教授在悼念匡老的《功昭校史 垂范后人》一文中指出:"匡老走了,音容宛在,他那高瞻远瞩的雄才大略,雷厉风行的作风,功昭校史的业绩,在吉林大学和南京大学广大的师生心中,留下了丰碑。""匡老在他70年的革命生涯中,无论是在党的宣传、理论工作,高等教育工作,还是在弘扬中国优秀传统思想文化工作等方面,都做出了杰出的贡献,建树了丰功伟绩。是融革命家、理论家、教育家、社会活动家于一身的马克思主义者,是一身正气的共产党人。他广为各界人士所知晓,并被视为是一位传奇式人物,特别是在知识界,被人们奉为楷模,受到交相称誉。""匡老对两校功昭校史的建树,都已载入两校史册而永垂青史。"

匡亚明终身秘书沈道初感激地说:"人的存在是有限的,又是无限的,人的生命很有限,但生命创造的价值则是无限的。匡老的事业是给社会留下的一座丰碑;他的人格、风范是一笔无形的财富。他的风范永存,事业常青。赠匡亚明教授两副联:

学问有成,等身著作擎天地;
人生无价,济世诗书壮国魂。

著雄篇,评至圣,求仁举义,功追前圣;
酬夙愿,释宏文,匡正钩沉,德载明文。"

三、主要论著

匡亚明曾著《社会之解剖》《血祭》《学习列宁的风格》《孔子评传》《求索集》等20余部专著。主编"中国思想家评传丛书"及发表大量学术性或政论性论文。

(撰写者:沈道初,原匡亚明终身秘书、南京大学中国思想家研究中心教授)

张岱年

张岱年（1909—2004年），字季同，别名宇同，是中国当代具有卓越贡献的哲学家、中国哲学史家。祖籍为河北省献县，出生于北京。1928年，考入国立北平师范大学，在大学期间，就对哲学产生了浓厚兴趣，并发表了一系列哲学论文。1933年毕业后，任国立清华大学哲学系助教，在20世纪30年代提出将"唯物、理想、解析"综合为一体的哲学体系，并写成哲学史名著《中国哲学大纲》，又参加关于中国文化建设的大讨论，主张融东西方文化之长而进行"创造的综合"。1943年，任私立中国大学讲师、副教授，讲授"中国哲学概论"，其间撰写了哲学理论著作《天人五论》，从而奠定了在中国现代哲学史上的地位。抗战结束后，1946年清华大学复校，再度回校任哲学系副教授、教授。1952年全国高等院校院系调整后，任北京大学哲学系教授、教研室主任、北京大学学术委员会委员，长期从事中国哲学史的教学和研究工作，1981年成为全国首批博士生导师之一。历任中国哲学史学会会长、名誉会长，中华孔子学会会长，清华大学思想文化研究所所长，中国社会科学院哲学研究所兼职研究员等。先生著作众多，集中体现其一生学术成就的是《张岱年文集》和《张岱年全集》。

一、人生历程

张岱年于1909年5月23日出生在北京一个书香世家，父亲张濂是清末进士，曾任翰林院编修。自幼受到家学熏陶，奠定了中国传统文化的深厚根底。先生三岁时随母还乡，五岁入族人所办私塾，读《三字经》、《百家姓》、"四书"等。1920年返京，入京师公立第四高等小学校，念高小一年级。1923年，考入国立北京师范大学附属中学试验班。早在初中时期，先生就读了《老子》《哲学概论》等书，对天地万物之本原和人生理想之归趋等宇宙人生的重大问题表现出浓厚的兴趣，常常每日晚上沉思一两小时，由此"养成致思之习"[①]。高中时期，班主任汪伯震老师开了"中国哲学史"课程，时常谈论当时学术界的情况，先生对此亦是兴趣浓厚。在一次作文课中，先生写了一篇题为《评韩》的文章，批评韩非重刑赏而轻教化，此文由汪老师推荐刊登于校内刊物《附中月刊》。1928年，高中将毕业时，先生撰写了《关于列子》一文，对今本《列子》一书的真伪和列子其人做了翔实的考证。该文刊登于当年3月的《晨报》副刊，这是先生在报纸上发表的第一篇文章，此时，先生还只是年仅19岁的高中生。

[①] 张岱年：《张岱年全集》第八卷，石家庄：河北人民出版社1996年版，第575页。

20世纪二三十年代,国难当头,民族危机空前严重。先生作为热血青年,痛感国耻,立志学术救国:"因我对哲学感兴趣,所以就从哲学方面去探索救国救民的真理。"① 这种把学术志趣与复兴中华的使命紧密结合在一起的强烈愿望,一直伴随着他的哲学活动。1928年,先生入读国立北平师范大学教育系,在自由的学术氛围中,既听教育系的课,也旁听其他系的课。其中,钱玄同先生讲的"经学史"和邱椿先生讲的"教育心理学"是其最感兴趣的课程。② 课余时间,先生大部分时候都在自学,一方面研读中国古典哲学著作,另一方面研究西方哲学。这一时期,先生奠定了学术研究的三个"理论基石":辩证唯物论、逻辑解析法和中国哲学。在先生学术思想的发展过程中,长兄张申府(又名崧年)的指导起了重要的作用。张申府先生是中国现代哲学家,在国内学界最早研究罗素,中、西、马哲学造诣深厚。在长兄的指导下,先生阅读了大量西方哲学著作,对罗素、穆尔、怀特海这一派的"逻辑解析法"甚为赞赏,进而运用这一新的方法来分析哲学中的命题,撰写了《谭"理"》《论外界的实在》,并于1933年先后在《大公报》上发表,引起了当时中国哲坛的关注,张氏兄弟的哲学被学界称为"解析的唯物论"。20世纪30年代初,先生又阅读了恩格斯的《费尔巴哈论》《反杜林论》和列宁的《唯物主义和经验批判主义》,完全接受了辩证唯物论的基本观点,称赞其为"当代最伟大的哲学",从此以弘扬辩证唯物论哲学为己任。先生初出茅庐便在长兄的指导下发表了多篇学术论文,又经长兄介绍结识了熊十力、金岳霖、冯

---

① 张岱年、[日]冈田武彦:《中国哲学与二十一世纪》,载《浙江学刊》1998年第3期,第7页。
② 刘军平:《传统的守望者:张岱年哲学思想研究》,北京:人民出版社2007年版,第19页。

友兰等哲学界大家,通过与他们的交流探讨使自己的学识得到了进一步的提升。

1933年,先生从国立北平师范大学毕业后,在冯友兰和金岳霖两位先生的推荐下,被国立清华大学哲学系聘为助教,讲授"哲学概论",正式开始了教学和科研生涯。1937年,先生写成了后来蜚声中外的《中国哲学大纲》,开辟了以问题为纲叙述中国哲学发展历程的先河。抗战期间,先生蛰居故都,闭户读书,不与敌伪合作,在时局艰难的情况下坚持著书,完成了代表其哲学理论思想的力著《天人五论》。与此同时,先生与张恒寿、翁独健、王森、韩镜清、成庆华等友人成立了三立学会,互相切磋学问。所谓"三立",就是《左传·襄公二十四年》所说的"三不朽":"太上有立德,其次有立功,其次有立言。"先生和诸同人在极端困难的情况下以此励志,体现了中国知识分子不屈的民族气节和不懈的学术追求。1942年,由王锦第介绍,先生会晤了私立中国大学校长何其巩和哲学教育系主任童德禧,于1943年秋季开始到私立中国大学任讲师、副教授,讲授"中国哲学概论",并借此机会将《中国哲学大纲》印为讲义,这是此书第一次排印。

先生的学术生涯长达七十余年,大致来说有两个特别活跃的时期,分别是20世纪30—40年代和80—90年代。在第一个学术高峰期,在长兄张申府提出的列宁、罗素、孔子"三流合一"思想引导下,先生试图将马克思主义现代唯物论与逻辑分析方法及中国哲学的优良传统三者结合起来,自觉肩负起为中国传统文化和哲学的更新、转型探寻一条新路的历史使命。这一综合创造论独树一帜,引领潮流,既指出了中国传统文化现代化的转换路径,也代表了世界文明的未来发展方向。先生的第一个学术高峰期是成果丰硕、创见迭出的时期,为中国哲学和文化的现代转型做出了卓越的贡献。

1949年至1950年年初,先生为清华大学学生开设"辩证唯物论"课程;同时,还在北京辅仁大学开设"辩证唯物论和历史唯物论",在北京师范大学开设"新唯物论概论"。1950年11月之后,由于连续的"政治运动",学术研究基本停顿,先生也进入了学术低谷时期。1957年"反右派斗争"中,先生被划为"右派",直到1979年1月,北京大学党委公开为先生平反,宣布当年划为"右派"属于错划。尽管在此二十年间,先生不能公开发表学术文章,但他仍通过整理哲学资料、编辑哲学教材等默默地发挥着守护文化、传承道统的作用。先生先后参加了《中国哲学史教学资料》(先秦、两汉、魏晋南北朝、隋唐部分)的资料选注和北京大学哲学系《中国哲学史》教材(主笔宋元明清部分)的编写等工作,这些教材培育了几代学人,直至今日在哲学史教学方面还起着重要的作用。

1979年10月,中国哲学史学会成立,先生实至名归地被选为学会会长,任职时间达十年之久,直到1989年主动辞去职务,后又被推举为名誉会长。1985年,先生出任清华大学思想文化研究所首任所长。此外,还担任中华孔子学会会长、中国社会科学院哲学研究所兼职研究员等多项社会职务。

进入20世纪80年代后,先生的学术生涯迎来了第二个高峰。此时先生已年过七旬,但仍以极大的热忱投入教学、科研之中,为中国哲学的重建和中华文化的复兴而竭尽心力、忘我工作,成为当代中国哲学界和思想文化界的一面旗帜。先生以"修辞立其诚"为宗旨,把学问研究与道德修养融为一体,对青年教师和晚辈学者平等相待,热情指导,不遗余力地大力扶持,对重塑中国哲学界的学风起了极大的推动作用。从1978年恢复招收研究生开始,先生先后培养了陈来、程宜山、刘笑敢、李存山、王中江等一大批中国哲学方面的研究生,他们现在都已成为当代中国哲学界的领军人物。先生"为学真诚,为师热诚,为人坦诚"①,"修辞立其诚"既是其学术品格,也彰显其人格境界。先生一生求真务实,治学严谨而不随波逐流,一切以是否符合客观真理为标准,长期从事教学和学术研究,最强调"好学深思,心知其意",陈来教授称之为"八字真经"。②

从1984年至1989年,在神州大地一片"文化热"的讨论中,先生在短短的五年时间里发表了近20篇论文,倡导"时代精神",引导"文化热"走向健康发展之路。1987年6月,先生在中华孔子研究所于山东济宁召开的年会上作主题发言,正式提出了"文化综合创新论"这一新型文化观,为中国文化的现代发展建立了一个新模式,学界对此给予了高度的评价:"坚持以唯物史观指导文化研究,既反对全盘西化,也反对保守主义,主张综合中西文化之长,创造新型的中国文化。"③

20世纪90年代,为弘扬中华传统文化和普及中华民族传统美德,先生虽然已年过八旬,但仍奔走呼号,费尽心血。文化新生,弘道明德,是先生一生的执着追求。1993年,中共中央颁布了《中国教育改革和发展纲要》。国家教育委员会负责组织编写"中国传统道德"系列丛书,先生应邀担任该系列丛书的总顾问。这套丛书于1995年由中国人民大学出版社出版,为近30年来中华美德教育实验奠定了坚实的基础。1994年,先生又积极推动成立北京东方道德研究所,并专门题写了"弘道明德"四个字予以鼓励。1996年,先生还在北京市房山区韩村河山庄举办的"儒家伦理与公民道德国际学术研讨会"上宣讲儒家伦理,这是中国近百年来首次召开以

---

① 陈来:《不息集——回忆张岱年先生》,北京:北京大学出版社2005年版,第252页。
② 陈来:《张岱年先生与我的求学时代》,载《海燕》2008年第10期,第50页。
③ 张拴平:《国学大师——张岱年》,载《光明日报》2000年4月11日第1版。

此为主题的国际研讨会,先生热情洋溢的发言昭示着儒家伦理复兴的时代即将到来。

先生晚年不仅继续坚持写作,而且还编辑整理了两部书。2000年3月,先生应"名师讲义"丛书之邀,自编了《中国哲学史研究法》并为之作序,由鹭江出版社于2008年3月出版。先生还将《张岱年全集》出版后所发表的43篇短文编为《晚思集:张岱年自选集》,由新世界出版社于2002年1月出版。①

2004年4月24日,先生走完了九十五年的人生旅程。一代宗师逝去,"泰山其颓,哲人其萎",海内外各界人士都表达了哀痛和追思。先生一生胸怀"为天地立心,为生民立命,为往圣继绝学,为万世开太平"的历史使命感,困知勉行,敦厚崇德,谦益平和,道德文章皆为世人楷模,正所谓"高山仰止,景行行止。虽不能至,然心向往之"。

二、学术成就

先生在《张岱年全集》第八卷中对自己五十余年的学术生涯做了回顾:"自30年代以至今日,我的学术活动约分三个方面:一为中国哲学史的教学研究工作;二为哲学理论问题的思考;三为文化建设问题的研讨。"②先生的学术活动虽然涵盖哲学和文化等很多方面,但都贯穿了"综合创新"这一主线,提出了许多富于时代精神与中国特色的创造性理论,回答了当代中国学界所面对的"中国哲学向何处去"和"中国文化向何处去"这两大时代课题。

---

① 刘鄂培、杜运辉:《张岱年先生学谱》,北京:昆仑出版社2010年版,第36—37页。
② 张岱年:《八十自述》,《张岱年全集》第八卷,石家庄:河北人民出版社1996年版,第571页。

(一)中国哲学史的研究阐释

在中国哲学史研究方面,先生虽晚于胡适、冯友兰进入这一领域,但同二位先生一样都做出了开拓性的历史贡献,成为这一学科的奠基人之一。

1.开创中国哲学问题史研究的典范

1937年,先生完成《中国哲学大纲》,运用史料实证与逻辑解析相结合的研究方法,对中国古代哲学固有体系、问题、范畴进行了系统梳理,开创了从中国哲学问题入手研究的典范。全书分为宇宙论、人生论和致知论三大部分,宇宙论分为本根论和大化论;人生论分为天人关系论、人性论、人生理想论和人生问题论;致知论分为知论和方法论。该书为中国哲学问题史研究的开山之作,在中国哲学史领域中,与胡适的《中国哲学史大纲》和冯友兰的《中国哲学史》同居于奠基地位,至今仍是中国哲学研究者的必读书目。

《中国哲学大纲》是先生学术生涯的代表作,但其出版过程也几乎是先生一生命运的写照。该书于1937年定稿,由冯友兰先生推荐送上海商务印书馆出版,当时已制成纸型,但因淞沪会战爆发而未及印行。1943年,私立中国大学将此书印成讲义。1957年,商务印书馆正准备出版之际,先生却被划为"右派",作者名字不得不改署"宇同"。[1]直到1982年,中国社会科学出版社才以先生之名正式出版。如果从该书于1937年定稿算起,到1982年正式出版,已历经了45个春秋。虽然出版过程曲折坎坷,但其学术价值则为世所公认。

2.注重阐发中国唯物论传统

先生认为,从先秦到明清,中国哲学有一个唯物主义的传统,"气论"就是这一优良传统中的思想主线。长久以来,中国哲学

---

[1] 刘鄂培、杜运辉:《张岱年先生学谱》,北京:昆仑出版社2010年版,第24—25页。

界认为宋明时期只有"理学"和"心学"两大流派,先生则创立了宋明哲学史的三派说。在《中国哲学大纲》中,先生提出了这一重要观点:宋明理学不仅有程朱理学、陆王心学,还有第三派,即张载、王夫之的气学。陈来教授后来评价说:"这种从理、气、心何者为最高原理来划分宋元明清哲学的主张后来成为国内外绝大多数中国哲学研究家的共识。如日本研究中国哲学的学者也主张这种分法,冯友兰晚年的《中国哲学史新编》也采取这种分法。用冯友兰先生的说法,这可以说是张先生的'特识'。"[①]正是得益于先生的这种真知灼见,才使我们今天能对宋明哲学史的流派有一个全面的把握。

1954—1955年,先生在北大哲学系讲授"中国哲学史"期间陆续发表了《王船山的唯物论思想》《张横渠的哲学》等论文,肯定了这些哲学家学说的唯物论本质。此后,先生又出版了专著《张载——十一世纪中国唯物主义哲学家》(1956年)和《中国唯物主义思想简史》(1957年)。1994年,还主编了70余万字的《中国唯物论史》。可以说,继承和弘扬中国古典哲学的唯物论传统是先生毕生努力的方向。

3.深入发掘东方辩证法思想

早在20世纪30年代初,先生就在《大公报》上连续发表《先秦哲学中的辩证法》(1933年)、《秦以后哲学中的辩证法》(1933年)等文章,率先阐扬中国传统哲学的辩证法思想。到了80年代,先生又撰写了《中国古代辩证法思想发微》(1980年)论文和《中国哲学发微》(1981年)等论著,首次为中国辩证法史理出一条自周秦以来直至近代的基本线索,揭示出西方辩证法主流更偏重

---

① 陈来:《张岱年先生的学术贡献》,载《中国思想史研究通讯》2004年第二辑。

于对立面斗争,而中国辩证法主流更侧重于对立面统一的东方特色。①先生特别强调,研究中国古典哲学中的辩证法思想,既要重视其中蕴含的深微内容,也要注意它与马克思主义唯物辩证法的区别。先生对辩证法思想进行了精细分疏和深入研究,展现出在中国传统哲学和西方哲学方面的深厚功力和高超素养。

4.提出中国哲学范畴体系论

先生在《中国哲学大纲》中对中国哲学的基本概念范畴已做了初步的探讨与诠释,1957年,又发表了《中国古典哲学中若干基本概念的起源与演变》,进一步阐发了中国哲学宇宙观中的一些重要概念,如"气""天""道""太虚""理""体用"等。对于这些概念范畴,先生既注意到其演变,也注意阐释其在特定时代的含义。②

在20世纪80年代末撰写的《中国古典哲学概念范畴要论》专著中,先生系统地考察了中国古代各主要哲学家及学派的哲学范畴体系演变,认为中国古典哲学有一套别具一格的概念范畴体系,不能简单地用西方哲学的范畴体系来比附。先生将中国古典哲学中的概念范畴划分为自然哲学、人生哲学和知识论三大类,对于深奥的哲学概念分别做出了清晰的逻辑解析。在厘清中国哲学概念范畴方面,先生取得了开拓性的成就,使中国哲学在现代哲学的话语体系中彰显了自主性和合法性。

(二)哲学理论问题的探索

在哲学理论方面,先生进行了具有创造性的探索,建立"解析

---

① 王东:《张岱年学术思想的六大理论创新》,载《河北学刊》2004年第4期。
② 刘军平:《传统的守望者——张岱年哲学思想研究》,北京:人民出版社2007年版,第57页。

的唯物论",首创"兼和日新"思想,成为中国为数不多具有自己理论体系的哲学家之一。

1.建立"解析的唯物论"

早在20世纪30年代,先生学习马克思、恩格斯、列宁的哲学著作时,就被辩证唯物论的真理光辉吸引,同时对于英国现代新实在论的逻辑分析方法亦颇为赞赏,并且认为还要继承中国哲学的优秀传统,遂力图将现代唯物论与逻辑分析方法及中国哲学的精粹思想结合起来。[1]1936年,先生发表了《哲学上一个可能的综合》一文,提出"今后哲学的一个新路,当是将唯物、理想、解析,综合于一"[2]。其中"唯物"就是指辩证唯物论与中国传统唯物论、辩证思维相结合,"理想"指中国的道德理想与人生哲学,"解析"指西方哲学的"逻辑解析法",这是一个融中、西、马哲学精华为一体的理论新模式。[3]

20世纪40年代,先生先后完成《哲学思维论》《事理论》《知实论》《品德论》《天人简论》,合为《天人五论》。《天人五论》以辩证唯物论为基础,综合逻辑解析方法以及中国哲学之道德理想,建立了"解析的唯物论"(又称"新唯物论")哲学体系,从宏观上来看,这个融合中、西、马哲学精华的理论新模式是开放性的,它所综合的内容可以与时俱进,不断丰富,所以能保持生命力,具有很高的学术价值。

2.首创"兼和日新"思想

在先生的学术体系中,文化观植根于哲学观,"兼和"又是哲学观的精髓。先生在《天人简论》中首次提出"兼和"范畴并做了

---

[1] 张岱年:《张岱年全集》第八卷,石家庄:河北人民出版社1996年版,第627页。
[2] 同①,第262页。
[3] 刘鄂培、杜运辉:《张岱年先生学谱》,北京:昆仑出版社2010年版,第12页。

界定:"最高的价值准则曰兼赅众异而得其平衡。简云兼和,古代谓之曰和,亦曰富有日新而一以贯之。"[①] "兼和"意谓将众多矛盾汇集于一体,使之处于动态平衡状态中,由此"兼和"成为宇宙大化最高的价值准则,这也是对中国传统辩证思维的继承和创新。先生主张用"兼和"兼容"日新",以"兼和"弥补"中庸"思想的不足:"惟日新而后能经常得其平衡,惟日新而后能经常保其富有。""古昔哲人常言中庸,中庸易致停滞不进之弊,失富有日新之德。今应以兼易中,以兼和易中庸。"要提升中国的辩证思维,克服"中庸"思想的停滞之弊,就必须"以兼和易中庸",提倡"日新之德"。将"兼和""日新"合而为一,这是中国哲学史上的重要创见,在先生的学术体系中占有重要地位,"文化综合创新论"的哲学基础就是"兼和"思想。

此外,先生的道德观和人生观也是以"兼和"为指导。在《品德论》中,先生提出人生之道在于"充生以达理、胜乖以达和",意思是"合理之生存,即克服生之冲突,以达于生之和谐"[②]。这里所说的"和谐"就是指"兼和"。"兼和"对辩证法的核心问题"两"与"一"即对立斗争与统一和谐的关系做了全面而深刻的理解,指出对立统一永恒存在于事物之中,既不片面地强调斗争,也不漠视矛盾对立,是中国辩证思维与西方辩证法的现代结合。"兼和"作为中西合璧的思想,为人类照亮了一条携手共进的多元化世界之路,唯有"兼和"才能建立起和谐社会乃至和谐世界,即便到了今天其理论价值与实践价值依然熠熠生辉。

---

① 张岱年:《张岱年文集》第三卷,北京:清华大学出版社1992年版,第213页。
② 同①,第201页。

（三）中国文化建设的探讨

先生倾注毕生精力思考中国文化的建设问题，提出系统的"文化综合创新论"，构建"自强不息，厚德载物"的民族精神，开拓中国现代哲学的伦理价值观，为中国文化的现代发展指明了方向。

1.提出系统的"文化综合创新论"

先生一生倾力于中国新文化建设，早在20世纪30年代，就积极投身到当时的文化大讨论中，写下了许多闪耀着真知灼见的文章，如《关于中国本位的文化建设》（1935年）、《西化与创造》（1935年），认为这个时代要兼取中西文化之长，"发扬中国固有的卓越的文化遗产，同时采纳西洋的有价值的精良的贡献，融合为一，而创成一种新的文化，但不要平庸的调和，而要作一种创造的综合"。①因为文中提出"综合""创造"，所以，学术界称之为文化"综合创造"说，这是先生文化观之雏形。

时隔半个多世纪后，在全球化和多元化的新时代背景下，先生怀着满腔热情投入当时的文化热潮中，于1987年发表了《综合、创新，建立社会主义新文化》一文，正式提出了自己的文化观——"文化综合创新论"。先生说："我们建设社会主义新文化，一定要继承和发扬自己的优良文化传统，同时汲取西方在文化上的先进贡献，逐步形成一个新的文化体系。""创新意味与中国传统文化和近代西方文化都不相同。因为它是具有中国特色的社会主义的新文化，是人类文化史上高度民主、高度科学的新文化。"②"文化综合创新论"承接先生早期的"综合创造"说，主张将中国文化与多元文化进行有机的统一，从而开创出中国现代的新文化。

---

① 张岱年：《张岱年全集》第一卷，石家庄：河北人民出版社1996年版，第229页。
② 张岱年：《张岱年文集》第六卷，北京：清华大学出版社1995年版，第490—491页。

此时，中国情况和世界形势都发生了很大变化，"文化综合创新论"之所以"新"，就在于它适应了这种新时代的变化，具有超出其他文化观的三大特点：第一，超越了近百年来的"体""用"之争，彻底摆脱了传统"体用"说的束缚。第二，其目的在于建设社会主义新文化，以适应中国当前的需要，其内涵强调以中国文化为主，并融汇西方文化和社会主义文化之长，这是一种前所未有的文化观，既合乎中国国情，又切实可行。第三，合乎当前世界文化多元发展的新潮流，适应了中国文化走向世界的客观要求。中国特色的社会主义新文化既是中国优秀文化的传承，又是中国原有文化的提升；既是中国的文化，又是世界文化的一个组成部分。[1]正因为如此，这一文化观才得到了学术界的广泛认同，具有持久的生命力。

2.构建"自强不息，厚德载物"的民族精神

20世纪80年代中期，在对中国文化进行深入研究的基础上，先生提出中华民族精神就是"自强不息""厚德载物"[2]，并先后从六个层面进行了深入的探讨，初步形成了中华民族精神论。

以"自强不息"和"厚德载物"为基调，先生开始了对中华民族精神的系统构建。先生认为，中华民族精神的核心内容是自强奋斗精神与宽厚和谐思想。中华民族精神的思想源头要追根溯源到五千年前中国人文始祖炎黄二帝，炎黄传说表现了"正德、利用、厚生"三事并重的观点，把物质文明与精神文明列于同等重要的地位，奠定了文化全面发展的正确方向。[3]先生不仅要求继承民族精神，而且积极倡导民族精神与时代精神的结合，并以世界历史文化

---

[1] 刘鄂培、杜运辉：《张岱年先生学谱》，北京：昆仑出版社2010年版，第32—33页。
[2] 张岱年：《张岱年全集》第六卷，石家庄：河北人民出版社1996年版，第223页。
[3] 张岱年：《张岱年全集》第七卷，石家庄：河北人民出版社1996年版，第223页。

的视野将中华民族精神与现代西方其他民族精神做了比较研究。先生还提出了别开生面的中华民族精神九大功能论：民族生存的生命之根；民族心理的核心观念与深层结构；民族理想、社会理想的价值导向；民族自信心与民族自豪感的精神支柱；爱国主义的深层根据；民族凝聚力的思想基础；维护民族独立的精神脊梁；弘扬民族主体性、抗御全盘西化的强大精神武器；民族兴衰、历史命运的命脉所系。①可以说，构建中华民族精神是先生治学大道的最高境界，践行中华民族精神是先生直道而行的最高追求。

3.开拓中国现代哲学的伦理价值观

"文化的核心在于价值观，道德的理论基础也在于价值观。新发展的关键在于价值观的批判继承、革旧立新。"②正是基于这一思考，20世纪80—90年代，先生以中国特色的新价值观为主题，撰写了一系列论文：《新时代中国文化的价值观》《论价值与价值观》《论价值的层次》《论重新估定一切价值》《中国古典哲学的价值观》《简评中国哲学史上关于人的价值的学说》等，对中国的价值观和伦理思想进行了深入的分析、批判和研究，开拓了现代哲学伦理价值的研究空间。

在上述系列论文中，先生提出中国哲学自古以来主张"以人为本"的价值观，这是中国哲学中最有活力的生长点之一，并发掘出孔子的"人事为重"说、孟子的"民贵"说等，认为儒家哲学注重人的内在价值，显示了人的道德自觉，这是中国传统价值论中应该继承和发扬的内容。先生还提出现代的新型价值观应该倡导"仁富合一""德力俱足""义利统一"。在改造传统道德的基础上，先生

---

① 王东：《张岱年学术思想的六大理论创新》，载《河北学刊》2004年第4期。
② 刘鄂培、衷尔钜：《张岱年研究》，北京：清华大学出版社2004年版，第321页。

主张要确立中国特色社会主义道德的"新三纲":爱国主义原则、为人民服务的集体主义原则和社会主义的人道主义原则。先生还明确提出了新时代的道德规范应该是:忠、信、慈、孝、廉、礼、勤、俭、勇。①这是对中国传统伦理价值观的新发展,实现了20世纪中国哲学走向世界的价值转换。

三、流芳余响

2004年4月,张岱年先生辞世后,学术界、文化界相继举办了一系列活动以示纪念。先生作为当代的学术泰斗、一代宗师,其高尚人格和杰出成就给后世留下了宝贵的精神财富。逝者已往,风范常存。流芳永驻,余响不绝。

2004年5月15日,清华大学人文学院、中国社会科学院哲学研究所、北京大学哲学系、北京师范大学教育学院和哲学系、中国社会科学院历史研究所中国思想史研究室、中华孔子学会联合举办了"纪念张岱年先生诞辰95周年暨中国文化综合创新学术研讨会",来自海内外的各界人士100多人参会。会议在庄严肃穆的气氛中举行,与会者在追思怀念中探讨先生的学术思想及相关问题,表达了沿着先生的学术足迹继续前行的意愿,会后出版了由王中江教授主编的纪念论文集《中国哲学的转化与范式——纪念张岱年先生九十五诞辰暨中国文化综合创新学术研讨会文集》。

2005年4月24日,北京大学哲学系举办了"张岱年先生逝世一周年纪念会暨《不息集》出版座谈会",近四十位学界人士参会。与会者深情追忆了先生严谨朴实的学术风格和淡泊宁静的人格风

---

①张岱年:《张岱年全集》第七卷,石家庄:河北人民出版社1996年版,第427—428页。

范,对先生在中国哲学的教学研究、学科建设、思想构建等方面所做出的贡献给予了高度评价。《不息集——回忆张岱年先生》由陈来教授主编,记录了先生生前友人、同事、后学、亲属等的回忆,使先生为人为学的风貌得以再现。

2012年,在儒家思想文化发源地之一山东省泗水县,兴儒公园落成,这个公园是以儒家的起源、发展、传承为主题的大型文化公园,园内建有历代儒家代表人物的青铜塑像和石刻浮雕,并配有生平简历和思想概述,先生的塑像就矗立在其中,这表明先生将像历代的先贤大儒一样永远受到后人的景仰。

在先生诞辰110周年之际,2019年10月20日,清华大学人文学院哲学系、北京大学哲学系、中国哲学史学会、中华孔子学会共同举办了"中国哲学的传统及其现代开展——纪念张岱年先生110周年诞辰学术研讨会",近百位学者参会发言,深切缅怀先生的学术人生,高度评价先生的学术成就和思想贡献,并对中国哲学的传统承接和今后的发展进行了深入而广泛的讨论。先生哲嗣张尊超在发言中深情地说:"他始终大力弘扬综合创新。他把创发新唯物论即解析的唯物论哲学理论,阐扬综合创新作为自己的使命,对中国哲学和中国文化倾尽了他一生的努力,燃烧了自己,发出了光芒,至今仍然没有熄灭。"[①]先生倾注一生心力构建的融合古今中西而又富有创新的思想,时至今日仍具有重要的理论意义和现实意义,对今后中国哲学及中国文化的发展仍可起到指导作用。

冯友兰先生曾以"直道而行"概括先生的立身之道,他在《张岱年文集》第一卷《序》中写道:"'直道而行'四字,此张先生立身之道也,非闲章也!"刘笑敢教授也在《为学、为师、为人——岱

---

① 张尊超:《怀念我的父亲张岱年先生》,载《衡水学院学报》2020年第6期,第58页。

年师散忆》一文中说："回想张先生的一生,所谓直道而行决不是孤芳自赏,更不是自以为是,而是赤子之心,襟怀坦荡,诚恳待人、诚恳处事。从不阿谀逢迎,但也决不恃才傲物。在任何人面前,无论长幼、尊卑、识或不识,先生都是一视同仁,亲切平易。"先生在追求真理的道路上始终不改初心,一往直前,充分展现了"自强不息""厚德载物"的中华民族精神。先生既是一位慎思敏求的哲人,也是一位立己立人的仁者,是"尊德性与道问学"的典范,其道德文章将恒久流传、永驻世间。

四、主要论著

(一) 学术著作

1.《中国哲学大纲》,1958年商务印书馆署名"宇同"出版,1982年中国社会科学出版社署名"张岱年"正式出版。

2.《中国唯物主义思想简史》,北京:中国青年出版社1981年版。

3.《中国哲学史史料学》,北京:生活·读书·新知三联书店1982年版。

4.《中国哲学史方法论发凡》,北京:中华书局1983年版。

5.《中国伦理思想研究》,上海:上海人民出版社1989年版。

6.《中国古典哲学概念范畴要论》,北京:中国社会科学出版社1989年版。

7.《张岱年自传》,成都:巴蜀书社1993年版。

8.《耄年忆往——张岱年自述》,太原:山西人民出版社1997年版。

9.《张岱年学述》,杭州:浙江人民出版社1999年版。

(二)学术论文集

1.《中国哲学发微》,太原:山西人民出版社1981年版。

2.《求真集》,长沙:湖南人民出版社1983年版。

3.《玄儒评林》,长沙:湖南人民出版社1985年版。

4.《真与善的探索》,济南:齐鲁书社1988年版。

5.《文化与哲学》,北京:教育科学出版社1988年版。

6.《思想·文化·道德》,成都:巴蜀书社1992年版。

7.《张岱年学术论著自选集》,北京:首都师范大学出版社1993年版。

8.《张岱年学术文化随笔》,北京:中国青年出版社1996年版。

9.《文化论》,石家庄:河北教育出版社1996年版。

10.《宇宙与人生》,上海:上海文艺出版社1999年版。

11.《直道而行》,北京:大众文艺出版社2000年版。

12.《文化与价值》,北京:新华出版社2004年版。

(三)论著集成

1.《张岱年文集》(共六卷),北京:清华大学出版社1989—1995年版。

2.《张岱年全集》(共八卷),石家庄:河北人民出版社1996年12月版。

(撰写者:孙宝山,中央民族大学哲学与宗教学学院教授;
王佳希,中央民族大学哲学与宗教学学院硕士研究生)

冯契

冯契，原名冯宝麟，浙江诸暨人。中国共产党党员。当代中国著名哲学家、哲学史家。曾任华东师范大学政治教育系主任、哲学系名誉主任；上海社会科学院哲学研究所副所长、上海社会科学院副院长；国务院学位委员会哲学学科评议组成员、上海市社会科学界联合会副主席、中国哲学史学会副会长、上海市哲学学会会长、上海中西哲学与文化交流研究中心（现为上海中西哲学与文化比较研究会）主席；上海市政协委员；国际儒学联合会顾问。他的学术道路是：凭借中国传统哲学智慧而进行现代哲学创造，使当代中国哲学发扬民族特色而在世界哲学舞台上熠熠生辉。

一、求道哲学，锲而不舍

中国近代经历了空前的民族灾难和巨大的社会变革，"中国向何处去"成了时代中心问题。这在中华人民共和国建立之前，主要是如何革命的问题；中华人民共和国建立之后，主要是如何建设的问题。冯契求道哲学的历程始终与这样的时代精神紧密相连。

（一）农家子弟，清华"闻道"

1915年11月4日，冯契出生于浙江省诸暨县金王乡（今诸暨市东和乡）施高坞村的农民家庭。后来，已入学清华大学的冯契在《清华副刊》上发表散文《我的故乡》说，我的故乡是出西施的地方。古越大地更哺育了不少著名哲学家：从王充到陈亮、叶适，从王阳明到黄宗羲，从章太炎到王国维。冯契也从这里的农家子弟成长为哲学家。他后来改名为"契"（契，通"锲"，取"锲而不舍，金石可镂"意），以名寓志，其人生就是终身锲而不舍地求道哲学。1928年，冯契考入浙江省立杭州初级中学（今杭州第四中学），成绩优异，为校长赏识，一直资助其直至高中毕业。1931年，冯契考入浙江省立杭州高级中学（今浙江省杭州高级中学），数学成绩尤为优异，老师准其免修。1935年参加高考，先后被南开大学数学系和清华大学哲学系录取，最后决定进清华大学哲学系。他后来回忆说："当时的考虑是：要救国，就要有理论，最根本的理论是哲学，我对数学、科学、文学、哲学都爱好，学哲学大概是最能满足我广泛的兴趣。"[1] 进入清华，冯契很快被老师们"另眼有加"。美籍华人、著名史学家何炳棣在回忆文章中，曾为当年修读冯友兰的课程

---

[1] 冯契：《认识世界和认识自己》，《冯契文集》（增订版）第一卷，上海：华东师范大学出版社2016年版，第5页。

成绩获得第二名而自豪,但又补充说,第一名是冯契。①著名史学家赵俪生曾是冯契的同窗,在他的印象中,冯契"在大学一二年级时就不声不吭地啃大本大本的西文版康德和斯宾诺莎的著作。很快,他就被老师们器重。冯友兰先生讲中国哲学史课,每讲到自认为淋漓尽兴的时候,总是向班上说:'密密密斯忒儿冯冯冯宝麟,你你有什么意见?'引得我们一教室的人既新奇又嫉妒,整个讲堂七八十个人,你的眼睛里就只瞧得上一个冯宝麟,那么我们大家伙就只是'叨陪末座'了。从中也可以看出,冯兄的脱颖欲出,已经被老有城府的冯先生觉察到了"。②对于冯契的求道哲学而言,清华是"闻道"之地。

然而,"问道"并非两耳不闻窗外事。1935年入学后不久,冯契就积极参加呼吁全民族抗日救亡的"一二·九""一二一六"两次大游行。随后加入"平津学生南下扩大宣传团",沿平汉铁路线南下宣传抗日。1936年,在反抗军警搜查清华园的"二二九"事件中,与一些同学遭到毒打和传讯,"被打得最厉害的是在抢救蒋南翔斗争中最勇敢的民先队员冯宝麟"③。蒋南翔为当时清华地下党领导人,"民先"是中国共产党领导的"中华民族解放先锋队"的简称。

在清华读书期间,冯契以"提曼""艾提曼""洛丹"等笔名发表小说、诗歌、散文多篇。1936年5月加入中国左翼作家联盟北方部,成为"左联"清华园小组成员,该小组的清华学生还有王瑶、韦君宜、赵俪生等。冯契用文学宣传改变黑暗现实和抗日救亡的思

---

① 参见何炳棣:《读史阅世六十年》,桂林:广西师范大学出版社2005年版,第66页。
② 赵俪生:《记王瑶与冯契》,《赵俪生高昭一夫妇回忆录》,太原:山西人民出版社2010年版,第185—186页。
③ 清华大学中共党史教研组:《一二·九运动史》,北京:北京出版社1980年版,第114页。

想,如1936年发表的散文《我爱北平》这样写道:"现在我更爱北平了。因为他是受辱的武士,落难的英雄。敌人的飞机和暮鸦,在他的头顶翱翔,他报之以粗豪而凄怆的呼声——学生和劳动大众的呼声。"①1937年7月7日卢沟桥事变,随着抗日战争全面爆发,冯契结束了清华的求学生涯,走向抗战前线,"受辱的武士"奋起洗刷民族的耻辱。

(二)投身抗日,战场"悟道"

1937年12月,冯契在山西临汾等地参加"山西牺牲救国同盟会"工作。在山西抗战前线,他读到毛泽东的《论持久战》。半个多世纪后,他仍记忆犹新:"这本书当时给前线战士带来的兴奋和所起的思想解放作用,没有亲身经历、体验过的人是难以想象出来的。""这本书以其理论力量一下子征服了我们。""使我们豁然开朗,解除了困惑。""记得读这本书的时候,我完全被吸引住,一口气读完了,后来又反复地读。《论持久战》特别使我感受到理论的威力,它以理论的彻底性和严密性来说服人,完整地体现了辩证思维的逻辑进程。""他的著作中所包含的哲学即对能动的革命的反映论和辩证逻辑的阐发使我觉得很亲切,也使我感到真正要搞哲学,就应该沿着辩证唯物论的路子前进。"②如果说王阳明有"龙场悟道",那么冯契则是"战场悟道"。

1938年春,冯契来到延安,7月进入鲁迅艺术学院学习,成为文学系首批学员。11月加入中国共产党。他这样回忆当时聆听毛泽东

---

① 冯契:《智慧的探索·补编续》,《冯契文集》(增订版)第十一卷,上海:华东师范大学出版社2016年版,第83页。
② 冯契:《认识世界和认识自己》,《冯契文集》(增订版)第一卷,上海:华东师范大学出版社2016年版,第11页。

讲课的情形:"1938年我在延安听过他的哲学课。上千的青年学员在抗大的操场上听他讲辩证唯物论。大家席地而坐,全神贯注,秩序井然。毛泽东同志讲课,不但逻辑力量足以掌握全体学员,而且时时穿插一些风趣的话,引起全场大笑。所以听他的课,既是受教育,也是一种享受。他那批评'老子天下第一'的口吻,我至今记忆犹新。我也清楚地记得,他举'叫花子耍蛇'为例,说哪怕是像蛇那样可怕的对象,只要摸着了它的'脾气'(这是他使用的词),就能控制它,利用它,而不会害怕它了;也就是说,自由是对必然性的认识和客观世界的改造。像这样娓娓动听地对青年讲哲学,确能使人永远铭记在心,使理论在人心中长久地起作用。"①

1938年12月,冯契与"鲁艺"的同学到八路军第一二〇师实习,跟随部队转战华北。带队教员是何其芳、沙汀。冯契在师部从事宣传工作,写出诗集《北征》。艾思奇将其推荐给上海的读书生活出版社,因太平洋战争爆发,上海租界沦陷,未能出版。不过,当时延安《文艺战线》(周扬主编)上曾发表过冯契的诗作《老太婆许宝英》,歌颂一位来自河南的老太婆,抛弃了原来"金耳环,银手镯""多寿多福"的生活,在延安投身于抗战事业,反映了中国妇女的觉醒:过去中国女人,"犹如羊栏里的羊群",而"现在中国的女人站起来了!站起来了,骤然地长高,小羊变成母牛般强壮"。②一起转战华北的部队战友,冯契在50多年后仍未能忘怀:"在1939年初,我随第一二〇师的一个团从晋察冀到冀中,同行的是一个名叫雷锡学的青年同志,他喜欢文学,但当时是部队的政治工作干部。两人在行军时同行,晚上睡在一张床上。"一起谈论过瞿秋白《多

---

①冯契:《智慧的探索·补编续》,《冯契文集》(增订版)第十一卷,上海:华东师范大学出版社2016年版,第555—556页。
②同①,第33页。

余的话》,"在过平汉路的时候,我和他分手了。而没有想到,他不久就在一次战斗中英勇牺牲了。我为此曾写过一篇文章纪念他,发表在部队的报纸上,记得在这篇文章中,我还特别写了两人关于《多余的话》的议论",认为"瞿秋白是个非常真实的人"。①这隐含着他以后的"智慧说"需要回答的问题:何谓理想人格及如何培养理想人格。1939年6月,冯契返归延安"鲁艺"。

(三)昆明"明道",上海"达道"

1939年9月,冯契告别延安,11月到达昆明西南联大复学。1941年7月本科毕业,入清华文科研究所,受业于金岳霖、冯友兰、汤用彤等。他后来有多篇文章回忆受教于三位老师的情景:"金先生重视对理论作逻辑分析,通过示范给我严格的思维训练,要求我提出的每个论点都经过严密论证。""汤先生注意依据翔实的资料来获得贯通的理论,善于启发,鼓励我自由思考,去探求玄远的哲理境界。"②冯先生"'新理学'的真正贡献在于它将逻辑分析方法运用于中国哲学,使得蕴藏在中国传统哲学中的理性精神得到了发扬"。③跟从金岳霖做研究生,冯契读了他的《知识论》手稿和《论道》,"真正感受到自己有一个哲学问题非要解决不可",这就是知识与智慧的关系问题。对此进行探讨的初步成果,是他1944年写成的研究生毕业论文《智慧》(发表于1947年的《哲学评论》)。由此,冯契"给自己规定了一个哲学任务,就是要根据实践唯物主义

---

① 冯契:《哲学讲演录·哲学通信》,《冯契文集》(增订版)第十卷,上海:华东师范大学出版社2016年版,第324—325页。
② 冯契:《智慧的探索》,《冯契文集》(增订版)第八卷,上海:华东师范大学出版社2016年版,第486页。
③ 同②,第374页。

辩证法来阐明由无知到知,由知识到智慧的辩证运动"。①如其所概括的,《智慧》是实现这个任务的"起点",而晚年的"智慧说三篇""仿佛又在向这个出发点复归"。②这就是从"明道"走向"达道"。如此50来年的锲而不舍是时代问题通过其个人感受而具体化的反映。冯契认为,"中国向何处去"的时代课题,要求回答中国文化、民族精神向何处去,这就必须在哲学领域解决20世纪以来,在西方和中国存在并发展着的科学主义和人文主义、实证主义和非理性主义的对立。这样才能"使中国哲学既发扬中国的民族特色,又能够会通中西,使它成为世界哲学的有机组成部分"。③让中国在哲学上、精神上站立起来。"智慧说"以解决科学主义和人文主义、实证主义和非理性主义的对立为主旨,向世界交出了中国哲学家的答卷。

在西南联大,冯契参加了学校地下党领导的学生组织"群社",积极投身抗日救亡和争民主、反独裁的斗争,做了大量的宣传、联络工作,介绍进步同学到中学任教,在中学组织读书会并代购进步书籍,到少数民族地区宣传抗日民主、筹建武装革命根据地等。冯契说:这是"义不容辞"的,虽然自己读书的时间少了,"我不以为这是牺牲,参加一些革命工作,多和革命同志交往,使我能接触实际,比较能把握时代的脉搏,这对于从事哲学探索的人是必要的"。④

---

①冯契:《认识世界和认识自己》,《冯契文集》(增订版)第一卷,上海:华东师范大学出版社2016年版,第7—16页。
②冯契:《智慧的探索》,《冯契文集》(增订版)第八卷,上海:华东师范大学出版社2016年版,第600页。
③冯契:《认识世界和认识自己》,《冯契文集》(增订版)第一卷,上海:华东师范大学出版社2016年版,第12页。
④冯契:《智慧的探索》,《冯契文集》(增订版)第八卷,上海:华东师范大学出版社2016年版,第601页。

结束研究生学业后，1944年8月至1946年6月，冯契受聘国立云南大学文史系讲师，由此开始了长达半个世纪的教师生涯。1946年8月到上海，先后任教于同济大学、上海纺织工学院、大夏大学等。从1946年起至上海解放，冯契常为《时与文》《展望》等杂志撰文，用思想的力量鼓舞人们尤其是知识分子，为迎接新中国而奋进。如《知识分子的彷徨》指出：徘徊在岔路口的知识分子，其实只有进或退两个相反的方向，"退，则捡起中西的腐朽传统，扮起虚伪的面孔。进，则继承革命的遗产，惟真理是从"。①冯契还积极投入中共外围组织上海大学教授联谊会（简称"大教联"）的活动，团结高校教师迎接上海解放。1951年，受聘为华东师范大学教授，直至去世。

　　中华人民共和国成立以后，冯契求道之心日坚，尽管遭受到一些曲折磨难，但他仍坚定信念。1956年，他因一篇文章受到批判和处分。但他还是在1957年出版了著作《怎样认识世界》（中国青年出版社），这是实现原定"哲学任务"从"起点"到"复归"的中间站。趁到北京开会之便，冯契请金岳霖当面谈他对这本著作的意见，两人"就如何研究和发展辩证唯物主义认识论问题，作了长时间的讨论，直至深夜"。②这本著作受到毛泽东关注，他要求秘书"找四、五、六、七本送给同我接近的青年同志阅读"③。"文革"十年浩劫，冯契几次被"抄家"，数百万字的手稿从此下落不明。他说：对此起初"确实感到十分沮丧，心情黯然"，后来意识

---

① 冯契：《智慧的探索·补编》，《冯契文集》（增订版）第九卷，上海：华东师范大学出版社2016年版，第106页。
② 冯契：《智慧的探索》，《冯契文集》（增订版）第八卷，上海：华东师范大学出版社2016年版，第252页。
③ 毛泽东：《致林克》，《毛泽东书信选集》，北京：人民出版社1983年版，第573页。

到,"只要保持心灵的自由思考,还是有条件使自己的探索继续下去。这样,我终于比较平静下来了,而且经过心灵的自由思考,经过系统的反思,我觉得自己对祖国的前途、社会主义的前景,都还是有信心的。对实践唯物主义辩证法的哲学理论,我经过思考,仍然作了肯定的选择"。[1]这样的坚定信念和无悔选择,激励冯契在浩劫之后,尽管已过花甲之年,依然焕发出创造的活力,在最后近20年里,贡献出了原创性的哲学成果:以"智慧说三篇"(《认识世界和认识自己》《逻辑思维的辩证法》《人的自由和真善美》)为核心的哲学体系和以"哲学史两种"(《中国古代哲学的逻辑发展》《中国近代哲学的革命进程》)为代表的中国哲学研究论著。冯友兰1985年写信祝贺冯契出版《中国古代哲学的逻辑发展》,贺信说:"以一己之力完成如此鸿篇巨制,在近年实属罕见。"冯契在"文革"后看望金岳霖,向他表示还要围绕知识和智慧的关系继续深入研究,写出几种著作,金岳霖"连声说:'好!好!你写出来!现在像你这样多年来一直专心搞哲学问题研究的人不多'"。[2]这样的"罕见"和"不多",说出了冯契求道50多年的不易和精彩。

二、中西马会通论和史一体

冯契的主要学术成就,如上所说是以"智慧说三篇"和"哲学史两种"为代表的。按照他所说的"哲学是哲学史的总结,哲学

---

[1] 冯契:《认识世界和认识自己》,《冯契文集》(增订版)第一卷,上海:华东师范大学出版社2016年版,第19—20页。
[2] 冯契:《智慧的探索》,《冯契文集》(增订版)第八卷,上海:华东师范大学出版社2016年版,第514页。

史是哲学的展开"①,这两大成果是有着内在联系、相互贯通的整体。冯契说,自己"始终相信马克思主义基本原理的正确性,不过认为应该创造性地对待它",就是说,"只有像小鸡一样破壳而出,才真正吸取了鸡蛋的营养"。②对于中西哲学,他也是入乎其内出乎其外。在论文《智慧》的准备时期,他给"自己开了两个书单子:西方从古希腊到维也纳学派,中国从先秦到'五四',按历史顺序选读各家主要著作,有的精读,有的略读"。③但并不由此"以为西方哲学史从苏格拉底到马克思,中国哲学史从孔子、老子到毛泽东,有那么多的天才,创造了那么多博大精深的哲学体系,后人还能有什么创造呢?"④冯契的学术成果体现了会通中、西、马的原创精神。

(一)哲学史两种,贯通古与今

《中国古代哲学的逻辑发展》和《中国近代哲学的革命进程》,系统研究了先秦到1949年的中国哲学史,共100多万字。以个人完成中国哲学通史,迄今尚未有第二人。冯契力求"达到用哲学家的眼光研究哲学史,借鉴哲学史来进行哲学创作的较高境界"⑤,其哲学史研究和哲学创作正体现了这样的境界。不过,他以为"智慧学说,即关于性和天道的认识,是最富于民族传统特

---

① 冯契:《中国古代哲学的逻辑发展》(下),《冯契文集》(增订版)第六卷,上海:华东师范大学出版社2016年版,第391页。
② 冯契:《哲学讲演录·哲学通信》,《冯契文集》(增订版)第十卷,上海:华东师范大学出版社2016年版,第366页。
③ 冯契:《智慧的探索》,《冯契文集》(增订版)第八卷,上海:华东师范大学出版社2016年版,第594页。
④ 冯契:《认识世界和认识自己》,《冯契文集》(增订版)第一卷,上海:华东师范大学出版社2016年版,第17页。
⑤ 同④,第418页。

色的,是民族哲学传统中最根深蒂固的东西"。[①]因此,冯契在20世纪80年代首先出版了哲学史两种:《中国古代哲学的逻辑发展》(上、中、下)由上海人民出版社在1983—1985年出版,《中国近代哲学的革命进程》由上海人民出版社在1989年出版。

《中国古代哲学的逻辑发展》的《绪论》摈弃长期禁锢人们头脑的日丹诺夫的哲学史定义,提出哲学史的新定义:"根源于人类社会实践、主要围绕着思维与存在关系问题而展开的认识的辩证运动。"还论述了中西哲学的特点:在逻辑学和自然观上,中国较早发展了"一阴一阳之谓道"的辩证逻辑和以气一元论为基础的辩证法自然观,而西方则较早发展了形式逻辑和原子论;在考察人的自由的问题上,中国传统伦理学注重自觉原则,而在美学上较早提出了言志说和意境理论,西方人则高扬自愿原则和较早提出模仿说及典型性格理论。

先秦哲学围绕"天人""名实"之辩展开,构成了中国哲学发展的第一个大"圆圈":孔子尊重人的理性,但导致先验论,墨子注重经验而与孔子对立,老子以"反者道之动"的辩证法超越孔、墨,但走向唯心论。尔后,《管子》用直观唯物论克服《老子》的唯心论,是唯物论的唯理论,孟子发展孔子的思想,是唯心论的唯理论,他们和早期法家是独断论,《庄子》用相对主义予以反对,惠施和公孙龙则是相对主义和绝对主义的对立,后期墨家进而建立了形式逻辑体系,荀子对"天人""名实"之辩做了比较正确的总结,达到了朴素唯物论和朴素辩证法的统一。此后,韩非强调斗争,《吕氏春秋》则注重统一,《易传》有丰富的辩证法,同时是汉代神

[①] 冯契:《认识世界和认识自己》,《冯契文集》(增订版)第一卷,上海:华东师范大学出版社2016年版,第23页。

学唯心论的先河。

秦汉至清代哲学是中国哲学螺旋形发展的第二个大圆圈。汉代哲学论争中心是"或使""莫为"之争和"形神"之辩。董仲舒是神学目的论的"或使"说,《淮南子》是机械论的"或使"说,王充以"气自变"的观点,批判天人感应论,反对了各种"或使"说,发展了"莫为"说。魏晋哲学以"有无（动静）"之辩为中心。王弼的"贵无"说和裴颁的"崇有"论是各自强调一面,向秀、郭象《庄子注》试图以"有而无之"综合"贵无"说和"崇有"论,有相对主义倾向;僧肇由此发展出"非有非无",是更极端的相对主义,范缜则以玄学体用不二的原理提出了"形质神用",对"形神"之辩做了较好总结。隋唐因佛教盛行,"心物"之辩成为论争中心,各宗派都主张"心外无物",但各自夸大"心"的某个侧面:天台宗强调内省,法相宗突出经验,华严宗侧重理性,禅宗提出"不立文字,直指本心",扫除烦琐教义。同时,"力命"之争作为"天人"之辩的侧面得到考察,禅宗和道教李筌夸大主观意志的作用,柳宗元、刘禹锡阐述了天人辩证关系,对"力命"之争做了批判总结。两宋到明清之际,哲学论争中心是"理气（道器）"之辩和"心物（知行）"之辩。张载以气一元论总结了魏晋以来的"有无（动静）"之辩,并开启了"理气（道器）"之辩。程朱理学讲"理在气先""知先行后",是先验论;陈亮、叶适事功学派主张"理在事中",注重"行",有经验论倾向;陆王心学的"心即理""知行合一"也是先验论,但不同于程朱,突出主观能动性。后来,王夫之对"理气（道器）"之辩和"心物（知行）"之辩做了批判总结,体现了朴素唯物论和朴素辩证法的统一。而黄宗羲和顾炎武对宋明理学的反省,分别具有唯心辩证法和直观唯物论的色彩;戴震对理学的批判具有直观唯物论和形而上学倾向,预示着类似西方机械唯物主义阶段的近代哲学即将来临。

中国近代（1840—1949年）哲学发展历程是中国哲学史的第三个大圆圈。中国近代哲学革命在"古今中西"之争的制约下，主要围绕历史观、认识论、逻辑和方法论及人的自由和理想问题展开，既受到西方近现代哲学的影响，又是中国传统哲学在近代的转化和发展。传统的"理气（道器）"之辩在近代首先演变为历史观问题，从龚自珍、魏源到郑观应等，都以"道器"范畴来表达变易史观，由此发展到用进化论来阐释历史演变，再进一步发展为唯物史观及一般的辩证发展观。近代哲学的认识论，依然以"心物（知行）"之辩为中心，魏源首先提出了有近代气息的知行学说，康有为、严复、梁启超强调开民智为先，章太炎、孙中山在与改良派的争论中，表现出对知行关系的辩证认识。在这个过程中，历史观和认识论在"心物"之辩上逐步结合起来，成为中国近代哲学的主线，由毛泽东用马克思主义的"能动的革命的反映论"做了总结。传统的"名实"之辩在近代主要是逻辑学和方法论的问题，"天人"之辩在近代主要是讨论人的自由和理想问题，这两方面的论争，中国近代哲学未能做出系统总结，由此留下了进一步发展中国近代哲学革命的任务。

以上是冯契哲学史的两种主要观点。

（二）智慧说三篇，转识而成智

"智慧说三篇"构建了冯契"智慧说"哲学体系。他在20世纪50年代提出"化理论为方法，化理论为德性"，认为理论联系实际可以从两方面着手：运用理论作为思想方法，贯彻于自己的活动；运用理论来培养自己的德性，提高思想觉悟。"智慧说三篇"正是按照这样的原则建构的。《认识世界和认识自己》是讲"理论"，即广义认识论的理论,而《逻辑思维的辩证法》和《人的自由和真善美》,则是讲"方法"和"德性",即广义认识论的理论转化为认识世界的方法和培养德性的途径。所以,这三本著作各具相对独立性,又互相联系成一个整体,《认识世界和认识自己》是其主干,而《逻辑思维的辩证法》和《人的自由和真善美》是其两翼。

  《认识世界和认识自己》的主旨,是阐述基于实践的认识过程的辩证法,特别是如何通过"转识成智"的飞跃,获得关于性与天道的认识。冯契从哲学史研究中,把认识论的主要问题概括为四个:感觉能否给予客观实在?理论思维能否把握普遍有效的规律性知识?逻辑思维能否把握具体真理(首先是世界统一原理和发展原理)?理想人格或自由人格如何培养?并且阐明了西方哲学的传统是主要讨论前两个问题,中国传统哲学主要讨论后两个问题。他指出,以往受西方实证主义影响,把认识论局限在前两个问题,从这样的狭义认识论出发,就会认为中国传统哲学很少讨论认识论,从而贬低甚至否认中国哲学。有鉴于此,他把立足于上述四个问题的认识论称为广义认识论。这是对中国哲学传统的"接着讲",即会通中、西、马的"接着讲"。该著作对上述四个问题做了系统考察,阐明了从无知到知,从知识到智慧的认识过程辩证法;从主体和客体的关系来说,这样的认识过程是:自在之物的本然界转化为知识经验领域的事实界,进而走向运用逻辑思维把握事物各种联系的可能界,把合乎人的需要的可能性化为现实,便是创造了价值,即作为人化自然的价值界。如此的过程,从客体来说,是自在之物不断化为为我之物,进入为人所知的领域;而从主体来说,是精神由自在走向自为,使得自然禀赋的天性逐渐发展为自由的德性。在这里,认识世界和认识自己不是割裂的,而是在实践基础上相互作用和相互促进,经过凝道而成德、显性以弘道,达到转识成智,造就自由的德性,体验到相对中的绝对、有限中的无限。

《逻辑思维的辩证法》的主旨是讲化理论为方法,说明认识的辩证法如何通过逻辑思维的范畴,转化为方法论的一般原理。冯契以马克思主义客观辩证法、认识论和逻辑相统一的思想,吸取西方哲学概念、范畴学说,对于中国传统哲学的辩证逻辑加以创造性转化和创新性发展,构建了以"类"(包括一系列在"知其然"认识阶段运用的范畴)、"故"(包括一系列在"求其所以然"认识阶段运用的范畴)、"理"(包括一系列在"明其必然与当然"认识阶段运用的范畴)作为秩序安排的辩证思维范畴体系。这样的知类、求故、明理的范畴体系,揭示了人们的认识由现象到本质所必经的环节。冯契指出,以得自客观现实和认识过程的辩证法之道,来还治客观现实和认识过程本身,就是把理论化为方法。这主要有两条基本要求:贯穿于逻辑范畴体系中的对立统一原理转化为分析与综合相结合,认识过程的辩证法的运用表现为理论和实际的统一。用荀子的话来说,这两条基本要求就是"辨合"和"符验",所谓"辨合"即分析与综合相结合,而"符验"则是理论要受实践的检验。"辨合"和"符验"不能分割,两者的统一是唯物主义的辩证逻辑的全部方法论。进行"辨合"和"符验",需要运用"类""故""理"这些逻辑范畴,如《荀子·正名》所说:"辨异而不过,推类而不悖,听则合文,辨则尽故,以正道而辨奸,犹引绳以持曲直。"因此,辩证方法的基本要求与辩证逻辑范畴是一致的。

《人的自由和真善美》的主旨是讲化理论为德性,主要涉及价值论问题,基本观点是:人类的自由在于达到真、善、美的统一。冯契指出,认识的辩证法贯彻于价值论领域,表现为在使理想成为现实以创造真、善、美的活动中,培养了自由人格的德性。认识活动包括认知和评价,二者不能分割,但可以区分。简单地说,认知是判断真或假,评价则是判断好或恶、利或害,这就是广义的价值,好或利为正价值,而恶或害为负价值。在精神价值领域里,同人的精神力量知、意、情相联系,则有真、善、美价值的创造,体现在科学、道德、艺术等文化成果中。真、善、美及功利等价值领域构成统一的价值体系,认识的辩证法贯穿于其中,最主要的是两条:理想与现实的统一,天与人、性与道的统一;而劳动是两者统一的桥梁。合理的价值体系的基本原则是:自然原则和人道原则的统一,人的本质力量亦即理性与非理性(情、意)的全面发展,自由个性和集体精神互相促进,达到个性解放和大同团结相统一。人类应在创造文化的同时培养平民化的自由人格,而不是以高不可攀的"圣人"为理想人格,其培养途径是:实践和教育相结合,世界观、人生观的培养和德育、智育、美育相统一,集体帮助和个人主观努力相结合。

以上是冯契"智慧说三篇"的主要观点。

三、简短的结语

冯契去世后,其主要论著编为《冯契文集》(1996—1998年华东师范大学出版社陆续出版,共10卷;2016年华东师范大学出版社出版增订版,共11卷)。在2015年冯契百年诞辰之际,上海电视台摄制了两集纪录片《冯契》,生动地展现了冯契的生平和思想、为人与为学,该片在上海电视台纪实频道《大师》栏目多次播放,在社会上产生较大反响。冯契的学术成就在海内外有着广泛影响,以其为研究对象的国内著作有10余部,海外学者用英语、日语、法语等语言发表的论文有30多篇。2018年5月,上海市委宣传部和华东师范大学共同在华东师范大学校园里建立的"冯契学术成就陈列室"正式开放。冯契的身后,可以说是文章誉四海,智慧传薪火。他在瞻望21世纪中国哲学时说:"我们正面临着世界性的百家争鸣。海内外的中国哲学各学派,都将在国际范围的百家争鸣中接受考验。""现代人要凭借传统来创造,而传统也因为现代人的创新而焕发青春。当中国现代哲学发扬其民族特色而成为世界哲学的重要组成部分时,中国传统哲学在世界上的影响也将进一步扩大。"①冯契的学术成就正展示出这样的前景。

四、主要论著

1.《认识世界和认识自己》,《冯契文集》(增订版)第一卷,上海:华东师范大学出版社2016年版。

2.《逻辑思维的辩证法》,《冯契文集》(增订版)第二卷,上海:华东师范大学出版社2016年版。

3.《人的自由和真善美》,《冯契文集》(增订版)第三卷,上海:华东师范大学出版社2016年版。

4.《中国古代哲学的逻辑发展》(上),《冯契文集》(增订版)第四卷,上海:华东师范大学出版社2016年版。

5.《中国古代哲学的逻辑发展》(中),《冯契文集》(增订版)第五卷,上海:华东师范大学出版社2016年版。

6.《中国古代哲学的逻辑发展》(下),《冯契文集》(增订版)

---

① 冯契:《智慧的探索》,《冯契文集》(增订版)第八卷,上海:华东师范大学出版社2016年版,第613—614页。

第六卷,上海:华东师范大学出版社2016年版。

7.《中国近代哲学的革命进程》,《冯契文集》(增订版)第七卷,上海:华东师范大学出版社2016年版。

8.《智慧的探索》,《冯契文集》(增订版)第八卷,上海:华东师范大学出版社2016年版。

9.《智慧的探索·补编》,《冯契文集》(增订版)第九卷,上海:华东师范大学出版社2016年版。

10.《哲学讲演录·哲学通信》,《冯契文集》(增订版)第十卷,上海:华东师范大学出版社2016年版。

11.《智慧的探索·补编续》,《冯契文集》(增订版)第十一卷,上海:华东师范大学出版社2016年版。

(撰写者:陈卫平,华东师范大学哲学系教授)

任继愈

一、个人简介

任继愈（1916—2009年），字又之，山东省平原县人。1934年考入国立北京大学哲学系，1938年于国立西南联合大学哲学系毕业。1939年考入国立西南联合大学文科研究所读研究生，师从汤用彤、贺麟先生。1942年毕业，随贺麟先生在国立中央政治学校做助教一年。此后就在西南联合大学、北京大学哲学系任讲师、副教授、教授。1964年，参与创办中国科学院世界宗教研究所，随后任所长，至1985年。1987年，任北京图书馆（后更名为国家图书馆）馆长，至2005年。

先后担任国务院学位委员会学科评议组成员和哲学组召集人，国务院古籍整理出版规划小组成员，社会科学基金宗教学组召集人，1999年当选为国际欧亚科学院院士。曾当选第四至第八届全国人民代表大会代表。

创办和参与创办中国宗教学学会、中国无神论学会、中国哲学史学会等，并先后担任会长、理事长；担任北京西藏佛教研究会、中国图书馆学会会长、理事长。

其学术方向涵盖中国哲学、宗教和自然科学诸方面，并以整理文献资料作为自己重要的学术使命。

主编的《中国哲学史》（四卷本），长期作为大学教材，获教育部特等奖；主编的《中华大藏经》（汉文部分上编）获全国古籍整理图书奖一等奖、国家图书奖荣誉奖等。

二、主要学术经历和学术成就

（一）从信仰儒学到接受马克思主义

任继愈先生家藏有一些医学书籍，青少年时代读过《黄帝内经》，曾想做一名医生。然而，当时举目所见的黑暗现实，传统文化中主张胸怀大志、正直做人教育的熏陶，新文化运动中鲁迅等人的影响，使先生立志把追求真理作为自己毕生的事业。1934年，考入国立北京大学哲学系。当时入学的十几个人，毕业时只剩下了三个人，先生是其中之一。

先生起初信仰儒学，认为其中有中华民族的"真精神"。然而，日本帝国主义的侵略，国民党政权的腐朽，农村的破败和贫穷，儒学拿不出像样的解决办法。思想苦闷的时候，迎来了中华人民共和国的建立。和中国共产党人的交往，参加土地改革，刻苦学习马克思主义，使先生找到了真理，也找到了正确认识传统文化的思想武器。于是，先生成了马克思主义者，并且坚持终生，从未动摇。先生在描述自己思想转变的过程时写道,由于参加了"土地改革运动",与农民共同生活在一起,思想感情有了很大的变化,从此真正感到过去儒学家讲的"修身、齐家、治国、平天下"及"天地万物一体之仁""亲亲而仁民,仁民而爱物"都是虚的。即使古人真正是这样想的,也救不了天下,救不了人民,只能把旧中国拖向苦难的深渊。中华人民共和国成立后,开始学习马克思主义,学着用历史唯物主义来观察社会和分析历史现象。初步学到了这个方法,使我十分振奋。回头来再剖析我中华民族的文化,就有了下手处。过去看不清楚的,现在看得比较清楚了。

1981年,先生把自己在中华人民共和国成立后所写的中国哲学论文编为《中国哲学史论》。在该书后记中,他回顾自己接受马克思主义的坎坷历程后表示,自己接受马克思主义是"完全出于自觉自愿。不后悔,也不退缩"。并以古人"衣带渐宽终不悔"的诗句自勉,表示坚持马克思主义的决心。

(二)对佛教哲学的研究使他成为中国马克思主义宗教学的开创者和奠基人

先生的专业是中国哲学。从汉代开始,佛教传入中国,并和中国传统文化相融合,成为中国传统文化的有机组成部分。先生认为,要弄清中国哲学中的种种问题,必须深入研究佛教哲学。他的学位论文《理学探源》,就把佛教哲学作为理学的来源之一。接受马克思主义之后,又更加深入地探讨了佛教哲学。有关佛教哲学的论文后来集为《汉唐佛教思想论集》。这部"论集"因其独特的马克思主义视角,不仅在中国,而且在国际上,都产生了广泛而深刻的影响,不仅对于中国哲学和佛教研究有重要的开创性意义,更重要的是开辟了以马克思主义为指导研究宗教问题的新路径。

在先生之前，中国已经有非信仰的学者从事的宗教学研究，比如汤用彤先生，就是不信仰宗教的学者研究宗教学并且卓有成就的代表。只是从任继愈先生开始，中国学者才开始用马克思主义的立场、观点和方法研究佛教，研究宗教。《汉唐佛教思想论集》是中国马克思主义宗教学的奠基之作，任继愈先生则是中国马克思主义宗教学的开创者和奠基人。

（三）质疑日丹诺夫定义，坚持实事求是的思想原则

先生研究佛教哲学，是为了理解整个中国哲学。中华人民共和国成立后，中国哲学研究的方法，深受苏联的影响。十月革命给我们送来了马克思列宁主义，苏联也给我们加载了许多不合实际的教条。1957年，在"中国哲学史座谈会"上，先生旗帜鲜明地批评了被奉为准则的日丹诺夫对于哲学的定义。先生指出，这个定义有三点不足：第一，忽略了社会历史观的研究，而中国古代哲学偏偏在这方面资源丰厚；第二，中国哲学的唯物主义和辩证法往往结合在一起，但日丹诺夫的定义对辩证法战胜形而上学的内容注意不够；第三，日丹诺夫的定义没有给唯心主义以应有的历史地位。

座谈会后，北京大学哲学系中国哲学史支部于1957年3月2日整理出《中国哲学史座谈会后的一些反映》，最后写道：

> 任继愈同志（北大哲学系教授）对日丹诺夫的定义仍有不同看法，他说："如果这个定义大家都了解错了，可见是定义的问题。例如过去高教部所提的'全面发展'为什么所有校长都了解错了呢？那不就是因为方针有问题，所以现在才补充上'因材

施教'。"①

也就是说,会上质疑日丹诺夫定义的其他教授,会后可能都改变了看法,但只有先生一人,还坚持着他的观点,并且用既往的成例证明:不是使用者理解有误,而是定义本身就有缺陷。

1961年,受教育部委托,由先生出任主编,为大学编一套中国哲学教材,这就是著名的《中国哲学史》(四卷本)。该教材最初由人民出版社在1963—1979年出版,它培养了一代又一代新中国的哲学工作者,至今仍为广大读者所熟知。

(四)坚持实事求是原则,拒绝按"儒法斗争"描述中国哲学史

1971年,先生又受教育部委托,编撰为普通干部学习哲学使用的《中国哲学史简编》,1973年10月出版。由于该书未能按所谓"儒法斗争"的线索撰写,出版当月,《红旗》杂志就发表了批判文章,北京大学哲学系也准备要开"批判会"。但是先生坚持实事求是的原则,虽然在接下来的几年里都处于"担惊受怕"的局面,但始终没有按所谓"儒法斗争"的线索改写他的中国哲学史著作。

(五)哲学是发展的,中国哲学也是发展的

《中国哲学史》(四卷本)和《中国哲学史简编》虽然是先生主编,但由于是教育部委托,是给学生和普通干部编写的教材,因此观点都要求比较稳妥,一些个人独到的见解,不宜发表。因此,在《中国哲学史简编》完成之后,先生就着手撰写了一部"自成一家

---

①赵修义等编:《守道1957——1957年中国哲学史座谈会实录与反思》,上海:上海人民出版社2012年版,第32页。

之言"的《中国哲学发展史》。书名特意加上"发展"二字,也是表明先生对于哲学历史的基本见解:哲学,当然包括中国哲学,是一个不断发展的思想体系。

迄今为止,在中国哲学研究领域,还是多数人喜欢先秦和魏晋时代,认为汉唐时代是哲学的贫乏时期。然而,在先生看来,汉代哲学是先秦哲学的发展,唐代哲学是魏晋南北朝时期哲学的发展。后者继承前者,并且都有新的创见。这是一个符合历史实际的见解,对于中国哲学研究,具有方法论的指导意义。

(六)儒教就是宗教

先生在中国哲学研究领域最重要的创见,就是发现中国古代独尊的儒术,其实质就是一种宗教。

自从梁启超1902年否认儒教是宗教开始,其后又经蔡元培、陈独秀等继续发挥,这个判断未经讨论,就被中国学者普遍接受。从此以后,"中国古代是无宗教国""儒教之教是教化之教,不是宗教之教",就成为中国学者看待中国思想历史的出发点和归宿。然而,在20世纪80年代初,任继愈先生连续发表《论儒教的形成》《儒家与儒教》等论文,指出中国古代被称为儒家或儒教的思想派别,有自己信仰的神祇,有自己的经典。和佛教、道教一样,也认为自己经典中的言语,是"放之四海而皆准,质诸古今而不疑"的绝对真理,不容怀疑,也不容讨论。正是这样一种思想方式,严重地妨碍人们独立地思考问题,解决问题,阻碍着中国社会的进步和发展,是造成"文化大革命"中一些盲目、狂热现象的思想渊源。

"儒教是宗教"的论断,对于习惯于认为"中国古代是无宗教国"并且以此为自豪的中国学者,是一种所谓"石破天惊"的论断。当这个论断于1978年年底在"中国无神论学会成立大会"上及1979年于太原召开的全国性的"中国哲学史学术讨论会"上第一次发表的时候，没有人赞成，也没有人反驳，人们只是感到震惊。

然而不久，反驳的文章可以说是铺天盖地。从中国哲学界的泰斗，到所谓新进后生，都一齐发声反对，论文数以百计。此后20年间，公开表示赞成的，只有三五人。不少人认为这是一种奇谈怪论，一些人甚至认为是笑料。

然而，先生仍坚持他的观点。因为他不仅对中国哲学有深刻的理解，对宗教的实质也有深刻的研究。在先生逝世之前，虽然赞成者还不是学界的多数，但已形成一支庞大的队伍。被整个学术界甚而普通群众所接受，只是个时间问题。因为这个判断不是一个观点问题，而是一个事实。简而言之，就是说，中国古人和其他各古代民族一样，也是信神的。这些被信仰的神祇，最重要的是北京天坛上祭祀的皇天上帝和地坛上祭祀的皇地祇，其下则有天上的日月星辰，地上的山岳江河，人间的圣人、贤人和英雄豪杰。

在先生看来，儒教是宗教的判断，不仅是对中国传统文化性质的定性问题，而且关系着马克思主义的一个基本原则：世界上没有哪个民族能够超越历史唯物主义的原理，在古代就成为无宗教国。

（七）不仅要脱贫，而且要脱愚

"文化大革命"后期，一种被称为"宗教狂热"的现象在各地出现。在先生的推动和主持下，1978年，成立了中国无神论学会；1979年，成立了中国宗教学学会。同年，先生发表《为发展马克思主义的宗教学而奋斗》，提出"马克思主义宗教学的本质就是科学无神论",主张广泛宣传科学无神论,帮助群众树立无神论的科学世界观。先生亲自给北京大学新成立的宗教学专业授课,其讲授内容被整理为《宗教学讲义》;领导宗教研究所同人,完成了一系列以马克思主义为指导的宗教学著作。这些著作,大多都成为该学科建设的学术范例。

为了使马克思主义宗教学健康发展,先生联合刘大年、谭其骧、刘佛年等作为人大代表的学者提案,建议保留宪法中"公民有宣传无神论自由"的条款。与此同时,宗教界人士则联合向宪法起草委员会报告,要求取消"公民有宣传无神论自由"的条款。中共中央党校理论刊物《理论动态》也发表《对宗教方面的一些理论和实践问题的认识与体会》的文章,主张取消无神论宣传。

在这场要不要宣传无神论的争论中,主张取消的一派取得了胜利。随后,出现了所谓"有神论有人讲,无神论无人讲"的局面。信仰各种宗教的人数,在十几、二十几年的时间里,都有了十数倍的增长。无神论学会的活动则越来越困难,终于在1987年最后一次年会以后停止了活动。

有神论的泛滥,特别是"特异功能""伪气功"这些本质上是巫术的新型有神论的泛滥,使先生感到,群众的愚昧是和贫穷一样严重的问题。于是,先生当年6月在《人民日报》发表《不仅要脱贫,而且要脱愚》一文。文章受到党和国家领导人的高度重视,在《光明日报》《解放军报》等重要媒体上全文转载。"不仅要脱贫,而且要脱愚"的思想,也日渐深入人心。

(八)为中华民族的文化复兴做资料准备,是我们这一代的光荣使命

先生一向认为,受时代局限,在我们这一代学者中,很难出现影响深远的大哲学家。为以后中华民族的文化复兴做资料准备，是我们这一代学者的光荣使命。

基于这一认识，先生晚年把大量的时间和精力都用于整理古代典籍。他不仅努力为这项工作奔走呐喊，而且亲自主持多项特大项目，制订计划，组织人员，并亲自审阅稿件。他是当代古文献整理领域用力最多、成就最大的学者。

(九) 不断探索，四译《老子》

先生早在高中时代，就关注当时学术界关于《老子》问题的讨论。1956年，为了给留学生讲老子哲学，他今译了《老子》，后来又数次修订，直到晚年出版《老子绎读》。

与四译《老子》相伴，是先生对老子哲学的不断探索。起初，先生认为老子哲学是唯物主义的。20世纪60年代，他主编《中国哲学史》，仍然坚持认为老子哲学是唯物主义的。直到70年代，他主编《中国哲学史简编》时，才觉得两种说法都有道理，如同康德哲学说的"二律背反"。又是数年过去，他最终认为，不能用后来哲学的分派特征去定性老子哲学，应该实事求是地说明老子哲学的贡献及它的不足。

先生认为，老子对中国哲学的最大贡献，是提出了"无"的概念，这是中国哲学史上的第一座里程碑。在崇无的原则上，老子建立了中国古代"贵柔处弱"的辩证法体系，与儒家《易传》以"刚健"为原则的辩证法体系并列，和而不同，优势互补，丰富了中华民族的辩证法宝库。

先生的结论，对于实事求是地评价古代哲学，批判地继承传统文化遗产，具有重要的方法论意义，也是他于1957年质疑日丹诺夫定义的进一步发展。

（十）文化发展的"势差"规律

先生曾经把中国哲学的发展描述为五个阶段：元素论到精气论再到元气自然论，然后是元气本体论，最后是机械唯物主义。"文化大革命"以后，先生不再坚持五阶段说，而是具体地描述中国哲学的发展过程。先生去世前不久，又把中国哲学的发展归结为导源期、奠基期和成熟期三个阶段。也就是说，先生终其一生，都在探索中国哲学的发展规律。

而先生晚年最重要的发现，是文化传播的"势差"规律。先生说：

> 高度发展的文化往往影响低度发展的文化，而低度发展的文化，处于被影响的地位。只有由高向低产生影响，而不能使低度发展的文化反过来影响高度发展的文化。①

这是一个重要的发现，也是一个中肯的警告：中华民族的文化振兴，只能是用先进的文化替代落后的文化，而不要指望用落后的文化替代先进的文化。而先进和落后的基本区别，就是看它是代表少数人的利益，还是代表多数人的利益。

三、弘扬和普及儒学方面的成就

（一）整理儒学典籍，为文化振兴准备资料

先生一贯认为，要人们热爱传统文化，首先要让人们了解传

---

① 任继愈：《佛教与东方文化》，《任继愈文集》，北京：国家图书馆出版社2014年版，第425页。

统文化。不了解，是没法热爱的。不了解而说热爱，不可能是发于真诚。

让人们了解传统文化，其中主要是儒家文化，先生做的第一项工作，就是领导和主持整理古代典籍。他作为《中华大典》的总主编，又亲自担任其中《哲学典》和《宗教典》的主编。这两个典中，设有《儒家分典》和《儒教分典》。他主编的"中国古代哲学名著全译丛书"中，入选的也主要是儒家典籍。他著的《老子绎读》《老子全译》，是儒学经典著作。

先生整理古代典籍，如果说主编《中华大典》等主要是为学术界服务，那么，古籍今译，就是为了让更多的人能了解传统文化，了解儒学。

（二）身体力行，践行传统美德

任继愈先生先是信仰儒学，后来接受了马克思主义，这样一来，儒学中的优秀传统，马克思主义的精华，一起熔铸着先生的高尚人格。先生在世时，有人把先生归结为对传统文化（当然主要是儒学）持批判态度之列。先生去世以后，人们似乎忽然发现，在老一辈学者中间，在践行传统美德方面，先生即或不是唯一最多的，也是最多者之一。

这主要是不少人把先生批判儒教误解为就是批判儒学。在先生看来，儒学是传统文化的主要成分，有精华，有糟粕。糟粕要抛弃、要批判，但是精华要继承。在要批判和抛弃糟粕之中，最重要的，就是把经典中的精华内容批判地继承。比如《论语》，从毛泽东主席到习近平总书记，都从中汲取了丰富的营养。但是，如果认为《论语》是圣人的经，其中的话都是绝对真理，"放之四海而皆准，质诸古今而不疑"，甚至一句顶一万句，今天也只能照办，而不能质疑和讨论。这样一来，就是把本来优秀的内容变成了宗教教条，把伟大的思想家变成了神祇，这显然是不正确的。因此，继承优秀传统，是先生的使命；破除这样一种宗教思维方式，也是先生的使命。只有理解了儒教和儒学的这种区别，才能理解主张批判儒教的任先生为何又最多地继承了儒学的美德和优秀传统，也才能正确地弘扬儒学。

梳理先生践行的传统美德，大约有以下几个方面：

1. 实事求是，坚持真理

作为学者，向社会提供的是自己的学术。先生一贯强调，有一分材料说一分话，不做无根据的空论。实事求是，只说自己想通了的话。不能说话的时候可以不说，但不能乱说。

正是这些为学原则，使先生勇于坚持真理，也不断地修正错误。

1957年，他质疑日丹诺夫定义，被批判为"修正主义思潮"，但他始终不加改变。直到数年以后，他主编《中国哲学史》，终于突破把哲学史仅仅作为唯物主义和唯心主义斗争的历史，而把辩证法和形而上学的斗争，认识论方面的建树和社会历史观等具有中国特色的内容，写进了哲学史，形成了中国哲学史的所谓"四大块"内容，而且给予唯心主义哲学以客观的评价。

在老子哲学定性问题上，尽管毛泽东主席的观点是老子是唯心主义者，但先生当时没有想通，仍然坚持着自己的主张，直到后来自己想通了，才改变了以往的论断。在必须按"儒法斗争"撰写中国哲学历史的时期，他虽然遭到当时最权威的《红旗》杂志的批判，但他仍然立场不变。他作为宗教研究所的负责人，不随波逐流，坚持毛泽东主席提出的"研究宗教，批判神学"的原则，组建和重建了中国无神论学会，坚持无神论的宣传事业。

先生的著作中，没有无所根据的空言，也没有违心趋时的媚言。

2.清廉自守，淡泊人生

先生有古代士大夫的清高，也有着共产党员的清廉。优秀传统和新道德，在他身上达到了完美的结合。在合作的项目中，能不拿稿费的他就不拿。他认为，国家给予的工资就已经够了。他甚至常常把应得的稿费拿来资助困难的学生，或拿去补充单位的科研经费，而他自己则常常使用废纸写作，把旧信封翻过来再用。《人民日报》曾报道过先生的清廉故事，先生淡泊名利、两袖清风，有着高洁的品格。

3.不媚上，也不媚俗，特立独行

一个学者，不媚上有时还容易做到，因为他有自己的谋生之道。但是不媚俗，有时就不容易做到，因为他的作品需要有人买账，有人捧场。任继愈先生是既不媚上也不媚俗、直道而行的人。有人可能觉得先生不好接近，对人不很热情，往往对坐一起而无话说。那种情况，要么因为他太忙，要么因为没有话说。他不擅长那种无话找话的热情。青年人找他写序，他一定要看完书稿，觉得可写的才写。他从不让人给自己祝寿，即使活到90岁高龄。因为他觉得那是展示虚情、聆听假话的场所。他怯于应酬宴会，不得已去参加时，总是心中不安。后来，他干脆宣布不在外面吃饭。应邀参加的会议，如果他觉得不妥，便不去参加。

这样的为人处世，难免会得罪一些人，收获一些非议。然而，先生做不到让"乡人皆好之"，而只能是"乡人之善者好之，其不善者恶之"（《论语·子路》）。

4.志在高山，志在流水；不以物喜，不以己悲

先生一生遭受过不少不虞之毁，然而他心胸开阔，"天风海

浪自悠悠"。他下过"干校"，在"干校"期间，视网膜脱落，双眼几乎失明。然而，当记者和他谈起这段经历时，他总是显得"云淡风轻"。他在"干校"期间，不仅积极参加劳动，和大家同甘共苦，而且主动冒着风雪去给当地农民治病，在劳动中体会哲学道理，把"干校"看作是自己接触群众、了解社会、为人民服务的一个机会。

他"不以物喜，不以己悲"，是因为他的心志不在个人的命运，而是志在高山，志在流水。

5.在家也应该是共产党员

儒学主张修身、齐家，先生则提出"在家也应该是共产党员"。他在中小学时代就在玩耍中培养弟弟们对知识的兴趣。在极其艰苦的西南联大时期，他刚刚参加工作，就节衣缩食资助弟弟求学。弟弟经济困难，他就加倍负担起赡养父母的费用。他们夫妻之间，真正做到了相敬如宾。在他们家，找不到好事者爱听的八卦新闻。

6.诚实无欺古人风

《诚实无欺古人风》，是《人民日报》给一篇纪念先生的文章所加的题目。中央党校主办的《学习时报》也发表了一篇纪念先生的文章，题目是《诚者物之终始》。前者源自先生接受马克思主义之后，给自己尊敬的老师熊十力先生写信，表示自己不再信仰儒学，但师生之谊常存。熊先生回信赞扬先生"诚实无欺，有古人风"。后者则源自《中庸》："诚者物之终始，不诚无物。"先生一生为人为学，如果用一个字概括，那就是"诚"。他早年信仰儒学是诚，后来接受马克思主义也是诚。对待老师是诚，对同学、对同事、对家人、对学生，对一切和他接触的人，他都出于真诚。他去世后，在世界宗教研究所为他开的追思会上，和他共事多年的黄心川先生反复强调,任继愈先生的一生,归结为一个字,那就是"诚"。

《中庸》还说:"诚者,天之道也。诚之者,人之道也。诚者,不勉而中,不思而得,从容中道";"诚则明,明则诚"。诚是智慧的源泉,也是智慧的归宿。这是儒学的核心要求,也是先生为人为学的基本品质。

《诗》云:"刑于寡妻,至于兄弟,以御于家邦。"子曰:"《书》云:'孝乎惟孝,友于兄弟,施于有政。'是亦为政。"先生以自己的践行,传播着儒学中的优秀传统。他的品德,已经影响着他周围的人们,也影响着那些仰慕先生的人,今后必将更多地影响着那些追求高尚的人。这就是先生为弘扬儒学所做的贡献吧!

四、主要论著

(一)专著类

1.《汉唐佛教思想论集》,北京:人民出版社1973年版。

2.《中国哲学史论》,上海:上海人民出版社1981年版。

3.《任继愈学术论著自选集》,北京:北京师范学院出版社1991年版。

4.《任继愈学术文化随笔》,北京:中国青年出版社1996年版。

5.《念旧企新——任继愈自述》,太原:山西人民出版社1997年版。

6.《天人之际》,上海:上海文艺出版社1998年版。

7.《竹影集——任继愈自选集》,北京:新世界出版社2002年版。

8.《老子绎读》,北京:北京图书馆出版社2006年版。

9.《魏晋南北朝佛教经学》,北京:国家图书馆出版社2013年版。

10.《宗教学讲义》,北京:国家图书馆出版社2013年版。

11.《任继愈文集》(10卷本),北京:国家图书馆出版社2014年版。

(二)主编类

1.《中国哲学史》(4卷本),北京:人民出版社1963—1979年版。

2.《中国哲学史简编》,北京:人民出版社1973年版。

3.《中国佛教史》(3卷本),北京:中国社会科学出版社1981—1988年版。

4.《中国哲学发展史》(4卷本),北京:人民出版社1983—1994年版。

5.《中华大藏经》(汉文部分),北京:中华书局1984—1997年版。

6.《中国道教史》,上海:上海人民出版社1990年版。

7.《道藏提要》,北京:中国社会科学出版社1991年版。

8.《宗教大辞典》,上海:上海辞书出版社1998年版。

9.《佛教大辞典》,南京:江苏古籍出版社2002年版。

10.《中华大典·哲学典》,昆明:云南教育出版社2007年版。

11.《中华大典·宗教典》,石家庄:河北人民出版社2012—2020年版。

(撰写者:李申,中国社会科学院研究员)

何光荣

何光荣（1923—　），原名何锦生，号蒙山，江西新余人。不足6岁始读私塾，接受儒家经典教育。14岁开始相继就读于江东完全小学、私立临江中学和省立樟树中学，接受新式教育。1946年8月，考入国立北京大学先修班，次年转入教育系学习。1949年1月参加革命工作，3月参加第四野战军南下工作团，10月分配到南昌市公安局工作。1955年7月，任教于南昌市第二中学。1956年9月，以"调干生"就读于北京师范大学教育系。1962年8月，任教于北京长辛店铁路中学。1982年7月，调入中央教育行政学院（现国家教育行政学院）教育学教研室，聘为副研究员，主治中国教育史和教育哲学。1988年年底离休后，仍深耕经史，传习不辍，先后兼任北京东方道德研究所特聘研究员，国家教育行政学院国学教育研究中心顾问，国际儒学联合会顾问、荣誉顾问，国家开放大学中国传统文化研究中心特聘研究员。著有《中国古代教育哲学》《中华大道》《中华经史纲要》,合作主编《陈友松教育文集》;工于书法,手书群经,刊出《何光荣楷书国学经典》《蒙山手书四书》。《中国古代教育哲学》荣获全国第二届教育科学优秀成果二等奖。

一、蒙山毓秀,耕读传家,诗书继世而筑强根基

"惟晚辈素爱乡梓,深深感谢生我养我于斯的蒙山渝水。"

"中华优秀传统文化如源泉活水般滋养着我年少的心灵,在懵懂中向往探索其大美。"

——何光荣

1923年10月2日,夏历癸亥年八月廿二,何光荣出生于江西新喻县蒙阳乡茂冈村(今新余市渝水区人和乡茂江村),此地乃蒙山之阳,因号"蒙山",其书法常以蒙山落款。何光荣在中华经史研究领域之成就,最初得益于家乡及家族文化熏染。

新余历史悠久,人文荟萃,名山秀水,人杰地灵。位于新余市渝水区和宜春市上高县之间的蒙山,主峰白云峰海拔千余米,钟灵毓秀。南宋史地学家王象之所编纂《舆地纪胜》卷二十七记载:蒙山"在上高县南三十五里,周回一百四十里。峭壁横险,厥材千寻,常有云霭蒙蔽,故以为名"。蒙山东南麓有拾年山新石器文化遗址,乃全国重点文物保护单位。蒙山南麓"龙施泉"之美名,乃明嘉靖皇帝所赐。嘉靖八年(1529年)新喻县令所写"龙施泉"正楷刻石尚存。刻石右旁,原砌有石坊,两边曾有楹联"养得一番灵气,静观万物生机"。

在何光荣的记忆中,离茂江村不足二里处,相传是老莱子"耕于蒙山之阳"之地。西汉刘向所撰《列女传·贤明传·楚老莱妻》记载,春秋时"莱子逃世,耕于蒙山之阳。葭墙蓬室,木床蓍席,衣缊食菽,垦山播种"。当地还流传着孔子来此拜见老莱子之典故,即《庄子·外物》所记:孔子周游列国时曾向老莱子请教:"业可得进乎?"老莱子劝其:"去汝躬矜与汝容知,斯为君子矣。"即主张戒除骄矜,淡泊名利,顺乎自然。老莱子所隐居之蒙山究竟在何处,向存争议,明初新喻人梁寅之考证亦难圆其说,何光荣宁信其有并乐道之,尤其赞赏老莱子不贪官禄、避世隐居、自力耕织、全身远害、清高自守之可贵品质。

蒙山书院林立,儒学教化久已兴起。相传蒙山南麓曾有三大著名书院:南宋文天祥之父文仪纳徒设教之竹楼书院,南宋状元新喻名士黎立武所创蒙峰书院,明洪武年间新喻理学家梁寅所建石门书院。尽管久已难寻多少遗迹,但石门书院所见题联"近接程朱,继往开来,振起两朝人物;远宗孔孟,承先启后,维持百代斯文"蕴意匪浅。正德书院尤值一提。蒙山多宝,元代采银日盛,人丁益兴。据《上高县志》载,为免于"饱暖逸居而无教",至元二十八年(1291年),蒙山银矿提举侯孛兰奚慷慨捐俸,"筹建正德书院,以正民德"。书院内有大成殿、明伦堂、两庑、六斋等。书院告成后名师聚集,临川理学家吴澄等名师前来授徒,山民子弟得以诵习经书义理。延祐二年(1315年)十一月,江西儒学提举许善胜作有《正德书院记》,集贤院学士赵孟頫榜书刻石并题"正德书院"横额。

如上观之,蒙山文化底蕴厚重,民风淳朴。何光荣生于斯长于斯,深受滋养之益;况且何府乃耕读人家,诗书继世。据其回忆,三代合耕百二十亩地,家境尚为殷实;其家训乃"勤俭持家",家风乃"耕读为本"。嵌于院子围墙石刻"陋室惟馨",表达陋室主人安贫乐道而期待美名远扬的意趣。正房小客厅木刻"兰桂腾芳"①，与院中那棵三四百年树龄的桂花天然成趣，蕴含着家族对子孙的劝勉与激励。父亲何复明为长子，兄弟四人：复明、见明、光明、华明，含"复见光华"之意蕴。何光荣同辈弟兄四人，分别为：光荣、光耀、光祖、光宗，取"荣耀祖宗"之义。何光荣5岁时，父亲不幸病逝，年仅35岁；25岁时，母亲何张氏归西，享年五十有余；其祖父何金甫（号绍裘）、外祖父张月樵和舅老爷张肯堂均为清代秀才，知书达理，耕读传世。他记忆中，家有八平方米书院，乃父辈读书之处，存有不少线装宣纸典籍和刻有"何绍裘"三字的图章。父辈中四叔父功课最佳，曾考入私立江西法政专门学校，供职于区政府，负责文教事务。

作为何家寄予"荣耀祖宗"厚望的长子长孙，何光荣自幼备受呵护，且受到良好的早期教育。1928年春，他不足6岁即入私塾，九年私塾，首先背诵《三字经》之类蒙书，相继背诵《论语》《大学》《中庸》《孟子》经书。每当塾师挑背，均能应对如流，初显读书潜质，深得塾师及亲友赞誉。何光荣至今记得祖父当年给自己讲授《大学》中"苟日新，日日新，又日新"经文的情景，尽管难以尽解其意，但勉励自己修德进业，自强不息。自十二三岁，私塾读书之余，二叔父令其助理家务。早晨须与长工同时起床劳作，或打猪草，或放牛，或卖豆腐。尽管长辈要求近乎严苛，但他也经受了磨砺，每天劳作尤其是放牛时，便用来诵习经书，让所学功课得以巩固。如此耕读生活，何光荣初知读书和劳作之甘苦。尽管私塾九年重在记诵而罕有讲解，但凭其兴致和勤奋，加之聪慧天资，亦

---

① 语出程允升《幼学琼林·祖孙父子》："父母俱存，谓之椿萱并茂；子孙发达，谓之兰桂腾芳。"

能浅知经书奥义。早年练就的"童子功",为后来研习经史打下了根基。

1937年2月,四叔父将其带到本县江东区六年制完全小学读五年级,接受新式教育。与私塾强调背诵经书不同,学校开设国语、数学、历史等课程,老师讲授实用性常识,也讲些有趣味的历史典故,所授内容与私塾所学常相联系。只是新接触数学,他颇感吃力,但到五年级下学期就考取同班第二名的成绩,获得一元奖金,以资鼓励。

1939年1月至1941年12月,何光荣就读于本县私立临江中学。初中老师多是中专大学毕业,也有国立中山大学毕业者。受中山大学老师影响,萌发报考中山大学意向。尽管学校开设有国文、数学、外语、历史、地理、物理诸多课程,但功课之余,仍渴求多读诸如哲学之类课外书。恰逢战时,当地一书难求,读初一时就往国立西南联大所在地昆明购得新文学名著《胡适文存》,尽管晦涩难懂,但刻苦钻研,亦初知学问之艰。如此渴求学术,初步培养了其独立读书能力和爱读书之品质。

1942年7月至1945年7月,就读江西省立樟树中学,完成高中学业。樟树中学创办于1901年,前身为临江府官立中学堂,因日侵战乱而迁校于赣江之滨万安,办学条件艰难,需租借老乡家房子住;图书匮乏,无图书馆可去,罕有课外读物可求,所幸能常从英语老师那里借阅英文杂志。初中和高中学段虽然经典背诵不多,但凭其好记性和理解力,长篇古文读过两三遍即可背诵。高中教员不少来自北方名校,受老师们渊博的学识、诲人不倦的精神之影响,何光荣对古文尤其是经史产生了浓厚的兴趣,并确定了报考北大的志向。

二、求学京师，从戎济世，深研教育而入儒学领域

"我是北大和北师大教育系出来的人，这一生，开始是研究教育，后来转到儒学研究上来。"

"我是在一边教英语的时候，一边进到儒学里面来的。"

——何光荣

1946年8月，怀着教育改造社会的志愿，何光荣考入梦寐以求的国立北京大学先修班。在此之前，1945年10—12月，在江西省立医学专科学校有过短暂学习，终因心仪北京大学且无意于学医而退学。北大教授们言传身教，影响其终身思想及学术轨迹。著名社会学家许德珩透彻讲授社会学，频频引用马克思主义经典著作，令何光荣对马克思主义初有了解，学习和研究兴趣一发而不可收，以至于1953年版《资本论》出版后即下功夫细读，进而加深对马克思主义的理解，且产生将马克思主义与中国哲学结合研究的意愿。西方哲学课由年轻的朱姓老师讲授，他从中了解了古希腊尤其是黑格尔哲学，还购得《黑格尔选集》反复阅读。接触到西方哲学思想，经过不同文明、不同哲学之比较，何光荣进一步感知到几千年博大精深、连绵不绝的中华文明和哲学思想之魅力，坚定了自己研究和传承中华传统文化的信念。直到晚年，何光荣仍视当时未能聆听黑格尔研究大家贺麟授课为一憾事。所幸后来曾就中国哲学有无唯心论、唯物论之分，可否讲"心物统一论"诸问题，向贺麟当面求教。选修课的设置令其受益颇多。他选修过文学家俞平伯等著名教授开设的中国古典文学课，由此引发对文学和哲学的浓厚兴趣。1947年9月，何光荣由先修班转入教育学系，师从教育家陈友松、邱椿等学习教育学和教育哲学。

该系成立于1924年,蒋梦麟、胡适等先后担任教授会主席或系主任,院系调整前培养了王焕勋、滕大春等教育学家和鲁平等著名人士。

具有"爱国、进步、民主、科学"传统的北大,是何光荣思想进步、人生成长的摇篮。就读期间,何光荣积极参加了日益高涨的民主运动,迎接祖国新生。1946年12月24日傍晚,同为先修班的女生沈崇惨遭美国士兵强暴,由此引发"抗暴运动",何光荣愤然参与其中。嗣后,相继参加"反饥饿反内战反迫害运动"大游行,抗议反动政府查禁"华北学联"的罢课行动,"反对美国扶植日本"示威游行,反抗反动当局南迁北大的"护校运动",等等。1948年冬,受组织委派,协助保护民主人士许德珩免遭国民党特务毒手。1949年1月,何光荣毅然参加革命工作,成为北平外二区(前门)工作组成员,为解放军入北平城而从事治安和侦察事务。

随着北平和平解放,何光荣遵照许德珩的建议[①],换上军装,满怀革命激情,参加旨在为新解放区准备急需干部的第四野战军南下工作团,成为第一分团第一大队第一纵队学员。受训期间,听报告,自学相关书籍、文件,参加座谈讨论,系统地接受形势教育、革命传统教育和路线方针政策教育。1949年3月12日,在华文学校举行的开学典礼上,聆听了第四野战军政委罗荣桓、南下工作团总团长谭政发表的感人肺腑的讲话。此后,又聆听了南下工作团副总团长陶铸《中共经过二十八年的奋斗,

---

[①] 据何光荣回忆,1949年2月4日,即北平举行中国人民解放军入城式次日,许德珩兴奋地告知何光荣诸生:"现在严重的政治任务是急需大批有较高文化的干部南下,去接管江南大片城市……你们若有志投身于人民解放事业,可以考虑随军南下,到火热的斗争中去锻炼自己,做人民的勤务员。"

取得接近全国胜利的原因》的报告。5月,还听取了中共中央副主席周恩来在中山公园音乐堂畅谈《关于革命青年的修养及目前形势》的报告。7月,听取了朱德总司令在北大红楼前民主广场就《完成伟大历史使命》所作语重心长的报告,领会毛泽东主席为南下工作团所传递"忠诚团结,革命到底,今日加紧学习,将来努力工作"之赠言,坚定了将革命进行到底的信念。7月18日,北平市各界在先农坛举行的盛大欢送晚会上,何光荣聆听了北平市委书记彭真和市长叶剑英及民主人士许德珩充满激情的讲话,满怀信心地开启了一段难忘的南下岁月。在鸡公山短期整训后,10月,被分配到江西担任南昌市沐英城工作组组长。1950年2月,被分配到南昌市公安局司法科担任审讯员。1952年1月,担任警法科财务股长。9月,担任南昌劳改农场副场长、场长等职,为接管城市、建立人民政权做出了贡献。

  1955年7月,调到南昌市第二中学,教高三历史课兼任第六班班主任,成为其教师生涯之始。翌年9月,响应党中央"向科学进军"号召,按国家政策文件,作为"调干生",携妻儿举家回京,就读北京师范大学教育系55级学校教育专业。在此期间,师从陈友松、邱椿、陈景磐、毛礼锐、黄济等先生学习教育学、教育史;得到过教育系主任彭飞的鼓励,有志攻读于教育哲学领域;还有幸聆听过徐特立等老一辈教育家来北师大所作的专题报告。

  自1962年8月,何光荣任教于北京丰台区长辛店铁路中学。这是具有光荣革命传统的北京二七机车厂附属的完全中学,得工人子弟而教育之,信可乐也。但因被错划过"右派"之故,加之英语老师短缺,故教了一年历史课后即开始教英语课,有时同时教三个高三毕业班,一教就是20来年。课余时间,遍览学校图书馆文史典籍。何光荣常言:"我是在一边教英语的时候,一边进到儒学里面来的。"其转机发生在1970年,有一天学习了毛主席"要读历史"的论述,尤其是学到毛主席所言"读历史的人,不等于是守旧的人"①,深受鼓舞。自此,英语教学之余,经常跑北京图书馆和北大图书馆,大量借阅中外经典图书,广泛涉猎中华历史,尤其是有关朱熹、王阳明的典籍,做了大量笔记和英文名著翻译。凭其勤奋攻读,日积月累,为日后研究著述打下了基础。

伴随着"拨乱反正",文化教育领域迎来了学术的春天,何光荣开启宋明心学和理学研究之路,进而走进儒学领域。为破解困扰其已久的"心性""心物"关系论,就孟子的心性论及其与陆象山和王阳明的心学之脉络做了思考探究,确信孟子所述莫非尧舜周孔之道,以性善为理论基础,以良知良能为其必然表现,以养浩然之气和反身而诚为存心养性途径,以"万物皆备于我"为逻辑结论,开心学之端;陆象山继承发展孟学,集中在反躬、践履方面,主张从容沉涵,切己致思,保吾心之良而去吾心之害,以"宇宙便是吾心,吾心即是宇宙"为陆学必然结论;王阳明继承发展了孟学陆学之精微,注重致良知,以知行合一为立言宗旨,心上求理求义求至善,是心学体系发展完善者;三家学说一脉相承,其精要处是强调内省之功,是从心上去体认理和物。1979年年底,他的《试论孟子、陆象山、王阳明三家学说继承和发展的脉络》一文初成,便首次登门求教于新儒学代表人物梁漱溟②,获益良深。在继续研究陆王心学的同时,何光荣潜心于程朱理学的研究,于1982年9月形成专著《朱熹教育哲学研究》(手稿)。书稿

---

①毛泽东于1958年1月28日在第十四次最高国务会议上的讲话。
②其后,何光荣多次探访梁漱溟,最令其难忘的是1984年,梁漱溟特意为其题写"相交期久敬,志道毋远求"相勉,并合影留念。

基于朱熹自然观、宇宙观、人性论和社会政治观,循两条主线论述朱熹教育哲学:一是从论理学出发,讨论心物关系及认识的深刻性,其基本路径是格物致知—学、问、思、辨、行—穷理尽性;二是从伦理学出发,涉及道德及个人修养,其基本路径是正心诚意—居敬持志—修齐治平。前者建立于人之自然属性基础之上,后者则建立于人之社会属性之上,二者合而为一,"道心"化"人心"而已。该书广征博引,涉及古今中西,但其底色及本源,则是先秦儒学。

20世纪80年代初,中央教育行政学院(现国家教育行政学院)恢复办学。在团中央工作的北大学友田家盛熟知何光荣的经史功底,向中央教育行政学院推荐,时任常务副院长的于北辰求贤心切,于1982年7月将年近花甲的何光荣自长辛店铁路中学调入学院,先就职于教育学教研室。自1984年7月,何光荣协助从事教务工作,热心从事大、中学教育思想研讨班的辅导工作,专注于中外教育思想研究与传授。由于参与了陈友松主编的《教育学》第三章《从教育思想发展史中探索教育规律》的撰写[①],何光荣对中外教育思想做了持续探究与传授。他曾代表教育学教研室于1986年7月完成选编中西方教育思想参考资料,相继形成《中国古代教育思想探粹》[②]《西方教育思想探粹》等成果。《中国古代教育思想探粹》从《礼记·学记》"建国君民,教学为先"说起,阐述儒家政治教化之道;结合"四书",阐明完善个人和完善社会的理论;结合理学心

---

① 该书1985年3月由湖北人民出版社出版。陈友松1987年7月20日撰写的评语认为,该部分运用古今中外法,坚持马克思主义古为今用原则,有独到的见解和创新的立论,具备张岱年主张的综合创新能力。
② 未见《中国近代教育思想探粹》,但早在1981年7月,何光荣就撰有《应当注意近代教育思想的研究》一文,并于1987年1月形成《近代中国的教育思想——中西结合的教育思想》。

学,阐发深蕴于哲理中的教育思想;结合古人读书明义弘道,阐发中华民族精神的培养;基于"格致"、"践履"和道德修养及教师修养,强化"知行统一"学说。《西方教育思想探粹》从古希腊时期的教育思想说起,涵盖西方近现代教育思想,论及当代西方教育哲学流派及其哲学渊源。同时,形成中外教育思想史讲稿,先后赴江西新余、广东深圳、河北邯郸、安徽黄山、山东济南等地为广大教育工作者宣讲。1986年秋,何光荣参加在江西庐山举办的"端正教育思想研讨会",并以"端正教育思想,推动教育改革"为主题发言,深受好评。

之所以如此专注于教育思想探究,正如何光荣1986年12月13日致函旅居美国的友人信中所言:"期治中外古今教育思想于一炉,出其精华,以为当前教育实践之指导,并进而为建立我国教育理论做出些微贡献。"显而易见,何光荣持续就古今中外教育思想所做探究时,特别注重儒家思想的挖掘和阐发;即使在研究西方教育思想时,也能"感到美国教育家赫钦斯的见解与儒家教育思想有相通处"。在此期间,何光荣不断取得儒学研究成果,并多次参与学术交流。1984年11月,他出席在抚州举办的"王安石研究会成立大会"并交流《王安石的改革精神及其人才观》一文,强调王安石的改革精神是儒家"自强不息""知其不可而为之""日日新,又日新""通其变,使民不倦"思想的创造性发展,是源自儒家"教之、养之、取之、任之"的人才观,既适合当时的变法要求,又具有当前时代的借鉴意义;1987年10月,又参加"中华孔子研究所第二届年会暨国际学术讨论会"并发表《论儒家之人性论与教育观》一文,阐发了性善性恶之争的历史过程,强调性善是儒家教育思想的立足点;1989年3月,在新余市与文艺界人士座谈会上强调文以载道,明确反对鄙薄传统文化的不良倾向。

三、返本穷索,专注儒道教育哲学,突显当代"真儒"品质

"师事梁漱溟先生期间亲聆之教诲'在中华文化之老根上穷索'。"

"我国应当有自己的教育哲学,应当建立自己的教育哲学体系……我们应当为此而创造性地工作。"

——何光荣

在师事梁漱溟期间,何光荣亲耳聆听先生教诲"在中华文化之老根上穷索",高度认同梁漱溟所谓"中国的老道理,不但能够站得住,并且要从此见精彩,开出新局面,为世界人类所依归"[1]之观点。在《朱熹教育哲学研究》中,何光荣评价朱熹"为承先启后的儒学的捍卫者""首先是儒学的伟大继承者、发扬者和革新者,同时也是社会实践家,以及孔子以外影响最大的教育家",同时强烈意识到,宋明理学心学源于先秦孔颜思孟,自己的学问需要由理学研究回到先秦儒学。在理学家朱熹教育哲学研究的基础上,何光荣将研究的重心落在先秦儒道两家教育哲学的探究上。仅就儒学领域而言,抄写《尚书》等典籍,为《学记》作注,翻译《美国大百科全书》(1975年版)之"孔子"和"教育哲学"等词条,相继撰写《仁说》《释诚》《试论孔子的教育哲学》《论儒家之人性论与教育观》《试论孔子"儒行"之现实意义》《仁义忠孝乃是社会凝聚力之源泉》等论文,将儒家教育哲学建立在人性论基础之上并以仁为核心,注重修身而教化人心,培养格致诚正修齐治平的君子。

---

[1] 中国文化书院学术委员会编:《梁漱溟全集》(第一卷),济南:山东人民出版社1989年版,第614页。

1988年年底,何光荣自中央教育行政学院离休后,得以将主要精力用于撰写《中国古代教育哲学》。当是时,中国有无"教育哲学",甚至有无"哲学",依然众说纷纭。何光荣鲜明地提出,"我国应当有自己的教育哲学,应当建立自己的教育哲学体系。因为我中华的教育思想本来就出自哲理,特别是人生哲理;……哲学本身就有教育之大义存焉"。换言之,"中国之哲学深蕴着教育思想,中国之教育思想体现着完备的哲理",故曰:"教育与哲学浑为一体",只是需要发明之,"将其细作整理,条分理析,其理论体系即粲然大备,我们应当为此而创造性地工作"。①

历经十余年艰辛探索,1994年10月,《中国古代教育哲学》初稿告成,应北京师范大学学友郭齐家之约,何光荣三次为该校教育系研究生分别讲授人性论、认识论和教育论。《中国古代教育哲学》最终于1997年由北京师范大学出版社按何光荣正楷手书影印出版,教育家于北辰为该书作序,评论之:"其所论之本体—人性—认识—教育—道德修养诸论,既自成逻辑,又深发中华传统文化之精蕴。"北京师范大学教授于述胜在《近30年中国传统教育哲学研究的不同理路》一文中②认为,何光荣以"信而好古"的儒者姿态谈论传统教育哲学,"不是站在一个局外人立场上,倒像是一位后生晚辈在追忆自己的先祖业师,如数家珍,充满体贴之情、敬爱之心";所重构的传统教育哲学体系,呈现了传统的大教育观,"在同情与体贴中切近传统"。

1."真儒"必能原道明道

何光荣有志于阐明"中华大道"。2005年,国家教育行政学

---

① 何光荣:《中国古代教育哲学·自序》,北京:北京师范大学出版社1997年版,第1页。
② 于述胜:《近30年中国传统教育哲学研究的不同理路》,载《北京师范大学学报》(社会科学版)2010年第6期,第18页。

院50周年院庆之际,《中华大道》经学院资助,由中华书局按何光荣正楷手书影印出版,于北辰、俞家庆、郭齐家欣然为之作序。之所以称其为"中华大道",如其《自序》所言,是因"吾中华民族禀天地物人合一之道而生、而灵、而文、而哲、而教、而政、而化、而一统,于今岿立于世界民族之林而独显其文化光辉者,以炎黄祖先及历代圣哲以弘道为己任之功也"。①《中华大道》分儒道篇、一统篇和正气篇,勾勒中华大道之轮廓。儒道篇强调儒道之学同根同本,体用同异,穷理而尽性,乃不竭之生命力;一统篇阐明一统之理论基础,内聚力之源泉,同化与异化,兴亡盛衰之几,大道隐显之迹;正气篇论及正气充天地、亘古今、发人性、镇邪恶也,确信正气必将长存人心,长存民间,如日月之经天,光明普照,此乃大道之精髓灵魂。该书以中华经典尤其是儒道两家经典为经,以二十五史为纬,以经观史,以史效经,经史互验,以弘大道,欲以张民族之灵魂,振中华之正气,求以扬人性之善,通万方之略。需要提及的是,何光荣所构建的"中华大道"体系一直在充实和完善,到2012年,已包括并完成六篇,分别是:《儒道篇》《一统篇》《治国篇》《正气篇》《大同篇》《制欲篇》;2020年前,则已调整并完成八篇,分别是:《文字篇》《儒道篇》《教育篇》《一统篇》《治国篇》《盛世篇》《一元篇》《心性情篇》;最终于2021年以《中华经史纲要》"六篇两论"面世。

2."真儒"必尊师重道

离休后的何光荣,一直关心学院文化教育事业,以儒家精神贡献着儒学智慧。1999年教师节到来之际,发表《尊师重道与尊师重教辨》一文②。文章借《礼记·学记》"凡学之道,严师为难。师严

---

①何光荣:《中华大道》,北京:中华书局2005年版,第15页。
②参见国家高级教育行政学院:《教工生活》,1999年教师节专号,第2页。

然后道尊,道尊然后民知敬学"之言,阐明尊师重道之义。文章强调:道者乃治国之道,重道乃重治国之道也,尊师乃尊能言治国之道之师;认为中华治国之道深蕴于"四书""五经"之中,历代为人师者,莫不以通儒自高,讴歌中华历史上尊师重道之风尚;愿师者教之以道,范之以德,教者若不重言道,则自流于空泛,若无舵之舟,无衔之马,不知所之。

3."真儒"必能亲其师而奉信其道

何光荣对两位业师一直心怀"至真至诚"的崇敬之情。一位是许德珩。在北大聆听其讲授社会学,得以开始关注和研究马克思主义;聆听其1947年在五四运动纪念日庆祝会上的演讲,懂得了"做人中人"而非"做人上人"之道理;负责保护其安全期间,在频频接触中"所获得的教育和所得到的启示亦更深切而永不忘怀";受其直接开导而参加革命工作并加入南下工作团,经历了一段无悔岁月。20世纪80年代屡屡拜访中,"重新感受了如坐春风的幸福";与学友获赠题词"希望做社会主义社会的中坚分子、人民的勤务兵",感受到"许先生的思想境界、道德情操"和自身的"神圣使命";聆听许先生与人交谈①,领略到其为人处世展现的人格魅力。1989年10月16日,何光荣致信生命垂危中的许德珩,恭贺业师期颐大寿,深情感恩先生在自己人生成长的过程中从事马克思主义研究、南下革命、致力于教育和中西文化研究以及为人处世方面的深刻影响,并恳请业师玉成其加入九三学社之愿望。

另一位是陈友松。陈先生近半个世纪的耳提面命,令何光荣

---

①据何光荣回忆,1986年9月,他曾陪同刘仁静拜访许德珩,在聆听两位老人的谈话中领略到许先生的为人处世原则:"在重要关头、在关键问题上是绝不与人苟同的,是绝不拿原则做交易的,是持有为有守的态度的,是坚持名节的,是以国家民族的兴亡、人民的利益为准绳的。"

感恩终生。1983年清明，他协助时年84岁、双目失明的恩师完成《思故乡》短文，陈老思念家乡的山水草木和风土人情，感恩故乡的人文教化，感念留美期间湖北省的资助。1991年5月，协助病榻上的陈友松完成《我的教育观》。该文基于中华民族古今圣贤及西哲之见，审视人类之需，反观人心之灵，积长期从事教育研究与教学实践之体验，创造性地归纳提出全人、全生、全民、全盘、全球的"五全教育"。2009年11月，与方辉盛合作主编《陈友松教育文集》，并由社会科学文献出版社出版，汇集陈友松的代表性学术著译作品，介绍其教育思想和理念，反映其学术贡献。2011年2月，与张渭城合作发表《一颗读书种子之成长——陈友松教授的道德文章》一文，呈现了陈友松教授道德文章交相辉映之状，以铭先贤并励来者。

4. "真儒"必能经世致用

1994年，年逾七十，"身居斗室，犹不知老之已至"，心忧民族，心怀天下，以其"呐喊之愿""捐力之心"，撰写《论中华文化之特点与中华民族之使命》。该文概述中华民族自强不息、忍耐刚毅、谦和诚信、富于理想之特性，从天地人物一体、人性物性、内外一统、社会政治、大同世界、人生意义诸方面探究中华文化之特点；提出中华民族在经济、政治、思想、文化、教育以及祖国统一、民族复兴诸方面的使命，强调弘扬中华文化，宣扬中华理性，使之与人类理性结合，用大同思想，促人类理想社会之实现。2007年11月，何光荣出席国际儒学联合会主办、国家教育行政学院承办、马来西亚孔学研究会和北京东方道德研究所协办的"第三届儒家伦理与东亚地区公民道德教育论坛"，提交《论儒家伦理与和谐社会的建设》论文并作交流。认为儒家伦理本于人伦，建立在天、地、人、物一统观之上，生于大道之中，立于人道之德，孝为诸德之本，由家庭而扩及社会；就政治伦理而言，应立道统，建德教，正君心，隶吏治，施仁政，利用厚生，各得其利，各厚其生，各乐其业，各精其技，各广其财，各聚其人，各仁其民，各个因素均处于和谐协作之中；就教育伦理而言，在于诱发人之善性，知与德一体，内圣外王一体，群我一体，德盛而教尊，教尊而道立，道立而天下和。

  2012年9月，何光荣出席国家教育行政学院国学教育研究中心成立大会暨"清源国学讲堂"开讲活动，并题写"大道至善，真儒无敌"，与黄济、王殿卿等全程参会。"真儒无敌"出自汉代扬雄《法言·寡见》："如用真儒，无敌于天下。""真儒"能"明于天，通于圣"①，故曰"无敌"。2014年2月，何光荣作《真儒无敌论》，将"真儒"所应具备之修养概括为"六通""四辟"，主张"六通而融汇古今中西，四辟而开新用"并以此自励。所谓"六通"，即"通儒学之经典""通班固所言九流十家之旨义""通秦汉以降诸子百家之义""通经典历史""通经史之源流"；所谓"四辟"，即"辟道之新义""辟德之新义""辟政教之新义""辟人类未来之新义"②。何光荣谈论最多的是自古真儒多崇尚的"学通经史"，并用功而有恒于经史领域。

四、守穷乐道，手书经籍，潜心经史而集成著述

  "若真想做学问，需吃得了苦、耐得住孤、守得了穷。"

  "最根本的问题就是要在经和史上下功夫。要读懂经和史不太容易，没有相当的基本功，就读不懂。"

——何光荣

---

①《庄子·天道篇》。
②何光荣：《治国篇：中国古代政治哲学》，《中华经史纲要》，北京：团结出版社2021年版，第255—258页。

"真儒"深谙穷达之道,守穷方能得道,即便穷困潦倒,身处逆境,也会固守节操。20世纪50年代后期,何光荣即以"莫须有"而遭横逆,读北师大教育系长达六年,其中近半时间处于劳动考察或农场劳动之中;"文革"破旧立新,被视为"牛鬼蛇神";"拨乱反正",方可精研学术,惜已年近花甲。人生"不得志"如斯,然能独善其身,安贫乐道,潜心研读。近30余年,身居堆满典籍和书卷的狭小又局促之陋室,甘坐冷板凳,肯下苦功夫,沉醉于中华经史领域,默默守护,深耕不息。家中一张旧式课桌,成了读书抄经、写书撰文的"宝地";一张老式长方矮茶几,三张旧沙发,几把折叠凳,就成为与来访者切磋琢磨的"道场"。

耐得寂寞,花苦功手书经籍,尤值得称道。古人"以能书闻天下"者众矣,抄经抄出学问或成就者亦不乏其人,完整手书多部经典而传于今世者,鲜矣。何光荣1970年即着手恭录经籍,且长于楷书,其小楷精细工整,笔酣墨饱,骨力遒劲,严谨端庄,温润典雅,平和规矩,可见其修为与静气,此可谓"心正则笔正"。自2004年年底,以80多岁高龄,历时两年,手书"十三经"、《道德经》、《庄子》全文,虽多耄耋之年所书,仍见骨力神韵,可谓老而益纯,弥足珍贵。其手书时气定神闲,心无杂念,边抄边明理悟道,乐在其中而弗之怠。2018年,国家教育行政学院国学教育研究中心和国际儒学联合会宣传出版委员会联合济南出版社,取其所抄《论语》《大学》《中庸》《孟子》结集出版,名曰《蒙山手书四书》。同期,《何光荣楷书国学经典》面世。此类手书,熔经文与书法艺术于一炉,根据手稿正体竖排,宣纸线装精制,意在呈现这位中国传统读书人的学养功夫,激励更多学人自潜心抄写经典入手,亲近"四书"等中华元典,礼敬古圣先贤,借以修身养性,成就学问,涵养人生。在何光荣那里，书法还可用以表达对党的忠诚①，也可用来为新一代奉献爱心②。

唐代刘禹锡曾有："莫道桑榆晚，为霞尚满天。"2021年，何光荣年近期颐，历经半世纪构思，百万多字巨著《中华经史纲要》（八册）出版。言及年高成书之益，何光荣在该书《总序》中写道："年之高也，则资之深，资之深则阅人生之形象者众，体人生之味厚者深，则反复思考品味之天地宽矣。宽则乐道，乐道则安，安则定，定则能知其本末先后厚薄以及用力之多寡深浅矣。"③该书堪称何光荣学问集成之作。兹将全书"六篇两论"略加分述。

第一篇：《文字篇：说文解字入门》。汉字是中华文化的表意符号，蕴含中华文化思维和智慧。文字学、训诂学、音韵学，古人称之为"小学"。该册作为一部文字学基础读物，并不限于认识汉字，也不限于了解指事、象形、形声、会意、转注、假借"六书"，还注重由文字把握汉字的独特性，进而把握中华思维之特点；尤重透过该著作认知中国人的心性特质，确立中华思维的整体观、类伦观、综合观。"如欲求其全义，则必遍溯之于诸经。"④在何光荣看来，认识汉字，只是学习理解经史的条件；要全面懂得汉字的丰富内涵，必须广泛涉猎经史，通过经史溯源明理。

第二篇：《儒道篇：中华儒道哲学浅述》。该册即2005年出版的《中华大道》之"儒道篇"，堪称一部介绍儒家和道家理论体系

---

① 2021年6月，在教育部直属机关"永远跟党走"庆祝中国共产党成立100周年主题书法绘画摄影作品展中，何光荣荣获书法作品二等奖。
② 2021年10月，中国校园健康行动关心下一代爱心行组委会授予何光荣"2021关心下一代爱心行优秀爱心书法家"荣誉称号。
③ 何光荣：《文字篇：说文解字入门》，《中华经史纲要》，北京：团结出版社2021年版，第1页。
④ 同③，第209—210页。

和发展轨迹的工夫之作。本为"大道",此言"浅述",然其谋篇之精、运思之微,则毋庸置疑。全书仅有两篇,实有三部分。第一部分为"儒学理论体系及其发展轨迹",从伏羲之八卦到帝舜之五教,从洪范九畴到十六字心经,从周之善政到孔孟之集大成,脉络清晰,举要不凡;由自然、人性、人伦、道德、经济、政治、教育数端,精心梳理儒学理论体系;由有无、阴阳、天地物人、心物、人性善物性善、内外、道德、接物之知与德性之知、知行、成己成物而概括出"儒家哲学十统观"。第二部分为"道家理论体系",分别介绍老学理论体系和庄学要义,并就老庄见道之异同、见物我之异同分别做了阐释。第三部分就本书做了小结,集中论述儒道的异同,就两家大道观、有无观、物我观、善己善群观、人欲观、识道观、圣贤观、政治观等八方面分别做了精辟辨析,进而强调:"儒、道本同根同源,有其异者存焉,亦自然然耳,盖见仁见智之意也;恰正是于此异中,复见其所同者存焉。"[①]

第三篇:《教育篇:中国古代教育哲学》。该册曾以《中国古代教育哲学》之名行世。全书分为"本体论""人性论""认识论""教育论""道德修养论""人生意义论"六篇,由本体而人性,由人性而认识,由认识而教育,由教育而修养,由修养而知人生意义,浑然一体,构建了以儒道为主体的教育哲学体系。之所以突出儒道,是因儒道之学博大精深而切要,两家影响于中华历史与文化最为深远。该书呈现的儒道教育哲学,与中国哲学乾坤一体、心物一统、道德一根、理欲同源之特征相表里,与中华民族重整体、以人为贵、生生不息的思想特点相一致,与中华文化之人本、性善、

[①] 何光荣:《儒道篇:中华儒道哲学浅述》,《中华经史纲要》,北京:团结出版社2021年版,第617页。

人心役物的文化特点相适应,堪称儒道教育哲学思想梳理研究之成功探索。

第四篇:《一统篇:中国历代政治史鉴》(上、下册)。该作首明中华"一统观"的理论根源,即天地人物神五位一体;进而纵论人文始祖轩辕黄帝以降迄于清朝,结合政治教化,就中华兴亡、盛衰、一统历史,做了连缀赓续之论说。何光荣遍览《资治通鉴》和"二十五史",索其源流,探其要旨,究其兴亡、盛衰之迹,清晰发现:儒家道统贯穿于历代政教民心之中,或兴或亡,或盛或衰,均取决于为政者之明暗、勤惰、正邪、善恶之中。其对历史认识和观察多有独到之处,对朝代、人物及事件的品评,多有点睛之笔。适如该《绪论》中所言,其论中华"一统观",旨在寻求历史之鲜活足迹而光辉其生机。

第五篇:《治国篇:中国古代政治哲学》。本册是基于"儒道篇"和"一统篇""修齐治平"之道的逻辑延伸。何光荣以其对经史的娴熟把握,深刻阐述中国传统治国之道。共十章,首先辨道建统,释读道统大意;遂从厚德立政、仁政、善教务本、吏治、尊贤、均富、美俗、外交、国防诸方面展开论述。确信儒家之政乃正君心、协股肱、建皇极之三位一体,蕴含大中至正之道。依于此道施政,则政通天下;依于此道敷教,则化民成俗。行此王道,则尽显德化威力,乃人德之泽;保有内蕴之生命力,乃百姓之福。

第六篇:《盛世篇:中国古代盛世经验》。该册乃古代盛世治国经验的总结,与"治国篇"息息相关。《绪论》引用《礼记·哀公问》孔子所谓"爱与敬,其政之本与",强调爱与敬亦为盛世之本,由此概括出古代盛世之经验,且期望圣君贤相在位治国。全书分为六部分,从殷高宗时"拜相授命"和"履位立纲"说起,盛赞中华史上第一盛世,并总结出"非知之艰,行之惟艰"的盛世经验;

遂有西周武成之治、西汉文景之治、唐代贞观之治和开元天宝之治、北宋仁宗之治，总结其盛世"旧邦新命""王道重兴""济世安邦""抑欲则昌""孝悌简朴""崇儒尊孔""恭俭仁恕"等宝贵经验，以为今日治国理政之助益。

首论：《东西哲学一元论》。受梁漱溟《东西文化及其哲学》之影响，加上就读北大时中西哲学课的熏陶及其后之积累①，何光荣早已萌发"东西哲学一元论"之构想。首先就中华哲学探源溯流，揭示其特点与贡献，从伏羲立阴阳画八卦，文王演《周易》，孔子作《十翼》，直到新中国日新圣学、唤醒民众自尊、重铸国魂而治国安邦，都有清晰梳理。西方哲学涉及古希腊罗马哲学、欧洲中世纪哲学、文艺复兴时期哲学、十八世纪法国哲学、十八至十九世纪的德国哲学。西方哲学主要涉及七大学派和50余位人物，何光荣将其观点与中国典籍和思想家的观点分别做了比较研究，不乏自己的独到见解。针对费尔巴哈"东方人见到统一而忽略了差异，西方人则见到差异而遗忘了统一"之论，何光荣认为，东方哲学是"先见森林，后见树木"，西方哲学是"先见树木，后见森林"，进而阐述了东西哲学的差异和统一，并发出肺腑之言："检讨人类文化的历史，就愈觉我中华文化与全人类的思想感情，息息相通，脉脉相应，积极相求，冥冥相融……"确信中华经史所示"内以治国安邦，外以实现世界大同"，可贡献于西方乃至全人类。

再论：《心性情论》。"心性情"三者是何光荣在宋儒张载"心，统性情者也"的论断基础上苦思冥想、反复考究的核心话

---

① 1991年2月17日（农历辛未年正月初三）至3月下旬做西方哲学笔记共七部分，从公元前6世纪古希腊米利都学派，到19世纪俄国哲学家赫尔岑，含55个学派和人物词条，合3万余字。

题。《心性情论》开宗明义：道乃心性情之根源。就内在关系而言，心、性、情三者禀赋道而生，一体而动，因人而起，交相盘结，互为作用，而且"心统性情"，必以道心统摄人性人情。何光荣反复致思于儒道两家及诸子百家之见，确信均可以心性情涵盖而概括之。经典是圣贤心性情之结晶，故必重视经典以修齐治平。他认为"心性情三结合之能动思维体系具有无限之创造性，乃是中华活力之无尽宝藏也"；期望超越狭隘的地域、国家限制，以全人类心、性、情之胸怀，来观察处理全球问题，实现天下为公。

行圣贤之道，必有善治；传经史之学，必有真儒。总览《中华经史纲要》"六篇两论"，由中华瑰宝"文字"说起，纵横于中华经史，兼明诸子贤集，恪守中华道统，见微知著，返本开新，通经史子集而融汇古今中西，持中西哲学一元之论，视"道德心性情"为一体，终成一部逾百万字的浩浩巨著。何光荣胸怀鸿鹄之志，身居陋室，心甘寂寞，寻孔颜乐处；心系民族家国天下，尊德性而道问学，担道义而著妙文；心系乡梓母校，以"经史为鉴照天下，道德是纲正众心"为要旨；心系文化教育，于京师及尼山圣地宣讲经史，乐此不疲；心系众生，汲汲于唤醒民众之良心、善性、真情，不知老之将至……非至诚而"得圣人之旨"者莫能为之，堪称一位期颐"真儒"。

五、主要论著

1.《中国古代教育哲学》，北京：北京师范大学出版社1997年版。

2.《中华大道》，北京：中华书局2005年版。

3.《陈友松教育文集》（与方辉盛共同主编），北京：社会科学文献出版社2009年版。

4.《何光荣楷书国学经典》(全三册),北京:线装书局2017年版。

5.《蒙山手书四书》,济南:济南出版社2018年版。

6.《中华经史纲要》(全八册),北京:团结出版社2021年版。

(撰写者:于建福,国家教育行政学院教授,国际儒学联合会副会长)

萧萐父

萧萐父（1924—2008年），祖籍四川省井研县，出生于成都，哲学家与哲学史家，中国哲学史学科的重要建设者之一。1947年毕业于国立武汉大学哲学系，1951—1955年任华西大学（1953年更名为四川医学院）马列主义教研室主任，1956年到中共中央党校高级理论班深造，1957年到北京大学哲学系进修，同年秋调入武汉大学哲学系。此后，一直在该系任教，曾任中国哲学史教研室主任、博士生导师。国家重点学科——武汉大学中国哲学学科的创建者与学术带头人，教育部人文社会科学重点研究基地——武汉大学中国传统文化研究中心学术委员会首任主任。社会兼职有：中国哲学史学会副会长，中华孔子学会副会长，国际儒学联合会顾问，国际道联学术委员，中国周易学会顾问，国际中国哲学会国际学术顾问团成员，中国文化书院导师。长期从事中国哲学和文化的教学与研究工作，是著名的船山学和明清早期启蒙学专家，曾多次参加或主持国内外举行的学术会议，出版学术著作多部，在国内外发表学术论文百余篇。与李锦全教授共同主编的《中国哲学史》（上、下卷）产生了广泛的影响，曾获国家教委优秀教材一等奖。

一、坎坷经历

萧萐父于1924年1月24日生于四川省成都市的一个知识分子家庭。家学渊源，其父萧参（字仲仑，又写为"中仑"）是近代蜀学的代表人物之一。萧参出生于四川省井研县，与廖季平先生同乡，曾私淑于季平先生。萧参乃蜀中狷洁独行之士，老同盟会会员，辛亥之后学优不仕，教书为生，有道家风骨，又精于医道。萧萐父的母亲杨励昭也善诗词、工书画。他们家与蒙文通、唐迪风等川中硕学鸿儒过从甚密。

萧萐父幼年及青年时代正值近代蜀学空前发达的时代。他自幼涵泳诗词，从父亲友朋论学谈艺之中，感受到中国文化的博大精深。同时，他又时时关注民族命运，在童年时便接触到被印作革命宣传品的小册子，其中便有《明夷待访录》《黄书》《扬州十日记》等及邹容、章太炎的论著。萧萐父当时未必能完全理解这些书籍的内容，但是已经感受到中国士人敢为天下先、勇猛精进的精神。1937年，他考进了成都县立中学，校园后有个大污水塘，老师们郑重介绍，此乃扬雄的洗墨池，说扬雄当年如何勤苦好学，认许多奇字，写了不少奇书。父亲萧参认为新式学堂的教育有极大的局限性，命萐父休学一年。在这一年中，萐父随父亲及其他蜀中贤士上峨眉。其间，观前辈学人论学和诗、摩挲古物、开拓胸臆。其父还命他在这一年中，以朱笔点读《汉书》与《后汉书》，闲暇即吟诵

《昭明文选》。这些严格的国学训练，为日后萧萐父取得卓越的学术成就奠定了坚实的基础。对青年萧萐父影响较大的，还有几位文史老师，特别是讲授中外史地的罗孟祯老师。他的充满爱国激情而又富有历史感的授课，深深地吸引住了班上的许多同学。罗先生偶然讲到刘知幾、章学诚论史家必须具备"史才""史学""史识""史德"等素质，激发萧萐父写了一篇《论史慧》的长文，这是他的第一篇论史习作。在民族忧患意识和时代思潮的冲击下，萧萐父泛读各类古今中西书籍。在高中二年级时，风闻冯友兰先生来成都讲学，萧萐父与几个同学逃学去旁听，听后还争论不休，进而读了冯友兰的"贞元六书"之《新理学》《新事论》《新世训》等，以及当时流行的一些哲史书刊。这些，都为他后来选择哲学系这个"冷门"学科做了铺垫。

1943年，他考入国立武汉大学哲学系。当时的武大已迁至四川乐山，哲学系仅十几名同学。几位教授严谨治学的精神使学生们深受教育。那时武大哲学系所开的课程几乎全是西方哲学。在乐山期间，他修过张颐（真如）、万卓恒、胡稼胎、朱光潜、缪朗山、彭迪先等诸位先生的课；学校迁回珞珈山之后，他修过金克木先生开的印度哲学课。以上诸先生对他影响都很大。萧萐父在大学期间，阅读过郭沫若的《十批判书》《甲申三百年祭》和侯外庐的《中国近世思想学说史》等。1947年，在万卓恒先生的指导下，萧萐父完成了题为《康德之道德形上学》的学士学位论文。

他关切国事民瘼，思考世运国脉。在大学期间，他参加学生进步组织，发起、编辑《珞珈学报》。1947年，武汉大学发生震惊全国的"六一惨案"时，他时任武大学生自治组织的宣传部长，积极投身爱国学生运动。他参加反美、蒋的活动引人注目，被特务监视。

他的大学毕业论文是委托同学们代为誊抄的,为逃避追捕,他潜离武汉,返回成都。

1947年毕业后,他到成都华阳中学任教,同时受聘于尊经国学专科学校讲授欧洲哲学史,主编《西方日报》的《稷下》副刊,积极参加成都地下党组织的活动。萧萐父于1949年5月加入中国共产党,后受党组织委派作为军管会成员参与接管华西大学,后留任该校马列主义教研室主任。

1956年,他进中央党校高级理论班深造。同年,应李达校长的邀请回武汉大学重建哲学系,1957年正式调入武汉大学哲学系并从此长期担任哲学系哲学史党支部书记、中国哲学史教研室主任。他在岗位上兢兢业业地工作了几十年,并以此为基地,逐步建立和形成了具有武汉地区特色的中国哲学史学术梯队,在全国文科理论界,占有举足轻重的地位。

"文革"期间,萧萐父横遭迫害,虽经历被"抄家"、挨"批斗"、住"牛棚",但矢志不改,在襄阳分校住"牛棚"放牛"劳动改造"的日子,他已开始《王夫之》一书的写作,已开始对中国从明清之际到现代思想启蒙之坎坷道路进行了思索。

1976年到1988年的十多年里,萧萐父与中国广大知识分子一样,迎来了学术的春天,先后发表了一系列重要的学术论文,并于1978年接受教育部组织九所高等院校联合编写哲学系本科生《中国哲学史》教材的任务,他与李锦全教授共同担任主编。该书以逻辑与历史统一的方法论原则建构中国哲学,揭示了中国哲学史的发展规律。该书得到广泛认同,累计印行了十余万册,获国家教委优秀教材一等奖,并为十多所学校采用,培养了两代学人,被译成韩文与英文,产生了广泛影响。20世纪80年代,他在《中国社会科学》上先后发表了《中国哲学启蒙的坎坷道路》《对外开放的历史反思》等重要文章。他通过对明清之际早期启蒙思潮、王夫之哲学的研究，探寻中国现代化进程自身的源头活水，认定中国有自己的现代化内在的历史根芽。在中国新一轮的文化大讨论中，他独树一帜地提出了自己的"明清启蒙史观"，深受海内外学者的关注。

萧萐父曾多次到欧洲、美国、新加坡等地出席国际会议，还应邀赴美国哈佛大学、德国特里尔大学等校访问、讲学。他在国内外发表学术论文百余篇；与人共同主编了《中国哲学史》（上下卷）、《哲学史方法论研究》、《中国辩证法史稿》（第一卷）、《传统价值：鲲化鹏飞》；主编有《王夫之辩证法思想引论》《玄圃论学集》等书；出版专著有《吹沙集》《吹沙纪程》《船山哲学引论》《中国哲学史史料源流举要》等。

萧萐父于1982年被评聘为教授，1986年被遴选为博士生导师。先后被评为武汉大学"优秀工作者""优秀共产党员""教书育人优秀教师"等，于1999年离休。

萧萐父学风严谨、被褐怀玉、浩然正气；教书育人，重在身教，杜绝曲学阿世之风。自1978年招收硕士生、1987年招收博士生以来，他先后开设了"哲学史方法论""中国哲学史料学""中国辩证法史""明清哲学""佛教哲学""道家哲学""马克思的古史研究""马克思晚年的人类学笔记"等课程或系列专题讲座，为中国哲学史界培养了一批优秀的研究与教学人才。在长期的教书育人过程中，他提炼出了二十字方针："德业双修，学思并重，史论结合，中西对比，古今贯通。"这二十字已经成为珞珈中国哲学学派的精神纲领，先生以他的人格魅力深受珞珈学子的爱戴。

晚年，萧萐父满怀对中国文化和武汉大学的深情，将自己的诗集、文集及与夫人卢文筠教授合作的书画集，交由武汉大学出版社出版,这套精美的《萧氏文心》四卷,为我们展示了一位人文知识分子的文化底蕴和优良传统。

2008年9月17日,萧先生因病在武汉辞世,享年84岁。当时武汉的报纸评论为:他代表了这个城市的高度。

萧萐父将自己的诗集命名为《火凤凰吟》,如今先生凤凰涅槃,魂升天国,然先生留下的丰厚精神财富和不尽慧命,如珞珈香樟,四季常青;定将庇荫杏坛,嘉惠学林。

二、生命智慧与学术贡献

萧萐父是一位保留了古代遗风、刚正不阿的现代知识分子。他有强烈的现代意识,又有深厚的传统底蕴,是集公共知识分子、思想家、学者、教师、学科带头人、文人于一身的人物。今天,我们研读萧萐父的著述,可以感受到他在用思想家的眼光来考察思想史、哲学史,他是有思想的学问家,也是有学问的思想家。

萧萐父治学,首贵博淹,同时重视独立思考、独得之见。先生对中国哲学的学科建设,对从先秦到今世之完整的中国哲学史的重建,做出了可贵的探索与卓越的贡献。他会通中、西、印哲学,以批评的精神和创造性智慧,转化、发展儒释道思想资源。为总结历史教训,他从哲学史方法论的问题意识切入,尽力突破教条主义的束缚,引入螺旋结构代替对子结构,重视逻辑与历史的一致,强调普遍、特殊、个别的辩证联结,认真探究中国哲学范畴史的逻辑发展与哲学发展的历史圆圈。先生以不断更化的精神,由对哲学史方法论问题的咀嚼,提出了哲学史的纯化与泛化的有张力的统一观,努力改变"五四"以降中国哲学依傍、移植、临摹西方哲学或以西方哲学的某家某派的理论与方法,对中国哲学的史料任意地简单比附、"削足适履"的状况。

萧萐父治学，宏观立论与微观考史相结合，通观全史与个案剖析相结合，提出了"两个之际"（周秦之际与明清之际）社会转型与文化转轨的概观，提出并论证了"明清早期启蒙思潮"的系统学说，形成系统的理论体系。先生的原创性智慧表现在其学术专长——明清哲学，特别是王船山哲学方面。他以对世界文明史与中华文明史的多重透视为背景，提出了以明清之际早期启蒙思潮作为我国现代化的内在历史根芽与源头活水的观点，受到海内外学术界广泛的关注，影响甚巨。他的这个"启蒙"论说实际上早已超越了欧洲启蒙时代的学者们的单面性、平面化与欧洲中心主义、人类中心主义的立场。

对待古今中外的文化传统与哲学思想资源，萧萐父以宽广的胸襟，悉心体证，海纳百川，兼容并蓄，坚持殊途百虑、并育并行的学术史观。他重视一偏之见，宽容相反之论，择善固执而尊敬异己。他肯定历史、文化的丰富性、复杂性、多样性、连续性、偶然性及内在的张力，异质文化传统的可通约性，古今中外对立的相对性，跨文化交流与比较的可能性。萧萐父还是当代中国哲学史界少有的诗人哲学家，他晚年一再强调中国哲学的诗性特质，从容地探索逻辑与情感的统一，并认定这一特质使得中国哲学既避免了宗教的迷狂，也避免了科学实证的狭隘，体现出理性与感性双峰并峙的精神风貌。

作为知识分子的萧萐父，从青年时代开始便追求民主、自由，积极参加过20世纪40年代末的民主运动；一生坎坷，始终关心国家与人类的命运；从"反右"到"文革"，在历次"政治运动"中，既被"批判"又"批判"别人，用他自己的话说，是曾经目眩神移，迷失自我；"文革"后，痛定思痛，反省自己；愈到晚年愈加坚定地以批判与指导现实的公共知识分子而自命。他既继承了儒家以德抗位的传统，又吸纳了西方现代价值；既正面积极地从文化与教育方面推动现代化，又时刻警醒现代化与时髦文化的负面，与权力结构保持距离，具有理性批判的自觉与能力。晚年，他一再呼唤知识分子独立不苟之人格操守的重建，倡导士人风骨，绝不媚俗，并且身体力行。他被褐怀玉，以浩然正气杜绝曲学阿世之风，绝不为了眼前名利地位而摧眉俯身事权贵。

作为思想家的萧萐父，虽然主要从事中国哲学史的研究，但他做的是有思想的学术。他致力于发现与发掘中国文化思想内部的现代性的根芽，因而与持西方中心主义的启蒙论者、食洋不化者划清了界限；他发潜德之幽光，重在表彰那些不被重视的哲学家、思想家，重在诠释、弘扬在历史上提供了新因素、新思想、新价值的人物的思想，因而与泥古或食古不化者划清了界限，这就是"平等智观儒佛道，偏赏蕾芽新秀"；他重视中国传统文化的多样性，努力发挥儒释道及诸子百家中丰富的现代意义与价值，特别是本土文化中蕴含的普适价值，并尽可能地贡献给世界。

作为学者的萧萐父，堂庑很宽，学风严谨，所谓"坐集古今中外之智"。他希望自己与同道、学生都尽可能做到"多维互动，漫汗通观儒释道；积杂成纯，从容涵化印中西"。有人以为萧萐父属侯外庐学派，但他晚年否定了这一点，他强调他的确受到过侯外庐先生的影响，但同时也受到过汤用彤等先生的影响，甚至受后者的影响更大。萧萐父晚年更重视经学，曾与笔者多次详谈三礼，详谈近代以来的经学家，如数家珍。他也重视儒学的草根性，多次讲中华人文价值、做人之道、仁义忠信等是通过三老五更、说书的、唱戏的等，浸润、植根于民间并代代相传的。

作为教师的萧萐父，一生教书育人，认真敬业，倾注心力；提携后进,不遗余力。他对学生的教育,把身教与言传结合起来,重在身教。他强调要把道德教育、健全人格的教育放在首位。他认为,年轻人要经得起磨砺、坎坷,对他们不要溺爱,要适当批评、敲打。他还认为,做人比做学问更重要,现代仍要讲义利之辨,无论是做人,还是做学问,都要把根扎正。他下功夫培养各领域的学生,除了明清哲学的专长之外,他还有意识地开拓了《周易》、儒学、道家与道教、佛教、现代中国哲学、出土文献中的哲学等领域,培养了这些领域里的学术专才。他还鼓励学生自愿选择从事政治学、管理学、新闻传播学的研究。

作为学科带头人的萧萐父,有着宏阔开放的学术视野、杰出的组织能力,敏锐地把握海内外学术界的动态,让本学科点的老师与同学拓宽并改善知识结构,通过"走出去"与"请进来"的方式,实现并扩大对外交流,虚怀若谷地向海内外专家请益。他有一定的凝聚力,善于团结、整合学科点老、中、青学者,以德服人,尊重差异,照顾多样,和而不同。他有全局的观念与团队精神,事事考虑周围的人。如上所述,他很有学术眼光,深具前瞻性,开拓了若干特色领域。

作为文人的萧萐父,兼修四部,文采风流,善写古体诗词,精于书法篆刻,有全面的文人修养与人文气质。

萧萐父的学问是博大的而不是偏枯的。明清之际学术思潮只是萧萐父的一个领域,绝不是他的全部。他有博大的气象,这当然是指他的心胸、意境,也指他在理论建构上与学术上的多面相。他有马克思主义哲学、西方哲学与中国哲学理论与历史的功底,能融会贯通。他的理论贡献在启蒙论说、传统反思、哲学史方法论与中国哲学史及辩证法史的架构等诸多方面,他的学术贡献在于他深度地、极有智慧地探讨了中国哲学史的多个面相,在经学(主要是《周易》)研究,在儒、佛、道研究,在汉唐、明清、现代等断代哲学史等的研究上,他有创新见解,又开辟领域,培养人才,使之薪火相传。

关于《周易》,萧萐父考察了易学分派,提出了"科学易"与"人文易"的概念,倾心于"人文易",指明"观乎人文以化成天下"乃"人文易"的核心,提示"人文易"内蕴的民族精神包括有时代忧患意识、社会改革意识、德业日新意识、文化包容意识等,重视反映人文意识新觉醒的近代易学。

关于儒家,萧萐父肯定了《礼运》大同之学,孟子的"尽性知天"之学及分别来自"齐诗""鲁诗""韩诗"三家诗的辕固生的"革命改制"之学,申培公的"明堂议政"之学,韩婴的"人性可革"理论"皆属儒学传统中的精华;而子弓、子思善于摄取道家及阴阳家的慧解而分别涵化为《易》《庸》统贯天人的博通思想,尤为可贵"。他肯定《易》《庸》之学的天道观与人道观,指出:"所谓'至德',并非'索隐行怪',而只是要求在日常的社会伦理实践中坚持'中和''中庸'的原则,无过不及,从容中道;这样,在实践中,'成己''成人','尽人之性','尽物之性',就可以达到'赞天地之化育'的最高境界。重主体,尊德行,合内外,儒家的人道观体系也大体形成。"[①]萧萐父阐释了儒家的儒经、儒行、儒学、儒治的传统及其多样发展,尤重对儒学的批判与创造转化。

关于佛教,他透悟佛教哲学的一般思辨结构(缘起说、中道观、二义谛、证悟论),重视解析其哲学意义,对佛学中国化过程中极有影响的《大乘起信论》,对慧能,对《古尊宿语录》,对禅宗的证悟论都做过深入研究,有自己独到的见解。

关于道家与道教,他对老子、庄子,对道家人格境界与风骨、

[①] 萧萐父:《儒门〈易〉〈庸〉之学片论》,《吹沙二集》,成都:巴蜀书社2007年版,第98页。

隋唐道教、黄老帛书都有精到的研究。从20世纪80年代末到90年代初，学术界涌动着一个当代新道家的思潮，萧萐父是其中的开创者之一。他是热烈的理想主义者，有强烈的使命感、责任感和积极的入世关怀。他在90年代倡导"新道家"，当然与他的际遇和生命体验不无关系。他是一个行动上的儒家和情趣上的道家。儒家的有为入世和道家的无为隐逸常常构成共内在的紧张，儒家的刚健自强与道的洒脱飘逸交织、互补为共人格心理结构。要之，他肯定的是道家的风骨和超越世俗的人格追求与理想意境……相形之下，他对儒、道的取向又确有差异。当然，这并不妨碍他对儒学的真精神采取宽容的态度，也不妨碍他自己的真精神中充满浓烈的儒者情怀，他所批评的是儒学的负面与儒学的躯壳。

关于汉至唐代的哲学，他对秦汉之际，对杨泉、鲁褒、何承天、刘禹锡、柳宗元等都下过功夫。

关于明清之际的哲学思潮，是他的专长。他全面深入地研究了这一思潮的全盘，把这一段哲学史作为一个断代，作为哲学史教材的一编予以凸显并细化，又特别深入地研究了王夫之、黄宗羲、傅山等个案。他是当之无愧的王夫之专家和明清之际哲学的专家。

关于现代哲学思潮，他研究了马克思主义、自由主义与文化保守主义诸流派及其他学者。在马克思主义哲学思潮方面，他对李达、郭沫若、侯外庐、吕振羽、冯契等人做了深入研究；在文化保守主义思潮方面，他对熊十力、梁漱溟、冯友兰、唐君毅、徐复观等人做了深入研究；他还研究了梁启超、刘鉴泉、蒙文通等学者的思想与学术。

他还开拓了中日思想的比较研究领域，支持了楚地简帛的研究等。萧萐父培养了很多学生，这些学生在中国哲学史、文化史的各领域继续跟进他的开拓，予以补充或深化。他也鼓励他的学生按个人的兴趣向科技哲学、政治学、社会学、管理学、传播学发展。

三、启蒙与启蒙反思

萧萐父的启蒙观或启蒙论说包含了"启蒙反思"的意蕴。他并未照抄照搬西方启蒙时代的理论,也没有照抄照搬"启蒙反思"的理论,而是从中国思想文化的历史与现状出发,从健康的现代化(特别是人的现代化)出发,做出了深刻的反思。诚然,他坚持启蒙论说,反对取消、解构启蒙的看法。实际上,他强调的"启蒙",内涵十分丰富,不是近代西方的"启蒙"所能包括的。

萧萐父启蒙观的要旨,是从中国文化传统中寻找自己的现代性的根芽,强调本土文化中孕育了现代性。他主张的是中国式的启蒙,是中华文化主体的彰显,而不是全盘西化与全盘式的反传统。他驳斥了中国自身不能产生现代性因素的西方偏见,这就疏离、超越了西方中心主义,也就蕴含了"启蒙反思"。

他认为,所谓启蒙,是中国式的人文主义的启蒙,是走自己的路,而不是失去主体性的走别人的路。他强调的是"中国有自己的文艺复兴或哲学启蒙,就是指中国封建社会在特定条件下展开过这种自我批判"。[①]他的关键性的思路是"从我国17世纪以来曲折发展的启蒙思潮中去探寻传统文化与现代化的历史接合点"。[②]这与西方思想家视西方启蒙为绝对、普遍的立场,截然不同。

由于萧萐父有着非常深厚的人文底蕴,又处于今世,故他的启蒙观,尤其表现在对天与人的关系、人的终极信仰、人与自然,以及

[①]萧萐父:《中国哲学启蒙的坎坷道路》,《吹沙集》,成都:巴蜀书社2007年版,第15页。
[②]萧萐父:《文化反思答客问》,《吹沙集》,成都:巴蜀书社2007年版,第57页。

有关人的全面性、丰富性的阐扬上。人不是单面的人,人不只是个体权利、利益、智力的集合体;启蒙也不意味着个体权利、知性与个性自由的无限膨胀。这不仅与近代西方启蒙理性的"人的觉醒"不同,而且包含了批评人类中心主义,批评工具理性与原子式的个人主义。在这个意义上,萧萐父的启蒙论说包含了"启蒙反思"。

萧萐父对于西方近代以来的个人主义、片面民主、工具理性、唯科学主义等给予了系统批判,对传统人文精神与西方人类中心主义人文精神的差别有系统的论说。

萧萐父的思想、精神中有显、隐之两层,显性的是"走出中国中世纪",隐性的是"走出西方现代性",这两层交织一体,适成互补。我们对他的思想,不能只突出其任何一面、一层。他主张"两化","即中国传统文化的现代化和西方先进文化的中国化……要把'全球意识'与'寻根意识'结合起来"。[1]他批判了理性过度膨胀所带来的生态灾难与人之生命的迷惘,批判了历史的虚无主义与道德价值的相对主义。他强调民族文化的自我认同与当代中国伦理共识的重建,多次参与国际性"文化中国"的讨论。

萧萐父多次参与国际性的"文明对话",他一贯充满了文化包容意识与多元开放心态,摆脱东西方中心主义。他说:"对世界文化的考察要摆脱东方中心或西方中心的封闭思考模式,走向多元化,承认异质文化的相互交融";"东方与西方有共有殊,东方各民族之间、西方各民族之间也各有同有异"。[2]他主张尚杂、兼两、主和的文化观,在差异、矛盾、对立中互动。这些方法也包含着"走

---

[1] 萧萐父:《中国传统文化的现代化与西方先进文化的中国化》,《吹沙二集》,成都:巴蜀书社2007年版,第66页。
[2] 萧萐父:《古史研究与马克思主义理论的拓展》,《吹沙集》,成都:巴蜀书社2007年版,第466—467页。

出中国中世纪"与"走出西方现代性"的兼有、差异与互动,一体两面之交叉互动。当然,他的主要思路是,只有从现代性才能走出现代性。

综上所述,萧萐父通过对"文革"的反省,针对国家、民族文化(特别是政治文化)建设的现实、紧迫问题,着力于西方启蒙理性与启蒙价值的引入,特别是发掘中国传统中与之相契合、相接植的因素(例如,他下过功夫的明清之际思想家们的新思想萌芽等)。萧萐父是有底蕴的知识分子,其论说启蒙的时代又是20世纪80年代至21世纪的开端,在现代性的弊病暴露无遗之际,在这种背景下,由这样一位中国杰出的诗人哲学家,一位生命体验特别敏锐的思想家来论说启蒙,其启蒙意涵已不是西方近代启蒙主义的内容,而恰恰超越了启蒙时代的启蒙精神,包含了诸多反思启蒙或启蒙反思的内容。他实际上有着双向的扬弃,意在重建中华文化的主体性。看不到这一点,那就恰好低估了他的思维水平与他的启蒙论说的意义。

四、主要论著

1.《中国哲学史》(上下卷)(与李锦全共同主编),北京:人民出版社1982—1983年版。

2.《王夫之辩证法思想引论》,武汉:湖北人民出版社1984年版。

3.《哲学史方法论研究》(与陈修斋共同主编),武汉:武汉大学出版社1984年版。

4.《吹沙集》,成都:巴蜀书社1991年版。

5.《船山哲学引论》,南昌:江西人民出版社1993年版。

6.《明清启蒙学术流变》(与许苏民合著),沈阳:辽宁教育出版社1995年版。

7.《中国哲学史史料源流举要》,武汉:武汉大学出版社1998年版。

8.《吹沙纪程》,上海:上海文艺出版社1998年版。

9.《中国哲学史纲要》(与李锦全共同主编),北京:外文出版社,中文版1999年版;英文版2007年版。

10.《传统价值:鲲化鹏飞》(与吴根友共同主编),武汉:武汉出版社2001年版。

11.《王夫之评传》(与许苏民合著),南京:南京大学出版社2002年版。

12.《吹沙二集》,成都:巴蜀书社2007年版。

13.《吹沙三集》,成都:巴蜀书社2007年版。

14.《萧萐父文选》(上下),武汉:武汉大学出版社2007年版。

15.《火凤凰吟:萧萐父诗词习作选》,武汉:武汉大学出版社2007年版。

16.《苕枝缀玉:萧萐父书画习作选》,武汉:武汉大学出版社2007年版。

(撰写者:郭齐勇,武汉大学哲学学院及国学院教授、博士生导师,国学院院长,中华孔子学会副会长)

唐裕

一、个人简介

唐裕，印度尼西亚（印尼）著名社会活动家、实业家，祖籍中国福建省泉州市安溪县蓬莱镇温泉村。他1926年生于印尼棉兰市，9岁随寡母定居新加坡，受华文教育，11岁母逝，14岁在其长兄麦店习工。日本侵占南洋后，他始在长兄的泉安公司工作，学习经营船务。后来，他在新加坡经商，是新加坡敦那士有限公司董事主席。2021年2月去世。他生前曾以其个人的影响力，为印尼和中国邦交正常化做出了重要贡献，在中、印尼两国复交与中、新两国建交这两件历史性事件中，都起到了一定的作用，有"民间和平大使"的美誉。

二、民间外交大使,助推中国与印尼和新加坡建交

1957—1958年,唐裕先后承担了印尼国民船务公司与印尼国营石油公司在印尼的业务。在敦那士大厦落成仪式上,石油集团公司总裁苏多沃将军讲话:"印尼经济在最困难时,得到了唐裕的协助。他为促进经济部门的稳定,做出了许多贡献。他是值得敬仰的。"在航运业鼎盛时期,唐裕拥有一支60多艘船200多万吨位的船队,被称为"船运巨子"。1975年,他出任新加坡船务公会主席、新加坡进出口商公会主席,在多个社团担任要职。1981年,他参加新加坡经贸团访华。

新加坡与中国正式建交前,李光耀总理就曾于1976年访华。1981年,唐裕代表新加坡船务公会首次访华;1983年,代表新加坡进出口商公会再次来到中国。每回访华,唐裕即返安溪故里,胞与为怀,积极兴办公益事业。至今,他已兴修温泉村水利,支持乡村种果树,修建革命遗址青云楼,续扩温泉中小学校舍,给安溪县捐赠轮船做安溪教育基金,捐赠紫砂茶壶在安溪中国茶都建万壶馆。脱贫致富先修路,1990年,唐裕向交通部请求安溪—同安公路改线越岭,穿凿隧道以建,1995年隧道工程竣工,正式通车。唐裕自1975年任新加坡安溪会馆主席。1992年,他在新加坡创办第一届世界安溪同乡联谊大会,并择定1994年第二届与1997年第三届均在安溪举办,以推动县乡发展。1983年,他陪同新加坡总检察长陈文德,去厦门考察中国的改革开放情况。1984年,他联合祖籍同安县的郭芳枫,邀请福建省省长胡平率经济考察团首赴新加坡,那时中、新尚未建交,福建省能率先组团访问新加坡,唐裕做出了不少努力。1985年,唐裕联合在新加坡的多位安溪同乡与福建的两个单位共同在厦门投资,为厦门的经济发展做出了一定的贡献。"有朋

自远方来,不亦乐乎。"20世纪80年代,唐裕率新加坡桥牌队赴北京参加国际桥牌邀请赛,受当时的国务院副总理万里接见。后来,他在新加坡接待了来自安溪的高甲戏剧团,还接待了画家刘海粟及东方歌舞团。1993年4月,第一次"汪辜会谈"在新加坡举行,唐裕协助接待汪道涵会长,为这次协商会谈做出了贡献。在对外文化艺术交流方面,唐裕为中、印尼的文化艺术进一步交流、发展做出了努力。比如,他在中、印尼复交前、后协助沈阳杂技团与武汉杂技团在印尼演出,给北京的徐悲鸿纪念馆捐赠名画等。1996年,被厦门市政府授予"厦门市荣誉市民"称号。2009年5月,安溪县政府为感谢唐裕对家乡做出的贡献,在感谢信中说:"家乡政府和人民对您关心国家、心系桑梓、无私奉献的崇高精神致以最真诚的感谢!"同年11月,中国人民对外友好协会授予唐裕"人民友谊贡献奖"。

唐裕一直在为中、印尼两国的共同合作、共同发展多方奔走,努力推进两国进一步的贸易往来,并为恢复两国中断的贸易关系,做了不少努力,为两国恢复外交,做出了一定的贡献。在他的牵线安排下,1990年,时任中国国务院总理李鹏访问印尼,实现了两国多年来重归于好的愿望。同样,唐裕为中新两国的建交,也起到了穿针引线的作用。因此,1991年5月,李鹏总理致信称赞他:"唐裕先生,你虽长期身居海外,但一直关心着中国的现代化建设,并积极促进中国和印度尼西亚两国人民之间的友谊,做了许多有益的工作,对此我深表赞赏……希望唐先生继续为中国和印度尼西亚的友好合作关系做出努力。"1998年8月,印尼外长阿拉塔斯代表哈比比总统颁授唐裕国家最高荣誉"印尼共和国普拉塔玛勋章",并在讲话中说:"在外交领域,唐裕先生也做出了他的贡献。他帮助实现了恢复印度尼西亚共和国同中华人民共和国之间的邦交……我们记住并赞赏你……所做出的功绩。"1998年10月，中国香港《大公报》专评："……复贸促进复交……唐裕运用自己的胆识和智慧，穿针引线和铺路搭桥，工作做得极其出色，功在人心和史册。……有贡献的印度尼西亚华裔获颁此类勋章，是历史上之首次。"2009年11月，中国人民对外友好协会授予唐裕"人民友谊贡献奖"的证书上写道："鉴于您多年来在促进贵国人民与中国人民的友谊与合作中取得出色成就，特颁发人民友谊贡献奖，以表敬意。"

三、东方企业家，崇尚儒学

1999年，唐裕在"纪念孔子诞辰2550周年座谈会"上发言："我崇尚儒学，喜欢《论语》……作为一个东方实业家，用儒家精神来指导实业的经营，是十分必要的。"1994年，唐裕被邀请参加国际儒学联合会第一届会员大会。唐裕曾担任国际儒联第二、第三届理事长，第五、第六届荣誉理事长。1999年12月，唐裕以国际儒联理事长的身份，在钓鱼台国宾馆宴请了访华的印尼总统瓦希德，瓦希德即宣布要尊重印尼籍华人的传统习俗与儒家价值，将承认印尼孔教的合法地位，取消对华人的一切歧视。来年在印尼，瓦希德即以总统身份首次参加由印度尼西亚孔教会举办的华人春节庆典，始准办华文报。2002年，第五任印尼总统梅加瓦蒂·苏加诺上任后会晤唐裕，尔后她宣布华人春节为法定公共假期。2005年，第六任印尼总统苏西洛访华前与唐裕会晤，2006年他重申对印尼孔教的承认，并正式废除对华人的歧视法规。在新加坡，2000年唐裕和文教界、企业界一些崇尚儒学的人士一起组织成立了新加坡儒学会，唐裕任会长。新加坡儒学会在2001年、2013年、2020年分别举办了国际儒学研讨会,为儒学的交流与推广,做出了一定贡献。2004年11月,国际儒商学会在广州举行了成立十周年庆典活动,会长潘亚暾邀请胡平、唐裕为顾问,唐裕兼任大会主席。在北京,早在2001年6月,国际儒联谷牧会长致信唐裕:"先生荣任国际儒联理事长以来,进行了卓有成效的工作……我相信,在先生和各国同人的共同努力下,儒学必将对人类文明和进步做出应有的贡献。"

(撰写者:唐庆铭,系唐裕之子)

孔德墉，山东曲阜人，1927年1月27日生于济南。1937年7月随父亲迁回曲阜孔府居住。抗战胜利后，赴北平考取国立北平艺术专科学校音乐系，主修钢琴专业。1948年秋，参加中国人民解放军的后勤工作。1950年进入中央音乐学院研究部工作。1952年负责筹建中国音乐研究所的音乐图书馆和音乐陈列馆工作。1954年进入新成立的中国音乐研究所工作，从事古代与近现代乐谱、琴谱、舞谱、唱片及录音等文献资料的整理与古琴等乐器的收集工作，并承担文化部与北京图书馆下达的编纂全国音乐图书联合目录的工作。1966年，工作被迫中断。1980年，移居香港经商，成立香港益光有限公司。1987年，在曲阜国际儒学研讨会上，首次见到谷牧先生与匡亚明先生，被鼓励组织续修《孔子世家谱》。1998年，成立孔子世家谱续修工作协会。2005年，成立世界孔子后裔联谊总会。2012年,成立孔子世家谱常态化续修工作协会。2016年,经中华孔子学会批准,成立孔子后裔儒学促进委员会。现任世界孔子后裔联谊总会会长、中华孔子学会孔子后裔儒学促进委员会会长、孔子世家谱常态化续修工作协会荣誉会长兼执行会长、国际儒学联合会荣誉顾问、中华孔子学会顾问、孔子博物馆名誉馆长等社会职务。

一、战火中的青少年时代

1937年7月7日,卢沟桥事变爆发,父亲孔令煜随政府抗战,母亲率我和姐弟迁回故乡避难。1938年1月初,国民政府匆忙将大成至圣先师奉祀官孔德成接走,黉夜将撤退至山东宁阳的我父亲接回曲阜,委托他代理奉祀官。翌晨日本侵略军进入曲阜。从此,我在孔府蛰居8年。

因孔德成在重庆曾来信告诉我父亲,诸弟、妹不要到伪学校(日本统治时期的学校)求学,以后会不承认学历,故在孔府内读四书五经、古文诗词以及英文、数学等课。1945年8月15日,日本无条件投降。8月17日,我即赴北平求学,考入徐悲鸿先生任校长的国立北平艺术专科学校音乐系学习。由于参加进步学生会活动和游行,1948年暑假的一天,徐悲鸿校长派人秘密告诉我:"你在31个人的'黑名单'内,今日下午3时前赶快离开北平,以免被逮捕。"我按照徐校长的要求,想方设法离开了学校。我的几位同学去了南京或上海,我因父母在济南,遂返济南探望父母。两周后,解放济南的战役打响了。济南解放后,我立即参加了解放军的兵站工作,为淮海战役前线押运汽油,为前方的汽车选送配件,接收缴获的交通设备与器材等。

二、在文化部音乐研究所工作

中华人民共和国成立后，我才有了稳定的工作。1950年夏，中央音乐学院成立，我被组织安排到中央音乐学院研究部工作。1952年开始筹备成立中国音乐研究所，我负责建立音乐图书馆和音乐陈列馆的工作。

1954年春，中国音乐研究所正式成立。这个研究所的一项重要职能，就是为国内艺术学校的音乐教育和音乐研究机构提供音乐资料，开展国内外的音乐文化交流。经过历时十二年的搜集工作，建成了新中国第一所音乐图书馆。图书馆藏有历代音乐书谱、古代音乐文献，这些馆藏古书中，大部分都是十分珍贵的历史文献，如明代古琴谱及舞谱，均为海内孤本。我还收藏了20世纪20年代到30年代的音乐刊物及著作、延安的民间音乐采访原稿、聂耳和冼星海的原稿及日记通讯等。乐器是音乐研究的重要内容，当时，我还留意购藏了唐代的古琴、历代有代表性的民间乐器及少数民族及宗教乐器等，这对于研究古代乐器的变迁具有重要的文物价值。此外，记录音乐的介质——唱片、录音也在收藏之列。我和同事们的工作得到了文化部及北京图书馆的高度认可。他们认为，音乐研究所的图书馆已达到专业音乐图书馆的规格与水平。当时，文化部同意我们和各地文化部门、各地文化馆，编一本全国音乐图书的联合目录，于是，这个编纂任务就落到了我们头上。

三、续修《孔子世家谱》的经历

"文革"结束后，1980年2月，我和家人移居香港，以经商为生。1987年夏，我和韩国国际退溪学会理事长李东俊、韩国成均馆大学的三位学者一起,赴山东曲阜参加由中国孔子基金会举办的国际儒学研讨会。这次会议,改变了我今后的工作方向与人生志业。

(一) 谷牧先生寄予厚望

在曲阜召开国际会议期间,我有幸得以拜晤时任国务委员、中国孔子基金会名誉会长谷牧先生,当时,中国孔子基金会会长匡亚明先生也在场。

谷老语重心长地对我说:"你应该给你们孔家修家谱。"我回答:"1928年至1937年,当时的大成至圣先师奉祀官孔德成曾修过一次家谱,1939年完成。当时因战乱,很多族人未能领谱,绝大部分存在孔府,'文革'时全部被销毁。1949年年初,孔德成去了台湾。现在嫡孙不在大陆,无人组织续修家谱。"谷老说:"嫡孙不在,就断了续谱?你们孔家的家谱,你们不要仅看作是你们孔家的事!这是中华民族传统文化的事。历代政府都支持你们续修家谱,在抗日战争以前,你们孔族修谱时,当时的国民政府都为你们在各地成立办事处,现在中华人民共和国成立了,你们不续谱了?断了?人们会指着我们背后,骂我们是历史的罪人啊!你考虑考虑,如经济上需要,我给你化缘去,百八十万不成问题。"谷老的一席话,说得我满身大汗,由此开启了孔氏家族和中国历史上谱牒文化的新征途。

和谷老的晤面,对我震动很大。十年"文革",破"四旧"时,各地把家谱都烧了,可以说是"焚毁殆尽",也伤了大家的感情。现在谷老底气这么壮,我却心有余悸,我哪有这么大的胆子啊!这一声春雷,引起了"惊蛰"啊!

谷老讲话后,我马上表态说:"您给我上了一课,是料想不到的一课，是让我提高觉悟的一课。我考虑考虑，这是一项文化系列工程。我创造条件，在您的领导下，我设法做这件事，要做成、做好。"

之后，我在济南的齐鲁书社购得民国时期出版的《孔子世家谱》缩印本四册，带回香港研究。开始的时候，浏览此谱，不得要领。心想，必须静下心来阅读才可以深入进去。就这样，从看不懂到似乎有些懂了，从没兴趣到看出点门道来，似乎有点兴趣了。同时，在阅读过程中，也发现了一些问题。针对当时的现状，我陷入了矛盾之中，在社会主义新社会里，如果续修一部新的家谱，就应该有新的气象。假如还是搞一套封建社会的家谱，这不是自己给自己找麻烦吗？现在修家谱的时机成熟吗？家谱在很多人心中，还是"旧"的东西。"文革"的记忆，犹如昨日。现在还不能做这件事，也不会有人帮我做这件事，还是搁置下来，专心经商是正途。

（二）压力越来越大，干不干，真难办

每年返乡扫墓，和家乡的领导见面时，他们很关心续修家谱的事情，交谈时往往会问：考虑得怎么样啦？什么时候开始啊？问得我心里七上八下，心神不安。想干又不敢干，想不干又说不出口。家乡政府对这件事非常积极，对我的期望也很大。我只能这样回答，要创造条件，待条件成熟才能进行，否则半途而废，岂不遗憾！要做就必须做成、做好！

五年过去了。1992年清明节，我返乡扫墓，家乡的领导告诉我：中央明确表态了，"续修孔氏家谱一事可以进行了"。此后，我的压力逐渐变成信心。但续修家谱，兹事体大，涉及的问题实在太多了，困难重重。

(三)启动续修家谱需考虑的问题

家谱续修不同于学术著作撰写,也不同于编修史书。历代民间的家谱续修均由家族的嫡系子孙来组织,依靠宗法制度的力量来完成。我之前没有接触过家谱续修,这项工作又涉及整个庞大的孔氏家族,面对的事情肯定很多。但谷老寄予了厚望,说什么也得往前摸索着进行,因此,我针对家谱续修之事,进行了以下思考。

1.《孔子世家谱》续修的原则。从宋朝到明清时期,一直在断断续续进行续修。第四次大修是民国时期。这次续谱要以"民国谱"为依据,接着"民国谱"续下去,并应坚持与时俱进,在传统的基础上要有不断改革创新的精神。

2.组织续修的机构。在宗法社会里,嫡系承袭衍圣公爵位,并负责管理孔氏族人。自北宋至民国时期,孔氏家族延续了几十代世袭衍圣公的历史。除了负责管理孔氏家族,衍圣公还负责续修族谱。衍圣公上令下行,令各支族长、户头等人按丁登记编成支谱,上报衍圣公府,衍圣公成立谱馆总纂而成。

中华人民共和国成立后,衍圣公(自1935年,当时的国民政府改"衍圣公"为"大成至圣先师奉祀官")与奉祀官之职,已不存在,孔府中的族长和户头、户举各官职,也不存在了。这次续谱,要改变原来的机构,成立一个新的续谱团体来开展工作。

3.女性入谱。山东曲阜孔林里的墓碑上,只刻有孝男的名字,没有孝女的名字。历代的家谱,也都没有收录女性的名字。这种歧视女性的现象,不能再带到此次续谱中来。

4.少数民族入谱。从几年来了解的情况中得知,有的孔氏族人由于各种原因,已经融入少数民族。在续修"民国谱"时,已经发现云南的部分孔氏族人,由汉族改为回族,就未被允许录入"民国谱"。时逾六十载,估计融入少数民族的孔氏族人,会有增多的可能。经过调查接续，确为孔子后裔者，应续入《孔子世家谱》。

5.海外华人入谱。在香港时了解到，东南亚各国和地区的侨胞中，有一定数量的孔子后裔，有的人前几代离开故土到南洋谋生创业，已成为外籍华人，他们大都是广东、广西和福建人，他们和故乡的族人还有联系，这些后裔应在本次续谱中录入。

6.辨伪孔。距离五代时期的"孔末乱孔"事件已有千年之久，但仍有伪孔冒名入谱。辨伪孔是续修孔氏家谱的特重任务，如考证不慎将伪孔误入谱内，则罪莫大焉。

7.续谱发起人。孔府近支的"德"字辈兄弟，现在大约有20人。"文革"时都失去了联系，现在要找到他们，一起发起续谱工作。先了解他们对修谱的态度，请他们多出些主意，成立一个修谱的发起组织，作为孔氏家族续谱的代表。这样，既名正言顺，也会被孔氏家族的广大族人认可，工作进行起来就会比较顺利。

8.征求孔德成的意见。要到台北向宗主孔德成汇报此事，并商讨一些有关续谱的问题，估计他非但不会不同意，反而会很高兴，这也是在替他做一件他完成不了的大事。

9.续谱的工作地点。地点要设在国内，设在北京，还是设在曲阜？各有利弊，到时根据实际情况再定。

10.经费问题。开始工作阶段，需要自己支付。工作开展起来后，可发起族人捐款活动，另外，所收的入谱费也是收入的一部分。

几年来，关于续谱的工作，我终日思虑，给精神上造成一种压力。不做也有压力，做起来确实不易，压力更大。

1996年，我已近古稀之年，马上70岁了，便正式下决心开始承担这项有利家族、有利民族的系列文化工程。

（四）五一国际劳动节，作为我的开工之日

第一件事，便是寻访孔氏家族最近五支中"德"字辈的兄弟。我写信给在济南部队工作的第三支的一位兄弟——孔德宏，请他逐个提供这五支兄弟的详细地址及联系人，然后我一一去信介绍将要续修《孔子世家谱》的情况。因为长支孔德成在台湾省，所以计划组织在大陆的近支兄弟，作为发起团体，征求他们的意见。如果大家同意这个建议，可以一起联名写信致德成兄，由我赴台北和他商谈。

收到这20来位兄弟的回信，大家都表示应该修谱，同意我的建议，委托我到台湾省与德成兄共同商讨这件孔家的大事，使孔氏族人经过60年来的风风雨雨，再凝聚起来，弘扬孔子思想，复兴中华文明。

（五）飞台北晤孔德成

1996年10月1日，在国庆节这一天，我迈出了续修家谱的第二步。我自香港飞往台北，与孔德成先生会晤。事前已先和他通过电话联系好了，他表示也非常想见面。10月2日上午，我们在他的寓所重逢。他对我说："你到香港都16年啦，怎么现在才来看我啊！"从1947年在山东曲阜分手，已近50个春秋了，很多事情都不知从何谈起。

谈到续修家谱的事，他一连声说："应该修，应该修，应该修啊！"我说："你有福啊！一辈子能修两次家谱。"他不胜感慨地说："我有什么福啊！颠沛流离几十年，上次修谱，我从八岁到十七岁，也很难啊！经费是个大问题啊！当时府里穷，借了孙师长（当时的兖州驻军师长）六千元，至今也没法还他了。你这次修谱，经费也是个天文数字啊，怎么解决？一是按丁出资，二是发起捐款，一

边做,一边再想办法吧!我现在已经无能为力了。奉祀官的薪俸,二十年前我就不要了。在大学里教书,每月有薪俸,够我吃牛肉面就可以了。你回去跟霄龙大哥他们商量着办吧!你现在联系族人,比过去困难了。以前各地有族长有户头,现在可能没有了,联系起来会比较麻烦。另外,韩国的孔氏族人能不能入谱内?他们有几万人啊!这次续修家谱之事,就拜托你们了。"

(六)加快节奏,召开启动会议

从台北返回香港,我觉得第一步和第二步已经顺利走过,立刻马不停蹄迈向第三步。我邀请已联系过的20位近支兄弟,于10月20日在山东曲阜召开《孔子世家谱》续修工作启动会议。会上,我向大家讲述了谷牧名誉会长提出续修孔氏家谱的建议,介绍了我在台北和德成兄晤面的情况,指出目前我们应聚在一起踏踏实实地做出计划,进行筹备工作。会上,我们提出:从前的管理机构,已成为历史,可根据现实情况,成立一个续谱机构,可叫作续谱委员会或者其他名称;要聘请专门工作人员;要筹措基金;要有个工作场所;等等。以上工作筹备好之后,要向全国的孔氏族人发出一个"告族人书",宣告续修家谱的事,请族人积极参加。会上,大家提出的建议都很实际,散会后就要逐步进行实施了。

(七)第二次筹备会议

1997年夏,在山东曲阜召开了第二次筹备会议。针对成立修谱机构的诸多事项,进行了多方商议。参加筹备会议的各地代表,因为各有公职,不可能抽出过多的时间参加具体的工作。所以,续谱工作必须聘请专职人员。关于经费问题,根据中国的实际情况,在会上研究出了一个区分各地城乡不同标准的收费方法,以及境外缴纳入谱费的标准等。

筹备期间,我还经常奔波往来于香港和内地,工作进展缓慢。

(八)国际儒学联合会谷牧会长的指示

1998年2月,我在香港地区注册了孔子世家谱续修工作协会,然后到北京拜见了国际儒联的谷牧会长,向他汇报了续修孔氏家谱的一些筹备工作,希望得到谷老的支持和指示,下一步的工作应该如何进行。

谷老对我谆谆教导,建议我用孔氏家族代表的名义,写个报告提交国际儒联,请求国际儒联成立一个"孔子后裔谱牒课题"研究组,调查孔子后裔的情况。借助国际儒联的帮助,开展修谱工作。

在我与谷老结识和交往的过程中,我深切感受到谷老作为伟大的革命家、政治家,始终致力于中华民族文化传统的延续与发展,无论是在发起成立与领导中国孔子基金会、国际儒学联合会,还是长期关心与呵护曲阜的文物古迹与古城保护发展以及指导孔氏家族续修家谱,其表现出来的宽广胸怀、高瞻远瞩的战略眼光、睿智的策略与灵活的工作方式,都令人敬仰与难忘。

于是,我向国际儒联提交了请求报告,国际儒联联合曲阜文物局,给我提供了诸多帮助。我按照谷老的指示,谨慎地一步一步向前推进。

(九)修一部全球孔子后裔的家谱

1998年春,我邀请部分近支兄弟,在北京召开了第三次筹备会议,向大家汇报了国际儒联谷牧会长对我们的支持和指示。

此次会议研究了"民国谱"第一次修成全国合谱,意义重大。

60多年来的变化，国内的孔氏族人迁徙情况很广泛，有些人移居国外了，这次修谱应该更多地在国内搜寻孔氏族人，同时也应该在海外调查孔氏族人的情况，参与本次续谱，争取使这次续修能修成一部全球性的孔子世家谱。经会议讨论，决定在本年秋季召开一个包括国内各省孔子后裔代表和已经联系到的美国、新加坡、马来西亚、韩国与中国香港地区、台湾地区的孔子后裔代表共约120人的会议。在征得国际儒联的同意后，会议名称叫作"孔子世家谱调查工作筹备会议"，地址设在孔子故里曲阜。一方面向世界各国侨居的孔氏族人宣告将要续修孔氏家谱的信息，另一方面邀请参加会议的代表，在他的居住地宣传续谱，动员孔氏族人参加并组织成立分支机构，进行调查工作。

（十）调查广东的"岭南派"和云贵川渝的"吕官户"

没有调查，就没有发言权。我居住在香港地区，香港离广东较近，1999年春，我先到广东南海一带进行调查。"民国谱"中有记载，"岭南派"在广东、广西和海南岛诸地的孔子后裔比较集中，我便单枪匹马先试行调查。实地了解情况，联系当地族人，既可宣传续谱，也可加强情谊。广东省各县，虽经过几十年的风风雨雨，但祠堂没有毁坏，祭祖活动保留了下来，还保存收藏了不少支谱，各地的支派比较清晰。

我在广州、南海、番禺和佛山等地召开座谈会，进行联谊调查，大家对续谱热情很高，积极商谈筹备成立"孔子世家谱续修工作协会岭南分会"的事宜。此后不久，广东省陆续成立了16个续谱小组进行调查登记工作。如此一来，"岭南派"的续谱工作便顺利地进行起来。1999年秋，我赴西安召开了一个包括陕（西）、甘（肃）、宁（夏）、青（海）、新（疆）、晋（山西）的座谈会，因为这几个地区的"道沟户"较多。经过座谈了解到，孔氏族人融入回族者较多。宁夏、青海两地，人口较稀少，难以联系。甘肃省的偏远地区倒有"岭南派"的孔子后裔约5万人，也有部分人虽是孔姓，但支派不明，从未入过谱。这是续谱工作的一大难题，需要先登记再研究。

2000年春，我在四川泸州召开了一个小型座谈会，参加会议的只有五人，有一位孔子后裔，在泸州等地搜集了数万孔子后裔的信息，均为"吕官户"。座谈会上，大家介绍了云南、贵州、四川和重庆有不少孔子后裔的重要情况。会上决定，参会的这五人，分头与各省孔氏联系，待找到一些孔子后裔后，再召开第二次会议。四个月后，云南、贵州、四川和重庆的代表，在泸州又召开了座谈会，会议继续调查，雪球越滚越大，又在泸州召开了第三次会议，邀请了60余位代表参加此次的"孔子世家谱云、贵、川、渝调查工作会议"。我在会上谈到此次续修家谱，定下"三不分"的规定：不分性别、不分民族、不分国籍，凡是孔子后裔皆可入谱。有位回族孔姓族人站起来说："过去不许少数民族入谱，现在提出不分民族，我们云南宣威的孔子后裔，都是回族，约4000人。这次我们终于可以入谱了。"时任云南省宣威市人民代表大会常务委员会副主任的孔祥贤先生，散会后告诉我，他将连夜回宣威，明早就可以通知18个村，向孔氏族人报喜，宣威的孔子后裔可以入谱了，终于可以认祖归宗了。此次会议决定成立"孔子世家谱续修工作西南分会"，四个地区还分别成立续谱小组进行调查登记工作。

开了三个会，范围涉及12个省、自治区、直辖市，我感到工作量还是很大，问题也不少。但是，孔氏族人的积极性、渴望入谱的心情，给了我莫大的力量，使我更有信心一步一步地推进家谱续修工作。

(十一）设立续谱办公室

2000年夏，在山东济南设立了"孔子世家谱续修工作协会续谱办公室"，开始时只有孔府近支的二人，负责与各地族人联系，主要是接收各地的调查登记表。随着工作的一步步推进，又请孔氏族人在他的居住地进行初步调查，物色一些自愿参加当地族人登记工作的人员。

登记表源源而来，又聘请人员清理登记表，建立档案室。

随后，聘请专职工作人员，租用山东科技馆的半层楼作为续谱办公室，逐步审查登记表，输入电脑。登记工作，延续了七年之久，断断续续收到全国各地乃至海外寄来的大量登记表。续谱办公室在济南开展工作期间，聘请的专职工作人员一度曾达到20人之多。

(十二）查阅孔府档案

孔德成主编的民国版《孔子世家谱》，是接续的乾隆版。这次是第五次续修，要根据民国版来续修。孔府档案馆收藏的历代各地交来的支谱、房谱等，都是这次续修要参阅的文献。另外，乾隆版家谱也要参考。所以，在续谱前，到曲阜的孔府档案馆查阅有关文献，是十分必要的。同时，查阅文献也是让续谱工作人员熟悉家谱资料的一个好机会。

组织工作人员在孔府档案馆利用两周时间，分两次查阅了400多卷支谱，翻拍了5000多张照片。后来，在续修过程中，又多次查阅孔府档案馆的家谱资料，把所收藏的谱牒文献全部查阅完毕。

(十三）数字化修谱

调查登记工作启动之后，进展很快，接下来就是对登记表进行审核、编辑和输入电脑的工作阶段了。

1999年，我们委托山东一家公司输录民国版《孔子世家谱》，建立数据库，为下一步将收到的登记表录入工作做好先期准备。岂料，当2002年成立编审组，在使用数据库进行录表、查询和接续时，发现数据库根本无法使用。浪费了三年时间，耗费几十万费用的数据库报废了。

2004年8月，与北京化工大学信息科学与技术学院（以下简称"北化"）签署了"孔子世家谱数字化工程"协定。根据协定，数字化工程分为三期：第一期，自签署日期至2005年3月底，需完成"民国谱"的输录校对工作；第二期，2005年4月至2006年6月底，录校新谱；第三期，2006年7月至2007年底，完成新谱与"民国谱"的接续，并制成印刷胶片。

全部数字化工程，主要包含设计各种所需的软件和录入全部入谱者的信息。

（十四）新谱告成

续修工作，主要是编辑工作与数字工作的分工和合作。续谱办公室编辑部用了一年六个月的时间，将收集到的140余万人的登记表录成电子表。北化将电子表同步制成直观的父子相传的世系图，也称作梯形图。将梯形图打印出纸质文件，给每家族人寄出挂号邮件，请族人们审阅，有错即改，确认后签字寄回续谱办公室，编辑部再核对梯形图有无错误。这些内容一一核实确认后，交给北化，北化再对电子文件进行修改、续入。2009年年初，北化完成了全部接续工作，制作成印刷版；9月，本次续修，也是历史上第五次续修的《孔子世家谱》由文化艺术出版社正式出版。

此次出版的《孔子世家谱》分为总谱与支谱两种。总谱80册，收录"民国谱"的族人50余万，新接续族人140余万，共收录近200

万族人信息。支谱以家族传统的户、派、支为单位,各自成册,人数较少的合为一册,也有人数较多的分为几册。支谱每册前面均有总序与前言等基本信息。

为庆祝中华人民共和国成立60周年和庆祝孔子诞辰2560周年,2009年9月24日,济宁和曲阜有关单位及孔子世家谱续修工作协会,在山东曲阜孔庙联合举办祭孔告庙仪式和颁谱典礼,各地孔子后裔约两千人集聚故乡祭祖并请谱返回。这一天,是孔氏族人的大事与喜事!

(十五)《孔子世家谱》第五次续修工作的完成,是一个新的起点

前后经过十三个春秋,总算摸着石头过了河,顺利完成了《孔子世家谱》的第五次续修工作。艰辛与收获同在,困难与喜悦并存。由于种种原因,人们对修谱和入谱有些不同的看法。有人认为家谱是封建时代的产物,不参与;有人对家族观念淡漠了,认为没必要入谱,因为入谱也姓孔,不入谱也姓孔;有人想入谱,但不让子女入谱,怕影响子女的前途;也有人对"文革"心有余悸,不敢入谱;等等。当然也有我们还没找全族人等原因,初步预估还有七八十万族人未能入谱。下一步,我们要设法抢救,以免断掉他们的谱系。

这次续谱,有所突破,如女性入谱、少数民族入谱和外籍华人入谱等,这是时代发展的必然。又如"南宗派"将48代至53代衍圣公在大宗户列为首位,并在南宗互见,是这次续修家谱中的变化。

自明代规定孔氏家族修谱,"三十年一小修,六十年一大修",现在看来相隔时间过长。家谱应该是动态的,因为族人的信息是不断变化的,特别是在当前全球化、信息化的社会里,常态化续修工作更显得重要。因此,2012年,我们在香港地区注册了孔子世家谱常态化续修协会,便于进一步开展常态化续修工作。这样一来,孔氏族人可随时入谱和增改信息,根除了失续的现象,保证了家谱的连续性。

这次续谱与历代续谱最大的不同,就是在中国特色社会主义社会第一次续修孔氏族谱。时代变了,修谱也要创造性转化、创新性发展,要与时俱进,改革不合时宜的陈规旧矩。

我们下一步的目标是,在中华人民共和国建国100周年之际,修出一部更新的具有时代特色的《孔子世家谱》。

（本文由传主孔德墉提供一手资料,张营、朱晓奕整理。张营,北京交通大学马克思主义学院研究生；朱晓奕,首都师范大学政法学院研究生）

汤一介

一、个人简历及主要学术经历、成就

汤一介，祖籍湖北省黄梅县，1927年2月16日生于天津。当代著名的哲学家、哲学史家、思想家、教育家与社会活动家。祖父汤霖是清朝光绪十六年（1890年）进士，父亲汤用彤是中国近代著名佛学家、哲学家，妻子乐黛云是北京大学中文系教授。

汤一介1931年到北平先后就读于孔德小学、育英小学。1940年随父母到昆明，先在云南宜良县中学读初一，后转到西南联大附中就读。1943年在西南联大附中读完初二，到重庆南开中学读高中。1946年入国立北京大学先修班，1947年9月考入国立北京大学哲学系。在南开中学和北京大学这一时期，读过大量中外文学和哲学著作。

1949年5月参加了新民主主义青年团,并任历史、哲学两系的团组织委员,与乐黛云结识。1949年11月11日参加了中国共产党。1951年1月中共北京市委调他到市党校学习,并留在该校任教。1952年9月与乐黛云结婚。1955年曾在中共中央党校哲学班学习。自1949年起,汤一介系统地学习了马列主义,认真地研读了马列的各类原典,但在思想上主要受到当时在我国影响很大的斯大林和日丹诺夫关于辩证唯物主义和历史唯物主义的"教条主义"影响。

1956年9月调回北京大学,作为汤用彤的学术助手,开始从事中国哲学史的教学与研究工作,讲授"中国哲学史""中国近代思想史"等课程。1958年,乐黛云被错划为"极右派",随后也受到"反右倾"的冲击。在五六十年代,汤一介先后发表了30余篇论文,大部分文章是批判性的文章,是在当时"教条主义"思想指导下写出的,但也有一些文章较有学术性,体现出其良好的学术研究训练。如与汤用彤合作的《寇谦之的著作与思想——道教史杂论之一》,以及《略论郭象的唯心主义哲学体系》《略论王弼与魏晋玄学》《董仲舒的哲学思想及其历史评价》《论"治统"与"道统"》等论文。

1966年"文化大革命"开始,汤一介成了北京大学的主要"黑帮分子",被终止讲课资格,也终止了学术研究。1969年"下放"到江西南昌鲤鱼洲"五七"干校,1971年从鲤鱼洲返回北京,并出任"工农兵学员"的教员。1972年后,任北京大学哲学系教改组的负责人。1973年9月,"北京大学军宣队"按照毛主席的指示,把汤一介调入"北京大学、清华大学大批判组"(即"梁效")。1976年9月,"四人帮"倒台后,参加"北京大学、清华大学大批判组"的全体成员都被"隔离审查",直到1978年年初得到解放。

1978年后，汤一介重新开始研究中国哲学。1979年，他与张岱年、冯契、任继愈等参加在太原召开的中国哲学第一次全国性大会。1980年9月，恢复了讲课资格，开始讲授"魏晋玄学与佛教、道教""中国哲学史""魏晋玄学""早期道教史""中国哲学名著选读"等课程。1981年被评为副教授，发表论文《论中国传统哲学范畴体系的诸问题》《略论早期道教关于生死、神形问题的理论》等，力图摆脱"教条主义"的影响，建构中国传统哲学的新研究方法。1983年任美国哈佛大学访问学者，出席在加拿大蒙特利尔举行的第十七届世界哲学大会，发表题为《关于儒家思想第三期发展可能性的探讨》的演讲，提出可以将"天人合一""知行合一""情景合一"作为儒家哲学讨论"真""善""美"问题的三大命题。出版首部专著《郭象与魏晋玄学》，以郭象为代表对魏晋玄学进行了专门研究。1984年中国文化书院成立，汤一介出任院长。发表论文《论中国传统哲学中的真、善、美问题》等。深圳大学国学研究所成立，出任所长。1986年被评为教授并任博士生导师，在北京大学首开中西哲学比较专业硕博连读班。主编《中国文化与中国哲学》集刊，至1989年共出四期。1987年赴美国加州参加第五届"国际中国哲学"研讨会。1988年专著《魏晋南北朝时期的道教》在大陆和台湾地区同时出版，后再版时改名《早期道教史》，对南北朝道教史进行了系统的研究。1990年发表论文《再论中国传统哲学的真善美问题》。提出中国哲学的内在性与超越性问题，发表《论禅宗思想中的内在性和超越性问题》等系列论文。1991年英文论文集 *Confucianism, Buddhism, Daoism, Christianity and Chinese Culture* 在美国出版。1992年开始担任国际中国哲学会主席（1992—1994年）。

自20世纪90年代中期开始，汤一介的兴趣由中国传统哲学问题的研究，逐渐转向"文化问题"和"当代中国哲学走向问题"的讨论。1994年，发表论文《评亨廷顿的〈文明的冲突〉》，批评了亨廷顿的"文明冲突论"，引发了学术界对文明冲突理论的研究热潮。1996年，与陈鼓应一起组织道家、道教国际学术会议，参会学者有柳存仁、饶宗颐、季羡林、施舟人等百余人。1997年，发表论文《"和而不同"原则的价值资源》等，认为中国文化或中国当代哲学应该走出"中西古今"之争，而走向会通"中西古今"之学的轨道上。1998年，开始发表《能否创建中国的"解释学"？》等关于创建中国解释学的系列文章，提出：中国有很长解释经典的历史，是否可以利用中国解释经典的经验来丰富"解释理论"，创构中国解释学理论体系？引发了学术界的争论以及对中国解释学研究的热潮。1999年，出版专著《佛教与中国文化》，主要为佛学研究方面成果的结集。2001年，发表论文《新轴心时代与中华文化定位》，认为中国是"轴心时代"四大古文明之一，在"新轴心时代"，中国文化必将再次复兴。

进入21世纪，汤一介的主要工作与学术研究的重心逐渐转向《儒藏》的编纂。2002年，汤一介向北京大学校领导提出编纂《儒藏》的构想。2003年得到教育部的支持，并立项为教育部的重大攻关项目。2004年，北京大学成立北京大学《儒藏》编纂与研究中心，汤一介担任主任。2006年任北京大学资深教授，出任中华孔子学会会长。2014年5月4日，习近平总书记来到北京大学人文学苑，与汤一介促膝交谈，了解《儒藏》的编纂情况。2014年6月，《儒藏》"精华编"已出齐百册，在北京大学召开了《儒藏》"精华编"百册出版发布会。2014年9月9日，病逝于北京。

《儒藏》工程是中华人民共和国成立以来最大规模地系统整

理海内外儒学典籍的一项基础性文化建设工程。以北京大学为主体，联合国内及韩、日、越三国近百所高校和学术机构近500名学者，致力于儒家文献的系统整理与研究，旨在以现代的学术眼光和技术手段，采用繁体校点排印及进一步数字化的方式，将中、韩、日、越四国的儒家典籍文献集大成地编纂成为一个经过审慎校勘、规范标点的独立的文献体系，为全世界各国学者提供一套文本可靠、阅读方便、检索便捷的儒家文献版本。

在主持编纂《儒藏》的同时，汤一介仍然关注哲学研究的动态与进行着哲学的思考。比如，2006年发表论文《中国现代哲学的三个"接着讲"》，提出真正中国现代哲学的发展，要接着中国传统哲学、西方哲学和马克思主义哲学讲。2010年北京大学儒学研究院正式成立，汤一介出任首任院长。他将"中国儒释道三教关系史"作为重点研究课题之一，为此，2012年发表了《论儒、释、道"三教归一"问题》一文，探讨中国历史上没有因宗教信仰不同而发生过战争的原因。

自1983年起，汤一介多次到国外及港台地区讲学、开会和访问。1983年以"罗氏基金学者"名义到美国哈佛大学费正清研究中心任访问学者。1986年任美国纽约州立大学石溪分校宗教研究院研究员。此后，曾在加拿大麦克马斯特大学、澳大利亚墨尔本大学、香港科技大学及城市大学任客座教授，1996年任荷兰莱顿大学汉学院胡适讲座教授。他还兼任过南京大学等七所高等院校的教授。1990年获加拿大麦克马斯特大学荣誉文学博士学位，2006年获日本关西大学科学与人文荣誉博士学位。

汤一介的代表著作有《郭象与魏晋玄学》《早期道教史》《佛教与中国文化》等三部，另有多部论文集。2014年4月，他亲自编定的《汤一介集》（十卷本）由中国人民大学出版社出版，是他一生代表著作与论文的结集。汤一介曾主编过多种著作,具有代表性的有:七卷本《汤用彤全集》(获2001年国家图书奖),十四卷本《20世纪西方哲学东渐史》(获2004年第十四届中国图书奖),九卷本《中国儒学史》(获2012年北京市第十二届哲学社会科学优秀成果奖特等奖)。

汤一介对自己的学术研究有充分的自觉,专门写作了《我的哲学之路》一文,对自己学术研究的主要方面进行了梳理。从学术领域上来说,玄学、道教、佛学、儒学是汤一介一生倾心的四个主要领域。

汤一介接续其父汤用彤开创的魏晋玄学,围绕郭象,从魏晋玄学的分期、郭象哲学的主要内容、郭象哲学的方法、郭象与其他玄学家思想的比较等多个方面,阐释了魏晋玄学的主要内容。汤一介特别注重郭象有关资料的搜集,《郭象与魏晋玄学》一书书末专门辑录了《有关郭象的生平和著作的资料》等。

汤一介著有《早期道教史》,体现了他对道教史、宗教学的基本看法。他反对将宗教简单地等同于迷信,而是将"超人的神秘力量"理解成一种"真、善、美"的理想,而且广大信教群众还在努力致力于把他们这种关于"真、善、美"的理想实现于社会生活中。特别是在20世纪80年代,汤一介能够公开发表对宗教的上述看法,具有突破性与超前性。

汤一介的佛教研究显然深受父亲汤用彤的影响。他对自己的佛教研究进行了深刻反思,他意识到自己在佛典以及梵文、巴利文等语言工具方面的不足,所以转向关注佛教与中国文化的关系问题。他也在此视角下思考着当下中西文化交流的问题,且对中国传统文化充满了特别的自信。他的《华严"十玄门"的哲学意义》一文是他对佛学进行哲学诠释的代表作。

汤一介对儒学关注很早,但较为深入的研究则主要是在21世纪。他特别重视儒学现代化问题,他是从"新轴心时代"儒学复兴、儒学"第三期发展"、儒学的"现代化"等多角度对此问题进行探索的。他尝试从哲学的角度出发,主张对儒学进行现代的解释,此解释总体上可以概括为两大部分:"三个合一""三大理论"。"三个合一"即"天人合一""知行合一""情景合一";"三大理论"即"普遍和谐"理论、"内在超越"理论、"内圣外王"理论。

此外,汤一介对中国传统哲学概念体系问题、提出"创建中国解释学"的构想、关注不同文化的交流等方面,都进行了深入思考,引领学界对相关问题的思考与研究。

最后,特别值得一提的是,也许是出于少年时代对文学的喜爱,汤一介晚年经常写一些评论性或回忆性质的散文。文字清新,感情真挚,比如《我们家的儒道互补》《同行在未名湖畔的两只小鸟》《寻找溪水的源头》等。

二、主要论著

1.《郭象与魏晋玄学》,武汉:湖北人民出版社1983年版。

2.《魏晋南北朝时期的道教》,西安:陕西师范大学出版社1988年版。

3.《中国传统文化中的儒道释》,北京:中国和平出版社1988年版。

4. *Confucianism, Buddhism, Daoism, Christianity and Chinese Culture* (Cultural heritage and contemporary change. Series Ⅲ, Asia; vol. Ⅲ.3), Washington, D.C.: The Council for Research in Values and Philosophy, 1991.

5.《儒道释与内在超越问题》,南昌:江西人民出版社1991年版。

6.《当代学者自选文库:汤一介卷》,合肥:安徽教育出版社1999年版。

7.《佛教与中国文化》,北京:宗教文化出版社1999年版。

8.《早期道教史》,北京:昆仑出版社2006年版。

9.《新轴心时代与中国文化的建构》,南昌:江西人民出版社2007年版。

10.《反本开新——汤一介自选集》,北京:首都师范大学出版社2008年版。

11.《瞩望新轴心时代——在新世纪的哲学思考》,北京:中央编译出版社2014年版。

12.《汤一介集》(全十卷),北京:中国人民大学出版社2014年版。

13.《儒释道与中国文化》,北京:北京联合出版公司2014年版。

14. *Confucianism, Buddhism, Daoism, Christianity, and Chinese Culture*, 外研社 & Springer, 2015.

15. *Anthology of Philosophical and Cultural Issues: An Exploration into New Frontiers*, 外研社 & Springer, 2015.

(撰写者:杨浩,北京大学副研究员)

一、个人简介

李鍌,字爽秋,1927年5月4日生,福建福州人,台湾师范大学国文研究所文学硕士;曾专任台湾师范大学国文系主任,国文研究所所长、训导长;兼任台湾教育部门学术审议会常务委员、国语推行委员会主任委员、人文及社会科学教育指导委员会委员兼执行秘书、"五专及高中以下各级学校国语文科课程标准研订委员会"主任委员;台湾编译馆高级中学书法科教科用书编审委员会主任委员、小学国语科编审委员会主任委员、中国古典诗歌系列欣赏编纂委员会主任委员兼主编。

主要社会兼职:正中书局《中国文化基本教材》编纂委员会主任委员、《高中国文》课本编纂委员会主任委员;中国文字学会理事长、荣誉会员,中国声韵学会、训诂学会常务理事;世界华语文教育学会理事长常务理事,全球语文教育联合会顾问,台北中华语文研习所《两岸现代汉语常用词典》主编,中华文化总会"中华语文知识库"编审组召集人,中华孔孟学会副理事长兼《孔孟学报》《孔孟月刊》总编辑,国际儒学联合会理事、顾问,财团法人中文数字化技术发展基金会董事,华语文教育基金会荣誉董事,财团法人景伊文化艺术基金会荣誉顾问等。

获得荣誉:台湾教育部门教育文化奖章,台湾师范大学第七届杰出校友,中华语文研习所学术贡献奖;多年致力于中华语文的整理、策划与制定,获台湾教育部门颁予"胸怀万卷、作育功高"奖座;获中文数字化技术推广基金会颁赠感谢纪念座。

二、主要学术经历与成就

(一)主要研究领域和研究方向

1.汉语音韵学研究

余在台湾师范大学随许世瑛教授习声韵学,但用的是董同龢教授所著之《汉语音韵史》,是以西方语言学的概念来探求中华汉语音韵学。在研究所,则是随指导教授林尹师学习《广韵》研究、中国古音韵学、传统音韵学知识,而硕士论文《昭明文选通假文字考》,即是以古音韵的学识来完成其研究成果。

《昭明文选》是中国现存最早的一部诗文总集,由南朝梁代昭明太子萧统组织文人所共同编选。其收录诗文辞赋,上自周、秦,下迄齐、梁,集七代之精英,内容极为博大。唐李善为之作注,包罗亦十分广博。李善是曹宪的弟子,对于六书假借深得其根底。综其所注,约有四端:一曰某与某古今字,一曰某或为某字,此二端是属于"形"之通假;另外一曰某与某音义同,一曰某与某古字通,此二端则属于"声"之通假。凡此皆属六书通假之例。今余先就李善注例详予考证,再就平时阅读《文选》所得及正史载有《文选》之篇,期间与《文选》字异而合乎李注通假之例者,缀成是篇,名之曰《昭明文选通假文字考》。由于《文选》一书及李善之注,皆均庞大繁富,是以硕士论文花五年时间始完成,共约50万余字。

此文之价值在于引《说文》以解《文选》,于字之假借、音之转移、义之引申诸端,必析其同异,明其所以,是以深获校外口试委员台湾大学中文系主任台静农教授之青睐,皆因此文不仅由音韵以通文字,且进而通小学之整体,由小学而贯通辞章,实为难得之佳作。

2.儒学研究

(1)《孝经疏证》。

在儒家思想中,"孝"是最重要的一环。"孝"是人伦之大本,治化之纲领,所谓"百行孝为先"是也。《孝经》之作者史汉异说,或曰孔子,或曰曾参。惟来自治《孝经》之学者于《孝经》本文鲜怀疑难,至两宋诸儒研寻文义,乃以为杂出后人附会。至朱熹竟谓"《孝经》仅篇首六、七章为本经,余乃传文,皆齐鲁陋儒纂取左氏诸书之语为之"。于是效其《大学章句》作《孝经刊误》,自是以来,众说纷纭。惟窃以为不论如何,《孝经》总有其微言大义在。今为推明《孝经》之微言大义,特就《十三经注疏本》所收之明皇御注《孝经正义》作为疏证。举凡前贤之疑及《孝经》大义见于其他先秦典籍,而邢疏见有未及,或见及而语焉不详,理有未关者,与夫后世子史之旁见征引者,悉皆随文详加辨正。

(2)《法言探微》。

扬雄是西汉末之文学家、文字学家、语言学家,更是一位极受当代人推崇的儒生。因见到各家言论之舛塞，诋訾圣人，怕怪迂之言而坏大道，于是象《论语》而作《法言》。雄之意盖欲效迹孟荀而辟异端，以绍继圣统为己任。其文高而绝，其义秘而渊，其言正而赡，高视千古，故汉世诸儒皆推重之。班固作《汉书》全列其目，桓谭《新论》谓其能入圣道。王充《论衡》比犹文武周公。即北宋以前，亦大抵视同孟荀。虽韩文公有醇乎小疵之议，但仍以孟荀并论，赞亦圣人之徒。至司马温公则以为雄之生最后，监于孟荀而折中于圣人。潜心求道至于白首，故其所得最多，所潜亦最深。至李宏范右道左儒，遂朱熹疑为全出黄老，不亦诬乎？今观《法言》之文，无论治学论政、修身接物，无不遵循儒家之精神，发扬儒家之学说，而有一贯之体系。其间排斥老庄廓清诸子，尤不遗余力，以其次于经传之后亦不为过。然其书义训奇，文词简奥，学者多失其句读，迷其旨趣；虽有司马温公为之《集注》于先，汪荣宝《义疏》于后，而《法言》章句粲然大明。然《法言》大抵皆章自为旨，不相附属于整个学术之体系，未尝为连贯之记载，爰为分类条析，详加纂述，期能探其忧隐，明其大旨。

3.海峡两岸汉字之研讨

(1)常用汉字标准字研订完成。

自1975年承乏台湾师范大学国文研究所所长后，即赓续完成台湾教育部门委托之常用汉字标准字体表4808字，于1982年公告台湾地区，一体使用。后编码由台北"国家图书馆"馆长王振鹄教授、台湾师范大学图书馆张鼎钟馆长，于国际图书馆学会议时提出讨论，通过今后国际汉字编目均以此为本。惟4808字不够使用，必须增加次常用字、罕用字、异体字等，全面整理。

(2)汉字字模母稿的制作。

最早完成的台湾常用汉字标准字体表，是用硬笔书写，不可作为字模的母稿。尤其正体楷书。于是，委托华康科技开发公司承造楷书常用字4808字，次常用字6343字，合计11151字。宋体母稿17266字，属点阵字，计算机DOS版，于1993年6月公告启用，并要求小学教科书印刷时应严格规定使用标准字体，然后推广及初中、高中各级学校的教科书。2003年又委托中文数字化技术推广基金会（简称"中推会"）制作"向量式"Windows版，使用标准字体共计13067字。现在普遍使用在桌面计算机中，而印刷电子排版用字也都是标准字。

（3）编纂第一本为沟通两岸的现代汉语常用词典。

大陆自1956年公布《汉字简化方案》，1986年国务院重新公布《简化字总表》，即使用简化字，而此时期台湾地区用的是繁体字，这使原本同文同宗的两岸同胞情意难以交流。所以，当时负责两岸主要对外汉语教学的台北中华语文研习所何景贤博士，通过海峡两岸关系协会汪道涵会长与北京语言大学杨庆华校长合作，在台北与北京各开两场"两岸汉语语汇文字学术研讨会"，决定组织两岸学者共同编纂一部以描写性、通用性、实用性显示其特点的《两岸现代汉语常用词典》，此乃第一部两岸合编之词典。往后所编纂的两岸辞典，大多以此为鉴，如中华文化总会所编纂之《两岸常用词典》及《中华语文大辞典》等。

（二）主持承担的重要科研项目

1. 主编台湾正中书局《中国文化基本教材》（共六册）
2. 主持台湾教育部门各项委托研订计划

（1）赓续完成林尹师所长任内接受台湾教育部门委托研订"常用汉字标准字体表"未竟之工作，计得4808字。

（2）汉字的标准化及标准字体母稿之制作。

（3）《国语一字多音表》审订：国语字音中，有所谓正音、又音,读音、语音,以及歧音异义、通假字音、外语译音、轻声字音等一字多音现象,而两岸之字音亦有某些差异,是以不能不有所整理,加以审订,以期达到单纯化、标准化,以利国语教学与社会大众学习之用。如今台湾地区中小学教科书均以此为准。

(4)字典、辞典的编纂:在制作汉字标准字体母稿的同时,又组辞典编纂委员会,敦请陈新雄、李殿魁二位教授为副主任委员,邀约专家学者为编审委员,曾荣汾教授任总编辑,前后共完成五部电子辞典,即《重编国语辞典修订本》《国语辞典简编本》《国语小字典》《异体字字典》《成语典》。其中《重编国语辞典修订本》收词十六万条,兼及宋、元、明、清、民初之口语,两岸流行之语词,均提供完整史料。另有附录十九种,可发挥一般辞典、百科全书、诗文名句检索及语文考证等功能,是目前台湾地区具有最多功能之辞典,亦可作为数据库用。是以自1994年完成网络版以来,不过两年,已有近两千万人次使用,对于语文教学与研究、台湾地区字词典编辑及国际化之提升,颇有帮助。至于《异体字字典》之编纂,系集结台湾地区文字专家智能之字库,亦为全球最大之汉字数据库,共收约十万六千余字,逐字注明文献根据,并加以研讨,使其对内可为语文教学之参考、对外可经信息工业策进会编纳为标准交换码,向国际标准化组织登记,以争取扩大国际通用中文字集之先机。《成语典》之编纂,共收成语约五千条,每条明其原典之出处、词条之释义、前贤之用法、词义之辨异、实用之举例,以及相近之参考词条等,来龙去脉,极为详尽。此两部字词典上网使用者,每日逾数万人次。

(5)新词语料汇编:除字形、字音外,还有词汇的问题。为台湾地区的语词、现代流行的语词,常见的专科词汇、成语、谚语、歇后语、同义词、反义词等的资料,再鉴于社会环境不断变迁,新词亦往往随之而生，为确实掌握社会环境演变之状况，新词之记录相当重要。于是，请总编辑曾荣汾教授主导，整理自1996年7月起，逐年于报纸杂志、电子网络上新生之词语，包括基本词目，中英夹杂词目，英文词目、数目流行语，节缩语，方言语料，大陆地区用语等，至1998年12月止，前后两集，共计收录新词一万七千余条。此项数据，不仅可以观察社会变迁之状况，又可供往后新编词典收词之参考。

（6）汉语注音符号第二式制订。

3.主持台湾各级学校国语文科教材修订与重编工作

（1）1985年，蒙台湾编译馆聘为小学国语科教科书编审委员会主任委员，前后历时12年，主持小学国语科教科书修订及重编工作。

（2）1991年，任台湾编译馆中国古典诗歌欣赏系列补充教材编审委员会主任委员，编纂小学、初中、高中三部分，共选录诗歌（包括诗、词、曲）210首，另附录150首，分为九册，供中小学语文科学习之补充教材及社会青年自修之用。又任台湾教育部门国语文科课程标准修订委员会主任委员，负责修订五专及高中以下各级学校国语文科课程标准，以为各级学校国语文教科书编纂之准则。

（3）为各级学校人文及社会学科教育与自然学科教育平衡发展，台湾教育部门于1985年底成立人文及社会学科教育指导委员会，余被委以国语文学科组召集人之任，负责自高职、高中以下各级学校国语文学科之教育目标、课程、教材、教法与师资做整体规划，以切合实际需要。

4.应台北中华语文研习所之邀，与大陆北京语言大学联合主编《两岸现代汉语常用词典》

《两岸现代汉语常用词典》为第一本两岸同胞沟通情义之词典，收录两岸现代汉语词条45000余条。

5.主持《两岸常用词典》及《中华语文大辞典》之编纂

2008年,台湾地区领导人马英九先生提出,为增进两岸同胞情意交流,拟先在一两年内编纂一部小型《两岸常用词典》,然后四至五六年中,编一部中型《中华语文大辞典》,至此,两部工具书均已编纂完成。这两部书都是经由两岸最权威的学术单位负责编纂的,大陆由中国辞书学会、台湾则由中华文化总会负责。

6.受中文数字化技术推广基金会邀请,主持古汉字编码工作,并完成中文字笔画及基础部件标准规范

(三)学术成就及其社会评价

1.学术成就

台湾教育部门国语推行委员会于1987年开始,委托余主持展开《重编国语辞典修订本》之撰辑工作。余于1994年完成网络版,1997年推出光盘版,共收字11929字,收词152398条,以服务台湾中小学教师、学生及社会人士,用以教授或学习语文为主要目标。截至2019年7月底,使用人数已达到约3.25亿人次,对于汉字的推广,影响较为深远。其次,组织编纂《国语辞典简编本》,2000年完成多媒体图文整合及国语配音的网络版,2019年7月底,使用人数已达到约9670万人次。组织编写《国语小字典》,2000年7月完成网络版,至2019年7月底,使用人数已达3580万人次。《异体字字典》于2001年3月已正式完成网络版以及光盘版,共收字106230字,其中正体字29892字,异体字76338字,至2019年7月底,使用人数已达约3590万人次,凡此皆对汉字的全球化,有极大的帮助。

2.学术成就的社会评价

1999年,曾为台湾正中书局组织主编一套《中国文化基本教

材》（共六册），是以朱熹所编的《四书章句集注》为主，并参考各家精当之说，依据《论语》《孟子》《大学》《中庸》，精选之篇章，依其内容性质，分类汇聚，每类之中再分若干节目，使义理相近之篇章得以相互阐发，确切了解其意义。台湾教育部门将其列为高中国文科课程教材之一。这套国学教材在台湾地区历经了数十年的教学实践，影响过一代又一代台湾人的价值观与世界观。

2008年初，这套教材经台湾正中书局授权，由新华出版社引进大陆出版，书名改为《国学基本教材》。2015年，由中华书局引进并修订出版，书名定为《中华文化基础教材》。2016年后，则由广西师范大学出版社出版。这套教材完整地解读了《论语》《孟子》《大学》《中庸》所蕴含的儒家思想，可以说是对中国传统文化基本价值与中心观念所作的最具普及性也最具现代性的一次阐释。国学大师任继愈先生亦大力推荐，认为这套教材选材精当，非常适合现代青少年所需。它不仅增加古汉语知识，对于培养青少年品格之全面发展，也有帮助。

由于这套教材的内容能反映中华文化的精髓，培养人心伦理道德观念且具有时代意义，在编排方式上，亦以条理解说清楚为原则，所以，此套教材一出版，便引起社会各界的关注。

3.弘扬和普及儒学方面的成就

（1）培养外籍儒学师资，提升国际儒学研究之风气。

余在六年国文系主任及研究所所长任内，一禀林尹师之志业，以弘扬中华文化为职责，除提升儒学研究之风气，增进系所学术之地位外，还大量招收外籍学生，冀其学成归国，能播扬我文化于异邦，使其生根繁衍。窃以为唯有文化输出，有百利而无一害，而且所费不多，收效很大。

以韩国为例，在各国留学生中人数较多，毕业回国后，大多在各大学中文系或儒学系任教,在他们的积极影响下,韩国各大学中文系之设立,犹如雨后春笋般扩充。例如,国际儒学联合会理事梁承武教授,即是余任内台湾师范大学毕业之博士,回韩国后担任孔子学会理事长。此外,韩国原有退溪与栗谷研究院,皆系儒家学术研究机构。不仅在韩国国内,甚至来台湾与台湾师范大学合办栗谷学术研讨会,共同弘扬孔孟思想。余任内也与韩国启明大学、忠南大学、中央大学等校结盟,每年派遣系内教授前往讲学,使儒学文化得以在韩国和中国台湾密切交流。

（2）积极参与民间学术社团,弘扬儒家文化。

曾任台湾中华孔孟学会常务理事、副理事长,兼《孔孟学报》《孔孟月刊》主编,弘扬孔孟学说,阐扬国学,提倡德育教育,共策社会进步;同时,亦担任国际儒学联合会理事、顾问,尼山圣源书院顾问等,协助举办"读论语,教论语"师资研修班,为中小学培植师资。

(四)学术访问和交流情况

1.主办会议

举办两岸儒学会议;

举办第二、三、四届世界华语文教育国际学术研讨会;

与韩国栗谷研究院共同举办栗谷国际研讨会。

2.参加学术会议

带团参加大陆举办的两岸儒学学术研讨会;

与孔孟学会一同参访宋庆龄基金会并交流;

参与四次世界华语文教育国际学术研讨会;

参加北京大学汉语教学中心举办的纪念简化字四十五周年纪念学术研讨会;

参加北京外国语大学举办的两岸汉语文合作座谈会；

每年暑期组团参加北美中文教师学术研讨会，会后并举办侨校华文师资座谈会，与老师交换华语教学所面临的问题；

参加韩国退溪学国际学术会议；

参加台北文化局举办的汉字全球化国际学术研讨会；

参加韩国首尔举办的亚洲汉字文化国际讨论会；

参加香港浸会书院声韵学国际学术研讨会；

参加台湾"中央研究院"第一届汉学国际学术会议；

参加日本东京国际汉字学术会议；

参加中文数字化技术推行基金会举办的古汉字数字编码暨现代化应用研讨会；

参加辅仁大学举办的汉语拼音专题学术研讨会；

参加斐济举办的环境保护国际学术研讨会。

三、主要论著

（一）代表性著作

1.《昭明文选通假文字考》，嘉新水泥公司文化基金会，1961年。

2.《孝经疏证》，载《台湾师大国文学报》，1966年5月。

3.《从学术观点论"正体字"与"简化字"》，载《双秋居文存》，财团法人景伊文化艺术基金会，2021年。

4.《海峡两岸汉字的统整》，载《双秋居文存》，财团法人景伊文化艺术基金会，2021年。

5.《两岸现代汉语常用词典》（中华语文研习所）。

6.《两岸常用词典》（中华文化总会）。

7.《中华语文大辞典》(中华文化总会)。

8.《中华大辞林》(台北:五南图书出版公司)。

9.《中文大辞典》(中国文化研究所)。

(二)代表性论文

1.《蔡琰悲愤诗释疑》。

2.《魏晋南北朝文学论理》。

3.《〈昭明文选〉与〈文心雕龙〉》。

4.《论语、孟子、孝经的文学价值》。

5.《书法艺术所具现之人格意义》。

6.《陈第与中国古音学》。

7.《国语科新课程教材教法之基本理论》。

8.《通用拼音之评议》。

9.《两岸语言文字与词汇之差异》。

10.《海峡两岸语文的统整》。

(撰写者:李　鍌)

张植珊

一、个人简介

（一）战乱中成长与学习

张植珊，字硕山，1927年出生于福州城内文儒坊祖厝。幼受庭训、私塾，故延后插班入新制高小。中学阶段适逢中日战争正烈，福州两度沦陷，开始随母校福建省立林森师范学校迁往闽北，骨肉离散，家道亦告中落。接着又经内战烽火，后随军去台湾省，获公费安置，并得名师教导，始克完成大学教育。

张植珊先生系台湾师范大学教育系毕业，菲律宾圣若瑟大学教育硕士，韩国东亚大学名誉教育博士。台湾省考试院甲等特考最优等录取，实践研究院第一期结业。曾在台北师范学院、台湾师范大学、菲律宾宿务东方学院、菲律宾中正学院任教，并兼海外通讯社特约记者。返台湾省后应聘在台北师范学院、台湾教育学院等校服务,并兼系、处、所长、代理校长等职,旋于1974年接任台湾教育学院校长。于1983年三任期满,升任台湾"行政部门文化建设委员会"副主任委员,兼台湾建设研究委员会研究委员,1993年调任台湾"侨务委员会"政务副委员长。

1996年退休后,仍被聘担任诸多重要社会职务,被邀接任中华孔孟学会秘书长,并选任常务理事、副理事长,《孔孟月刊》社长,及太平洋文化基金会董事、国际儒学联合会顾问等职。

(二)海外服务教学兼进修

张植珊先生毕业后在师大服务时,兼职海外通讯社采编工作,接触侨情,因缘际会,被遴选赋予侨务委员会设计委员名义,应邀前往菲律宾服务侨社,并先后任教于菲律宾东方学院与中正学院。公余组织侨生暑期回台湾省参访活动、协助侨生回台湾省升学。张先生自身也在圣若瑟大学攻读,前后六年多,虽谓忙劳,但多有建树。

二、学术经历与成就

(一)开创培育辅导与特教的专业人才

张植珊先生1967年返台湾省之际,适逢台湾省实施九年教育,中学增列辅导工作与辅导活动课程。张先生以其所学专长,被延揽参加中学心理辅导课程设计、师资培训,参与编写辅导用书、教学手册等,出力甚多。1971年,台湾教育学院在彰化成立,张先生应邀参加筹备,并衔命成立台湾地区首创的辅导学系与特殊教育学系,皆亲筹划,树立宏规,为辅导与特教,开启人才培育途径。另新设科学教育系、职业教育系、语文教育系等,以培养新课程师资,也用于中学校长职前训练、教师在职研习等进修学习。

(二)为台湾地区教育辅导学写下新里程

张植珊先生学教育,终生献身于教坛,深耕厚植青少年教育事业,主持台湾教育学院,担任辅导系主任,开设辅导课程,培训辅导教育人才,并推展大专院校、中小学设置辅导中心与辅导室,提供学生心理及学习辅导的机制。在社会上,"张老师咨商中心"在各县市被广泛推展,功效卓著。"张老师"这个名词成为青少年辅导的代名词,甚而"张老师"青少年身心辅导的理念和方法被推展到企业界。张植珊先生的一生是与他的这个"张老师"名号联系在一起的,平日他继续担任教学与"张老师"之辅导工作外,本身就是一位张姓的"张老师"。"张老师"的工作推展,影响着台湾近代青少年辅导工作的开展。在他的影响下,台湾地区的"张老师"秉持爱人以德的信仰,塑造"张老师"与青少年同在的典型人物,给台湾地区的教育界带来积极的影响。

(三)教学与行政成就斐然

继后,张植珊先生升任台湾"行政部门文化建设委员会"副主任委员期间,襄赞文化建设之规划,全面推动传统文化、生活文化、精致文化三者兼筹并顾,贡献甚多。复又荣调台湾"侨务委员会"政务副委员长,主管海外文教组织与侨校设施之督导,厥功至伟。

张植珊先生获有各类奖章,包括教育木铎奖、文艺教育荣誉奖章、实践奖章及母校台湾师范大学杰出校友奖等。

张先生公职退休后，仍协力推动"张老师"心理辅导、两岸及海外文教交流工作。他还在组训青年海外访问团、岁寒三友会及社团领导人研训活动等方面不遗余力，卓有贡献。

（四）孔孟思想的传承与发扬

鉴于孔孟学说乃当今之显学，两岸文化交流又是时代潮流之所趋，张植珊先生被邀担任台湾中华孔孟学会秘书长一职，忙为筹措经费，出版刊报、图书，规划推展学术研讨活动，并与宋庆龄基金会、国际儒学联合会、山东尼山圣源书院、孔子基金会等，加强交流互访，合办两岸儒学研讨会等，凡十年之久，成果丰硕。

（五）治学态度与识见堪为楷模

张植珊先生从事教育、文化、侨教与青年辅导等事业，超过半个世纪的岁月，身受师范、师大完整的师资培养教育，毕业后也在师范学校以及师范大学服务，之后主持台湾教育学院（后改名彰化师大），可以说一生都在从事教育事业，为培育教育方面人才而奉献。他教学注重品德教育，体认《中庸》的诚是中华文化的核心，并将它融入他所服务的四大事业中，身体力行为学生做表率。他获颁教育界最崇高的"师铎奖"之荣耀，这是德行崇高的表征。青年时期他即参与青年自强活动，还规划设计各种活动为青年学子提供展现才华、增强体魄、充实自我的机会，承办或领导活动广受好评。在台湾教育学院设置辅导系，培训各级学校的辅导师资，专为青少年提供学习、心理、生理及职业辅导。他的"张老师咨商中心"协助青少年解除生活困扰，促进生理与心理的健康。他在文建会的服务则倡导推展文化建设，提倡精致文化、生活文化与基础文化。公务之余他则著书立说，将所思所想写成书,数十年孜孜不倦,文达数百万言,印成图书数十册流传各界。复在各专刊发表专文数百篇,为学术界提出有价值的论述,供师生参考阅读。综此,作为当代学者,张先生之"立德、立功、立言",堪为后起之秀学习的楷模。

(六)著述丰硕

张植珊先生著述甚丰,研究论文散见于报纸、杂志等,凡200多篇。近年汇编出版《白沙薪传——文教论述选集》及《硕山文集》等,分赠海内外图书馆及相关团体人士典藏。

台湾文学馆编印作家作品目录时,评介张植珊先生文学风格为:"创作文类有论述和散文,长期关注文教议题,尤对人格养成的各层面皆有深刻析述,有长期为文教事业于世界各地奔走的感记。亦涉及大学学制、学术体制、教育伦理等议题,以儒家思想为基底,文章理路清晰明畅,有恢宏大气的人文坚持。"至为贴切。

三、主要论著

1.《国民中学辅导工作之研究》,台北幼狮书店1970年版。
2.《国中学生适应问题与辅导》,台湾教育学院1972年版。
3.《教育工学与教育方法的革新》,台北行为科学社1976年版。
4.《教育辅导》,台湾教育学院1982年版。
5.《忧患教育与社会建设》,台北五南图书出版公司1983年版。
6.《教育与辅导论集》,高雄复文书局1984年版。
7.《我国学制改革之探讨》,台北正中书局1984年版。

8.《民间传统信仰之演变探讨与研究》,台北正中书局1991年版。

9.《文化建设与文化教育》,台北正中书局1995年版。

10.《海外文教与师资培育》,台北五南图书出版公司1997年版。

11.《孔子思想与辅导谘商》,台北师大书苑2006年版。

12.《人文化育甘露春风》,台北师大书苑2006年版。

13.《道德教育与宗教情怀》,台北师大书苑2006年版。

14.《闽台同根思饮水》,台北师大书苑2006年版。

(撰写者:黄裕诚)

吴小兰

一、个人简介

吴小兰，1928年出生于四川。叶选平同志夫人，吴玉章同志孙女。曾任延安东北机械局技术员、高级工程师，中国机械进出口总公司技术处副处长、副总经理，深圳市副市长，深圳市人大常委会副主任，春耕园学校终身名誉校长。

主要工作经历：1943年，吴小兰女士就读于延安自然科学院机械系。1945年，先后在延安晋察冀解放区军工局、东北机械局工作。学习成绩优异的她，又于20世纪50年代初远赴苏联学习机床与工具制造。1954年回国后，又分别在沈阳、北京等地工作。在此期间，历任车间主任、副厂长、总工程师等职务。经过多年的积累，凭借对机械原理的造诣与出色的能力，吴小兰女士于1975年调任中国机械进出口总公司副总经理。

二、为普及儒学、教书育人而奔走忙碌

吴小兰女士喜好传统文化,故而在她离休后,致力于中华优秀传统文化的传承,为进一步提高公民的道德素质而做出努力。

早在2002年年初,吴小兰女士就在深圳带领一些传统文化爱好者,致力于儿童传统文化的普及教育。她强调要以诵读经典为主,在孩子记忆力超强的阶段,让孩子诵读、记忆经典,为将来学习经典、依经典的道理指导人生打下基础。吴小兰女士带领邵雅忠、刘友刚、郑小燕、蔡文乔等人,一起创办了深圳明道国学培训中心。邵雅忠老师根据朱子白鹿洞书院"正其义不谋其利,明其道不计其功"的义旨,为培训中心取名为"明道",并完成了工商登记手续和培训许可证的申办,叶选平政协副主席还给培训中心题了字。2009年春,人员渐增的培训中心,改为全日制,并迁址至山东曲阜,正式在当地注册成立春耕园学校,时任国际儒学联合会会长的叶选平同志,为学校题写了校名,吴小兰女士当时以耄耋高龄,二次亲赴学校指导,亲切地教导学子要努力学习优秀的传统文化,立圣贤志,做一个真正的中国人。

2006年3月10日,吴小兰女士莅临广州城市职业学院作国学讲座,强调高校开展国学教育的重要性;4月26日,应学院领导的邀请,再次莅临广州城市职业学院,就在高校如何开展国学教育的问题,做了悉心的指导。同年9月8日,广州城市职业学院合并组建一周年庆祝大会上,高职院校的首家国学研究所正式挂牌成立,吴小兰女士受聘为国学研究所名誉所长,并为研究所揭牌。同日又参加了该学院国学教育工作座谈会。

12月20日，吴小兰女士全程参与了广州城市职业学院举办的国学活动日系列活动。这天上午，吴小兰女士与时任广州市委宣传部的汤应武副部长和学院领导一起参观了该学院国学研究所，听取了国学研究所负责人宋婕的工作汇报和设想，兴致勃勃地观看了正在进行的书画笔会，为现场的书画家颁发了广州城市职业学院客座教授聘书；同日下午，出席该学院第一届"国学经典诵读大赛"决赛，参加该学院客座教授受聘仪式。

2007年7月12日，由叶选平会长主持，国际儒学联合会在北京召开了第一次儒学普及工作座谈会，决定成立并组建了由委员会主任张践，副主任吴小兰、凌孜、王殿卿等参与的教育传播普及委员会。叶选平指出，我们为什么要搞儒学普及工作？主要是想通过普及学习传统伦理道德，对青少年进行做人的再教育。随后，在叶选平会长的带领下，国际儒联借着落实党的十七大提出的"推动社会主义文化大发展大繁荣"精神的东风，发动学者到群众中去进行宣传，通过国际儒联自身的影响力、渠道，联合各个方面的力量，做好宣传工作。

2008年5月，国际儒学联合会教育传播普及委员会在山东泗水召开了首次工作会议。会议期间，吴小兰出席了泗水县教育局举办的第二届中华母亲节推进会，考察了圣源洙泗泉林，拜谒尼山圣地夫子洞和孔子家庙，考察了尼山圣源书院的选址。会议认为，书院建成后，将使圣地尼山成为国际儒联推动儒学研究和普及传播并走向世界的重要基地。吴小兰女士事后向洙泗小学的学生捐赠了一些物品。

2008年6月6—9日，第二次儒学普及工作座谈会在广州城市职业学院召开，吴小兰女士出席会议。会议组织各地儒学普及工作者交流了经验，探讨了如何对中华传统文化进行批判与继承、普及与提高等重大理论和实践问题。

会议期间，叶选平会长把题写好的"尼山圣源书院"院名，当场赠送给书院的负责人，这是对该书院要举行成立典礼的一个重大支持。

为贯彻叶选平会长提出的对儿童首先要进行"做人"教育的精神，吴小兰女士深入社会基层，走访学校、企业、社区，做了大量细致的工作。为争取各地领导的支持，努力培养一批有志于儒学普及工作的中坚力量，她因地制宜，采取了相应的工作方法。在幼儿园、中小学、大专院校、工厂企业，甚至监狱中，根据受教育对象年龄、文化程度、社会生活经历等的不同，选择适当的形式开展儒学思想教育活动，开设相应的课程。同时，还积极争取社会贤达的大力支持，呼吁热心社会公益事业的企业家在资金、场地、设备等方面慷慨支持。在她的努力下，该地的儒学普及工作在短短两年时间内就开创了可喜的局面。

2007年11月15日，知名历史学家、思想史家、教育家、清华大学教授张岂之先生出席了广州城市职业学院国学顾问张岂之教授受聘仪式暨国学教育座谈会，吴小兰女士向张岂之先生颁发了聘书。座谈会上，吴小兰女士与张岂之先生一起听取了该院研究所负责人就院内国学活动成果所作的综合汇报。吴小兰女士联系自己的生活经历，指出中华民族优秀的传统文化对当今社会所具有的深远意义和作用。座谈会结束后，她与张岂之先生一起，再次饶有兴致地参观了学院，并与同学们亲切交谈。

2008年7月27日，吴小兰女士与来自香港大学毕业同学会、中华智慧管理学会等香港地区文化机构一行15人做客广州城市职业学院国学研究所，与校内师生一道就两地的国学普及教育工作进行座谈。

同年12月14日，吴小兰女士再度出席由广州城市职业学院、广东省音乐家协会、广东古琴研究会主办，广州城市职业学院国学研究所承办的"琴韵清华"古琴系列活动。活动结束后,吴小兰女士与学院的李训贵校长及香港著名古琴表演艺术家、香港浸会大学教授刘楚华女士进行亲切交谈。

2009年1月15日,香港专业教育学院(葵涌分校)校长祁志纯女士等一行19人前来广州城市职业学院国学研究所,就院校的国学教育情况进行了观摩和座谈。在欢迎会上,吴小兰女士和时任广州市教育局局长的华同旭共同为"广州市中小学教师继续教育基地"揭牌。9月9日,国学研究所更名为"国学院",吴小兰女士与时任广州市教育局副局长的雷忠良一起为国学院揭牌。

抱着对儒家圣人的尊敬、对传统文化的热爱,2009年10月15日,即农历八月二十七——孔子诞辰日,吴小兰女士及国际儒联有关人士亲赴曲阜祭孔,并莅临曲阜春耕园学校进行指导访问。

10月29日,在吴小兰女士的大力倡导下,广东省成立了"吴小兰慈善基金会",吴小兰亲自担任名誉会长。她的这份乐于助人的炽热之心,一直陪伴着她,支撑她从事公益慈善事业一直至今。

2010年3月12日,吴小兰女士率东莞市联合管理专修学院一行做客广州城市职业学院国学院,与校内师生一道就职业技术类学院的国学普及教育工作进行座谈。

同年,国际儒联举办的第三届教育传播普及工作座谈会在盐城师范学院召开;2011年6月,在长沙湖南大学岳麓书院举办的第四届普及工作座谈会,吴小兰女士均出席了这两次会议。

2013年9月25—26日,吴小兰女士主持了由国际儒联主办、广州城市职业学院与深圳信德多元文化教育中心承办的中华优秀传统文化学习成果汇报会。会议期间,吴小兰女士还参加了由国际儒联赠送院校的孔子像揭幕仪式。

2014年,吴小兰女士再次亲赴孔子故里——山东曲阜,并莅临尼山圣源书院。11月4日，她与国际儒联的张践教授、金美华副秘书长等领导再度访问了春耕园学校，参观了学校的教学情况，给予了工作指导，她还亲切地与学生交流。

她还视察了尼山圣源书院，并在明德堂前与书院的工作人员合影，决定给书院在照明设备方面提供大力支持。

为了促进家庭精神文明建设，加强家庭传统文化教育，国际儒联叶选平会长倡议，于2015年5月17日，由国际儒联和国家社会科学基金"十二五"规划教育学重点课题"中华优秀传统文化教育研究"家庭教育课题组，联合主办的"儒家齐家之道与当代家庭建设"国际学术研讨会在国家教育行政学院举办。会议上，国际儒联荣誉顾问吴小兰女士、"中华优秀传统文化教育研究"家庭教育课题组顾问俞家庆先生到会致辞。吴小兰女士就自己对教育的新认识以及如何贯彻落实等，做了中肯的指导性发言，并与参会的学者交流，一起分享齐家之道，充分表明了她对中国传统"齐家"观所体现的家庭教育思想的重视。

12月5—7日，吴小兰女士在深圳与国际儒联副会长凌孜、深圳市政协原副主席周长瑚等30多位国内外专家、学者及300多位企业家代表，共同出席了由国际儒联、深圳信德多元文化教育中心、哈尔滨工业大学深圳研究生院、东莞市传统文化促进会承办的围绕"互联网+"时代"中华优秀传统文化与现代企业管理"为主题的第八次儒学普及工作座谈会。

会议内容分为三大方面：中华优秀文化与现代企业管理，"互联网+"时代企业发展的挑战与机遇，优秀传统文化进行企业管理的经验。吴小兰女士在会上强调，儒学研究工作要与普及工作并重；企业家深入学习、吸取并实践中国传统的管理智慧十分重要；未来任重而道远，老祖宗留下的智慧就是我们的力量。

三、弘扬国学，办学兴企，亲力亲为，呕心沥血

2004年11月22日，深圳市信德多元文化发展有限公司正式成立。根据吴小兰的指示，自2007年开始，将儒学从国学馆和幼儿、青少年的教育推广到企业中去。2008年至2010年，连续三届青岛企业家中华优秀传统文化论坛大获成功，这一活动推动国内企业学习传统文化进入高潮，培养企业家也成为当务之急。当时传统文化课的老师人员不足，而能将传统文化与现代企业治理两者结合起来进行讲解的老师更是少之又少。为适应社会需求，深圳信德多元文化教育中心应运而生。之后，在吴小兰女士的大力推动下，创建了由传统文化教师、企业家、社会各界热心人士组成的团队，该团队举办的中华优秀传统文化与现代企业管理总裁班，在社会上产生了较大的影响。

2010年起，吴小兰女士亲任深圳信德多元文化教育中心校长，该中心先后开设了中华文化与现代管理研修班、企业家学习中华文化进修班，累计300余位企业家参与培训。

从2010年3月8日第一期开班起，至2013年12月，一共举办了八期为期45天的全封闭总裁班，培养了近600名各行各业的企业家。前期筹备时，吴小兰女士亲力亲为，为教学办班树立了宗旨、指明了方向。不仅如此，在办班期间，她还亲自莅临现场看望学员并授课，分享她人生的宝贵经验并答疑解惑。通过培训，学员们的变化可谓是脱胎换骨，身、心均发生了巨大变化，并在践行传统文化方面涌现出一批优秀企业家，效果明显。与此同时，她又积极支持并指导为期三年的青少年教育研修班，以探索中华文化与青少年教育的独特价值，并培养出了"五长合一"的人才。

2014年后，深圳信德多元文化教育中心将课堂搬到了企业，开

始在实践中探索中华优秀传统文化与现代企业治理全面融合的路径。吴小兰女士非常关心传统文化的转化与实践，多次赴深圳、东莞的企业调研考察，给予指导，积极探索根植于中国文化沃土的企业治理之道。

2014年9月，吴小兰女士积极推动成立东莞市传统文化促进会，并担任荣誉会长，积极探索中华优秀传统文化在东莞各界普及的经验与途径。

2015年12月，深圳信德多元文化教育中心承办了国际儒学联合会第八次儒学普及工作座谈会。在吴小兰女士的指导下，会议圆满成功，儒联领导给予了"参与人数最多，规格最高，效果最好"的高度评价。

吴小兰女士对传统文化的热情可谓是炙热如初，对传统文化融入企业以及将传统商道智慧全面融入现代企业管理做出了一定的贡献，这在一定程度上促进了企业的良性发展。

自2010年至2021年，吴小兰女士多次亲临东莞市泰威电子有限公司，指导中华优秀传统文化在该公司的实践，为丰富中国特色管理思想做出有益的探索。

在企业中，企业家们学到了优秀的传统文化，他们将其与马克思主义相结合，解决了"生产利润怎么办？""除了生产、发工资，还能怎么办？""剩余价值怎么办？"等问题。为了解决这些问题，他们认为必须结合优秀传统文化，使之得到"创新、和谐、发展"。吴小兰女士提倡的发展是绿色的发展，是要把现代的企业与优秀的传统文化相结合的创新发展。

作为一名弘扬传统文化的工作者，教育自然是重要支点。对此，吴小兰女士效仿古人，亲力亲为，她非常看重祖先的"修身齐家"理念。家是社会的细胞，家规、族规是非常重要的，这是她反复强调要重视家教的原因之一。

对于家庭教育，吴小兰女士也效仿古人的做法。一方面，她强调要以孝悌为首，以此为德之本。她认为，孝德是建立在血缘与亲情基础之上的美德，孝德是要在家庭环境之中产生、实践和发展的。只有在家能尽孝，为国才能尽忠。家国皆是"母亲"。吴小兰女士重视孝文化建设，她认为这是中华民族最有特色的文化。

另一方面，她强调要从胎教开始。作为孕妇，要想好的、听好的、做好的，说话要心平气和，等等。因为人在悲伤或愤怒时，身体会有所变化，从而产生对人体有害的毒素。幼时的婴儿如同白纸般，母亲的亲情、爱护，母亲的一举一动，都会潜移默化地影响到婴儿的发育和成长，都可能把其已有的文化基因传递给他。所以，母亲的言传身教很重要。吴小兰女士认为，要为青少年教育打好基础，就要从胎教入手，以至再到学校教育、社会教育，其中更要加强对儿童的人生观、价值观特别是当代社会主义核心价值观的教育。

吴小兰女士秉持着她清晰的教育思路，亲力亲为。她还指出了实施教育的关键——奉献精神。她认为奉献精神、敬业精神要靠教育来培养，不论领导、父母是否在旁边，都应该是一个样，胸怀坦荡，清白做人，勤奋做事，兢兢业业，干一门、学一门、精一门。

吴小兰女士质朴务实的教育观念，影响着周围教育界的专家、学者及企业家。她认为教育的扩展，就是一传十、十传百、百传千。有耕耘，就有收获。她提倡我们要找回祖先留下的教育——做人的智慧，并传播下去，把儒学修齐治平的道理以及朴素的启蒙教育智慧与传统，传播到所有应传播的地方去。

总之，吴小兰女士对中国文化的热情，通过她对传统文化的付出与贡献,一一体现了出来。她不是纸上谈兵的指挥家,而是一位亲力亲为、披甲上阵的好将士;她不仅是一位机械专家,更是一位优秀的教育家、慈善家。她持之以恒的精神、不断前进的脚步,值得我们敬佩与效仿。"重振国学,是恢复文化自信的一个重要举措,是提高民族文化素质的一个必要步骤,是加强爱国主义教育、构建和谐社会的一个重要方式,是激活中国人文学术创造力的一个重要因素。呼唤国学,振兴国学,不仅是学术发展自身的需要,更是中国社会发展的需要,是中华民族进步的需要。"这段话是吴小兰女士曾经的发言,如今的她已经95岁高龄,但她在讲话中透射出的炙热之情仍触动和激励着我们。

(撰写者:邵雅忠,春耕园学校校长)

吕绍纲

吕绍纲（1933—2008年），著名历史学家、易学家，吉林大学古籍研究所教授、博士生导师。1933年4月28日生，祖籍安徽旌德，出生于辽宁盖县（今辽宁省盖州市）。

吕绍纲曾在盖县就读于文庙小学，中华人民共和国成立后来到长春，先后就读于吉林省立第二中学、长春师范学校、吉林师专中文系。1954年进入吉林大学历史系，1958年毕业后被分配到黑龙江省担任中学教师。1979年3月，吕绍纲被调回吉林大学任历史系讲师，同时成了金景芳先生的助手，而后晋升副教授、教授。1993年，经国务院学位委员会批准，成为吉林大学古籍研究所中国古代史专业博士生导师。

社会兼职：国际儒学联合会理事，国际易学联合会顾问，中国孔子基金会副会长，四川大学、山东大学、曲阜师范大学兼职教授,韩国大邱东洋古典学术研究所顾问,中国先秦史学会理事,东方国际易学研究院学术委员会委员,美芝灵国际易学研究院学术委员,吉林省孔子学会会长等。

吕绍纲先生治学勤勉刻苦,一生笔耕不辍。自1979年调入吉林大学,到2003年年逾古稀正式退休为止,他公开发表学术论文百余篇,出版学术专著7部。他精研中国先秦史,主攻孔学、易学、《尚书》、儒学和经学,曾参与金景芳先生《中国奴隶社会史》部分内容写作,整理金景芳先生讲述的《周易讲座》,与金先生合著《周易全解》《孔子新传》《〈尚书·虞夏书〉新解》,著有《周易阐微》,主编《周易辞典》。其研究的课题有《尚书新解》(与金景芳先生合作)、《中国先秦哲学史》等。

一、尊师重道、至诚无昧的儒者

(一) 师生情谊

吕绍纲和金景芳的师生情谊,可以说是学术界广为传颂的佳话。张岂之先生说:"在20世纪中国人文学术史中,若说到师生相依最久、合作最为密切,金老和绍纲是值得称道的。"金景芳先生是当代著名古史研究专家、易学家、思想史家,吉林大学古籍研究所教授、中国古代史专业博士生导师。吕绍纲自1979年调回吉林大学历史系任教以来,就作为金景芳先生的助手并且在其指导下为学,两人亲密合作长达20余年。

因为吕绍纲与金老合作了几部作品,故有友人写信提到吕绍纲"得金老提携幸甚,金老选中你,亦属得人"。吕绍纲立即回信诚恳地说明:"假如我无金老提携,那么我吕绍纲将一事无成;但是假若金老没有我,一切成就都照样会有。"实际上,金老和吕绍纲是相互帮扶、合作亲密无间的师生。吕绍纲尊师重道，对金老心悦诚服、充满敬仰和感激之情；而金老则慧眼识英、惜才爱才，给予吕绍纲很高的评价。比如，金老在《周易全解》序中说："人每病《周易》一书词义深奥难读，纵令尽通其义，而写出来亦不是一个普通读者所能理解。今吕绍纲同志所作的解释，剀切周详，深入浅出，通体明白如话，恰能弥补这一缺憾，实属难得。"此外，金老对吕绍纲的《周易阐微》也做了中肯的评价："《周易阐微》一书，我读了以后觉得全书写得很好。其中一、二、三和七、八、九章是在《全解》之基础上做了深入系统的阐发。四、五、六三章则自出新意，尤为难得。我看这书不但写得好，对当前的易学研究，也起到实际效果：一方面它对正要学《易》者能起到普及作用；另一方面，对滔滔者则是一个有力的批判。我估计这本书可以传世。应注意校对，并修改一些不恰当的词句。你以为如何？《人生论》一章写得特别好。"殷殷期盼，谆谆教导，金老字里行间流露着慈爱和欣慰，师徒情深，由此可窥一斑。

张岂之回忆拜访金老时的细节："我向金老请教，绍纲端坐一边，静听金老的谈话，并随手做一些谈话要点记录。从这里，绍纲给我留下了从心里尊师的好印象。"金老在晚年能够有这样一位得力的弟子随侍，使得金老的学术生命得以和生理年龄一样高寿；而吕绍纲那时候也已经年逾花甲，还能得到严师的督促和指导，这真是一件非常难得、令人羡慕的事情。

1983年9月，受国家教委委托，吉林大学古籍研究所主办了先秦文献教师进修班。吕绍纲是当时的教师之一，他上课言简意赅，鞭辟入里，一直保持着谦逊平和的低姿态。他曾经好几次跟学员们说："各位从不同单位聚集到吉大，从金老进修，我们都是金老的学生，各有所长。诸位以后不要称呼我老师，叫我的名字好了。"

年龄与他接近,而又在学业上相当自负的学员都深为折服认他为师,但他从不自以师者自居,而是真诚地把学员当成平等交流的朋友。"且不说他当时即在诸如学习、生活等许多方面为我们排难解惑、颇多关照,就是在此后的十多年间他仍是一如既往地关心着我们,而且所有的这一切他都做得那么自然,不着痕迹,一如他的文笔般平实和顺畅。"①不论是何时何地,吕绍纲先生一直都以金老的学生自居,淡泊名利,两袖清风,一心都在他热爱的学术事业上。

(二)学者风范

吕绍纲待人朴实热情,谦恭有礼,言谈举止平易近人。对待意见不一的后学,他能够宽容大度,包容并支持他们;即使是对于非专业的研究者,他也能耐心地审查提点,抱着欣赏的眼光看待不同的声音。比如,吕绍纲的易学研究虽侧重义理,但也并非绝对排斥象数。他评价一本含有算卦内容的书《周易信息库》的时候,中肯地说:"《周易信息库》是一部很好的书,里边关于'理数不二'的阐述,关于'《周易》静态信息库''动态信息库'的论述以及关于'遁甲筮法'的探讨,大多有新意,给人以启迪。"②他赞同"理数不二、理数兼顾"的思维方法,能够敏锐地发现非专业研究者著作中的闪光点,并且有选择性地支持与鼓励他们。这既体现了一位专业名家治学为人之胸怀,也体现了他盼望学术研究蓬勃发展的期许。

---

① 郭鸿林:《恭贺吕绍纲老师七十华诞》,《遁亨集——吕绍纲教授古稀纪念文集》,长春:吉林大学出版社2003年版,第17页。
② 卢泰:《谈易道良师益友 论学术赞异推新》,《遁亨集——吕绍纲教授古稀纪念文集》,长春:吉林大学出版社2003年版,第34页。

再如，郭志成先生的书稿《走进伏羲》，是由吕绍纲先生审读的。吕先生虽不认同这部书稿的基本观点，却依然建议出版。他的审读意见是这样的："郭书的基本观点我不赞成，有些观点我不懂。但是我要肯定地说，这书写得不错，很有功力。所作结论是有理有据的，绝非信口胡扯者可比。人们可以不同意它的说法，但不能不承认它是一家之言。作者思路清晰透辟、逻辑严谨，语言亦通畅，既有学术价值，也有可读性。观点是自己的，绝无抄袭的嫌疑。政治上没有问题，纯属学术著作。建议资助出版。"[①]对于观点不认可的后学著作，吕先生实事求是、至诚无昧。他作为易学界的名家，能坦然说出"有些观点我不懂"已经很令人钦佩，且对于"基本观点我不赞成"的这部书稿，吕先生不仅没有排斥打压，反而是热情地支持和鼓励。如此气度与风骨，确实令人敬仰。

张岂之先生如此评价他："绍纲教授的学术研究奠基于坚实的古文献知识，而他并不以此自限，也很注意理论思维的研究。"曾春海先生评价他："读吕教授的书，觉得积学深厚，充实有据且言之有理。观其人望之俨然，不苟言笑。"曾先生还记述了吕绍纲先生的一件逸事：1993年春天，台湾辅仁大学哲学系在台湾东海岸花莲县举办了数天的哲学研讨会，在研讨会闭幕晚宴上，吕教授中途带着酒瓶和杯子，竟然逐桌逐人地一一敬酒。在当时，吕教授是大陆学者中唯一有此"创举"的学者，不禁引人注目。像这样逐人逐桌敬酒的举动，除了可以理解为礼数周到之外，更是要有过人的酒量和气魄。吕绍纲先生后来解释说，当天能来到台湾地区见到同道，"益感同胞手足之情"，此景此情之舒情畅怀，已经使他超越

---

① 郭志成：《至诚无昧的良师》，《通亨集——吕绍纲教授古稀纪念文集》，长春：吉林大学出版社2003年版，第28页。

了对酒量的拘执。手足同胞,情深难断;乘兴豪饮,何惧区区酒醉?真乃性情中人也。

孟子曰:"君子有三乐,而王天下不与存焉。父母俱存,兄弟无故,一乐也;仰不愧于天,俯不怍于人,二乐也;得天下英才而教育之,三乐也。"吕绍纲先生是一个纯粹的、真性情的人,是一个为了教育事业、学术事业鞠躬尽瘁的真正的学者。他真正做到了俯仰无愧、桃李天下。从他身上,我们看到了一个至诚无昧、卓尔不群的灵魂,更看到了一位学术工作者和教育工作者应有的品格。

二、为学历程和学术研究

吕绍纲先生在盖县读完了小学之后,因家境困难无力支持其继续读书,于是他谨遵父命,到营口市当了学徒。尽管彼时尚年幼,但吕先生心中一直怀揣着对学业的渴望,不甘心就此放弃学业。1947年,他从营口跑到长春去投奔长兄,终于在长春得以继续读书。早年的坎坷求学经历,使得吕先生在此后的人生里更加珍惜时光,以极大的热情潜心于学术事业。

(一)孔学研究

吕绍纲先生的学术成就与两位前辈密切相关,一位是吕先生的祖父,另一位就是金景芳先生。他曾深情地说过:"祖父给我以始,金师助我以成。"家学渊源的基础加之不懈地勤勉努力、不断进取的精神,才有了其高屋建瓴、鞭辟入里的思想体系。金老在《金景芳自传》中对吕绍纲先生如此评价:"吕绍纲同志最能理解和阐释我的学术观点,我认为他最有条件在学术上接我的班,做我的学术传人。我的治学方法他已基本掌握,我的学术观点他能够正确理解、准确阐述,而且能够补充、发展。现在他在我最熟悉的史学、经学、孔学诸领域已有自己相当可观的成果。"对于不轻易许人的师长而言,这个评价可谓是一种饱含深情的至高肯定。

吕先生的祖父是晚清奉天乡试举人,在家乡开书馆传道授业,造福桑梓。孩提之时,吕先生跟随祖父诵读《论语》《孟子》《大学》《中庸》,还涉猎到《诗经》《易经》等其他儒家经典。"背书是主要的,篇义句义多不甚了了。但是耳提面命,耳濡目染,思想认识上不免受到影响。"少年时代的潜移默化,如春风化雨般浸润了吕先生的学术灵魂。吕先生认为,其恩师金景芳先生关于孔子的观点对他的影响最大。1954年,吕先生在吉林大学历史系读书时,曾师从金先生学习先秦思想史,吕先生扎实质朴的孔学基础与金先生博大精深的孔学体系很容易接轨。1979年,吕绍纲被调回吉林大学历史系,他一边教书一边为金景芳先生做助手,从那时起直至金老辞世,长达20多年的岁月里,他长期在金先生的指导和影响下研究孔学。吕先生感怀"金师助我以成",短短六字,感恩之深情委实动人。

吕绍纲的孔学研究主要观点如下:

第一,孔子是无神论者。他认为,孔子所说的"天何言哉?四时行焉,百物生焉,天何言哉",此"天"与《易传》中"天之道"含义一致,都是指自然之天。孔子认为人死后无知无鬼,虽然重视祭祀,但祭祀是为了"神道设教"而并非想念鬼神。孔子之所谓"天命",是指自然界和人类社会历史变化的客观规律;所谓"命"则是指人的寿命、运命而言。无论在形神关系上,还是在天人关系上,孔子都不是有神论者。①

---

① 吕绍纲:《孔子不是有神论者》,载《孔子研究》1986年第4期。

第二,"中"的哲学构成孔子全部思想的基础。他认为,中和是儒家哲学思想的核心范畴,也是中国哲学的核心范畴。更进一步说,中和哲学是儒家哲学乃至中国文化的核心,是中华民族精神和智慧的高度体现,换言之,中国哲学的一切方面和一切规律都体现着中和精神。六经的核心思想是"中",孔子的中和哲学,其含义基本上就是"中","和"其实也是"中"。中和连在一起,"中"是最基本的,"和"是第二位的。孔子把中和也称作中庸、中道。叫中庸,是强调一个"用"字,即用中,如何实现这个"中"。讲中和的时候,"和"也是"中"。"中"表现得恰到好处,就是"和"。如果说中国自古以来有道统的话,中和就是道统,中国古代道统的代表人物是儒家圣贤,现代就是国家轰轰烈烈建设大潮中的中流砥柱。①

第三,孔子思想中的仁、义、礼三者是不可分割的统一体。他认为,孔子用仁、义、礼三者来界定人的本质,仁义是人的本质内容,即两种社会关系的总和;礼是人的本质内容的表现形式。"说礼是孔子思想的核心,那就距离实际更远。仁义是本,是内容;礼是末,是形式。离开本的末,抽出内容的形式,是不存在的。孔子绝不可能丢掉仁义而空言礼。言礼的不是孔子一人,言仁义的也不是孔子一人,孔子的过人之处是他把仁、义、礼三者作为一个整体来考察,看到了人的本质,并据以给人们指出一条仁、义、礼三位一体的修养目标和途径。"②

第四,孔子的"道"与宋儒不同,孔子的天人合一观与老子也不同。吕先生认为,孔子之言道,"一阴一阳之谓道"即止,往上不再言说,这个"道"不具有宇宙本体论的意义;朱熹虽然认可"道"

---

① 吕绍纲:《说中和》,载《华夏文化论坛》2006年首期。
② 吕绍纲:《关于孔子思想的几个问题》,载《孔子研究》1990年第4期。

只有一个,但他强调"理一分殊","理既在万物之外,又分散在万物之中。不说道有两个实际上也等于承认道有两个"①。此外,"孔子的天人合一的观点,天即自然而然,指天地,且到天地为止,不再上推,主张人的行为要交天法地,顺天应人。老子的天人合一观点则有不同主张,老子的'自然'概念在天地之上,与道等同,其含义是自动处足,自然而然,无为而无不为。"② "老子的道和自然具有清静无为柔弱质朴的品格。孔子效法的天地则是生动活泼、自强不息的。"③

第五,孔子的历史观虽然不"科学",但是正确的。他认为,孔子哲学将重点投放到人类自身上来,人生论是其理论中心。过去曾有人指责孔子复古倒退是不妥当的。道德哲学、政治哲学是其关注的重点,其积极的哲学精神使之成为中国传统文化的主干。但是孔子并非不讲形上学,说孔子哲学是中国古代早期哲学的结晶和代表是实至名归的。

吕绍纲先生治学严谨认真,不迷信权威,常常有令人耳目一新的创见。比如他对"克己复礼"的解释:"'克己复礼'之'克'字,朱熹训战胜之胜,谓'克己'是战胜私欲,有违于孔子人与己对言的一贯思想,肯定是不对的。……朱熹之《论语集注》注'克己复礼'完全是发挥宋儒存天理灭人欲的道学思想,与《论语》的本意、与孔子的思想没有关系。……总而言之,俞樾《群经平议》释'克己复礼'承孔安国注训克为能,'己复礼'三字连续,训诂至确;然在思想方面仅仅言及刘炫,涉及《左传》,而未直指朱熹。"④

---

① 吕绍纲:《说老孔异同》,《庚辰存稿》,上海:上海古籍出版社2000年版,第59页。
② 同①,第63页。
③ 同①。
④ 金景芳、吕绍纲:《释"克己复礼为仁"》,载《中国哲学史》1997年第1期。

(二)易学研究

吕绍纲先生的祖父是不务术数、反对卜筮的易学义理学者。吕先生的恩师金景芳先生更是海内外闻名的易学大家。自从1979年吕绍纲先生在吉林大学任教以来,一直跟随金景芳先生学易,20世纪80年代初,金老先后五次开设课程讲《周易》,五次课程吕先生都参与了;金景芳先生一生中最重要的两部易学著作《学易四种》和《〈周易·系辞传〉新编详解》,都执意要吕绍纲先生作序;金景芳先生还邀请吕绍纲先生一起写《周易全解》,金老指导润色,吕绍纲先生执笔完稿。吕绍纲先生的易学思想师承自金景芳先生,也有自己的独特思考。他发表了30多篇关于易学的学术论文,其中比较重要的有《周易乾坤二卦浅说》《〈易大传〉与〈老子〉是两个根本不同的思想体系》《论〈系辞传〉属儒不属道》《〈周易〉热与传统思想文化》《略说卦变》《〈周易〉的哲学精神》等。吕绍纲先生的易学思想要点如下:

第一,1990年前后,有学者提出《易传》是受到道家思想影响的战国人作品,或者直接说《易传》乃是道家著作。吕绍纲先生旗帜鲜明地反对这一观点,他认为《易传》与道家属于两个根本不同的思想体系:"《易大传》的天道观与《老子》根本对立。《易大传》的最高范畴是'太极','太极'是物质性实体。《老子》在'太极'之前加上一个道,道是老子虚构出的超物质的规律,也是观念性实体。"[①]还有人不从思想体系着眼,只看到《系辞传》只言片语与道家思想相似,就认为《系辞传》是道家作品,吕绍纲先生从四方面驳斥这一观点:一是《系辞传》的道不是道家的道;二是《系辞

[①] 吕绍纲:《〈易大传〉与〈老子〉是两个根本不同的思想体系——兼与陈鼓应先生商榷》,载《哲学研究》1989年第8期。

传》的太极不是道;三是《系辞传》中"天尊地卑,乾坤定矣"显然不是道家思想;四是《系辞传》仁义礼知、文明进步、知柔知刚的思想倾向是儒家本色,与道家绝不相谋。①

第二,关于《周易》的思维方式问题。吕绍纲先生认为:"《周易》的思维是特殊的抽象思维,即非语言符号的浑沦思想。"他指出:"《周易》思维的独特之处在于它所用不是语言符号。八卦、六十四卦、三百八十四爻不表示音节、字义、概念,不是语言。用非语言符号组成一个完整圆融的系统,把具体世界和价值世界囊括无遗,除《周易》这个哲学体系之外,找不到第二个。"这种非符号语言被孔子称为象,"它不是具体的形象、影象、画象,它是由具体达于抽象的象,是超越语言和任何具象的象。它具有普遍意义,能反映具体世界和价值世界的各类关系以及形上之道"②。

第三,《周易》将自然哲学与道德哲学统一了起来,其重点在于人生论。"《周易》的天道地道皆有道德价值,都是善的。人间修养的最高目标就是仿效这个善,成就这个善。""《周易》首先把具体世界的条理性、秩序性揭示给人看,然后告诉人们人间行为相互关系亦当如此。事实不如此,那么人就需从自身做起,调整之,克服之。"吕先生指出:"《周易》由天道说起,而其终极关怀在人间。"《周易》的自然哲学落实在人文精神上,因此,《周易》讲伦理讲道德。在这个思想体系中,人是主体,人本身也是目的。"人为了完善自己才须修养,修养不是为了任何别的目的。"③孔子所讲的"古之学者为己"正是此意,这也是《周易》人文精神的根本之处。

---

① 吕绍纲:《〈系辞传〉属儒不属道》,载《国际易学研究》(第二辑),1996年。
② 吕绍纲:《〈周易〉的哲学精神——吕绍纲易学文选》,上海:上海古籍出版社2005年版。
③ 同②。

第四,吕绍纲先生一直怀疑"卦变"之说受到清代胡煦《周易函书》的启发(《周易函书》用"体卦主爻"诠释《彖传》"上下往来内外终始"八字,在理论上彻底批判了卦变说),他得出以下结论:一是《周易》只讲卦之生成,而并不讲卦变;二是卦变只是汉人所创众多易例中的一种,说互体、反对、旁通、升降等是卦变是不妥当的;三是卦变说建立在《彖传》"上下往来内外终始"错误理解的基础之上,因此,卦变说是一个混乱的、错误的生成论体系。

(三)《尚书》研究

金老晚年与吕绍纲先生的研究重点转到了《尚书》上,两人合作撰写了《〈尚书·虞夏书〉新解》,还合作发表了《〈汤誓〉新解》等六篇文章。他们的研究方法是:金老指导,两人共同讨论,之后由吕先生执笔,金老师审定,尽可能对古今已有观点全面地分析梳理,取其精华,去其糟粕。两人在《尚书》的研究上已存在一个与众不同的体系。

金老与吕绍纲先生的《尚书》研究,因篇幅所限仅举例几点如下:

第一,今文《尚书》29篇之写成必在孔子之前,大多在周平王东迁后不久。孔子编《尚书》以《尧典》为第一篇,尧之前篇章不取,非出偶然而必有深意:一是《尧典》之材料确凿可信;二是尧与其事迹具有划时代的意义。华夏民族血脉之根在黄帝,中国传统思想文化源头却在尧。《尧典》是中国远古历史重要的史料。疑古学派有人断言《尧典》是战国儒家精工编造,"非先秦之旧",甚至还有人说"其编订成书在秦并六国之后",是经不起推敲的。

第二,《尚书》各篇是贯通的。《皋陶谟》的"九德"反映人的性格、心理以及行为能力方面的特点,尚不具有后世仁、义、礼、智、信、忠、孝等道德范畴的意义;"九德"与《尧典》之"直而温,宽而栗,刚而无虐,简而无傲"似有渊源关系。《洪范》之三德正直、刚克、柔克正是《皋陶谟》"九德"之概括。①

第三,《禹贡》不可能成篇于虞夏之时,更不会是大禹本人手定。今有学者称《禹贡》是战国作品,不敢苟同。最可能的情况是,虞夏之时记录了禹别九州、任土作贡的史料,传之后世,到了周平王东迁之后润色成稿。《禹贡》之"九州"乃是纯粹的地理概念,并没有行政区划的意义。关于《禹贡》碣石,多种说法都不错,谭其骧说碣石是昌黎县的碣石山,是《禹贡》提及的碣石;而绥中、秦皇岛、北戴河之碣石是秦皇、汉武、魏武登临过的碣石,这两种说法并不冲突。②

第四,吕绍纲先生认为自汉代以来,讲《盘庚》者都说民不愿意迁移,是盘庚强制他们迁于殷,因而把《盘庚》篇根本讲错。究其原因,乃在于这些学者把篇首"盘庚迁于殷,民不适有居"理解偏差。根据吕绍纲先生的考证,"盘庚迁于殷"当是篇题,"民不适有居"才是正文首句。"适"当训"乐",而不应当训"往"。这样理解才能使得整篇逻辑顺畅、结构圆融。③

---

① 金景芳、吕绍纲:《〈皋陶谟〉新解》,载《社会科学辑刊》1993年第5期。
② 吕绍纲:《说〈禹贡〉碣石》,《庚辰存稿》,上海:上海古籍出版社2000年版,第168、173页。
③ 金景芳、吕绍纲:《〈尚书·盘庚〉新解》,载《社会科学战线》1996年第3期。

三、主要论著

(一) 代表性著作

1.《周易全解》(与金景芳合著),长春:吉林大学出版社1989年版。

2.《周易阐微》,长春:吉林大学出版社1990年版。

3.《〈尚书·虞夏书〉新解》(与金景芳合著),沈阳:辽宁古籍出版社1996年版。

4.《庚辰存稿》,上海:上海古籍出版社2000年版。

(二) 代表性论文

1.《中国古代不存在城邦制度——兼与日知同志商榷》,载《中国史研究》1983年第4期。

2.《孔子不是有神论者》,载《孔子研究》1986年第4期。

3.《〈易大传〉与〈老子〉是两个根本不同的思想体系——兼与陈鼓应先生商榷》,载《哲学研究》1989年第8期。

4.《论〈中庸〉——兼析朱熹"中庸"说之谬》(与金景芳合著),载《孔子研究》1994年第2期。

5.《〈汤誓〉新解》(与金景芳合著),载《史学集刊》1996年第1期。

6.《〈尚书·盘庚〉新解》(与金景芳合著),载《社会科学战线》1996年第3期。

7.《释"克己复礼为仁"》(与金景芳合著),载《中国哲学史》1997年第1期。

8.《道德建设刍议》,载《史学集刊》1997年第4期。

9.《退溪易学初论》,载《周易研究》1998年第4期。

10.《释"九族"》(与张羽合著),载《东南文化》1999年第1期。

11.《性命说——由孔子到思孟》,载《孔子研究》1999年第3期。

12.《〈郭店楚墓竹简〉辨疑两题》,载《史学集刊》2000年第1期。

13.《〈老子〉思想源自〈周易〉古经吗?》,载《周易研究》2001年第2期。

14.《再论退溪易学》,载《周易研究》2003年第1期。

15.《说中和》,载《华夏文化论坛》2006年首期。

(撰写者:华军,吉林大学教授;王晨仰,吉林大学硕士研究生)

汤恩佳

一、个人简介

汤恩佳，1934年3月14日出生于广东三水，后移居香港，美国爱奥华威斯理安大学工商管理博士。现任香港孔教学院院长、香港孔教总会会长、世界儒商联合会会长、世界儒教联合会主席、国际儒家生态联盟副主席。从1970年开始历任香港羽毛球总会会长至今，曾任亚洲羽毛球总会会长（第一届）及亚洲羽毛球总会永远名誉会长，曾任广东省政协委员（第三届），任香港特别行政区第九、十、十一届全国人民代表大会选举委员会成员，第一至五届立法会委员及行政长官推选委员会委员，持有300多个社会上各界荣誉职衔。因其在商界、学术界、宗教界、体育界等做出了突出贡献，英女皇于1996年授予MBE（大英帝国勋章员佐勋章）勋衔。2006年荣获美国总统乔治·布什、美国教育部长颁发杰出儒学家奖,2009年获美国名誉林肯勋章,2011年获文化部孔子文化奖,2013年获中华名人录颁授杰出华人终身成就奖,2014年获香港特别行政区政府颁发银紫荆星章(SBS)。

在商界取得较大成功,素有"染料大王"的美誉。自从52岁退休后,尤其在担任香港孔教学院院长及主席30多年来,将大部分精力和资源投入对孔教儒家思想的宣传上。一生以弘扬孔教儒家思想为己任,宣扬孔儒思想精义,并慷慨解囊,捐助孔教儒家事业。连同各样善款,至今共捐出资产近一亿五千多万港元。弘孔足迹遍布全国各省、自治区、直辖市,在世界各地捐赠孔子及历代大儒大小铜雕像500多尊。

毕生弘扬、践行孔教之"十德",即仁、义、礼、智、信、孝、悌、忠、廉、耻。我认为,社会上有六大儒家:儒学、儒教、儒官、儒将、儒商、儒医,他们散布在社会的各个阶层,按照孔子儒家思想,在自己的岗位上敬业乐业,同时,又身体力行,共同把孔子儒家文化发扬光大。

二、主要学术经历与成就

1938年,4岁时便被父亲送往设在汤氏宗祠里的私塾,成为私塾先生麦谅植和邓创基的学生。在这里举行了隆重的启蒙开笔仪式,开始了十年寒窗、刻苦攻读儒家童蒙课本及"四书""五经"等经典的历程。12岁时,考进广东三水区的一所由明儒陈白沙传人所创办的冈州小学校。陈白沙遗留下来的许多思想言论,对我的一生都有着极为重要的影响。我一生努力不倦推行孔教,与陈白沙的影响是分不开的。

1947年，我13岁时，遵从祖母之命，怀揣一本《论语》，离开广东家乡投奔香港的姑父，在他所办的染料公司当学徒，当时每月薪金为十元港币。后来，我拿着51元港币去开佳成染料公司，学做生意，用大无畏的精神，经历风风雨雨，终于大获成功。当时香港的毛巾厂用我公司的染料占99%，大家称我为"染料大王"。

凭着诚信经营，历数十年的奋斗，我在香港创办了佳成染料有限公司、勤涌置业有限公司、大宝山企业有限公司、永来宝有限公司四家公司，均由我本人任董事长。

51岁时，正是在我致力地产事业的初期，发展迅速，但因深感人类非常需要孔子儒家思想，特别是内地正处于儒家思想研究的复兴时期，需要有人做出奉献。数年后，为着孔子儒家思想发展的需要，我毅然退出商界，放弃了赚取千百亿生意的机会，全心全意地投入弘扬儒家文化的事业中。

我的成功之道，就是谨遵孔子教导，以儒家文化为指导思想，重视商业道德，以孔子之道修身养性，践行儒家"十德"理念。我被称为"汤三儒"，儒商、儒学、儒教集于一身，以自己的亲身经历证明了儒家思想的伟大。

"穷则独善其身，达则兼济天下。"我按照孔孟的教导，在积累了一定财富后，即按"己欲立而立人，己欲达而达人"的理念，走上了回报国家、回报人民、回报社会的道路。1988年，我任香港孔教学院主席，1992年秋当选为新一届香港孔教学院院长。在宣誓就职典礼上，我提出要重新点燃孔圣之火。在香港孔教学院广大同人的大力推动下，30多年来，一场声势浩大，以儒学为主轴的群众性文化复兴活动便在全球展开了。

为了将孔子儒家思想传播到世界各国，我在数十年内环球演讲访学，足迹遍布美国、英国、法国、加拿大、澳大利亚、日本、菲律宾、韩国、印度尼西亚、新加坡、墨西哥、秘鲁、摩洛哥等多个国家和地区。所到之处，均受到高规格接待，甚至得到国家元首接见。我在各大学和文化机构中进行的演讲，也广受好评，十分成功。

韩国是具有儒家文化色彩的国家之一，我多次获邀前往成均馆大学访问及演讲，为韩国碑林博物馆捐赠了孔子像。日本与中国同属儒家文化圈，深受孔儒文化影响。我受到日本文化振兴会、东日本国际大学等机构的邀请，多次访问日本，与日本有关人士共商儒家文化发展大计。受到时任首相的福田康夫在官邸接见，并向福田先生赠送孔子铜像。每逢春节，印度尼西亚孔教会都会举办节日活动，印度尼西亚总统到场祝贺，我也多次受邀请出席。对于印尼孔教合法地位的恢复，发挥了一定作用。我给哥斯达黎加捐赠三尊孔子大铜像，又在古巴捐赠孔子大铜像，并进行演讲，开拓了南美洲孔教儒学的发展及孔教文化的交流。我在美国拜访孔孟协会并发表重要讲话，被聘为永远名誉会长。

我数十年的尊孔之旅，1400多次到访国内外政府机关、大学、科研机构，大力宣扬儒家思想，取得了很大的成功。所到之处，备受各阶层人士及师生的拥戴欢迎，得到高规格接待。我倡建的三水孔庙，占地约300亩，是世界上最大、最宏伟的孔庙。2011年，文化部颁授我"孔子文化奖"及10万元人民币奖金，足以说明国家重视儒家文化，尤其是儒商道德精神。颁奖礼后，我随即应邀访问北京大学，并捐出20万元。我此前已捐出20万元给中国人民大学，捐20万元给四川大学，因为这三所大学正在编辑《儒藏》。

香港孔教学院自1930年由清末进士陈焕章博士创立至今，一直都是集宗教、文化、教育于一身的团体。我自担任孔教学院院长以来，继承康有为先生、陈焕章先生的事业，向前发展。一心追慕前贤，决心把授业、弘道、解惑工作推向更高峰，毅然创立了香港孔教总会。孔教，是香港六大宗教之一。香港孔教学院从来都是一心一意爱国爱港的宗教团体，在香港兴办孔教何郭佩珍中学、孔教大成小学。香港孔教学院附属各校，均以"敬教劝学"为校训，特设经训科，宣扬圣贤思想。

30多年来，为弘扬儒学及开展各项慈善事业，多次捐资捐赠。为壮大孔教声势，每年孔圣诞辰，主持及出资举办"孔圣诞环球庆祝大典""大成宴"等活动，邀请世界各地专家学者、儒商来香港参与盛事。

儒家的道统承载了中华民族的道德观与价值观，历代都由圣贤大儒将其发扬光大。我亦以弘扬、继承儒家道统为神圣使命，努力不懈。

要弘扬儒家思想，培养青少年的高尚道德，就必须将儒家思想普及于大众之中，将孔子教义和优秀的儒家伦理编入小、中、大学的教材，以孔子的优秀道德去教育青少年，使孔子道德教化的思想进入千家万户，进而发挥其更大的积极作用，只有这样，才能使人自觉地规范自己的行为，培养人们优良的道德品质，这才是治本的办法。香港孔教学院属下的学校，多年来将孔圣的经书作为科目，每天用孔子的道德伦理教育学生，目的就是为了大力发展以儒家伦理为本的教育，灌输爱国的传统美德精神，把学生培养成具有优良道德素质的下一代。

我认为，在新的历史条件下，大家共同努力，充分发挥儒家思想的四大积极作用。

1.儒家思想，能促进世界和平

在儒家思想的指导下，中华民族成为最热爱和平的民族。中华民族一直遵守儒家"和而不同"的外交政策，不主张靠武力去征服周边的各民族，而是用道德去感化他们，用儒家文化去教导他们。

2.儒家思想，能提升全人类的道德素质

孔子所倡导的伦理道德，不仅是中华民族的优秀传统，对全人类来讲，亦具有永恒的价值。孔子倡导的道德观，不仅能重塑中国人的道德精神，也可用于救治当代社会病。

3.儒家思想，能与世界多元文化共存共荣

儒家"和而不同"的原则，不强求各种文化在内容和形式上的相同，而是承认各种文化在内容和形式上各自具有不同特色，坚持"和为贵"的原则，采取宽容的态度，保护和发展世界各族人民的民族文化，避免世界文化的单一化和平面化，按照"和实生物"的原理，达致世界多元文化共存共荣的境界。

4.儒家思想，能促进中国和平统一

我们以民族的传统文化为基础，建立民族共同价值观、人生观、道德观，形成上下同心同德的局面，在对历代圣贤英烈的敬仰中，建立血脉相连的情感；在对共同精神理念的信仰中，沟通彼此的心灵；在对共同民族特性的认同中，建立无形的精神纽带；在对中华民族的生存历史和境遇的认识中，培养同舟共济的意识。

我认为，孔子儒家的"十德"理念，分别是：

仁："仁者爱人"，是孔子关于"仁"的最本质的概括。仁爱的本质就决定了仁爱必然要得到无限的扩大，达到孟子说的境界："老吾老以及人之老，幼吾幼以及人之幼"，真正体现了"仁者爱人"的精神。再将仁爱之心推向宇宙万象万物，达到仁者与天地万物为一体的境界。

义：孔子主张"君子义以为上"，将正义作为君子的最高行为标准。孔子也重视求利，但求利的手段必须正当，追求利必须合乎义，即合乎社会公认的道德准则。

礼：遵循圣贤所规定的行为规范，人才能真正成为人。礼的基本特征就是敬，敬表现为互相尊重与友好。《荀子·乐论》有"乐行而志清，礼修而行成"，说明礼乐文化的作用在于陶冶性情，培育道德，形成良好的行为习惯，最终的结果是使社会和谐。

智：儒家讲的智，其实是包含仁德在内的智慧，绝不是狡智。一个成功的企业家，必说孔子非常重视文化知识，也非常重视科学实践，《礼记·大学》有句名言："致知在格物，物格而后知至。"在儒家这里，有一种非常可贵的思想，即仁智并重、仁智统一。

信：信是人的立身之本。孔子说："人而无信，不知其可也。"诚是真诚、诚实、虔诚之意，而信则是信用、信誉、守信之意。诚偏向内在，偏向生命主体，而信则偏向外在，偏向行为表现。诚为体，信为用，以诚为本，方能有信用和信誉。

孝：即孝敬父母及祖父母长辈，报答父母的养育之恩。儒家的孝道不仅养父母之身，还要养父母之心、养父母之志、养父母之慧、养父母之德。儒家主张把孝的精神扩大到家族亲戚之间。以礼事亲，是孝道的基本要求。孔子说："生，事之以礼；死，葬之以礼，祭之以礼。"不仅仅在父母生前孝敬父母，父母死后，还有尽孝的义务。

悌：悌是兄弟姊妹之间相互友爱、相互帮助。兄弟之间有直接的血缘关系，如同树木一样，同根连枝。弟弟对哥哥要恭敬顺从，哥哥对弟弟要爱护。

忠：忠是指尽心尽力地负责、尽职，以忠诚之心对待他人，对待祖国；以敬业精神对待工作。宋代大儒朱熹说："尽己之谓忠，推己之谓恕。"所谓"尽己"，就是尽己之力为人，就是"己欲立而立人，己欲达而达人"。在处理己与人的关系中，诚恳真心地为他人，自己要能自立，也要让他人自立，自己要事事通达，也要让他人事事通达。

廉：廉是廉洁自律，为官绝不贪污，为民俭朴自然。管子曰："礼义廉耻，国之四维。四维不张，国乃灭亡。"南宋名将岳飞说："文官不爱钱，武将不怕死，天下自然太平矣。"廉是最重要的官德。

耻：即有知耻之心。凡是做了违背良心的事情，就会感到不安，感到可耻。孔子曰："知耻近乎勇"，知道错误，感到羞愧，就勇于改正。在中国的民间语言中，"良知""良心"成为最通行的道德词语，在王阳明那里，形成较为系统的良知理论。

我把"十德"中的"义、礼、信"运用在商业上，白手兴家，发展事业王国，在激烈的竞争中，战无不胜，取得巨大成就。这几十年来，除了赚取有形的财富，更获得心灵的满足。君子以财发身，这份精神财富远比坐拥千百亿家财更重要、更有价值。

三、主要论著

1.《孔学论集》，香港孔教学院重印。
2.《论语圣经》，香港孔教学院印行。
3.《论语圣经精选》，香港孔教学院印行。
4.《孔子读本》（合著），南方日报出版社出版。
5.教材方面：主持编辑《儒家德育课程》（香港小学适用，1—

6册)、《儒家德育与公民教育课程》(香港初中适用,1—3册),均由香港孔教学院印行。

6.《汤恩佳尊孔之旅环球演讲集》系列,由香港孔教学院印行。

（撰写者：汤恩佳）

陈谷嘉

一、个人简介

陈谷嘉,1934年3月28日生。中共党员,教授,湖南省宁乡县(今宁乡市)铁冲乡人。曾任湖南大学岳麓书院院长,湖南大学人文学院副院长(常务)。还曾任中国社会科学院历史研究所研究员,湖南师范大学兼职教授,《朱子学刊》顾问,湖南省书院研究会会长,湖南孔子学会、湖南伦理学会、湖南历史学会副会长,中华孔子学会理事,《中国哲学》主编,国际儒联顾问。

(一)获得的荣誉与奖励

一生所得荣誉有:1992年10月1日,中华人民共和国国务院授予有特殊贡献的专家,终身享受国务院政府特殊津贴。1993年,中共湖南省委宣传部授予湖南省优秀理论工作者。1998年2月,中共湖南省委、湖南省人民政府授予"湖南省荣誉社会科学专家"。

(二)主持承担的重要科研项目及获奖情况

主持承担国家新闻出版总署下达的国家"八五"重点图书规划项目三项:中国德育思想研究,中国书院制度研究,中国书院资料。著述按时完成并获奖。与朱汉民、肖永明、龚抗云、于振波合著的《中国德育思想研究》获湖南省第六届社会科学优秀成果二等奖,《中国书院辞典》获国家优秀辞书三等奖。个人独著《元代理学伦理思想研究》获中国大学出版社图书一等奖。《论中国古代伦理思想的三大特征》获《湖南省新时期社会科学优秀成果荟萃》优秀论文。《湖南精神与湖湘文化创新——湖南文化软实力研究》获征文一等奖。《宋代理学伦理思想研究》获首届湖南出版政府图书提名奖。

二、学术经历和学术成就

总括我一生的学术经历,大致可以分两个时期,1960年至1978年为第一个时期,1978年至2019年为第二个时期,合计学术生涯近60年。一生学术研究有三个稳定的领域与方向:中国哲学与中国历史、儒家伦理哲学和书院文化。1978年以前,主要从事中国思想史及中国历史的研究,参与中国社会科学院历史研究所郭沫若主编的《中国通史》隋唐时期思想方向这部分内容的组织工作。另外,与历史研究所黄宣民、唐宇元合作,以史思群的笔名,发表《论义和团的反帝斗争》和《资产阶级民主派对封建思想的批判》,开启我人生中真正的学术研究时期。

1978年末，我国走上改革开放的道路，我的学术研究也进入了全盛时期，取得了一系列研究成果，发表论文103篇，出版著作18部（含合著）。个人单独所著的学术专著有：《儒家伦理哲学》《岳麓书院名人传》《张栻与湖湘学派研究》《宋代理学伦理思想研究》《元代理学伦理思想研究》《明代理学伦理思想研究》《清代理学伦理思想研究》《中国思想文化论集》。合著的有：《社会理想志》、《湖湘学派源流》、《中国德育思想研究》、《中国书院史制度研究》、《中国书院史资料》（上、中、下三册）、《中国书院辞典》等。

103篇论文中，代表性的论文有：《红旗文稿》发表的《中国文明起源的特殊路径与中国古代民本思想》，《光明日报》发表论文多篇，有《打开中国历史的秘密——侯外庐关于古代中国文明路径说及其价值》《中国文明路径中的君子世界》《"皇祖有训"的发生学源头》。《道德与文明》刊物发表《人·人性·人格》，《伦理学》杂志发表论文多篇，代表性的有《理学的兴起和儒家人伦道德学说的回归与振兴》《元代理学伦理思想体系构成的基本问题及其特征简论》《论〈二十四孝〉的人伦道德价值》《黄宗羲的伦理思想的近代民主启蒙元素——对封建君主专制的批判》。论文引起了学界的关注，如在《光明日报》上发表的那篇文章，《光明日报》还组织了在京学者讨论，引起了学界的热议。

三、学术成就的社会评价

关于学术成就的社会评价，虽然我时有知悉，但并没有专门收集。因此，我一生学术成就的社会评价作总的报告确感困难，好在中国文史出版社的《岁月留痕——一个知识分子的一生》一书，收录了关于推介拙作的两篇论文,填补了这个空白。这两篇分别从儒家伦理研究和书院文化两个方面的社会评价客观地做了推介,兹分别叙述如下:

(一)儒家伦理思想研究成果的社会评价

学者唐亚阳与刘莉萍的《试评陈谷嘉先生伦理学术思想》一文,可谓对拙作的学术界的评价做了总的介绍和评述,这篇"试评",涉及学术研究的历史背景和拙作本身的社会反映和评价。众所周知,任何学术研究总是与一定的时代背景相联系的,也就是说,学术研究不是孤立在"真空"中进行的,正是基于此,所以,有必要对当时的时代大背景做简单的回顾,揭橥历史。长期以来,在相当长的时期内,在未改革开放之前,史学研究成果大都被贴上阶级标签,几千年的伦理遗产,都贴上了封建地主阶级标签,一律视之糟粕,作为批判的靶子。20世纪70年代末,虽然形势有些变化,以伦理为本位的中国伦理思想不再被认为都是糟粕,其中肯定有积极的因素,研究开始从禁区中走出来,但研究也遇到了理论上的重重困难,其中最突出的是伦理史的研究长期从属于中国哲学史的研究范式,也就是说,伦理学的研究以哲学概念解析框架的模式,以伦理为本位的哲学却被颠倒为哲学的从属品。中国理论史没有成为一门自有理论系统和概念系统的独立学科。1978年之后,在改革开放大潮的引领和推动下,迎来了学者久盼的科学春天,带来了思想的大解放,整个人文科学的研究出现了翻天覆地的变化,因应时代发展的新思想,像春笋破土而出。正在这个关键时刻,笔者受到时代春光的沐浴,与其他学者一同走到时代浪潮的前沿。受老前辈蔡元培先生的中国哲学以伦理为本的启发,从宋明理学的研究闯出一条新路,这就是从伦理学的角度研究宋明理学,经过20

余年摸索和研究，终于闯出了一条新路，出版了宋、元、明、清四个朝代的四部理学伦理思想研究，填补了宋明理学的研究空白。研究中，虽然经历了风险和困难，但我并没有退却，夜以继日地工作，终出研究成果，从1984年以后出版了中国伦理思想和书院文化方面的专著18部，引起学者们的关注，不少学者著文发表肯定的评价。学者唐亚阳和刘莉萍的《试评陈谷嘉先生伦理学术思想》一文，实际上是对学界的肯定性的评价的引证与综合，如对《宋代理学伦理思想研究》的评价，这篇试评多次引证中国人民大学哲学院焦国成在其《改革开放三十年来的中国伦理思想史研究》一文中的推介，"陈谷嘉先生的《宋代理学伦理思想研究》对宋代理学和核心的伦理概念进行了深入而独特的阐述"（《道德与文明》2008年第5期）。又如，对拙作《儒家伦理哲学》的社会评价，再次引证焦先生的评论，"焦先生在梳理改革开放三十年以来的学派和人物为主题的代表研究成果中亦提到了陈谷嘉先生的《儒家伦理哲学》。在梳理改革开放三十年来专题和范畴为主线的代表性研究成果又提到了陈谷嘉先生的《中国德育思想研究》"。此外，唐亚阳、刘莉萍还提到了《中国哲学年鉴（1999）》将该著作收录，作为本年度哲学研究有代表性的研究成果做了推介，指出该书"对中国历史上的思想家著作、学派的研究剖析全面系统，对中国德育思想资源进行了系统性的挖掘"。不仅如此，《中国出版年鉴（1999）》也把《中国德育思想研究》作为本年度有重要影响的学术著作做了选介，指出"该书是一部形成真正意义上的德育理论系统和概念系统的开拓性著作"。中国人民大学肖辉忠教授在其《中国伦理思想史研究的回顾与展望》（《道德与文明》2011年第1期）中，在学派伦理思想研究方面，提到《儒家伦理哲学》，在领域、问题与专题研究方面，又特别提到《中国德育思想研究》，指出在断代史研究领域，值得关注的有三本书,其中就有《宋代理学伦理思想研究》和《元代理学伦理思想研究》二部著作,指出"陈先生二部断代史研究更是填补了学术空白"。以上所述,虽是对我改革开放以来的儒家伦理哲学成果的社会评价客观的叙述,但我更多的感受是,这与其说是对我研究的肯定,毋宁说是对我的鞭策和鼓励,我没有躺倒在成绩面前,相反,学界的鼓励成为我研究的不竭动力。回想起来,从我2001年退休至2019年,一直伏案寒窗,已到耄耋之年,笔耕不辍,这与学术界同人们的鼓励分不开。我很庆幸,在改革开放大好形势的推动下,补偿了前半生时光的空耗。如果说,1978年中国社会科学院召开的《实践是检验真理的唯一标准》的讨论(我有幸参加讨论会,是当时湖南参加会议的二人之一)实现了全国人民的思想大解放,带来经济、科技、文化、学术等大腾飞,那么,给我也带来科学的春天,让我端正了人生的方向,给我注射了推进剂,使我增加了攀登科学高峰的信心。

(二)书院文化研究成果的社会评价

从清朝末年废书院改革学堂之后,书院研究沉静达百年之久。在1978年改革开放大潮的推动下,书院研究得以复兴,新的书院应时而崛起。岳麓书院是宋代四大书院之一,其他三大书院如白鹿洞书院、嵩阳书院、应天府书院,在宋代以后,办学不继,早已湮灭无闻,成为人们凭吊的文物古迹。唯独岳麓书院青春常在,被世人称为千年学府,一直弦歌不绝,从宋代经元明清三代,直至清末改制为高等学堂,1926年取名湖南大学,至今已历千年,举世罕见。

岳麓书院在改革开放浪潮的推动下,获得了新的生命,再创历史辉煌,古老的国学殿堂重现于世。我经历了岳麓书院的复兴过程，1984年受学校的派遣，我担任了新成立的岳麓书院的文化研究所所长，亦是书院的院长，从1984年始至2001年。我在岳麓书院工作27年，对岳麓书院产生了深厚的感情，每当我读到谢丰的《陈谷嘉先生与二十世纪末中国书院研究》（此文收录在《岁月留痕——一个知识分子的一生》）一文，都会引起我对当年书院工作的回忆和感想。首先，谢丰对我几十年书院研究成果的肯定与评价，我感到很惭愧，这只是我岗位上应做的工作，岳麓书院之所以成为学术界公认的书院研究中心和资料中心，这是书院同人们共同努力的结果，我主要是起了组织作用，这不是个人所能及的，除了同人们共同努力以外，邓洪波教授做出了重要的贡献。诚如谢丰在文章中指出的，我和邓洪波组织学者们查阅了全国数千种地方志、数百种书院志和书院课艺、日记、书目、同门类，以及各种名人文集、碑记、笔记、正史、别史、类书、总集，还有韩国、日本等国家书院资料。资料收集的过程，实际上也是对书院本身研究的过程，这为1996年《中国书院辞典》一书和1998年《中国书院史资料》上、中、下三卷本的出版，奠定了可靠的基础，填补了书院研究的空白。

因为我处于书院的领导地位，因此，在书院研究中，必然会对书院的历史和它的现实价值更关注，我把书院文化作为我人生学术研究的重要方向。回顾起来，经过多年的摸索研究，写了不少文章。其中有两篇具有代表性的著作，即在《中国哲学》上发表的《宋代书院与宋代文化的下移》和《书院是中国教育历史上的一次深刻的变革》。从总的方面来说，在书院研究方面，我提出了一些新的论断和观点。用上述谢丰之说"陈先生凭借其广阔的视野和深厚的思想史学术功力，提出了一系列新观点、新方法，影响深远，为今天的研究所熟知和运用"。回顾书院研究，我大概提出如下几点主张和论断:其一,研究方法上,应把书院置于大文化背景下研究,打破把书院研究仅仅局限于教育史研究的格局,应认识到像岳麓书院这种类型的书院,具备培养人才、儒学研究、国学殿堂等多种功能作用,是著名的高等学府,应从历史学、教育学、文化学、哲学、社会学、宗教、伦理、图书出版等多个角度、多学科进行综合研究,使书院研究的视域大大拓展,为书院研究的深入组建了良好的理论平台(引上述谢丰文)。我的上述研究主张,在1986年召开的纪念岳麓书院创建1010周年学术讨论会上,引发了大家的热议,形成了学者公认的"书院学"的概念。

其二,我在书院研究中对书院的性质做了界定。针对书院性质认识不一,有人持私学论,有人持官学论,也有人持亦官亦私论,我根据多年的研究提出了自己的主张和观点,诚如谢丰所介绍:"陈谷嘉先生明确地揭示了书院作为独特的教育组织的内涵与特征,构建了不是官学但有官学成分,不是私学但又与私学具有内在联系的独特的教育组织,所以,自出现至清末,书院与官学、私学鼎足而三,呈平行发展格局,这一论述,逐渐得到了大部分学者的认同。"

其三,书院与社会的关系,在我的书院文化研究中也提出了自己的理论与主张,如谢丰所说"陈谷嘉先生认为宋代社会文化发生了重心下移的巨大变化",即上层等级文化向下层平民文化转移,这个过程与宋代教育的发展密不可分,"其中书院教育推动了文化在社会下层的内化,促成了热衷知识和文化传播的平民学者阶层出现",平民知识分子,打破了古代"士者仕也"的格局,读书人不再以功名仕进、跻身官场为目的,而甘愿在社会下层做文化普及和传播。平民学者出现在宋代书院大发展时期。

总之,回顾几十年书院文化研究,我几乎穷尽了毕生的精力,不但取得一系列的研究成果,而且全力投入于岳麓书院的恢复和发展,"使岳麓书院接续了千年历史传统,重新焕发了勃勃生机,充分彰显了传统书院的现代价值"。

四、主要论著

1.《马克思主义伦理学》(合著),长沙:湖南人民出版社1983年版。

2.《书院文化研究》(主编),长沙:湖南大学出版社1986年版。

3.《书院研究》(主编),长沙:湖南大学出版社1988年版。

4.《岳麓书院名人传》(主编),长沙:湖南大学出版社1988年版。

5.《张栻与湖湘学派研究》,长沙:湖南教育出版社1991年版。

6.《湖湘学派源流》(与朱汉民合著),长沙:湖南教育出版社1992年版。

7.《儒家伦理哲学》,北京:人民出版社1996年版。

8.《中国书院制度研究》(与邓洪波合编),杭州:浙江教育出版社1997年版。

9.《中国书院史资料》(上、中、下三册)(与邓洪波合编),杭州:浙江教育出版社1998年版。

10.《中国德育思想研究》(与朱汉民合编),杭州:浙江教育出版社1998年版。

11.《宋代理学伦理思想研究》,长沙:湖南大学出版社2006年版。

12.《元代理学伦理思想研究》,长沙:湖南大学出版社2010年版。

13.《明代理学伦理思想研究》,长沙:湖南大学出版社2015年版。

14.《岁月留痕——一个知识分子的一生》,北京:中国文史出版社2016年版。

15.《岳麓书院名人传》(修订版),长沙:湖南大学出版社2016年版。

16.《清代理学伦理思想研究》,长沙:湖南大学出版社2019年版。

17.《中国理学伦理思想通史》(四卷本),长沙:湖南大学出版社2020年版。

18.《当代湖湘伦理学文库·陈谷嘉集》(论文集),长沙:岳麓书社2021年版。

(撰写者:陈谷嘉)

朱维铮

一、生平简介

朱维铮（1936—2012年），汉族，祖籍江苏无锡。复旦大学特聘资深教授、历史系中国思想文化史研究室主任、文史研究院学术顾问、高等社会科学研究院学术顾问、专门史博士生导师，复旦大学学术委员会委员，德国汉堡大学荣誉博士。曾任中国史学会理事，国际儒联副会长、顾问，上海海峡两岸学术文化交流促进会常务理事，上海市徐光启研究会会长。

朱维铮1936年7月14日生于江苏镇江市红十字医院。父母业医，子女七人，先生为长。1938年，随父母颠沛北南，经武汉三镇流亡到重庆北碚。后来，父母就职的军医院调防，随其离开。1946年，在湖北郧县教会小学发蒙，之后经河南、陕西、山西，进入山西运城读小学。山西运城之役后,双亲复员,道经西安、上海,辗转回乡,转入无锡小学。1949年,考入私立无锡中学。1955年就读于复旦大学历史学系,1960年毕业于本系中国古代史专业,留校任助教。1979年升为讲师,1985年升为副教授,1988年晋升教授。

朱维铮先生在中国经学史、中国史学史、中国思想文化史、中国学术史、中西文化交流史、中国近代史等多个领域,均做出了突出贡献,是复旦史学传统的继承人,也被公认为是20世纪80年代以来中国文化史、思想史、学术史研究的开拓者之一。1999年入选"复旦十大杰出教授"。2004年9月10日,获复旦大学"优秀研究生导师"称号。2007年获"复旦大学校长奖"。2012年3月10日在上海逝世,终年76岁。

二、赓续学脉:中国史学史的研究与教学

朱维铮先生早期治学受学界前辈亲炙,留校之初,就担任著名学者陈守实教授的助教。早在1963年,即在《历史研究》上发表了《府兵制度化时期西魏北周社会的特殊矛盾及其解决——兼论府兵的渊源和性质》一文,因此论文为前辈先生所瞩目。20世纪60年代,教育部委托周予同先生主编大学文科教材《中国历史文选》,朱维铮为主要助手,为此博研典籍,贯通古今,转入中国思想文化史研究领域。该书出版后,被评定为教育部"优秀教材"。数十年中,屡经修订,该书一直是国内高校专业教育的首选教材。

朱维铮将陈守实先生在制度史、明史研究中的成果,发展为中国史学史课程,成为历史系最具特色的专业之一。1989年撰写了《十大史学家》之《司马迁篇》。1995年3月,赴德国海德堡参

加"中国史学之比较观"国际研讨会。2004年由复旦大学历史学系、纽约市立大学历史学系、台湾大学东亚文明研究中心主办的"二十一世纪的中国史学和比较历史思想"学术研讨会在复旦大学美国研究中心举行,该次会议由朱维铮先生与纽约市立大学历史学系李弘祺教授联袂主持。该国际学术研讨会汇聚了40余位国内外一流的专家、学者,有美国后现代史学家斯坦福大学海登·怀特(Hayden White)教授、德国历史哲学家吕森(Rusen)教授、美国中国史学家哈佛大学包弼德(Peter K.Bol)教授、荷兰莱顿大学施耐德(Axel Schneider)教授,国内学者瞿林东、葛兆光和罗志田等教授是从理论与实践、宏观与微观等角度,探讨了历史学的社会意义、中国历史思想的变迁和中西史学的交流等问题,研究21世纪历史学的发展可能。此次研讨会是有关中国史学研究的世界一流盛会,对促进中国史学理论和史学史研究的进一步发展,促进中外学术交流有着重要意义。2004年起,与德国新马克思主义史学代表性人物、埃森文化研究所所长约恩·吕森(Jorn Rusen)教授合作,展开题为"全球化视野下人文主义"的研究。朱维铮先生的成果《人文主义》,已经完成了第一、二、三章,并由图林根大学汉学教授闵道安(Achim Mittag)翻译成德文。

2005年,为向复旦大学百年校庆献礼,朱维铮先生领衔承担研究课题"中国史学的历史进程",为此撰写了《史学史三题》《班固与〈汉书〉:一则知人论世的考察》《历史观念史:国病与身病——司马迁与扁鹊传奇》《史官与官史——韩、柳的史官辩》《历史编纂学:过程与形态》《班昭考》等系列学术论文,先后发表在《复旦大学学报》《中华文史论丛》等刊物上,体现了史学史研究的深厚造诣。早年,他为《十大史学家》撰写的《司马迁篇》,通过《史记·天官书》解读司马迁的史学思想,在众多司马迁研究中,独具特色。另外,《论"三通"》一文(《复旦大学学报》1983年第5期),也是朱维铮先生极具代表性的史学史论文。

三、薪火相传:中国经学史的研究与教学

朱维铮先生继周予同先生之后,在学术环境艰难的条件下,坚守经学史领域的研究,整理了一批经学史研究资料,培养了一批经学史研究人才,成为当今海内外中国经学史研究领域最有成就的学者之一。1979年,他担任外国高级进修生导师,讲授"两汉经学和南北朝五行学说",并指导法国高级进修生程艾蓝(Anne Cheng,现为法国大学科学院高级院士、法兰西学院中国思想史教授)准备博士论文《〈春秋公羊传〉何休学研究》。1981年,他与姜义华合署《章太炎选集(注释本)》出版。1979年始,他承担由蔡尚思负责撰写的《孔子思想体系》部分初稿及全书统稿工作。同年,参加由蔡尚思负责的"中国现代思想史整理"项目,并负责编辑校点《中国现代思想史资料简编》(第一卷)。

1983年,朱维铮先生整理编辑的《周予同经学史论著选集》,是经学史领域的重要文献。1986年,校注的《梁启超论清学史二种》出版。1986年10月,参加在宁波举行的首届"国际黄宗羲学术研讨会",对《明夷待访录》进行负面质疑。1988年,受聘为加拿大多伦多大学历史系客座教授。同年8月29日,出席在新加坡东亚哲学研究所举行的"儒学发展的问题及前景"研讨会。9月,受聘为美国印第安纳大学高级学院客座教授,撰写《中国经学的近代行程》。

1989年12月18日至21日,朱维铮先生在复旦大学组织召开"儒家思想与未来社会"国际学术研讨会,并提交论文《从文化传统看

中国经学》。会议自1988年秋初起开始筹备,会后编订论文集《儒家思想与未来社会》。该年冬季,关注中国教育现代化的多伦多大学教授许美德(Ruth Hayhoe)邀朱维铮先生向西方读者介绍孔子与教育传统。当时朱维铮先生正应谢希德校长要求,在复旦大学组织了"儒家思想与未来社会"国际学术研讨会,曾作《孔子与教育传统》一文,内容主要陈述中国经学史的若干关键性历史实相。欧美的中国学者,对于中国儒家的历史与价值的见解,分歧很大,因此该文招来海外学者抨击,认为曲解了孔子和儒家传统。1990年,朱维铮先生以高级访问学者身份赴德国慕尼黑大学东亚语言文化研究所。

1994年10月5日,国际儒学联合会在北京成立,朱维铮先生被选为理事。

1995年10月8日至10日,朱维铮出席"纪念黄宗羲逝世三百周年暨国际学术研讨会"。同年,应邀主编的《传世藏书·经库·经学史》和《传世藏书·子库·诸子(先秦至五代部分)》出版。该书经学史部分由他主持整理收入中国经学史著作21种:《尚书大传》《韩诗外传》《春秋繁露》《大戴礼记》《六艺略》《白虎通义》《五经异义》《周易集解》《春秋集解纂例》《七经小传》《周官新义》《大学衍义补》《尚书古文疏证》《孟子字义疏证》《汉学师承记》《经义述闻》《春秋公羊经何氏释例》《今古学考》《孔子改制考》《经学历史》《国故论衡》,分别撰写提要。诸篇提要后经修订,收入《中国经学史十讲》。《传世藏书》经学与经学史类文献,为重要经学史文献做了提要,成为后来研究者的门径。1996年7月,他编辑的《周予同经学史论著选集》(增订版)由上海人民出版社出版。8月,他所编校的《中国现代学术经典·康有为卷》由河北教育出版社出版,收入康有为著作五种:《实理公法全书》、《教学通议》、《春秋董氏学》、《孔子改制考》和《我史》(《康南海自编年谱》)。8月,朱维铮先生出席在广东省潮州市举行的"饶宗颐学术研讨会"。12月,他的学术专著《求索真文明——晚清学术史论》出版,编校的《马相伯集》出版。1997年,他的《周予同经学史论著选集》(增订本)简编由德国海德堡大学汉学系印行。1997年5月5日至8日,他出席在北京召开的"汉学研究国际会议",提交发言提纲"百年来的中国经学史研究"。1998年,他应邀去哥廷根大学任客座教授,期间重新校订梁启超的《清代学术概论》出版,并作长篇《导读》。

1999年3月,朱维铮先生担任香港中文大学中国宗教与社会研究中心访问学者,作讲座三次,分别为"中世纪的经学和经学史""从《五经正义》到《四书集注》""清代汉学"。1999年7月9日,他在台北"中央研究院"中国文哲研究所主讲"谈近代经学的几个问题"。

1999年10月6日至13日,朱维铮先生参加在北京举行的"纪念孔子诞辰2550周年暨国际儒学联合会第二届会员大会",任国际儒联第二届理事。2002年1月,他在台北"中央研究院"近代史研究所学术讨论会上作演讲,题为"晚清的'借权'思潮"。同月,在香港中文大学演讲《晚清学术的非传统化进程》。5月,在德国埃森出席由德国人文科学高级研究所举办的"自我与他者:历史学处理外来者方式的文化差异"国际研讨会,宣读其论文《十七世纪中国的王学与西学》。6月,在德国埃森短期学术访问,作关于中西史学比较与交流课题的学术交流。11月,在四川大学作题为《漫谈清代汉学》和《清末明史学取向》的演讲。

2002年,朱维铮主编的《利玛窦中文著译集》由香港城市大学出版社出版。4月,学术著作《壶里春秋》出版。10月,学史专著《中国经学史十讲》由复旦大学出版社出版,该书于2004年获"上海普通高校优秀教材奖"二等奖。

2003年10月21日,朱维铮先生参加在北京大学召开的"《儒藏》编纂与研究"学术研讨会。2004年1月,教育部哲学社会科学研究重大课题与科研攻关项目《儒藏》工程启动,他担任《儒藏》经学史类文献整理的主编;他受聘担任香港城市大学跨文化研究中心客座教授。6月25日,他参加在浙江余杭仓前镇举办的"太炎精神研讨会",发言稿题为"从三个角度看章太炎"。

2004年10月,朱维铮先生卸任国际儒联理事,受聘为顾问。

2005年10月,朱维铮先生出席在无锡召开的"钱穆学术思想研讨会",对钱穆的学术贡献做了五个方面的归纳。他认为:"如果要给钱穆在中国学术史上准确定位的话,他主要仍是一位史学大师,或者说是同代新儒家中的史学家,他致力于从'国史'中勾勒出儒家与时俱变的文化传统脉络。"

2008年10月,朱维铮参加在北京召开的"儒学第三期的三十年"学术座谈会。2009年,出席"禅宗中国——少林问禅百日峰会"研讨会,在少林寺作题为"经学与中国早期佛教"的讲座。2009年,参加在北京召开的"'五经'研究与翻译国际学术委员会第一次工作会议",发言论纲刊登于《周易研究》2009年第5期。

2009年,参加上海师范大学国际儒学院成立暨揭牌仪式。

朱维铮先生经学史研究成果以《儒术独尊的转折过程》《中国经学与中国文化》等篇为其思想代表作品,他把经学史界定为中国中世纪的统治学说史,因此有别于儒学史或孔学史。他经学史研究的相关论著结集为《中国经学史十讲》。他对"晚清经今文学旗手"康有为、"经古文学殿军"章太炎的研究,也做出了很大贡献。他编校的《中国现代学术经典·康有为卷》，对重新认识康有为在近代中国学术中的影响有很大帮助；编选、注释的《章太炎选集》，厘清了大量古典、近典，使艰涩难懂的章太炎学说能被理解。他还为《章太炎全集》收集整理了第三卷《訄书》，其长篇导论，厘清《訄书》三次结集中的诸问题，为章太炎思想研究的突破性成果。朱维铮先生将乾嘉考据学与现代诠释学相结合，坚持从历史本身说明历史。他总是说：凡事先问、多问"是什么"，然后才问"为什么"，进而回答"应该是什么"的问题。他把清代学术"实事求是"的朴实学风和现代学术理性客观的科学精神结合起来，在国内学界有口皆碑，在国际学术界获得认同。他常说：一个学者若能留下三句话，后人记得住，就很了不起了。他自称自己在经学史领域有三句话：经学史是中国中世纪的统治学说史；经学演变中有着明显的"学随术变"特征；经学史与我国边疆历史有着复杂而密切的联系。

四、开创文化史研究的新局面

20世纪80年代，朱维铮先生和各地学术同道一起开拓中国文化史研究，他和复旦大学历史系同人组建了中国思想文化史研究室，是全国首个"思想文化研究"研究室。1983年，他与庞朴酝酿出版"中国文化史丛书"，该丛书多达数十种，涉及中国传统文化的各个领域。"中国文化史丛书"的目标，是要超越商务印书馆总编辑王云五主持的"中国文化史丛书"。为此目标，朱维铮先生忘我工作，在数年之内初步告成，出成果，也出人才。

1986年初，朱维铮先生在复旦大学组织召开了首届国际中国文化学术讨论会，这是"文革"后国内首次举办的国际性中国文化学术研讨会,被称是"群贤毕至"的盛会。"当代新儒学"学说、"西体中用"学说,就是在那次会议上初次为国内学人所知。他主编了会议论文集《中国传统文化的再估计》。1989年冬天,他再次受学校委托,在复旦大学召集了中国文化史研究的国际学术讨论会。

朱维铮先生曾在20世纪八九十年代主持《中国文化研究集刊》(共出版五卷,复旦大学出版社出版)的编辑,组织学者完成了一批高质量的学术论文。1986年,他出席"全球对话中的中国文化"国际学术会议,提交题为《十七世纪的中西文化问题》的论文。同年9月,出席在华中师范大学召开的"中国走向近代的文化历程学术讨论会"。

1987年,学术专著《走出中世纪》由上海人民出版社出版,是朱维铮的学术代表作。《走出中世纪》是一部论述明清帝国专制及近代历史变迁的力作,表达了"文革"后学术界经内省后的反思精神,其中反省中国近代历史的开端问题、专制体制下的人心和人性问题、满汉矛盾中的社会危机问题、"西学"输入的艰难处境问题等,因其独到的眼光、罕见的材料、尖锐的思想,在学界反响很大。1990年,《走出中世纪》英文版在纽约出版,在西方学界也引起广泛关注。

朱维铮先生曾受聘任加拿大多伦多大学客座教授。1991年7月26日至10月26日,他与加拿大多伦多大学卜正民(Timothy Brook)教授合作,计划以三年时间完成《从司马迁到章太炎:中国文献》一书的编选校订和翻译出版项目,并分工选材及对文献含义进行解释的工作。1992年9月初,参加在美国哈佛大学举办的"文化中国"研讨会,提交报告论文《近代中国文化的三种取向》。10月初,参加在加拿大安大略省教育研究所举行的"东西方教育与文化"研讨会，提交报告论文《近代中国的教育改革》。10月中旬，出席在美国旧金山大学举行的"十八世纪中国礼仪之争"讨论会，提交论文《关于马相伯》。11月至次年1月，任香港城市大学中国文化中心客座教授，并在该中心作"中国文化讲座"系列演讲，演讲题分别为"清修《明史》的再考察"和"清末民初的清史论"。12月，参加香港中文大学中国文化研究所举办的"民族主义与现代中国"国际学术研讨会，作题为"晚清思想中的民族主义"的演讲。讲稿收入本次会议论文集《民族主义与中国现代化》。1993年，出席在瑞典首都斯德哥尔摩举行的"当代中国思想中的国家、社会与个人"讨论会，提交论文提要《近代中国的"自改革"思潮》。1995年，《音调未定的传统》一书出版。

观察16世纪以后新的全球化进程，中西文化冲突与交融、传统性与现代性的排斥与妥协是重要话题。基于对这一话题的关注与深入思考，对朱维铮先生来说，文化史研究不再是静态的现象描述，经学史也不应该是简单的故实梳理，而是要深入理解，以传统经史学问为基础的中国思想家如何看待、应对这一历史大变局，进而思考世界潮流激荡中的中国命运。朱维铮先生重视明末以来传教士与西方文化在中国的传播、蜕变及其在传统政治演变过程中的作用，既推动了20世纪80年代以后中国的中西交通史、基督教在华史、宗教史等领域的研究，也为晚明以来的政治史、思想文化史研究引入了新视角。1993年，朱维铮先生在复旦大学召集"近代中西文化交流国际研讨会"，发表"五四时期的非宗教运动"报告，主编论文集《基督教与近代文化》。此外，还主持了《马相伯集》《利玛窦中文著译集》《徐光启全集》等重要文献的出版。这几部书，分别是迄今为止最全面的马相伯、利玛窦、徐光启的中文文集，为基督教在华传教运动与中西文化交流的研究奠定了坚实基础。

1994年6月，朱维铮出任上海炎黄文化研究会理事。11月，赴杭州参加"中国文化"研讨会。12月起，任《学术集林》编委会编委。

1998年，由钱锺书主编、朱维铮任执行主编的《中国近代学术名著》（一辑10册）出版。10册分别为：《东塾读书记（外一种）》《万国公报文选》《康有为大同论二种》《刘师培辛亥前文选》《汉学师承记（外二种）》《新学伪经考》《书目答问二种》《弢园文新编》《郭嵩焘等使西记六种》《訄书（初刻本、重订本）》。他为10种书均写了长篇导言，均堪为入学门径。10篇导论和相关论著结集，题为《求索真文明——晚清学术史论》，代表了他清学史研究的成就。

2004年，朱维铮先生受聘任香港城市大学跨文化研究中心客座教授，参加在澳门举行的"二十一世纪中华文化世界论坛第三次国际学术研讨会"，会议主题为"中西会通与文化创新"，他提交论文《清末民初的现代化思潮——简单的读书札记》。2005年，他受邀任台湾大学文学院历史学系客座教授。同年2月至4月，担任香港城市大学客座教授，在中国文化中心主讲十次：《中国人和中国史》（2月18日）、《时间的历史与空间的历史》（2月22日）、《怎样看待生存环境》（2月28日）、《裂变的"道术"》（3月4日）、《从"五经"到"四书"》（3月8日）、《历史民族的历史著述》（3月23日）、《由科技迷幻到技术救世》（3月31日）、《近代中国的文化传统》（4月4日）、《清末民初的现代化思潮》（4月12日）、《"五四"和孔子问题》（4月14日）。

2005年，朱维铮出席在无锡召开的"钱穆学术思想研讨会"，对钱穆的学术贡献作了五个方面的归纳。11月，他参加在上海召开的"纪念徐光启逝世372周年暨徐光启学术研讨会"，提交论文《历史上的徐光启》。

2010年，朱维铮先生新著《重读近代史》出版，是他在最后几年中勉力写作，竭力完成的力作。《重读近代史》是他对中国近代史发表系统看法的发覆之作，表达了对如何突破中国近代史研究的诸多看法。借此著作，他用考证、发微和总括的笔触，描写了中国近代史如何陷入困境，指出狭隘的民族主义并无出路。

在中国文化史研究的方法论上，朱维铮先生主张区分"传统文化"和"文化传统"，也主张区分"历史的孔子"和"孔子的历史"。他认为，中国文化、儒家思想，乃至于学术史、经学史，都没有一个一以贯之、恒定不变的"传统"，要回到历史环境下找到当事人的真实经验。这一理论贯穿在他的研究和教学中，体现在他指导的学生论文中。朱维铮先生在撰述上，厌弃高头讲章的说教，反对故弄玄虚的矜持，常常以一语中的的警句，点中要害，揭露历史。早年的《走出中世纪》和《音调未定的传统》都集中了他在文化史研究领域的精思，以至一版再版，嘉惠后学。他不拘陈说，用新的史料、方法和思想去审视那些靠不住的旧结论，也成为其治学的重要特征。朱维铮先生在中国近代学术史上着力很多，他精校详注的《梁启超论清学史二种》是清代学术史研究的重要读物。此外，他曾经编辑了《维新旧梦录》，为"戊戌变法"百周年活动中最畅销的著作。

朱维铮先生的学术成就为海内外学术界认可，他是复旦大学历史学对外交流的主要推动者。1987年以来，曾先后受邀至加拿大多伦多大学，美国印第安纳大学，德国慕尼黑大学、海德堡大学、哥廷根大学、图宾根大学、埃森文化研究所，韩国高丽大学，以及香港中文大学，香港城市大学，台湾大学等多所知名大学、权威学术研究机构担任客座教授或访问学者，还担任北美《亚洲评论》的顾问。

五、坚守讲坛半世纪

朱维铮先生认为,研究成果要转化为新的教学内容,让青年学子加入思考中国的历史与未来的队伍中来。因此,他晚年专为本科生设计了通识教育课程"历史上的中国与世界",强调要在世界历史的范围内理解中国历史,高屋建瓴,引领初学。2006年7月14日,朱维铮先生七十寿辰之际,德国汉堡大学授予他荣誉博士头衔,是该校迄今为止唯一获此殊荣的华人学者。汉堡大学亚非学院院长傅敏怡(Michael Friedrich)教授和埃森文化研究所所长吕森(Jörn Rüsen)教授称赞他为"低调的大师",他则谦称自己是"一名中国历史研究的从业者"。

朱维铮先生是一位卓越的教育家,他一直自承:"我虽不是名师,可当得上严师。名师未必出高徒,严师或许还能出几个高徒。"50多年来,他从未离开过复旦大学,也从未脱离过教学第一线。朱维铮先生带出的博士、硕士研究生,有近百人;听他课程和演讲的学生,何止成千上万。如今,经先生释疑解惑而成长起来的学者,很多已是卓然名家。

2011年12月25日,朱维铮先生以重病之躯缓慢走上讲台,讲完他人生最后一堂课《历史上的中国与世界》。他告诫学生:"我要求你们各位要学点历史,懂得一点历史上的中国与世界的区别:第一个要区别的是,历史上的中国是一个族类的概念;第二,历史上的中国是一个空间概念;第三,历史上的中国后来变成了一个文化概念,这个文化概念和统治中心是联系在一起的。"

朱维铮先生在生命的最后几年,受邀出任了上海电视台纪实频道《大师》栏目学术顾问,他倾注了全力,既顾且问,帮助栏目选题、策划、审稿。先生晚年数次抱病工作,帮助编导们让《大师》臻于完美。对于大师的定义，朱维铮先生说："大师就是博古通今，学贯中西，德才学识兼备，非但于本门学科为不世出的专家，并以卓特识见、新颖方法或指明未来取向，而受众多学者景仰，这里的裁判官，仅有一个，就是由时间体现的历史。"

朱维铮先生曾说，他一生中最大的改变契机，是在"文革"中期领悟到，"我应该有一颗属于自己的头脑，我可以有一颗属于自己的头脑"。此后，凭借着这颗"属于自己的头脑"，他在学术界、思想界奋战了将近半个世纪。20世纪90年代，他曾和王元化先生一起提倡"有学术的思想，有思想的学术"，这也正是他作为一个"不懈探索真理的纯学者"一生的写照。

六、主要论著

（一）专著类

1.《走出中世纪》，上海：上海人民出版社1987年版。

2.《音调未定的传统》，沈阳：辽宁教育出版社1995年版。

3.《求索真文明——晚清学术史论》，上海：上海古籍出版社1996年版。

4.《壶里春秋》，上海：上海文艺出版社2002年版。

5.《中国经学史十讲》，上海：复旦大学出版社2002年版。

6.《走出中世纪》（增订本），上海：复旦大学出版社2007年版。

7.《走出中世纪二集》，上海：复旦大学出版社2008年版。

8.《重读近代史》，上海：中西书局2010年版。

(二)主编、编校类

1.《章太炎选集》(与姜义华合署),上海:上海人民出版社1981年版。

2.《周予同经学史论著选集》,上海:上海人民出版社1983年版。

3.《章太炎全集·訄书》,上海:上海人民出版社1984年版。

4.《中国文化史丛书》,上海:上海人民出版社1984年版。

5.《梁启超论清学史二种》,上海:复旦大学出版社1985年版。

6.《基督教与近代文化》,上海:上海人民出版社1994年版。

7.《传世藏书·经库·经学史》、《传世藏书·子库·诸子》(先秦至五代部分),海南:海南国际新闻出版中心1995年版。

8.《中国现代学术经典·康有为卷》,石家庄:河北教育出版社1996年版。

9.《马相伯集》,上海:复旦大学出版社1996年版。

10.《中国近代学术名著》(一辑10册,钱锺书主编,朱维铮执行主编),北京:生活·读书·新知三联书店1998年版。

11.《维新旧梦录》,北京:生活·读书·新知三联书店2000年版。

12.《利玛窦中文著译集》,上海:复旦大学出版社2001年版。

13.《徐光启全集》(与李天纲合编),上海:上海古籍出版社2010年版。

(撰写者:高晞,复旦大学历史系教授)

赵骏河

按：2021年6月，国际儒联顾问联络委员会为《国际儒学联合会顾问小传》（第二辑）组稿，在与韩国梁承武教授联系的过程中，得知国际儒联韩国顾问赵骏河教授已于当年6月23日逝世。得知此噩耗，我们非常悲痛，遂给他的家属发了唁电。以往与赵教授交往较多的诸位先生，回忆他在中韩儒学研究与交流方面所做的贡献，都为之感慨。赵先生从20世纪90年代到21世纪初近20年间，先后以韩国孟子学会会长、韩国程朱学会会长的身份，来中国访问50余次。他曾拜谒了孟子、曾子、张载等先贤的墓地，并为其修葺慷慨捐款数十万元，为其立碑、建牌楼、建石供案等。他并不富裕，此举完全是出于他对先贤的敬仰和对传统文化的挚爱，出于他对弘扬中华优秀传统文化的执着。他走遍了中国大江南北，参与各地的学术活动，为多所学校作儒家思想与东方伦理道德的演讲，产生了良好的社会反响。有鉴于此，骆承烈、刘示范、牟钟鉴、王殿卿、郭沂、赵金昭、刘学智等诸先生,把自己所能了解和收集到的资料集中起来,形成这篇文章的素材,由孙宝山先生执笔,撰写了此文,以期让世人了解赵骏河先生为加强中韩友谊和中韩儒学研究、交流所做出的历史性贡献,并以此告慰先生的在天之灵。赵骏河教授的侄子赵成植教授也在百忙中为此文提供了生平简介和论著目录,并撰写了感人至深的回忆。中央民族大学研究生王佳希为此文中的论文摘要做了增补和编排,在此对赵成植教授及孙宝山、王佳希为此文付出的辛劳表示感谢!

一、个人简介

赵骏河,1937年3月3日(农历)出生,韩国黄海道丰川人,2021年6月23日逝世,享年84岁。

简历

2007.08	韩国同德女子大学退休
2001.03—?	韩国思想文化学会编辑委员
1998.03—2015.12	韩国程朱学会会长
1994.01—2015.12	韩国孟子学会会长
1994.01—1998.01	韩中哲学会副会长
1992.01—1994.01	韩国儒教学会副会长
1992.01—1994.01	韩国东洋哲学研究会会长
1989.01—1999.01	韩国礼学会干事
1989.01—1991.01	东洋哲学会副会长
1985.12—1987.12	东洋哲学会干事
1982.01—?	韩国汉文教育研究会评议员

1981.01—2007.8	韩国同德女子大学教授
1980.12—1986.12	东洋哲学研究会干事
1975.12—1986.12	韩国哲学会中国哲学分科委员会会员
1974.03—1981.01	首尔东明女高教师
1973.03—1974.02	首尔东明女中教师

学历

1992.08　韩国成均馆大学东洋哲学研究所文学博士,博士论文《礼渊源和其展开》

1973.02　韩国成均馆大学东洋哲学研究所文学硕士,硕士论文《礼渊源考察》

1965.02　韩国成均馆大学东洋哲学科本科毕业,文学学士

二、祭圣追魂

(一) 为亚圣林立碑,建牌坊

1996年,以韩国同德女子大学教授、韩国孟子学会会长、韩中哲学会副会长、哲学博士赵骏河先生为首的"韩国祭孟团"20余人来到山东邹城,在交流有关孟子思想研究的一些情况时,他们认为,孟子这位距今已有两千多年的中国古代著名哲人的学说和思想,作为儒家思想的重要组成部分,对中国社会历史进步产生了极其广泛而又深远的影响,同时孟子的思想也是人类社会共同拥有的宝贵精神财富。因此,"韩国祭孟团"便捐资维修了亚圣林石供案。

赵骏河先生多次致祭孟庙、亚圣林,并捐资维修亚圣林、孟庙文物。1997年,他筹资促成了中韩学术交流及祭孟活动;1998年宗亲联谊活动中,他参加了祭孟典仪并捐助1万元人民币;同

年4月,他又向邹城市捐款20万元人民币,用于修建亚圣林牌坊。1999年9月26日上午,亚圣林牌坊落成揭牌仪式在邹城四基山下举行。新建的亚圣林牌坊采用明代林墓石牌坊样式,通高6.25米,长11.94米。中间额板"亚圣林"三字是著名书法家欧阳中石先生题写,两侧间额板阴刻明代双龙图案。牌坊的落成,将对保护和弘扬优秀传统文化、繁荣发展邹城的旅游事业起到积极的推动作用。

(二)为曾子墓修复献石供案

《春秋》1997年第5期刊登王汝柏的文章,提及韩国孟学专家赵骏河在曾子墓前的一段感言:"曾子墓在一片杂草丛生的田地里,去参拜的我们不禁有些伤感。我们从小就读'四书''五经',不仅对孔子,就是对他的弟子曾子,也都尊其为伟大的老师。我想借此机会修补曾子墓,拟修建石碑和石桌,其所需经费,就由我来承担吧!这是我的一点心意。"

曾林位于山东省济宁市嘉祥县满硐乡南武山村西南,距曾子庙西约1000米,坐北面南,四周林墙高3米。原有中门一座,角门两座。内建有更衣所、斋房、飨堂各3间,堂前翁仲一对。堂后为曾子墓。明弘治十八年(1505年)重修一次。清乾隆十九年(1754年)于中门外墙建石坊一座,上镌"宗圣墓"三个篆书大字,并造石马、石羊等罗列神道两旁。这些建筑,除石坊尚存外,其余均在清末倒塌。1997年,赵骏河先生捐资2万元人民币,修复了曾子墓封土及香案、香炉。同年,省政府拨款50万元,用于曾林修复的前期工作。2002年,修复了曾林围墙。是年9月,曾子的74代孙曾宪梓率家人拜谒曾子庙、墓并为修复墓地慷慨捐资。自2002年10月起开始重修,至2004年8月竣工,在曾林内扩建了曾子墓,复原了享殿,重铺了甬路及林前广场,曾子墓重现了昔日的庄严肃穆。

(三)为二程林立碑,献石供案

1994年初夏,赵骏河从洛阳到嵩县拜谒二程故里后,赶往伊川二程墓地程园祭拜。1997年春,在程德祥陪同下再次拜谒二程故里和二程墓园,表达了想捐建二程夫子林碑和石供案的心愿,他回国不久,就把用以捐建的1000美元寄给了程德祥。当年盛夏,他率领韩国学者与中国学者一道,举办了二程林碑和石供案揭幕仪式,并举行了隆重的祭祀二程仪式。主祭的贡品及所用器皿等都是从韩国空运来的,十余名韩国学者身着特制的白色礼服与二程后人及中国学者同祭先哲二程。韩国学者主祭和敬诵祭文。大家在高温下席地而跪,行四拜跪伏之礼。大家为韩国学者千里迢迢来此立碑祭奠先哲的虔诚所深深感动,也更增强了对先哲二程的敬仰之意。

1998年7月,赵骏河率领韩国学者出席了洛阳大学、二程学会和韩国程朱学会联合举办的"中韩程朱思想学术研讨会",中国学者张立文、郭齐家、王殿卿、白兴华、张京华、蔡方鹿等也出席了此次研讨会。

(四)为张载墓立碑

1999年,"张载关学与实学"国际研讨会在陕西眉县举行,会议论文集收有赵骏河教授的文章《张横渠性理学考辨》。据张载后裔证实,1999年赵骏河先生曾为张载墓捐款1000美元,立了墓碑并撰写碑文。

以下是眉县张载纪念馆张桂海馆长对照墓碑拓片整理的文稿,因拓片不清,仍有三字辨认不出,特此说明。

横渠张先生墓碑铭　　(并序)

天之生斯民也,必降圣而君师之。伏羲神农,黄帝尧舜,商汤文武，周公道统之传是也。春秋二世，孔夫子诞降，道冠天下，德侔天地。问经是，求仁道，继往圣，开来学，颜曾思孟，前后崛起而相传。然岁久年深，治乱反复。学不传而道不行，衰世之末，彝伦致绝，骎骎然趋乎！天运循环，无往不复。遂及有宋，关中张夫子兴，河南程氏两夫子出，续夫千载六传之绪，而有以接乎孟子之传，斥彼道佛似是之非，圣贤之道粲然复明于世矣。先生姓张名载，字子厚，号横渠，籍贯大梁。祖考讳复，真宗朝给事中。考讳迪，仁宗朝涪州令。先生天禧四年，□州生而聪明，好读书，少时溺于兵书，后耽读老佛之书，□而归于儒道，探究六经。嘉祐二年中进士，始仕祁州参军，历仕县令判官，校书礼院，互相琢磨于二程子，而勇撤皋比两次，而对神宗力说尧舜之至治，而不得志。解官归关中，精究易学，成家学说，著述《砭愚》《订顽》，教养弟子，创立关学。精思天命性理之说，发明太虚亦气之论，而崇尚穷理之学，静坐修行，而必期于圣经，定基于宋代道学，朱子□张夫子像，后学常念颂而钦慕之。岁远世忘，幽宅荒芜，墓前石物，既毁且损，悲戚之情难堪。韩中两国之后学，合力献诚，新修石物，端圣域，爰卜吉日，兹告落成，因为之铭曰：

圣贤正道，不泯复亨。有宋之世，张子克生。精思探究，育德果行。扶正斥邪，斯文光明。继往开来，完遂景命。听于无声，视于无形。后学献诚，虔告尊灵。于千万年，斯道坚卓。

孔夫子纪元二五五零年己卯暮春
韩国程朱学会会长赵骏河谨记
陕西省书法家协会齐林森书

三、演讲论文摘要

(一)演讲摘要

2002年,赵骏河先生前来曲阜参加孔子文化节,他表示,孔子不仅是中国的,也是韩国的,是世界的。孔子的儒家思想对韩国的历史文化产生了重大的影响。他认为,世界要拥有一个和平的环境,需要向孔子那里去寻找智慧。如果没有诚、敬、信,人就不能称其为人,人类就无法和睦相处,社会也就不会繁荣昌盛。

——新华网《韩国教授赵骏河:孔子是中国的,也是世界的》

2009年,赵骏河在首尔中国文化中心作"中国精神"专题讲座,他认为中国精神就是孔子的"仁""和"精神,这种精神是超越时间和国界的。它对内表现为克制私欲,修身养性;对外表现为行礼从善,亲民爱人。无论是修身、齐家,还是治国、平天下,都要把"仁者爱人""物我一体""天人合一"这种超越时空的人文关怀和大智慧作为最高境界。

赵教授比较了中国、韩国、美国和日本等不同国家经济发展与道德建设的不同轨迹,指出经济建设只需30多年就可以实现快速发展,而传统文化一旦被破坏,上百年都未必能够完全恢复,从而得出道德建设时不我待、精神文明十分必要的结论。强调在道德恢复和建设方面,急功近利、追求立竿见影效果的想法是万万要不得的。

——中国文化网《韩国儒学专家解读"中国精神"》

(二)论文摘要

1.对先秦诸子思想的研究

(1)《孟子基本思想与礼》(《齐鲁学刊》1994年第4期)。

摘要：孟子的基本思想在注重于人之所以为人的根本问题上，其核心是性善论，《孟子》七篇之要旨皆在于存天理，遏人欲，其方法就是以礼义制裁之。仁政的可能，根据就是本性的仁义礼智。为了解决今日人类所面临的诸般问题，孟子的根本思想，可以成为主要的解决对策。

(2)《荀子的人性论及礼学》(《齐鲁学刊》1996年第1期)。

摘要：荀子的学说中最著名的是人性论及礼学，其宇宙论也很有特色。荀子的人性论是性恶说，认为礼是圣人制作的外在的客观规范，其天道规则是无道德的自然观，他对价值观的主体即价值的本源并未论述，因此说荀子是着眼于客观秩序，从而建立礼义的客观轨道，但由于并未阐明主体的义，因此没有客观根据，可以认为荀子是从无道德的自然观入手以确立性恶说，继而阐述了作为外在规范的礼学，按照他的天命观、人性论及礼学的顺序，可以廓清其学说的体系。

(3)《孔子的"仁"和"礼"》(《孔子研究》1996年第2期)。

摘要：在儒家的思想中，孔子的"仁"和"礼"是最基本的核心问题。从周代开始逐渐形成的"仁"的概念，至春秋时期已有相当发展。孔子则把"仁"作为古圣君的道之集成，发展为综合了"诸德"的最高准则。在孔子的思想中"仁"有两个意思：一是与诸德并列，而作为诸德之一的伦理的"仁"。另一个则是统领诸德的形而上的"仁"。"仁"的向内克己，显为成己之道；向外爱人，显为成物之道，"仁"即成己成物。实现"仁"，必须要有"礼"。所谓"礼"是先王和圣人以天理为根本，随顺人之情制作的，是人们必须实行的法则。"礼"有文和质两方面的内容。孔子的本意在于文质彬彬的调和状态,并不是片面地强调质的方面。在"礼"和诸德的关系上,"敬"是"礼"的纲领,"义"是"礼"的尺度,"让"是"礼"的基本内容,"中"是"礼"的核心,"礼"与"乐"互相补充完善,"法"是"礼"的辅助手段。"礼"只有在与诸德相互调和时,才能发挥其真正的价值。

(4)《孔、孟的仁和程、朱的仁说》(《国际儒学研究》第五辑,1998年)。

摘要:当今世界,我们要努力创造适应时代要求的新儒学。孔、孟、程、朱思想之一贯核心,就是仁。孔子以内在的自我完成以及外在的爱的实践来教授仁;孟子则强调本性里内在的仁性之发现;而程子要人们到生生不息的天地大德中去寻找仁,以公实现仁,并揭示出物我一致的境地。朱子则以心之德、爱之理来注解仁。仁作为儒家思想之核心,在过去的两千余年期间,它不仅在提高人们生活质量方面建立过伟大的功绩,它还将为现在以及未来人类的生存与发展揭示出一条希望之路。

2.对中国传统伦理的整体研究

(1)《对中国传统伦理的现代理解》(《国际儒学研究》第二辑,1996年)。

摘要:东方传统伦理道德的基本问题是有关天的问题,天的概念在《诗经》《书经》中带有古代宗教色彩。到了孔子时代揭示了天的内在性,认为人性乃天命,把天与人连为一体,所谓堂堂正正、光明正大地生活就是要遵循天命,实现人的本性。人之所以成为人,重要的一条就是讲究仁。所谓仁是指自身人格完善并热爱他人。仁的实现之日就是世界和平到来之时,此所谓人间天堂也。要实现仁就要讲究礼,而礼是要把诚敬之意与谦让的形式协调一致起来。建立在上述指导思想之上的五伦,是处理人际关系的最高行为准则。衡量这五种关系的最高标准是亲、义、别、序、信,这是传统伦理的核心问题。在今天争取自由、崇尚平等、尊重人格、解放人性的民主社会中,我们应该重振传统伦理道德。

(2)《儒学的价值观——以仁的价值观为主》(《开封大学学报》1997年第1期)。

摘要:现代以物质主义为主的一些不正确价值观,使人类陷于困境,进入21世纪,我们必须根植以人为本的价值观。儒学价值观的核心问题就在于"仁"。践行"仁"的价值观,培养正直的新人,将会给人类带来光明的前景。

(3)《传统伦理的核心范畴》(《中国文化研究》1998年第4期)。

摘要:传统伦理的核心范畴包括孝与忠、三纲与五伦、九容和九思。所谓孝是指子女对父母和祖上热爱与尊敬所体现的情感和行为。所谓忠是指对某人或某事自始至终投入全部身心的状态。所谓三纲是指人与人之间的三种纲纪,自汉代以来即成为中国社会的重要伦理关系。五伦是人类社会中应该遵守的永恒不变的秩序,即父子有亲,君臣有义,夫妇有别,长幼有序,朋友有信。九容是指言行举止的九种规则。九思是指人们心中所应具备的九种法则。九容和九思是要矫正个人散漫的身心状态,实现自身的人格修养,从而进一步提高自身的学问和智慧。只有正确地理解和实践传统伦理道德才能正确地教育和引导下一代,从而树立健康、合理的社会秩序。

(4)《道德,其人类存在的意义》(《当代儒学的发展方向——当代儒学国际学术研讨会论文集》,2004年)。

摘要：道德教育非常必要，不管经济如何发展，一旦伦理道德的价值观崩溃就很难恢复。所谓道德，就是把符合天命的人之本性通过实践过程内化为心中的东西，是人之所以为人所应遵循的道理。在古代典籍中，"道德"本意是指按照人的天性所获得的心得，其内容为仁、义、礼、智。赵骏河指出，关于仁的问题实际上是关于人的问题。仁的含义在《论语》中大致被分为两个方面加以说明：一个是向内的克己，另一个是向外的爱人。完成自身的人格修养，使自己成为完美无缺的人，做到分等次、有秩序地热爱全人类和世界万物，这才是真正的人，才是仁爱。等次和秩序产生于礼，要实现仁就必须有礼。所谓礼是指符合天理的品节，是人生活中所应遵循的礼仪准则。礼是包含诚敬之意的纯粹心情的表露。礼的理想状态即无过又无不及，达到文与质的协调。因此，礼谓之中，"礼贵得中"，礼要符合时宜。

（5）《孝的意义和现代价值》（《第八届亚洲大洋洲地区老年学和老年医学大会中文论坛讲演暨优秀论文摘要集》，2007年）。

摘要：孝是指子女对父母的热爱、尊敬及侍奉、善待的行为。尽孝始于惜身，终于扬名。孝道虽然顺从父母的人伦关系，但以它对待国家时，往往表现为尽忠报国。以孝的真髓教育人们是非常有价值的事情。

3.对张载的研究

（1）《张横渠性理学考辨》（《"张载关学与实学"国际研讨会论文集》，1999年）。

摘要：关学的创始人张载，字子厚，横渠是其号。张横渠是一位同时尊重理和气的宋代性理学者，不能将他简单地称作是唯物主义者。在人性论方面，他在继承孟子性善说的同时，又吸取了告子的生之谓性，在此基础上，他认为万物之中天地之性和气质之性同时并存。其人性论的立场并非气优位,而是理至上。在道德修养论方面,他大力主张抑制肉体之欲求、欲望,使天性之纯善的常态得以回归。他还将穷理尽性、进德修业的道德修养之目标寄托于圣人身上。总之,张横渠是一位纯粹的性理学家,而不只是唯物主义哲学家。

（2）《论张横渠思想的现代意义》（《中国宝鸡张载关学与东亚文明学术研讨会论文集》,2007年）。

摘要:张横渠、程子和朱子都创立了宋代性理学,他们都主张理兴气。所以,称他们唯心论或唯物论都不够妥当,唯物论则强调物质,唯心论则强调精神即心,然而,宋代性理学的特征则是既强调理,又强调气。

4.对韩国儒学的研究

（1）《对韩国祭天仪礼的研究》（《孔子研究》1994年第4期）。

摘要:韩国的祭天仪礼是从檀君神话开始,历经三国时代、高句丽、百济而传下来的,这一祭天仪礼逐渐与儒家的祭天仪礼相融合。从韩国祭天仪礼的历史脉络中可以看出以下两点:首先,儒家的祭天仪礼与文化传统息息相关。其次,祭天仪礼具有反映国家、民族自主意识的象征意义。

（2）《三峰郑道传的儒佛道三教观》（《中华文化论坛》1998年第4期）。

摘要:郑道传,字宗之,号三峰,是朝鲜王朝的开国功臣,也是将儒学推为朝鲜王朝国学的一等功臣。他著有《心气理》三篇,将心（佛教）、气（道教）与理（儒教）之关系设定为儒、佛、道三教间的相互关系。他认为三教关系相互融合,互相协同,共生共荣。但是三者又不是平等的关系,而是将儒教奉为优位,道教和佛教只有在服从儒教命令的前提下,才谈得上与儒教共生共荣。他又作了《佛氏杂辨》19篇，将佛教教理中的迷信问题及其他不合理的条项，分门别类一一加以驳斥。三峰之学说，从政策上抬高了新儒学；从理论上排斥了异端；于朝鲜王朝五百年间成功地封锁了佛教与道教之弊害，并将其影响减少到最低限度。由此，翻开了儒家伦理道德与礼仪之新的一页；对韩国国民施与正确教诲，其贡献可说是极其巨大的。

（3）《中国南北宗的祭孔典礼与韩中释奠大祭比较》（《易学与儒学国际学术研讨会论文集》，2005年）。

摘要：此文中，赵骏河认为，如今孔子宗家祭祀，无论是山东曲阜的北宗，还是浙江衢州的南宗，祭孔活动都没有完全按照传统仪式进行，不是正统的汉族儒家传统。他还对历代中国与韩国的释奠大祭做了历史的考察，比较两国释奠大祭在礼乐、拜礼法、服装等方面的差异。

（4）《和文化与韩国》（《和文化论——首届和文化高端论坛论文集》，2008年）。

摘要：赵骏河认为，为实现世界的长久和平，宣传儒家的和文化势在必行。仁义礼智是和文化的核心思想。科技和经济的发展与伦理道德教育是儒家和文化并行不悖的事情。

（5）《柳下惠的"和"与韩国》（2009年第二届国际和圣柳下惠学术研讨会）。

摘要："和"的精神是当今及未来必不可少的。《孟子》一书中被广泛称颂的古代著名圣人之一柳下惠，其主要思想就是"和"。赵骏河认为，应从流传两千多年的儒家经典著作中寻找"和文化"。他呼吁，从复兴完善个人人格、在待人方面先考虑"他人优先"的个人"和文化"开始，倡导以孝敬父母、家人团结和睦的家庭"和文化"，推衍至社会、国家、全人类的儒家"和文化"。

（6）《〈朱子家礼〉与沙溪金长生的礼学》（《朱子学刊》2009年首期）。

摘要：《朱子家礼》大约在高丽末叶接受新儒学即性理学时同期传入韩国。自从沙溪的礼学形成以后，《朱子家礼》借助礼学而处于比《国朝五礼仪》优先的地位，易被士大夫阶层所接受。他们都建了家庙，执行奉祀四代的《朱子家礼》的礼制。沙溪在尊崇和信仰《朱子家礼》的同时，也对当时祭礼需要但《朱子家礼》对之有遗缺的部分进行补充和完善，其所持立场是基本上全盘接受《朱子家礼》的学说。

四、主要论著

（一）代表性著作

1.《韩国的思想大全集》（6、7、8卷），同和出版公社1972年版。

2.《大学汉文》，修德文化社1981年版。

3.《韩国大百科事典》，韩国精神文化研究所1985年版。

4.《教养汉文》，同德女大出版部1996年版。

5.《韩国人物儒学史》，韩吉社1996年版。

6.《成海四字小学》，成海文化社2002年版。

7.《伦理道德教本》，成海文化社2003年版。

（二）代表性论文

1.《关于传统礼乐的形成和其渊源的考察》，载《东洋哲学研究》，1980年12月。

2.《传统伦理的再证明》，载《东洋哲学研究》，1982年12月。

3.《沙溪金长生的礼学思想》,载《同大论丛》,1990年12月。

4.《中国古代宗教的礼思想探究》,《岛岩回甲纪念论文集》,1991年3月。

5.《孔子礼思想的宗教性探究》,载《同大论丛》,1991年3月。

6.《中国古代礼论的政治思想研究》,载《韩国思想史》,圆光大出版局,1991年12月。

7.《关于孟子礼论的研究》,载《东洋哲学研究》,1992年3月。

8.《关于儒家祭礼的研究》,载《东洋哲学》,1993年3月。

9.《孟子基本思想与礼》,载《齐鲁学刊》,1994年4月。

10.《对韩国祭天仪礼的研究》,载《孔子研究》,1994年5月。

11.《传统礼学的本质和现代价值》,载《东洋哲学研究》,1995年3月。

12.《孔子的"仁"和"礼"》,载《韩中哲学》(创刊号),1995年6月。

13.《对中国传统伦理的现代理解》,载《国际儒学研究》,1996年10月。

14.《儒家的价值观——以仁的价值观为主》,载《开封大学学报》,1997年7月。

15.《传统伦理的核心范畴》,载《中国文化研究》,1998年11月。

16.《孔、孟的仁和程、朱的仁说》,载《国际儒学研究》,1998年11月。

17.《二程子的新儒学思想研究》,载《国际性理学研究》,2000年7月。

18.《宋代性理学与张横渠》,载《国际性理学研究》,2000年7月。

19.《韩国孝文化和其渊源》,载《韩国思想和文化》,2000年9月。

（撰写者：孙宝山，中央民族大学教授）

孔祥楷

按：本文为孔祥楷先生2020年提供，其内容来自他2018年口述稿《孔子后代讲祭孔》，不幸他已于2021年过世，今已难增改，故将遗作照发。

一、个人简介

孔祥楷，孔子第75代嫡长孙，1938年生于浙江衢州，1944年袭承"大成至圣先师南宗奉祀官"一职。

1961年，毕业于西安建筑工业大学；1986年，任河北省金厂峪金矿矿长；1989年，任沈阳黄金学院副院长；1993年至1994年，先后任衢州市政府市长助理、中共衢州市委统战部部长；1995年，任中共衢州市委统战部部长兼衢州市政协副主席；2000年，任衢州市孔氏南宗家庙管理委员会主任。衢州市政协第3—7届委员、浙江省政协第7—12届委员、国家级非物质文化遗产祭孔大典（南孔祭典）传人。

二、思：当代人如何祭祀孔夫子

民国时期，公历9月28日孔子诞辰日，也是教师节。这一天，各地学校，由当地士绅牵头，召集师生举行祭祀活动。州、县所在地，在文庙或文昌阁举行；乡镇则在学校举行。无论在哪里举行，都要设祭堂，供奉"大成至圣先师文宣王"牌位，参祭者要依次叩拜。由唱礼人宣读仪程，如奏乐、鸣炮、献供馔、读祭文、焚香、化祭文等。社会地位较高者被推为主祭人，主持祭祀活动。所需费用或由士绅分摊，或由官方拨款。

就孔氏南宗家庙所在地的衢州而言，每年春秋两季的丁祭都如仪举行。其祭祀情况由于史无记录，无从查考。自抗日战争胜利后，1946年至1948年三年间，每年孔氏南宗家庙都举行盛大的祭孔典礼。当时我还是小孩子，但尚有记忆。特别是1948年那次，由衢州绥靖公署主任汤恩伯主祭，那时我已经10岁，记忆犹新。

衢州孔氏南宗家庙修葺复建工程竣工后，2000年7月1日，家庙整体对外开放。2001年，家庙所在的街道改造完成。2002年，衢州市有关领导与我谈起计划2003年恢复祭祀孔夫子一事，社会各界人士对此事也有要求。我建议将祭祀典礼定于2004年孔夫子诞辰日，因为2004年是孔夫子诞生2555周年。

祭祀典礼筹备工作组由衢州市有关领导和我组成。为筹备祭祀典礼，我们连着开了一些座谈会，参会人员来自学术界、教育界、新闻界、民间组织等。会议主要讨论两个问题,第一个是中华人民共和国成立以来,我们恢复纪念孔夫子的典礼应该怎么做?第二个是贯彻当代人纪念孔夫子这个想法对不对?关于第一个问题,大家的意见基本上是一致的。但第二个问题,大家有了不同的建议。

当代人纪念孔夫子活动是全新的工作,是一项繁杂的系统工程,整个活动期间不能有半点疏忽。我把旧时典礼上一切带有文艺表演的形式都取消了,策划了孔夫子诞辰纪念日前一天晚上举行一场大型纪念晚会。整个晚会约90分钟,共两项内容:一是话剧《大宗南渡》(我编剧并导演),一是大合唱《东南阙里》(我作曲并指挥)。那年我白天排话剧,晚上排大合唱,真是忙得不亦乐乎。我还把著名导演谢晋请来担任首席艺术顾问。

2004年10月12日,参加祭祀典礼的美国哥伦比亚大学中国哲学博士、葛底斯堡大学终身教授司马黛兰和美国宾州哈里斯堡社区(HACC)大学教授程德祥夫妇,以书信的形式表述了对南宗祭祀大典的看法:"我们看到你们在祭孔改革方面进行着严肃、踏实、成功的尝试。我们敬佩你们的勇气和胆识,我们理解你们的苦心和志向。在祭孔改革这个大课题前,你们的行动最有权威性,你们的行动最有影响力,你们的行动最有示范性。我们注意到不少细节上的变化,都是具有深意的。你们移走了大型铜塑孔子行教像,虽然那个像在这里立了近八年。毫无疑问,移走是正确的。你们废止了华丽的服饰和舞蹈,废止了牛羊祭品,废止了古乐旧器的喧闹,将钢琴搬到大成殿前是个了不起的创造!你们删去了孔子牌位上的'神'字,堪称大手笔。孔子是人,不是神……现在是还孔子以人本位的时候了。"

三、想：创新祭孔规制、仪程和方式

在2006年衢州国际儒学论坛上，我做过这样的发言："漫长的两千多年里，中华民族一直在纪念伟大的孔子。我们举办国际儒学论坛，是对伟大先哲的一种纪念方式。自2004年开始，孔氏南宗家庙举行的纪念孔子圣诞的大典，也是一种纪念孔夫子的方式。纪念孔子的方式，各时代有各时代的形式，所有的纪念形式应与时代同步，就像现在我们的论坛，完完全全是用当今社会的方式，几乎没有人想去采用或模仿明清的学术研讨方式。那么，作为纪念的另一种方式——祭祀典礼，该用什么方式呢？单从道理上讲，今天我们纪念孔夫子，理所当然要用我们今天的文化、生活习俗、理念与心态来纪念，正如我们的儒学论坛，没有人会想穿着明清服饰、口呼之乎者也来探讨孔子思想一样。况且，一种与时代合拍的祭祀，也应该是对参祭人的一种教育。我们根据这种当代人祭祀孔子的原则，设计了如今新的祭孔形式，以此表达对伟大先哲孔子的崇敬之情。"

经过多年祭祀实践，逐渐形成了我们当代人祭祀孔夫子的规制。

1.祭祀方式

每五年中有一年是社会各界公祭，参祭人员范围广，尽可能邀请各地人员参加祭祀。其余四年中，有两年是祭孔大典暨孔子文化节；有两年是学祭，由各学校校长、教师、学生参祭。五年里，这三种方式轮流交替，使祭祀活动不局限于某一种形式，也能使更多的代表参与祭祀孔夫子的活动。社会公祭时，多着眼于普遍民众，如组织街道清洁工、建筑工地农民工等参加，选择社区里能和睦邻里的代表参加，这样做更有利于传统文化的推广与普及，使我们

的祭孔活动与时俱进，更有可持续性。如，2013年的学祭，主题是"推动现代职业教育"，衢州市各类职业院校都有代表参加，突出了孔夫子的六艺教育，对推动当代职业教育、强调职业教育对国家建设的重要性方面，起到了一定的积极作用；另一次学祭，我们不但邀请了偏远地区村级小学的师生参加，还邀请特殊学校的师生参加，社会反响极佳。

2.基本仪程

怎样才能使祭祀祖先的仪程不完全仿照古式，且具有当今中国时代特点，还能为现代人所接受，我们逐步完善了祭祀程序，分为礼启、祭礼、颂礼、礼成四个部分。每项中都有具体的内容，最有创意的是礼成时全体参祭人员合唱《大同颂》。《大同颂》的歌词采自《礼记》之《礼运》篇，总共107个字，是一种人类理想社会的描写。

3.时代印记

祭祀具有时代印记，是设计当代人纪念孔夫子这一原则要着重考虑的，我们由《祭文》开始就比较关注这一点。《祭文》是主祭人代表全体参祭人员，向先圣表述今人对圣人的崇敬以及当今的社会现状和生活情况。文章基本上是句长、字数一致的韵文。我们设计了参祭人员胸前佩戴的佩条，上面绣有《论语》里的一句话，每个佩条上的话各不相同。我们专门制作了敬献花篮的特大竹篮，里面盛满金黄色的菊花。参加祭祀的全体人员一律着正装，不能穿凉鞋，不能光脚穿鞋，女士们可以穿长裙，以示祭祀的庄严肃穆。

4.不落俗套

这也是我们的创新。如献礼时，由两列相对的献礼代表，奉献五谷粟、豆、麻、麦、稻等古时与今天大家都食用的农产品，以及文房四宝；每位成人携一小童。两列队伍在音乐声中缓缓走向大成殿，十分庄重。在颂礼章时，由工人、农民、教师、学生及外国朋友等各方代表朗诵《论语》语录。《论语》诵读环节，展现了中华民族传统思想的传承和弘扬。这些具体环节上的精心设计，体现了当代人祭祀孔夫子的新颖别致。

5.音乐设计

祭祀音乐很难脱离已有的那种缓慢的音乐，我尽量把旋律基调定在光明、张扬的主调上。由于有了我作曲的《大同颂》旋律的基础，因此祭祀音乐写起来相对容易一点。整个祭祀过程有四支曲，在主祭人陪祭人就位、敬香献五谷、敬献花篮、敬酒等四个环节配乐。新的祭祀音乐是我们祭祀典礼的一大特色。

6.收藏纪念

我们为所有环节设计的用品，都具有一定的纪念意义。原则上来说，每年参加祭祀的人都不同，除非是部分工作人员。大部分参祭人都是第一次参加，所以我们都很重视祭祀活动用品的纪念价值。例如，佩戴在上装上的参祭胸条，开始是用大号别针，后改用磁条，最后改为在磁条上印"纪念孔子诞辰××××周年"字样，这就值得收藏了。参祭的请柬，被邀请人的姓名也是一份一份用毛笔书写，这也是为了便于有心人收藏。

我们整个祭祀活动贯彻着热烈、庄严、安全、节俭的原则，如贵宾胸前的鲜花，是我们用庙里的银杏叶和柏树叶做的，不只是为了节俭，更是为了有当代人纪念孔子的特色。

2011年，祭孔大典（南孔祭典）被列入《第三批国家级非物质文化遗产名录》。

四、行：让祭孔蕴含深厚的历史人文意蕴

除了每年的祭祀典礼之外，我们走出庙堂，到青少年集中的地方去，进行传统思想文化的传播。

最早开展的是引导小学生与初中生进行《论语》的学习，我们委托地方广播电台办"《论语》空中课堂"，开展"小学生学《论语》讲故事"和"初中生学《论语》演讲"等活动。

1. 讲故事

教师先把《论语》某一章给学生们进行讲解，学生们再根据自己对这段《论语》内容的理解来谈自己的认识，并从自己的生活实际中举出相关的例子，再由教师或家长将学生们的认识编成一个个小故事。这一活动得到了各小学的大力支持，学生们积极参与，家长们热情很高，通常是一位小朋友来参加比赛，起码有五六位大人陪同，爷爷、奶奶、外公、外婆、爸爸、妈妈，甚至还有亲戚。孩子们穿戴喜庆，赛场像过节一样。一段《论语》故事牵动了大家的心，不仅更好地宣传了传统文化，也使孩子们铭记一生，终身受益。

2. 演讲比赛

针对初中生，推行演讲比赛。先公布20段《论语》语录，参赛的学生可以在老师的辅导下做准备，如语录的解释，根据对语录的理解怎样构思演讲稿等。第一年公布了23条《论语》语录，如"勇者不惧""先行其言而后从之""君子欲讷于言而敏于行""过则勿惮改"等。比赛的规则有点近乎严酷：所有参赛的选手需集中在一个地方，由每位选手抽签决定每人的演讲题目，在现场两小时内完成演讲稿，要求照稿再抄写一份，底稿交给评比组，抄写稿带回去准备演讲，比赛时要照原稿背讲。这样才能充分体现学生自己对

《论语》有关段落的理解,并结合他们的生活实际演讲出自己的体会,能使他们对传统文化的认识落到实处。

3. 辩论赛

高中学生的《论语》学习,我们采取辩论方式,每个学校组成一支参赛队伍,每队由四名辩手组成,一般由高中二年级的学生组成。辩题从题库中抽取,大概有两个多月的准备时间,但辩论的正反方要到比赛的前两天才抽签决定。这样,每个学校的参赛队就要组织一支陪练队,根据辩题设计正反两方的辩论内容展开模拟比赛。

用这种学生们喜闻乐见的形式举办活动,学习传统文化,学校、学生及家长更容易接受并广泛参与。

我在中小学生《论语》学习比赛取得一定成效的基础上,配合市教育部门又开展了一些校园文化活动。除《论语》学习比赛每年举办外,又接着开始筹划校园剧比赛、中学生合唱节。这两种活动隔年举行一次,由家庙管委会与市教育局主办,各学校轮流承办。

4. 校园剧

校园剧是一种"微话剧",独幕,表演时间为15分钟。根据校园生活中常见的一些消极现象,对照中华民族的传统美德,通过短剧的形式,用艺术方式来进行自我教育。比如,校园内的攀比风气,有的学生不比学习而比穿戴的名牌;同学间信任度下降,做好事得不到理解甚至产生误会;不感恩老师与家长;等等。针对这些不利于学生成长的现象,由教师组织创作班子,并由教师导演,学生来当演员进行表演。校园剧举办的第一年就取得了很好的效果,对教师、学生都是一种很有益的艺术创作锻炼。

这项活动开展以来,一年比一年更完善。我鼓励各学校不要只是为比赛而开展活动,要在校园里用学生们的课余时间,鼓励学生自己创作校园剧,让学生们自创、自导、自演,教师只稍加指导。这样不仅能更快地促进学生们的发展,也对校园文化建设大有益处。

5.合唱节

辩论赛也好,校园剧也好,参加人数还是有限的。于是,我又想到筹办中学生合唱节。合唱节的主题是"爱祖国,爱家乡,爱校园",规定学生自己作词、作曲、指挥、伴奏、演唱。

上述活动,都是从9月初开始举办,可以看作是祭祀典礼的"热身",很好地烘托了祭祀典礼的气氛。

此外,自2002年开始,我们在孔氏南宗家庙内办少儿读经班,诵读《论语》,免费讲授。2011—2015年,连续五年,我们联合社会力量,每年制作"《论语》铅笔",发给全市当年小学一年级的新生每人一盒(五支),作为他们的开蒙纪念。我们"走出庙堂"做以上这些工作,都是为了孩子,都是为了校园文化的健康发展。换句话,也可以说是一种"衍圣弘道"吧。(写于2018年5月14—19日)

(整理者:邵龙宝,同济大学教授)

李威熊

一、成长经历

1941年，我出生在台湾地区中部南投县的草屯镇农家，祖籍是福建漳州市南靖县草坂村。台湾光复后，族叔辈曾回乡探亲。那时台湾地区因战争的关系，一般农家生活穷困，家父是老大，下有二弟一妹，要帮助祖父从事农耕，他在我出生第二年就去世了，年未过四十。听叔叔说，父亲在农作余暇，喜欢读汉文，后来发现家中留存不少古籍残卷，如"四书"、"五经"及《闽南十五音》《汉文尺牍》《鬼谷子》等，还有一些20世纪二三十年代上海出版的古典小说。父亲本打算到上海读书，因祖父反对而作罢。我在家排行老幺，上面有两位兄长和两位姐姐。父亲去世时大哥尚未满15岁；当时念初中的二哥，成绩优异，却英才早逝。1947年，我刚入小学,母亲也因积劳成疾,在没钱看医生买药治疗的情况下,撒手西归。一家稚弱,无父母可依怙,只有奋力求生。大哥农校毕业,耕种四分地;两位姐姐从小学辍学,去当童工;我最幸运,念完小学、初中。假日里,我要上山砍柴,平时帮忙家事,挑水、洗衣、煮饭无所不做,学校成绩只算中上。初中毕业后,因家境原因,只好念全公费的师范学校。1959年师范毕业,被分配到台湾地区南投县的一所小学任教,兼教务部主任和卫生导师,三年服务期满,报考了大专联考,考取台湾政治大学中文系。因要半工半读,只好念夜间部,白天在木栅小学教书,夜间假日到台湾政治大学读书,虽然辛苦,但觉得日子过得很充实。1968年,考上台湾政治大学中文研究所硕士班,当时台湾地区设有研究所的大学只有五六所,竞争激烈,幸以第一名录取。同年,在台北市立女中(后改名金华国中)任教。1971年,取得硕士学位。同年,考上台湾政治大学中文研究所博士班。当时博士招生名额很少,一班只录取1—3位,我是该校中文研究所博士班第三届,同班的有简宗梧和陈锦创。1972年,应聘我的母校台中师范学院,担任讲师,当时虽只是博士班研究生,却是该校学历最高的教师。1975年,取得中文博士学位。1976年,台中静宜女子文理学院聘我为中文系副教授兼系主任,到任后成立了中国古典小说研究中心,和台湾联经出版社合作点校古典小说名著,并撰写提要,出版古典小说名著。1978年,应聘台湾政治大学中文系,并担任台湾中华孔孟学会执行秘书,每年暑假参与合办大专学生、中小学教师国学研习营,定期举办高中以上学生"孔孟学说论文比赛"。这期间,还参与《中国文化百科全书》的编纂,召集人高明教授,我负责术数类。1981年,担任台湾政治大学中文系主任,1988年卸任。1991年应聘到台湾彰化师范大学筹设国文学系并担任首任系主任,

1992年兼该校进修部及成人教育中心主任，1994年担任教务长，1998年12月至1999年5月兼代半年校长。2002年转任台湾逢甲大学中文系教授，2003年任该校人文社会学院院长，2007年任讲座教授，2011年退休后改任荣誉教授，担任研究所"中国文化要义"课程。2019年，因在小学、中学、大学、研究所教书正满一甲子，不再兼课。创设九峰书院，仍以耕读过余年。

担任社会职务有：国际儒学联合会顾问、理事，台湾中华孔孟学会执行秘书、理事、副理事长。

个人学术研究领域主要在中国经学，重点在中国经学发展史上，兼治中国哲学、两汉学术及《史记》《汉书》，1988年由台湾文史哲出版社出版《中国经学发展史论》，是当时台湾地区最早的经学史著作。对董仲舒及西汉学术的关系，也一直在探索研究，曾于1978年出版论著《董仲舒与西汉学术》。另有《根叶集》一书，荣获台湾地区中兴文艺奖。

二、主要学术经历和学术成就

自幼因生长在农家，先祖皆以务农为业，缺乏书香熏习，对经学、儒学在进入台湾台中师范学校就读以前毫无根底。因限于家庭生活环境，在小学、初中无课外书可读，又不会写文章，常被老师数落。大学联招，因英文程度欠佳，只好选读英文课较少的中文系。进了台湾政治大学中文系后，遇到的教授都是名师，主任熊公哲教授是经学、荀子学专家，还有刘太希教授、卢元骏教授。后来进了研究所，所长是高明教授，还有王梦鸥教授、林尹教授、胡自逢教授等。那个时期，在学校的要求下，点读经文及注疏，如《易经》《仪礼》《周礼》《公羊传》《穀梁传》等，要点断章句，了解经义。对经学、儒学经点读后,才算有点根基。硕士论文《〈经典释文〉引〈说文〉考》,由高明教授指导,开始对古注和《说文》有了一些深入的了解。博士论文《马融经学》,对汉代经学、儒学文献数据有了较全面的接触。

1979年,在台湾政治大学中文研究所开"经学史"课程,当时是必修课,苦于教材和参考书的贫乏,便另编讲义。1988年将讲义汇集成书,出版《中国经学发展史论》,由台湾文史哲出版社出版,第一版很快就售罄。

我读经,教授经学,研究经学、儒学,是想做一位儒者,把儒学、经学的义理内化成自己生命的一部分,并表现于日常生活中,做到司马迁《史记·仲尼弟子列传》所说的"身通"。因此,三四十年来,治经、研究儒学,特别重视孔子的仁学,仁学表现于言行便是义,落实于制度便是礼乐,仁、义、礼、乐是中国古代文明的重要组成部分,是儒家思想的精髓。1985年,台湾地区的黎明文化事业公司出版了我的《中国文化精神的探索》,它是我在台湾政治大学中文研究所博士班开设"中国文化要义"课程的主要教材。即以"儒家仁学"所开展人文文明为基本论点,从农业文明、家庭生活、思考方式等,探讨中国文化精神与特质。

我一直在探讨,如何把儒学研究心得应用到教学上来,用以丰富教学内容和提升课程的深度,并结合社会教育,向社会大众传播儒学。在1983—1985年间,我应台湾有关部门之聘,巡回到各地开展文化讲座,宣扬儒学要义。1999年9月28日,台湾"中枢"纪念大成至圣先师孔子诞辰典礼,我应邀到台北给有关官员、部分大学校长等作《孔子的"全人"教育理想》的报告,孔子的教育思想以"仁"为中心。"仁者人也",人必须有仁心,才真正像个人。所以,孔子是人本主义、人道主义的先驱者,这种精神永远是我们教育建设的指针。所谓"全人"，简单来讲，就是指身心皆健康的人，不但立己，也要立人；己达也要达人，由成己至成人到成物，形成一个生命共同体。不但自我圆融，进而人我、物我、神我都圆融自在。

三、国内外访问及学术交流

在20世纪70年代末80年代初，韩国成立李退溪学会，分别在韩国和中国台湾举办退溪学术研讨会，前后两次会议我都参加了。1987年，台湾中华孔孟学会主办"第一届国际孔学学术研讨会"，我担任大会执行秘书，并发表该研讨会论文。1996年，带台湾地区中小学校长代表团参访日韩儒学教育机构并做学术交流。1990年，参加在福建武夷山举办的朱子学国际学术研讨会，并发表《朱子知行观》一文。1986年，参加第二届中国域外汉籍国际学术会议，发表《阳明"合一"说对中日科技发展之影响》一文。

1989年，中国孔子基金会与联合国教科文组织联合在北京和曲阜举办"庆祝孔子诞辰2540周年纪念与学术讨论会"，并在曲阜孔庙举办释奠祭孔，我受邀参加。

四、主要论著

（一）专著

1.《董仲舒与西汉学术》，台湾文史哲出版社1978年版。
2.《中国文化精神的探索》，台湾黎明文化事业公司1985年版。
3.《中国经学发展史论》，台湾文史哲出版社1988年版。

（二）论文

1.《〈经典释文〉引〈说文〉考》，硕士论文，高明教授指导，1971年。

2.《马融经学》，博士论文，熊公哲、高明二位教授指导，1975年。

3.《先秦鲁学考》，《学术与思想论集》，台湾五南图书公司，1986年。

4.《晚清的疑经风气及其时代意义》，台湾"中央研究院"文哲研究所《清代经学国际研讨会论文集》，1994年。

5.《明代经学发展的主流与旁支》，台湾"中央研究院"文哲研究所《明代经学国际研讨会论文集》，1996年。

6.《董仲舒独尊儒术与儒学更化》，台湾政治大学中文系《第四届汉代文学与思想学术研讨会论文集》，2002年。

7.《论孔孟的自我定位与人我分际》，台湾《国文学志》第六期，2002年。

8.《乾嘉浙东学派之经学观》，台湾"中央研究院"文哲研究所《乾嘉学者的义理学论集》，2003年。

（撰写者：李威熊）

方俊吉

一、家世概略

方俊吉，祖籍福建莆田。1941年12月，生于台湾省之小镇虎尾。六代祖蒜公携眷与乡亲结伴徙台，卜居竹南，以务农为生，家道小康。先父理公，幼受私塾教育，而好读古籍。先父虽成长于台湾日据时期，却好聆收音机播放之京剧，尤喜阅《三国演义》，而常以"义存汉室三分鼎，志在《春秋》一部书"赞颂关云长，且谓关公之"忠义"，殊值我辈效法。先父中年时，为创业自立，乃携眷南下。初在云林之斗南，以制面线为业。未几，则改营木材。因生意兴隆，而展店至邻镇虎尾，家境日渐富裕。先父以乐善好施，为乡亲所重，并推举为里长，连任达廿余年。

余幼时，适逢美军猛烈空袭台湾，烽火连天。是以数度与家人避险山乡。"第二次世界大战"结束后,台湾光复。在百废待举之际,余届龄就学。于是,由虎尾国民小学、初中而高中,一路尚称顺遂。

余秉性乐观开朗,就学后即养成规律生活,而好结交朋友,且乐于助人。初中后期,因先父为友作保,而赔偿巨款,致使家道中落,一蹶不振。余见父亲年事渐老,家业日衰,是以每于放学之后,常主动协助处理店内杂务,从而习得建材计算及处理之能力。

二、受教历程与师承

1961年,余高中毕业参加大学联考,成绩中上,可选择进入台湾中兴大学或台湾政治大学夜间部就读。因虑及家境困窘,恐难支撑大学四年之费用,于是毅然选择须修业五年之政治大学夜间部中文学系,以便半工半读,自力完成学业。就读政治大学初期,唯赖兼任家教之薄酬,与同学引荐至附近小学,任短期之代课,以勉强维持。后两年,幸获远亲李科永兄慨然相助,得以专注于课业,而粗奠国学之根基。

1966年大学毕业,于激烈竞争下,余幸登政治大学中文研究所金榜。先服完一年之"预备军官"役,次年,正式开始攻读硕士。修业期间,幸得高师仲华明、林师景伊尹、熊师翰叔公哲、成师康庐惕轩、卢师声伯元骏、王师梦鸥等诸名教授之谆谆教导,在小学、经学、辞章等诸领域,多所长进。此外,余初进研究所时,且蒙所长高仲华师之推荐,而成为台湾中华孔孟学会之会员。

高师仲华,江苏高邮人,毕业于国立中央大学(后更名南京大学)。先后从学于李详、姚永朴、王瀣、汪辟疆等大家,并从蕲春黄季刚先生治小学及经学，而与季刚先生之令婿潘石禅师重规及林景伊师交好，同成黄门之高弟。从学期间，季刚先生尝勉仲华师，云："侃从学于余杭章君，章君从学于德清俞君，俞君则私淑高邮王氏。溯吾人学统，实出高邮。汝，高邮人也，今既从学于侃，当以光大高邮之学为志，幸毋负于尔之乡先辈也！"更借陈师道赠秦观"淮海少年天下士"之句，称仲华师为"淮海少年"，意以"天下士"勉之。高师之受重于季刚先生，可见一斑。

高仲华师之治学严谨，特重根基，而讲求方法。且强调"解经"当以"小学"为基础，并不时以其乡贤王念孙为段玉裁《说文解字注》序所云"训诂声音明而小学明，小学明而经学明"训勉学生。其间，余以学习勤勉，成绩优越，蒙高师之垂爱，亲任指导教授，并指定以《广雅疏证释例》为硕士论文题目，以解析王念孙先生《广雅疏证》一书之体例及其训诂之特色。

高仲华师性情和蔼，待人谦逊，而深受同道朋友及学生之敬重。高师之治学，于"礼"之用力最深。1963年，高师于香港中文大学联合书院讲学时，所著之《礼学新探》一书，尝借"以经解经"之法，解析《大学》"物格而后知至"句，略谓："物格而后知至"之"知"，当据经文前段之"知止"、"知本末"与"知所先后"三事，作"知晓"解，不宜从朱晦翁之说；解作"知识"，亦不当依王阳明所云之"良知"解。盖古昔太学之教人，首在知晓"诚意""正心"乃"修身"之"本"。进而，知晓"修身""齐家""治国""平天下"之先后。并须知，凡事当以"至善"为理想目标。高师此一论述，直接而明确，解决了自宋明时期，程、朱与陆、王数百年来攸关"格致"问题之争议，而普受同道之称赞。

殊值一提者，台湾地区在1955年之前，尚未设立国学相关研究所之大学。有见及此，高、林、潘三师，乃共商为台湾培育国学传承人才之事。于是，征得有关教育部门之同意，台湾师范大学于1956年创设国文研究所硕士班。次年，台湾大学随之。稍后，台湾政治大学与中国文化大学亦相继开设。而高、林、潘三位师尊，更于1960年前后，分别担任台湾师范大学、政治大学与文化大学之中文（国文）研究所所长，而开始其计划性培育国学传承之人才。初期，以培育"小学"与"经学"之专才为主，再逐步增加"诸子学"及"辞章"等人才。其间，三位师尊不辞辛劳，相互支援，同时在三校之研究所开课。如今，台湾地区诸多高校之国学教师，多出于高、林、潘三位师尊之门，为台湾地区之国学教育，奠定稳固之发展基础，影响深远，贡献至巨。

1957年，台湾师范大学中文研究所更增设博士班。随后，台湾大学中文研究所亦增设博士班。台湾政治大学中文研究所则于1969年始增设博士班，初期所收博士生，皆为早先取得硕士而任教于各大学之教师。高仲华师且勉励我等于取得硕士学位后，宜先至大学任教，历练数年，再回博士班深造。

三、修得学位与任教经历

1969年，余在修毕硕士班课程，而准备撰写论文之际，为补家用，曾回家乡之私立扬子中学任教，同时撰写论文。次年，顺利取得硕士学位。恩师以余家在中部，乃嘱余南下，协助由胡自逢学长所主持，甫成立三年之台湾高雄师范学院国文系。到职后，胡主任安排余主授本系之"训诂学"、"孟子"与外系之"学庸"，另加夜间部一班"声韵学"及"论语"等课程。其间，且遵恩师指示，以《高邮王氏父子学之研究》为题，撰写升等论文，而于1974年，顺利由讲师升等副教授。当此之时，有感于高学历时代之来临，余尝思遵从恩师所嘱,及早返回母校博士班深造。奈以此时已有家室,并育有三女一儿,负担尚重。且台湾地区有关教育部门明文规定,在职者不得越校就读。是以,攻读博士班之念乃暂作罢。直至甫升教授,生活已然稳定,且原法规已经废止,乃决定带职回母校深造,并以榜首顺利考进台湾政治大学博士班。恩师为此甚表欣慰,并俯允指导余之博士论文。博士班研修期间,余每周均需搭夜车往返,虽是教学两忙,然内心却充实而愉悦。

1992年,在余即将完成博士论文《孟子学说及其在宋代之振兴》之际,突传来恩师仙逝之噩耗。晴天霹雳,令人不胜哀伤。旋踵之间,奈何竟成高仲华师之关门弟子。次年,完成之博士论文,依规定必须更改指导教授。是以恳请高师早年之弟子,亦余大学时之业师,甫由新加坡返台湾省任教之王忠林师与应裕康师,联合挂名"指导教授",终于顺利取得博士学位。

1994年前后,全台湾地区高校奉命施行"校园民主化",依规定,自学校系主任、院长上至于校长,均须经由票选产生。高雄师范大学国文学系,除博士、硕士班及大学部双班外,另有夜间之大学部双班,同时,又设有在职硕士班、夜间硕士学分班、暑期硕士学分班等。是以专任教师逾四十位,兼任教师则近二十,堪称超大型之教学单位。就系所规模而言,在台湾地区,仅次于台湾师范大学国文学系。1994年,余在绝大多数同人之支持下,荣膺首任民选之学系主任(兼所长)。

甫上任,余见学生平素之礼仪渐衰,乃招来所有班代表,除当面要求全系学生,在教师进教室时必须全体起立,齐向老师行礼致敬外,并告以系办公室将为全体专兼任教师购置专用茶杯,要求所有班级在上课前,须为授课老师备妥茶水,以示尊师。此等要求,颇获所有专兼任教师之好评。此外,有感于各大学所办之学术活动,性质多所重复。余乃借与各大学中(国)文系(所)主任聚会之时,倡议各校宜考量各自条件,进行分工。除免重复外,并可营造各校之研究特色,当下获得全体之支持,并进行协调。余乃率先宣布高雄师范大学国文系(所)以办理"先秦时期"之学术研讨为主,台湾大学以"唐代"为主,政治大学则以"两汉"为主等,为台湾高校之国学学术活动建立一不成文之分工默契。1995年,更率全体专任教师,通力合作,编成《大学国文选》,除供作全校"大一国文课"之统一教材外,亦为诸多院校所采用。其间,且获毕业系友黄芳仁市议员,慨然捐赠母系百万新台币,委由余成立管理委员会,将每年孳息提作各班优良学生之奖学金,及鼓励教师著作出版之补助。余于主持高雄师范大学国文系(所)三年,除建立诸多规范以提升学生之优良风气外,并积极拓展对外之关系。1996年,与硕士班之韩籍学长尹正铉教授合力促成高雄师范大学与韩国翰林大学缔结金兰,并于当年暑期在高雄师范大学为首批翰林大学40余位中国学科学生,开设两短期班授课。

1997年,于系(所)主任之任期届满时,诸多同人私下联署,推举余参与文学院院长之竞选,但为余所婉拒。此时,适逢韩国翰林大学来函,要求派员赴该校客座,黄正鹄校长乃促余赴韩。于是,余乃赴翰林大学中国学科,讲授"中国哲学概说"与"中国文学简史"课程,颇受学生之欢迎。其间,并曾指导翰林之大学生,参加首尔举办之华语演讲赛,为该校获得第一名及第三名之殊荣。

2000年,余突接老友、以倡"中国式管理"而闻名于两岸之曾仕强教授之来电,促请余退离高雄师范大学,转至其甫接校长之兴国管理学院。余感其诚恳,于是,毅然退离任教卅年之高雄师范大学,而转往兴国管理学院。此时,又逢甫自台湾中山大学退离、将转任义守大学副校长之同乡挚友黄俊英教授①数度当面力邀余转往义守大学，以协助该校提升人文教育。经斟酌再三，余征得曾校长之同意下，决定离开任教仅一学期之兴国管理学院，而转往规模较完善且离家较近之义守大学。

　　2001年年初，甫到义守大学，余面见旧识之傅胜利校长时，受命将义守大学原有之"共同学科"，依台湾地区有关教育部门规定，整合规划为"通识教育中心"。任务完成，傅校长欲聘余接掌中心，为余所婉拒。2006年冬，因感义守大学创校已逾十载，规模粗具，全校大一必修之国文课宜有统一之教材，于是，余邀集全体国文教师，议定合编《大学文选》，次年而书成。稍后，为提升学校人文学科之研究风气，傅校长敦聘余接任《义守大学人文与社会学报》总编辑。2010年，以届"从心所欲"之年，余乃决定办理退休。然因校长之恳托，乃续留义守大学，每周授课半日。直至2013年，余正式结束近半世纪之大学教育工作。其间，余且曾应聘至高雄市立长青学苑，每星期五下午，以张潮之《幽梦影》为教材，为高龄长者讲"生活的艺术"课程两小时，且隔周穿插讲授《大学》《中庸》，前后十余年，深受学员之欢迎。是以数度欲罢离，均为学员强力挽留。直至2018年底，始毅然离开讲堂。

四、治学精神与教育理念

　　余之治学，谨遵恩师教谕，注重"本末先后"，把握"正确方法"，且服膺宋初胡安定先生所倡"学问之道"在"明体达用"。余以为，就人文学术而言，所谓"明体"，指研读经籍，必须借由正

---

① 按：黄俊英教授，乃留美之管理与营销专家，于台湾中山大学执教时，曾为高雄市借调任副市长。后且两度参与市长之选举，皆以些微票差落选，乃回中山大学任副校长。旋又自中山大学退离，而转任私立义守大学副校长。

确方法,以解读圣哲之用心所在,体认其智慧与经验,并能"以简驭繁",而掌握其中之精髓。至于"达用",则在秉承圣哲之明训,并能以前瞻之视野,与时俱进,迎合时代之所需,且契合现实之生活,以落实体现于个人修身立业,或传承文化、教化社会,乃至治国、平天下之事务。

余任教上庠近半世纪,深知教育事业关系民族文化之荣枯,而民族文化之良窳,则关系国家之强弱盛衰,此千古不易之定律。《孟子·尽心上》载,孟子曰:"仁言不如仁声之入人深也,善政不如善教之得民也。善政,民畏之;善教,民爱之。善政得民财,善教得民心。"《礼记·学记》亦载:"君子如欲化民成俗,其必由学乎!"又:"善歌者,使人继其声;善教者,使人继其志。"以故,中华民族自孔、孟以降,历代之大儒,多以教化为职志。古今中外,贤明之领导者,亦无不以教育为首要之务,良有以也。

两千余年来,孔、孟之教化内涵,不但成为代代知识分子立身处世之标杆,亦治学及为政之指南,而普遍影响国人之价值观与道德标准。是故,孔、孟之教育精神及其所运用之法则,不仅成为中国传统教育之典范,亦深受世界诸多教育专家之称赞与效法,此诚中华儿女共同之荣耀。

余自投身教育,即坚持孔、孟以"成就人格"为首务,而知识、技能之传授,则等而次之之精神。职是,在培育中学师资之师范大学任教30余年间,无不时常训勉学生:从事教育工作,务必先端正学子之思想、理念,以"提升人品"为首务。盖个人之思想、理念,影响其"价值判断"与"道德标准",进而,左右其"思维模式"及"言行作为"之取向。是故,端正"人"之思想、理念,以提升其"品格",其重要性不言而喻。此外,余更强调:"品格教育"当由"生活教育"入手。而所谓"生活教育",当以日常生活中食、衣、住、行应有之基本礼仪为基础。盖一不知生活之礼仪者,绝难以与人和谐相处,而立足于社会群体之中,遑论其品格之高下矣。《论语·尧曰》载:子曰"不知礼,无以立也"。其此之谓乎!

再者,余以为,所谓教育事业,非仅限于学校之教学而已。完整之教育事业,除有完善规划之学校教育之外,亲长在家庭之教育,与以传播媒体为主所倡导发挥之社会教育,均须协同配合,始能让"教育"之效臻于完美。

五、确认儒家"务本尚德"精神乃中华优良传统文化之重要价值

"文化"(culture),乃族群为追求生存与发展,经长期之共同努力,在"精神文明"(spiritual civilization)与"物质文明"(material civilization)两方面所营造累积,而呈现于日常生活之成果。简言之,"文化"即族群生活之"格调"。然而,余坚信,健康之文化发展,当以优质之"精神文明"指导"物质文明"之发展方向。

华夏民族自西周初,周公制礼作乐,已然奠定传统文化注重"人文精神"之特质。稍后,所谓"诸子百家"更为民族开拓多元而灿烂之学术思想格局。其中,儒、道两家尤为大宗。降及东汉,佛教传入,至于隋、唐,而释学鼎盛。自此,儒、道、释三家之学术思想,在神州大地,形成鼎足之势。然而,以孔、孟思想为宗,揭橥"人本",而倡导"伦理"、强调"道德"之儒家学说,自汉武帝宣示"独尊儒术",加之以诸多朝代之推尊,已普遍成为天下士子之所宗仰,而蔚成中华民族学术思想与生活文化之主流。

炎黄世胄于广袤之神州大地,血脉绵延数千年,凝聚数十大

小之族群，而成为世界上人口最多、最优秀民族之一。长久以来，华夏民族虽曾有汉、唐之壮盛，然亦历经诸多朝代更替分合之磨难，以及外寇之欺凌。迄今，之所以犹能巍然屹立于世，其所依凭者，除坚韧之民族性之外，乃历代圣哲之智慧所创造、积累丰富而具包容力之优质"精神文明"之底蕴。职是，则恢宏中华优良传统之文化，其重要性不言而喻矣。

余研习"儒学"逾半世纪，以为儒家之学术思想虽博大精深，然究其重心，则在于其"务本尚德"之精神。析而言之，儒家所谓"务本"，旨在教人，无论立身或处事，均须先知"本"之所在，进而积极"立本"，且要"固本"，而绝不可"忘本"。《大学》载："物有本末，事有终始。知所先后，则近道矣。"《论语·学而》载：有子曰："其为人也孝弟，而好犯上者，鲜矣；不好犯上，而好作乱者，未之有也。君子务本，本立而道生。孝弟也者，其为仁之本与！"其此之谓也。儒家"尚德"之教化，则在引领世人，笃"孝"而行"仁"，用"诚"以遵"礼"，秉"忠义"而守"节操"。《中庸》载："万物并育而不相害，道并行而不相悖。小德川流，大德敦化，此天地之所以为大也。"盖儒家之所倡导，无论是民生日用之"小德"，抑或经世济民之"大德"，均所以教人远离"兽域"，以提升自我之"品格"，进而追求"敦睦群伦"之理想。无怪乎，儒家强调："德"者，人之本，政之根，而国之基也。两千多年来，儒家"务本尚德"之精神，不仅深植于代代中华儿女之心中，而且成为日常生活中价值判断与道德标准之依据。诚乃中华民族优良传统文化之"重要价值"。

职是，余为弘扬儒家"务本尚德"之教化，常不惮反复，借由各种相关之学术研讨会或论坛，以不同之角度或层面，一再撰文析述、论证，用以呼吁所有中华儿女，共同勠力体现并弘扬儒家"务本尚德"之精神。

六、筹创高雄市孔孟学会，致力弘扬儒学

1976年，余为推广儒学之教化，经商得高雄市教育局社教科之支持，每周安排两晚，在市中心之市立社会教育馆免费为市民讲授"四书"。其间，亦曾移至市立图书馆大讲堂，及孔庙之明伦堂。连续十余年，未尝间断。因此，于1981年及1983年，两度荣获高雄市政府颁发"社教有功"奖牌。1980年，余与高雄师范大学之同人林耀曾、蔡崇名及台湾成功大学李勉、高雄中学施炳华等五人，担任《新译论语读本》之编译委员。每人负责四篇，将《论语》全书译为语体，而于次年2月付梓，免费分送高雄市辖内住户。此举深获各界之好评。

1981年，因陈立夫师应邀南下高雄演讲，余奉林景伊师之命，赴机场迎接陈立夫师至高雄圆山饭店。在立夫师当面鼓励下，余决定与市立图书馆左营分馆主任王文学先生，合力邀集文教界之先进同好，筹创高雄市孔孟学会，并敦请甫任高雄师范学院院长之林清江博士出任首届理事长，而开始以社团名义，为台湾南部地区推广儒学之教化。为扩大效果，余更自1990年起，连续三年在高雄市政广播电台（后改为高雄广播电台）开辟《国学漫步》节目，宣讲"生活的四书"，每周一小时。1994年，余获聘为高雄市文献委员。次年，余在众先进同道之推举下，接手高雄市孔孟学会，而经常配合社会热门时事，与广播电台合作，邀请相关学者，举办"空中文化论坛"。

2000年，为推广青少年读经风气，高雄市孔孟学会在市教育局之支持下，于孔庙之明伦堂，开办"中小学读经种子师资研习班"，并于次年举办"中小学生背诵经典比赛"。当此之际，承国际儒联曹凤泉秘书长之热情力邀，高雄市孔孟学会加入国际儒学联

合会，成为团体会员之一。旋蒙国际儒联提名，余得以荣膺理事。2007年春，余以高雄市"孔庙"之规模乃全台湾地区之最，且规制完备，为让广大民众了解孔子之伟大精神及其贡献，并认识设奠祭孔之由来与相关之礼仪及礼器，必要有一专书加以介绍。于是，向主管孔庙之高雄市文献委员会提出建议。建议一致通过，并委由余负责撰写。2008年，如期完成近9万字之《认识孔子、孔庙与祭孔》一书，由高雄市文献委员会发行。该书亦成高雄孔庙志工导览之依据。

为发展高雄市孔孟学会之活动，余经挚友、知名之"双管齐下"书法家萧季慧兄之介绍，结识高雄道德院住持翁太明宗师。在翁宗师与诸热心企业界好友之鼎力支持下，2012年，余得以顺利邀约海峡两岸暨香港、澳门地区，及韩国、日本、马来西亚等近200位同道，在台湾义守大学举办2012年儒家精神与企业文化国际学术研讨会。次年，高雄市孔孟学会推义守大学李梁坚博士接任理事长，同时，公推余为永久荣誉理事长，并敦聘翁太明宗师为名誉理事长。同年，再举办"2013年儒道教化对青年品格素养之提升"国际学术研讨会，余且获聘为中国儒商文化研究会副会长。次年，辱承国际儒联之盛情，改聘余为顾问。2015年10月，余且为中国儒商文化研究会选作《中国儒商》第11期之封面人物。同年，高雄市孔孟学会改选，改推高雄市前教育局长郑进丁博士出任理事长。2015年秋，高雄市孔孟学会应大韩哲学会之邀，余偕郑理事长及理、监事代表，同赴韩国大邱，与大韩哲学会签约缔盟。年底，高雄市孔孟学会在国际儒联之赞助并俞允担任指导单位下，又在台湾义守大学举办2015年"恢弘儒道精神，促进社会和谐"国际学术研讨会。高雄市孔孟学会在余之一手筹划下，一连举办三次国际学术盛会，广获海内外同道之赞誉。

2016年年底，大韩哲学会代表7人来高雄市，与高雄市孔孟学会合办50余人之小型哲思论坛。2017年，高雄市孔孟学会改选，由余之学生李兴源博士接任理事长。同年8月，高雄市孔孟学会在山东省台办之协助下，与山东省济南儒商文化研究会代表团，在高雄举办"2017鲁台儒商论坛"。次年，余受聘为台湾中华两岸EMBA（高级管理人员工商管理硕士）联合会顾问。稍后，韩国"大同哲学会"由会长张闰洙教授率代表7人来台湾省，与高雄市孔孟学会缔结金兰，同时，在澄清湖水漾会馆举行2018年"东西方哲思之时代价值"之小型论坛。2019年初，台湾中华维德文化协会创会人傅仁雄先生与林芳忠理事长专程南下高雄，敦聘余为该会之荣誉理事长。同年3月，台湾中华维德文化协会获准加入国际儒联，成为团体会员之一。

30多年来，余在海内外同道先进与支持中华优良传统文化之各界好友之热心支持下，致力于弘扬儒家之学术思想，未尝或懈，终使高雄市孔孟学会为海内外同道所肯定，成为台湾南部地区弘扬优良传统文化之代表，委实令人欣慰。

七、主要论著

（一）代表性著作

1.《高邮王氏父子学之研究》，台北：文史哲出版社1974年版。

2.《广雅疏证释例》，台湾：嘉新水泥文化基金会奖助印行，1976年版。

3.《释名考释》，台北：文史哲出版社1980年版。

4.《尔雅义疏释例》，台北：文史哲出版社1980年版。

5.《我国纪数文字及其联缀法之研究》，台北：文史哲出版社

1981年版。

6.《音训与刘熙释名》，台北：学海出版社1988年版。

7.《孟子学说及其在宋代之振兴》，台北：文史哲出版社1993年版。

8.《开创台湾经济奇迹的先锋——高雄加工出口区之创设与初期之发展》，高雄市文献委员会印行，2002年版。

9.《认识孔子、孔庙与祭孔》，高雄市文献委员会印行，2008年版。

（二）代表性论文

1.《电影艺术应以启迪人心的"真、善、美"为最高境界》，载韩国大韩哲学会《哲学研究》（第136辑），2015年11月。

2.《王阳明"致良知"说对当前青少年教育之重要性》，载韩国忠南大学儒学研究所《儒学研究》（第3辑），2016年8月。

3.《从中国台湾往昔学校之"德育"规划谈当前大学国学教育之重要性》，载《国学与大学德育》，北京：华文出版社，2016年版。

4.《中国历代海事发展与"二十一世纪海上丝绸之路"》，载《湖北大学学报》（哲学社会科学版）2016年第5期。

5.《谈儒家"天人关系"的认知到"乐天安命"人生观之建构》，载韩国大韩哲学会《哲学研究》（第141辑），2017年2月。

6.《略析儒道释三家所追求的生活境界》，《儒教》第87期。

7.《谈"职场伦理"与"执业道德"》，载台湾《劳工论坛报》（双月刊），2017年5月1日（第2版全版）。

8.《当前台湾青少年品德教育之省思》，《儒教》第89期。

9.《略述儒学之"体"与"用"》，载《宝鸡文理学院学报》（社会科学版）2017年第37卷第6期。

10.《略析中国传统之"道"文化及其特质》，载韩国《大韩哲学会论文集》，《哲学研究》，2017年11月。

（撰写者：方俊吉）

俞荣根

一、个人简介

俞荣根,笔名耘耕、任则禹,号西邘堂主人。1943年1月出生,浙江省诸暨市人。中国法学名家,西南政法大学教授、博士生导师。享受国务院政府特殊津贴专家,国家有突出贡献的中青年专家,司法部直属高校先进教师,重庆市先进工作者。首批入选"当代中国法学名家",入选《今日中国》"影响中国法治建设进程的百位法学家"。

(一)学历和任职

1962—1967年,就读于北京大学哲学系;1979—1982年,考取西南政法学院法学研究生;1982—1997年,任教于西南政法大学,历任讲师、副教授，1991年晋升教授，此后曾任该校法学研究所所长、研究生部主任、副校长等。1997年，调任重庆社会科学院院长，兼任重庆市人民政府发展研究中心常务副主任。1998年，任第九届全国政协委员。2003—2008年，任重庆市二届人大常委会委员（驻会）兼法制委员会主任委员。

社会兼职：国际儒学联合会学术顾问、中国儒学与法律文化研究会名誉会长等。

曾兼任重庆市人大常委会立法咨询专家、重庆市政府立法评审委员会主任委员、重庆市法学会副会长、重庆市人大制度研究会副会长等。

曾受聘为南开大学、北京大学、同济大学、上海大学、香港城市大学、重庆大学、西南大学、华中科技大学等高校兼职教授。

曾兼任国际儒学联合会理事、中国孔子基金会理事及其学术委员、中国法律史学会常务理事、中华司法文化研究会常务理事等。

（二）学术领域与获奖

我长期从事法律史学的教学与研究，兼及法理学、法社会学、立法学等。除专攻儒家法研究外，在法学的多个二级学术领域均有著述问世。

在法律史学方面，我始终不懈地研究儒家法思想，揭示儒家法思想与中华法系的内在联系，以及中华法文化的"遗传密码"，出版有代表作《儒家法思想通论》和相关的著作10余种，在这一研究方向上，迄今为止，仍是国内外学界认可的标志性学者。另外，我主编、经当时的司法部法学教材编辑部审定的法学本科教材《中国法律思想史》，也说明我在这一学科中的学术地位。

在法社会学方面，我组织并带队深入川西岷江上游进行羌族习惯法田野调查，完成了《羌族习惯法》一书。

在立法学方面，我在任职重庆市人大法制委员会主任委员期间，紧紧抓住提高地方立法质量这个关键，总结提炼立法审议的实践经验，主持完成关于地方立法质量评价问题的两个省级课题，主编并主撰了《地方立法后评估研究》和《地方立法质量评价指标体系研究》两种著作，为省、市人大立法部门和政府法制部门提供了一定的地方立法理论借鉴及实实在在的参考资料。

这些论著曾获全国高校人文社科二等奖一项；省部级政府一等奖三项、优秀成果奖二项、二等奖五项、三等奖十多项；第九届全国政协优秀提案奖一项；非政府机构奖二项。

二、主要学术活动与贡献

40多年来，我学研不辍，勤奋笔耕，出版独著11种、合著12种，主持主纂大型古籍整理出版物一种共4卷，主编主撰和参编高校教材和教辅书8种，合编合撰工具书3种，主编法学类丛书3套计23册，主编综合类系列书5套，其他主编主撰和合编合撰著作8种；在学术刊物和报纸理论版上发表论文260多篇。截至2020年，我每年数度参加全国性或境内外举办的国际性学术会议，一般都担任主旨发言人或点评人，乃至会议总结发言人。

（一）从法思想的角度系统研究孔子和儒家思想

自1979年起，我在国内外学界率先从法思想的角度系统研究孔子思想和儒家思想。

1982年，以《孔子法律思想探微》一文获法学硕士学位；1984

年，与导师杨景凡先生合作出版了《孔子的法律思想》；1992年，独立完成55万余字的《儒家法思想通论》。

《儒家法思想通论》出版后，《中国社会科学》《光明日报》《孔子研究》《国际儒学》等十多家报刊发表书评，2018年商务印书馆又推出修订版。该书在中国思想史和中国法律史的学术史上，第一次系统阐述了孔子和儒家法思想及其作为中华法系之魂的地位与价值，努力廓清长期以来对中国古代法和中华法系的误解、误释和丑化、妖魔化。该书提出了一系列富有创见性的观点。

1.提出先秦儒法两家的分歧并不是人治与法治的对立，秦汉以后的中国法律史也并不存在一条人治与法治斗争的主线。法家的极端君主专制主义正是一种典型的人治。因此，用儒家人治、法家法治相对立的观点来评述儒法两家，来描绘中国古代法律和法文化的历史是不恰当的。

2.把儒家的礼说成是"自然法"的论断值得商榷。西方自然法，是将一个至高无上的上帝或外在的、彼岸的正义，置于人类社会和人类法之上或之外。儒家的正义法、理想法、法上法以"天道""天理"命名，"天道""天理"既不在人类之上，也不在人类之外，而在人类之中，在人的日用之中，在人心之中。它们就是人间家庭伦理秩序和规则的映照。

3.孔子反对晋铸刑鼎，而不是反对公布成文法。大量资料证明，刑书、刑鼎并非中国公布成文法之始，西周的"悬法象魏"是比它早得多的成文法公布形式。孔子反对晋刑鼎是反对乱立法、立乱法，是坚持礼的原则。

4.中国古代法的刑事司法制度实行的是罪刑法定与非法定相和合的综合型定罪量刑制度，这又是中华法系不同于大陆法系和海洋法系的特点之一。

5.儒家法思想的文化特质是伦理法,并对儒家伦理法的渊源、基本原则、基本特点做了阐析。

6.中国古代法律体制是一个由国家制定的"礼典""律典"和非国家制定但为国家认可并维护的礼俗习惯法组成的博大精致的礼法体制。律令的主体为"律典",即刑法典,是礼法体制的组成部分,受礼法体制的统率和调整。把中国古代法和以其为主体的中华法系归结为"律令法体制",并以为这一体制的特点是"诸法合体""以刑为主""民刑不分"等,则是一种误解。

(二)主持或参与完成多项研究课题

1.1985—1994年,参加编撰李光灿、张国华教授主持的国家"七五"社科重点课题《中国法律思想通史》多卷本,担任第二卷(春秋、战国、秦代卷)的副主编之一。

2.1993—1995年,主持并完成了国家社科基金项目《马克思主义法学在中国的传播与发展》,成果编为"马克思主义法学在中国"丛书,一套共四种,担任丛书主编,并独立撰写《艰难的开拓——毛泽东的法思想与法实践》一书。

3.1993年,策划并启动了大型项目"西南地区少数民族习惯法研究"。1994年,司法部将"羌族习惯法研究"列为重点项目,2000年,主编了《羌族习惯法》一书。

4.策划并主编多套丛书、系列书。例如:1997年,主编法律出版社"法治之路"丛书;2016年,主编"礼法传统与现代法治"丛书,由贵阳孔学堂书局出版,已发行二辑九种,正编辑第三辑;2008—2012年,主编"天宪"系列书;1998—2002年,主编"重庆蓝皮书"和"重庆蓝皮书前沿研究"两种系列书等。

5.2009—2011年,主编完成国家重大古籍整理项目之分项目

《中华大典·法律典·法律理论分典》的编纂，由西南师范大学出版社和巴蜀书社联合出版。

(三)国际学术交流

1995年，应邀去日本神户大学国际协力研究科访问讲学。1997年，应邀去香港城市大学法学院访问讲学。1994年、2001年、2003年、2013年四次去台湾地区参加国际性学术会议。1998—2000年，作为中方的课题主持人之一，与日本关西地区的专家合作开展日本关西地区与中国重庆市经济协作问题研究。2000—2001年，参加中国社会科学院法学研究所与丹麦人权研究中心合作的"21世纪的人权保护与反酷刑"课题研究，并主持完成了其中的子项目研究任务。

(四)学以致用

20世纪90年代中期，机缘巧合，我被从书斋里拽出来，推上行政管理岗位。儒家先贤"为政以德""兼善天下""知行合一"之箴训，激励我忠诚、勤勉、廉洁、高效、有担当地做好行政管理和服务工作，竟也颇有政声。

1.1997年，调任重庆社会科学院院长

任此职时，重庆社会科学院各方面条件比较困难，遗留问题多，我提出和实施"科研兴院、服务重庆"的办院宗旨，"内聚人心、外树形象"，策划并组织了一批与重庆经济发展和西部大开发战略密切关联的经济、法律、社会、民族、文化等方面的研究项目，有力地提升了重庆社科院的科研水平和科研地位。五年后，我赴市人大任职时，重庆市主要领导同志赠予题词"为重庆社科院的发展做出了令人称道的贡献"。

2.在担任重庆市人大法制委员会主任委员期间，提出"控制数量，提高质量"的地方立法工作思路，受到全国人大法律工作部门的关注和称道

在重庆市人大常委会的领导下，我与法制委员会的同事一起，制定并实施提高立法质量的工作规程，推进并完善委托起草法规草案，开展立法听证，扩大民主立法，坚持科学立法，建立立法咨询专家库，试行常委会组成人员聘请立法助理工作，推动并实施地方立法后评估工作等，在全国产生了积极的影响。

充分发挥自己的研究专长，紧密结合地方人大工作和地方立法实践，通过课题研究总结经验，指导地方立法实践。2006年，我主持完成"重庆市地方性法规评估研究"（重庆市软科学项目）；2006—2009年，主持完成"地方人大立法后评估研究"（重庆市社科规划重点项目）。在任期届满后，又受重庆市人大常委会特聘，主持完成"地方立法质量评价体系研究"（重庆市社科规划重点课题）。任职期间，依托西南政法大学人大制度与宪政研究中心，成功召开了"中美立法技术研讨会""立法听证理论研讨会"等多次国际性和全国性的学术会议，编辑出版《天宪》年刊。履职五年，在重庆市人大的立法工作和立法理论研究受到市人大常委会的充分肯定，在全国省级人大法制工作部门也享有良好的声誉，其关于"立法质量评价"的研究成果为不少省、市人大立法部门参考借鉴。

三、学术心语

我是一个半路出家的儒家法研习者，自知中学西学之知识储备欠缺，尤其是智和识的能力太不足，所以一直定位为儒学研究

路途上一个"守先待后"的读书人，一个求索者，一颗铺路的小石子。就法史学方法论而言，一个多世纪以来，历经欧美个人权利中心主义价值观和苏俄统治阶级工具论价值观的轮番浸润，对中国以儒家思想为灵魂的古代法形成了一整套话语体系，其中的误读、误解、误判在所多多，丑化、鬼化、妖魔化亦俯拾皆是。廓清加诸中国古代法和中华法系身上的不实之词，还其本来面貌，即是我们"守先"之辈的当务之急。因之，在步入法史学门槛时，暗定下个"寻求中国古代法之'自我'，破译中华法系'遗传密码'"的心志，自知做不到，但要搏一搏，不枉来法史学江湖走一遭。这个小传中所述，就是自己"守先待后"的研习人生轨迹。若问尽到"守先"之责了吗? 回答是：力未能逮，但努力了。

四、主要论著

(一) 著作

1.《孔子的法律思想》（合著），北京：群众出版社1984年版。

2.《儒家法思想通论》（独著），南宁：广西人民出版社1992年版。

3.《儒言治世——儒学治国之术》（独著），成都：四川人民出版社1995年版。

4.《艰难的开拓——毛泽东的法思想与法实践》（独著），桂林：广西师范大学出版社1997年版。

5.《道统与法统》（独著），北京：法律出版社1999年版。

6.《中国法律思想史》（主编），北京：法律出版社2000年版。

7.《羌族习惯法》（主编），重庆：重庆出版社2000年版。

8.《中国传统法学述论——基于国学视角》(合著),北京:北京大学出版社2005年版。

9.《地方立法后评估研究》(主编),北京:中国民主法制出版社2009年版。

10.《应天理 顺人情——儒家法文化》(独著),济南:山东教育出版社2011年版。

11.《中华大典·法律典·法律理论分典》(项目主持人、主编),西南师范大学出版社、巴蜀书社2011年版。

12.《孔子,还受国人崇敬吗?》(合著),北京:中国民主法制出版社2013年版。

13.《地方立法质量评价指标体系研究》(主编),北京:法律出版社2013年版。

14.《礼法传统与现代法治——俞荣根说儒》(独著),贵阳:孔学堂书局2014年版。

15.《礼法传统与中华法系》(独著),北京:中国民主法制出版社2016年版。

16.《礼法之维:中华法系的法统流变》(合著),贵阳:孔学堂书局2017年版。

17.《礼法中国:重新认识中华法系》(独著),贵阳:孔学堂书局2022年版。

(二) 论文

1.《孔子法律思想探微》(独著),载《中国社会科学》1983年第4期。

2.《法先王:儒家王道政治合法性伦理》(独著),载《孔子研究》2013年第1期。

3.《走出"律令体制"——重新认识中华法系》(独著),载《兰州大学学报》(社会科学版)2020年第4期。

(撰写者:俞荣根)

王渝生

一、个人简介

王渝生,男,汉族,1943年8月8日出生于重庆市。中共党员。1962年考取成都大学数学力学系,1964年院系调整到四川师范学院(现四川师范大学)数学系,1966年大学本科毕业。1968年分配到重庆六中(现重庆求精中学)任数学教师、数学教研组副组长。1978年考取中国科学院研究生院数学教育与数学史专业研究生。1981年研究生毕业,获中国科学院理学硕士学位,旋即分配到中国科学院自然科学史研究所工作,任助理研究员。1982年考取中国科学院自然科学史研究所博士研究生,1987年获中国科学院理学博士,是我国改革开放以来国内培养的第一位科学史博士。1988年被评为副研究员。1990年获香港王宽诚教育基金资助,赴德国慕尼黑大学从事博士后研究，1991年回国。1993年，被评为中国科学院自然科学史研究所研究员、博士生导师、学位委员会主任、副所长。

2000年，调任中国科技馆馆长、党委书记。2003年为第十届全国政协委员、教科文卫体委员会委员。2007年当选为北京市第七届科协副主席、科普工作委员会主任。

现为国家教育咨询委员会委员、国际儒联顾问、中国科普产学研创新联盟副理事长、北京什刹海书院学术委员、北京科技大学等高校兼职教授。全国科普先进工作者，享受国务院政府特殊津贴专家。

长期从事科学技术史研究和科学教育普及工作以及儒学与科学之关系研究工作。

所著《自然科学史导论》《中华文化通志·算学志》《中国算学史》《数学史话》《科学寻踪》《科技百年史话》《郭守敬》《中国近代科学的先驱——李善兰》，主编《回顾与展望——20世纪重大科技成就和21世纪科技发展前景》《奋斗与辉煌——中华科技百年图志（1901—2000）》《插图本极简中国科技史》等荣获国家图书奖、中国图书奖、20世纪科普佳作奖、全国科技史优秀著作奖、郭沫若中国历史学奖等。

二、科学观念的萌芽和科学史专业的奠基

我的家在嘉陵江畔，我读小学时放学后就到江边玩耍，到江里游泳。我仰望蔚蓝色的天空，像棉花絮一样的云朵，心里想：天有多高，天有多大，宇宙是怎么形成的？我看着嘉陵江水在重庆朝天门码头同长江汇合东流入海，心想：这地球上的海洋和陆地是怎么形成的？我在江边沙滩上玩沙，把沙捧在手上抓了又抓，心想：

这么细的沙粒还有没有更小的构造？我看到和我一起玩耍的小伙伴的脸，心想：我们的脸为什么长得都不一样，但生下来有的像爸爸有的像妈妈？

以上问题一直困扰着我从小学到初中，甚至高中，才慢慢从老师那里了解到，原来我小时候关心的天、地、沙粒、人脸，就是关于宇观世界、宏观世界、微观世界、人类遗传的科学问题和待解的奥秘，后来都被科学家逐一解决和揭示了。于是，我下定决心将来要学科学，当科学家。

我的中学班主任老师是教数学的，他告诉我说数学是科学之母，古希腊学者毕达哥拉斯说过"万物皆数"，中国周公问算于商高后叹曰"大哉言数"，于是我喜欢上了数学。中学毕业后考入成都大学数学力学系，后来院系调整转学到四川师范学院（现四川师范大学）数学系，1962—1966年接受了四年数学本科教育。

我在中学特别是高中，以及升入大学以后，都喜欢阅读一些课外书籍，了解一些中外历史上的科学发现和技术发明，以及一些古今科学家的传记，我还因为自己是班里的数学课代表和学习委员，主编了教室走廊上的数学墙报和《长知识》等自己刻印的杂志等，在学校的数学竞赛中多次获得过奖励。但1966年大学毕业后，我没能成为数学家、科学家。

1978年3月18日，我在重庆市长寿湖农场劳动，听到了广播中播放的邓小平同志在全国科学大会开幕式上的讲话。这个全国科学大会开了十几天，我天天听广播，知道华罗庚、杨乐、张广厚、陈景润等数学家都参加了大会，使我深受教育和鼓舞。

我感觉到自己求学深造的机会可能来到了。

继1977年恢复高考，1978年又开始了研究生考试，我夜以继日地准备着高等数学、哲学、中国通史、古汉语、英语这几门功课，考上了中国科学院研究生院数学教育与数学史专业中国古代数学史的硕士研究生,自谓"三十五岁燕京行,前途真喜向光明"!

我在严敦杰教授和杜石然教授的悉心指导下,系统地学习了中国古代科技典籍,特别是天文历算书籍,如汉唐"算经十书"、宋元算书、明清算书,还在经史子集四部中搜寻科技特别是数学史料。这使我开始认识到,中国传统数学和科技发展,是同国学特别是国学的基础——儒学,有着密切关系的。

我的硕士论文是《李善兰的尖锥术》。李善兰是清代著名的数学家、翻译家,中国近代科学先驱者。他在接触西方近代数学之前,已从中国传统数学典籍《周髀算经》《九章算术》《数书九章》《四元玉鉴》及隙积术、垛积术中,继往开来,创造出了尖锥术,独立发展出了解析几何思想和微积分方法,以至于他后来同来华欧洲传教士合作翻译西方近代数学书籍时,从儒学典籍《荀子·大略》"夫尽小者大,积微成著"而创造了近代数学的中文译名"积分""微分""微积分",十分贴切,沿用至今而勿替。

我的博士论文是《中国古代历法计算中的数学方法》,属于数理天文学的范畴。中国古代天文、数学不分家,畴人就是从事天文历法计算的数学家,我对中国古代到近代历法计算中的数学方法做了分类整理和算法还原,并阐发其现代意义,得到导师严敦杰教授"体大思精"的高度评价。

后来,我申请到了香港王宽诚教育基金,到德国慕尼黑大学做博士后研究的论文是《"通玄大师"汤若望》,汤若望是明末清初来华的德国传教士,任清廷钦天监监正,即皇家天文台台长,学贯古今中外,为中西天文历法交流和科学文化融合做出了重大贡献。我对他的科学成就做了比较全面而深入的研究,并写了他的传记。这些工作都需要自然科学根基,也需要国学特别是儒学的修养,二者缺一不可。

从1978年到2000年，我在中国科学院自然科学史研究所22年的学习和研究工作主要是中国数学史与中国科学史的人物、典籍、成就和中外科技交流史、科技通史的研究。

出版的主要著作有《自然科学史导论》《中华文化通志·算学志》《科学寻踪》《科技百年史话》《郭守敬》等。

主编《影响中国历史进程的人物·科技卷》《中国科学家群体的崛起》《中华骄子：数学大师》《中华骄子：天文泰斗》《回顾与展望——20世纪重大科技成就和21世纪科技发展前景》《奋斗与辉煌——中华科技百年图志（1901—2000）》《中国数学史大系》《西学东传人物丛书》等。

特别是在1998年，我组织所内外专家学者参与中国科学院知识创新工程"中国古代工程技术史大系"和"中国传统工艺全集"，担任副主编，协助时任中国科学院院长的主编路甬祥院士使项目立项，作者队伍组建，经过十几年的不懈努力，现已全部出版完成并获奖。

1993—2000年我在担任科研业务副所长的七八年间，兼任中国科学技术史学会常务理事兼秘书长、全国数学史学会常务理事兼秘书长、中国少数民族科技史学会副理事长，每年举办学术年会，团结全国和海内外科技史工作者，取得了一大批学术成果。

我还积极参与组织国际科学史会议、国际东亚科学史会议、国际中国科技史会议。我担任大会秘书长的第七届国际中国科学史会议于1996年1月16—20日在深圳举行。作为秘书长，我主持大会开幕式，还邀请了一些国内外著名的学者、科学家等参加。杨振宁先生在会议开幕式上作了题为《中国科学史近代化的历程》的演讲。

我组织操办了中国科学院自然科学史研究所聘请杨振宁先生为研究所名誉研究员的庄重仪式。

我们研究所同英国剑桥大学李约瑟研究所有密切的联系。1990年李约瑟90岁高龄时，我去剑桥大学访问他，他把自己同鲁桂珍合著的《再次聆听大洋两岸的共鸣——回顾跨越太平洋的文化科学交流》英文专著郑重地交给我翻译成中文。1991年这个中译本在新加坡由美国八方文化出版社出版，卢嘉锡题写了书名，周谷城在扉页上题了诗：

> 美洲古文化，过去少人问。
> 今日问者多，引起疑与信。
> 李约瑟博士，鲁桂珍博士，
> 对此有专攻，态度殊谨慎。
> 根据史实讲，发言有分寸：
> 亚人先去美，史实难否认。
> 吾著世界史，亦及此问题。
> 欢迎读者们，增添新论证。

当我把这本书的中译本送到他手中时，他把书贴在胸前，对我说："我由衷地感谢你把这本书翻译成中文出版，我们在这本书中探讨了这样一个迷人的课题：亚洲特别是中国对世界特别是美洲文明的影响。我希望这个问题能引起人们的兴趣。"

三、从事科普教育工作的个人特色和贡献

2000年5月，我从中国科学院自然科学史研究所副所长调任中

国科协中国科技馆馆长,后又兼任党委书记。

曾任中国科学院院长、时任中国科协主席的周光召院士,对中国科技馆馆长有四个方面的要求:一是科技专家,二是人文杂家,三是科普作家,四是社会活动家。

在以后十来年的科技馆工作中,我一直按照周光召主席对科技馆人、对科普工作者的要求规范自己的言行,努力搞好科普宣传和教育工作。

在当中国科技馆馆长期间,我有幸参与了《中华人民共和国科学技术普及法》《国家中长期科学和技术发展规划纲要(2006—2020年)》《全民科学素质行动计划纲要(2006—2010—2020年)》三个文件的战略研究和起草工作。我也在报刊上发表了有关文章,如在《求是》杂志上发表了《贯彻〈科普法〉,建好科技馆》《坚持无神论,反对伪科学》《努力提高重点人群的科学素质》等文章,还主编了《走进中国科技馆》《百年诺贝尔科学奖启示录》《征服瘟疫之路》《郑和下西洋科普丛书》《改变人类的科学活动》《中国古今科技图文集》《中国科技馆科技新视野》等书籍。

我认为,科技馆的核心是常设展览。中国科技馆根据科学中心的建设理念,进行自主研发,有计划地更新展品、展项。我们主动与杜邦、联想、宝马、标致、雪铁龙等国内外知名企业进行合作,联合开发了环境保护、信息技术、清洁能源、汽车与安全等新展区。在联合共建展区的过程中,中国科技馆严格把关,坚持知识性、趣味性、互动性相结合的原则,很好地保证了展品的科学性与亲和力。通过这种合作模式,既丰富了科技馆的教育内容,又使企业达到了宣传自身的效果,实现了双赢。

除了常设展览,独具特色的专题展览是常设展览的有效补充。

专题展览具有主题鲜明、重点突出、形式灵活、反应迅速等特点,是常设展览的有效补充。在2000年的世纪之交,中国科技馆隆重举办了由我组织的"回顾与展望——20世纪重大科技成就和21世纪科技发展前景"及"世纪辉煌——诺贝尔科学奖百年展"大型展览,这两项专题展览气势恢宏,内容丰富,吸引了美籍华裔诺贝尔物理学奖得主李政道和100多位两院院士、数百名科学家及广大观众前来参观。2003年神舟五号遨游太空之后,中国科技馆及时举办了"两弹一星功勋奖章获得者事迹展"和"中国载人航天科普展"。

除了常设展览和专题展览外,我带领科技馆坚持公益性原则,充分发挥社会力量开展培训实验教育活动。

我们科技馆依托科学教育机构,先后创办并成功主办了多届"六一科技广场活动"和"科技动手做,欢乐大庙会"等活动,举办或承办了各类大、中、小学生的科技知识培训班和科技创新大赛,如"大自然科学实验""科技动手园地""未来科技之星""未来工程师"大赛等活动。这些活动,有效地培养锻炼了青少年的动手能力、创新能力和与他人协作的能力。

在推动教育方式创新方面,中国科技馆也进行了有益的尝试。2005年4月,与中央电教馆联合开发制作了"'触摸科技'——中国科技馆中学物理探究资源"多媒体光盘,服务于学校的物理教学,并向北京地区和广大西部地区免费发放。

科普报告是对社会公众进行科普教育的重要方式。我担任馆长期间,中国科技馆十分重视开展科普活动,针对公众关心的高新技术、前沿科学和社会热点,共举办各类科普讲座百余期。邀请社会知名的科学家、教育家、政府官员及科普工作者和社会活动家参与,为渴求知识的人们提供了学习、交流的机会,提供了探索科学思想和科学方法的氛围，得到了社会公众的广泛关注和积极参与。

我担任馆长期间，中国科技馆创建了儿童科学乐园，培养了孩子们对科学的兴趣，使他们学习了一些最基本的科技知识，激发想象力，开发脑潜能，使身心得到锻炼。

我重视加强科技馆的国际交流与合作。2000年以来，先后承办"世界科技博物馆和科学中心论坛""21世纪科技馆可持续发展国际论坛"，举办"科技博物馆展览设计国际研讨会"等，并多次组团参加世界科学中心大会，赴亚洲、欧洲、北美洲、大洋洲等国家和地区进行业务考察。通过国际交流，与国外知名科学中心建立了广泛联系和合作，进一步扩大影响力，对国内科技馆的建设和发展起到了积极的推动作用。

在我担任馆长的6年当中，中国科技馆新馆的立项、设计和建设工程得以顺利进行。2002年8月，中国科协和北京市政府联合向国家计委上报《关于中国科技馆新馆选址和建设问题的请示》，建议在奥林匹克公园内建设中国科技馆新馆。2004年11月，中国科技馆向中国科协提交了《中国科技馆新馆项目建议书》，由中国科协和北京市政府联合向国家发展和改革委员会上报。2005年4月，国家发改委批准中国科技馆新馆立项。5月，中国科技馆发布新馆建筑设计方案招标公告；7—9月完成招标工作。2006年4月，国务院批准《中国科技馆新馆可行性研究报告》。5月9日，新馆隆重奠基，中国科技馆发展进入了一个新阶段。

我在中国科技馆工作期间，有幸担任《国家中长期科学和技术发展规划纲要（2006—2020年）》"创新文化与科学普及"战略研究组组长，获规划研究突出贡献奖；《全民科学素质行动计划纲要（2006—2010—2020年）》起草组组长；《国家中长期教育改革和发展规划纲要（2010—2020年）》"总体战略研究组"专家。荣获全国青少年教育银杏奖特别贡献奖。

四、关于儒学与科学的关系，提出新视角、新观点

我曾任全国政协委员、教科文卫体委员会委员；国际科学理事会中国委员会委员，国际博协科技馆委员会委员，东亚科技馆协会执行委员；中国民间组织国际交流促进会副会长，中国—葡萄牙科学历史中心主任；中国科协全委会委员，科技馆建设委员会委员、青少年科教委员会委员；中国科学技术史学会常务理事兼秘书长、普及委员会主任，中国数学会理事暨全国数学史学会常务理事兼秘书长，中国少数民族科技史学会副理事长，中国自然辩证法研究会数学哲学委员会委员，中国青少年科技辅导员协会副理事长，中国智慧工程研究会副会长；中国关爱协会副理事长兼秘书长，中国反邪教协会副理事长兼秘书长；全国少工委委员，中国青少年研究会理事，中国博物馆学会常务理事；中国联合国协会理事，中国对外友好协会理事，中国俄罗斯友好协会理事，中国宋庆龄基金会理事；国际儒学联合会理事。在以上这些兼职的社会活动、出席有关会议发言、报告会演讲中，我都发表过对中国科技发展与儒学之间关系的看法和观点。

2011年9月18日，在国际儒联与国家图书馆联合举办的儒学知识讲座上作了主题为《儒学与中国科技发展》的演讲。

2012年1月12日，在21世纪儒学教育之发展学术研讨会上，发表了主题为《儒学与科技教育和发展》的演讲。

2014年9月26日，在国际儒联纪念孔子诞辰2565周年国际学术研讨会主题为"儒学与教育"的分组讨论会上作了题为《儒学与科学》的发言。

2019年11月17日,在国际儒联纪念孔子诞辰2570周年国际学术研讨会上作了《国学与科学》的发言。

2019年11月28日,在中国国际交流协会主办的首届文明交流互鉴对话会上作了《儒学对促进世界文明融合发展的贡献》的发言。

2019年12月13日,在《中国科学报》上发表《儒学、科学与文明刍议》。

2020年1月12日,在《科普时报》上发表《儒学与中国传统科学》。

我的基本观点是:有人说中国古代没有科学,没有科学精神,没有科学文化,此言偏颇矣。

习近平总书记在全国科技创新大会、两院院士大会、中国科协第九次全国代表大会上的讲话中指出:"在绵延5000多年的文明发展进程中,中华民族创造了闻名于世的科技成果。我们的先人在农、医、天、算等方面形成了系统化的知识体系,取得了以四大发明为代表的一大批发明创造。"

系统化的知识体系农学、医药学、天文学、算学,就是科学;一大批发明创造如指南针、造纸术、印刷术、火药,就是技术。

中国科学技术的产生和发展受到中国传统文化"天人合一""格物致知""经世致用""兼收并蓄""四海一家"的影响,具有强烈的哲理性、实践性、交融性、开放性。

中国传统科学技术和科学文化的哲理性,是以"天人合一""格物致知"为纲领。

中国传统科学技术和科学文化"经世致用"的实用性,是以满足国家政治需要和人们日常生产生活需要二者兼顾为特征的。

中国传统科学技术和科学文化的交融性,是讲数理化天地生的和合,是讲科技、理工、文理的交融。中国古代的格致学、博物学、物理学,就是综合性的科学。

西方近现代甚至当代科学家都推崇中国传统科学文化的交融、综合和整体性。如"耗散结构论"的创始人普里高津说："中国传统的学术思想是着重于研究整体性和自发性，研究协调和协合，现代新科学的发展，近些年物理和数学的研究，都更符合中国的科学思想。"创建"协同学"的赫尔曼·哈肯也指出："事实上，对自然的整体理解是中国哲学的一个核心部分。在我看来，这一点西方文化中未获得足够的考虑。"

中国传统科学技术和科学文化的开放性表现在中外的科技内容和科学文化的交流。

中国的传统科学文化在中世纪通过阿拉伯西传欧洲，为近代文艺复兴、科技革命产生过深刻影响。

英国著名科学史家李约瑟说，中国"在许多重要方面有一些科学技术的发展，走在那些创造出著名的希腊奇迹的传奇式人物的前面，和拥有古代西方世界全部文化财富的阿拉伯人并驾齐驱，并在3世纪到13世纪之间保持一个西方所望尘莫及的科学知识水平"，"直到17世纪中叶，中国和欧洲科学理论大约处于同等水平。仅仅在那段时间后，欧洲思想才开始迅速向前发展"。

英国另外一位著名科学史家贝尔纳则说："中国许多世纪以来，一直是人类文明和科学的巨大中心之一。已经可以看出，在西方文艺复兴时期从希腊的抽象数理科学转变为近代机械的、物理的科学的过程中，中国在技术上的贡献曾起了作用，而且也许是有决定意义的作用。我确信，中国过去对技术的这样伟大贡献，将为其将来的贡献所超过。"

德国哲学家和数学家莱布尼茨在获悉易图八卦后，惊讶地发现同他1678年发明的二进制理无二致，因此热情地赞美中国传统数学思想方法。

我是学数学的。中国传统数学不发展演绎几何学，但充分发展程序性算法，寓证于算，不证自明，当今电子计算机算法原理与之若合符节，吴文俊又据此开创了几何定理的机器证明法，从而使崭新的具有中国特色而又普行于世界的机械化数学在东方崛起。

进化论的创立者、英国生物学家达尔文在其1859年出版的《物种起源》中大量引用了被他称之为"中国百科全书"的关于遗传变异的记载，佐证了他的进化论思想，据查这些是出自北魏贾思勰《齐民要术》和明末李时珍《本草纲目》、宋应星《天工开物》中的内容。

目前，全球气候变暖，自然灾害频仍。依据我国古代经史子集文献中丰富的气象、气候、物候、地理等资料，竺可桢于1962年和1972年先后发表《历史时代世界气候的波动》和《中国近五千年来气候变迁的初步研究》，证明了20世纪气候逐步变暖的事实，并预言了21世纪气候变化的趋势。

当然，我们在充分估计中国古代科学思想方法和传统文化的现代价值的同时，也要防止对其作牵强附会的解释，片面夸大其影响和作用，从而导致一些不科学的认识。

五、主要论著

（一）代表性著作

1.《自然科学史导论》，福州：福建教育出版社1988年版。

2.《郭守敬》，天津：新蕾出版社1993年版。

3.《影响中国历史进程的人物·科技卷》（主编），海口：海南出版社1993年版。

4.《中国科学家群体的崛起》(主编),济南:山东科学技术出版社1995年版。

5.《中华文化通志·算学志》,上海:上海人民出版社1999年版。

6.《科学寻踪》,南京:江苏教育出版社1999年版。

7.《西学东传人物丛书》(10册)(主编),北京:科学出版社2000年版。

8.《中国近代科学的先驱——李善兰》,北京:科学出版社2000年版。

9.《回顾与展望——20世纪重大科技成就和21世纪科技发展前景》(主编),中国科学技术出版社2000年版。

10.《中国算学史》,上海:上海人民出版社2006年版。

11.《数学史话》,上海:上海科学技术文献出版社2019年版。

(二)代表性论文

1.《李善兰的尖锥术》,载《自然科学史研究》1983年第3期。

2.《我国封建社会中数学与天文历法的关系》,载《自然辩证法通讯》1984年第5期。

3.《中国科技教育:从古代到现代》,载《科学学研究》1987年第3期。

4.《中国传统数学的发展及其特色》,载《大自然探索》1988年第4期。

5.《中国传统数学中的微积分观念和方法》,载《第三届国际中国科学史讨论会论文集》,1990年。

6.《中国传统数学的复兴——机械化数学的新曙光》,载《科学中国人》1995年第3期。

7.《中国传统科学文化的现代价值》,载台湾《科学月刊》1997年第6期。

8.《科学的昨天、今天和明天》,载《光明日报》2007年8月2日、《新华文摘》2007年第19期。

9.《当代科技发展的态势与前瞻》,载《求是》2015年第20期。

(撰写者:王渝生)

王荣华

一、个人简介

王荣华，1945年4月9日生于辽宁省沈阳市，籍贯天津市静海区。1964年自天津考入北京对外贸易学院（今对外经济贸易大学）对外贸易系，1969年毕业。1970年到唐山军垦农场接受"再教育"，1971年到北京外国语学院（今北京外国语大学）进修，1973年被分配到外交部所属北京外交人员服务局工作，其大部分时间在外国驻华使馆担任中文秘书，1989年被任命为北京外交人员服务局副局长，曾先后兼任北京外交人员人事服务公司总经理、中国交远国际经济技术合作公司总经理。1998年被任命为中国驻冰岛共和国大使。2002年回国后被借调到上海国际金融学院任副院长。2005年退休后在上海华曼实业有限公司任首席运营官，后曾任爱尔兰财富控股中国有限公司北京代表处首席代表、顾问。

曾任对外经济贸易大学中国语言和文学院特聘教授，现任济南大学客座教授、国际儒学联合会顾问、北京语言大学"一带一路"研究院顾问、外交笔会理事、国际中西比较哲学研究会会员。致力于中华优秀传统文化的对外推广和介绍。

开办www.readchina8.com英文网站，并担任主编。网站主要栏目有：艺术、文学、传统思想、讲演、历史、新闻和课程等。自2009年11月开网以来，全球已有100多万人次浏览该网站。

编译、译注了一套中英双语蒙学图书，包括《三字经》《百家姓》《千字文》《千家诗》，还举办过多次关于《诗经》《易经》《礼记》等的英文讲座。

二、主要学术经历和学术成就

（一）主要学术经历、研究历程

1.2000年，完成英文《中国诗歌发展史》的写作，并在冰岛大学继续教育学院讲授中国诗歌发展史（唐以前）。

2.2009年，设立www.readchina8.com网并开网，其中所有栏目的内容均由我执笔。

3.2012年，完成英文 *The Story of China Studies*（《国学的故事》）的写作，由美国战略书籍和版权公司出版，并在全球发行。

4.2012年，完成《四方步，六人行：国学大师的故事》的写作，由花城出版社出版。

5.2015年，完成《声律启蒙：英译版》的英文译注，并由安徽人民出版社出版。

6.2013年至2018年的论文和讲演稿以《不已集》冠名，由加拿大皇家柯林斯出版社于2020年出版。

7.2012年至2016年，完成对《三字经》、《千字文》（未出版）和《千家诗》的英文译注，完成《百家姓》的英文编译，双语版于2020年由中国人民大学出版社出版。

8.2020年，完成《2019年中国文学》的英文写作，由英国新经典出版社出版。

9.2021年，与澳大利亚的Ross Colquhoun博士合作完成英文 *A Modern Day Wonder—Stories of Poverty Alleviation in China*（《旷世奇迹——中国脱贫故事》）的写作，由英国新经典出版社出版。

10.2021年，与澳大利亚的Ross Colquhoun博士合作完成英文 *Insights and Observations on the Thirteen Confucian Classics*（《儒学十三经概览》）的写作，由英国新经典出版社出版。

11.2021年，与济南大学张守凤教授合作完成《诗的国度：冰岛诗歌选》的编译，并由人民出版社出版。

（二）代表作及主要学术观点

1.www.readchina8.com网站的艺术栏目主要是对中国瓷器、书法和传统音乐进行介绍；文学栏目主要是介绍中国诗歌的发展史；传统思想栏目的内容有《论语》精读、甲骨文简介、《易经》简介、儒家十三经概览；讲演栏目主要收录了二十四节气、针灸、中医、中国绘画和中国茶等内容的英文讲座。网站用英文对中国诗歌的发展史分阶段进行了介绍，其中包括《诗经》、《楚辞》、汉乐府、魏晋五言诗、唐诗、宋词、元曲、晚清新派诗和新诗等较详细的介绍。

（1）网站介绍了我的英文著作《国学的故事》。这本书讲的是曾国藩、辜鸿铭、章太炎、梁启超、王国维和陈寅恪的故事。

我认为研究这六个人对中国有着现实的意义。

我认为:"很少一部分外国人知道曾国藩,他是晚清时期的政治家、理学家、文学家和书法家。尽管他提倡洋务运动,但也推行程朱理学,以儒家学说治军,终生重视家庭教育。他留给我们的著述多达1500万字。他的著述包括家书、书札、日记、奏章、诗作和文章等。"我在这部分附了英文的曾国藩年表,并将《冰鉴》一书全文译成了英文。

我认为:"辜鸿铭是一位被遗忘的大师,在20世纪20年代初,一些欧洲人说他们到中国来,首先想要拜访辜鸿铭。印度的甘地说他是自己眼中最值得尊敬的中国人,他在西方长大,但用了20来年的时间啃透了经学。"我在书里讲述了辜鸿铭的生平,介绍了他对国学的贡献及对所学忠心不渝的精神。他在他那个年代以令外国人信服的方式,用外文向世界说明了中国。辜鸿铭是第一个将《论语》、《大学》和《中庸》译成英文的中国人,是第一个对外国人的汉学进行评价的中国学者,李大钊曾评价他:"愚以为中国二千五百余年文化所出一辜鸿铭先生,已足以扬眉吐气于二十世纪之世界。"

我认为:"章太炎首先是一个战士。由于他的革命思想和行为,他曾七次被通缉,三次坐牢……然而,他也是一位国学大师。他对国学的定义,对国学重要性的阐述,时至今日仍被引用。他站在时代的潮头,对时事进行理论上的阐述,与错误的言论进行论战的做法,仍是当下中国所需要的。"章太炎"用国粹激动种姓",是鲁迅所景仰的"有学问的革命家"。

我认为:"梁启超曾是中国半个世纪里的精神导师,他被誉为'中国精神之父'。胡适说他是我国革命的第一大功臣,'其功在革新吾国之思想界。十五年来,吾国人士所之稍知民族思想主义及世界大势者,皆梁氏之赐,此百喙所不能诬也'。"

我认为:"王国维先生在学术上是一座高峰,目前尚无人能超越他。王国维先生在精神上也是一座高峰,他忠于自己的信仰和文化,以死殉道,给国人以无穷的震撼。我们学习和研究王国维先生,要学习他对事业的忠诚,学习他把做学问当成自己一生的全部工作和事业的精神。"

我认为:"陈寅恪是中国现代历史学家、古典文学研究家、语言学家,是清华大学百年历史上四大哲人之一。著名历史学家傅斯年评价他:'陈先生的学问,近三百年来一人而已。'""陈寅恪曾用十个字总结王国维的一生:'独立之精神,自由之思想',这十个字也是他自己一生学术生涯的写照。"

网站历史栏目的内容有:中国是如何走到今天的(共三部分)、武昌起义、五四运动、土地革命、抗日战争和第二次国内革命战争等。

(2)目前,网站正在刊登我译注的《声律启蒙:英译版》,该书已由安徽人民出版社于2015年出版。我之所以对此书进行译注,主要是为了对外宣传中国的传统文化。这本书是为那些不会讲汉语却愿意了解和欣赏中国古典诗歌的外国读者朋友准备的,书里的中文注解部分是为汉语不是母语,但已经掌握了一定汉语阅读理解能力的英文读者准备的。我认为,世界上有很多人想深入地了解中国。但国外关于中国传统文化普及的国学读物不是很多。我是中国传统文化的传承人,我有推广的责任。一些从事比较文化的专家认为,中国的诗歌是一座高峰,应该让世界上越来越多的人了解中国诗歌。《声律启蒙》是我国传统的启蒙读物,主要讲如何押韵,如何对仗。我用汉语拼音标出了每一句的读法,便于读者领略诗句的音调。书中的例句使用了大量的典故,我用中文注释了这些典故,是想让那些正在学习中文的外国读者朋友能够更好地了解原文,从而对中国诗歌产生浓厚的兴趣。中文是讲究声调的,外国人学中文、学汉语若能掌握声调、平仄以及对仗的方法,那中文水平就不一般了。与外国文字不同的是,汉字基本上是单音节的,很多汉字的韵是相同的,这使押韵变得简单了许多。《声律启蒙》选取了平水韵中30个平声韵而写成,它的每一章,都是押一个韵母中的字,只有平声。我在译注中没有过多强调这一点。但是,有心的读者会慢慢发现这个规律。对外国读者来说,他们了解到,汉语诗歌大多是押尾韵的就足够了。给外国人讲汉语诗歌的音韵这个乍看起来不大可能的事情,简化到用大量例句来显示如何押尾韵就变成可能的事情了。我认为,我们对外提供的作品,既应该有鸿篇巨制,也应该有涓涓细流。《大中华文库》是鸿篇巨制,《声律启蒙》就是涓涓细流。生活是多方面的,我们提供的作品也应该是丰富的。

2.2020年由加拿大皇家柯林斯出版社出版的英文著作《不已集》(*The Rooster Crows*),收集了我2013年到2018年间的一部分论文和讲演稿。我在这个集子里阐述的主要观点是:

(1)要慎用"汉学"一词。所谓"汉学",一般是指中国以外的学者对有关中国的方方面面进行研究的一门学科。包括中国语言学、文学、历史、哲学等人文科学的研究,也包括敦煌学和考古学等专门的研究。所研究的事物都发生在第二次世界大战之前,以便区别于"中国学"。我认为,"中国学"的研究领域主要集中在社会学、政治学、经济学和人类学等。这种研究的首要目的是了解当代中国。现在,在国外很多大学设有中国学研究中心。

(2)我认为,新文化运动从语言文字、家族、孝文化和礼乐文化等方面否定了传统文化，由于这种否定是在"反封建"的大旗下进行的，对后来中国的思想界产生了深刻的影响。我们必须明白无误地表明我们对待传统的态度，必须以高度的自觉去继承传统，"取其精华，去其糟粕"，批判地继承，古为今用，与时俱进。

（3）我在2015年7月对外经济贸易大学举办的"中文前沿"国际论坛上指出：现代人用笔写汉字的越来越少了，大部分都用电脑打字，这是一个不利于汉字发展的趋势，因为不用笔写汉字，就会逐渐疏远汉字背后的文化和历史。我在会上提议，大家坚持每周至少用笔写500个汉字。

（4）我主张加强汉译外的外宣工作。我从战略需要、汉语的特点、中国译者的实践以及在全球的戏曲、音乐、话剧、学术、历史、哲学、文学等方面论述了加强汉译外的外宣工作的重要性。我认为只有明确了这个重要性，才能在人才、物资、资金等方面调动起积极的因素，才能明显地加强对外宣传的效果。

（5）我对中国文化在"一带一路"沿线国家的翻译和传播方面提出了自己的看法。我提出如何与沿线国家进行文化交流，在与他们交流的过程中如何进行翻译和传播，这是我们必须要回答的问题。我认为要做好这些工作首先要有一个明确的总方针。翻译工作总方针的前提就是我们的对外文化传播工作应以外语为主。我对翻译工作总方针的建议是：翻译力量以我为主，重点推介中华传统优秀思想，要建设成一个汉译外基地；面向沿线国家大众，多手段、立体式实施；先行试点，逐步推开；初始阶段译入语为英语、俄语和阿拉伯语，条件成熟时采用当地语言。自孔子学院开办以来，中国的琴棋书画、武术、中医、京剧等的传播比较普遍，相对而言，中国传统思想的传播是薄弱的。故此，我认为在"一带一路"国家文化交流中，应以中国传统思想的交流为主要内容，既要传播中国当代优秀的思想，也要传播中国古代优秀的思想。传播当代的思想离不开传统的思想，在这个问题上要加强认识。否则，一些外国人就会认为我们的思想没有深厚的历史积淀。我对建立汉译外基地、如何面对沿线普通大众、如何试点、在不同地区的语言选择等问题也提出了具体建议。

（6）在2018年12月17日为对外经济贸易大学少数民族预科班学生讲话时，我对学国学要读什么书籍提出了建议，我引用了钱穆对《论语》的说法："今天的中国读书人，应负两大责任。一是自己读《论语》，一是劝人读《论语》。"钱穆曾开列七部经典，作为当代中国人必读的书单，即《论语》《孟子》《老子》《庄子》《六祖坛经》《近思录》《传习录》。这个书单实在是每个中国人都要读的书目。

3.《三字经：双语版》译注、《百家姓：双语版》编译、《千家诗：双语版》译注由中国人民大学出版社于2020年出版。《千字文：双语版》译注也即将出版。

"三百千"虽然是古人启蒙读物，但它们也是外国人打开中国传统文化大门的钥匙。在《三字经》中，我除了英文注释外，还用莎士比亚十四行诗的形式对《三字经》的原文做了翻译。在《百家姓》中，我对中国人如何起名字、中国姓名的特点、如何使用中国名字、姓名诗、姓名背后的故事、《百家姓》的推广等进行了介绍。我还用英文中的随韵对《千字文》进行了英译。

4.《2019年中国文学》是献给中华人民共和国成立70周年的一本英文书，由英国新经典出版社于2020年出版。这本书对当代中国文学提供了一个横断面的图像，比较详细地介绍了诗歌、散文、短篇小说、中长篇小说、儿童文学、民族文学和网络文学中有哪些刊物、奖项、获奖的情况等。在诗歌、散文和短篇小说部分还提供了实例。

5.《旷世奇迹——中国脱贫故事》是我与Ross Colquhoun博士

合著的一本英文书,由英国新经典出版社于2021年出版。该书讲述了甘肃的脱贫攻坚、井冈山和延安的脱贫事迹、大凉山悬崖村等的脱贫故事,还详细记述了中国传统村落第十八洞村如何精准扶贫、有500余年历史的佤族村落如何脱贫等,还对脱贫攻坚英雄黄诗燕和毛相林进行了介绍,也对一个县、一个地区和一个省如何脱贫进行了陈述。此书以生动的事例说明了中国社会欣欣向荣的生命力和中国共产党一心为民的初心和使命。

(三)社会评价

历史小说家、国家一级作家梅毅说:"王大使擅用华夏文化的精髓,去滋养和充实世界文明的宏大内容。"

冰岛前驻华大使柯丝婷女士曾说:"我来中国赴任之初,听了王先生多次关于中国文化的讲座,我觉得像他这样对国学如此敬业,能称得上老师的人为数不多。通过讲故事,把过去和现在联系起来本身就是一种有多重意义的艺术。"

曾担任中央电视台英文频道主持人的顾格格在谈到《四方步,六人行:国学大师的故事》一书时说:"作者所提供的这本令人兴奋的读物,可以让你熟知六位国学大师的重要性。这些知识对那些立志浸润于中国文化研究并与西方文化进行比较研究的人来说是一个重要的基础。从大师们的学识和经历中,我们可以见识薪火相传,至今仍活跃在当今社会的中华智慧之巨之深。"

(四)国内外访问、学术交流情况

1.2013年,参加首届中西比较文化协会学术会议;

2.2014年9月,参加国际儒学联合会第五届会员大会;

3.2017年,参加第二届《翻译界》高端论坛暨全国"一带一

路"翻译研究研讨会;

4.2018年,参加中西比较哲学研讨会;

5.2019年,参加国际儒学论坛—哥本哈根国际学术研讨会;

6.2019年,参加国际儒学联合会第六届会员大会;

7.2020年,参加第四届海外当代中国研究圆桌会议;

8.2021年,参加中国文学"走出去"座谈会;

9.2021年,参加第五届海外当代中国研究圆桌会议。

三、主要论著

（一）中文著作

1.《四方步,六人行:国学大师的故事》,花城出版社2012年版。

2.《冰与火的国度——冰岛》,上海锦绣文章出版社2011年版。

3.《诗的国度:冰岛诗歌选》,人民出版社2021年版。

（二）英文著作

1. *The Story of China Studies*（《国学的故事》）,战略书籍及版权有限公司2012年版。

2. *ABC of Sound Meters in Chinese Poetry*（《声律启蒙:英译版》）,安徽人民出版社2015年版。

3. *The Rooster Crows*（《不已集》）,皇家柯林斯出版社2020年版。

4. *The Three-Character a Line Chant*（《三字经:双语版》译注）,中国人民大学出版社2020年版。

5. *Family Names in Hundreds*（《百家姓:双语版》编译）,中国人民大学出版社2020年版。

6. *A Primer of Ancient Poetry*（《千家诗：双语版》译注），中国人民大学出版社2020年版。

7. *Chinese Literature in 2019*（《2019年中国文学》），英国新经典出版社2020年版。

8. *A Modern Day Wonder-Stories of Poverty Alleviation in China*（《旷世奇迹——中国脱贫故事》），英国新经典出版社2021年版。

9. *Insights and Observations on the Thirteen Confucian Classics*（《儒家十三经概览》），英国新经典出版社2021年版。

（三）英译著作

1. ［美］利昂·尤里斯《黄玉》（使用笔名元吾华），群众出版社1983年版。

2. ［美］查尔斯·海厄姆《星运久长：凯瑟琳·赫本传》，漓江出版社1985年版。

3. ［美］霍华德·法斯特《第二代》，陕西人民出版社1986年版。

4. ［英］约翰·泰勒《希治阁传》（使用笔名罗沙），香港南粤出版社1988年版。

（撰写者：王荣华）

董金裕

一、个人简介

董金裕，1945年出生，台湾省苗栗县竹南镇人，祖籍为福建省同安县（今同安区）。家境小康，生活相对宽裕。求学过程顺遂，成绩优异，经常被推选为班级或社团干部，代表学校参加竞赛或出席活动。尤其是在大学时期，曾邀请钱穆、黎东方等多位学者，王蓝、余光中、琼瑶等多位作家，前来演讲或座谈，颇受欢迎，并获得师长的器重，与同学相处亦极为融洽。先后毕业于台湾地区的竹南国民小学、竹南初级中学、新竹高级中学、台湾师范大学国文系学士班、台湾政治大学中文研究所硕士班和博士班。

大学毕业以后，曾任台湾地区的新竹高级中学、君毅中学教师及大华专科学校、明新专科学校讲师，且持续深造。于获得博士学位后，转任教于大学，曾任台湾地区静宜女子文理学院中文系教授兼系主任，台湾政治大学中文系教授兼系主任、文学院院长、教务长、特聘教授，于授课之余，兼任台湾孔孟学会执行秘书兼《孔孟月刊》《孔孟学报》主编，台湾孔孟学会理事、常务理事，"国立"编译馆国民中学国文教科书编审委员会编辑小组召集人，"国立"编译馆高级中学国文教科书编审委员会编辑小组委员、中国文化基本教材编审委员会编辑小组召集人，康轩文教事业公司国民中学国文教科书编辑委员会主任委员，大同信息企业公司（后改组为康熙图书网络公司，再改组为康熹文化事业公司）高级中学国文教科书编辑委员会主任委员，国际儒学联合会理事、副理事长、副会长，台湾"中国经学研究会"理事长等职。

现任台湾政治大学中文系名誉教授，台湾孔孟学会副理事长、常务理事，台湾省台北市政府市政顾问，台湾省台北市孔庙管理委员会委员，国际儒学联合会荣誉顾问，台湾古籍保护学会会长等职。

二、主要学术经历与成就

自大学时代即开始对儒学研究深感兴趣，迄今研究儒学已有50多年，著有《至圣先师孔子释奠解说》《经传中以数字显现的儒家之道》《章实斋学记》《宋永嘉学派之学术思想》《周濂溪集今注今译》《朱熹学术考论》《宋儒风范》等多本儒学专书，发表儒学学术论文百余篇，或介绍、论述整体儒学活动、思想，或阐发个别儒学大家的学术成就、贡献。另编有《孔子故乡四千年文物大展》《圣之时——台北市孔庙的蜕变与传承》《周易论著目录》等专著，分别从不同方面整理、介绍有关儒学的文物、古迹、活动、著作等。

担任台湾孔孟学会执行秘书将近20年,举办孔孟学说论文竞赛(每年皆分社会组、大专学生组、中学生组举办)、经学研习班(就"四书""五经",《礼》取《礼记》,《春秋》取《左传》各自轮流开班,每期一至三个月)、孔孟学说定期演讲、国学研究会(每年分大专学生组、中小学教师组举办,为期各一周,含演讲、座谈、参观、竞赛等)等活动,并担任《孔孟月刊》(每年出版十二期)、《孔孟学报》(每年出版两期)主编,以推广孔孟学说,促进孔孟学说的研究。

经常应邀至中国各地(台湾省各县市、大陆各省市)、各国(包括韩国、日本、美国、新加坡、马来西亚等)参加儒学会议发表学术论文,或作专题演讲,或参与座谈会,或指导编辑语文教材,或担任评审等。于担任台湾政治大学中文系系主任、文学院院长及台湾"中国经学研究会"理事长期间,经常举办国际性学术研讨会,广邀世界各地,包括亚洲、欧洲、美洲、大洋洲等地各国和地区对儒学研究已有成果的学者参加,以推动国际学术的交流与研究。

长期负责编辑台湾国民中学、高级中学国文教科书,将儒家经传(含《论语》《孟子》《孝经》《诗经》《左传》《礼记》等)、诸子百家著作(含《老子》《庄子》《墨子》《荀子》《韩非子》等)中的重要篇章,以及历代传世的知名文学作品,包括散文(含《战国策》、唐宋八大家散文、明清散文、现代散文等)、诗(含《古诗十九首》、乐府诗、唐宋诗、现代诗等)、词(以宋词为主)、曲(以元曲为主)、小说(包括古典小说、现代小说、翻译小说)、歌词等选录为教材,供国民中学、高级中学学生研读,以增进其对文化、文学的认识,培养其文化素养与文学鉴赏能力。

负责编辑台湾高级中学中华文化基本教材教科书多年,将《论语》《孟子》《大学》《中庸》的重要篇章选录为教材,打破原书篇章顺序,改用以主题为主的分类方式编排,使其内容系统化,颇受高级中学师生欢迎,得以加强其对儒家经典及传统文化的认识。所编《中华文化基本教材》经中华书局引进大陆,于略加修改后,更名为《中华文化基础教材》,供各省、自治区、直辖市中学使用,并经常应邀前往辅导或交流。

借多次应邀至日本、韩国、美国参加学术会议之便,结识多位中国大陆学者,彼此皆认为有必要在中国成立国际性的儒学组织,遂共同倡议,联合中国、韩国、日本、美国、新加坡等国家和中国香港、中国台湾等地区学者,有中国内地的辛冠洁、宫达非、张立文、钱逊、陈来、姜广辉、王守常,中国香港地区的赵令扬、单周尧,韩国的崔根德、梁承武,日本的高桥进、石川忠久、友枝龙太郎,新加坡的陈荣照,美国的成中英、杜维明等先生,共同筹组国际儒学联合会,并先后担任理事、副理事长、副会长,促进国际儒学团体的交流与合作。

长期担任台北市孔庙管理委员会委员,为台北市孔庙规划春日祭孔、六艺体验、4D剧院、孔庙情景剧表演、雅乐舞展演、树下讲古等活动,并举办或参与国际儒学会议。运用多元方式,采用静态、动态配合形态,以活化孔庙,推广儒家文化。对参观孔庙的民众析疑解惑,增进其对儒学的正确认识。每年举行释奠典礼时,多次应邀担任东庑、西庑、东哲、西哲、东配、西配分献官。

虽居住台湾地区,但经常应邀至中国大陆各学术团体、各省、自治区、直辖市参加学术会议,或发表论文,或作专题演讲,或参加座谈会;也经常邀请中国大陆学者到台湾地区参加学术会议,或发表论文,或作专题演讲,或参加座谈会,或参访文教机构等学术活动。以增进彼此了解,交换学术见解或举办活动的经验,对促进海峡两岸的学术交流颇多贡献。

近年来我一直积极倡导：(1) 将教师节从9月10日改为9月28日（孔子诞辰纪念日），使教师节具有丰富的文化及教育意义。且时间距中小学开学已将近一个月，便于举办庆祝活动。(2) 将孔子传承已有两千多年的释奠典礼，与历史接轨并规范化，制定统一的仪程，以便共同遵循，向联合国教科文组织申请为世界非物质文化遗产。(3) 将中华文化的精要安排到中小学课程中，让我们的下一代了解传统文化的内涵，并融入日常生活中。

由于经年累月投注于将儒学普及化的工作，以期向下扎根传授给青少年，向外推广传播到社会及国际社会，推动儒学研究的向上发展，这些努力所幸都获得了相当的成果，既颇受各界肯定，也发挥了一定的影响力。因而，于第七届世界儒学大会荣膺"2015年度孔子文化奖"。得奖之后，更深感责任重大，迄今仍努力不辍地为研讨、弘扬儒学竭尽心力。

三、主要论著

（一）代表性著作

1. 《章实斋学记》，高雄：嘉新水泥公司文化基金会1976年版。
2. 《宋永嘉学派之学术思想》，台北：文史哲出版社1977年版。
3. 《宋儒风范》，台北：东大图书公司1979年版。
4. 《忠臣孝子的悲愿——明夷待访录》，台北：时报文化出版公司1985年版。
5. 《朱熹学术考论》，台北：里仁书局2008年版。
6. 《周濂溪集今注今译》，台北：台湾商务印书馆2011年版。
7. 《经传中以数字显现的儒家之道》，台北：文史哲出版社2018年版。

8.《诸子中以数字显现的百家之学》，台北：文史哲出版社2021年版。

（二）代表性论文

1.《理学的先导——韩愈与李翱》，载台湾《书目季刊》第16卷第2期，1982年9月。

2.《程朱学派的形成及其与孔子思想的关系》（发表于台北国际孔学会议，1987年11月，收录于该会议论文集）。

3.《杨简的心学及其评价》（发表于夏威夷第六届中国哲学会议，1989年8月，后刊登于台湾《政治大学学报》第61期，1990年6月）。

4.《范仲淹与宋初的教育与学术》（发表于台北纪念范仲淹一千年诞辰国际学术研讨会，1989年9月，收录于该会议论文集）。

5.《孔孟仁爱思想对人、物的关怀及其现代意义》（发表于大连孔子思想研讨会，1990年8月，分别收录于台湾《孔孟月刊》第29卷第2期，1990年10月；台湾《孔子研究》1990年第4期，1990年12月）。

6.《王船山与张横渠思想之异同》（发表于台北王船山学术研讨会，1993年8月，收录于台湾《哲学与文化》月刊第20卷第9期，1993年9月）。

7.《胡瑗、孙复的经学及其与宋代儒学发展的关系》（发表于台北的台湾政治大学第五届经学国际学术研讨会，2007年11月，收录于该会议论文集）。

8.《孝道思想的扩大诠释与现代实践》（发表于首尔儒学思想国际学术研讨会，2010年9月，收录于成均馆大学《儒学复兴与现代社会》，2014年9月）。

9.《叶适思想的主轴及其评价》(发表于温州瑞安纪念叶适诞辰860周年暨学术研讨会,2010年11月,分别收录于《儒学天地》第四期,2010年12月;浙江人民出版社《叶适与永嘉学派》,2012年版)。

10.《董仲舒的崇儒重教及其现代意义》,载《衡水学院学报》2015年第3期。

11.《"独尊儒术,罢黜百家"再辨析》,载《衡水学院学报》2021年第6期。

(撰写者:董金裕)

顾彬

一、个人简介

沃尔夫冈·顾彬（Wolfgang Kubin），中文名顾彬，1945年生于德国下萨克森州的策勒市。著名汉学家、翻译家、作家。德国波恩大学汉学系终身教授、德国翻译家协会及德国作家协会成员、国际儒学联合会顾问。1966年至1973年间，顾彬先后在德国明斯特大学、奥地利维也纳大学和德国波鸿鲁尔大学求学，并获得汉学博士学位。1981年在德国柏林自由大学获得汉学教授资格。1985年起，顾彬受聘为德国波恩大学终身教授。2011年9月，顾彬开始兼任北京外国语大学特聘教授，并于次年担任中国海洋大学外国语学院德语系第一届系主任，现兼任中国汕头大学讲席教授。顾彬教授曾获得国内外诸多奖项，如德意志语言和文学科学院颁发的德国最高荣誉翻译奖"约翰·海因里希·沃斯奖"、中国政府友谊奖、"外教中国"年度人物奖、会林文化奖等。

数十年来,顾彬致力于研究中国语言文学、中国哲学、中国思想史、中国文化史,并取得了丰硕的研究成果,如主编《中国文学史》（*Geschichte der chinesischen Literatur*）十卷本、主持翻译六卷本《鲁迅选集》（*LuXun: Werke in sechsBänden*）、翻译编辑德文十卷本"中国古代思想家丛书"（*Klassiker des chinesischen Denkens*）等,至今已出版学术著作50余本,诗集20余本,翻译出版中国文学、哲学、宗教学术著作200余部,撰写学术论文300余篇。此外,他还是《东方》（*Orientierungen*）及《袖珍汉学》（*Minima Sinica*）两份重要德文汉学、亚洲学的创办者及主编。

二、学术经历与研究历程

顾彬教授最早在明斯特大学学习神学和哲学,后来因读到了庞德（Ezra Pound）翻译的李白《黄鹤楼送孟浩然之广陵》一诗中的诗句"孤帆远影碧空尽,唯见长江天际流",深受触动,遂踏上了学习和研究汉学的道路。后来,顾彬转入维也纳大学学习中文及日本学,兼修哲学和日耳曼学,并于1973年在霍福民（Alfred Hoffmann）的指导下凭借博士论文《论杜牧的抒情诗》[*Das lyrische Werk des Tu Mu (803–852): Versuch einer Deutung*]获波鸿鲁尔大学哲学博士学位。曾先后任教于波鸿鲁尔大学、柏林自由大学。1981年以《空山——中国文学中自然观之发展》（*Leerer Berg—Die Sicht chinesischen Literatur auf die Natur*）一书在柏林自由大学获得汉学教授资格,随后于1985年担任波恩大学汉学系教授。

顾彬教授不仅从书籍和文献中了解中国，亦通过亲身体验获得对中国的认识。1975年，顾彬获得在北京语言学院学习汉语的名额，首次来到中国。时至今日，顾彬教授已经在中国的大部分地区和许多大学都留下了足迹。作为学者，顾彬教授每到一处，都与当地的学者、作家促膝长谈，传播欧洲文化和交流中外文化思想；作为诗人，顾彬教授总是热衷于将足迹所至、目光所见的山河美景和人文趣事写进自己的诗歌之中，为中外文化学术交流和中国形象的塑造与传播做出了突出贡献。

三、代表作及主要学术观点

顾彬教授致力于使欧洲了解中国，孜孜不倦地研究和介绍中国的古典和现代文学。1989年以前，顾彬教授曾主编杂志《龙舟》（*Drachenboot*）。从1989年至今，他主编介绍中国人文科学、东方文化的杂志《袖珍汉学》和《东方》，推动了儒学在德国的交流、传播以及中外学者间的交流、对话。1994年，顾彬教授主持翻译的六卷本《鲁迅选集》在瑞士联合出版社（Unionsverlag）出版。2002年，顾彬教授开始主编德文十卷本《中国文学史》，并撰写了其中的《中国诗歌史》、《中国古典散文》、《中国传统戏剧》及《二十世纪中国文学史》。

同时，顾彬教授还着力在德语国家推广儒学。2010年，他开始翻译、注释、论述、编辑出版德文十卷本"中国古代思想家丛书"，有《老子》《庄子》《荀子》《列子》《韩非子》《墨子》等，均已在德国出版。另外，顾彬教授还发表了多篇论文，在德国当代哲学的视域中讨论儒学中的诸多话题，如自我、记忆等。目前，顾彬教授已开始着手翻译、注释、论述、编辑出版德文十卷本"中国古代诗人丛书"。

顾彬以德文、英文、中文出版的专著、译著和编著作品达50多部，如中文版《中国文人的自然观》《中国诗歌史》等。合编、主编或翻译的著作和文学作品有：茅盾的《子夜》、丁玲的《莎菲女士的日记》、巴金的《家》和《寒夜》，以及《现代中国小说（1949—1979）》《中国现代文学汉文艺批评文集》《中国现代文学》《中国的妇女与文学》《中国的文化、政治和经济》等。

顾彬接受了马丁·海德格尔（Martin Heidegger）和汉斯-格奥尔格·伽达默尔（Hans-Georg Gadamer）的诠释学思想，并以之观照汉学研究和强调利用不同视角和方法研究中国的重要性。对于顾彬而言，文学的理解从作品本身与读者的对话开始——正如海德格尔所说的"作者已死"。作品在出世之后，便与作者脱离开来。读者与作者之间不可避免地有着时间、空间以及不同主体间的距离，因此，读者无法从心理上复现作者创作时对作品的理解。但理解之所以可能，也正是源自这样一种距离。顾彬认为，读者与文本之间始终存在着内在性的距离，而正是这种距离为我们提供了进行理解和解释的场域。因为来自异乡，所以汉学家能够提供观照中国的独特视角，产生创新性的理解和了解。同时，顾彬认为，主体无法仅通过自身来理解自身，而是总要借助其他的参照来达成自我理解。不同主体间的距离产生了对于某个话题、某个形象或对象的开放解释方式。顾彬正是用这种方式来观照汉学，他将关心中国视为加强自我认识的一个手段，即通过参照不同的东西来理解自己。

顾彬认为，诠释学不仅仅关乎两个主体间的存在性相遇，也关乎不同文化、不同文明间的相遇。这种相遇的起点在于承认彼此的不同，因此在汉学研究中，顾彬始终将中国视为一个具有独特性的对象，坚持要用最本真的方式来研究中国，反对那种将欧洲概念生搬硬套在中国研究中的做法。承认中国的独特性并不意味着顾彬将中国看作一个神秘的他者，相反，在汉学研究中，顾彬强调"交往"（Kommunikation）的重要性。德国哲学家卡尔·西奥多·雅斯贝尔斯（Karl Theodor Jaspers）指出，人的存在活动只有通过交往才能获得意义。顾彬接续这种想法，强调中德两种文化之间应当进行大规模的沟通与交流。事实上，围绕着顾彬产生的争议也与这种沟通不畅有关。不同的个体通过自身独特的前理解、带着自身独特的问题意识参与到交往的过程中，从而为讨论的对象和话题提供创新性的解读。正是这种交往的理解与解释方式构成了世界文学的根基。世界文学是顾彬时常提到的一个词语，这一观点基于一种世界主义，强调具有不同文化背景的个体对于与人类存在相关的根本问题的讨论。顾彬对唐诗的解读，正是这种方式的最好例证。在诠释学的基础上，顾彬借助德国当代哲学透视唐诗，并与之进行对话。通过文本分析对唐诗加以细读的方式，顾彬得以用别具一格的视角探讨诗歌中隐含的主题，从而产生新的认识。正是通过以这种方式对唐诗进行的阐释，才使唐诗在当代的语境中焕发出别样的光彩。

对于顾彬而言，翻译中国典籍是研究工作中的重要部分，数十年来，顾彬为中国文化典籍、当代诗歌、现代文学的德译做出了不少贡献。多年的翻译工作，也在顾彬的思想中留下了深刻的烙印。从翻译学的视角看，顾彬对于翻译的观点同样有着鲜明的诠释学特征。这种对于翻译的哲学式解读认为作者对于作品并不具有无可置疑的权威，而翻译也不能够做到与原文分毫不差。顾彬常说，在文本之中有着作者感觉不到的、无意识放置进去的东西。作者并不能完全记忆和复现创作时的每一个细节，而且分析同一作品的视角并不唯一，因此作品出世之后，并不存在标准的理解和解读方式，每一种翻译都是在呈现一种对于作品的理解。事实上，翻译的可能性正是来自这种距离，原文与译文、作者与译者之间的基础和共同点也建立在这一基础之上。

顾彬认为，翻译活动本身就是与作品的一次对话，翻译本身也是一个再创作过程，在翻译中译者有着不输于作者的地位。一方面，这种阐释与理解的开放性意味着译者在翻译时有着相当的自由度。翻译需要不同，或者正如安伯托·艾柯（Umberto Eco）所说，翻译就应该和原文不一样。翻译活动是译者带着自身的前理解进入文本，并得到理解的过程，这便决定了每一种翻译都呈现着一种当下的理解。因此，顾彬认为经典总是需要不断的重译，因为不同时代对于经典的理解总是在不断演进，而译本的总和也体现出理解历史的变迁。另一方面，翻译也是一个自我理解的过程，其中译者也经历着变化。顾彬提到，我们需要他者，需要与自身不同的对象。译者在翻译时进入文本，离开原本的自我成为他者。在经历了新的理解返回自身之后，译者本身也会发生变化。通过研究和翻译唐诗，顾彬认为自己的语言也经历了变化。这种观点与顾彬的语言观息息相关。顾彬常引用伽达默尔的话，将语言看作我们唯一的"房子"、我们存在的"房子"。顾彬进行汉学研究和翻译中文的典籍、诗歌不仅仅是在学习汉语，也是通过翻译来提升自己的德语文笔和丰富自己的母语。他常常提到，德语曾受到了极大的破坏，后来的作家则把拯救德语作为自己的任务。在这一背景下，便不难理解为何顾彬会借助外语来丰富自身的德语文笔和提高母语水平。也正因此，他时常提倡中国作家学习外语。在他看来，若囿于自己的语言之中，一个作家便失去了利用其他语言来丰富自己"房子"的宝贵机会。

四、国内外学术访问和交流情况

顾彬教授是最早向欧洲介绍中国现代、当代文学的汉学家之一。自1985年,作为德国波恩大学东方语言学院中文系的教授,顾彬讲授中国现代、当代语言文学,中国现代、当代思想,中国现代、当代历史,中国现代、当代政治经济;讲授翻译学等。他致力于培养德国汉语口译人才、德国中文笔译人才、德国外交人才。自1995年,作为德国波恩大学汉学系的教授,顾彬讲授中国古代、近代语言文学,中国古代、近代思想,中国古代、近代历史,中国古代、近代政治经济等。假期里,在德国科学交流中心的支持下,他经常作为客座教授,到邀请他的中国(包括香港、澳门和台湾地区)、美国、以色列、加拿大、英国、法国、丹麦、挪威、瑞典、瑞士、奥地利、意大利、西班牙、新加坡、马来西亚等国的大学作报告或进行四到十周的短期讲学。例如,他曾在北京大学、清华大学用汉语主讲"德国哲学史中的中国形象"(四周),在复旦大学用汉语主讲"从歌德到布莱希特的德国文学发展史"(六周),在山东大学用汉语主讲欧洲的宗教、神学、历史、哲学(四周),在南开大学用汉语主讲德国游记及他如何阅读、理解中国文学(四周),在香港中文大学用英语主讲"欧洲游记史"(六周)。另外,在德国波恩大学一年两次传统的学术日,他总以专题报告的形式向学术界及社会上各界人士讲授中国文化。

顾彬教授还组织参与过诸多大型国际研讨会。例如:1985年,由柏林市政府资助,邀请中国作家到柏林,顾彬教授组织了柏林国际文学周里的中国文学活动。这是自"文化大革命"结束后,中国当代作家第一次集体走进国际视野。1986年,由德意志研究联合会资助,他组织了关于鲁迅的国际研讨会。1987年,由社会人士资助，他邀请了大批中国著名作家，组织了"波恩中国文学周"活动，并先后邀请多人来德国进行学术交流。1988年，由大众汽车基金会资助，他组织了关于中文学习的国际研讨会。1990年，他组织了"异国情调——你眼中的我·二十世纪中德彼此印象"国际研讨会。1992年，由德意志研究联合会资助，他组织了"红楼梦两百年"国际研讨会。1995年，由德意志研究联合会资助，他组织了"中国的忧郁与社会"国际研讨会。1995年，他组织并带领德国波恩大学的学生用汉语参加北京第一届国际大学生辩论会。2004年，由德意志学术交流中心及德国艺术与展览中心资助，他与德国艺术与展览中心合作，组织了"阐释的艺术——唐代诗歌与宋代书法"国际研讨会和"东西方美学"国际研讨会等。2012年至2016年，他与中国海洋大学合作，创建了中国海洋大学德语系。2012年至今，他与汕头大学合作，创办、组织了一年一度的当代中国文学国际研讨会、朗诵会。

顾彬教授还十分重视国际学术研究合作，邀请各国学者到德国波恩大学讲学。从2001年开始，在缺乏资金的条件下，他领导的德国波恩大学汉学系与中国的华东师范大学中国文字研究与应用中心联合在波恩建立了"汉字文化研究中心"。

五、主要论著

（一）代表性著作

1. *Der durchsichtige Berg: Die Entwicklung der Naturanschauung in der chinesischen Literatur.* Münchner Ostasiatische Studien, 39. Stuttgart: Steiner, 1985.

2. ［汉译］《中国文人的自然观》，马树德译，上海：上海人民出版社1990年版。

3.《关于"异"的研究》，北京：北京大学出版社1997年版。

4. *Die chinesische Dichtkunst: Von den Anfängen bis zum Ende der Kaiserzeit.* Geschichte der chinesischen Literatur, 1. München: Saur, 2002.

5. *Die klassische chinesische Prosa: Essay, Reisebericht, Skizze, Brief. Vom Mittelalter bis zur Neuzeit.* Von Wolfgang Kubin, Marion Eggert, Rolf Trauzettel und Thomas Zimmer. Geschichte der chinesischen Literatur, 4. München: Saur, 2004.

6. *Die chinesische Literatur im 20. Jahrhundert.* Geschichte der chinesischen Literatur, 7. München: Saur, 2005.

7. [汉译]《中国古典散文》(《中国文学史》第四卷)，顾彬、梅绮雯、陶德文、司马涛著，周克骏、李双志译，上海：华东师范大学出版社2008年版。

8. [汉译]《二十世纪中国文学史》(《中国文学史》第七卷)，顾彬著，范劲等译，上海：华东师范大学出版社2008年版。

9.《汉学研究新视野》，桂林：广西师范大学出版社2013年版。

10. [汉译]《中国诗歌史：从起始到皇朝的终结》(《中国文学史》第一卷)，顾彬著，刁承俊译，上海：华东师范大学出版社2014年版。

(二) 代表性论文

1. "Der unstete Affe: Zum Problem des Selbst im Konfuzianismus", in: *Konfuzianismus und die Modernisierung Chinas*, hrsg. von Silke Krieger und Rolf Trauzettel (Mainz: von Hase, 1990), 80-113.

2. "On the Problem of the Self in Confucianism", in: *Confucianism*

and the Modernization of China, hrsg. von Silke Krieger und Rolf Trauzettel (Mainz: von Hase, 1991), 63-95.

3.《心猿意马——儒家学说中的"自我"问题》,马树德译,《东西方文化评论》(第四辑),1992年,第196-217页。

4."Ein Mensch unter Menschen: Konfuzianismus und Gedächtnis", in: *Der Konfuzianismus, Ursprünge, Entwicklungen, Perspektiven*, hrsg. von Ralf Moritz und Lee Minghuei (Leipzig: Universität Leipzig, 1998), 55-63.

5."Der Heilige und sein Lehrer: Warum auch Konfuzius der Unterweisung bedurfte", *China heute* 2004: 3, 102-106.

6."Warum aus Konfuzius nie ein Dichter wurde", in: *Weltempfang: Panorama internationaler Autorenlesungen*, hrsg. von Thomas Böhm (Köln: Tropen, 2006), 75-89.

7.《他最爱的孟子:彼特·肯和〈孟子〉的恻隐之心》,《孟子研究新视野》,臧克和、顾彬、舒忠主编,北京:华龄出版社2013年版,第14-28页。

8.[英译]"His Most Beloved 'Meng Zi': Peter Kien and the Question of Compassion in *Mengzi*", minima sinica 2013: 2, 51-60.

9."Unterwegs zu Meng Zi: Nachdenkliche Wallfahrt zur letzten Ruhestätte des Meisters", *DCA* 21 (2013:3), 20.

(三)代表性译著

1. Lu Xun[鲁迅]. Ausgewählte Werke in sechs Bänden. Herausgegeben von Wolfgang Kubin. Zürich: Union, 1994.

2. Yang Lian[杨炼]. Masken und Krokodile: *Gedichte* [面具与鳄鱼]. Aus dem Chinesischen von Wolfgang Kubin. Berlin:

Aufbau, 1994.

3. Ouyang Jianghe［欧阳江河］. *Schnellimbiss: Gedichte*［快餐馆］. Aus dem Chinesischen und mit einem Nachwort von Wolfgang Kubin. UntenDurch, 16. Salzburg: Tartin Editionen, 2010.

4. Konfuzius, *Gespräche*［论语］, ausgewählt, übersetzt und kommentiert von Wolfgang Kubin［顾彬选译、注释］. Klassiker des chinesischen Denkens, Bd. 1. Freiburg: Herder, 2011.

5. Meng Zi, *Reden und Gleichnisse*［对话与寓言］, ausgewählt, übersetzt und kommentiert von Wolfgang Kubin. Klassiker des chinesischen Denkens, Bd. 3. Freiburg: Herder, 2012.

6. *Das große Lernen. Maß und Mitte*［大学中庸孝经］. Der Klassiker der Pietät, übersetzt und kommentiert von Wolfgang Kubin［顾彬选译、注释］. Klassiker des chinesischen Denkens, Bd. 5. Freiburg: Herder, 2014.

7. Xun Zi, *Die Bildung des Menschen*, ausgewählt, übersetzt und kommentiert von Wolfgang Kubin［顾彬选译、注释］.Klassiker des chinesischen Denkens, Bd. 6. Freiburg: Herder, 2015.

8. Bei Dao［北岛］. *Das Stadttor Geht auf*［城门开］. Aus dem Chinesischen und mit einer Nachbemerkung von Wolfgang Kubin. München: Hanser, 2021.

（撰写者：文源长，德国波恩大学博士）

田辰山

一、个人简介

田辰山，1946年7月18日出生于北京。初中时曾习俄语，1962年初中毕业考入北京外国语学校就读高中，开始英语学习，毕业后即被分配到外文出版局国际书店工作。1981年调入该局新世界出版社任编辑。1987年被派往美国夏威夷大学出版社做交换编辑，交换期结束后进入夏威夷大学学习，1989年获夏威夷大学本科同等学力。之后，师从著名美国比较哲学家安乐哲与当代新儒家代表人物成中英，先后获得美国夏威夷大学政治学硕士、哲学硕士、政治学博士学位。毕业后，在夏威夷大学中国研究中心从事中美交流和研究工作，旅居美国18年。2005年起，开始在中国大学执教，2006年，被北京外国语大学聘请为长聘文教专家，开始长期在国内教学。曾为国际中国文化研究院文教专家、国际儒学联合会理事、国际儒联对外联络委员会副主任,现任北京外国语大学东西方关系中心主任、国际儒联荣誉顾问、山东省"安乐哲儒学大家项目"核心团队成员。

田辰山的研究领域为中西政治哲学、东西方比较思想文化研究,他深受比较哲学家安乐哲的影响,是安乐哲"生生"中国哲学观的重要倡导者和推广者,并在与中国当代现实结合的过程中,突出和发展了其中"一多不分"的中国哲学核心理念,使其成为比较中西思想的有力工具。其学术实践为透过中西比较阐释哲学视角,分析中国当代思想文化中所蕴含的传统特质基因以及中西方思想交汇时产生的许多似是而非的误读问题,致力于中国传统文化的当代阐释、马克思主义中国化研究以及中国文化走出去人才培养。

其代表著作为《中国辩证法:从〈易经〉到马克思主义》(*Chinese Dialectics: From Yijing to Marxism*),该书于2008年被译为中文,并被列入"十一五"和"十三五"国家重点出版物出版规划项目,获得"第13届世界《易经》大会"著作金奖。其代表论文《马克思主义在中国的再阐释》于2001年获得全美政治学会议最佳论文奖。此外,还出版专著《中华文化跨文化讲述》、译著《"生生"的中国哲学:安乐哲学术思想选集》(安乐哲著)、《经典儒学核心概念》(安乐哲著),发表了《中国传统文化与马克思主义内在精神契合性研究》《中国的互系性思维:"通变"》《中国文化的自觉自信与交流》等诸多论文。

田辰山不仅是一位国际儒学学者,更是一位具有高度社会使命感的儒家践行者。他不只将中国哲学作为学术研究对象,更将"一多不分""生生不已"大生命体生态哲学视为解决当今世界困境危局的大道，故不遗余力加以弘扬和传播。2011年，他与安乐哲、王殿卿等学者发起创办首届"儒学与中华文化师资班"，旨在培养具有国际视野、明辨中西差异、深刻理解中国传统文化的跨文化师资力量。截至2021年，该师资班已连续开办11届，培养了包括中国和国外多国的国际跨文化学者1000余人，为中国文化在世界范围内进行宣传与交流储备了人才。田辰山在"儒学与中华文化师资班"中，不但是主要授课者，而且还是重要主办者，为使该师资班得以连续举办，他设计课程，筹措经费，付出了很大的心血。2020年以来，为进一步培养海内外从事比较中西方思想文化研究的青年学者，他在江苏南通创建东泽比较中西研学基地，带领广读中西经典的青年学子，采取现代学院与传统私塾相结合的办学方式，既开设正规学院课程，又与学生同住同行，共学共论，手把手将中西比较哲学的方法论传授给学生。其所设课程丰富，包括比较中西哲学文化结构概论、中国优秀传统哲学文化概论、中国优秀传统现代治国理政、中国优秀传统现代国际关系和外交、国学经典著作英译版本对照分析、中国辩证法：从《易经》到马克思主义、西方学术史里程碑式思想家概论等，其核心精髓均以比较哲学文化视野，运用"一多不分"的分析方法，对中国传统、当今世界、未来趋势进行透析和融通。与此同时，还在网络开设"读孟子，看天下""'一多不分'无话不说学哲学"等直播课程，为有志于学习和传播中国文化的海内外学习者授课，运用学习、会讲、实训、论坛、体验等多种形式，使学生掌握在整体文化语义背景下进行文化对比和讲述的能力，推动了中国"一多不分""生生"哲学话语体系的传播。

二、主要学术经历和学术成就

(一) 中西文化比较领域

田辰山的学术师承于比较哲学家安乐哲,中西思想文化比较是田辰山研究的核心与主线,他认为研究"差异"比"相似"更为重要,"融会"的前提是将"差别"讲清楚,这才是"和而不同"的真谛。他在该领域的主要学术成就在于以下几方面。

1.指出了长期以来中西文化交流领域因单纯靠词语对译而形成的根深蒂固的误解和误读,主张在中西文化互通中应采用安乐哲中西文化整体结构性比较的新视角,这对于中国文化讲清楚、走出去的话语体系建构具有重要意义。田辰山旅居美国18年,经历中美两国社会文化形态的巨大差异,认识到中西文化之间真正会通无法靠业已形成的程式化语言对译来完成。在安乐哲、郝大维等比较哲学家的指导下,他接受并深化了整体结构性比较中西的方法,认为目前中西误读的症结在于无意识地用一方文化的结构框架来解读对方文化,要扭转这种状况,必须将核心概念置于其本身所属的整体文化语义环境中,通过阐释,而不是简单对译,以达到让中国文化连同其文化底色原汁原味地传达到西方。

2.在中国文化特质方面,他深化与拓展了安乐哲中西比较哲学中的"一多不分"理念,使之成为中西文化比较中迥异于西方"一多二元"的核心差异点,这一根本差异点的凸显,揭示了中西文化背景底色的根本差异,为中西对比提供了全景视野,使中西比较得以剖析到深层哲学层面。他从中西世界观、方法论、思维方式、价值观、语言结构等五个方面,透析出其背后所隐含的"一多不分"与"一多二元"的根本差异,从而揭示了中西方文化交流障碍纱幕的根本成因。不同于古希腊宇宙观,传统中国思想世界并不凭空假设一个超然绝对、凌驾于万物的"一"，即"上帝"的概念，也不存在"一"和"多"，即上帝和其所造众多万物之间的二元对立，中国文化提倡"天人合一"，这个"一"指的是整个世界浑然而"一"，整体的"一"和构成它的众多个体是互相关联的，个体之间也是同气连枝、不可分割的，这就是"一多不分"的含义。同样，既然世界由关系构成，就不是静止不变的本质，而是变化的、过程性的、情势的，是以"天地人"不分、生生不息地存在于人类万物的延续之中，这与西方也是截然不同的。这样的理念也反映在中西对于"人"的不同认识上，中华文化不是把"人"设想为不可改变本质性的（beings），而是一个联系不分的"学以成人"的过程（becoming），因此，中国哲学重视个人道德修养的工夫论，在社会层面，重视教育的重要性。

3.田辰山对于中国特质的另一重要观点，是强调安乐哲对于中国哲学"生生"特质的定位。他提出中国哲学"一多不分"的、整体的、互系的特征，正是利生、利众、利通的生态特征，因此，中国哲学是一种生生哲学，反之，就是切割的、孤立的、一多二元的，即是害生、害众、害通的思想，将会把人类带向险境。

4.除了"一多不分""生生"之外，田辰山将"通变"作为中国哲学有别于西方哲学的重要哲学理念。不同于西方主流的断裂式思维，田辰山从《易经》中归纳出中国传统思想"通变"的互系性思维，即万物的运动、变化来自事物的偶对互系，即阴阳的、相反相成、相悖相续的"一多不分"的关系。因此，中国哲学探讨的"道"，不是本体、超绝万物之上的概念，而是世界万物互系、演化的连续性。田辰山认为，将"道"附会于西方本体论，把中国哲学思考的互系关系用规律或法则的概念来表达，极易忽略中西"一多不分"与"一多二元"的根本性文化深层结构差异。

5.在方法论方面,田辰山特别强调,西方学术考察问题的方式是从与假设的形而上学抽象出发,而中国认识事物是通过依靠万物皆为关系的经验。换言之,中国文化传统的思维方式不是假设性的,而是依靠实践经验观察,从而形成阴阳的、辩证的、过程的、关系的哲学。也正是从这一点出发,田辰山认为马克思主义与中国传统思想有内在契合点。

6.在中西比较阐释哲学维度中,田辰山加入并强调语言维度的对比。他认为,中西方的语言是各自特定文化的产物,也是各自文化的体现与载体。可以说,印度—欧洲语系为概念性语言,表述静止、不可分的本质,表述单线单向逻辑,是一种西方语系特殊的一多二元、超绝主义、二元主义范畴载体的单一语义语言;而汉语是一种互系性、意象性、类比性、全息性语言体系。所以,田辰山指出:"中西两个结构其实是根本上不在同一思考范畴之内,也即不同问题意识。"

(二)"一多不分"中西比较新视角在多领域研究中的运用

田辰山将"一多不分"中西方文化整体性比较的新视角运用到更广泛的领域当中,对于中西方语言、政治、经济、媒体、外交等诸多领域的问题和各种思潮,进行了哲学层面的深入剖析,为认识各类问题的根本症结所在提供了一种新思路。

1.将"一多不分"的核心理念,用于剖析其对于中美社会长期观察的现实问题当中。田辰山认为,中华文化不以"一己主义"为价值,也不是与上帝有关的绝对性原则成为价值,而是崇尚人与天地万物互系不分之道;中国文化传统不崇尚西方个人主义的价值,而是以一种一多不分"心场"式的关系掌握和谐、和而不同、天人合一关系为最大价值。

2.用"一多不分"视角对中国儒家经典在中西比较哲学层面进行当代解读。他在"读孟子,看天下"直播课程中,对于"闻诛一夫纣矣,未闻弑君也",用中国"一多不分"的文化特色进行了分析,认为正是因为纣不顾人民死活,已经完全对立于人民,偏离了中国一多不分的"心场"结构,而使社会陷入"一多二元"的困局之中,因此革命必然发生,以此对一多二元的害生结构进行反证。这样一种解读方式,为更好地在中西比较的视野中讲好中国故事提供了一套新的话语。

3.以"一多不分"为分析工具对泛滥全球的"个人主义"思潮进行了深刻批判。田辰山认为,不应用西方某一概念或说法作为普适价值去判断中国传统社会实践甚至文化、思想和哲学体系。他指出,"个体认同"(individual identity)的说法作为个人主义话语结构的概念是缺乏逻辑支撑且自相矛盾的。在现实中,单个个体是离不开其他个体或群体的,并非确立不变、孤立于任何环境的质体,这正是"个体认同"和"个人主义"思想方式的哲学误区或伪哲学性,是西方传统的"一多二元"的思维方式。

总之,田辰山的比较哲学并不是局限于一个学科,而是作为一种开放的思想方法。他分析比较了不同文化环境中的外交思想、企业与经济、公共医疗、科学、体育、教育、意识形态、社会现象,甚至体育、影视节目等内容,并从比较思想文化传统的角度,指出社会问题的根本症结所在,提出最为恰当有效的解释和解决办法。

(三)致力马克思主义同中华优秀传统文化契合性会通研究

20世纪80年代在美国求学期间,田辰山经常发现,从中国译作中学到的西方学术概念所带有的含义,与它们的英语对应词汇原本的含义相去甚远。于是他开始思考,中国人所解读的马克思主义辩证法是否与欧洲马克思主义辩证法原意相同。与此同时,他接触到郝大维、安乐哲两位比较哲学家关于中西方思想传统存在结构性差异的论述,这促使他从宇宙观、价值观、思维模式等诸多方面整体性认识马克思主义中国化问题。

田辰山的代表著作《中国辩证法:从〈易经〉到马克思主义》深入地分析了马克思主义与中国儒学的会通之处。他从《易经》当中取出"通变"这一概念,指出它为中国理解马克思主义辩证法提供了一个一切事物具有连续性这样一个世界观的框架,使对于马克思主义的讨论免除了"西方马克思主义"二元分叉式的思维误区,也避免了一些研究者不假思索地将马克思主义与中国文化置于"一多二元"的思维结构中去解析。田辰山从宇宙观、思维观、认知观、社会观和人生观等角度,深入探讨了两者的契合性。他认为,马克思主义无神论宇宙观彻底否定西方主流的造物神(或唯一真理)的本体论,从而自然走向世界万物内在普遍联系的认识,它宣称变化为自然宇宙的本质,而一个固定不变的本体只是非事实之假设,这完全脱离了西方"一多二元"的思想体系,成为在西方"一多二元"主流思想中的异军突起,是从"一多二元"走向"一多不分"的哲学。马克思主义强调实践的观点、普遍联系的观点、变化的观点,这都与中国"一多不分"的传统文化观念高度契合,而共产主义理想与中国大同世界一样,是"一多不分"在社会观上的具现。因此,中国接纳马克思主义不仅是历史性选择,也是自然、必然性选择。他进而提出,马克思主义的中国化实际上同时是中国"一多不分"传统特质现代话语转化的表现。他将此中国化过程总结为四个步骤:一、马克思主义思想译为中文后,由于中国语言所承载的"一多不分"基因,因而使其中文译本转入"一多不分"中国天道万物观的深刻变化，而其原有西方形而上学语言的西方含义被屏蔽；二、使用中国典故、成语、观念表述，西方概念变成"一多不分"天道万物观的内在联系（或曰道）意象语汇；三、马克思主义哲学通俗化和中国化运动使其融入"一多不分"的日常生活经验；四、毛泽东使马克思主义完全融入中国传统思想语境，提出要与西方形而上学加以区别。马克思主义中国化简单概括就是，马克思主义与中国革命具体实践相结合，与中国特色社会主义事业具体实践相结合，说到底，是彻底摆脱了西方"一多二元"的底色，而完全成为中国"一多不分"文化的当代载体，是马克思主义在中华哲学文化土壤的扎根，与中华传统世界观、思维方式、价值观的结合，以及以此为基础才取得的在具体实践层次的开花、结果。

田辰山这种以中西比较哲学的视角，以历史发展的视野，对马克思主义与中国传统文化进行条分缕析的深入探究，为马克思主义理论中国化研究的深化提供了一个新角度。中央编译局原秘书长杨金海曾评论："田辰山先生关于'通变'思想的论述把握了中国辩证法的精髓。顺着这一思路前行，我们不仅能够更加深入地直接体味中国人思维结构深处极其丰富的辩证法思想，甚至能够从哲学思维方式的深处窥见解开中国文化何以能够古今贯通、不断绵延繁荣的智慧锁钥。"《中国辩证法：从〈易经〉到马克思主义》英文原版在美国出版后，得到了高度评价，安乐哲评论："虽然涉及历史、思想、文献等脉络颇广，但田辰山的分析很细致。他以具体的论证，在当下这场旨在'以中国自己的情况去理解中国传统'的'汉学革命'中发出了自己的声音。"许多评论者认为是一部值得推荐的优秀作品。

（四）致力中国哲学话语体系创造性转化研究

田辰山以"一多不分"中西比较哲学视角所做的上述种种研究，归根到底是力图摆脱中国叙事失语的现状。近百年来随着西化运动，大量西方思想涌进和渗透到中国文化语义环境中来，已经形成一种用大量西方语汇译成汉语而充斥在汉语叙事当中，用它讲述中国思想和中国问题带来了大量扭曲性解读效果的局面，进而造成中国有理讲不出的失语现象和文化不自信的现象。田辰山认为，中国所使用的话语西方化与话语模糊性成为中西文化交流的阻碍，中国文化必须建立自己的话语体系，才能解决上述问题。他认为，要讲好中国故事，必须抓住中国文化"一多不分"的特质。《中华文化跨文化讲述》是集其多年的讲稿、发言、论文，整理汇编而成，作为汉语国际教育及中华文化国际教育研究生学习课本，集中体现了他在中国叙事体系建设方面的观点。全书从介绍中西"一多二元"与"一多不分"文化阐释方法论入手，探讨了中西互鉴的真正内涵，用"一多不分"阐释了中国当代政治中的传统基因，并分析了"一多不分"的马克思主义与中华传统文化的关系，最后论及中华"一多不分"文化的未来世界地位。这实际是通过"一多不分"与"一多二元"的文化结构比照，从整体结构性的角度尝试构建一套中国全面叙事话语体系，这是对于中国文化走出去，加强话语体系建设，讲好中国故事，增强中国国际话语权时代要求的实际回应。

值得注意的是，安乐哲与田辰山常常强调，讲清楚中西方文化差异并不代表将两种文化二元对立起来，而是两种文化一多不分，和而不同。田辰山认为，中西方文化没有谁优谁劣、谁高谁低、谁先进谁落后的问题。西方和中国是不同民族在不同地理自然环境经过不同社会实践创造出的不同文明和历史。不同民族经过世代经验积累形成的文化、思想乃至哲学体系都是人类的宝贵遗产，都是灿烂的、平等的。他提出"后现代儒学"以及"构建后现代儒学体系"的概念，认为在现有语言体系下以世界为舞台，将自己丰厚的文化底蕴呈现给国际社会，积极参与后现代社会和全球性问题的讨论，也可与马克思主义中国化打开互通之门。

三、主要论著

（一）代表性著作（含译著）

1.《中国辩证法：从〈易经〉到马克思主义》，北京：中国人民大学出版社2008年版。

2.《中华文化跨文化讲述》，长春：吉林出版集团股份有限公司2017年版。

3.《"生生"的中国哲学：安乐哲学术思想选集》（译者之一），北京：人民出版社2021年版。

（二）代表性论文

1.《关于"儒家思想与科技的关系"问题》，载《孔子研究》2005年第5期。

2.《自由和独立的媒介：中国的叙述以及全球化的现实》，载《传媒·传播·传播学——获取与使用传媒论》，上海：上海交通大学出版社2007年版。

3.《论西方"自由民主"主流意识的逻辑基础》，载《中国社会科学内刊》2007年第4期。

4.《"一"与"多"，人文奥运哲学基础——从古希腊奥林匹亚到北京》，载《东方论坛》2008年第1期。

5.《"自由"的注脚与对社会和谐的提示——看麦克·摩尔的文献影片〈科伦拜的保龄球〉》,载《全球传播前沿对话——全球传播与发展国际学术论坛文集》,上海:上海交通大学出版社2010年版。

6.《"和文化"与跨文化传播》,载《青岛科技大学学报》(社会科学版)2013年第4期。

7.《比较中西哲学视域中的马克思主义中国化》,载《光明日报》2014年7月16日《理论周刊·学术》。

8.《中国历史传统的"一多不分"法治思想》,"中国历史上的传统法治学术研讨会"论文,2018年6月。

9.《走向"一多不分"文明的新轴心时代与人类共建命运共同体》,第六届"长安论坛"论文,2020年1月。

(撰写者:赵延风,北京大学教授)

刘学智

一、个人简介

刘学智，1947年1月生于陕西省西安市长安县（现为长安区）。陕西师范大学教授、博士生导师。曾任中华孔子学会副会长，陕西省孔子学会会长、名誉会长，陕西省哲学学会副会长，西北大学关学研究院名誉院长，陕西省文史馆特聘研究员，国际儒学联合会理事、学术委员、顾问、顾问联络委员会委员，中国孔子基金会学术委员，中国人民大学孔子研究院学术委员，四川大学国际儒学研究院学术委员，西北大学黄帝文化研究院学术委员等。多年来一直从事中国哲学史的教学与研究。

1954年步入小学，1966年高中毕业，1968年返乡劳动。1971年6月，西安市教育局招教，进入教育系统，先后在长安县细柳中学、长安县教师进修学校任教。1977年高考恢复后,于1978年2月进入陕西师范大学政治教育系学习。

1982年2月,刘学智从陕西师范大学毕业后留校任教,从事中国哲学史的教学与研究。由于其特殊的经历,他既无家学可言,也错过了"笨鸟先飞"的读书机会。1982年到1983年在华东师范大学哲学系进修,这是他在中国哲学学习历程中极为重要的一段经历。其间他跟随丁祯彦教授、曾乐山教授、施彦平教授等学习中国哲学,也多次聆听著名学者冯契先生的演讲,并曾荣幸地得到冯先生和古籍所潘雨廷先生的当面指导。冯契先生的《中国古代哲学的逻辑发展》一书对他学习和领悟中国哲学发生了很大的影响。在老师们的指导、帮助和影响下,刘学智接触到中国古代的主要哲学文献,参与了施炎平、陈卫平两位老师组织的哲学系的多次讨论,打开了眼界,开阔了视野,特别是对中国哲学的研究方法有了一定的认识,这为他后来研究中国哲学奠定了良好的基础。

回到西安后,刘学智深度融入陕西学界,以谦虚的态度向张岂之、赵吉惠、赵馥洁、陈俊民、裴大洋、田文棠等诸先生请教,得到他们的殷切指导。刘学智说:"我学无常师,但身边无不有师。这是弱点,也是优点。其弱点是没有得到专职老师一以贯之的指导,然其优点则是没有门户之囿,可兼取众家之长,从不同的老师那里得到多方面的启迪。"这对他后来在学术研究上的多维思考影响较大。

二、为学之路和学术研究

(一)对中国哲学特点和研究方法论的思考

刘学智在多年的教学和研究中,形成了自己对中国哲学思想特点的理解。他认为中国哲学是以道德理性为本位的，关注的是社会和人生，追求的是人与自然、人与社会、人与自我身心的适应与和谐，从而其认识论往往被融入伦理道德修养论之中，而没有形成像西方哲学中那样发达的认识论传统，由此也与西方哲学那种实体的或认知的形上学不同，表现出价值的或境界形上学的特点。与西方"主客二分""天人分立"的思维方式不同，中国人主张"天人合一""主客统一""心物合一"等，这种本体论上的"二元同一""一多不分"特点，使思维超越了对世界本体的逻辑追寻，而代之以直觉体悟式的整体把握。基于这些认识，刘学智发表了论文《中国古代哲学没有不可知论传统》，该文被《新华文摘》《中国人民大学复印报刊资料》《高等学校文科学术文摘》《文汇报》等十多家报刊转载或转摘。刘学智以上述看法为基础，考察了"天人合一"这一命题，指出"天人合一"有形上、形下之分，这一思想在古代虽然早已有之，但汉唐多倾向于在形下意义上讲"天人合一"（如"天人和谐"论），而宋代之后的理学家则是在《孟子》、《中庸》和《周易》的道德心性论与"天人一体"的意义上讲"天人合一"。"天人合一"这个命题的提出者是张载，他正是在此意义上说"儒者则因明致诚，因诚致明，故天人合一"（《正蒙·乾称篇》）。理学家大都认同这一说法，所谓"天人本无二""仁者以天地万物为一体"（二程）、"人与天地本一体"（朱熹）、"天地万物本吾一体"（王阳明），都主张天道性命的"一体"论，这与以主客有分思想为基础的"天人和谐"诸论遵循的是不同的思维路径。① 对中国哲学思维特点的这一认识，贯穿在他

---

① 参见刘学智：《"天人合一"即"天人和谐"？——解读儒家"天人合一"观念的一个误区》，载《陕西师范大学学报》（哲学社会科学版）2000年第2期。

所著《中国哲学的历程》一书中。该书坚持中国哲学自身的特点，主张以中国人的话语系统、思维方式来阐释中国哲学，尤其强调要"注意把哲学家的思想放在中华民族特定时代的文化背景下和理论思维发展的历史进程中，将其作为中华智慧发展的一个环节来考察"（见该书《后记》）。

（二）坚持学术史视野的中国哲学史研究

刘学智受张岂之、赵馥洁等先生的影响，坚持学术史视域下的中国哲学史研究。在20世纪末，他已注意到应把中国哲学的研究与中国学术史的研究结合起来。1998年，他在张岂之先生的指导下，组织国内一些学者开始编纂《中国学术思想编年》（六卷本）。该书把学术史上的重要学人、主要学术著作、学术事件及相关的历史事件等，按照年代加以系统考察和编排，介绍其历史面貌，辨析其思想特点，考证其年代和文献真伪，总结其理论价值和学术成就等，形成了一部集资料性、思想性、学术性于一体的史料学性质的著作。该书于2006年出版，由张岂之先生主编，刘学智为副主编。楼宇烈、彭林、王世舜等先生曾参与过该书的审定工作。刘学智不仅参与整套书的主编工作，还撰写了其中的《中国学术思想编年·魏晋南北朝卷》（第一作者）和《中国学术思想编年·隋唐五代卷》，书中诸多考辨具有较高的学术价值。研究汉魏隋唐时期的学术史，要涉及佛教、道教等多方面的文献，为此他在这一时期翻阅了大量的佛、道著作，期间又为台湾辅仁大学《哲学大辞书》撰写了十多万字佛教方面的条目，这一工作给予他了解佛教思想以很大的帮助。笔者曾目睹刘先生用过的《旧唐书》《新唐书》等书籍，书皮都已破烂不堪，用胶布粘了又粘，可见他下功夫之深。

(三)对儒释道关系史的研究

刘学智在上述研究中,体会到汉魏后的中国哲学发展是在儒家与佛、道二教相互交织的复杂关系中展开的,故研究汉魏之后的思想史不能脱离儒释道而孤立进行,否则许多问题就难以说清楚,于是他又开始关注儒释道关系史的研究,并于2006年前后在研究生中开设了"儒释道三教关系研究"的课程,还先后发表了《当〈老子〉与佛教相遇——佛教视角的〈老子〉诠释》《儒道释交融与理学的形成及特点》《关于"三教合一"与理学关系的几个问题》等多篇论文,这些论文与其他论文一起汇集后形成了《儒道哲学阐释》《儒道释与中华人文精神》两部著作出版。在书中,刘学智提出了一些有价值的观点,如:从先秦到两汉时期,中国思想的发展大致经历了从"诸子并立"到儒道并存、儒道合流之格局形成的过程,黄老之学是较早体现道、儒相融关系的学说体系;到两汉时,佛教传入,道教产生,至魏晋南北朝逐渐形成儒释道三教鼎立的思想格局,该时期三教关系也从外在的"调和"走向思想上的深度"融合";唐宋以降,三教"交融"逐渐走向"三教合一"。他指出,"三教合一"是指三教在保持各自门户的同时,不仅相互吸收和相互融通,而且其融通有了鲜明的思想归向,即归向"心性"。如《性命圭旨》所说:"儒曰'存心养性',道曰'修心炼性',释曰'明心见性'。心性者,本体也。"并且这种归向分别产生了三个思想成果,如李道纯所说"禅宗、理学与全真,教立三门接后人"(《中和集》卷三)。由此,刘学智提出:"若进一步考之三教发展的动态过程以及各教的较为确定的归势,不难发现,迄唐以降,佛教由禅宗而革命,道教至全真而转向,儒学到阳明乃大变,其寓于变革转化中的思想意趣不越'心性'二字。'三教合一'即伦理目标一致,旨趣归向心性。"他认为,这正说明"主体由外在探索转向自心识见的趋向带有某种必然性"。①在上述研究的基础上,刘学智于2011年申报教育部重大课题攻关项目"儒释道三教关系史研究"并获批准,目前已经结项。

(四)关学文献整理与关学史的研究

作为在陕西关中文化氛围中成长起来的学人,对张载及关学的研究是刘学智几十年来一直重点关注的领域。1991年,他在《哲学研究》上发表了《关于张载哲学研究的几点思考》一文,针对当时关于张载思想研究的某些倾向性问题提出自己的看法:其一,针对学界研究张载重于《正蒙》而忽视《横渠易说》的情况,指出张载的原儒踪迹是"以《易》为宗"的,《易说》早于《正蒙》,其思想基础在《易说》中已经奠定,故应该重视对《横渠易说》的研究;其二,针对学界多关注张载的"气"论而忽视其心性论的倾向,指出张载的思想旨趣是"性道为一",其核心是"以宇宙论说明人性论和道德论""把气论推向社会人生之道是以'性'为中介,并通过心性问题的展开而实现的",故张载的气论是有承载价值的,其"理论旨趣在于心性论",所以应该重视张载心性论的研究;其三,针对当时多以"唯物""唯心"思维模式简单地把张、程思想对立的倾向,提出"应改变研究张程、关洛之学'两军对垒'的思维模式",这在当时是需要勇气的。为了深化这一思考,他先后在《陕西师范大学学报》《中国哲学史》《哲学研究》等刊物上,发表了《〈横渠易说〉与张载的天人合一思想》《张载与二程之关系略议》《"关学洛学化"辨析》《朱熹"中和新说"与关学关系探微》等论文,将上述观点进一步深化。

---

① 刘学智:《儒道哲学阐释》,西安:西北大学出版社2018年版,第230、232页。

主编"关学文库",将关学研究推向一个新阶段。关学文献虽然丰富,但长期未能得到系统整理,从而影响到关学研究的进一步深化。进入21世纪,刘学智在张岂之、赵馥洁两位先生的指导和鼓励下,在当时的陕西省出版局局长薛保勤、省参事室主任徐晔和西北大学出版社社长马来的总体策划下,组织省内外学者,历时7年,对历代关学主要文献进行了系统整理和研究,完成了"关学文库"的编纂,由刘学智、方光华任总主编。该文库包括"关学文献整理"和"关学学术研究"两个系列,共计40种,47册,约2300万字,涉及关学史上29位学人的著作,此外还有《张载年谱》《关学史文献辑校》《关学学术编年》等专题研究著述。刘学智不仅和方光华一起负责全书的统筹安排和学术指导及部分审稿,还亲自整理点校了该文库中的《冯从吾集》《吕柟集·泾野经学文集》,并撰写了《关学思想史》一书(2015年初版,2020年增订版)。《关学思想史》对"关学"概念做了明晰界定和辨析,对关学研究的方法论进行了综述和探讨,指出"关学"不是一般意义上的"关中之学","从广义上说,关学是指由张载开创及其后一直在关中流传的理学的统称;而狭义上的关学,则指张载及其后在关中流传的与张载学脉或宗风相承或相通之关中理学"[①]。刘学智进而对张载关学的历史渊源、形成过程、思想特征、发展历程、历史影响做了深入分析,其对张载的哲学体系、思想特质、精神气象等的研究和探讨及对后张载时代关学的传承和关洛关系的辨析等,则是该书的核心内容;对关学在宋、金、元、明、清及清末民初的历史发展和思想演变的系统考察,是该书的主体内容。此前,学术界关于关学史主要有两种看法:一是认为关学仅是张载及其弟子的学说,"北宋亡后,关学就

[①] 刘学智:《关学思想史》(增订版),西安:西北大学出版社2020年版,第5页。

渐归衰熄"①；一是认为关学因后来在不同时期或受程朱影响，或受陆王影响，关学宗旨发生了变化，没有一以贯之的关学。刘学智经过系统考察，认为"关学是一个有本源根基、学脉传承、学术宗旨、风格独特而又开放包容的多元的地域性理学学术流派"②。关学有其发展演变的历史，其在发展过程中，或与洛学交融，或与朱子学交融，或与阳明学交融，但其合"性与天道为一"的心性旨趣，其经世致用、躬行礼教、笃实践履、崇尚气节的关学宗风则一以贯之，其"源流初终，条贯秩然"③。重要的是，《关学思想史》对中华人民共和国成立以来一直未进入学者视野的明代南大吉的文献和学术思想给予了充分关注，对南大吉在关中传播阳明心学的历史作用及关学与心学的交融关系首次进行了深入探讨和阐释；对关学学人的地域边际给予了新的界定，认为历史上作为"关中理学"的关学，应该包括陇右理学在内，并指出历史上广义的关学当指"关陇理学"。为此，该书在增订版中，对兰州学人段坚、山丹卫学人周蕙的学术思想给予了补充，对其在明代关学史上传承薛瑄"河东之学"并影响了薛敬之、吕柟的学术思想的历史地位给予了充分肯定。书中还对关学在晚清及民国时期的多维发展进行了考察，指出以贺瑞麟为代表的清麓一系、以刘古愚为代表的烟霞一系和以柏景伟为代表的沣西一系的学术思想，代表了清末民初关学学术的多元走向，基本厘清了清末民初关学的发展脉络。

（五）关于传统文化现代转化的研究

刘学智近年主要着力于中华优秀传统文化现代转化的思考，

---

①侯外庐主编：《中国思想通史》（第四卷上册），北京：人民出版社1959年版，第504页。
②刘学智：《关学思想史》（增订版），西安：西北大学出版社2020年版，第5页。
③（清）王心敬：《关学续编·序》，道光十年（1830）朝邑蒙天麻荫堂刊本。

他以关学学人蓝田吕大钧等制定的《吕氏乡约》为突破口，探讨体现传统乡约的历史成因、乡村治理智慧及当代意义，先后发表了《理学视域下的〈吕氏乡约〉》《〈吕氏乡约〉的乡村治理智慧及文化意义——兼谈乡约文化的现代转化》等论文，对乡约的现代转化和当代乡村治理体系建构的研究有所推进。他将"传统乡约"界定为"村民在乡贤主导下自愿入约（'来者亦不拒，去者亦不追'）、自觉接受乡约约束、自觉履行劝勉义务和接受惩戒的一种社会基层组织形式"。在对《吕氏乡约》历史考察的基础上，重点探讨了传统乡约的乡村治理智慧及其在当代乡村治理体系建构中的意义，并结合当代新农村建设的实际，制订了能适应新时代特点的《蓝田新乡约》[①]。刘学智认为，传统乡约的乡村治理智慧所体现的核心精神是：其一，其价值导向具有启迪村民道德自觉、行为自律的意义；其二，它体现了一种把社会道德教化与和谐秩序建构通过民间自愿约定的方式实现乡村自治的高超智慧；其三，它找到了一种在传统农业文明背景下既不与国家法律冲突，又让村民对自身行为能有效约束的介于正式制度与非正式制度之间的具有一定权威性的乡村自治组织形式，可以填补法律与乡村习俗之间管理的真空，成为法律的必要补充。这些正是《吕氏乡约》具有的超越性文化意义。

在上述研究的基础上，刘学智着力探讨了传统乡约在当代乡村治理实践中的现代转化问题。他认为，传统乡约是以儒家伦理思想为基础，在宋代理学背景下产生的，而当今时代已经发生了根本的变化，儒学在乡村的生存根基已基本解体，那种通过伦理关系、家族权威、家族祭祀等维系家族和睦、邻里和谐的情况在

---

① 刘学智：《〈吕氏乡约〉与〈蓝田新乡约〉》，载《光明日报》2018年7月14日11版。

今天已逐渐失去根基。随着近年来城镇化步伐的加快，在一些地方其原始村落已逐渐解体、弱化甚至"空心化"，家庭的微型化，熟人社会为主导向陌生人为主导的社会转化，等等，都使传统乡约的现代转化遇到现实的挑战。他把乡约的理论研究与当今乡村的治理实践相结合，坚持对传统乡约"取其精华、去其糟粕，扬弃继承、转化创新"的方针，顺应时代的发展变化，以"新的时代内涵和现代表达形式"，对《吕氏乡约》进行转化创新。刘学智在陕西师范大学及蓝田县政府相关部门的支持下，成立了"《吕氏乡约》的创造性转化——《蓝田新乡约》的制订与实践"课题组，并带领团队成员历时一年多，在充分考察和专题研究的基础上，完成了《蓝田新乡约》的制订，并在蓝田、渭南等地试点和推广。新乡约的突出特点是：以《吕氏乡约》"德业相劝，过失相规，礼俗相交，患难相恤"为基本架构，在继承优秀传统伦理道德观念的同时，坚持贯彻社会主义的核心价值观，赋予新乡约以现代性内容和时代精神，为其注入了民主意识、自由观念、平等意识、法治观念、环保意识、公德意识以及新的教育理念等现代观念和时代要素。2020年，刘学智主持申报的国家社会科学基金重大项目《乡约文献辑考及乡约文化与当代乡村治理体系建构研究》获得立项，该项目正在研究进行中。

三、学术活动及社会评价

刘学智的学术成果曾获得多个重要奖项：

1.2007年4月，张岂之、刘学智主编的《中国学术思想编年》（六卷本）入选国家新闻出版署第一届"三个一百"原创出版工程。刘学智撰写的《中国学术思想编年·隋唐五代卷》，获教育部人文社科优秀成果三等奖。2009年6月,该书获陕西高校人文社会科学优秀成果一等奖。时任陕西省社科联主席赵馥洁教授在《光明日报》以《中国学术思想的历史"长河"》为题评论说:"该书统摄融合了'学术史'和'思想史'两大方面。""这种综合性著述内容的确定,既避免了学术史的主题泛化和思想淡化,又克服了分门别类地从哲学思想、史学思想、政治思想、法学思想、美学思想、伦理思想等某一个视角研究中国思想的狭窄化,从而使中国历史上的学术与思想以及思想的各个门类能够从综合、整体上予以呈现。"(2010年2月8日11版)

2.2009年6月,《中国哲学的历程》(修订版)获陕西省人民政府第十一次哲学社会科学优秀成果一等奖。王兴尚教授评论说,该书其"理论深度在于通过哲学范畴的辩证运动展现出中华民族精神的矛盾与冲突、扬弃与发展的精神进化过程;它的学术特色在于试图摆脱'条条''块块'式的陈旧模式,探索各家哲学范畴的内在联系、发展脉络、深化过程"[①]。

3.2015年"关学文库"出版后,在北京举行了首发式,受到学界的广泛关注。《光明日报》专版发文予以报道,多家报刊和网站发表评论。2016年10月,"关学文库·文献整理系列"获得由岳麓书院、凤凰网、凤凰卫视、敦和基金会颁发的"第二届全球华人国学成果奖";同年12月,该书又获中国出版协会颁发的第六届中华优秀出版物奖;2020年"关学文库·文献整理系列"获得教育部人文社会科学优秀成果二等奖。张岂之先生说:"'关学文库'的出版,是关学文献整理与学术研究上的盛举。""为推进关中思想

---

① 王兴尚:《中国哲学史研究方法论断想——兼评〈中国哲学的历程〉》,载《祁连学刊》1994年第2期。

文化研究、培养学术后备力量、突出陕西地域文化特色做出了贡献。"陈祖武先生评价说,"关学文库"是"一部具有里程碑意义的学术精品"。陈来教授评价说:"这项重点文化工程的完成,对于完整呈现关学的历史面貌、发展脉络和鲜明特色,彰显关学精神,推动传统文化创造性转化、创新性发展都具有重要意义。"①赵馥洁教授说,"关学文库""为拓展和深化关学的学术研究,奠定了史料基础;为汲取关学的深湛智慧,建立了文献渊薮;为弘扬关学优秀精神,提供了资源宝库;为拓展陕西传统文化资源的开发,确立了新增长点"。② 台湾地区方俊吉先生说:"'关学文库'的诞生,已然颠覆了往昔误认为'关学'到南宋后即告衰熄的说法。"

4. 2018年5月,《关学思想史》一书获陕西省第十三次哲学社会科学优秀成果一等奖。该书在未出版前,已于2015年3月获得四川大学国际儒学院纳通国际儒学奖·优秀征文奖。正式出版后,《光明日报》以《开山之作——读刘学智〈关学思想史〉》为题,发表了米文科教授的评论,指出该书"是迄今为止学界关于关学思想研究的第一部通史著作……是关学思想通史研究上的开山之作,同时也是所有想要了解关学、研究关学而无法绕开的一部具有重要学术价值的著作"(2017年2月25日11版)。陈祖武先生在读该书后说:"我尤其佩服学智先生系统、周密的文献梳理,以及凭以展开的理论归纳。"③《孔子研究》《陕西师范大学学报》《唐都学刊》《陕西日报》等亦发表了相关的评论,给予该书较高的评价。

---

① 参见《光明日报》2015年12月21日11版,又见《陕西师范大学学报》2016年第3期。
② 参见《唐都学刊》2016年第3期。
③ 参见《陕西师范大学学报》2016年第3期。

5.2012年10月，刘学智被中共四川省委宣传部、四川省社会科学界联合会、四川大学聘为《巴蜀全书》专家委员会委员。鉴于刘学智在西部儒学研究中的突出贡献，纳通国际儒学奖组委会、四川大学国际儒学院为他颁发"2018年度'西部儒学贡献奖'"。张岂之先生在《儒道哲学阐释·序》中说："刘学智同志多年致力于中国哲学史的教学和研究，对儒、释、道三教皆有所涉猎，更着力于儒、道哲学……学智同志有着相当严肃的治学态度，这从该书的整理可以看出来。"并指出他的"研究有着广泛的文化视野"。

6.刘学智多次应邀参加国内外多种学术会议。自1994年起，先后赴中国的台湾、香港地区和马来西亚、印度尼西亚、越南、韩国、美国等地参加学术会议，并发表演讲。为了推动儒学研究，他组织举办了多次相关的国内或国际的学术研讨会。2000年至2013年，他先后三次赴韩国，曾与赵吉惠、赵馥洁两位先生同韩国金忠烈、高康玉、张闰诛等教授一起，为推动中韩学者在南冥学与张载关学研究方面的交流互动，在西安和釜山分别举办了多次学术会议。2010年10月，刘学智配合国际儒联在西安举办了"汉唐儒学基本特征与思想精华"学术研讨会；2011年8月，协助组织了由香港圆玄学院、陕西师范大学政治经济学院主办的"第十三届国际场有哲学学术研讨会"；2016年10月，组织举办了第四届全国儒学社团联席会议暨"儒学核心价值观及其当代意义"学术研讨会。还与陕西诸同人多次组织了张载及关学研究的国内或国际学术研讨会。

7.刘学智曾在四川大学、厦门大学、宁夏大学、西北大学、西安交通大学、西安理工大学、空军工程大学等多所高等院校及陕西省政府、省妇联、省委党校等政府部门及单位做过多场学术讲座。刘学智在进行学术研究的同时，还注意将理论与现实问题的研究相结合，故他被陕西省文史馆聘为特聘研究员，被政协渭南市临渭区委员会聘为第十六届特聘委员。作为政协吉林省委员会"同心智库"成员，他多次应邀赴吉林省参加相关研讨和咨询活动。

8.刘学智诸多论文发表后产生了较大的社会反响，有多篇论文被《新华文摘》《中国人民大学复印报刊资料》《中国哲学史》《高等学校文科学术文摘》等多家刊物转载或转摘。他的《善心、本心、善性的本体同一与直觉体悟——兼谈宋明诸儒解读孟子"性善论"的方法论启示》在《哲学研究》发表后，香港中文大学赵汝明教授评价此文"相当有深度和可辨性。作者开宗明义地就孟子'性善说'的理路申明，关于这些具体的述析……已做到非常全面而贯通。这些全面贯通的解释，相信就是作者对《孟子》文献了解最好的佐证"。

四、主要论著

（一）代表性著作

1.《中国哲学的历程》，西安：陕西人民出版社1993年版。

2.《儒道哲学阐释》，北京：中华书局2002年版。

3.《中国学术思想编年·魏晋南北朝卷》（第一作者），西安：陕西师范大学出版社2006年版。

4.《中国学术思想编年·隋唐五代卷》，西安：陕西师范大学出版社2006年版。

5.《中国思想学说史·魏晋南北朝卷》（分卷主编），桂林：广西师范大学出版社2008年版。

6.《儒道释与中华人文精神》，北京：中国社会科学出版社

2012年版。

7.《关学思想史》,西安:西北大学出版社2015年版。

8."关学文库"丛书(总主编之一),西安:西北大学出版社2015年版。

9.《冯从吾集》(点校整理,第一作者),西安:西北大学出版社2015年版。

10.《吕柟集·泾野经学文集》(点校整理),西安:西北大学出版社2015年版。

(二)代表性论文

1.《关于张载哲学研究的几点思考》,载《哲学研究》1991年第12期。

2.《冯从吾与关学学风》,载《中国哲学史》2002年第3期。

3.《曹南冥对宋儒"心统性情"说之图式诠解》,载《中国哲学史》2004年第2期。

4.《关学及二十世纪大陆关学研究的辨析与前瞻》,载《中国哲学史》2005年第4期。

5.《〈老子〉的原创与诠释》,载《哲学研究》2006年第10期。

6.《张载"和"论探微》,载《中国哲学史》2008年第2期。

7.《南大吉与王阳明——兼谈阳明心学对关学的影响》,载《中国哲学史》2010年第3期。

8.《善心、本心、善性的本体同一与直觉体悟——兼谈宋明诸儒解读孟子"性善论"的方法论启示》,载《哲学研究》2011年第5期。

9.《思孟学派"智"的德性化及其影响》,载《哲学研究》2012年第9期。

10.《朱熹"中和新说"与关学关系探微》,载《哲学研究》2015年第12期。

11.《"关学洛学化"辨析》,载《中国哲学史》2016年第3期。

（撰写者：魏冬，西北大学关学研究院副院长、教授）

刘笑敢

一、个人简介

刘笑敢，1947年3月1日生。1954—1966年，在天津上中小学（上海道小学、五十五中学、十六中学）；1968—1973年，内蒙古自治区四子王旗"插队"落户；1973—1976年，内蒙古师范学院中文系；1976—1978年，内蒙古自治区知识青年共产主义劳动大学，教师；1978—1981年，北京大学哲学系研究生；1981—1982年，中华书局，编辑；1982—1985年，北京大学哲学系博士研究生；1985—1988年，北京大学哲学系讲师、副教授；1988—1990年，美国哈佛大学哈佛燕京学社访问学者；1990—1993年，美国普林斯顿大学访问学者；1993—2001年，新加坡国立大学高级讲师、副教授；2001—2012年，香港中文大学哲学系教授，《中国哲学与文化》创刊主编,中国哲学与文化研究中心创办主任、荣誉主任、兼职教授（2012年以来）；2017年以来,北京师范大学哲学学院特聘教授。

二、求学求真之路

（一）从内蒙古到北京

1973年,我考进了内蒙古师范学院中文系,成了一名"工农兵学员"。1978年,我报考北京大学哲学系研究生,准备师从张岱年先生学习哲学。中文系毕业,要考哲学系,一来是兴趣,二来是想寻求机遇。经过老师们的辅导和我的努力坚持,最终如愿以偿考进了北大,成为"文革"后第一批研究生。

在北大时,张岱年先生第一次召集我们研究生开会时说："北大的中国哲学史研究有两个特点：一个是重训诂考据,一个是重理论分析。"这句话奠定了我一生治学的方向。选择研究方向和课题时,我选择了《庄子》研究,一来想从先秦开始往下梳理,二来听说张岱年先生会指导先秦部分。这样的话,就能跟随张先生学习了。

理论分析不是训诂考据,但有了训诂考据的意识,理论分析就不能天马行空。我对庄子思想的分析主要依据《内篇》,严格根据原文去揭示和分析庄子的思想。我的方法是从术语或概念的分析入手（道、天、命、齐物、逍遥）,扩展到几个理论侧面,如安命论、逍遥论、真知论及齐物论,再讨论诸概念和理论之间的关系,得出对庄子思想的比较完整、立体式的结构。这就摆脱了当时盛行的自然观、认识论、方法论、历史观的四大模式。后来才知道流行的诠释学将这种方法称作"重构"。但近来我不满足于仅仅是"重构",因为"重构"可以是以严格理解文本自身为导向的,也可以是试图创造和表达现代人思想的,二者取向、目的、方法、标准皆有不同,所以，我提出应该将"重构"区分为"拟构"和"创构"两种情况，"拟构"意在模拟原有思想体系，"创构"意在回答和表达现实或未来的需要。

关于中西方文化的比较研究，我认为要从具体人物、具体理论入手。当时我研究庄子，看到很多人将庄子断定为主观唯心主义、不可知主义，并与西方的存在主义相比附。于是，我就开始追踪"主观唯心主义"的起源和本义，发现西方的主观唯心主义和当时中国一些人所用的意思完全不同，与庄子思想的精神也完全不同，甚至相反。我感到奇怪的是，冯友兰先生也认同庄子是主观唯心主义。于是我去拜访冯友兰先生。冯先生耐心地对我讲了他自己对庄子研究的思考，他从文化比较、学术背景等方面出发，坚持以西方的学术研究方法来系统解读庄子，还将庄子哲学援引入"新理学"的哲学体系中。这次拜访，使我收获良多。

我还花了不少时间去了解存在主义，研究庄子和存在主义的关系。我选定法国哲学家萨特为目标，阅读有关存在主义和萨特的著作。我写了一篇关于庄子的精神逍遥和萨特的行动自由相比较的文章，张岱年先生看后推荐给了存在主义专家熊伟先生。熊先生旋即复信说"能够速复，殊为意外"，称该文"主题思想适时而不多见，不随俗，不冲动，有见地，能中肯"。

（二）从北大到美国

当年，我的博士论文答辩获得通过后，现代新儒家学派代表人物杜维明先生对我的论文评价较高，认为与英国汉学家葛瑞汉（A.C.Graham）治学方法相似。密歇根大学的孟旦（Donald J. Munro）教授认为我论文第一部分的英文提要写得很好，便请人翻译出版，又请专家匿名评审。显然，这篇论文的英文提要是重要的出版契机，而提供这一契机的是当时的大百科全书出版社编辑全如瑊先生。他对学问、对后辈热情而无私。他知道我的研究成果后，多次建议我用英文发表，并亲自帮我修改。

于普林斯顿大学期间，在费城任教的傅伟勋教授约我为他主编的"世界哲学家丛书"写一本关于《老子》的书。在写作关于《老子》的这本书时，我从韵文特点入手考察《老子》的年代，比如，我从韵式、合韵、修辞、句式等方面详细比较研究，为确定《老子》的年代提出了新的论证，最终于1997年以《老子：年代新考与思想新诠》之名出版。

（三）从美国到新加坡

因为特殊的机缘，我在新加坡国立大学中文系教书八年，当时的中文系其实是中国研究系，包括有关中国的语言学、文学、历史、哲学、翻译和比较研究，和系里同事的交往扩大了我的思想视野和知识领域。系里准备成立研究中心，当时的系主任陈荣照先生让我报研究课题。我在北大做《庄子》考证时就幻想用计算机作语言资料去统计和分析，于是，我联系了教语言学的陶红印博士和张敏博士。他们都对计算机操作和语言材料的分析有兴趣且又有技术，我们便一起申报了以计算机为辅助手段的儒家"四书"和道家典籍分析的课题。

想到这一课题的另一个原因是，我当时还在为傅伟勋先生邀约的"世界哲学家丛书"的《老子：年代新考与思想新诠》一书写作，要做全面的研究就要注意新发现的《老子》帛书本。帛书本发现后研究的人不少，但是对帛书本的研究与传世本的研究整合不够，要整合起来，就要将二者做全面的比较。我就想到需要将帛书本、傅奕本及通行的河上公本及王弼本做一全面细致的比较，避免简单地依据一个版本做结论下断言。我指导学生编制老子五种版本通检的目的大致有两个：一是了解从古到今《老子》五千言的演变是否有某些有趣的或规律性现象，另一个是希望对老子思想的研究提供一个可靠的文献基础。

经过研究，我发现从竹简本、帛书本经过唐代的傅奕本到流传至今的王弼本、河上公本，两千年中贯穿着一个明显的按照《老子》古本固有内容逐渐"改善"原文的努力，如整齐的四字句和三字句的增加，对偶句和排比句的增加，一章之内和章与章之间的回环增加等，我将这种现象称作"语言趋同"。这种现象也引起了思想的强化，如"道"和"无为"使用次数的增加，为突出中心概念而对句子顺序的调整，我将这种现象称作"思想聚焦"。这一发现和我的《老子》考证、《庄子》考证一样。

我当时答应傅先生写《老子：年代新考与思想新诠》一书的时候，想得比较简单，认为把自己在北大讲课时关于《老子》的教学提纲稍事扩充即可成书。但要动笔写作时，方感到原来讲课的思路、方法与海外的学术标准有明显不同，这样，我的老子研究就有点举步维艰。

对老子思想之可能的本义探求离不开考据性工作，但这不仅是为了写考据文章，而是让我多了一种探求文本"原意"或"本义"的眼光和工具。比如，《老子》中几次讲到"取天下"，一般人会想到"夺取"天下，但这似乎与老子自然、无为的主张相矛盾，于是有的学者就跟从河上公注将"取"解释为"治理"。然而，老子明明有很多"爱民治国""以正治国"的说法，为什么又要用"取"来代替"治"的用法呢？查来查去，我认为古代并无以取为治的用法，河上公之注不足为据。"取"到底何意？我查出《左传》中多次讲到"取，言易也"，即不动干戈、容易获得的意思。这样来理解老子之

"取天下"就与其自然、无为的主张没有矛盾了。

我并不满足于对老子思想的纯学术、纯客观、纯历史的探索，便深入探讨老子思想的不同侧面对现代社会的意义。于是，写作《老子：年代新考与思想新诠》这本书时，我在每一个概念的分析之后，都设有一节专门讨论它的现代价值。我将自己对现代社会的思考、将老子思想在现代世界的应用与我对《老子》本义的研究区别开来。后来，我又从方法论的角度探索"两种定向"的问题与这种实践是有密切关系的。

谈到老子思想与现代社会的关系，我到新加坡后陆续接到美国的一些会议邀请，大都与现代课题有关，如道家与女性主义、道家与生态问题等。这些课题研究促使我思考如何严肃而不是随意地将古代思想运用到现代社会。后来，我以老子思想为例做了一些探索，作为方法探索的实例收入《诠释与定向——中国哲学研究方法之探究》一书。

(四) 从新加坡到中国香港

从新加坡来中国香港，学术环境又有了一个重大转变。香港中文大学哲学系曾经是唐君毅、牟宗三、劳思光等诸先生创建的中国哲学重镇，但我来任教时，系里的绝大多数同事是西方哲学的专家，他们对哲学研究的标准和中国哲学研究不同，这促使我思考到底什么是中国哲学研究。恰好当时的系主任关子尹教授和后来新任职系主任张灿辉教授都积极推动我建立中国哲学与文化研究中心，该中心的成立促使我从更广阔的角度来思考，中国哲学作为现代学科和文化现象的近况和未来，中国哲学的研究方法、标准等一系列问题。

一个问题是如何处理西方哲学与中国古代思想典籍的关系问

题,这个问题难以有简单的答案。魏晋时期,中土僧人用本国熟悉的老庄思想的概念(无、无为、自然)解释外来的陌生的佛教概念(空、涅槃),称之为"格义"。近代中国本土的哲学家反过来用外来的哲学概念来解释传统的儒释道理论,我称之为"反向格义"。这不仅是哲学领域的问题,也是20世纪中国文化与西方文化之间互动大背景中的一个侧面的反映。比如,有种认识是学中国哲学的必须懂西方哲学,否则就叫不懂哲学,或没有资格研究中国哲学;但学西方哲学的完全不必学中国哲学,不必懂孔孟老庄。这种盲目傲视他人或崇拜他方的认识,是非理性和非健康的哲学研究态度。

另一个问题是中国古代哲学诠释传统中的"两种定向"问题。北大的哲学研究既重视训诂考据,又重视理论分析,这二者是密切联系在一起的。理论分析也是建立在训诂考据的基础上的。我研究《庄子》,就尽可能直接读《庄子》原文,避免按照郭象的注释读《庄子》;研究《老子》,就直接依据《老子》分析,避免陷入王弼注的窠臼;同样,研究《论语》,也有意识避免陷入朱熹注释的轨道。相反,如果没有这种自觉意识,往往会跟着郭象讲《庄子》,跟着王弼讲《老子》,跟着朱熹讲《论语》,自以为在讲《庄子》、《老子》和《论语》,实际上是在讲郭象、王弼和朱熹的思想。这样的话,就会将注释者的思想和注释对象的思想混为一谈。

中国思想史或哲学史发展的这一特点,提醒我们要特别注意区别注释者本人的思想和注释对象自己的思想。因为注释作品可能以揭示原作的思想为目标,也可能以表达自己的思想为依归,这就是我所说的诠释中的"两种定向"。这不仅是为了揭示古代传统的特点,更是提醒当代的研究者要先明确自己研究或写作的目的:到底是为了揭示和解释研究对象本身的思想,还是为了借研究对象表达自己的思想，回应当下世界的问题。哲学家伽达默尔的哲学诠释学强调"视域的融合"，任何诠释工作都是诠释者本人的视域与诠释对象之视域的融合。但是，视域融合的理论仅仅是对理解和诠释现象而言的，而且往往是以艺术作品为例的。这种说法忽略了在不同场合、不同诠释者之间必然存在的不同目的、不同取向的差异，并不是对经典诠释现象的全面研究。再者，哲学诠释学的重点是人的存在方式问题，决不是诠释方法问题，更不是学术研究的方法问题。我们不能将哲学诠释学当作研究中国哲学的方法，更不能将它作为随意解释古代经典的盾牌。

与经典诠释中的两种定向相对应的是中国哲学或中国思想研究中的两种定向。我的著述强调客观性的学术研究比较多，但我不轻视新思想和新理论的建立。我只是强调要意识到二者的性质不同、方法不同、标准不同。与此密切相关的就是中国哲学的身份、性质和方法问题。我最新的提法是两种身份、四种角色。即是说，中国哲学这个术语同时代表"现代学术"与"民族文化"两种身份。前者同时担当现代学科和世界文化资源两种角色，后者同时担任民族文化价值载体和个人生命之精神导师的角色。当然，我们还可以从中分析出更多的功能。

中国哲学研究的对象主要是儒、释、道思想传统，这些传统已经有两千多年。这在中国古代是学问、学术，也是民族文化的主体和个人修身养性的精神指南。"国学热"的出现，凸显了儒、释、道作为民族文化代表和个人精神生命资源的功能在现代社会复兴的需要。"中国哲学"这四个字所代表的儒释道传统仍然有民族文化的身份，而这一身份有了民族文化载体的角色及个体精神生命之导师的角色。

"中国哲学"这四个字一开始是作为大学里现代学科的身

份而出现的。这种身份和角色毫无疑问是由大学中的教授来承担的。无论有多少教授自愿承担民族文化和生命导师的功能,我们都不应混淆现代学术和民族文化的两种身份。身份、角色和功能的不同,决定其方法、目标、标准的不同。这并不是说一个教授不可以从事不同的工作,而是说,不论从事哪一种工作都要自觉意识到身份、角色、方法和目标的不同。

(五) 从香港到北京

2017年,曾回到北京担任北京师范大学哲学学院特聘教授。这一时期,写了多篇长文,比较系统地阐发了我为什么认为《老子》五千言中的自然是"人文自然"。

这里"人文"二字是为了强调老子所说的自然与今日的自然界或生物世界、物理世界无关,与所谓自然规律、自然保护无关,与文学、艺术中所推重的自然的笔法或自然的风格无关,与一般非人为的、自然发生的或偶然发生的意思无关,与英文的nature也没有关系。此外,老子的自然与古代荀子等创始的本性自然也是无关的,与庄子等人所追求的内心的虚静自然也是无关的,并且与君王或臣属所谓的因任自然也同样无关。

我这里用"人文"二字有两个目的:一是为了表明老子之"自然"不同于古代或当代通用的自然一语,二是为了突出老子之"自然"是关于人类文明社会中内无冲突、外无压迫的自然而然的秩序,与原始社会的野蛮状态无关。这里的"人文"只是"人类文明社会"的缩写,借以与上述各种自然相区别。它与人文主义无关,只是我不太完美的一种表达方式。

我这里所说的"自然"是仅就《老子》全文中出现的五处"自然"来说的,比如,"人法地,地法天,天法道,道法自然"中的"自然"就是人类要自觉追求效法的原则和价值。这是仔细辨析《老子》原文之思想意涵的意外发现,而不是我本人的发明创造。

三、主要论著

1.《庄子哲学及其演变》,北京:中国社会科学出版社1988年版。

2.《两极化与分寸感:近代中国精英思潮的病态心理分析》,台北:东大图书公司1994年版。

3.《两种自由的追求:庄子与沙特》,台北:正中书局1994年版。

4.《五四后人物、思想论集》(与金春峰、方仁念合著),台北:正中书局1996年版。

5.《老子:年代新考与思想新诠》,台北:东大图书公司1997年版。

6.《老子古今——五种对勘与析评引论》(上、下卷),北京:中国社会科学出版社2006年版。

7.《中国哲学与文化》(第一辑至第十辑),桂林:广西师范大学出版社2007—2012年版。

8.《诠释与定向——中国哲学研究方法之探究》,北京:商务印书馆2009年版。

9. *Dao Companion to Daoist Philosophy* [in English, contributing editor], New York: Springer, 2015.(《道家哲学研究指南》[英文,特约编辑],纽约:斯普林格出版社,2015。)

(撰写者:刘笑敢)

贾陆英

一、个人简介

(一) 简历

贾陆英,男,1947年3月生,河北省井陉县人,汉族。1975年4月加入中国共产党,1994年12月中央党校函授学院本科毕业。

1969年12月参加工作,历任:中共太原市南城区委办公室副主任,太原市委组织部办公室副主任、市委组织部研究室主任,市委政策研究室副主任,太原市委副秘书长兼政策研究室主任,太原市委党校常务副校长兼太原行政学院常务副院长。中共太原市第八届市委委员、市第十一届人大代表。2007年6月退休。

社会兼职:国际儒学联合会理事、顾问,山西当代儒学研究会常务理事,太原市党建研究会副会长。

曾荣获"太原市先进工作者""太原市模范组织工作者"称号。

(二)主要研究领域和研究方向

主要研究领域：党史党建、马克思主义哲学、传统文化经典。

主要研究方向：

1.以问答形式逐章逐句解读《论语》，从历史与现实相辉映的角度，探究和感知中国人的精神世界。2020年11月12日，《论语问答录》电子版在华韵国学网发表。

2.马克思主义与儒学的关系。专著《马克思主义与儒学的融合：中华文化百年走势探析》，于2012年7月由山西人民出版社出版。其主旨是，探讨鸦片战争以来形成的中华传统文化、西方文化和马克思主义三种文化鼎足而立的新格局下，中华文化的历史走势和发展方向。

在研究探讨马克思主义与儒学融合的历史脉络、主要原因及历史必然性，毛泽东思想与中国特色社会主义理论体系中的儒学因素，中国化马克思主义的民族性特征的基础上，形成以下主要观点：

(1)建设中华民族共有精神家园，核心是弘扬中华文化，重构中国人的基本信仰和价值观。

(2)马克思主义与儒学相融合，是近百年来中华文化发展的主线。

(3)马克思主义与儒学相融合，是毛泽东思想的一大特色，也是中国特色社会主义理论体系的题中应有之义。

(4)马克思主义与儒学相融合，是包括哲学世界观、社会历史观、人生价值观在内的全方位融合。

二、主要学术经历与成就

(一) 早期的学习、成长与思考

我的祖籍是河北省石家庄市井陉县吴家窑乡长峪村。1949年太原解放,我们全家随父亲工作调动来到太原,住在文庙巷。这条古色古香的街巷,有全省最高层次的文物考古单位——文庙,有太原古老的传统民宅建筑——四合院,以及别具一格的街巷风貌,文化氛围浓厚,给我幼小的心灵打上了深深的烙印。

1954年9月1日,我第一次踏入母校太原市小五台小学的大门。记得四年级的一次语文课上,老师以我的作文为范文,进行作文评讲,课后还特意把我叫到身边鼓励了一番。如果说写作算是我一生中的一个特长的话,这次经历便是重要的起点。

20世纪60年代初,我考入太原六中(进山中学)。上初中时,在父亲办公室书柜里,看到了新出版的四卷本《毛泽东选集》。翻开第一卷,《实践论》和《矛盾论》这两篇著作吸引了我。我虽然看不大懂,但其中许多生动的语言、形象的比喻和深入浅出的事例,使我有一种"顿悟"的感觉,仿佛心中开了一扇敞亮的窗户。回想自己走过的路,正是这"两论"启迪了我的心智,指引我拨开迷雾,辨明前进的方向;透过现象,认清事物的本质;分析综合,汲取工作、生活所需要的营养。

高中三年,我幸运地赶上了学校以教学为中心,各方面工作大有改进的好时期。学校号召学习毛主席著作,我被评为"学习毛选积极分子"和"三好学生"。刘少奇同志《论共产党员的修养》也是必读书目之一,刘少奇在书中引用了孔子的名言:"吾十有五而志于学,三十而立,四十而不惑,五十而知天命,六十而耳顺,七十而从心所欲,不逾矩。"孟子的名言:"天将降大任于是人也,必先苦其心志,劳其筋骨,饿其体肤,空乏其身,行拂乱其所为,所以动心忍性,曾益其所不能。"还引用了儒家思想中的许多名言。他主张把马克思主义世界观同中华民族的优秀文化传统结合起来,加强共产党员的思想道德修养。这一观点深深影响了我,指引我走上探讨马克思主义与中华传统文化相互关系的学术道路。

  1966年夏天,我高中毕业,开始了紧张的高考准备,我报考的第一志愿是"北京大学哲学系"。但突如其来的"文革"冲击了我的家庭,后来,种种原因造成了我"大学梦"的破灭。1983年,经组织推荐和考试,我上了中共太原市委党校大专培训班。1992年,又上了中央党校函授学院领导干部班。就这样,经过26年后,总算从另一条途径补上了大学这一课。回想起来,如果不是那场"狂潮",我也许会成为一名学者,但命运却把我带进了另一条路。我主要从事文稿写作工作,深感知识的匮乏,只想用多读书、勤学习的办法弥补这一缺憾。读书学习开阔了我的视野和思路,提高了我获取信息、把握政策、研究问题、认识规律和寻找对策的能力。我喜欢读哲学书和人物传记。这些书,打开了我心灵的一扇又一扇窗户,引起了我对自然界、人类社会和人自身一连串问题的思索,我从中获取了无穷的知识、智慧和力量,也得到了说不尽的乐趣。

  我的第一份工作是太原市南城区东岗小学教师。两年之后,1971年12月,调到南城区教育局教研室工作。期间,学习了揭批林彪事件的材料,有感而发,平生第一次写了一篇《识破骗子的"笑中刀"》的杂文,投给《太原日报》,几天之后就发表了。当我看到自己写的文章第一次刊登在报纸上时,心里有一种按捺不住的喜悦和激动。不久,区委宣传部通讯组的刘大寿、邱斌同志来找我,商定从三人的名字中各取一个字,组成"陆大斌"作为笔名,在

《太原日报》上发表文章。在我们的共同努力下,"陆大斌"署名的思想评论文章接连不断地出现在《太原日报》的显著位置上,一时间,在南城区机关造成了不小的影响。后来,又以"中共南城区委大批判组"的名义,在《太原日报》发表了几篇"批林批孔"的文章。卷入这场闹剧,虽然是当时形势下的奉命之作,但也反映出那时的自己由于阅历浮浅、涉世不深、缺乏政治上的敏锐性和辨别力而盲目跟风的幼稚病。直到粉碎"四人帮",特别是开展真理标准问题大讨论之后,我才逐渐提高了认识。

2010年,也就是30多年之后,我在《〈论语〉札记》一书的引言中,回忆了这一段经历以及自己的感悟:

> 小时候我喜爱《论语》,其实是被那些经典的人生格言所吸引。"文化大革命"的10年,正是我从19岁到29岁的年龄段,按照孔老夫子的说法,应该是从"志于学"到"而立"的阶段。然而,"文化大革命"爆发了……尤其是声势浩大的"批林批孔"运动,更是搞乱了我对孔子、对《论语》的初步认识。国学热的兴起,重新点燃了我学习《论语》、学习传统文化的浓厚兴趣,我便结合自己多年来学习、工作、生活的切身体验,结合当前社会、当今时代的新情况、新特点、新问题,重新开始全面地、系统地力求深入细致地学习、研究《论语》。对于许多似是而非的问题,我想弄个明白,想通过自己的思考、自己的眼光做出判断。

在《关于评价孔子的几点认识》一文的结尾,我写道:

> 任何历史人物,包括孔子,他们的言行都不可能脱离自己所处的历史时代,不可避免地带有历史的局限性。历史就是在一代

又一代人的努力和贡献中走到今天的。我们应当从当今世界和当代中国的实际出发,去研究他们,汲取他们思想的精华,作为我们继续前行的动力。而不应当用今天的眼光、今天的标准去衡量和要求他们。我们是站在前人的肩膀上前行的,我们有着前人无可比拟的优越条件,理应比前人站得更高,看得更远,做得更好,这才叫无愧于前人。当我们站在前人的肩膀上回眸历史的时候,应当对他们的贡献报以自豪、感恩和敬畏的态度,而不是相反。

我之所以不惜笔墨地引用上述感悟,是对自己成长经历的一个反思。它告诉我,对于任何事物,都不应采取盲从的态度,而应当独立思考,认真辨别。只有这样,才能保持清醒的头脑。

(二)从政岗位上的研究成果与人生感悟

1988年7月,为适应组织部门加强理论政策研究、加强宏观管理的要求,太原市委组织部决定成立研究室,任命我担任了第一任研究室主任。1989年,党中央下发文件,提出对已经入党的私营企业主加强教育管理的问题,这是当时党员教育管理中的一个空档,也是迫切需要解决的问题。我带领几位同志先后深入到我市私营企业发展迅速的清徐县、南郊区进行调研,并收集了其余7个县(市、区)的有关资料,写出一份调查报告,第一次比较系统地分析了我市私营企业主党员的基本状况、他们本身存在的问题和党组织在教育管理方面存在的问题,提出了加强教育管理的建设性意见。这个调查报告在1990年全省组织系统调研成果评选中获一等奖,发表在山西《支部建设》《太原调研》等刊物上。

1988年，我和省委组织部研究室的有关同志合作完成的《省辖市党政领导班子结构方案》研究报告，获全国组织系统调研成果一等奖，收入中共中央组织部研究室汇编的《组织工作研究文选》一书，于1989年由人民出版社在全国出版发行。1990年，省委组织部研究室和我部研究室抽出专人，组成课题组，就"县级党委领导体制改革的思路"进行专题调研，由我执笔最后完成的调研报告，被中共中央组织部党建研究所选入《党建刍议——评资产阶级自由化对党建的影响》一书，由中共中央党校出版社在全国出版发行。在研究室工作期间，我的论文《强化组织部门宏观管理的职能》，获"山西省组织部门自身建设理论研讨会"优秀论文奖，并在大会发言。我的论文《用生产力标准评价干部的几点思考》，发表在上海《组织人事信息报》、甘肃《组织人事学研究》、辽宁《人才与管理》上。

1991年8月，我担任太原市委政策研究室副主任，1998年3月，又担任市委副秘书长兼政策研究室主任。肩上的担子重了，迫切需要提高自身的思想理论和政策业务素质。于是，从1992年8月至1994年12月，考入中央党校函授学院领导干部函授班经济管理专业学习，毕业论文《论坚持实事求是的思想路线》被评定为优秀论文。2001年，该论文又被评为全国优秀社科论文一等奖。

2002年6月，我到中共太原市委党校担任常务副校长。2003年7月，推动"三个代表"重要思想进课堂、进教材、进学生头脑，成为各级党校的中心任务。根据市委统一部署，市委党校集中一个月时间，分四批对全市县级领导干部进行培训。我以《面向21世纪的中国化的马克思主义》为题，承担了第一讲的任务。讲稿于2003年7月14日在《太原日报》理论版以整版篇幅发表，后被大型理论文献《中国新时期人文科学优秀成果精选》收录。

2007年10月3日,人民网就一篇《在中国当官越来越"难"》的文章展开讨论。该文表示:"在中国,要当好一名官员,'难度系数'正越来越大。不但单凭喝茶、看报来打发时日的'庸吏'和以权谋私、贪赃枉法的'贪官'们日子越来越'难过',就算是一些兢兢业业真想有所作为的官员,也不是很容易就能做到的。"此论一出,在网民中激起强烈反响。我结合自己的成长经历,尤其是担任党校主要领导之后的切身体验,写了一篇《在中国当官真就那么"难"吗?》的博文,在人民网发表,光明网很快予以转载,《太原日报》全文刊登,引起了一定反响。我的主要观点是:

> 中国的官是越来越难当,还是越来越好当,不能一概而论,应当具体问题具体分析。那种单凭喝茶、看报来打发时日的"庸吏"和以权谋私、贪赃枉法的"贪官"们日子越来越"难过",这的确是一种进步、一件好事。说"那些兢兢业业真想有所作为的官员,也不是很容易就能做到的",这倒未必。当一名人民满意的好官,既"易"又"难","难"中有"易","易"中有"难"。问题的关键在于,要搞清楚"易"在哪里,"难"又在哪里,从而学会由"难"转化为"易"的辩证法。一是要勤奋学习。这是成为一名人民满意的好官由"难"变"易"的基本途径。二是要以身作则。做一个焦裕禄式的好干部,说它难,是因为要付出很多,甚至牺牲个人和家庭的利益;说它不难,是因为这本来就是共产党人应有的品格,只要我们胸怀天下,忠诚于党和人民的事业,"兢兢业业真想有所作为"是完全可以做到的。三是要公正廉洁。"公生明,廉生威",广大群众看一个干部好不好,"公正"和"廉洁"是最重要的两条标准。少数贪官落马,说到底是自己打倒了自己。只要我们清清白白做人、公公道道办事、堂堂正正当官,就会得到群众的支持。这说明,能

不能当一个有所作为的好官,关键取决于自己。

这,也可以说是我从政的人生感悟。

2011年8月4日,应太原市政府发展研究中心邀请,结合自己多年从事机关文字工作的体会和经验积累,从提高写作能力的必备素质这个角度,讲了自己的体会。讲稿经整理后,以《关于文稿写作的几个问题》为题,发表于2011年8月5日人民网,后来光明网等多家网站予以转载。

(三)退休生涯与我的儒学研究

退休后,时间充裕了。从2007年4月到2009年上半年,我在一些报纸、杂志和网站上,陆续发表了多篇国学方面的论文,经过筛选和整理,汇集成书。书名为《智慧·人生·境界:国学哲理古今谈》,于2009年6月由山西人民出版社出版。这部论文集主要探讨两个问题:其一,怎样弘扬中华文化、建设中华民族共有精神家园;其二,怎样推进马克思主义指导思想与中华优秀传统文化相融合。

在《今天,我们怎样建设中华民族共有精神家园》一文中,对处理好中华传统文化、西方文化与马克思主义的关系做了这样的回答:

> 如果把中华文化比作一棵大树的话,优秀的传统文化就是它的根基,当代有中国特色的社会主义文化就是它的主干,外来的其他民族的健康有益文化为它增加了营养,中国化马克思主义就是它的灵魂。把握好这四个方面的关系,中华文化这棵大树才能根深叶茂,以崭新的面貌走向世界,屹立于世界民族之林。

退休后，我在《太原日报》上陆续发表了几篇有关《论语》的文章。2008年底，《太原日报》约我为其新的版面《学习周刊》下设的"读史笔记"专栏写几篇文章。从2009年3月6日起，我在这个栏目相继发表了《学而不厌：孔子的人生写照》《诲人不倦：孔子的人生追求》《内省不疚：孔子的人生态度》《博施于民：孔子的人生理想》等十几篇读《论语》的文章。后来，《学习周刊》停办，我依然按照自己的计划，在我的博客中发表读《论语》的文章。经过进一步深钻细研和整理，于2010年12月由山西人民出版社出版了专著《〈论语〉札记》。全书分为三编：

第一编，与《论语》有关的成语典故。收集了由《论语》直接生成或经过引申、转化而间接生成的成语典故231例，这些成语典故充分体现了《论语》的精华，抓住它，就找到了学习《论语》的一个重要切入点。

第二编，新解孔子之"四论"。抓住《论语》中孔门师徒反复探讨的"人之所以为人、人如何才能为人"这个主题，按照"人生论"、"君子论"、"教化论"和"治世论"四个专题，从"四论"对当代人有何启示、借鉴和指导意义的角度进行新的阐释。

第三编，争鸣与交流。这一编汇集的，是我针对社会上一些有关儒学为主体的传统文化的认识以及对孔子评价的不同观点的思考和回应。对不同意见的深入交流、探讨和争鸣，将有助于大家进一步形成共识。

我在学习和研究《论语》的过程中，参考和引用了《史记》、《礼记》、《孟子》、《荀子》、《周易》以及宋明理学等经典中的相关史料，这使我对中华传统文化有了进一步了解，也为我探讨马克思主义与儒学的关系奠定了基础。又经过一年多努力，2012年7月，我的专著《马克思主义与儒学的融合：中华文化百年走势探析》由山西人民出版社出版发行，了却了自己多年来的一个心愿。本书的研究途径和方法，是以马克思主义为指导，以当前我们正在做的事情为中心，上承以孔子为代表的先秦儒学，下接以张载、王夫之为代表的气学，具体深入地探讨近代以来中华文化的历史走势，从而得出马克思主义与儒学的融合始终是一条主线的结论。

2011年10月，国际儒学联合会在武汉大学召开"近现代儒学基本特征与思想精华"学术研讨会，我有幸应邀参加，并以"试论马克思主义与儒学的融合"为题作大会主题发言。2012年12月，国际儒学联合会把"近现代儒学基本特征与思想精华"学术研讨会上收到的论文加以精选，出版了该研讨会专刊《国际儒学研究》（第二十辑）。我的《试论马克思主义与儒学的融合》一文，收在"理论探索"栏目中。

2011年10月22日，我应邀参加北京外国语大学国际关系学院东西方关系中心与尼山圣源书院联合主办的"东西方论坛·2011"，主题是"儒学与马克思主义中国化的探讨、交流、对话"。根据论坛组织者的安排，我在会上以《马克思主义与儒学的融合》为题发言，并参加专家与记者对话采访会。会后，人民网记者陈叶军特意约我就此话题为他担任编辑的中国共产党新闻网撰文。那时，正值党的十七届六中全会闭幕，于是，我以"中国共产党是中华优秀传统文化的传承者和弘扬者"为题，把我发言稿的角度略加修改，提交给中国共产党新闻网。几天之后，就在"专家解读十七届六中全会精神"专栏和人民网理论频道中全文发表。求是理论网等多家重要网站转载了此文。中共中央党校出版社出版的《领导干部国学大讲堂》也收录了这篇文章。

2013年3月22日，我被光明网马克思主义理论研究与建设工程专家博客（简称"光明博客"）选为第一批拟邀请专家。2014年9月

10日,我接受光明网理论频道开设的"马克思主义理论工程专家谈社会主义核心价值观"栏目的电话采访,谈谈怎样把社会主义核心价值观落实到公民的日常言行中。我根据采访题目《于生活细微处见核心价值观》表达了我的主要观点:

> 培育和弘扬社会主义核心价值观,必须立足于以儒学为主体的中华优秀传统文化。我国传统社会对核心价值观的概括和提炼,主要有"五常",即仁、义、礼、智、信;"四维",即礼、义、廉、耻;"八德",即忠、孝、仁、爱、信、义、和、平。去掉这三种表述形式中重复的内容,有十字堪称中华传统美德之精华,这就是:仁、义、礼、智、信、忠、孝、廉、耻、和。"十字美德"今天依然在广大群众中有着深刻的影响,这是为什么呢?一是它经过千百年来的历史检验和实践淬炼,具有强大的道义力量和广泛的社会认同;二是它准确反映了中国人立世、处世、行世的基本准则,具有中华民族的鲜明特色和印记;三是它言简意赅,鲜活凝练,通俗易懂,具有易于传播和传承的品格;四是它底蕴深厚,基础扎实,适应性强,具有广泛的亲和力和感召力,是大家普遍认同、接受并奉行的行为准则。"二十四字核心价值观"汲取了"十字美德"的精华。

2017年7月22日,由领导干部学国学促进会、中国实学研究会等单位主办的"第二届领导干部国学论坛——优秀传统文化与创新发展中国化马克思主义理论研讨会"在国家行政学院港澳中心举办。会议的宗旨是,探讨马克思主义与中华文化的深度融合,推进中国化马克思主义理论建设。我以《马克思主义引发的中华文明深刻变革》为题,着重从四个方面加以论述:一是中国化马克思主义成为党和国家的指导思想；二是社会主义核心价值观成为凝魂聚气的精神力量；三是一个崭新的社会主义文化形态正在形成；四是中华文化软实力增强，国际影响力显著提升。这篇论文被领导干部学国学公众号确定为精选发言，于2017年8月14日发表。2018年3月30日，中国共产党新闻网转发此文。2018年4月28日，国际儒学联合会公众号转发此文。中共山西省委机关刊物《前进》杂志2018年第二期全文转载了这篇论文。

三、主要论著

（一）代表性著作

1.《智慧·人生·境界：国学哲理古今谈》，太原：山西人民出版社2009年版。

2.《〈论语〉札记》，太原：山西人民出版社2010年版。

3.《马克思主义与儒学的融合：中华文化百年走势探析》，太原：山西人民出版社2012年版。

（二）代表性论文

1.《论坚持实事求是的思想路线》，载《理论学刊》1994年第6期。

2.《坚持党的思想路线，弘扬与时俱进的精神》，载《中共太原市委党校学报》2002年第5期。

3.《面向21世纪的中国化的马克思主义》，载《太原日报》2003年7月14日。

4.《党的思想路线与太原改革发展实践》，载《太原日报》2004年8月16日。

5.《把握规律性,增强自觉性——学习十六届四中全会〈决定〉的体会》,载《太原日报》2004年10月15日。

6.《提高贯彻科学发展观的能力》,载《太原日报》2005年10月21日。

7.《毛泽东对〈论语〉的古为今用》,载《中共太原市委党校学报》2010年第3期。

(撰写者:贾陆英)

宋志明

一、个人简介

宋志明，1947年4月4日生于吉林省吉林市。祖籍山东省东阿县。1964年考入吉林市第一中学，1968年年底到吉林市桦甸县二道河子公社黄泥河一队集体户插队劳动，1970年入吉林碳素厂304车间，当了工人。1979年，考入吉林大学哲学系，攻读中国哲学史专业硕士学位；1982年毕业，获该系首批硕士学位，分配到长春师范大学政治系任教师。1983年，考入中国人民大学哲学系，攻读博士学位；1986年毕业，获该校首批博士学位，博士论文题目是《现代新儒家研究》。毕业后留校任教，为本科生、硕士生、博士生讲授过中国哲学史、中国现代哲学、近现代中国哲学专题、中国近代哲学原著选读、中国古代哲学原著选读、博士生哲学前沿、博士生中国哲学主文献、博士生中国哲学原著选读等课程。1989年晋升为副教授,被聘为硕士生导师;1996年破格晋升为教授,被聘为博士生导师;2008年评为中国人民大学首批二级教授。

曾任中国人民大学科研处副处长、书报资料中心总编、校学术委员会委员、哲学院学术委员会委员、哲学学位委员会委员等职务。2012年退休。曾任中国实学会副秘书长兼办公室主任,中国哲学史学会秘书长、副会长,中国现代哲学会副秘书长、副会长、会长,中国社会科学情报学会副理事长,国际儒学联合会第三、四、五届理事,第六届顾问。现任兼职还有中国孔子基金会学术委员、中国现代哲学研究会荣誉会长。

二、学田耕耘

1975年,我以工人身份参加由吉林大学哲学系和吉林碳素厂共同组成的《中国哲学史》编写组,开始涉足中国哲学史领域。此后数十年里,我大多数时间都在学田耕耘。主要研究领域为中国哲学,研究方向为中国近现代哲学、传统文化与现代化。获奖项目有:第三届国家图书奖提名奖、"五个一工程"奖(参加人之一)、中国人民大学优秀科研成果奖、中国人民大学优秀教学成果一等奖、北京市教育成果二等奖、北京市高等教育精品教材奖、北京市第八届高校名师奖、教育部"中国大学视频公开课"精品课程奖。享受国务院政府特殊津贴。

已完成的项目有:国家社会科学基金1996年度项目"五四:批孔与释孔——中国现代哲学思潮的演化",结项成果是《批孔与释孔——儒学的现代走向》,华东师范大学出版社出版;教育部人文社会科学"九五"规划项目第二批立项(博士点基金)"20世纪中国实证哲学思潮的回顾与前瞻",结项成果是《20世纪中国实证哲学研究》,中国人民大学出版社出版;国家社会科学基金2003年度项目"现代新儒学的走向",结项成果是《现代新儒学的走向》,北京师范大学出版社出版;国家社科基金后期资助项目"中国近现代哲学四论",结项成果是《中国近现代哲学四论》,中国社会科学出版社出版;国家社科基金2011年度项目"中国古代哲学研究方法新探",结项成果是《中国古代哲学研究方法新探》,中国人民大学出版社出版。

多年浸润于中国古代哲学,熟悉著名哲学家的原著,了解学术界的研究状况,提出了一些独到的见解。对荀子、张载、陈献章、王夫之做过个案研究;对中国哲学的总体特征及主要问题、儒家哲学、道家哲学做过综合研究。我认为,中国传统哲学有六个特点:①自强不息;②实事求是;③辩证逻辑;④以人为本;⑤内在超越;⑥有容乃大。中国传统哲学讨论的主要问题是:①天人关系问题。这是中国哲学的基本问题。②两一关系问题,即矛盾双方的对立统一关系问题。③知行关系问题。中国哲学家特别注重"行",即人生实践,强调知和行的辩证统一。④义利关系问题。总的看来,中国哲学家比较重视义,而不怎么重视利,从而表现出强调群体价值、忽视个体价值的倾向。我把儒学的发展过程划分为六个阶段:①先秦儒学是儒学的源头;②汉唐经学代表儒学的权威化;③宋明理学代表儒学的哲理化;④清初朴学对儒学加以再整理;⑤近代新经学标示经学的复兴;⑥现代新儒学标示理学的复兴。我认为道家是中国思辨哲学的源头,对玄学、佛学、理学都曾发生重大影响,与西方现代的"诗人哲学家"的思路有相似之处。

我的学术专长是中国近现代哲学,曾对谭嗣同、孙中山、梁启超、李大钊、瞿秋白、李达、艾思奇、毛泽东、胡适、丁文江、张东苏、金岳霖等人的哲学思想都做过个案研究。我是国内最早开展中国现代哲学史研究的专家之一，并对中国现代哲学的基本框架提出独到的见解。在已出版的关于中国现代哲学史教材中，有的以历史时期为基本线索，有的以论战及其所涉及问题为基本线索，我没有采取这两种模式。我认为，从1919年到1949年这30年的中国现代哲学史，应当看作一个完整的过程，主张将这一过程概括为马克思主义哲学、新儒家哲学、实证哲学、国民党官方哲学四个发展方向。在这四个发展方向中，马克思主义哲学是主流；而在非马克思主义哲学思潮里，新儒家哲学是主线，实证哲学是副线，国民党官方哲学作为思想统治的工具则没有什么学术价值。按照这一思路，我与人合著《现代中国哲学思潮》一书，在学术界引起较大的反响。在此书基础上，我又写出大学教材《中国现代哲学通论》一书。我在这本书的后记中写道：

> 本书是关于中国现代哲学的"通论"，不是"通史"。一般来说，通史的写法大都是按时间顺序叙述的，本书没有采取这种叙述方式，故称为"通史"不合适。本书把从1919年到1949年的中国哲学史看成一段完整的断代史，从整体的角度来把握，将主要内容概括为中国马克思主义哲学思潮、现代新儒家思潮、中国实证哲学思潮等三大思潮，对每一思潮分别加以绍述，故称"通论"。

我是国内现代新儒家研究的开拓者之一。1982年完成硕士论文《冯友兰新理学思想简论》，1986年又完成博士论文《现代新儒家思想研究》，首先在国内学术界使用"现代新儒学"这一概念。我认为，现代新儒学是发端于"五四"后期的重要思潮，以"援西方哲学入儒"为基本特征;它继宋明理学之后,对儒家思想做出重大改造,构成儒学发展的新阶段。现代新儒家是从新式知识分子中产生的学术群体,他们对儒家传统抱着深深的同情和敬意,致力于传统的现代转换,对"全盘西化"思潮做出强有力的回应。他们取得许多理论思维成果,也带有明显的局限性。前后有四代学人为推动现代新儒学思潮的发展做出过贡献:第一代是梁漱溟、熊十力、冯友兰、贺麟、马一浮等新儒家,他们在1949年以前分别创立了具有个性特征的新儒家思想体系;第二代是钱穆、张君劢、牟宗三、唐君毅、徐复观、方东美等港台地区新儒家,他们从20世纪50年代起,高扬新儒学的旗帜,扩大其思想影响;第三代是杜维明、刘述先、成中英、余英时等新儒家,他们有相当大的影响力;第四代是如今活跃在中国学术界的诸多新儒家学者,包括港台地区的不少学者,如台湾地区的"鹅湖学派",他们承续着新儒学的学脉。我把研究重点放在第一代新儒家,比较深入地研究了梁漱溟、熊十力、冯友兰、贺麟的新儒学思想。我认为,他们的思想存在着内在联系,大体上按照"主体—客体—主体与客体统一"的逻辑发展起来。后来,我对"现代新儒家"与"现代新儒学"两个概念做了区分,认为前者属于学术史概念,大体区分为狭义新儒家和广义新儒家。狭义新儒家是指梁漱溟、熊十力、唐君毅、徐复观、牟宗三等人组成的师承关系明确的学派;广义新儒家是指以冯友兰、贺麟为代表的松散的学派。"现代新儒学"还是活跃的思潮,没有成为历史。人们可以站在不同立场,对儒家留下的思想资料做同情的理解。例如,张岱年运用马克思主义哲学做出新的解释。

2014年9月25日,我以理事身份出席国际儒联纪念孔子诞辰2565周年国际学术研讨会暨国际儒联第五届会员大会,并在小组讨论会上作题为《从市场经济看儒学的现代转化》的发言。我多次出国同外国友人就儒家学术进行交流。2012年12月22日，我应邀在韩国全北大学出席"2012艮斋学国际学术会议"，发言的题目是《艮斋对朱子心学的诠释》，译成韩文，发表在韩国艮斋学会编的《艮斋论丛》（第15辑）上。2013年4月2日，我参加曲阜春季尼山祭孔大典，并在尼山书院（明伦堂）演讲，题目是《儒学与中华民族精神的培育》。2013年11月16日，我在深圳圣淘沙酒店参加主题为"儒学的当代发展与未来前瞻"的第十届当代新儒学国际学术会议，我发言的题目是《新话题·新儒家·新思路——论现代新儒学与工具理性培育》。2014年7月4日至8日，出席在马来西亚砂拉越古晋市召开的"2014（2565）年第七届儒学国际学术研讨会"，会议主题是"儒学践行日用常行——当代儒学文化的传播与践行"，我的发言题目是《儒学的核心是个"仁"字》，刊载在《广东社会科学》2014年第5期。2014年9月，被邀请出席在新加坡富丽华河畔大酒店召开的"儒学与国际华人社会"国际学术研讨会。会议由新加坡南洋孔教会主办，我发言的题目是《海外新儒学与伦理全球化》。2014年我还应邀出席中韩人文学论坛"韩中交流的人文学眺望——为了增进理解与活跃交流"，会议由韩国人文学总联合会主办，韩国研究财团资助，地点在首尔特别市瑞草区瑞草洞首尔教育文化会馆，分文学、史学、哲学三组。我在哲学组发言的题目是《传统儒学的现代性诠释》。2019年10月20日，我在清华大学参加由清华大学哲学系、北京大学哲学系、中国哲学史学会、中华孔子学会主办的"中国哲学的传统及其现代开展——纪念张岱年先生诞辰110周年学术研讨会"，我在大会上发言的题目是《论中国哲学的价值取向》。

我受聘在国际儒联与中国政法大学共同主办的国际儒学院担任教授，讲授中国近现代哲学史，指导过多名研究生，参加过多次毕业答辩。

我不仅仅在中国人民大学讲课,还曾多次到校外开讲座。例如,中央民族大学、中国政法大学、湖南农业大学、宁波大学、中国计量大学、江苏师范大学、中国矿业大学、徐州工程学院、南昌大学、西北师范大学、吉林大学、北京大学、清华大学、东北师范大学、沈阳师范大学、苏州大学、华东交通大学、河南大学、河北大学、安徽大学、湖北大学、南阳师范学院、许昌学院、四川大学、四川师范大学、西北民族大学、陕西师范大学、北京市委党校、北京市东城区党校、中组部局级干部选学班、中组部干部三局、审计署、浦东干部学院、井冈山干部学院、中国纪检监察学院、孔子学院中方院长岗前培训班、国家图书馆文津讲坛、广东岭南大讲堂、河北燕赵论坛、广东香山论坛、江淮水新闻文化会馆"中国历代文化经典讲座"、全国青少年井冈山革命传统教育基地等学校、单位、论坛,都可以看到我讲学的身影。

我拥有听众最多的讲座,莫过于我主讲的中国大学视频公开课"薪火传承·中国传统哲学通论"。该课程的光盘是中国人民大学网络学院制作的。我把课程最初设计为6节,即中国哲学精神、宇宙论、本体论、方法论、知行观、价值论。课程录制完,在中央电视台、教育部爱课程网站、中国网络电视台等同时上线播出,听众反应强烈。于是,我又接着录制了6节,即先秦道家哲学、先秦儒家哲学、先秦墨家哲学、魏晋玄学、中国化佛学、宋明理学。12节课全部录制完成,我重新写了课程介绍:

> 本课程分为上编和下编。上编六讲是关于中国传统哲学主干的讲法,可以说是大通论;下编六讲是关于中国传统哲学枝权的讲法,可以说是小通论。中国传统哲学的主要思潮是先秦道家哲学、先秦儒家哲学、先秦墨家哲学、魏晋玄学、中国化佛学、宋

明理学。

由于我主讲的视频公开课比较成功,《中国大学教学》杂志特约我写文章介绍经验,发表在《中国大学教学》2012年第1期,文章题目是《视频公开课"中国传统哲学通论"建设的经验与体会》。2019年,中宣部主办的网站"学习强国"上线,我主讲的这个课程被该网站纳入学习慕课,再一次播出。

三、著书立说

几十年来,我在课余时间里,把精力主要放在科研和写作方面,所著的书,有以下几种类型。

一是自己独自撰写的书,其中有:《现代新儒家研究》《中国传统哲学通论》《贺麟新儒学思想研究》《中华儒学源流》《熊十力评传》《中国现代哲学通论》《中国古代哲学发微》《中国近现代哲学四论》《国学十八讲》《薪尽火传:宋志明中国古代哲学讲稿》《现代新儒学的走向》《中国古代哲学通史》《中国近现代哲学通史》《儒学新诠》《儒学转型与中国哲学精神》《贺麟评传》《国学中的经营之道》《薪火传承话前贤——中国传统哲学通论》《中国古代哲学研究方法新探》《往事尚堪回首》。

二是同他人合著的书,其中有:与刘成有合著《批孔与释孔——儒学的现代走向》,与孙小金合著《20世纪中国实证哲学研究》,与李新会合著《墨子》,与梅良勇合著《冯友兰学术思想评传》《冯友兰评传》,与王熙元、陈清辉合著《陈献章·王守仁·李贽:中国历代思想家》,与向世陵、姜日天合著《中国古代哲学研究》,与赵德志合著《现代中国哲学思潮》,与许宁合著《孔学与国魂》,

与吴潜涛共同主编《中华民族精神论纲》；主编《马克思主义哲学原理》教材。

三是译著，其中有：与陈志良合译Л.Е.塔塔里诺娃著的《赫尔岑》。

四是对有价值的旧著加以校注与整理，使之重新出版，其中有：陈天华著《猛回头》、邹容著《革命军》、梁启超著《新民说》、谢幼伟著《现代哲学名著述评》、马一浮著《复性书院讲录》、贺麟著《儒家思想的新开展——贺麟新儒学论著辑要》等。

除了上述写的这些书之外，我发表的论文约300余篇，限于篇幅，就不一一列举了。我自己比较满意的代表作，有以下四本。

1.《现代新儒家研究》。这是我出版的第一本专著，也是我的博士论文。由于此书写成于20世纪末，那时"左"的氛围并未完全清除，我不能不受到限制和影响。由于当时思想解放程度不够，有时仍采用定性式的表达方式，现在看起来都不妥当。正因为是第一本，稚嫩之处在所难免。《现代新儒家研究》一书出版后，帮助我获得进入中国哲学史研究学术殿堂的入门券。在中国哲学史界，许多研究者常常会把我的名字与"现代新儒家"联系在一起，承认我是这一研究领域的开启者之一。我以此为切入点，进一步拓展研究范围，陆续写出其他著作。这本书是我从事中国哲学史研究的起点，理应看为代表作。

2.《中国古代哲学通史》。2007年，我重返哲学院本科生课堂，开始在第一线连续多年为本科生讲授专业基础课"中国哲学史"，我在讲稿的基础上，修改为《中国古代哲学通史》一书，2016年由中国青年出版社出版。这本书是我几十年治中国古代哲学史的结晶。我没有像一般教科书那样，按朝代顺序表述中国古代哲学史，而是把中国古代理解为完整的断代史。我把中国古代哲学史划分为三个阶段。第一个阶段是先秦奠基期,以"百家争鸣"为特征;第二个阶段是汉唐展开期,以"三教并立"为特征;第三个阶段是宋明高峰期,以"理学行世"为特征。这本书可以说是我的一家之言,称其为我的代表作,实至名归。

3.《中国近现代哲学通史》。我多年为本科生和硕士生讲授中国近现代哲学专题,写出《中国近现代哲学四论》一书。在此基础上,我修改出《中国近现代哲学通史》一书。此书是《中国古代哲学通史》的姊妹篇,是接着前书讲的。前书讲的是中国哲学在古代发展的情形,可谓是关于"前天"的陈述;此书讲的是中国哲学在近现代发展的情形,可谓是关于"昨天"的陈述。两书皆以"中国哲学"为主语,构成前后相继关系,合在一起,算是我完成了对中国哲学全方位的综合研究。

我把中国哲学史划分为三个阶段:第一阶段为古代,从公元前5世纪到1840年鸦片战争为止;第二阶段为近代,从1840年到1919年为止;第三阶段为现代,从1919年到1949年为止。至于1949年以后,应算是当代了,并不在我的研究范围。在古代,哲学尚未成为一门独立的学科,是一种包罗万象的学问。对于这一阶段,可以做广义的哲学史陈述。在近代,哲学发展已经超越古代,表现出近代精神,但仍未成为独立学科。对于这一阶段,可以做专题性的思想史陈述。在现代,哲学已经成为一门独立的学科,可以做狭义的哲学史陈述。由于第二阶段具有过渡的性质,难以独立成书,故而与第三阶段合在一起讲。《中国近现代哲学通史》标志着我综合研究工程的完成,也具有代表作性质。

4.《中国古代哲学研究方法新探》。这是我退休以后出版的第一本书,也是国家社科基金2011年度项目"中国古代哲学研究方法新探"的结项成果。其实,这本书也是我几十年治中国哲学史的经验之谈。关于中国古代哲学史的研究方法,我批评了两种错误倾向。一种是教条主义风气。教条主义者死板地按照"两军对阵"的模式,曲解中国古代哲学,硬给一些哲学家扣上"唯心主义"的帽子,硬给一些哲学家戴上"唯物主义"桂冠。在他们的误导下,中国哲学史面貌被弄得面目全非,荆棘丛生,不堪卒读。另一种是虚无主义倾向。这是近年来刮起的歪风,某些人侈谈所谓"中国哲学合法性"问题,全盘否认中国哲学史的存在。我一向认为,哲学是个复数,而不是个单数。各种哲学话语方式可以有相似性,但不具有相同性,怎么可能判定某种哲学合法,某种哲学不合法呢?一个无故怀疑"父母合法性"的孩子,肯定是不孝之子;一个无端质疑"中国哲学合法性"的人,岂不等于置身于中华民族之外?如果中国哲学连"合法性"都没有,还怎么开展研究?我在此书中写道:

> 哲学史以"哲学"为主语,是从属于哲学的二级学科。在哲学成为独立学科之前,可以有学术思想史书写,但没有哲学史书写。在蔡元培、胡适、冯友兰等人的努力下,中国哲学史学科初步建立起来。从1949年到1978年,由于受到"两军对战"模式的干扰,学科建设落入低谷。1978年以后开始复苏,迎来学科建设的春天,冯友兰著《中国哲学史新编》和冯契著《中国古代哲学的逻辑发展》为标志性成果。质疑"中国哲学合法性"对学科建设造成负面影响。复数哲学观、中国哲学特色观、中国哲学精神观为方法论前提。语境中求因、文本中寻理、问题中明变为方法论原则。具体方法有三观结合法、集约拓展法和比较评判法。

这本书是我几十年积累下的一点心得,可视为代表作。

四、主要论著

(一)代表性著作

1.《现代新儒家研究》,北京:中国人民大学出版社1991年版。

2.《冯友兰学术思想评传》,北京:北京图书馆出版社1999年版。

3.《20世纪中国实证哲学研究》,北京:中国人民大学出版社2002年版。

4.《中国传统哲学通论》,北京:中国人民大学出版社2004年版。

5.《中华民族精神论纲》,北京:中国人民大学出版社2006年版。

6.《熊十力评传》,南昌:百花洲文艺出版社2010年版。

7.《中国古代哲学研究方法新探》,北京:中国人民大学出版社2015年版。

8.《中国古代哲学通史》,北京:中国青年出版社2016年版。

9.《贺麟评传》,北京:中国青年出版社2018年版。

(二)代表性论文

1.《从批孔到释孔的转折》,载《文史哲》2001年第3期。

2.《传统哲学智慧的升华——读李鼎铭著〈中国哲学思想体系与民族传统概论〉》,载《哲学研究》2001年第10期。

3.《评张东荪的多元认识论》,载《中国人民大学学报》2002年第4期。

4.《现代中国哲学的主要问题》,载《教学与研究》2003年第3期。

5.《中国马克思主义哲学的历史轨迹》,载《中国人民大学学报》2003年第3期。

6.《儒道价值观比较研究》,载《社会科学战线》2004年第1期。

7.《论中国近代哲学的转向》,载《中国人民大学学报》2004年第6期。

8.《儒学价值观与民族精神的培育》,载《教学与研究》2004年第9期。

9.《德性儒学的成就、困境与走向》,载《中国人民大学学报》2006年第1期。

(撰写者:宋志明)

郭齐勇

一、个人简介

郭齐勇,汉族,1947年10月7日生,湖北省武汉市人。曾下乡当知青,又当过工人,1978—1984年在武汉大学哲学系就读,获哲学学士、硕士学位。1984年留校任教。1987—1990年在职攻读博士学位,师从萧萐父教授。1992年获武汉大学哲学博士学位。1987年任讲师,1989年任副教授,1993年任教授、博士生导师。曾任武汉大学人文学院院长、哲学学院院长等职。社会兼职有:国务院学位委员会哲学学科评议组成员、教育部高等学校哲学教学指导委员会副主任、国家社科基金评委、国际中国哲学会会长、中国哲学史学会副会长、中华孔子学会副会长等。现为武汉大学哲学学院与国学院教授、博士生导师,中国传统文化研究中心荣誉主任,兼任湖北省文史研究馆馆员、贵阳孔学堂学术委员会主席等。2006年被评为国家级教学名师，2011年获宝钢优秀教师特等奖，2017年被评为世界儒学研究杰出人物，2020年被山东省评为"儒学大家"称号。

主要从事中国哲学史的教学与研究工作，专长为中国哲学史、儒家哲学、20世纪中国哲学等。曾主持国家教委博士点基金一般项目"中国现代哲学中的认识论和方法论"、重点项目"传统哲学的人文精神与人生智慧"，教育部重点研究基地重大项目"宋明时期长江中游的儒学研究""现当代新儒学思潮研究"，国家社科基金一般项目"近50年出土之哲学文献与中国哲学史"、重大项目"马工程"教材"中国哲学史教材编写"等科研项目。

著有《文化学概论》《中国哲学史》《诸子学通论》《中国哲学通史·先秦卷》《中国儒学之精神》《儒学与现代化的新探讨》《中国文化精神的特质》《中国哲学的特色》《传统文化的精华》《中国人的智慧》《中国思想的创造性转化》《现当代新儒学思潮研究》《熊十力哲学研究》《天地间一个读书人：熊十力传》等。曾获原国家教委首届人文社会科学优秀成果著作类二等奖，湖北省人民政府社会科学优秀成果著作类一等奖、论文类一等奖，又曾三次获全球华人国学成果奖。

曾任国际儒学联合会理事暨学术委员（第二至第五届），现任顾问。积极参与儒学的传播与交流，曾到美国、德国、比利时、俄罗斯、日本、韩国、新加坡及中国台湾、香港地区讲授儒学，曾被聘为香港中文大学新亚儒学讲座教授。多次深入到城乡讲授儒学，推动民间儒学的新开展，如曾为新洲汪集程山村和问津书院附近的村民、汉阳区市民、武警湖北总队与舟桥旅部队官兵、黄陂空军士官学校师生、武汉市与孝感地区中小学教师以及郑州市本源书院师生等宣讲儒学。

二、主要学术经历和学术成就

个人学术研究的历程主要有：先对文化学及其理论做研究，同时对现代新儒家熊十力先生做深入的个案研究，接着对现当代新儒学的若干代表人物和整个思潮做全面深入的研究，继而对中国儒学及其与现代化的关系、对中国哲学史和中国文化精神做系统的研究，特别是对先秦哲学史做了深入的探讨。在中国哲学史上抓住两头（先秦与现代），对两头的研究下了功夫。

代表作有：《熊十力哲学研究》《现当代新儒学思潮研究》《中国哲学通史·先秦卷》《中国儒学之精神》《中国文化精神的特质》等。

我是《熊十力全集》《杜维明文集》《刘述先文集》的主要编纂者，也是《徐复观全集》的主编之一，并主编有《儒家文化研究》《阳明学研究》等。

我认为，近代以来，在激烈否定中国文化传统的思想氛围中，儒学精神受到扭曲。有人将儒家思想与某些现代性价值作二元对立的比照，对儒学的价值做出完全负面的评价。我对此类皮相之见进行了多方驳正。我认为，儒家是华夏族群的精神形态，是中国乃至东亚社会文化的结晶，具有超时空的价值与意义。儒家所代表的许多古代文化理念，如连续性的宇宙观，自强不息、厚德载物的精神气质和希圣希天的理想人格追求，有助于克服当代社会的困境，有利于当代的伦理重建，经过创造性的转化，可以成为中国现代文化的重要精神资源，同时，也可以成为现代化和全球化的必要补充。儒家所标示的中国人文精神的核心，便是作为人之内在道德自觉和道德主体性之显现的"仁"。这一精神与自然、宗教、科学都并不矛盾,且具有极大的包容性。我从学术界激烈争论的古典思想案例出发,阐释儒者面对公私义利等问题时的实际选择,指出儒家的立场旨在维护人性之本。在深入全面揭示儒学内在精神意蕴的同时,对近代以来有关儒学的种种误解和各类浮论,亦能正本清源,颇多驳遮廓清之功。正是本于这一识度,我在拨乱反正、正本清源上做了很多工作。我主导了有关"亲亲相隐"的讨论。我正面陈述的观点有:

1. 重视根源性的重建

于20世纪90年代前期即重新界定"国学"概念,提出了四层次说,即国学包含了常识层面、学术或技艺层面、道德价值与人生意义的层面、民族精神或国魂与民族魂的层面;指出任何民族的现代化都不可能是无本无根的现代化,失去民族之本己性的现代化,不是成功的现代化;指出学习国学重要的是把握中华人文精神与价值理念,了解中华民族与文化融汇的过程,及其可大可久的所以然,堂堂正正地做一个中国人。国学的重点是经与经学,儒学是国学最重要的部分。认为儒学价值观是以"仁爱"为中心的"仁义礼智信"五常和"孝悌忠信礼义廉耻"四维八德的价值系统,当然,这些内涵随时代有相应改变。儒学是中华民族精神形态的重要构成因素,它直接产生于中国社会历史,最能反映和体现中国社会历史的实际和中国人的生活方式、行为方式和思维方式。

2. 揭示儒家精神的根本特性在于其平民性

儒学是王官之学下移民间而形成,一直贯彻于中国文化最底层的伦常日用之中。我用时下流行的"草根性"一词,来标示儒家的平民性特征,认为儒家精神已扎根于百姓的生活和生命之中,其价值理想一直是中国人安身立命的依据。儒学是下学上达的学问,是生活的智慧。我明确指出：儒学是生活，儒学有草根性。真正的儒学从来都是生活的儒学，实践的儒学。即使是在农业社会之后，即使清末民初以来基本社会架构与生活方式发生了翻天覆地的变化，儒学、儒家仍活在民间，例如以"仁爱"为核心的价值潜藏在老百姓心中，体现于当下的生活与社会大群人生的伦常之中，处在百姓日用而不知的状态。

3.肯定儒学的变易性，提出中国儒学发展的五期说

我认为儒学的本质是变动不居、趋时更新。儒学并非一个凝固的概念，历史上并没有什么一成不变的儒学。儒学的开创者孔子被尊为"圣之时者"，儒家都是"时间的人"，与时偕行，不舍昼夜。历史上的儒学既有其共同尊奉的核心价值，也有适应各自时代所形成的有特色的儒家思想系统或社会人生观念；既有一以贯之的常道，也有因时而异、因时制宜的变道。因此，在今天这个时代，儒学、儒家也是具有今天时代精神的儒学、儒家。

强调并始终坚持一种开放的儒学观，认为儒学应随时变化，积极参与中国现代化进程和新的时代精神的塑造。主张儒学与马克思主义、西方学术、诸子学术之间的互相包容、相辅相成，希望儒家与各家各派思想在对话中彼此理解、沟通、融汇、丰富。从这一开放的儒学观出发，提出了其儒学发展的五期说：先秦是儒学的创立期；汉至唐是儒学的扩大期；宋至清是儒学的重建与再扩大期；清末鸦片战争以降直到今天是儒家的蛰伏期，也是进一步重建与扩大的准备期；预言儒学即将迎来第五期，即现代之大发展期。这一新的儒学分期说，与过去我国港台地区新儒家基于宋明道统意识的"儒学第三期发展"的提法颇有不同。

4.强调儒学的多元开放性

我反对心性儒学与政治儒学的划分，反对将儒学的"学"与

"行"隔离。儒家从来都讲内圣与外王的一致,讲经世致用,从来都是在社会政事、教育师道、经史博古、文章子集之学上全面发展的。所以,开放的新儒学或新儒家,不仅要做自身修养、著书立说,更重要的是做事,是参与现代社会的生活,参与政治、经济、社会管理等各方面的活动,在做人中做事,在做事中做人。认同"三不朽"中立德、立功、立言的次序。

儒学反对唯我独尊。很多人一提到儒学,就习惯将它与"罢黜百家,独尊儒术"联系在一起。其实,从历史上看,真正的儒学决不自以为是、故步自封。毋宁说,儒学的真精神乃是尊重多元,反对唯我独尊。儒学承认异己者的权利,并不拒绝来自其他学派的客观、善意的批评。早在先秦时期,儒家就与道家、墨家、法家等诸子各家并行不悖、相育不害。两汉以后,各家思想虽有所沉浮,但"诸家大体上是处在合理的冲撞与相互补充的文化生态之中的"。时至今日,包含有儒家的中国哲学,也是在与马克思主义哲学、西方哲学及中国各哲学流派的对话和互动中发展与完善的。中国儒学的生命力并非来自对他者的排斥与压制,恰恰相反,正是对于不同学派、不同文化资源的包容与涵化,和而不同,才成就了儒学长久的生命力。

5.研究儒学与现代化的关系,推动儒学返回民间书院、社区、家庭

反对把儒家思想视为一种全然与当代人生活状况及其现实关切不相干的历史事物,而是把它理解为一活的传统和应对现实问题的重要思想资源,努力使之对当代人关心的热点问题做出积极回应。在"公私观与正义论"的讨论中,我特别强调,孔孟之道的关怀在于公共性的伦理,其所倡导的君子人格,正是一种从事公共事务的品格、具有公共性的道德人格。我对儒家政治文化传统在现代社会中转化为一种管理智慧的可能性及其方案进行了细致的

考察。

开放的儒学并没有放弃未来，儒学与现代化并不是绝对对立的，它是参与现代化的积极力量，而且不仅仅只具有克服现代病、治疗现当代顽疾的作用，也不仅仅只具有心理慰藉的作用。

6.反思中国文化精神与中国哲学的特质

中国哲学讨论什么问题或课题？问题之间有什么联系？有什么较强的问题意识？我认为，中国哲学的基本关怀与问题，环绕着天道、地道与人道的关系而展开，或抽绎为道，展开而为道与人、道与物、道与言等。宋代以后，道的问题转化为理或心的问题。

具体地说，中国哲学关注的若干向度：一是人与至上神天、帝及天道，人与自然或祖宗神灵，即广义的天人、神人关系问题；二是人与宇宙天地（或地）的关系，是宇宙论，尤其是宇宙生成论的问题，包括今天讲的人与自然的关系；三是人与社会、人与人、自我与他人的关系，社会伦理关系问题；四是性与天道、身与心、心性情才的关系问题，君子人格与人物品鉴，修养的工夫论与境界论等；五是言象意之间的关系，象数思维，直觉体悟的问题；六是古今关系即社会历史观的问题。司马迁讲"究天人之际，通古今之变，成一家之言"，除天人问题外，中国人尤重社会政治与历史发展，关注并讨论与古今关系相联系的诸问题。这都是中国哲学的题中应有之义。

在这样的哲学问题与问题意识下，中国哲学中的天人关系论、宇宙生成论、群己关系论、治身治国论、天道性命与心性情才论、德性修养的工夫论与境界论、知行关系与古今关系论、由道德直觉到智性直观等论说，比较发达。我把中国文化与哲学的精神特点概括为以下七点：自然生机、普遍和谐、创造精神、秩序建构、德性修养、具体理性、知行合一。这也就是：存有连续与生机自然、整体和谐与天人合一、自强不息与创造革新、德性修养与内在超越、秩序建构与正义诉求、具体理性与象数思维、知行合一与简易精神。

三、有关学术成就的社会评价

有学者认为,我以传统儒学为思想支点反思当代生活中亟待解决的现实问题,有着对之进行现代重建的自觉和努力。

澳大利亚学者梅约翰(John Makeham)2008年在美国哈佛大学出版英文专著 *Lost Soul: "Confucianism" in Contemporary Chinese Academic Discourse*,讨论了近30年海外与中国新儒学,专节评介了我的学术,称我是"自20世纪80年代后期以来儒学研究的领军人物之一"。

李景林、张树业在《中国社会科学报》发文指出:"用一种合理的方式把儒学与社会生活的联系重建起来,儒学之魂乃能附其体;同时,中国文化亦才能有其魂,从而真正实现它的现代转化。在这一方面,郭齐勇教授的讲学实践及其成果《中国儒学之精神》一书,给予了我们很多有益的启示。"李景林还指出:"郭齐勇对儒学所秉持的这一开放和兼容的态度,代表了儒学在现代中国重建和发展的方向。"

杨朝明、宋立林在《孔子研究》发文指出:"中国现代化如何避免或减轻这些危机,中国传统文化或儒家文化能否提供足以解决问题的思想和智慧?这是每一个富有现实关怀的儒学研究者都必须认真思考和予以解答的问题。郭齐勇先生对此都进行了深深的思考,提出了许多睿智的思路与看法。"杨朝明教授又在《光明日报》发文称:"从《儒学与现代化的新探讨》一书中分明地看到儒家学者的博大气象与中正格局,这基于郭齐勇对儒学固有智慧

专家学者出席了本次研讨会,我和韩国吴锡源为会议主席。

2007年12月,应韩国首尔大学哲学系宋荣培教授邀请去该校为该校哲学系东亚哲学博士班系统讲授郭店楚简与上海博藏楚竹书。此次活动纳入首尔大学承担的"韩国迈进21世纪"项目计划。

2009年6月,应邀赴比利时鲁汶大学出席该校汉学系主办的"的多面相:墨家思想的共时与历时研究讨论会",在会上发表《墨儒两家之"孝"、"三年之丧"与"爱"的区别与争论》。

2010年6月,由国际中国哲学会、中国哲学史学会、武汉大学共办的"近三十年来中国哲学的发展:回顾与展望"国际学术研在武汉大学举行,40余位国际知名学者出席了会议,我组织、了此次会议。

2010年10月,应英国伦敦国王学院的邀请,出席了该校的"古读·名家论坛"学术研讨会,发表了题为《略论儒家仁爱价值爱方式的普遍性》的论文。

2011年10月,由国际儒学联合会与武汉大学共同主办的"近现学基本特征与思想精华"学术研讨会在武汉大学召开,我主持会议,40余位国内知名学者出席了会议。

2012年7月,赴德国慕尼黑出席德国公民教育学院、科隆大学系、国际儒学联合会、德国跨文化哲学会主办的"儒学与德国的对话"国际学术研讨会,在会上宣读论文《孟子论道德理性德情感》。

2013年9月,应邀出席在台湾省"中央大学"举办的"2013第二代儒学国际会议:儒学的全球化与在地化",发表有关"亲亲"的研究论文。

2014年7月,应邀在台湾大学人文社会高等研究院做访问学

的发掘,也是他的'正知正见'。"

2017年9月20日,在山东曲阜出席中国孔子研究院举行的第八届世界儒学大会开幕式上,我荣获"世界儒学研究杰出人物"大奖,证书上写着:"鉴于您在儒学研究及儒家思想传播方面的杰出贡献,特授予世界儒学研究杰出人物。"

2018年,鉴于我的学术成就及对于国学教育的突出贡献,汤用彤学术奖评委会经认真研究,决定授予我2017年度汤用彤国学奖,以表彰我在国学学术研究与推广上做出的杰出贡献。推荐语说:

> 他成长于荆楚大地,秀丽山水给了他以仁智性情。青年时代"上山下乡",体会基层民间疾苦,而立之年负笈求学,渐入儒家义理殿堂。他主要从事中国哲学史的教学与研究,是国家重点学科"武汉大学中国哲学学科"的学术带头人。……他深入阐发儒家道统原理,身体力行儒家安身之道,积极教书育人,组织学术争鸣,致力于向大众传播儒学价值,在民间体现儒学活力。

《贵州文史丛刊》2019年第二期"专题研究"题为"改革开放以来大陆儒学研究:郭齐勇篇",共有三篇文章述评我的儒学思想及儒学研究。

曾被邀请为美国哈佛大学、日本关西大学、中国台湾大学的高级访问学者,德国特里尔大学和中国台湾政治大学的客座教授,香港中文大学新亚儒学讲座教授。曾到哈佛大学、东京大学、早稻田大学、慕尼黑大学、莱比锡大学、俄罗斯科学院、首尔大学以及中国的台湾大学和香港中文大学等校讲学,曾到慕尼黑大学、伦敦大学国王学院、鲁汶大学等校出席国际学术会议。

四、对外学术交流与主持学术活动

1995年8月,应邀去美国波士顿大学出席第九届国际中国哲学大会并完成有关熊十力哲学的论文。

1998年1月至7月,受邀为美国哈佛大学燕京学社访问学者。

1999年10月,主持的"郭店楚简国际学术研讨会"在武汉大学召开,海内外专家近百人出席。

2001年5月,应德国特里尔大学校长与汉学系主任卜松山教授的邀请,以客座教授的身份应邀在该校讲学,做了"中国当代学术思潮"的学术报告,又应邀到莱比锡大学做"中国现代新儒学"的演讲。在此期间,还专程到巴黎访问了法兰西学院,拜访了著名汉学家谢和耐院士。

2001年9月,筹办、主持的"熊十力与中国传统文化国际学术研讨会"在武汉大学召开,70多位国内外学者出席。

2002年11月,以客座教授身份在台湾政治大学哲学系讲学。

2003年3月,应日本文部科学省国际日本文化研究所的邀请,出席该所第22届主题为"公家与武家——比较文明史的研究"的国际会议。在大会上宣读了论文《周代的册命、朝觐、聘问礼与王权》。会后又应邀在该所举办的公开演讲会上为近500名京都市民做题为《中国周代的礼仪与王权》的讲演。

2003年4月至7月,以合聘研究员的身份在日本关西大学东西学术研究所做研究,并在该校做了两场演讲。在此期间,还应邀到东京大学、早稻田大学、大阪市立大学等校演讲,还专程拜访了现代大儒冈田武彦先生。

2005年9月,筹办、主持的"第七届当代新儒学国际学术会议"在武汉大学举行,出席会议的有海内外140多位学者。当代新儒家第三代主要代表人物杜维明、成中英、刘（……）了会议。

2006年6月,由杜维明等教授发起,我和（……）的"新出楚简国际学术研讨会"在武汉大学（……）学者出席了会议。

2006年7月,应韩国成均馆大学的邀请,（……）校主办的"儒教经典和17世纪东亚儒教思想"（……）读了论文《戴震的孟子诠释的创获》。

2006年9月,随武汉大学代表团访美期间（……）学系等院系,再次访问了哈佛大学燕京学社、（……）等单位,与教授们座谈并商讨合作事宜。

2007年6月,由国际中国哲学会、中国哲学（……）会与武汉大学等主办的第十五届国际中国哲（……）行,出席会议的有海内外学者共220余人。作（……）长和大会主席及筹备委员会召集人,筹备、主（……）

2007年9月至10月,赴德国出席慕尼黑大（……）办的国际会议"中欧古典伦理研讨会",宣读（……）正义论——以〈孟子〉为中心》的学术论文。（……）学系的邀请,于10月在该校做了题为《郭店楚（……）道德论》的学术演讲。

2007年10月,应俄罗斯科学院哲学研究（……）余名师生做了《当前中国哲学研究的趋向》的（……）斯科学院远东研究所的邀请,在该所做了《当（……）学术报告。

2007年10月,由韩国成均馆大学与武汉大（……）世纪东亚儒教思想比较研究学术会议"在武汉（……）

者,在台大和"中研院"文哲所做题为《近年来中国大陆儒学的新进展》的演讲。

2014年9月,应邀出席新加坡南洋孔教会与新加坡国立大学合办的"儒学与国际华人社会国际儒学研讨会",发表论文《论儒学的现代转化——兼谈大众儒学的复兴》。又在新加坡国立大学做题为《论孟子的政治哲学》的演讲,在南洋理工大学做题为《关于孔孟"亲亲互隐"的讨论》的演讲。

2014年11月,应邀在台湾成功大学出席"儒家思想与儒家文化学术研讨会",发表《上博楚简有关孔子师徒的记载及其与〈论语〉等书的关系》的论文。

2015年7月,第十九届国际中国哲学大会在香港中文大学召开,本次大会主题是"当代世界中的中国哲学",应邀出席了本次盛会,做了题为《中国哲学的精神与特点及其对现代性的批判与超越》的主题演讲,150多位海内外学者出席了会议。

2015年10月,应邀去台北出席了由台湾东方人文学术研究基金会、台湾师范大学等主办的"第十一届当代新儒学国际学术会议——纪念牟宗三先生逝世20周年"会议,在会上宣读论文:《牟宗三先生三统说的意义》。同月,在台北还出席了由台湾政治大学、台湾"中华孔孟学会"主办的"论道与经邦——2015海峡两岸儒学高峰论坛",在会上宣读论文《〈礼记〉哲学诠释的四个向度——以〈礼运〉〈王制〉为中心的讨论》。

2016年9月,在山东曲阜孔子研究院"孔子的世界"国际学术高峰论坛上,交流了《礼乐文明的人文精神及其现代意义》的论文。

2017年10月,在贵阳孔学堂出席并主持"当代新儒家与心学传统"第十二届当代新儒学国际学术会议,会议主办方为贵阳孔学堂、武汉大学国学院与哲学院、台湾东方人文学术研究基金会等。在大会上做了《现当代新儒家与心学传统》的主题演讲。

2019年10月,出席了由法国巴黎第七大学与武汉大学在巴黎合办的主题为"文化与文明的流动与保护"的海外学术周,并应邀做了主旨演讲《中华文化精神的特质》。

五、主要论著

1.《天地间一个读书人:熊十力传》,上海:上海文艺出版社1994年版。

2.《郭齐勇自选集》,桂林:广西师范大学出版社1999年版。

3.《儒学与儒学史新论》,台北:台湾学生书局2002年版。

4.《中国哲学史》,北京:高等教育出版社2006年版。

5.《中国哲学智慧的探索》,北京:中华书局2008年版。

6.《中国儒学之精神》,上海:复旦大学出版社2009年版。

7.《守先待后:文化与人生随笔》,北京:北京师范大学出版社2011年版。

8.《熊十力哲学研究》,北京:人民出版社2011年版。

9.《儒学与现代化的新探讨》,北京:商务印书馆2015年版。

10.《儒学新论:郭齐勇学术论集》,贵阳:孔学堂书局2015年版。

11.《现当代新儒学思潮研究》,北京:人民出版社2017年版。

12.《中国人的智慧》,北京:中华书局2018年版。

13.《中国文化精神的特质》,北京:生活·读书·新知三联书店2018年版。

14.《中国思想的创造性转化》,上海:上海教育出版社2018

的发掘,也是他的'正知正见'。"

2017年9月20日,在山东曲阜出席中国孔子研究院举行的第八届世界儒学大会开幕式上,我荣获"世界儒学研究杰出人物"大奖,证书上写着:"鉴于您在儒学研究及儒家思想传播方面的杰出贡献,特授予世界儒学研究杰出人物。"

2018年,鉴于我的学术成就及对于国学教育的突出贡献,汤用彤学术奖评委会经认真研究,决定授予我2017年度汤用彤国学奖,以表彰我在国学学术研究与推广上做出的杰出贡献。推荐语说:

> 他成长于荆楚大地,秀丽山水给了他以仁智性情。青年时代"上山下乡",体会基层民间疾苦,而立之年负笈求学,渐入儒家义理殿堂。他主要从事中国哲学史的教学与研究,是国家重点学科"武汉大学中国哲学学科"的学术带头人。……他深入阐发儒家道统原理,身体力行儒家安身之道,积极教书育人,组织学术争鸣,致力于向大众传播儒学价值,在民间体现儒学活力。

《贵州文史丛刊》2019年第二期"专题研究"题为"改革开放以来大陆儒学研究:郭齐勇篇",共有三篇文章述评我的儒学思想及儒学研究。

曾被邀请为美国哈佛大学、日本关西大学、中国台湾大学的高级访问学者,德国特里尔大学和中国台湾政治大学的客座教授,香港中文大学新亚儒学讲座教授。曾到哈佛大学、东京大学、早稻田大学、慕尼黑大学、莱比锡大学、俄罗斯科学院、首尔大学以及中国的台湾大学和香港中文大学等校讲学,曾到慕尼黑大学、伦敦大学国王学院、鲁汶大学等校出席国际学术会议。

四、对外学术交流与主持学术活动

1995年8月,应邀去美国波士顿大学出席第九届国际中国哲学大会并完成有关熊十力哲学的论文。

1998年1月至7月,受邀为美国哈佛大学燕京学社访问学者。

1999年10月,主持的"郭店楚简国际学术研讨会"在武汉大学召开,海内外专家近百人出席。

2001年5月,应德国特里尔大学校长与汉学系主任卜松山教授的邀请,以客座教授的身份应邀在该校讲学,做了"中国当代学术思潮"的学术报告,又应邀到莱比锡大学做"中国现代新儒学"的演讲。在此期间,还专程到巴黎访问了法兰西学院,拜访了著名汉学家谢和耐院士。

2001年9月,筹办、主持的"熊十力与中国传统文化国际学术研讨会"在武汉大学召开,70多位国内外学者出席。

2002年11月,以客座教授身份在台湾政治大学哲学系讲学。

2003年3月,应日本文部科学省国际日本文化研究所的邀请,出席该所第22届主题为"公家与武家——比较文明史的研究"的国际会议。在大会上宣读了论文《周代的册命、朝觐、聘问礼与王权》。会后又应邀在该所举办的公开演讲会上为近500名京都市民做题为《中国周代的礼仪与王权》的讲演。

2003年4月至7月,以合聘研究员的身份在日本关西大学东西学术研究所做研究,并在该校做了两场演讲。在此期间,还应邀到东京大学、早稻田大学、大阪市立大学等校演讲,还专程拜访了现代大儒冈田武彦先生。

2005年9月,筹办、主持的"第七届当代新儒学国际学术会议"在武汉大学举行,出席会议的有海内外140多位学者。当代新儒家第三代主要代表人物杜维明、成中英、刘述先、蔡仁厚等出席了会议。

2006年6月，由杜维明等教授发起，我和几位教授组织、主持的"新出楚简国际学术研讨会"在武汉大学举行，130余位国内外学者出席了会议。

2006年7月，应韩国成均馆大学的邀请，访问该校，出席了该校主办的"儒教经典和17世纪东亚儒教思想"国际学术会议，并宣读了论文《戴震的孟子诠释的创获》。

2006年9月，随武汉大学代表团访美期间，访问夏威夷大学哲学系等院系，再次访问了哈佛大学燕京学社、东亚系、费正清中心等单位，与教授们座谈并商讨合作事宜。

2007年6月，由国际中国哲学会、中国哲学史学会、中华孔子学会与武汉大学等主办的第十五届国际中国哲学大会在武汉大学举行，出席会议的有海内外学者共220余人。作为国际中国哲学会会长和大会主席及筹备委员会召集人，筹备、主持了此次会议。

2007年9月至10月，赴德国出席慕尼黑大学哲学系与汉学系主办的国际会议"中欧古典伦理研讨会"，宣读了题为《原始儒家的正义论——以〈孟子〉为中心》的学术论文。应德国慕尼黑大学汉学系的邀请，于10月在该校做了题为《郭店楚简〈五行〉的身心观与道德论》的学术演讲。

2007年10月，应俄罗斯科学院哲学研究所邀请，在该所向70余名师生做了《当前中国哲学研究的趋向》的学术演讲。又应俄罗斯科学院远东研究所的邀请，在该所做了《当前中国的思想界》的学术报告。

2007年10月，由韩国成均馆大学与武汉大学共同主办的"十八世纪东亚儒教思想比较研究学术会议"在武汉大学召开。20余名中、韩、日专家学者出席了本次研讨会,我和韩国吴锡源为会议主席。

2007年12月,应韩国首尔大学哲学系宋荣培教授邀请去该校讲学,为该校哲学系东亚哲学博士班系统讲授郭店楚简与上海博物馆藏楚竹书。此次活动纳入首尔大学承担的"韩国迈进21世纪"的大项目计划。

2009年6月,应邀赴比利时鲁汶大学出席该校汉学系主办的"墨子的多面相:墨家思想的共时与历时研究讨论会",在会上发表论文《墨儒两家之"孝"、"三年之丧"与"爱"的区别与争论》。

2010年6月,由国际中国哲学会、中国哲学史学会、武汉大学共同主办的"近三十年来中国哲学的发展:回顾与展望"国际学术研讨会在武汉大学举行,40余位国际知名学者出席了会议,我组织、主持了此次会议。

2010年10月,应英国伦敦国王学院的邀请,出席了该校的"古典今读·名家论坛"学术研讨会,发表了题为《略论儒家仁爱价值及其推爱方式的普遍性》的论文。

2011年10月,由国际儒学联合会与武汉大学共同主办的"近现代儒学基本特征与思想精华"学术研讨会在武汉大学召开,我主持了此次会议,40余位国内知名学者出席了会议。

2012年7月,赴德国慕尼黑出席德国公民教育学院、科隆大学哲学系、国际儒学联合会、德国跨文化哲学会主办的"儒学与德国哲学的对话"国际学术研讨会,在会上宣读论文《孟子论道德理性与道德情感》。

2013年9月,应邀出席在台湾省"中央大学"举办的"2013第二届当代儒学国际会议:儒学的全球化与在地化",发表有关"亲亲相隐"的研究论文。

2014年7月,应邀在台湾大学人文社会高等研究院做访问学者,在台大和"中研院"文哲所做题为《近年来中国大陆儒学的新进展》的演讲。

2014年9月,应邀出席新加坡南洋孔教会与新加坡国立大学合办的"儒学与国际华人社会国际儒学研讨会",发表论文《论儒学的现代转化——兼谈大众儒学的复兴》。又在新加坡国立大学做题为《论孟子的政治哲学》的演讲,在南洋理工大学做题为《关于孔孟"亲亲互隐"的讨论》的演讲。

2014年11月,应邀在台湾成功大学出席"儒家思想与儒家文化学术研讨会",发表《上博楚简有关孔子师徒的记载及其与〈论语〉等书的关系》的论文。

2015年7月,第十九届国际中国哲学大会在香港中文大学召开,本次大会主题是"当代世界中的中国哲学",应邀出席了本次盛会,做了题为《中国哲学的精神与特点及其对现代性的批判与超越》的主题演讲,150多位海内外学者出席了会议。

2015年10月,应邀去台北出席了由台湾东方人文学术研究基金会、台湾师范大学等主办的"第十一届当代新儒学国际学术会议——纪念牟宗三先生逝世20周年"会议,在会上宣读论文:《牟宗三先生三统说的意义》。同月,在台北还出席了由台湾政治大学、台湾"中华孔孟学会"主办的"论道与经邦——2015海峡两岸儒学高峰论坛",在会上宣读论文《〈礼记〉哲学诠释的四个向度——以〈礼运〉〈王制〉为中心的讨论》。

2016年9月,在山东曲阜孔子研究院"孔子的世界"国际学术高峰论坛上,交流了《礼乐文明的人文精神及其现代意义》的论文。

2017年10月,在贵阳孔学堂出席并主持"当代新儒家与心学传统"第十二届当代新儒学国际学术会议,会议主办方为贵阳孔学堂、武汉大学国学院与哲学院、台湾东方人文学术研究基金会等。在大会上做了《现当代新儒家与心学传统》的主题演讲。

2019年10月，出席了由法国巴黎第七大学与武汉大学在巴黎合办的主题为"文化与文明的流动与保护"的海外学术周，并应邀做了主旨演讲《中华文化精神的特质》。

五、主要论著

1.《天地间一个读书人：熊十力传》，上海：上海文艺出版社1994年版。

2.《郭齐勇自选集》，桂林：广西师范大学出版社1999年版。

3.《儒学与儒学史新论》，台北：台湾学生书局2002年版。

4.《中国哲学史》，北京：高等教育出版社2006年版。

5.《中国哲学智慧的探索》，北京：中华书局2008年版。

6.《中国儒学之精神》，上海：复旦大学出版社2009年版。

7.《守先待后：文化与人生随笔》，北京：北京师范大学出版社2011年版。

8.《熊十力哲学研究》，北京：人民出版社2011年版。

9.《儒学与现代化的新探讨》，北京：商务印书馆2015年版。

10.《儒学新论：郭齐勇学术论集》，贵阳：孔学堂书局2015年版。

11.《现当代新儒学思潮研究》，北京：人民出版社2017年版。

12.《中国人的智慧》，北京：中华书局2018年版。

13.《中国文化精神的特质》，北京：生活·读书·新知三联书店2018年版。

14.《中国思想的创造性转化》，上海：上海教育出版社2018

年版。

15.《中国哲学史十讲》,上海:复旦大学出版社2020年版。

16.《郭齐勇新儒学论文精选集》,台北:台湾学生书局2020年版。

17.《中国哲学的特色》,北京:商务印书馆2020年版。

18.《传统文化的精华》,北京:商务印书馆2020年版。

19.《中国哲学通史·先秦卷》,南京:江苏人民出版社2021年版。

20.《中华人文精神的重建》,北京:北京师范大学出版社2011年版。

(撰写者:郭齐勇)

张西平

一、个人简介

张西平，1948年生，河南温县人。1967年郑州九中高中毕业，1968年下乡在河南光山县当"知识青年"，1970年加入中国共产党，1971年入伍，1980—1983年考入解放军政治学院哲学系，1985年考取中国社会科学院哲学所研究生，导师许崇温，研究方向是西方当代哲学。1988年研究生毕业，获哲学硕士学位。1990年转业到中国国家图书馆，评为副研究馆员。1996年调入北京外国语大学，1998年评为教授，2007年担任博士生导师。在北京外国语大学期间先后担任中文学院副院长、亚非学院院长、中国海外汉学研究中心主任、国际中国文化研究院院长、比较文明与人文交流高等研究院院长、中华文化国际传播研究院首席专家，中国文化"走出去"协同创新中心主任。先后担任中国社会科学院基督教研究中心副主任,中国社会科学院外国文学研究所比较文学研究中心学术顾问,世界汉语教育史学会澳门创会会长,中国中外关系史学会副会长,北京对外文化交流与世界文化研究基地学术委员会主任,中国比较文学学会海外汉学研究会会长,国际儒学联合会副会长。被评为2014年中国"光明之光"中国文化交流年度人物。被聘为故宫博物院中外文化交流研究所研究员,北京语言大学比较文学研究所研究员,国家图书馆"文津讲坛"特聘教授,湖南岳麓书院特聘教授,成都科技大学特聘教授,北京语言大学"一带一路"研究院特聘教授,暨南大学客座教授,华侨大学特聘教授。从1995年起协助任继愈先生担任《国际汉学》副主编,2007年后担任主编至今。

主要从事中西文化交流史、西方汉学史研究。从"西学东渐"研究入手,涉及明清之际中国思想文化史、中国天主教史研究;从"中学西传"入手,涉及西方早期汉学、传教士汉学、欧洲十八世纪思想文化史研究。在交叉学科中展开中国文化在世界的传播与影响。先后承担教育部"欧洲早期汉学史"、教育部重大项目"20世纪中国古代文化经典在域外的传播与影响"、国家社科基金项目"来华耶稣会士白晋〈易经〉手稿研究"、国家社科基金重大项目"梵蒂冈图书馆藏明清天主教文献研究"、国家社科基金特别委托重大项目"中国文化海外传播动态数据库"、国家社科基金·中国历史研究院重大研究专项"明清时期中国文化对世界的影响和意义"。

代表性成果有:《儒学西传欧洲研究导论:16—18世纪中学西传的轨迹与影响》,北京大学出版社出版,获得2017年北京市哲学社会科学优秀成果二等奖,后获得国家社科基金学术外译项目;

《20世纪中国古代文化经典在域外的传播与影响研究导论》，大象出版社出版，2020年获得北京市哲学社会科学优秀成果二等奖。

二、学术成果与学术贡献

（一）主要代表作

《中国和欧洲早期思想交流史》，2021年北京大学出版社出版，这是国内研究中国和欧洲思想交流史的专著。内容包括：导论，重新回到平等对话的元点上。第一章，站在全球化的起点上。第二章，明清间西方文化在中国的传播。第三章，入华传教士对亚里士多德哲学的介绍。第四章，入华传教士对托马斯·阿奎那哲学的介绍。第五章，入华传教士对中世纪经院哲学的介绍。第六章，入华传教士所介绍的基督教神学。第七章，天主教哲学与理学、佛学的理论争辩。第八章，利玛窦儒学观的困境与张力。第九章，明清间中国文化在西方的传播。第十章，罗明坚与中国宗教和哲学的西传。第十一章，利玛窦与中国宗教和哲学的西传。第十二章，礼仪之争与中国哲学的西传。第十三章，儒、释、道在西方的早期传播。第十四章，中国哲学对法国文化的影响。第十五章，中国哲学对德国文化的影响。第十六章，中国哲学在英国的传播和影响。结束语，寻求世界近代思想的起源。

这部书的贡献在于突破长期以来单向度的研究近代中国文化接受西方文化影响的学术路向，将中国和欧洲的文化交流史推向明清之际，并指出这一时期的中西文化交流是平等的交流，从而具有重大的当代意义，是中国和欧洲的共同文化遗产。在这一时期，中国和欧洲相互影响，而不是单方面的西方文化影响中国。

《儒学西传欧洲研究导论：16—18世纪中学西传的轨迹与影响》，2016年北京大学出版社出版。这是国内外研究16—18世纪儒家思想传入欧洲的学术专著，该书依据原始文献探究首部《中庸》的外译、首部《四书》的外译，并对在18世纪欧洲产生重大影响的拉丁文的《中国哲学家孔子》一书的出版及其影响做了深入的研究。通过法国重农学派与孔子学说之关联、莱布尼茨对宋明理学的学习、伏尔泰对儒家思想的推崇等例子，将18世纪欧洲的中国热提升到启蒙运动与中国文化之深刻渊源这一思想层面。在"中学西传"的进程中，中国文化尽管作为一种地域性文化，但因其具有的人类共同价值与进步因素，为启蒙运动所借鉴吸收，"借助中国和孔子，欧洲的启蒙思想家们吹响了摧毁中世纪思想的号角"。这部著作超越了"西方中心论"和狭隘的民族主义的限制，解构了"五四"以来传统与现代、东方与西方的二元对立。"在重建中国文化传统的现代意义时，我们不能将儒家思想和启蒙思想完全对立起来。相反，我们可以从启蒙思想家对中国文化的跨文化理解中，纠正偏误，赋予儒家文化以符合现代生活的新意，开出启蒙思想之新意。"通过真正挖掘、理解启蒙运动的发生、衍变，重现中国文化如何成为启蒙运动的思想源泉，从学理上做出对启蒙思想和中国文化多元复杂关系的综合性分析解释。当被忽视已久的中国传统文化曾在某种程度上孕育了启蒙思想的事实浮出历史地表时，"中国传统文化，特别是儒家文化所具有的现代思想内涵，经过改造也可以成为中国当代文化的资源"。这本书从传播学、跨文化、新史学等角度，结合中西材料，再现16—18世纪儒学西传历史过程中关键的人物与事件，对"中学西传"这一长期没有得到足够重视的领域展开系统性研究。总结过去的同时把握将来，在史料、论点和方法上均取得新建树，弥补了一系列学术空白。在中国传统文化重拾现代价值、走向世界的今天，这本著作无论在学术、理论还是实践上，都具有重大意义，能够帮助我们正确看待中西交流中自我与他者的关系，重建中华文化的自尊心与自信心。

《20世纪中国古代文化经典在域外的传播与影响研究导论》，该书是研究20世纪中国古代文化经典在域外传播的学术著作。全书分为历史编、理论编和文献编三部分，致力于在中西文化交流史的背景下全方位研究海外汉学。从中国文化向域外传递的基本轨迹和方式着手，将重点放在中国古代文化经典的翻译研究上。循着中国文化向域外传递的基本轨迹和方式，结合对象国文化对中国文化的容纳、排斥和变异的状态，将中国古代文化经典放在全球化的社会与思想的历史背景中加以考察。首次对中国文化经典在域外的传播和影响的历史、理论和文献做了总体性研究，填补学界空白。进一步揭示出国际汉学在学科理论、研究方法等领域所取得的经验教训。

(二)学术贡献

1.从史学上具体揭示了中国文化对欧洲启蒙运动的影响，从而说明了以儒家为代表的中华传统文化的世界性意义和当代价值

中国思想和文化在16—18世纪的传播是一个复杂的历史过程，欧洲启蒙时期对中国古代思想与文化的接受也是一个复杂的历史过程，中国思想和文化在16—18世纪产生如此大的影响，在欧洲形成了持续百年的中国热，这既是欧洲自身社会发展的一个自然过程，也是中国思想文化融入欧洲社会发展的一个过程；这既是欧洲思想变迁内部需要的一个表现，也揭示了中国思想文化特点所具有的现代性内涵。不能仅仅看成是欧洲精神的自我成圣，完全否认了中国知识在启蒙运动中的作用，完全无视中国思想文化的现

代性内涵对启蒙思想的影响,将此时的启蒙发展完全归结于欧洲思想自身发展的逻辑,这不仅违背了历史,也反映出了这种观点对欧洲思想自身成圣神话的相信和迷恋。将欧洲的发展史神话,这正是欧洲逐步走向"欧洲中心主义"的重要一步。如果我们运用后现代的理论来证明这一点,按照后现代主义思潮来说,这才恰恰是"自我殖民化"。

我们必须看到这段历史不仅说明"中国的'遗产'与所有其他文明国家的'遗产'已结合起来,显然纳入了一条正在实现世界合作大同的轨道"①,从而彰显出了中国古代文化的世界性意义,同时对我们自身来说,"这段历史又告诉我们:中国的传统并不是完全与近现代社会完全相冲突的,中国宗教和哲学思想并不是与现代思想根本对立的,在我们的传统中,在我们先哲的思想中有许多具有同希腊文明一样永恒的东西,有许多观念同基督教文明一样具有普适性。只要我们进行创造性的转化,中国传统哲学的精华定会成为中国现代文化的有机内容。东方在世界体系中也并非无足轻重,在西方走向世界时,东方无论在思想上还是在经济上都起着不可取代的作用"。②因此,1500—1800年,是中西文化的伟大相遇,这是人类文明史少有的平等、和平交流的一段历史,是中国和西方文化交流史最重要、最具有现代意义的一段历史,它是中国与西方共同的文化遗产,"未来的中西文化交流更多地呈现出1500年到1800年间中西方的互动与互惠"。③

---

① [英]李约瑟:《中国科学技术史》(第一卷 总论)第一分册,《中国科学技术史》翻译小组译,北京:科学出版社1975年版,第17页。
② 张西平:《中国与欧洲早期宗教和哲学交流史》,北京:东方出版社2001年版,第492页。
③ [美]孟德卫:《1500—1800:中西方的伟大相遇》,江文君、姚霏译,北京:新星出版社2007年版,第188页。

2. 开创了海外汉学文献学领域

文献学是学问之基础，做中国的学问如此，做西方的汉学史研究亦是如此。西方汉学家从古希腊时代到近代以来关于中国的研究著作也是汗牛充栋，由此催生了法国汉学家考狄的《汉学书目》。考狄的《汉学书目》在西方汉学发展史上的贡献是巨大的，尽管在此之前也有不少汉学家做了相类似的工作，但考狄是集大成者，从这个意义上来说，他是西方汉学文献学的奠基人。

为做好海外汉学文献学，我做了三个方面的基础性工作。其一，与德国汉学家魏汉茂合作，为考狄的《汉学书目》这套工具书编制了一个索引，这是第一个有索引的考狄书目，从而为学术界研究西方汉学打下了一个坚实的基础。其二，主编了"20世纪中国古代文化经典域外传播研究书系"，这套书为研究中国文化在世界各国的传播打下了坚实的基础。其三，组织翻译了系列西方汉学名著，从而为学术界系统研究中国文化在世界的影响和传播打下了基础。

3. 开拓明清西学东渐文献学领域

明清之际西学进入中国，出版了大量中文书籍，这些书籍对明清思想文化产生了重要影响，但这批文献散布在世界与中国各地。于是，我承担了国家社科基金重大项目"梵蒂冈图书馆藏明清天主教文献研究"，在此期间与梵蒂冈图书馆展开合作，已经出版了《梵蒂冈图书馆藏明清中西文化交流史文献丛刊》（66卷），即将出版《罗明坚文集》《白晋文集》《理雅各文集》，这些文献都是在世界范围内首次整理出版，为今后的学术研究打下文献学基础。

（三）学术成果的社会评价

2017年，《儒学西传欧洲研究导论：16—18世纪中学西传的轨迹与影响》获得北京市第十五届哲学社会科学优秀成果二等奖；2020年，《20世纪中国古代文化经典在域外的传播与影响研究导论》获得北京市第十六届哲学社会科学优秀成果二等奖。由于从事中西文化交流所取得的成就，2016年7月2日，西班牙国王菲利普六世授予"国民成就十字勋章"；2021年9月，获得意大利总统授予的"意大利之星指挥官勋章"。

学术界对我出版的著作也有一些书评，例如：杨一的《找回遗失的翅膀：评〈儒学西传欧洲研究导论〉》，发表于《光明日报》2017年3月11日；蒋向艳在《中国比较文学》2020年第3期发表的《百年大计今再提——评张西平〈20世纪中国古代文化经典在域外的传播与影响研究导论〉》；魏崇新在《国际汉学》2021年第2期发表了《中国古代文化域外传播研究的通观博览与集成创新——评张西平主编"20世纪中国古代文化经典域外传播研究书系"》。

（四）从事儒学国际传播

2015—2019年，担任国际儒联副会长期间，在会长领导下，协助秘书处先后在伊朗、斯里兰卡、哥伦比亚、意大利、丹麦、摩洛哥等地召开国际儒学论坛，并发表学术报告。主编的《国际汉学》是国内唯一的全面研究中国文化海外传播与影响的正式学术期刊。主编的《中国学刊》法文刊，将在巴黎正式出版，该刊全面介绍儒学为代表的中国传统文化，多名国际儒联的学者论文将在该刊物上以法文发表。

国际合作方面：1994—1996年，作为访问学者在汉学刊物德国《华裔学志》访学近两年。1998年访问比利时鲁汶大学南怀仁基金会。2000—2001年，先后访问德国汉堡大学、波恩大学、马堡大学、埃尔朗根-纽伦堡大学、荷兰莱顿大学汉学研究院等汉学机构。2003年作为德国DAAD（德国学术交流中心）奖学金访问学者，研究莱布尼茨与中国汉学。2005年在意大利罗马智慧大学访学，研究西方早期汉语。2017—2018年，在西班牙庞培法布拉大学、塞万提斯学院访学。在上述学校及机构访学期间，先后拜访了傅吾康、巴斯蒂、谢和耐、许理和、马西尼等著名汉学家，并在访问高校做学术报告。

（五）学术项目

1.1999年，国家汉办项目"西方人早期汉语学习调查"。
2.2000年，教育部人文社科项目"欧洲早期汉学史"。
3.2001年，国家汉办项目"西方人汉语学习专题研究"。
4.2002年，国家汉办项目"世界主要国家语言推广经验调查"。
5.2003年，北京市精品教材项目"西方汉学概论"。
6.2004年，国家清史项目"清代来华传教士文献收集与整理"。
7.2004年，教育部古籍整理委员会项目"欧洲来华传教士中文文献序跋集整理"。
8.2007年，教育部人文社科重大攻关项目"20世纪中国古代文化经典在域外的传播与影响"。
9.2008年，国家清史项目"梵蒂冈藏明清中西文化交流史文献整理"。
10.2012年，北京对外交流与世界文化研究基地项目"西方北京形象历史文化渊源研究"。
11.2013年，国家社科基金项目"白晋易经研究"。
12.2013年，国家社科基金重大项目"梵蒂冈图书馆藏明清天主教文献研究"。

三、主要论著

(一) 专著类

1.《中国与欧洲早期宗教和哲学交流史》，北京：东方出版社2001年版。

2. *Following the Steps of Matteo Ricci to China*，北京：五洲传播出版社2009年版。

3. *La valeur contemporaine de la culture traditionnelle chinoise*（法文版），北京：外文出版社2009年版。

4. *Valor Actual de la Cultura Tradicional China*（西班牙文版），北京：外文出版社2009年版。

5. *Value of Traditional Culture for the Present Era*（英文版），北京：外文出版社2009年版。

6.《欧洲早期汉学史——中西文化交流与西方汉学的兴起》，北京：中华书局2009年版。

7.《儒学西传欧洲研究导论：16—18世纪中学西传的轨迹与影响》，北京：北京大学出版社2016年版。

8.《交错的文化史——早期传教士汉学研究史稿》，北京：学苑出版社2017年版。

9.《20世纪中国古代文化经典在域外的传播与影响研究导论》（上下册），郑州：大象出版社2019年版。

(二) 编著类

1.《西方人早期汉语学习史调查》（与李真等合编），北京：中国大百科全书出版社2003年版。

2.《莱布尼茨思想中的中国元素》,郑州:大象出版社2010年版。

3.《西方汉学十六讲》(主编),北京:外语教学与研究出版社2011年版。

4.《东亚与欧洲文化的早期相遇——东西文化交流史论》(与罗莹合编),上海:华东师范大学出版社2012年版。

5.《近代西方汉语研究论集》(与杨慧玲合编),北京:商务印书馆2013年版。

6.《德国汉学的回顾与前瞻——德国汉学史研究论集》(与郎宓榭合编),北京:外语教学与研究出版社2013年版。

7.《中国文化在东欧:传播与接受研究》(与郝清新合编),北京:外语教学与研究出版社2013年版。

8.《国际汉语教育史研究》(与柳若梅合编),北京:商务印书馆2014年版。

9.《梵蒂冈图书馆藏明清中西文化交流史文献丛刊》(与[意]裴佐宁、[意]马西尼、任大援合编)(共二辑),郑州:大象出版社2014—2019年版。

10.《西方早期汉语研究文献目录》(与李真合编),北京:商务印书馆2021年版。

(撰写者:张西平)

彭林

彭林,清华大学首批文科资深教授,清华大学人文学院中国礼学研究中心主任、历史系教授、博士生导师,清华大学中国经学研究院院长,浙江大学马一浮书院敦和讲席教授,《中国经学》主编。

一、成长经历

彭林,1949年生于江苏无锡市,1965年初中毕业后考入南昌航空工业学校。"文革"时学校停办,改为工厂。其后的16年,在工厂当过8年装配钳工,在该单位的子弟学校当过8年初中教师。中学时受到语文老师陈龙海及张桂五老师的影响,对古代文化,尤其是文字的起源问题产生了浓厚兴趣。在南航子弟学校任教期间,受到皮秀美老师指导，开始阅读清代王筠的《说文解字句读》，开始了漫长的自学历程。某年回无锡探亲期间，从友人安健处看到宋代薛尚功《历代钟鼎彝器款识法帖》一书，是为接触金文之始。其后，在上海朵云轩购得《中国历代书法作品选》，第一页为殷墟甲骨文拓本，是为接触甲骨文之始。从此决意学习甲骨文与金文，曾先后全文摹录郭沫若的《殷契粹编》、容庚的《金文编》及孙海波的《甲骨文编》。其后得识中国社科院历史研究所甲骨文组的孟世凯先生，得其指导，开始学习《史记》《左传》等文献，曾全书抄录陈梦家先生的《殷虚卜辞综述》，学习甲骨学。

1982年，受南航子弟学校派遣到北京师范大学历史系进修一年，其间，通过孟世凯先生借阅多部甲骨文研究的著作。在此基础上，撰成一篇考释甲骨文中"〈〈"字的论文，孟世凯先生肯定了此文的考释结论，帮助核对了所有引文，接着请著名古文字学家李学勤先生审阅，得到认可。之后，北京师范大学著名历史学家赵光贤先生审阅，该文再次得到肯定。赵先生将该文推荐给《考古》编辑部发表，并鼓励我报考他的研究生。

1984年，以"同等学力"的资格考入北京师范大学，攻读历史学硕士学位，研究方向为先秦史，导师为赵光贤教授。1986年，教育部试行硕士研究生提前攻读博士学位的工作，北京师范大学为试点单位，我有幸成为全校的两名试点研究生之一，并顺利通过各科考试，转为博士研究生。遵照导师的意见，我的博士论文是研究《周礼》的成书年代问题。1989年4月，通过论文答辩，获历史学博士学位，答辩委员会主席为杨向奎先生，委员为张政烺、李学勤、郑昌淦、刘家和、牟钟鉴、李民、赵光贤等先生。毕业后留校工作。

1990年，参与张岂之先生主持的全国高等院校古籍整理研究工作委员会项目"《十三经注疏》整理"，承担《周礼注疏》一书的点校工作,此书后来由上海古籍出版社出版。博士毕业后,我决定将研究领域从《周礼》扩大至《仪礼》,于是开始研读《仪礼注疏》,以每日标点一卷的进度,连续读完两轮。1998年,文物出版社出版的《郭店楚墓竹简》面世,因楚简中的儒简与传世文献《礼记》相类,故又开始研读《礼记注疏》。数十年来,我将自己的学术根基定位在这三部儒家的礼学经典上。

1996年,国家"九五"重点科技攻关项目"夏商周断代工程"启动,我被任命为专家组成员,主要参与历史文献的有关工作。得项目之便,其后有较多机会向来自考古学、历史学、古文字学、天文学、测年技术学、文献学等领域的顶级专家请教,并且频繁参观考古工地,接触各类出土器物,参加诸多专题研讨会,由此较好地完善了自己的知识结构,对日后的教学与科研做了很好的学术铺垫。

1999年,我调入清华大学人文学院思想文化研究所工作,此后的20余年,与儒学相关的工作主要如下:

其一,教学。清华大学特别重视本科生的人文素质教育,要求教授们亲自下课堂为之开设人文类的课程。我为本科生开设的儒学类课程有:"四书"讲论、儒家文化的十五个关键字、中国古代礼仪文明。其中"四书"讲论,每周4学时,实际上是一年的课程,该课为国内高校中最早开设的"四书"课程。中国古代礼仪文明,则是向学生介绍儒家经典"三礼",深入浅出,紧扣文献,贴近生活,尤其是对《礼记》中《儒行》《乐记》《大学》《中庸》等篇的讲论,学生反响强烈,被教育部评为国家级精品课程。

到清华大学后不久,我便决定主持"《仪礼》会读"的教学计划,每周集中研读《仪礼注疏》两次,每次3小时,历时数年。学生必须预先标点《仪礼正义》的指定章节,不懂的字要查检《说文解字》。会读时，先有一人诵读，再与其他学生讨论。会读旨在培养能够独立阅读与研究的青年后进。这一活动坚持十多年，后来我主持的《仪礼》复原研究，全体研究生不仅能参加，而且能撰写研究论文。近年，我转而改变为：周诵、月讲、年会的制度，即每周诵读"三礼"一次，每月讲课一次，年终举行论文交流会一至二场。

其二，科研。在清华大学期间，我独立主持的国家级科研项目有四项：国家社科基金项目一项、国家社科基金重大项目一项、国家艺术基金项目一项、国家社科基金重点项目一项，其中国家社科基金重大项目"《仪礼》复原与当代日常礼仪重建研究"，因研究思路上有创新、研究成果多有突破，且能用多媒体技术反映《仪礼》复原成果，受到各方面好评，《光明日报》刊登了我撰写的研究总结。

此外，在清华大学的20余年，是我学术研究的高峰期，在国内外学术刊物上发表论文近百篇，既有"三礼"大旨的探究、学术史研究，亦有名物制度考证、出土文献研究等。

其三，社会活动。我向社会普及、推广儒家文化的途径有三。

首先是利用主流媒体。我先后在央视的《百家讲坛》《文明之旅》《考古公开课》等栏目，网易以及"喜马拉雅音频"的国学频道等都做过系列节目，这些媒体社会传播广、影响大。

其次是在各种学习班讲课，如中纪委与中央党校中直机关分校、财政部、环境部、中国人民银行总行等单位组织的领导干部学习班，中组部、教育部等单位委托清华大学举办的司局级干部学习班，清华大学组织的香港高级公务员学习班、新加坡高级公务员学习班等，这些学习班学员的基础扎实，思维活跃，作用不可小觑。

再次是面向社会普及儒学。我在《人民日报》《光明日报》《人民政协报》《人民论坛》和人民政协网、紫光阁网等报刊、网站发表多篇介绍儒家礼乐文明的文章。此外，还用通俗的语言为社会大众撰写介绍儒家文化的书籍，如《礼乐人生》（中华书局，2006年）、《彭林说礼》（电子工业出版社，2011年）、《家教与门风》（上海文艺出版社，2015年）、《礼乐文明与中国文化精神》（中国人民大学出版社，2016年）、《儒家礼乐文明讲座》（广西师范大学出版社，2017年）、《礼乐中国》（浙江文艺出版社，2022年），等等，这些书大都受到广泛欢迎。《家教与门风》一书被国家新闻出版广电总局列为"首届向全国推荐中华优秀传统文化普及图书"、2015年国家主题出版重点出版物。《礼乐文明与中国文化精神》一书出版当年获"中国好书"入围奖。

主要社会兼职：中国人民大学国学院兼职教授，中国社会科学院古代文明研究中心专家委员会委员，国际儒联顾问、第四届理事会理事，国家图书馆"文津讲坛"特聘教授，"人民政协讲坛"特聘教授，国务院侨务办公室专家咨询委员会委员。此外，还是台湾"中央研究院"文哲研究所访问学者，香港城市大学、台湾中正大学客座教授。

主要海外兼职：韩国成均馆大学访问学者，法国人文科学之家访问学者，日本京都大学客座教授。

主要获奖：在清华大学主讲的"文物精品与文化中国"课程获首批国家级精品课、北京市优秀教学成果一等奖、国家级优秀教学成果二等奖、国家级一流本科课程等奖项；在清华大学主讲的"中国古代礼仪文明"课程获北京市级精品课程、国家级精品课程、国家级一流本科课程等奖项；荣获宝钢优秀教师奖、北京市第二届高等学校教学名师奖、清华大学首届"十佳教师"、北京市高等学校师德标兵、全国师德标兵、清华大学新百年教学成就奖等。

二、主要研究领域和学术成就

长年从事先秦史、古代思想史的研究,主要研究方向:《周礼》《仪礼》《礼记》等儒家经典研究,礼乐思想研究,礼学史及历代礼学家研究,郭店楚墓竹简、清华大学藏简等出土文献研究,古文字与古器物研究等。

(一)代表作及主要学术观点

1.《周礼》成书年代研究

《周礼》始出于西汉,作者佚名,其真伪与成书年代问题乃学术史上的著名公案,有周公手作说、春秋说、战国说、秦汉之际说、汉初说、王莽伪作说等六种结论,前后相差一千余年。

以往的《周礼》年代研究,大抵是从书中某一或若干疑点入手,推定其年代特征。关于《周礼》的思想属性,有认为是儒家著作,亦有认为是法家著作。此外,王安石指出书中有较浓厚的阴阳思想,但学界认为五行思想不见于《周礼》,而五行思想出现最晚,这对于考定《周礼》的成书年代至关重要。我的博士论文《〈周礼〉主体思想与成书年代研究》从分析《周礼》思想构成入手,揭示笼罩全局的思想体系,首次发掘出《周礼》五行思想的十条明证,证明《周礼》的主体思想是由儒家、法家、阴阳、五行四家构成,且铸成一炉,融为一体,高度成熟。儒与法,最初互为畛域,区分甚严。儒法的结合,是到荀子之时。阴阳与五行的结合亦是如此,《周易》讲阴阳而不讲五行,《洪范》讲五行而不讲阴阳,阴阳五行的结合晚至邹衍时。《吕氏春秋》中,儒、法、阴阳、五行思想兼有,但尚未能整合为一体,属于"杂家"。故《周礼》的成书,不得早于秦。将四家思想熔于一炉,交汇为一体,是经汉初贾谊之手方才完成,他在《新书》中明确提出融汇各家学说的主张,反映了大一统西汉王朝出现后呼唤宏大思想格局的时代要求。由于书中没有黄老思想,故《周礼》不得晚至文帝、景帝之后,前后排除,此书当作于汉初。我的这一研究思路、具体考证与最终结论,得到专家认可。

2.提出《仪礼》研究的"两次转型说",并做《仪礼》的复原研究

关于《仪礼》研究的理论与途径,我在《〈仪礼〉"两次转型说"理念下的复原探索》(《孔子研究》2021年第6期)中做了阐述。周代的典礼仪式,最初是在社会上活态传承的。春秋礼崩乐坏之后,才由孔子及其弟子将其转化为文本形式。此说可由《礼记·杂记》得到证明。这是周代典礼的第一次转型,旨在使其处于"脱水"的状态,用文字的形式保存周代的礼仪。基于这一认识,在社会走出动乱之后,《仪礼》理应回归活态传承,使"脱水"的典礼仪式以鲜活的形态再现于世,实现第二次转型,使流动演进的典礼仪式、揖让周旋的各色人物、精美绝伦的器物服饰,重新进入今人的视野,周公之礼再度"复活",令《仪礼》之当代价值得以重光,乃后世礼家的终极使命,如此方不负孔子存礼的初衷。遗憾的是,其后两千多年的《仪礼》研究,大体属于以名物制度考订为主的古籍研究。

2014年,我在长期准备的基础上,以"《仪礼》复原与当代日常礼仪重建研究"为题,申报国家社科基金重大项目,并获得批准。随后,我带领团队在充分研读《仪礼》文本的基础上,结合考古学、古建筑学、古器物学等学科的成果,用实验研究的方式对周代宫室、服饰、礼器、弓箭、仪节等做了探究与复原,纠正了诸多以往的误读,获得诸多新知,实景复原了《仪礼》的《士冠礼》《士昏

礼》《士相见礼》《乡射礼》等四篇,并用多媒体技术做了实景拍摄。项目开拓了《仪礼》研究的新思路、新途径,创获良多。

3.《礼记》子思学派礼学思想的研究

《礼记》49篇,来自不同的学派,但有些研究浮于浅表,甚至存在误解。《隋书·音乐志》引沈约说,《中庸》《坊记》《表记》《缁衣》等四篇出自《子思子》,而《子思子》久佚,无从质证,故学界多不信之,甚至说《礼记》多出于汉儒伪托。子思学派主礼,其具体内涵无人论及。但郭店楚简出土儒简中不仅有《缁衣》的完帙,而且《性自命出》篇开首"性自命出,命自天降,道始于情,情生于性"一语与《中庸》"天命之谓性,率性之谓道"如出一辙,证明沈约之说绝非空穴来风。我在《始者近情　终者近义——子思学派对礼的理论诠释》(《中国史研究》2001年第3期)一文中,对子思学派礼学思想的基本逻辑梳理如下:人性得自天道,有天然的合理性,是治道的基础和主体。礼治发端于人情,情未发谓之性,性既发谓之情。志藏于心,心之所指为志。物诱情出,志决定情的趋向。人需要通过教育来端正心志,将情控制在无过无不及的层次上,并形成正确的心理定式,方合于天道。《礼记》说,"礼者,因人之情而为之节文",节文即是礼的具体形式,用节文齐一性情,使人性合于理性。《性自命出》"始者近情,终者近义"一语,与《毛诗序》"发乎情,止乎礼义"义同,从情到义,是对人性的肯定,亦是对人性的扶正,此乃子思学派礼学思想的清晰理路。

4.礼学史研究

断代分期,是礼学研究的重要课题之一,唯有分出阶段,方能揭示礼学发展的特点、过程与走向。以往的研究者,多将夏商周三代合一,不做分别。王国维将殷周视为具有质的区别的两个阶段,至确。我在《先秦礼学形成的三阶段说》(《清华历史讲堂初编》,

生活·读书·新知三联书店2007年版)中,依据郭店楚简等出土文献,将殷周两代之礼细分成礼神的时代、道德礼制的时代与礼学的时代三个阶段。商为礼神的时代,西周为礼制的时代,东周为礼学的时代。孔子卒后,儒分为八,这并非分裂,而是分蘖。七十子之徒,在孔学的母体上滋生,从不同的角度深化和完善儒学,使之走向蓬勃发展的新时期,重要标志之一,是子思学派创立了以心性之学为发端的礼学,子夏学派则创立了乐论,两者的结合,使西周以来制度层面的礼步入理论层面,成为严格意义上的学术。

《仪礼》一书,文古义奥,复之无由,后世研究者寥若晨星,至清初,版本讹误达数百上千处,已难卒读。我用将近半年的时间,每天去北京图书馆阅读各种版本的《仪礼》以及各家的校勘之说,以此为基础,撰写《论清人〈仪礼〉校勘之特色》(《中国史研究》1998年第1期),作为到韩国成均馆大学参加学术会议的论文。该文从评述顾炎武、张尔岐以唐开成石经校勘《仪礼》的得失是非开始,第一次比较系统地清理了清人搜求单注、单疏善本校定《仪礼》经注,并利用《经典释文》资料,运用理校之法纠正《仪礼》文本的大量讹误,使之焕然一新,成为经学校勘典范的详细过程。

我的《清人对敖继公之臧否与郑玄经师地位之恢复》(《文史》2005年第1期)一文,是对从元代到清前期的数百年中,"仪礼"研究的一段曲折历程的清理。两汉经学,郑玄为巨擘,所作"'三礼'注"用力最深,号为礼家之不祧之祖,为天下所宗。元儒敖继公承宋儒鄙视郑玄之绪余,撰《仪礼集说》,声称郑注"疵多而醇少",声称"删其不合于经者","意义有未足,则取疏、记或先儒之说以补之;又未足,则附以一得之见",意在全面否定郑玄。清初《仪礼》学者如姚际恒、方苞、蔡德晋等,多不出"敖说"之樊篱。乾隆元年(1736年),朝廷开"三礼馆",方苞总裁其事,《仪礼义疏》四十卷,说经以敖继公为宗,凡郑注与"敖说"有歧义处,几乎都以敖说为指归。

本文深入揭露敖氏随处改窜而不露声色的五种手法。随着《仪礼》研究日趋精审繁密,有学者发现"敖说"多不可取、郑注多不可否的认识过程。吴廷华为审视"敖说"之第一人,褚寅亮为全面抨击"敖说"之第一人。胡培翚《仪礼正义》以补注、申注、附注、订注为主线,黄以周全面清点敖氏《集说》,痛斥之处尤多。本文指出,元明与清初学者推崇敖氏,乃出于学术幼稚的盲从,堪称"佞敖"。乾嘉学者对郑玄极力推崇,但绝不维护其过失,持论公允,所谓清儒"佞郑"之说,并非实事求是之论。

我的《评杨大堉、胡肇昕补〈仪礼正义〉》(《清华大学学报》哲学社会科学版2007年第2期)一文,旨在指出杨大堉、胡肇昕补作的《仪礼正义》存在的问题。胡培翚《仪礼正义》是清代礼学研究最重要的成果之一,梁任公先生誉之为《仪礼》研究之"集大成者","为极佳新疏之一"。梁先生是将《仪礼正义》作为整体来赞誉的。其实,胡氏此书尚有《士昏礼》及《乡饮酒礼》《乡射礼》《燕礼》《大射礼》五篇十二卷未及完竣即亡故,书中"堉案"及"肇昕云"者,即杨、胡二君之说,余皆胡培翚原稿。

5.名物研究

《仪礼》所见器物,种类繁多,异说纷纭,若不名于此,则礼义无从考求,故有"《仪礼》为名物度数之学"之说。

《弓檠与弓䩅考辨》(《考古》2019年第1期)一文,秦始皇陵兵马俑博物馆近年出土数量较大的装在弓韬之内的弓弩,令人耳目一新的是,韬内弓背与弓弦之间,两侧各有一根木条。此木条的定名与功用,考古界讨论热烈,定名不一。2015年3月,《光明日报》的专题报道中公布了相关数据,以及发掘者关于木条应定名为"檠"的论述。我专程去发掘工地做了考察,认为《周礼·考工记·弓人》所记"檠",乃是制弓过程中用于固定角弓弧度的"弓匣",与此木条的形状和功用全然有别。《诗》《仪礼》等文献中另有"䩛"字,作用在于辅弓,即控制弓背的张弛之度,保护弓的良好弹性,与此木条之功用相类。此字《毛诗·小戎》作"闭":"竹闭绲縢",而《弓人》郑注引此作"竹䩛绲縢";《仪礼·既夕礼·记》作"柲",古人已有将闭、䩛、柲与"檠"混淆者,故将此木条定名为"䩛"。

《仪礼》宫室制度总体格局已较清楚,但疏漏或不明之处,犹存多处。我在《〈仪礼〉堂廉、堂深考》(《中国史研究》2018年第2期)中,对《仪礼》堂上之"廉",做了深入考证。廉,郑玄说"侧边之为廉",《说文》释为"仄",学者多以堂南侧之边为廉;至于其形制,皆语焉不详。我考定,"廉"乃是以砖块砌于堂边沿的长条形建筑,四边皆有,一堂四廉。与此相关的问题是《仪礼》习见的"堂深",即堂的深度,当如何界定?郑玄、贾公彦之说即已互歧,学者共有四说,长短相差一倍。本文认为,黄以周"中至庪为堂"之说最得经旨;进而论证自庪至廉为有司行走之地,不得称为堂。堂乃主人与宾行礼的特定场所,其他人等不得随意进入,身份低微者有事交接,只能站立在堂廉与前庪之间,此即《仪礼》所云"尽阶不升堂"之地。

涉及名物研究的论文尚有:《论清人的〈考工记〉研究——以〈轮人〉为例》(《台湾大学中文学报》2004年第20期)。

6.出土文献研究

我的《经田遗秉偶拾》(《学林漫录》1999年第14辑),是《郭店楚墓竹简》一书出版之初撰写的短文,当时读《性自命出》篇,其中一段有若干字未能隶定,而这段文字与今本《檀弓》"喜斯慆,慆斯奋,奋斯咏,咏斯猷,猷斯舞。舞,喜之终也。舞斯愠,愠斯忧,忧斯戚,戚斯难,难斯辟,辟斯踊。踊,愠之终也",基本相同,两相对勘,即可隶定。由于郭店此简的发现,还解决了一个重要的争议,即"舞斯愠"三字,唐石经及岳本、嘉靖本、闽本、监本、毛本等均有,并无异说。唯陆德明《经典释文》于"愠斯忧"下云:"本或于此句上有'舞斯愠'一句并注,皆衍文。"此三字下有郑注,故学者多不以陆德明说为然。今得郭店楚简,正与陆德明所说相同,揆诸上下文意,"舞斯愠"三字置此,确实不类。可见郑玄注所据之本已误。

我的《清华简〈耆夜〉饮至礼辨析》(中国台湾《中正汉学研究》2014年第23期)一文,讨论的是清华大学藏简《耆夜》篇涉及的饮酒礼问题。有学者认为,《耆夜》所记是武王与周公等多人为庆功而相互"酬"酒,属于战胜归来的礼仪。我以《诗》《左传》《礼记》等文献所见饮酒记载为依据,指出周人饮酒仪式有严格的程式,以献、酢、酬为三个连续的仪节,不得未经献、酢而直接进入酬,更不可能多人互酬,故"酬"字的隶定有误。

属于此类的论文尚有:《〈六德〉柬释》(《简帛研究》2001年第4辑),《论郭店楚简中的礼容》(《郭店楚简国际学术研讨会论文集》,湖北人民出版社2000年版),《再论郭店简〈六德〉"为父绝君"及相关问题》(《中国哲学史》2001年第2期),《关于〈战国楚竹书·孔子诗论〉的篇名与作者》(《孔子研究》2002年第2期)等。

7.儒家乐舞研究

儒家文化以礼乐相须为用,缺一不可,而近代以来的学者,大多研礼者不研究乐,研乐者不研究礼,我在研究中意识到该问题,故多涉及礼乐与乐舞的研究,撰有《论郭店楚简所见儒家音乐思想》(《简帛研究2004》,2006年),《从正史〈礼乐志〉看儒家礼乐思想的边缘化》(《礼学与中国传统文化——庆祝沈文倬先生九十华诞国际学术研讨会论文集》,中华书局2006年版),《诗教与乐教》(《中国音乐》2014年第4期),《〈周官〉"六代大舞"说考辨》(《清华大学学报》哲学社会科学版2018年第1期)等多篇论文。

(二)独立主持承担的重要科研项目

教育部人文社科基金"九五"规划项目:"中国古礼在朝鲜半岛的播迁与影响",国家社科基金项目:"太庙祭祀文化研究",国家社科基金重大项目:"《仪礼》复原与当代日常礼仪重建研究",国家艺术基金项目:"《仪礼·乡射礼》数据平台建设与推广",国家社科基金重点项目:"中外典礼制度比较研究"等。

(三)推动儒学在海内外的传播与交流

多次赴美国、英国、法国、奥地利、加拿大、澳大利亚、新西兰、印度、新加坡、日本、韩国及中国香港、中国台湾、中国澳门等地参加学术会议、讲学。

2017年4月15日,参加首届礼射国际学术研讨会并做主题报告,在会上介绍了《考工记》记载的弓箭制作技艺,并表演了《乡射礼》的主要仪节。

2018年7月,应邀赴瑞士洛桑参加主题为非遗的国际学术研讨会,在大会上播放了《乡射礼》复原的多媒体视频,与会代表反响热烈。

国际射箭联合会曾多次将我们拍摄的《乡射礼》在赛场上播出,对中国文化的传播发挥了积极作用。美国芝加哥艺术博物馆获知我们拍摄《乡射礼》的消息,乃从中节选六分钟,在展厅的环幕内循环播放,使观众有了视觉体验,这对于深入解读与传播中国古代文明,提供了新方法与新思路。

三、主要论著

(一)著作类

1.《〈周礼〉主体思想与成书年代研究》,北京:中国社会科学出版社1991年版。

2.《文物精品与文化中国》,北京:清华大学出版社2002年版。

3.《中国礼学在古代朝鲜的播迁》,北京:北京大学出版社2005年版。

4.《周礼注疏》,上海:上海古籍出版社2010年版。

5.《礼经释例》,北京:北京大学出版社2012年版。

6.《礼乐文明与中国文化精神》,北京:中国人民大学出版社2016年版。

7.《仪礼注疏》(《儒藏》系列),北京:北京大学出版社2016年版。

8.《周礼注疏》(《儒藏》系列),北京:北京大学出版社2022年版。

(二)论文类

1.《释巛》,载《考古》1985年第8期。

2.《五帝史研究的方法问题——评骆宾基〈金文新考〉》,载《历史研究》1989年第3期。

3.《〈周礼〉五行思想新探》,载《历史研究》1990年第3期。

4.《论清人〈仪礼〉校勘之特色》,载《中国史研究》1998年第1期。

的边缘化》(《礼学与中国传统文化——庆祝沈文倬先生九十华诞国际学术研讨会论文集》,中华书局2006年版),《诗教与乐教》(《中国音乐》2014年第4期),《〈周官〉"六代大舞"说考辨》(《清华大学学报》哲学社会科学版2018年第1期)等多篇论文。

(二)独立主持承担的重要科研项目

教育部人文社科基金"九五"规划项目:"中国古礼在朝鲜半岛的播迁与影响",国家社科基金项目:"太庙祭祀文化研究",国家社科基金重大项目:"《仪礼》复原与当代日常礼仪重建研究",国家艺术基金项目:"《仪礼·乡射礼》数据平台建设与推广",国家社科基金重点项目:"中外典礼制度比较研究"等。

(三)推动儒学在海内外的传播与交流

多次赴美国、英国、法国、奥地利、加拿大、澳大利亚、新西兰、印度、新加坡、日本、韩国及中国香港、中国台湾、中国澳门等地参加学术会议、讲学。

2017年4月15日,参加首届礼射国际学术研讨会并做主题报告,在会上介绍了《考工记》记载的弓箭制作技艺,并表演了《乡射礼》的主要仪节。

2018年7月,应邀赴瑞士洛桑参加主题为非遗的国际学术研讨会,在大会上播放了《乡射礼》复原的多媒体视频,与会代表反响热烈。

国际射箭联合会曾多次将我们拍摄的《乡射礼》在赛场上播出,对中国文化的传播发挥了积极作用。美国芝加哥艺术博物馆获知我们拍摄《乡射礼》的消息,乃从中节选六分钟,在展厅的环幕内循环播放,使观众有了视觉体验,这对于深入解读与传播中国古代文明,提供了新方法与新思路。

三、主要论著

(一) 著作类

1.《〈周礼〉主体思想与成书年代研究》,北京:中国社会科学出版社1991年版。

2.《文物精品与文化中国》,北京:清华大学出版社2002年版。

3.《中国礼学在古代朝鲜的播迁》,北京:北京大学出版社2005年版。

4.《周礼注疏》,上海:上海古籍出版社2010年版。

5.《礼经释例》,北京:北京大学出版社2012年版。

6.《礼乐文明与中国文化精神》,北京:中国人民大学出版社2016年版。

7.《仪礼注疏》(《儒藏》系列),北京:北京大学出版社2016年版。

8.《周礼注疏》(《儒藏》系列),北京:北京大学出版社2022年版。

(二) 论文类

1.《释巛》,载《考古》1985年第8期。

2.《五帝史研究的方法问题——评骆宾基〈金文新考〉》,载《历史研究》1989年第3期。

3.《〈周礼〉五行思想新探》,载《历史研究》1990年第3期。

4.《论清人〈仪礼〉校勘之特色》,载《中国史研究》1998年第1期。

5.《始者近情　终者近义——子思学派对礼的理论诠释》，载《中国史研究》2001年第3期。

6.《关于师兑二器的排序问题》，载《考古》2002年第4期。

7.《清人对敖继公之臧否与郑玄经师地位之恢复》，载《文史》2005年第1期。

8.《朱子作〈家礼〉说考辨》，载《文史》2012年第3期。

9.《论〈仪礼〉贾疏》，载《第四届国际汉学会议论文集》，台北：台湾"中央研究院"，2013年。

10.《清华简〈耆夜〉饮至礼辨析》，载台湾《中正汉学研究》2014年第23期。

11.《〈仪礼〉堂廉、堂深考》，载《中国史研究》2018年第2期。

12.《弓檠与弓䪐考辨》，载《考古》2019年第1期。

（撰写者：彭　林）